视频书
vbook

影响

INFLUENCE

INTERVIEWS WITH
CHINESE FILMMAKERS

中国电影人访谈录

（1978—2019）

《中国电影报道》栏目组　编著

人民出版社

《影响——中国电影人访谈录（1978—2019）》视频书
编辑委员会

专题片《影响——改革开放 40 年的中国电影》
主创团队

序　言

影，在我们心中是电影，是时光；响，是声音，是力量，也是出发。我们通过电影寻找一种力量，让自信的我们再出发。

"过去的回忆比将来的希望更加甜蜜"。这对于那些在两百多个昼夜里辛勤劳作的年轻人而言，对于那些为光影注入过灵魂的人来讲，那份持久的甜蜜，想必会满溢他们的胸怀。那些蒙尘的岁月，一经擦拭，又闪闪发亮起来。人正是因为有了回忆，才有了人的滋味，才与时间真正建立了联系。电影所要做的，就是这些。

这卷跨越大江南北、经由长城内外的访谈，与1978年以来的这四十多年有关，与社会生活变迁有关。数十位中国电影飞速发展的亲历者，回溯了改革开放以来那些无法磨灭的光影故事，他们数十年的风雨兼程，以艺术思想承载着家国情怀，用影像捕捉着整个社会的沧桑巨变。曾经的老片复映以及新片创作，都以百花齐放的姿态推动了思想解放，开启了一个崭新的电影时代；第三、四代导演重焕青春，银幕内外大声疾呼真善美的回归；第五代影人强势崛起，以对传统文化的寻根和反思，让中国电影大放光芒。薪火相传、层出不穷的新生代影人，也在持续不停地创造着奇迹。影有他们，响也有他们。中国电影从大国到强国的征途上，有他们，影响世界。

就在这四十多年里，中国电影以丰富而自信的表情，让世界倾听到了这个民族所特有的表达，才有了江山代有人才出、各领风骚数十年的蔚然景观。这是中国电影一笔宝贵的历史和精神财富，也是我们策划和制作《影响》的原动力。我们《中国电影报道》栏目组的二十多位年轻编导在专家的指导下，经过近三百天夜以继日的奋战，先后采访近两百位亲历改革开放的电影人，追寻当代中国电影的光影足迹，还原再现改革开放给中国和中国电影带来的巨大进步。恢复高考、思想解放、落实知识分子政策、农村土地联产承包责任制、工业改革、女排精神、法制建设、第五代、特区建设、创业、流行时尚、出国潮、主旋律电影、引进大片、合拍片、港澳回归、商业电影、香港导演北上、少数民族电影、2008年北京奥运会、强军之路等富有时代节点气息的词汇，因银幕光影的演绎变得生动鲜活，也勾勒出改革开放四十余年来的光辉岁月。

四十余年光影故事，银幕上的改革开放，写照一个伟大时代，汇聚成今日以点带面、小中见大的《影响》。这是一次难得的贴近历史的学习，也是向塑造时代的中国电影和电影人的一次致敬，更希望今天的年轻人由此了解中国电影的光荣与骄傲。这是我们责无旁贷的使命。

　　其实从某种意义上讲，最好的书还是电影，影响我们人生的也是电影。在与改革开放同辉的中国电影面前，一切篇幅都是有限，所有时间都显得短暂。好在专题片中容纳不下的所有访谈，都收录在本书中以飨读者，使关心和支持中国电影事业的人们，通过这些饱含电影人岁月积淀的亲身经历和真知灼见，对中国电影改革开放四十多年的发展变化有更为全面详尽的了解。

　　在 2019 年新中国成立 70 周年，以及即将到来的 2021 年中国共产党成立 100 周年的光荣时刻，我们将携带这份宝贵的精神财富，走进新的时代，不忘初心，砥砺前行，从新中国电影的发展历程中继续汲取营养，将中国电影的主流价值传承后世、弘扬下去。

　　用我们的《影响》影响我们，用我们的电影影响我们。《影响》是一段路，是一种继续；影响，更会永远。

王平久

目 录

继往开来

影响

中国电影人访谈录（1978—2019）

唐国强：

撕掉"鲜肉"标签，拒绝被下定义

文 / 康婕

唐国强

提起唐国强，可能每个年代的人们头脑中会有不同的标签，但无论是早前的"奶油小生"，还是现在的"伟人""帝王专业户"，都不能忽略一个事实，唐国强的表演生涯伴随着改革开放40年一路走来，始终都在人们心中占据一定地位，这大概就是艺术生命的常青吧。现在都在说"小鲜肉"，可谁还没有个青春年少呢，标签是人给的，定义是人下的，如果觉得它埋没了自己的实力，那就用自己的实力去证明。唐国强现身说法，亲手将"奶油小生"这顶帽子摘掉，现在的他，只有时间历练积淀下的岁月风华，不管是《张思德》《建国大业》等主旋律影片中的毛泽东，还是《雍正王朝》《贞观长歌》里的雍正、唐太宗，哪里还找得到当年《孔雀公主》中俊美无双的

召树屯王子呢。但相反，如果没有年轻的经历，被人轻看的过往，也就没有今天的重生吧。那我们就先从他年轻的时候谈起。

奶油小生的烦恼

记者：我听说有一个传闻，说您长得就有点像年轻时期的毛泽东，有这个事儿吗？

唐国强：这个应该说是1977年的事情，因为我1975年拍了《南海风云》之后，八一厂有意要留我。但是地方剧团也不愿意放我，我就处在这样一个夹缝状态。八一厂想总得找一个理由，1977年有

唐国强（左）与真实的毛泽东形象对比

一个化妆师叫刘鸿，有一天突然跟我说，觉得我有几个角度很像当年斯诺给主席拍的那张照片，1977年我才25岁，他给我画完后就拍了几张黑白照片，再把这些照片送到了总政。正好当时总政正在找一些特型演员作为培养对象。后来总政就批下来了，说以特型演员的名义把我从地方调到了八一厂。1978年我到了八一厂。那个时候正在拍《桐柏英雄》，后来改名字叫《小花》了，它是1978年拍摄的，1979年上映的新中国成立30周年献礼片。这个片子并没有引起大家太多的重视，因为当时很多献礼的大片子，像《曙光》《从奴隶到将军》等等。黄健中是主要的副导演，张铮是主导演，但是张铮年纪毕竟大了，摄影师叫许国梁，他也是身体有病，所以摄影真正端机器的是云文耀，真正在现场忙活的是黄健中，这两个年轻人我觉得有这么一种冲劲，选了我们3个年轻演员，虽然大家年轻，但也都有拍过两部戏的经验，比如陈冲就刚刚

🎬 电影《小花》中的三位主演

拍完《青春》。

记者： 她演的哑女。

唐国强： 对，哑女。应该说在拍摄当中，我感觉到我们三个人还是处在一个被动的创作状态，就是按照导演的要求，希望我们怎么样我们就怎么样，这种主动性并不是很强，所以后来有人说电影是导演的艺术。当时已经改革开放了，大家思维很活跃，有很多新鲜的表现手段，比如说慢镜头、闪回、黑白色彩的变化等等，包括歌曲。

记者：《小花》中的歌很脍炙人口。包括现在的电影《芳华》还在用。

唐国强： 对，《妹妹找哥哥泪花流》，还有《绒花》这两首歌，当时我记得是王酩一直跟着我们。他写完了，唱出来给大家听，再给他提建议，看哪里需要修改，剧组的整体创作的气氛很浓厚，大家都是飙着劲。希望能把片子拍好，是大家共同的愿望。这个片子直到拍完还没有定下名字，记得当年《大众电影》登的名字是《觅》，寻觅的觅。后来说这个"觅"有点太像日本电影名字了。我听说，送审的时候著名电影评论家钟惦棐先生说这部电影很有特色，有点像他办公室窗台上放的一盆小花，这个花不起眼，但是感觉一年四季都在开花，所以干脆取名叫《小花》。

记者： 是因为主角叫赵小花吗？

唐国强： 赵小花，其实不是，你注意看英文名字，按英文名字如果是叫赵小花的话，它应该是叫Xiao Hua，但是它的英文翻译叫The Little Flower，就是一朵可爱的小花，那实际上就印证了为这个片子真正取名字的是钟惦棐先生，他说在众多的献礼片当中，它像一盆小花，看上去不起眼，但是很值得观赏。到今天为止，很多人记得我，或是记得我们这三个人都是从《小花》开始。

记者： 其实光听名字，这个片子就比《从奴隶到将军》和《曙光》两部电影更充满革命英雄主义情怀。这个片子是充满革命人道主义的，也是更有人情味的，这个人情味是在以前的影片里很少表现，几乎是没有。

唐国强： 对。

记者：这个东西就是非常打动你。

唐国强：它能够在中国电影史上占有一定的席位，在某种意义上说有一点里程碑的味道，就是因为它第一次把战争作为背景，写了三兄妹的悲欢离合，在当时是一次很有意的尝试，跟其他影片直奔重大主题不一样，有自己的特色。

记者：最主要不那么凝重。

唐国强：对。所以大家把兄妹之间的悲欢离合看得比较重，这种新的东西，可能是赢得了大家喜欢的一个很重要因素。

记者：《小花》，包括接下来的《今夜星光灿烂》在当时都是有探索意义的片子，老百姓的口碑也不错，但你的表演却受到质疑。我听说一次剧组吃饭的时候，别人问你吃什么，你只吃奶油，所以叫你奶油小生？

唐国强：我们当时在屯溪拍戏，正赶上过生日，陈冲就问我最喜欢吃什么，我随口说，最喜欢吃奶油蛋糕了，她就准备奶油蛋糕去了。当时是一个玩笑，后来到内景拍摄，因为内景的光就比较柔，那时候我也年轻，光打到皮肤显得颜色很鲜亮，当时在摄影棚里看样片的时候，陈冲突然冒了一句说，我哥喜欢吃奶油，你看那皮肤像奶油一样，干脆叫奶油小生吧，当时大家一乐就过去了。后来又拍了《今夜星光灿烂》，也没有什么说道，真正确立这个说法的是《孔雀公主》。

记者：这个跟您以前演的军人形象不一样，《孔雀公主》导演叫朱今明，是中国大摄影师。

唐国强：朱今明，是顶级摄影师。拍完《今夜星光灿烂》，我见朱导演的第一面，他说，我身上有一股兵气，得把这个抹掉。这部电影拍的是傣族的神话传说，傣族夫妻之间都没有吵架的，他们是非常平和的民族，影片要拍得美，拍得柔情似水。我没想到实际拍摄的时候，我这个男同志都要被粘假睫毛。

记者：也画了腮红。

唐国强：他就往细腻上走，整个片子是一个舞台性的神话片，因为朱导演年纪大了，所以拍摄进度也比较慢，拍了近两年时间。如果电影早一年出来，能得百花奖，因为在同时期拍了把唯美主义表达到顶峰的《庐山恋》。《孔雀公主》在那时候

电影《小花》剧照

出来的话，依然是会到那个位置上去，但什么事情都是物极必反，等到我们第二年上映的时候，正好赶上高仓健的《追捕》进入中国了。

记者：当年那些人对你的质疑，不是表演，只是形象的问题，比如"我们现在需要男子汉，不需要唐国强这样的奶油小生"，你对这种质疑是一个什么样的态度？

唐国强：几种因素都有，主要还是有一个外因，就是那个时期上

电影《孔雀公主》剧照

映了一部叫《水晶鞋与王子》的电影，片中有一个西方王子，很放荡不羁的那种。再一个高仓健突然将冷峻之风引进中国，尤其对女大学生来说，完全是一种全新的印象，让人觉得这才是男人。那么总得找一个对立面吧，就是我了。我当时心情很不好，过一段时间才比较平和。开始我沾了形象的光，后来反而吃了形象的亏，想继续干演员，就要自己去努力，但是也没有必要完全改变自己。我曾经在拍摄《四渡赤水》的时候，试图粘上胡子看

◈ 电影《追捕》剧照

◈ 电影《高山下的花环》海报

能不能改变。但是我的眼睛和气质依然没变。所以我说，一定要因性以练才，不要跟自己拧着干，你的特点就是你的风格，至于当时说奶油小生，今天来看两重意思：第一，是漂亮的脸蛋加不会演戏等于奶油小生，就是说你的这种风格该下课了；第二，角色不能都让你占了，还是让你下课的意思，这两个理由凑在一起看，有点挖苦我。我当时是有一些情绪，但是只是发牢骚不行，得用事实来辩驳，证明我并不是一个绣花枕头。

撕掉标签，为自己正名

记者：所以说你后来接演了赵蒙生。

唐国强：电影《高山下的花环》。

记者：那个片子非常好！影片好像也在说你自己一样，一个被大家都看不起的人，照样能成为英雄。

唐国强：对。

记者：影片中，那个指导员刚开始在逃避战争，连他带的兵都瞧不起他，但是后来既然要加入战争，就得好好带兵。

唐国强：对。他把那个酒瓶子摔碎了，有一个裂变的过程。就是一场战争对一个人思想上产生了裂变，但是我当时的苦恼在哪呢？就是被人说的时候，拿不出作品来反驳，这给我带来了很大的压力。其实当年我在没有拍这个电影之前，已经看了《高山下的花环》的原作，非常喜欢赵蒙生这个角色。

记者：是你向导演自荐的？

唐国强：我就是想演，当时我听说山东电视台准备拍电视剧《高山下的花环》。八一厂几个同志也都在，我想让他们向导演推荐我，但是后来得到反馈，说导演担心，我这个奶油小生把这个戏演砸了。我说我一开始就是演的士兵出身，连续演了几个兵，就拍了一个《孔雀公主》后，我就不能演兵了？所以我一定要找一个突破口。我想到了李秀明，因为她是当时唯一一个跟我合作两部戏的女演员，我们对彼此很了解，而她当时正好在跟谢晋拍《秋瑾》，我就让她在拍戏中跟谢导推荐我。后来她跟我说，让我自己也表个态。我就给谢导写了一封信，也就是后来大家说的毛遂自荐。我说我现在很苦恼，觉得自己像一棵树，长了很多枝杈，特别需要一个有经验的园丁，能给

我把这权打了。另外我想通过拍戏，让谢导演看我究竟是不是做演员的料，如果不是这块料，我绝不图这个虚名，我说我希望从场记开始，一个人总得踏踏实实做点事。谢导演有他的想法，居然就用了我。一进组谢导演就给了我一个下马威，当着大家的面说，小唐给他写信了，决定背水一战，破釜沉舟，这两个词一下把我逼上梁山，没有退路了。如果说拍《小花》时候，我们在创作上还处在一个不太自觉的状态，比较被动的话，那么《高山下的花环》是我们就进入了一个自觉的创作状态，比较主动。谢导演有他的工作方法，他让摄影师、美工师写分场设想，让副导演带着我们做小品，我们演员对每一场戏也要做自己的分场设想，想完了之后，还要给表现出来。他让摄影师捕捉我们细腻的表演动作。我们做了大量的笔记，每场戏都做笔记。我在这个戏吃了很多苦，但是觉得值得，我有了一个主动的、比较自觉的进入创作的状态，这是我觉得最难得的。

记者：我还记得这个戏里面，赵蒙生脸上好像还有一道疤痕。

唐国强：就是因为这个，后来让我脸部都感染了，化妆师要用疤痕水给我粘，这样一天、两天可以，但拍这个戏，我要全程粘到底。

记者：我觉得您在《高山下的花环》里的表演很准确，情绪饱满。

唐国强：这个戏，我采取了一些比较笨的表演办法，比如说赵蒙生最后歇斯底里端着枪，大喊着向敌人冲去，我需要进入一种疯狂的状态。开拍之前，我跟谢导演说，能不能给我一个储备情绪的时间，让我喊完三声再开拍。导演同意了，喊完后我自己嗓子整个哑了，眼睛充血，拿着枪冲了过去，拍完这场戏后，我的手还在发抖，后来发现手都出血了，当时都没有意识到。

再比如有一场上战场之前的戏，连长、副连长、我，几个人喝酒，我们是真喝，当时没有好酒，就用苞谷酒喝到最后，等到眼睛充血的时候，砸这一瓶子，当时扎破了手，我都没有疼痛的感觉。这个戏，我认为自己还是有了一些突破。这个戏

电影《高山下的花环》剧照

拍完了，正赶上一个好时候，就是北京电影学院自 1949 年以来，第二次招收表演班，就是所谓的明星班。我是班长，郭旭新是书记，张国民、宋春丽、方卉、赵福余、刘继忠、寇振海、梁同裕，还有演靳开来的何伟都是同学。

记者：还有宋晓英、方卉。

唐国强：对，上影厂的那批人，还有赵静、姜黎黎、赵娜，20多个同学，我们就有了一次上大学的经历，那时候大家都很认真，因为有这样的机会不容易。我那时候也是副团级了，穿着料子军装去上学，每个人都弄个录音机，听课，做笔记。当时我最大的感受就是每天觉不够睡，因为自己已经完全进入学生状态了。

电影《高山下的花环》剧照

我们毕业有两台大戏，我参加的是话剧《赵氏孤儿》，演的程婴。在电影学院这2年，比较大的收获是听倪震老师讲如何读电影，他让我们不断地写观后感，让我们从看热闹到看门道，当然我们也做了一些小品，就是要暴露自己的一些毛病。

记者：是要解放天性吗？

唐国强：除了解放天性，还因为当时请了一个法国老师：拉芳。她是一个新浪潮派的女演员，用她的理念来教我们，跟我们学习的传统表演理论还是有区别的，在表演理论和方法方面，知道自己该怎么做，是我在学期间最大的收获。

从高仓健说起

记者：高仓健当年很火，你对他的表演怎么看？

唐国强：我觉得高仓健的表演很有深度，他确实表现了一个男性的坚忍，他的沉默寡言，他的担当，但是这种性格，我觉得在中国会水土不服。虽然女孩子很喜欢，但是你嫁个这样的丈夫，不感觉到很沉闷吗？另外他的表演有萨特的"他人即地狱"那种宿命的东西在里头，所以国内的好多演员只是学了人家的壳，故作冷峻状。这种冷面，一个可以，两个可以，但不能都这样。高仓健后来还在演技上继续发展，不断地在挑战男演员的难度和高度，我作为男演员，非常钦佩他。比如他后来拍的电影《沙海勇士》《南极物语》等等，完全是在作为一个人都很难承受的状态下去塑造人物。一般的男人很难达到，但他能够坚持下来，感觉这才是英雄。我看过他的电影《海峡》，最后他没有台词，但你能从他的眼睛中感觉到很多有内涵的东西。

表面的东西永远不会长久，就像我们现在，一个演员如果去迎合时尚，最后往往会弄丢自己，因为时尚是在不断地变化的。你看从高大全的形象，到漂亮脸蛋，到冷面、丑星，再到现在台湾《流星花园》中的小鲜肉，转了一圈又回来了。一个演员如果老围着时尚转，那最后还有什么？所以我觉着演员不要去迎合时尚，要保持自己的风格，因为风格即人。就像我们以前在很多理论上是不对的，派克来中国时，《大众电影》把

北京电影学院85级表演系大专班

1985 年好莱坞演员格里高利·派克访华

我们邀请去了一起座谈，其间有一个有点小名气的记者问派克，对本色演员和性格演员怎么看？派克愣了一下，说不知道什么意思。翻译中国演员认为性格演员就是能演很多不同性格的角色，本色演员基本上就演自己。派克听明白后，说可能是翻译上出了问题。因为在好莱坞，性格演员一出来就是西部牛仔，一出来就是坏蛋，在表演上讲，层次上稍微低一点。记者问派克先生是不是属于比较本色的演员，他回答说不是。派克认为，一个演员如果没有自己的本色，怎么跟别的演员区别呢？他接受了这个角色，一定是把自己跟角色做了一个平衡，角色中有他，他中有角色。一千个人演哈姆雷特，就有一千个哈姆雷特，大家理解不一样，自身条件不一样，不可能有一个唯一的哈姆雷特，只不过是看谁更靠近而已。

记者：这是一个很复杂的问题。

唐国强：所以我们在表演理论的探讨上是出了问题的，包括说奶油小生，今天叫"小鲜肉"等等的这些东西，我觉得在学术界里边应该把它抛弃掉，因为它不进大雅之堂。表演就是谈表演，不要加上一些市场上很低俗的东西，比如说"小鲜肉"。为什么会叫"小鲜肉"，"小鲜肉"是给谁吃的？所以我希望影视评论界探讨表演的时候，应该就是谈表演，不要夹杂其他功利的东西。将来多少年过去后，后人会觉得我们太幼稚、太低俗了，因为我们没有真正谈到表演。你看美国好多演员，他们本身已经很有名气了，但是还要成立表演研究机构，

继续探讨表演的问题，而我们还在原地打转。我们是在跟着商业的步子前进，但有多少时间在真正地探讨表演？没有！这些年，我觉得在电影表演理论上，我们是在原地转圈，没有人在探讨作为表演最感性的东西。表演要靠文化来支撑，包括对于生理的研究，我们的表演理论如果不研究生理、心理，那永远都是教科书式的，理性的教学，永远学不到真正能用的东西。这就牵涉我们怎么去训练演员，表演是什么？影视表演跟戏剧表演有没有区别？两者是绝对有区别的，不像有人说只是在演而已。表演是有连续性的，像油画，素描完了上颜色，颜色上完了后要不断改进，多少年之后还在修改。导演拍戏要先熟悉台词，再安排调度，音乐合成，最后到演出这一步。演员要逐渐接近角色，特别是影视表演，"预备"，"开始"，能一瞬间你进入状态才是主要的。所以现在很多表演类节目，指导的也都是舞台化的表演，根本不是镜头前的表演。表演要研究人心态的变化。

记者：首先要研究自己。

唐国强：因为你是拿自己来做工具，对自己都不了解，怎么去用啊？

记者：我以前在电影学院讲表演课，讲了表演的三个阶段，第一个是认识自己，第二个是舍得自

己，第三个是享受自己，我最后跟学生们讲，享受自己是人生最完美的境界，你觉得自己什么都好，演员最高境界就是享受自己。

唐国强：作为演员，尤其作为一个影视演员该怎么培养？这是现在我们迫切要解决的问题。这么多表演系两年、四年的毕业生，他们究竟了不了解自己属于什么类型，对人生百态究竟了解多少？所谓体验，就是我们看过的、学过的、写过的、经历过的这一切，全部加起来变成了自己的体验库。所以我说，对演员来说经历是财富，因为你可以产生很多联想，感受到很多东西。有老同志跟我说，我以前眼睛里边，一切都非常美好，因为没有太多复杂的挫折、经历和苦难，等我演诸葛亮的时候，眼睛里边就

年轻时的唐国强

电视剧《三国演义》中的唐国强

多了一些酸涩，因为有了一些经历。但是演员的经历毕竟有限，更多的时候要靠气质和状态。气质不是演出来的，是养出来的，演员比到最后比的是文化。文化是个很宽泛的词，它包括很多，包括一个人的担当和修养，包括他对事物的认识。如果对很多人物都不了解、不理解、没感受，那就演不出来，所以有的人站在那儿一看就是个学者样，他身上的书卷气不是演出来的，而是养出来的，是在身上自然流露出来的，这个是难的，你得去琢磨。所以，我认为演员只能去悟，悟就是把自己放进去了，你能悟到是你的，悟不到就是别人的。

记者：教不来也学不会。

唐国强：演员一定悟自己、悟社会、悟角色，还得是个心理学家，因为要短时间内进入状态，这是需要研究的，而恰恰我们没有在研究，所以我电影学院的毕业论文是《为影视表演的情感体现搭桥引路》，怎么搭这个桥，怎么引这个路，是很关键的。拍摄《三国演义》的时候，我还能控制到一定层面，跟我在电影学院的毕业大戏很有关系。《赵氏孤儿》里的程婴，我从40多岁一直演到70多岁，都是程婴的戏。这样一个角色的舞台戏份，我能够承担下来，就对自己有了一种信心。我知道自己能够把控《三国演义》里诸葛亮这个角色，它是三机拍摄，没有舞台上这点东西是不行的，包括拿扇子这个动作。扇子真的是诸葛亮拿来扇风用的吗？不是，那是名士的一种休闲状态，是一种标志和风度的表现。我借鉴了一些戏曲表演，戏曲里边将军一般都扇肚子，文臣扇左肩，动作要很儒雅。很多影视演员从舞台上来，也希望再回到舞台上去表演，因为这样更过瘾。在舞台上，演员的魅力能够充分展现，但影视毕竟是导演的艺术，你表演得再精彩人家如果不需要，咔嚓一剪子就没了。

话剧是连续的，是一个自我享受的过程，作为演员来说，会觉着很过瘾，尤其是经历完了影视表演，在舞台上会非常自如、自然，不像以前排舞台戏，按导演安排的调度走时那么生硬。但是，毕竟舞台表演跟影视表演从进入的方法上就是完全不同的，到现在为止，我觉得对影视表演和戏剧表演之间的探讨，还没进入状态。大家看综艺《演员的诞生》，演员在舞

台上还是要走机位的，还是算培养戏剧演员。影视演员怎么培养？镜头就在你面前，你的表演不用放大或夸张。当年有个苏联电影，一个德军元帅知道红军要打进来了，在他色厉内荏的时候，导演给了一个大镜头，脸上没有任何表情，就看着肌肉跳动了一下，这一瞬间的特写就是镜头的魅力。演员应该做这种训练，比如说心里一惊，如果头皮能动一下，比做什么表情都强，这个表演领域是可以无限探讨的。

记者：它是科学，也是一门艺术。

唐国强：它确实是一门很艰深的艺术，因为你在用自己去表现另外一个人，怎么进入这个状态，每个人有不同的方式，有人激动的时候，突然放一首音乐都会让他产生联想，有人说一句话就会联想，有人甚至一个抽泣，就能够迅速地把自己情绪调动起来，就是你刚才说的，要了解自己。表演是非常艰深的，你理解了未必能表现出来，你表现出来了，自己觉着准确，其实未必，因为这中间还要考虑导演的构思，所以说表演有时候跟画画一样，要善于留白。表演是有假定性的，是要以假乱真的，你演你妈死了，但你妈并没有死，你只不过是通过联想，通过各种各样的手段来调动自己类似的感知，所以表演永远是个近似值，永远是个约等于。

扮演领袖角色的日子

记者：我觉得您表演当中有一个重大的转折点，表演这个角色为你后来的角色奠定了基础，就是毛泽东。您演的毛泽东跟其他人演的毛泽东不一样，他不是意气风发的，不是一个只会指点江山激扬文字的领袖，而是带有疲惫的，甚至是忧郁的气质。

唐国强：你说的那是《长征》。

记者：当然也许跟翟俊杰导演有很大关系，跟您的表演也有关，当时您的脸型好像是显得很长。

唐国强：不是，当时就是要减肥，减肥太痛苦了，翟俊杰说少吃饭，吃果实营养素，别睡觉，脸都饿绿了，但是后来也发现这个问题，就是本身我跟主席就差距比较大，过于消瘦之后，就有点瘦脱相了。

记者：就是要神似，对吧？

唐国强：对。

记者：从这个戏开始以后，就显示出明星也能演那些伟人。

唐国强：1996年拍《长征》的时候，翟俊杰导演跟我关系不错，他了解我。他看过我的主席扮相，觉得挺好的，怎么就不敢演呢？我当时说："你让我演，我就敢演"，他就让我演《长征》，老翟给我开了一个头。当时也遇到了很多困难，就是怎么理解这个《长征》，因为以前我们看了《万水千山》也好，看了萧华的《长征组歌》也好，看完了很多资料，我觉得是角色在牵着我往里走，因为长征中的毛泽东，是逆境中的毛泽东，在逆境当中带领着队伍，最后到遵义会议，一直到走向陕北。他心态是有变化的，在压抑中有很多想法，这是很高超的领导艺术。这部片子对我来说是挺重要的作品，因为从此我就开始演主席了。

记者：我很喜欢您在片中的表演。看您演的诸葛亮，还有《雍正

电影《长征》中唐国强饰演毛泽东

王朝》，都是逆境中力挽狂澜的时代巨子，这之后您又演了毛泽东。

唐国强：对，那个对我挑战最大，《开国领袖毛泽东》是演完了雍正之后，突然让我演的。我不敢演，觉得差距太大了，特别是年龄上的差距，毕竟开国时候毛主席56岁了。我演这部电影的时候是1999年，新中国成立50周年。

记者：您1952年的是吧？

⊙ 电视剧《换了人间》剧照

⊙ 电影《建国大业》海报

唐国强：我1952年的，整个状态不够，眼睛里边的内容不够，还是太纯了，但是我当初接主席这个角色时候，首先要分析，自己的优势在哪，劣势在哪，面临的问题是什么。我当时就说了三个问题：第一，古月演过毛泽东，全国人民认可他，我是后来者，但后来者往往不被认可，有排他性。

第二，古月上来就是湖南话，对老同志们来说是怀旧，可是作为艺术作品来看，就不合理了，比如说他演的电影《毛泽东的故事》，片中毛主席说湖南话，乡亲们全说普通话。扮演一个艺术形象的毛泽东，说湖南话的感觉和普通话是有差别的，再加上主席是文人出身，感觉上就不一样，要更多地走人物，走细节，走心里的状态，要了解历史，要了解解放战争，从长征到延安，从延安到解放，从解放到后来，这些历史不了解就无法演。

第三，古月同志上来就演毛主席，对观众来说没有参照物，所以容易接受他，我演了一堆奶油小生，又演了诸葛亮、雍正，熟悉我的观众得逐渐从这些角色当中抽离，才能进入对毛泽东形象的审美，所以在某种意义上讲，我感谢电视剧，电视剧给了我40集的时间，我今天改变不了你，我一个星期之后还改变不了你吗，一部戏还改变不了你的看法？

我大大小小演了将近40个主席的形象，包括电影和电视剧，在《换了人间》发布会上我也讲了，我们这个团队不容易，21年就在主打一个目标，更不容易，所以我很难想象后来这些人，还能不能形成团队，能不能有一个系统的了解，如果仅仅演一部，演一个段落，恐怕是不行的。我这次去俄罗斯拍《换了人间》，特意到了新圣女公墓去探访史楚金，他在《列宁在1918》中演的列宁。我很有感触，他一生演了四部列宁的片子，我们看了两部，他确实完成了一个艺术家的使命，能够让大家熟悉列宁的形象。

我现在演主席，也觉得有一种使命感，能不能把主席演得让大家感到比较可信，忘了是我在表演，而是透过我看主席在做什么事情。包括《建国大业》，有几个造型，我自己都觉着很欣赏，尤其是检阅的时候。

记者：军装是吧？

唐国强：穿了个军大衣的那个造型，从他跟欢呼的士兵招手，到最后他眼睛的湿润，那个镜头剪了很可惜。后来我一直讲，当塑造一个人物的时候，你要想正常和不正常两个方案，往往不正常的那个可能会更精彩。因为意料之外，情理之中，你能抓住这个，那很多东西就会精彩了，如果你想到了，别人也会想到，那就不行，要让别人感到一愣，琢磨后会意一笑，这就好了。所以，我尽量争取能够拍更多的电影，因为电影细腻，1部电影我拍了将近1年的时间，一部40集的电视剧，也是1年时间，但它相当于18部电影。电视剧中，我从长征演到解放，一直到毛泽东去世，都演完了。

我一开始是走了演电影这条路，但逐渐我更多地走向了电视，虽然累，但是我觉着也很值得，使我有机会画了大量的人物素描，但是我也还希望能够通过电影的方式，更精细地去刻画人物形象，毕竟我已经这个岁数了，现在属于倒计时，还能拍多少戏，要给自己一个规划了。

没有改革开放，我可能不会做演员

记者：刚才说电视剧，有人开玩笑地说唐国强把中国的皇帝都演遍了。

唐国强：没有，应该说只是演得比较多，但是真正能有点看头的，我个人感觉雍正是一个吧。

记者：雍正。

唐国强：还有一个82集的电视剧《贞观长歌》，是关于唐太宗的。还有一部原来叫《大航海》，后来改成叫《郑和下西洋》的电视剧，我在里面演朱棣，在造型、表演上有特点，朱棣是真正篡位的皇上，但是他确实干了很多大事。

记者：好多人说，唐国强老师把中国上下五千年帝王将相演了个遍，可以说是中国顶级男人的代言人。

唐国强：不是，老天爷对我不薄，关键时候推了我一把。当我进入中年，不能靠脸蛋吃饭的时候，有一个诸葛亮这样的角色，能够引着我往前走，后来的雍正、主席，可以一直往下演，是角色在牵引着我不断地攀登艺术高峰。这些角色，从《高山下的花环》开始，都是充满了艰辛和变数的，大家都觉

着我不行，包括后面的诸葛亮不行，雍正也不对，毛主席就更不行了，而恰恰是这些不行才真正造就了我。更主要是角色带着我走，包括所谓的气场，就是对自己的自信程度，跟别人在一起说话时的那种感觉，它是会变化的，因为你经历过、试过、学过、演过一些东西后，气场会逐渐在身上发生变化。所以我说是角色牵引着我在不断地往前走。

记者：好，现在我们来聊下您演的唯一一个普通人的电视剧《雪白血红》。

唐国强：马奇。

记者：马奇这样的人物，浑身缺点，有时候像个小孩，有时候像个女人，但他骨子里还是一个不折不扣、不屈不挠的男子汉。

唐国强：对，是个男子汉。

记者：但他表现出来的状态，那种优柔寡断，有点磨磨叽叽的状态，不像一个男子汉样，您当时接这个戏的时候怎么想的，您没有演过跟马奇雷同的角色。

唐国强：对，当时这个角色，我还是比较喜欢，觉着这是个现代的《围城》，现代知识分子的很多毛病，好像都在他身上有所反映，但是他也不乏一颗善良之心，有自知之明。他到国外去当教授，总在寻找自己的价值。但他又不甘心，觉着自己作为一个男人还是应该有

● 电视剧《雪白血红》海报

● 电视剧《雪白血红》剧照

所作为的，可是有了孩子后，他该怎么办？他的学生都嘲笑他，所以最后他毅然地背上行李包，走在沙漠上。后来这个作者跟我很熟，他说有很多自己的体会和经历，所以写得能够比较深刻。

记者：非常细致，也非常深刻。

唐国强：但是很多人问我，去演这种角色干什么？他们总觉着我应该去演高大上的角色，但是我觉得作为一个演员来说，能够去做尝试，编剧和导演能信任我去演这样一个角色，也是很难得的。

记者：特别好，我很喜欢这个角色。

唐国强：有很多知识界的人跟我说过，《雪白血红》虽然好像没什么影响，但是他们很喜欢马奇这个角色，我说我给他的定位就是中国现代知识分子的围城。

记者：您觉得改革开放给您带来了什么，最大的变化是什么？您如何看待改革开放？

唐国强：如果没有改革开放，我可能也不会干演员了。

记者：改革开放前您不是演员？

唐国强：我们那时候没有工作可干，我父亲是个医生，坚决不同意我做演员，跟我拍了桌子，后来我说表演是个创造性的劳动，最后他才无言以对。所以到今天为止，我认为作为一个演员，可以在职业上退休，但是在事业上不会，因为你的事业就是在演绎，你永远不能消停，也甭想消停。

改革开放让我干上了演员这个职业，同时改革开放以后，创作的面放开了，题材也广泛了，拍电影速度也加快了，电视剧上来之后，我就感觉自己的艺术生命延长了，原来1年只能拍1部电影，现在我1年可以拍十几部电影，十七八部电影。改革开放把我们的思路打开了，能够让我们看到历史上很多东西，能够有所表现。

后记

就像唐国强自己说的，从漂亮脸蛋，到冷面、丑星，再到现在的"小鲜肉"，银幕面孔总是在循环往复，那些外在的东西始终是吸引人的噱头罢了，真正重要的还是锻炼自己的演技，用实力说话。现在的唐国强，已经是继古月之后，饰演毛泽东最成功，最被人认可的特型演员，但是他却拒绝用过去的成功束缚，他还在期待新的挑战。

谢飞：

做一个真诚的引路人

文 / 张强

🎞 谢飞

总能在各大电影节上遇见谢飞的身影，也常在电影学院听到他给年轻人传授经验。从他身上能够感受到前辈对历史的反思，以及电影人应该担负的责任，在他平和的言语中也能够听到一位慈祥长者的谆谆教诲。有趣的是，作为一名传道授业的老师，谢飞还是一位有着微博 60 万粉丝量的"网红"，经常在网络上亲自上传自己的照片，记录生活的点点滴滴，被网友们津津乐道。谢飞导演《湘女萧萧》的时候已逾不惑之年，而现在满头白发的他依然奔走在世界各地，为中国电影呼声呐喊的同时依旧保持着对生活的敬意和对未知世界的向往。

"北海读书会"

记者：您好，谢老师！改革开放 40 周年对文艺界的影响特别明显，您个人有什么具体的感受吗？

谢飞：改革开放是一个划时代的历史转折点，是全面的复兴，包括大学重新招生。最早的是 1977 年秋天，电影学院是 1978 年春天开始招生，所以叫 78 届。大学恢复招生，制片厂恢复生产，这是一个划时代的变化。我们那时都是按照老思维拍片，都是反映阶级斗争的故事片，1979 年拍的《向导》是编造的一个反对列强侵略的故事。当时在新疆突然看到了两部电影对我影响很大，一个是《小花》，它的形式非常细腻，摆脱了过去戏剧式的那种传统，挺新颖的感觉，开始出现时空交错、黑白彩色，不是简单地只写英雄主义，而是写人性人情，主要是唐国强、陈冲演的兄妹情。过了不久又有一个黑白片说出现了第一次接吻，叫《生活的颤音》。当时给我的印象特别深，发现自己比这些同行落伍了很多。

我记得在1980年初开了一次创作会，各种年纪的人都拿出了自己的作品，印象最深的就是李俊导演的《归心似箭》，把一个共产党员的生死关、美人关和金钱关写得那么动人，还有《小花》《苦恼人的笑》，张暖忻还写了一个《李四光》的剧本也被凌子风拍成了电影，都是比较好的几部片子。记得当时张骏祥给我们作报告，讲了要怎么按照艺术的规律来拍好中国电影。我们到北海的"仿膳"一块吃

年轻时的谢飞

电影《我们的田野》海报

饭，大家讨论说我们被耽误了十年，改革开放了，时代变了，我们以前能够拍片子机会很少，没有多少经验，现在给了我们机会，应该有发愤图强的精神。后来就成立了一个组织，叫作"北海读书会"，郑洞天就在现场买了个折子，写的前言"1980年4月5日，时值清明，我们在北海聚会，相约发奋刻苦学艺的咬牙精神，为我们民族电影事业做出贡献，志在攀登世界电影的高峰，莫道海角天涯远，但肯扬鞭有到时"，临时凑了这么几句，每个人签名。大家约定这个是文化同人的一个小组织，非政治性的，大家要在拍片子前互相对剧本严格地提出建议，当片子拍出来以后，大家进行参与座谈。每次大家到北京来送审片子，或者是送剧本，人多些了就开一次会。到5月份，有黄健中、滕文骥，大概吃过那么三次饭。后来突然说这个是跨省市组织，不允许搞，所以也就没搞了。

记者： 都是热血青年。

谢飞： 对，大家憋着一股劲儿，希望把损失的时间夺回来，无论是做电影、电视，还是教育。

我们的田野，我的回忆

记者： 您后来拍摄《我们的田野》，背景是知青返城，是不是有这么一个经历让您对时代变化有更深的体会？

谢飞： 首先是思想解放。1978年社论《实践是检验真理的唯一标准》的出现，引起全国对过去僵死的东西进行反思。政治思想的解放，导致了文化艺术的繁荣。我们曾经被一些不符合科学规律的观念或者是教条统治，而且我们不能够反思，不能破除这些阻碍发展的东西。这个观点的提出使得所有人的思想开始开放，中国在经济、社会，以至文化艺术都出现了变化。其实，电影并不是最早的，先是社会思想的变化，然后才是文化、文学界。文学界里的伤痕文学还是反思文学，都开了我们文化艺术的先河，无论是短篇小说《伤痕》的出现，还有刘心武的《班主任》引起的轰动都非常大，出现了《泪痕》《元帅之死》等一批伤痕电影，第四代跟第三代导演一块在做这个工作。我们开始不敢拿那么大的东西，都是比较小的设计，当时看了同行的这几部电影以后，发现自己落伍了，就觉得不能

再拍那种编造的以阶级斗争为纲的电影，要拍真实的电影。当时有一个78班学生在北大荒插队七年，写了一个短篇叫《我的回忆》，我先辅导他们拍了一个毕业作业，黑白短片，我觉得这个路线不错，于是就跟他一块把剧本发展成了一个长片。

在20世纪80年代，电影体制上还是属于计划经济，都由电影制片厂给生产任务，但是我们已经做了非常大的变化。电影学院本身不是制片厂，但是在1978年做了一个非常大胆的尝试，就是由老师们拍一部争取能够发行的片子，詹相持和韩小磊导演的《樱》。当时贷款了10万块钱，电影局一通过就卖给发行公司，应该在六七十万，通过一个电影就建了青年电影制片厂，从此国家就允许电影学院的青年电影制片厂每年两到三部拍摄公映的电影，主要目的是为了我们这批教师的实践。我们这些年轻教师多数都是20世纪60年代前受过5年专业训练毕业的，但是都没有机会做真正的拍摄，而马上要进行教书。1980年我就当了副院长，也管青影厂，《樱》出来了之后，先是拍了张暖忻的《沙鸥》。1979年她发表了《谈电影语言的现代化》，把"文化大革命"后看到的很多西方电影和文章提炼成理论。电影的时间空间应该是非常广阔的，她用《沙鸥》做了实践，在影像上做了很多创新。

我要管青影厂，又想实践，拍完了《向导》以后，想拍一个真实的东西。我们看到的或者经历的事情才是真实的，艺术首先就是要真实地表现看到的现实。后来发现了《厨房交响曲》这个剧本，大家都住在筒子楼里，一块在楼道做饭，觉得非常真实，而且有趣。但是我当了领导，我说这次得空一下，所以郑洞天老师就拍了《邻居》。《邻居》完成以后也很轰动，得了金鸡奖的最佳影片，包括谢晋导演都夸奖说继承了20世纪三四十年代中国电影的现实主义传统，像《一江春水向东流》《万家灯火》的风格传统在《邻居》中有体现。后来我拍了《我们的田野》，虽然我没有到农场当知青，但是对十年间耽误的青春有切身体会，我用五个知青在北大荒农场的情感、思想的变换，来控诉这个灾难，提出青年人应该充分寻回失掉的理想，重新奋斗，也是想在电影艺术形式上做很多新鲜的尝试。今天回头看它的优点是很真诚、很真实，有感而发，缺点

电影《樱》海报

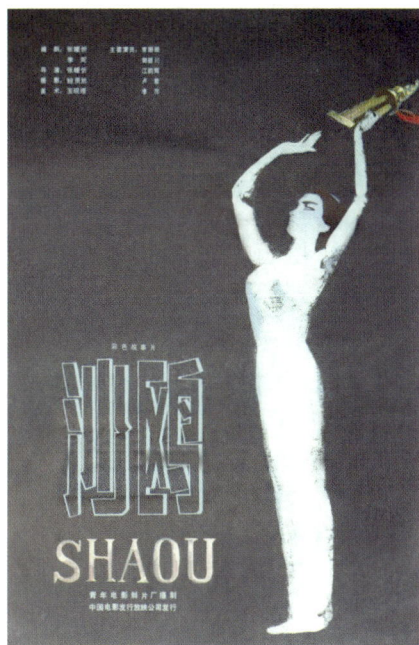
电影《沙鸥》海报

是人物比较简单，时空的交替使得叙事有点起起伏伏。我一共才拍了9部电影，这第三部《我们的田野》可以算我真正的第一部电影，头两部对我来讲也是有意义的，练了一下手，但都不是有感而发。

去了国际电影节

记者：中国电影从不真实到真实，这是一个回归。

谢飞：真实是最基础的要求，

再就是写人性复杂的状态。《湘女萧萧》就是童养媳的故事，反映了封建婚姻制度对人的摧残，它必然

电影《邻居》海报

电影《湘女萧萧》剧照

触及人性中的情欲，在过去是视为洪水猛兽的，不能出现，这个电影里头男女主人公跑到野地里幽会，一个寡妇由于偷人被惩罚，要裸体游街，在过去这是完全不能碰的东西。片子做得很认真，1986年我带着它就去美国，后来亲自把它送到了戛纳电影节。

20世纪80年代初期，我们才慢慢认识到电影除了商业市场以外，还有一个国际电影节的环境。这实际是对主流商业市场的一个补充，因为主流商业市场以一般观众娱乐为主，对有文化层次的电影可能一般观众理解不了，没有机会放映。尤其这些年好莱坞的娱乐片控制了全世界的市场，很多国家的电影就没有机会放映，所以以戛纳、柏林和威尼斯为首的电影节就形成了一个非商业电影的展示和交流平台，在这里可以用获奖的方法来支持民族文化。三大电影节当时很关心中国，特别是柏林电影节，大概从1978年就邀请中国电影去放映，甚至参加比赛。《血，总是热的》就参加过柏林国际电影节，1982年许雷导演的《陌生的朋友》也参加了比赛，还得了奖，咱们的会英语的老同志像黄宗江、孙道临都去当过评委。国际电影节也很盼望中国电影能参与。

我了解到这个，于是就主动把这个片子送去了。当然，一个老先生还说怎么你自己送一个电影来，他说中国从来都是政府送，没有个人送的。我说片子在国内通过并发行了，并给他看通过的证明。后来通知我，说入选最大的展映单元叫"某种关注"。反映还是挺好，但是放映时出现一个趣闻。当时，他们已经把十本拷贝全接成一个大盘，就平躺着一个大钢盘，十本拷贝就这么轮回地转，放完了就收回来，又成了一盘，下一场再放去，用不着一本一本地倒。放的时候突然发现萧萧跟花狗幽会之后，一下就跳格了三本，萧萧说我怀孕了，然后观众哄堂大笑。我一看怎么搞的，赶紧跑到放映室，发现放错本了，停下来之后，他们就赶快把它拆开了接，停了大概15分钟，楼上楼下上千人的观众都安静地坐着，后来看完了电影。我记得那个选片的人来过电话说你这个片子是不是少一本，有些地方不连贯，我当时说不少，可能就是由于那个本错乱，使得他们选片的人没看中，没进主竞赛单元，这都是各种各样的

🎬 谢飞在拍摄《湘女萧萧》

🎬 《湘女萧萧》1988 年在海外发行

偶然因素。有一位威尼斯电影节的人夸奖了这部电影，但是参加了戛纳，威尼斯就不会选择了。片子放了之后，美国的一个艺术电影发行商，他有个公司叫"纽约人"，他当时看完就非常喜欢，很有中国的特色，于是就签了约，一直到1988年在美国发行的，海报上明确写的就是中华人民共和国的第一部在美国发行的电影，当年它是在艺术院线慢慢地放。

记者：在国外的这些经历有没有改变您的电影观念？

谢飞：这个阶段我又去了一年美国，从20世纪80年代中期以后，包括张艺谋、陈凯歌的电影也开始在很多西方的艺术院线放映。我也曾经问一些美国的理论家，为什么他们以前不看中国的电影，他说现在的电影感觉真实，有个性，不再是千篇一律了，尤其是看非好莱坞电影的目的不是去娱乐的，而是能看到你们那个国家、那个民族的生活信息。回来以后我就拍了《本命年》和《香魂女》，《本命年》还挺受欢迎的，是一个小人物的悲剧，当时得了银熊，于是做了很大的宣传。观众特别喜欢看，当时《大众电影》"百花奖"的人跟我讲说这个片子小成本制作，怎么票数永远处于第二位，第一位是八一厂的一个大片《巍巍昆仑》，后来还增发了几次《大众电影》杂志，更多的工农兵投票，结果还是第二位，最后得了那一年最佳影片的第二名。

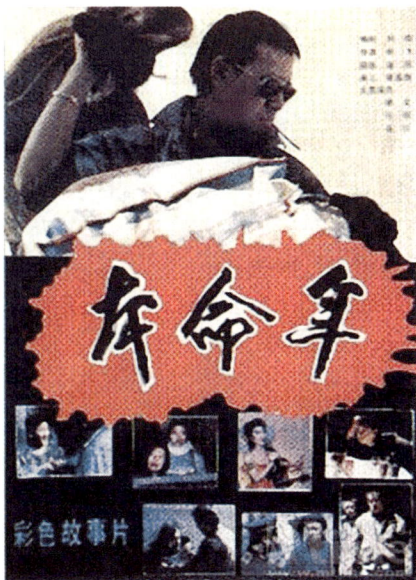

🎬 电影《本命年》海报

两部电影都是在人物身上下功夫比较大，无论是斯琴高娃演的香二嫂，还是姜文演的李慧泉，他们身上有强的东西，也有弱的东西，既有真善美的东西，也有假丑恶的成分，都是很真实复杂的。我们向

电影《香魂女》海报

电影《香魂女》剧照

《黑的雪》小说封面

观众传达对真善美的呼唤，对假丑恶的批判，用不着像过去那种虚假地编造，这样才会维护艺术的价值。这两个电影一个得了金熊，一个得了银熊，当时也都是出乎我的意料。像《香魂女》，它本身是一个家庭伦理剧的样貌，刚完成的时候，大家都觉得不错，斯琴高娃演得非常好。没想到最后柏林给了这个奖，后来想了一下，类似的故事、情节很多，但是戏里对人性复杂状态的剖析是别的戏里很难做到的，其他银幕形象要么是农村妇女的，要不然就是高大全的或者是慈祥的妈妈，没有这么复杂的人物存在。我也明白了一点，就是艺术还是要通过人物形象来传达有价值的思考和情感，这样它就有长久的生命力。

姜文起的片名

记者：《本命年》是写年轻人的，主要来自刘恒的小说《黑的雪》，当时您为什么改名为《本命年》？这是您第一次和第五代合作，他们给这个片子带来一种什么样的变化？

谢飞：《黑的雪》是一个研究生推荐给我的，在杂志上面登的，他看完很喜欢，我一看也觉得很不错，它符合了我的观点和追求，有一个精彩的人物。原来小说头尾都是北京下大雪，是一种宿命的寓意。我们1月份就想方法抢雪、等雪，到了3月份正式开拍就没有雪，于是我把头尾的拍摄方法都改变了。后来姜文有一天跟我说十二年算本命年，角色也是死在本命年里，我一想挺好玩的，于是就开始用了这个名字。我认为一个好导演很重要的就是要让所有的人发挥他们的艺术想法，把他们好的想法都集中到你的身边来。这片的摄影是肖风，肖风在学校的时候也并不太熟，他父亲是个画家，他本人的美术修养也不错。整个创作班子都是年轻一代，就我一个第四代，他们都是第五代，这里头也有见解和经历的隔阂。因为我是个老师，又教过第五代，所以还是很容易把它合过来，你应该吸取别人的，尤其年轻一代的优点，然后又要坚持自己的优点。

姜文26岁演我这个戏的时候还没有当导演，但心里想当导演，他什么都有见解，什么都有主意，我该吸收就吸收。他对表演掌握得很成熟了，带有自己风格，用不着一天到晚说戏或者指导，他采取的表演方法一定是他认为最对路子的，这样特点才能出现，像风衣就是他跟服装在秀水转了半天买回来的一件黑风衣。姜文是个个性很强的人，很有见解，所以他有创作积极性，我又支持他，他就会很高兴。我看完摄影师肖风的一个戏叫《椰城故事》，有在海南岛拍的画面，色彩的形式感，沙滩上堆了很多石头，一会儿是红的，一会儿又都是蓝的，汽车也是各种颜色的，摄影师用各种角度。后来我就先告诉他，你全是在那摆构图了，就会跳戏，他说谢老师我明白了，你要我怎么脏怎么破就怎么拍，我说反正不能让摄影跳出来，摄影师不能用技巧或形式干扰观众入戏。拍了一段以后，他的夫人也是摄影系的，一块来看样片，回去把他骂了一顿，说你用心点，怎么拍得破破烂烂的，光线构图都不讲究。我说这是个写实的东西，技巧要融到内容中间去。我个人一直觉得跟第五代合作《本命年》还是挺愉快的一件事。

记者：我印象特别深的一场戏，李慧泉从一个小胡同一直走到家，描述刚回来的那个状态，整个气质跟之前的不一样，当时是不是经过了精心地设计？

谢飞：雪不能拍了以后，一天到晚琢磨头尾用一个什么形式来表现。西方 20 世纪 80 年代一些电影长镜头特别多，以前的摄影机特别笨重，一打听说八一厂有一台从瑞士进口的老式减振器，必须有一个一米八的操机员捆在腰上走，我们的摄影师都扛不动，就租了几天减振器来拍。有了这个减振器，发现那个大杂院里头七拐八拐的路最适合用这个东西拍，用这个镜头一直跟到他的家，字幕完了进戏的时候我才让观众看到姜文的脸。摄影师扛着设备从天安门地道里穿过，我对那个地道印象很深，就是特别长，又特别宽，干脆第一个镜头从地道里出来，然后再回到他的家里，形成这么一个开场。有了这样一个开场，就开始寻找结尾。原来小说里的结尾是春节，家家都在放鞭炮，玩儿，然后开始下雪，他一个人孤独地走，碰到人把他扎了一刀，倒在雪地里，这是原来的剧本。想用欢乐来衬他的孤独，不断地在想怎么样用一个有特色的长镜头，表达回到社会又离开社会这样一个结局。

这个院里的环境也得设计，得营造一种清晨的真实感，我就开始加广播，让副导演查新闻，查到了哪儿有一个火车撞车

谢飞与姜文拍摄电影《本命年》工作照

了，哪儿有个什么灾难，就觉得这个有时代特点，然后还专门找了播音员来录的。他走过这个胡同，各个家里出现新闻，还有一些歌，先是费翔的《冬天里的一把火》，到了他的门口才出现老评剧，用声音制造一个非常真实的大杂院的清晨，我希望用声音表现北京基层的劳动人民那种新旧对比，尽量让它非常的协调。居委会给我们找来了 500 名群众，大概拍了两个晚上，第一个晚上就 500 人，他逆着散场人流走，我只能一次完成，因为这 500 人只要一放，你招不回来了，只能一次拍成，跟那人打架、扎伤都是第二个晚上我去拍，有些东西是现场之前想得很清楚，有些

电影《本命年》剧照

时候是看了以后又不太足。刚开始放完以后，有些观众就觉得这个头很精彩，而且很朴素，观众一下就明白了这个人物的生存环境，爹妈都不在了，常年不住的屋子，他回来了，会怎么样，就开始引观众入戏，关心这个人物的命运。

记者：电影在当时应该是非常震撼的，是不是反映了您对年轻人状态的一个思考？

电影《本命年》海报

电影《本命年》剧照

谢飞：倒没有那么明确的思考。其实小说是一个悲剧，以前我们受到一些简单的教育认为社会主义无悲剧，都应该是正剧，是英雄剧，而正剧往往把你自己抹得没有色彩了。可是大家不明白古希腊悲剧里最伟大的剧种就是悲剧和喜剧，这两种是人类戏剧史的高峰。这个观念就是已经开始变化了，被接受了。我们写社会主义中的这么一个小人物的悲剧，就明确地写悲剧，在美学观念上都是一个进步。《香魂女》也往这方面努力，它是性格悲剧，虽然我最后抹了一点亮色，但我还是希望提出问题，这个小姑娘有没有把握自己命运的能力，这是更关键的事情。文化电影要有自己的思想，不是简单地娱乐观众，这几点我想明白了才拍这两部电影。

记者：《本命年》那样一个结尾在当时的情况下会受到很大的阻力吗？

谢飞：在审查上倒是没有，在1988年左右整个思想都很解放，很多文学上的大悲剧写得也很多了，没有太严重，这个戏用的是一个小人物的普通人生，又没触及什么，特别情欲表现又那么含蓄，基本没问题。

记者：您说了很多重视人性的方面，但是我也看到爱情被物质的东西打破了，这个是不是您对20世纪80年代末90年代初有种特别强烈的感受？

谢飞：港台歌曲的泛滥和录像带的泛滥是很现实的问题，社会上也是批判得多些。当时没有人提电影中的这种问题，我拍那些场面的时候就很谨慎，比如电视上播的是美国一个R级片，还真不是黄片，那个画面我还都拍的半虚状态，没必要在这上头做一些审查通不过的地方。

记者：意思就是说当时的那种时代变化体现了人的精神空虚。

谢飞：对，这也是原作里已经表现到的现实，作为我们来讲也都知道，虽然有些东西并不是直接经历的。我读到《香魂塘畔的香油坊》这个小说以后，一个是人物吸引我，另一个就是做香油这种很独特的地方特征，我就专门去找了原作者周大新，他带我到了他的老家河南南阳，去访问一些油坊，到实际生活中去寻找。他中间有虚构的东西，但是他虚构得有根据，有分量，就值得你去做。

中国电影拿下欧洲三大电影节最高奖

记者：《香魂女》是比较贴近时代的，是不是也可以说经过十多年的改革开放，农村妇女在这个时代背景下既有旧的传统，又有新的变化，是不是有这方面思考？

谢飞：先是伤痕文学，后来就寻根，《神鞭》《湘女萧萧》这些基本是对封建文化的一些反思。但是很快，因为咱们的文艺经常排斥计划经济，领导还是很关心这个原因，所以写过去的东西限制得越来越严，于是就关注现实。其实中国是用了大概10—15年的时间从计划经济转向市场经济，电影实际上一直是沿着计划经济的方式来进行，到20世纪90年代后期国营制片厂都维持不了，就开始卖厂标，开始搞各种各样的方法来维持。就是在这个转型过程中，人人都碰到了这种道德变化和价值观的变化。

《本命年》《香魂女》这两个戏是我所有的9部电影里头专门写当下城市人和农村人的生存状态和思想变化。刘恒还有周大新都比我小一轮，是"文化大革命"后成长起来的一批作家，他们通过对生活的体会和观察，提供的情节和人物符合我个人的理解。这两部戏首先就是变革，计划经济向市场经济转化中城市农村的真实描述，也是人在精神、道德上的一个描述。刘恒看了电影《本命年》以后，反复讲其实你们这个不像我那个小说，那个人物没有姜文这么有力量感，姜文气场太足，经常给你有英雄感，他说你用姜文演了，他的长相、气质就必然带入片子里。而斯琴高娃这个角色刚开始考虑了王馥荔，号称"中国第一嫂"，她演的《张铁匠的罗曼史》《日出》都很精彩。前期我打过电话找她，她正好有别的戏，后来见过我多次，说怎么损失了这么好一个角色。最后轮到斯琴高娃来演，她是一个非常有蒙古性格的那么一个艺术家，她把她自己的情感表现方法融入到这个角色里，给这个角色增色很多。

我1986年去了南加大，2018年6月份再到南加大，他们有一个政治学教授研究东方政治的，中文好极了，他主持，点名说就放《香魂女》，因为他对20世纪八九十年代中国的改革

作家周大新

变化特别有兴趣，放完了他又组织讨论。外国的中老年观众挺多的，他们都觉得很新鲜，没有任何时代的隔阂。谢晋导演反复讲要拍留得下的作品，其实时代特色、民族特色越鲜明，它越有特征，但是你表现的内容和人物一定是所有国家的人都理解和共鸣的，就会留得下去。主要是人，好的艺术作品无论是阿Q，或者是《安娜·卡列尼娜》《复活》的女主角，你会发现好的艺术作品都是留下很多艺术形象，我们的作品如果人物写得不够分

电影《香魂女》剧照

量，不够深入，也就留不下去。艺术作品是通过人物、情感说话的，中国电影在改革开放后有了一个大的改变就是通过拍摄逐渐认识到什么是真正的艺术。

我经常讲中国电影要走出去，谢晋导演的《芙蓉镇》获得了卡罗维发利国际电影节的大奖，因为那时候还是社会主义时期，所以就不像三大电影节这么轰动，但是它也是 A 类电影节，再往后就是到 1987 年的《红高粱》。我觉着高峰从 1992 年开始，先是 1992 年 8 月《秋菊打官司》得了金狮奖，1993 年《香魂女》《喜宴》得了柏林电影节金熊奖，5 月《霸王别姬》也是和澳洲的《钢琴课》并列了金棕榈，一年之内三大电影节都被华语电影囊括，这是空前绝后的，过去没有过，未来也很难出现，这就说明中国电影在以艺术为主的电影节上摘得头牌了，已经走出去了。20 世纪 90 年代上半期，我到美国去讲学的时候，就查到那时候中国电影的票房是非

🎬 1993 年柏林电影节上谢飞领取金熊奖

常高的，在北美最高的就是《霸王别姬》，能达到 500 多万美元的票房，张艺谋的像《大红灯笼高高挂》大概在 260 万那样的票房，其他的一般是几十万。大家看着不高，但这是艺术院线，也很厉害。90 年代后期能够进入主流院线的就是成龙的"红番区"系列，以后就是《卧虎藏龙》《英雄》。《卧虎藏龙》达到了 1 亿多票房，《英雄》达到了 6000 万美元的票房，那是进入主流上映市场。最近这些年咱们电影也很繁荣了，可是这些片子到了北美完全没有票房，包括贾樟柯最新的《山河故人》《天注定》，陆川的《南京！南京！》。总体来说，改革开放的头 20 年是第三代和第四代经过努力创造了一个好的电影时代。

记者：您的《香魂女》和李安导演的《喜宴》同时获得了 A 类的柏林国际电影节金熊奖，应该是空前绝后的，当时观众对两部电影的评价和反映是什么？

谢飞：我原来以为会得个最佳女演员奖，因为斯琴高娃确实演得好，但是得大奖还没想到。大概和张艺谋是评委会主席起很大作用，他主动提出了用两个中国电影的奖，因为《喜宴》也非常生动，它是一个喜剧式的东西，有好莱坞的技法，比我这个要纯熟一些，特别那个节奏，叙事的节奏点。我这个前 30 分钟还有点啰唆，有些内容是可以往后搁的，好处就是人物比他有分量，探讨人情人性的东西比他有分量。他那个现场效果好，所以他得了金熊奖以外，还得了个观众票选最佳，我是得了个金熊奖，还得了一个基督教组织给的一个奖。我拍完《本命年》和《香魂女》的体会，就是去国外电影节的中国人开始多起来了。像《本命年》的时候就我跟姜文俩人去，中影集团也有一个摊，但是人很少，而且根本没有记者，我们自己去贴海报，也没人理你，等到了《香魂女》的时候，就是 1993 年，人就多了些。今天到任何大电影节去都能看见很多中国记者，说明了我们整个社会对国际电影节的平台越来越重视。

后头我教学任务多了，各种想表现的东西也开始受到限制，比如有一个叫《白涡》的小说，刘恒写的，写一个知识分子的婚外恋问题，那个剧本就死活通过不了。我比较喜欢少

数民族题材，就拍了《黑骏马》和《益西卓玛》，我也很高兴通过张承志这个小说接触了蒙古族的历史和文化。原来我也接触过，但是不是认真地，当我明确要拍这个小说的时候，就去参观锡林郭勒，因为没有住过蒙古包，就没有资格跟张承志交谈，后来我们又到了蒙古国拍摄这个戏。张承志通过他的观察和艺术想象，对游牧状态发展来的蒙古人的生活有非常深刻的思考，今天的工业时代丢失了很多对生命的热爱和对自然界的热爱，他实际在反思一个非常有分量的主题。解放后拍过很多少数民族电影，全部都是说的汉语，我们不把语言当作一种文化这是不对的，他们的语言也都有了几千年的历史。

《黑骏马》可能是新中国成立以来第一部用少数民族语言拍的戏，当然公演的时候，我还是配的汉语版，特别在电影频道演的是汉语版，但这两个完全是不一样的味道。2017年我还带着我们的主创重返乌兰巴托的外景地，我们整个戏是在乌兰巴托拍的，除了娜仁花、腾格尔以外，其他都是外蒙古人，只说蒙古话，演奶奶这个演员64岁，当时是蒙古国的功勋演员，演了一辈子的电影和话剧，就是最后这一部电影是彩色的，而且在全世界都放映过。她在2002年去世了，我们这次又去见她的女儿，到她的墓前去献花，而且我们这里面唱长调的老太太也是国宝级的。我是个汉族导演，但是我怀着很尊重的态度拍了一个蒙古族文化的电影，除了展示蒙古文化的一些美丽的东西，同时对人类的发展有一些深层的思考。

记者：体现了文化的差异性和少数民族文化的本土性。

谢飞：对，咱们国家也是一步步改革，大的制片厂都改成公司了，允许民营资本进入，这才是电影。2003年以后，中国才真正地往市场经济方向走，原来国家院线垄断一切，现在也改成了三十几条院线的竞争。拍的时候用少数民族语言，为了发行得更广一些，要配一个普通话版，那是应该的，比如《万箭穿心》就用武汉话拍的，但是电影频道要购买，就要补一个普通话版，这样对于电视机前的观众是有好处的。我在20世纪八九十年代去德国或者意大利，所有的电影都要配音的，不看字幕，包括黑泽明的电影都要配成德文的，这是一个市场习惯，既尊重市场又尊重文化艺术的个性。

不知道怎么教学生

记者：实际上恢复高考的78班作品跟你们第四代是完全不一样的，我特别好奇北京电影学院这一次招生对这些学生是什么样的要求，您当时对他们的印象是什么？

谢飞：78班招生的时候，我正在新疆拍戏，等我回来他们已经入学了，我后来看了很多78班招生情况的材料，我觉得"文革"湮没了很多人才，能够跨过各种障碍到北京来报考一定是对电影特别热爱、对艺术有追求的人，这跟生源的质量非常有关系。他们很多人工作多少年了，在鞋厂当过工人，当过兵的也很多，上山下乡是他们的主要经历，应届生是非常少的，像田壮壮、凯歌都算年纪大的，但是表演系和摄影系年龄要求就低。张艺谋是超龄，就没让他报，后来由于他各种努力，文化部长特别批示了，破格录取了张艺谋，当时他大概28岁了。也有非常小的，像导演系有一个刘苗苗导演，来的时候才16岁，但是她已经高中毕业了，挺有才华的，是宁夏的，她对

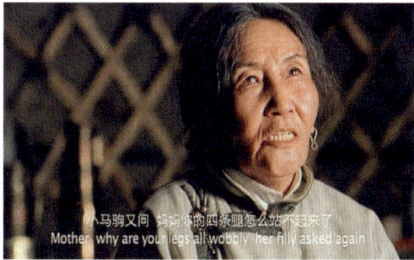

电影《黑骏马》剧照

回族区生活特别熟悉。这都是各个省市、各种阶层的人才，而且又热爱电影和文化，他们来了以后，电影学院也是刚刚恢复招生和恢复教学，十年不教书，对过去教的东西都批判否定，我们自己都不知道怎么教。

其实之前招了一个编导班，他们报到没两天"四人帮"就倒台了。我们准备的全是样板戏，三突出，我为了教那个班还专门到上影，因为上影有几部电影，一个叫《难忘的战斗》，我们还采访年轻导演于本正，讲怎么突出英雄人物，怎么突出正面人物，就是"三突出"在故事片里的落实，张暖忻跟过一部

叫《第二个春天》，也是在上影。当时我们跟这个班的学生说，要不你们回去吧，我们不能教了，没法教，这些学生说我们好不容易有个机会来学习，我们不走，那就师生共同学习。我记得那个班里除了我只有4个导演学生，而且有的还是很好的导演，比如陆小雅，她后来拍的《红衣少女》得了金鸡奖的最佳影片，还拍过《法庭内外》也非常好，还有长影的宋江波。他们都是"文革"末期被各厂从各大学毕业生里招来的，已经做过场记、副导演，被派到我们这来。所以后来我干脆就是带着他们一块到北影，让北影的老同志给他们4个人讲课，从照明一直到摄影师、美工师都给他们讲过课。实际上到78班的时候，也有点这个状态，就是互教互学的方法。他们每个人都有自己独特的地方，拍摄《我们的田野》的潘渊亮就是一个归国华侨，爱国，20世纪60年代从海外归来，然后就遇到那个年代，在北大荒农场待了7年，有很丰富的生活经历。大家明确了一个目标就是中国电影再不能按照一些政治观念去编造假的东西了，要表现真实的社会。

北京电影学院 78 级入学合影

记者：电影学院最初学习的是苏联教育体系，改革开放以后这种思想观念的冲击对于课程设置有怎么样的变化？

谢飞：我 1980 年就管教学了，很多精力都放在如何重建电影学院的教学。苏联的方法就是分得细，抓得也比较细，每个专业教得很深入。回过头来看中国按苏联的方法也有它的独到之处，特别是一些技术性强的专业，像摄影、录音、美术都要有基本功，这些专业由于教得比较深入，毕业生马上就可以独立工作，这在西方综合训练的学校里基本很难实现，缺点就是我们分得太细，综合性不够。我在 1986 年左右开始跟欧美的一些电影学校交流，到南加大、加州大学、纽约大学参观访问，了解了他们的学分制和综合培养的各个方法，参加了很多电影节，看到了综合教育的优点，就是他们都有淘汰制，把非常可贵的资源集中到有培养前途的学生中。我们很难用淘汰的方式，干脆入学时候就说好，八个本科，头两年大家要拼，谁排到前八名的就留下，后八名就提前毕业，1986 年我就实行"二四制"，我觉得还是对艺术教育是有好处的。艺术教育是需要各种层次的，大专生也是很需要的，他进学校才刚刚 20 岁不到，可以演很多戏，如果你再拖他两年，他又有变化了，所以我一直觉得这是个很科学的方法，这就是跟外国人学到的，但是后来很难实行，也只实行了这一届，1987 年入学的也实行了，最后作废了。

记者：从作品来看，第五代好像和你们更不一样。

谢飞：《黄土地》和《红高粱》主要是视听的丰满，当然他们的社会观念跟历史观念也并不落伍，比如说《红高粱》对抗日战争的表现，没有简单地延续过去的英雄主义、爱国主义，而是对文化的一种反思。我听张艺谋说过，当时柏林电影节选中了《孩子王》，但是戛纳也选了，于是就撤了，这样柏林电影节就挺生气，说你先报了我们，选了你又给拿走了，后来说我们还有个更好的送去，就把《红高粱》送去，人家觉得很好，但是那个字幕做得特别乱，放的时候要晚半分钟到一分钟看到字幕，观众该笑的地方不笑，但是目瞪口呆地看完了全片，就是被这个奇异的东方视听盛宴给惊得目瞪口呆。所以评委就说这是我看过的最像电影的电影，故事都不看，全看的

🎞 谢飞导演

是画面的色彩和动作。他们开始靠这个取胜，包括《大红灯笼高高挂》也是，非常卖钱，口碑也特别好，原因就是依附着这种奇异的、被夸张的风俗。后来他们也认识到内容和人物思想是更重要的，无论是《霸王别姬》还是《秋菊打官司》，甚至《活着》《蓝风筝》，我觉得都是非常有分量的东西。后面第五代就完成了商业转型，越来越不成功了。

看着第五代成长

记者：从教学的角度来看，您觉得电影学院对第五代最大的改变或者收获是什么？

谢飞：当时教学条件比较简陋，但是他们看到了很多在外面看不到的片子，因为那个时候还没

有录像带，没有 DVD，只有到资料馆借拷贝才能放，1000 多部片子，都是拷贝，在礼堂里放映，或者是他们找票到内部放映参考片的地方去看，大量地看过去的和世界上各种新电影，我觉得对他们影响非常大。我们这一代人受苏联的影响非常大，《战舰波将金号》《伊万的童年》这些电影都反复给他们看，甚至他们的某些老师在苏联学习过，大量给他们介绍苏联经典影片的创作，你能看到第五代的造型观念特别强，跟苏联的艺术电影有很大的关系。再一个，他们当时看到了很多美国或者欧洲的新电影，最流行的几个电影就有《毕业生》《猎鹿人》《美国往事》，《猎鹿人》国内没有公映，我们都看到了拷贝，通过越战的悲剧表现一代青年的命运，它完全跟《这里的黎明静悄悄》是两个路子，都是一代人被战争毁灭，但是苏联那边还是英雄主义，美国这边是一个很悲情的思考。

学校尽可能地给他们提供实践的机会，像张艺谋他们学习四年，其实有两年半是用黑白照相机来学习的，他那个照相课竟然上了两年半，怎么构图，怎么采光，每张作业都要求非常严格，我曾经拿过张艺谋的那些作品看，到农村拍了一群孩子，室外光线有没有，采的是顺侧光还是什么，太阳是在哪里，

怎么采的，曝光是多少，都要写出来，交作业都很严格。老师自己搞冲印的房间，让他们用 16 毫米做一些摄影练习，给他们冲出来让他们看。我们导演系还用话剧排演的方式，提供戏剧的实践，像田壮壮都演过《雷雨》，凯歌演过《茶馆》，胡玫演过虎妞，通过表演课的训练，使得他们得到锻炼。他们在三年级要拍三部作品，黑白 35 毫米的短片，完全要靠学生竞争，因为实在是胶片太贵，机器各方面也有限，每个人都交剧本，后来挑了三个，这里边就有《我们的田野》。还有一个叫《小院》，这是田壮壮根据王安忆的小说改的，他能力很强，拉上了凯歌，张艺谋都去给他做摄影，用了一些明星班的演员，拍得挺不错的，毕业作业也是 35 毫米彩色的故事片，夏钢拍的叫《我们还年轻》。我们强调实践教学，当时没有录像带，也只能做到这个地步，这个规律教给了学生，有的学生在学校期间还没有作品，但是他很认真地通过这些学到了东西，一有机会的时候就呈现出来。这几十年来，我觉得他们起到一个中坚的作用，另一个是大家一定不要忘记他们在电视剧的成就，像胡玫、吴子牛、尹力、李少红他们拍了很多。当时电影学院是恢复期，在 1978 年招的有 150 多个，全校有 500 左右的教职员工，一直到了 1984 年才再招本科班。

记者： 很奇怪的一件事，他们接触到了最新的东西，为什

谢飞（第二排左九）与第五代影人再聚首

么他们创作之初没有拍现实题材或者时代性的电影，恰恰到了传统文化的反思里面，您觉得是什么原因？

谢飞：可能跟当时的整个的导向有关系，20世纪90年代开始压缩得比较紧，有分量的东西就不怎么拍了。另外，他们对历史、农村的文化比较有兴趣，很多人都是插过队的，在农村生活过，跟这些有关系。

记者：您的《香魂女》写农村妇女，他们好像更多偏重个体的东西。

谢飞：反正他们很多不是从自身经历中提炼，而是表现一些想象出来的仪式风俗，成了电影感的东西。黄建新的电影全是写知识分子或者官场，从《黑炮事件》一直到《背靠背，脸对脸》都非常精彩，但是后来为了要学第五代的成功就拍了个《五魁》，也是过去陕西的历史，这部拍得就很差了，这个就是有的人能掌握，有的人掌握不了。还一个就是在刚开始的时期很光彩，时间长了会发现它内容的单薄，回过头看《红高粱》或者《大红灯笼高高挂》，你会发现它有很多干瘪的地方，因为它形式上的光彩已经过时了，现在比它更花哨的东西随便就能做出来。

记者：您作为教育工作者，后面的第六代导演像王小帅、娄烨、陆川，您觉得他们的创作跟时代的变化有什么影响和关联吗？

谢飞：1978班之后我们招了很多学生，主要是进修班多，很多跟第五代是相似年级的，他们有一些是美院附中的，在造型上都挺有才华的。他们毕业以后遇到了中国电影市场的低谷，20世纪90年代末中国电影市场整个崩盘了，影院观众从上百亿人次崩到了一亿人次都不到，盗版电影泛滥，国家制片厂也开始解体，当时是一个很不好的环境。那个时候他们就拍了一些地下电影，最早应该是从张元的《妈妈》开始，这些电影没有审查，审查也通不过，通过了也没有人放。当时我也看过几部，我觉得他们那种自我表达的愿望是非常真诚的，而且有个性。他们大量的眼光都是写他们自身，生活在城市边缘的一些文化青年、模特、美术家或者歌手，他们大量是自创剧本，而不像第五代和第四代都是改编社会上的小说，他们很看

谢飞与奖杯

不上那些小说，又没有那么好的剧作能力，所以有些东西提炼得不够成熟，比较简单。比如像《北京杂种》，我印象中两个故事都不搭，在剧作上不够结实，但是他们表达的东西又非常真实，就是他们自己，很多是自身体验，所以他们的可贵处在于他们坚持表达自己。

见证了金鸡奖的诞生

记者：咱们来聊一下金鸡奖，当时创办金鸡奖是一个什么样的契机？

谢飞：改革开放以后恢复了百花奖，百花奖是观众的评价，偏重于市场效应，从艺术文化角度评价不够，所以就觉得要有一个专家奖。我印象中有张骏祥、白杨这些老同志，还有于敏老师，他是理论权威，当时于敏就提出了"八面来风"的口号，专家就要有专家的样子，要有学术观点，坚持自己的观点，允许多方争鸣。说要有个青年导演，就交给我。我当时是电影学院老师，只拍过两部片子，第一届

评的什么我都忘了。

记者：《天云山传奇》《巴山夜雨》那些。

谢飞：我印象中这两个电影都很好，我个人就认为《天云山传奇》更加尖锐一些，更先进一些，应该给《天云山传奇》，但是一些人就觉得《巴山夜雨》更文艺一些，温和一点，最后就两个并列，哪个搁前头搁后头还讨论半天，确实当时好电影很多。

记者：您当了两届评委？

谢飞：对，第二次我记得有一个《西安事变》，还有一个戏票房特别好，就叫《喜盈门》，喜剧，那个就票房好得一塌糊涂，农民们都特别爱看，但是又觉得给它最佳影片不太合适，百花奖可以给它，我们就干脆先给它一个特别奖。专家奖就是要做到专家的特点，因为他还要评摄影，甚至剪接。

记者：想了解一下金鸡奖评奖的标准是什么？

谢飞：就是综合的，因为它设了导演、编剧，甚至摄影、美术，

● 电影《邻居》剧照

获奖电影都是个顶个的，但是最佳影片和最佳导演一定是最重要的。

记者：您觉得金鸡奖对中国电影的意义是什么？

谢飞：评奖是一种促进，协会评奖是业界对自身的建设和评价，使得这个行业健康成长。中国设了一个百花奖，靠的是观众口碑，有它的片面性。专家评奖也有专家的片面性，强调艺术上的创新，很多得电影节大奖的片子到市场上都是很一般的，这两者是平衡的。我个人觉得在百花奖基础上再设一个金鸡奖是科学的，在20世纪80年代还是挺促进中国电影健康发展的，像《邻居》能得大奖对当时电影学院有很大的激励，尤其对我们这拨老师，因为我们在那十年期间就没拍过几个电影，只会说不会拍，之后我们拍了电影也得了大奖，这是一个证明，给老师增加了经验，也增强了自信心。在第二届金鸡奖，当时我们就主张给《沙鸥》最佳故事片，但是有些人不同意，认为电影宣传了个人英雄主义，沙鸥不是冠军就把奖牌扔了，不想当元帅的士兵不是好士兵，认为这是个人英雄主义，然后我们就反对，争论了半天，最后给了它一个特别奖。总的来说，大部分都能从学术观点肯定真实的东西，能起很大的作用，但是大概到了2000年，不只双黄蛋了，甚至还有三个影片并列最佳影片，电影这个行业其实还是要靠业界自治和市场法律来管。

我对网大和网剧很有信心

记者：您已76岁，除了教学以外很大的精力放在网络上了，您也经常在网上晒生活照，微博粉丝有十多万。您什么时候开始上网的，为什么这么喜欢网络这样一个交流平台？

谢飞：现在没有人不喜欢手机，有手机钱都不用带了。其实豆瓣很有用，可以非常迅速地查到电影资料，或者专业人士的评价和老百姓的评价。如果我一看，大家都认为它很臭，我干嘛浪费时间呢，因为我不教书了，我没有责任看那么多了。其实，开始最主要是记录下我看过一些电影，不然都快忘了，没想到它有了影响，有了影响就得稍微认真一点。我给有些青年导演打分低了，给人家造成很大的影响，以后得谨慎点。我

很少去电影院看电影，好多人说谢老师快评价一下《我不是药神》吧，所以我就去看了一场，赶快表态一下。有很多人看你的东西，有个交流也是挺好的事儿。

记者：是不是说您希望和时代保持同步，跟年轻人保持交流？

谢飞：对。碰到老的评论家，我说你们还做什么，知不知道现在影评不是你们在管了，现在没有人拿片子到你们那儿去座谈。你发现《大众电影》或者《电影艺术》上的评论也没人看了，人家在网上打分评论，他们反映的观点就比过去的老人要强多了。好多都是我教他们的，包括怎么看豆瓣的信息，老人容易自以为是，其实他们不知道已经转向了。

记者：教师是站在幕后的，像导演一样，但是我发现您不光是上豆瓣、上微博，而且还参加很多节目，讲述您电影的情怀。

谢飞：那些是你们老让我来讲。

记者：开玩笑地讲，您是不是很享受当网红？

谢飞：那倒没有，我也不叫网红，什么叫网红呀？你看姚晨上千万的粉丝。

记者：作为一个前辈，您用这种方式来跟年轻人交流确实难得，包括您也参加过很多电影节，是不是特别注重年轻人的培养？

谢飞：主要是我有一个走遍世界的梦想，还有很多地方没去，只要有人请我，有个节，有个学校讲讲课，我就赶快去，去一些没去过的地方看看。另外，我在整父亲谢觉哉的东西，家书整完了，最近在整日记，他日记量很大，150万字左右的，我希望能够在2019年初原汁原味地把它弄出来，这样的话就把我父亲有价值的资料基本给完成了，他还有一些东西可以做，也可能还接着做。这些事做完以后，我可能就回过头来整整我的教材，或者我的那些材料，也会花很多功夫。

记者：您可能也对网络的变化比较了解，现在网大、网剧比较火，您怎么看待这种现象，是不是对年轻人是一个很好的锻炼？

谢飞：当然了，传统电视台已经不能够掌控一切，网大、网剧都是非常好的事儿。我一天到晚跟大家讲，不要看不起网大和网剧，不要认为它们粗糙，就跟当年我们看不起电视台一样，你最后会后悔的。现在"00后"毕业的几个学生，拍了几个网剧，一下就红了。绝对不要瞧不起网剧和网大，这是个丰富的经历，而且还架不住给你很多收入。我这么大年纪，我从来对这个没有看不起。

记者：现在电影变成了快节奏消费了，您觉得这里面有什么危险吗？

谢飞：电影排挤掉了有分量的长篇小说，明明必须是很多集才能讲清楚的，就给压缩成两个小时的东西，所以我最近写过一篇文章，就是不要看不起电视连续剧，电视连续剧实际是未来的长篇小说，而长篇小说的价值永远大于中短篇小说。如果我们有了这么方便的播出平台，网剧才会出大师，才会出伟大的作品，因为它充分。连续剧在网络上播和电视上播其实一点区别都没有，管它是网上播的还是电视台播的，今天上午来一个开公司的中年妇女，我说你还要开公司，我说你知道网综是什么吗？你看过最红的网综是什么？都不知道，我说《中国有嘻哈》看过吗？她说没有。我说你想进入影视圈一定要先了解这个圈是什么，什么作品在畅销，为什么畅销，粉丝是什么人，这样你才可以赚钱。我们才那么一点票房，就兴高采烈地，你不想想Netflix的收入比你超过多少，美国人的影片收入70%来自影院放映后面的部分，如果我们在网络上建立起类似于Netflix的东西，那市场更大了。《白夜追凶》好像在Netflix播了，40亿人次的观众，非常大，大家还是对网络认识不够，只看到传统的电影院的那几张票子。

不迷恋胶片的颗粒感

记者：作为40年改革开放的亲历者，您怎么看待现在市场和商业的变化，它对中国电影好的地方在哪里，不好的地方在哪里？

◍ 网络剧《白夜追凶》

谢飞：好的地方是终于按市场规律做一部分了。我个人认为中国的影视至今还是个半市场经济，在电影的制作和发行已经允许平等竞争了。前40年电影市场大起大落，还需要继续改革，我个人觉得成功的都是改革造成的，失败都是改革不力造成的，拒绝改革使得我们这个电影事业得不到发展。40年庆祝一下是很值得的，但是庆祝不应该只说成绩，一定要说说缺点。

记者：您对未来的从事导演工作的电影人想说些什么，您是希望他们更关注时代，还是更关注自身呢？

谢飞：都要有，成为一个好的艺术家和好的作家要有自身的感悟，但也要跟上这个时代，新的技术不能排斥，像我对胶片的取缔从来就不排斥，因为我不是搞摄影的，我从来没迷恋过那个颗粒感，那个不就是虚嘛。技术进步是必然的，我们去争取它的长处，不要丢失过去积累的经验。

后记

没想到谢飞老师在"北海读书会"时期的意气风发，一直保留至今。他站在三尺讲台上已有40余年，从时代的追随者到引路者一直述说着他对生活的热爱和对国家的感怀。别的老电影人在他这个年纪是在发挥余热，而他好像一直在发光发热。

张金玲：

适性为美，朴素自然

文 / 张强

🌐 张金玲

在我的记忆里，张金玲应该是新时期以来最早的银幕美人之一了，当年是赫赫有名的北影（北京电影制片厂）三朵花之一（另外两朵是刘晓庆和李秀明）。相比现在的年轻明星，张金玲的美更经得起打量和琢磨。那里有着对生活再朴素不过的感知，以及那份不请自来的感激。张金玲的形象最好的时候都是热情的、果决的，与骄娇二气无关的。但女性所特有的温婉也能恰到好处地释放，让人如沐春风。不管是《从奴隶到将军》的索玛，《渡江侦察记》中的刘队长，还是《许茂和他的女儿们》中的三姑娘许秋云都给我们留下了深刻的印象。恍然间，我也意识到坐在面前的张金玲竟然是以画家的身份跟我聊天，而且已经在世界各地办了很多次的书画展。时间过去了很

久，对于张金玲的变化我在一些报道中有所耳闻，但对于其中的某些原委还是非常好奇，因此，在本次采访中我们也试图去了解她真实的想法，以及她在 20 世纪 80 年代塑造的一批优秀银幕角色背后的故事。

考上湖北省话剧团

记者：您是从什么时候开始喜欢上表演并走上这条路的？

张金玲：我在农村长大，没看过戏，也没看过电影，但是我从小就喜欢唱唱跳跳的。在中学我是篮球队的，还是文体委员，算是一个很活跃的学生。1970 年的时候，湖北省话剧团来我们沧州招生，招了三个演员，后来招生组就讲还有没有一些交通比较方便的地方，我们再去看看。那个时候选演员很特殊性，要红三代，要贫下中农，政治上要求还是挺严格的。我们这儿

有一个沧县杜林中学，沧州到杜林中学是柏油路，招生组的老师就来到了我的母校。

当时我的弟弟们还特别小，在家里我得帮我妈妈干活劳动，白天也在小学教学。有一个星期天，我正好在家里，中学的张老师就来我家说，你今天跟我到学校去一趟。我说干什么，他说湖北省话剧团来招话剧演员了，我们几个老师一研究觉得你最合适。我说我从来没有看过话剧，也没演过话剧，我能行吗，考不上挺丢人的。她说你

Ⓧ 张金玲

Ⓧ 张金玲

就当到学校看看老师不也挺好嘛。我就跟妈妈请假，说张老师希望我到学校里看看老师们，还不敢说别的，就骑着自行车去学校了。到了学校以后，在一个教室里面有军代表、工宣队，还有我们剧团的团长、老师坐在那儿，沈虹光老师也在。进去以后，可能他们第一眼就看上我了，就觉得个子高高的，眼睛大大的，在舞台上演话剧是站得住的，就是不知道我的条件怎么样。后来就问我张金玲你会什么，我就朗诵了毛主席的诗词《红军不怕远征难》，看到他们确实很激动。完了以后沈虹光老师问还会什么，那个时候都在学习唱样板戏，我说我给你们唱一段《做人要做这样的人》。

唱完后，他们就开始说武汉话了，我也听不懂。那时候沈老师很漂亮，长得特别白，是唯一的一个女老师，她说，如果让你去武汉，你愿意吗？我也不知道武汉有多远，我说您什么意思，她说你已经被录取了。我当时就觉得脑子是空白的，我想都没有想过我可以去湖北省话剧团了。他们问我家人会同意吗，我说爸爸会同意，妈妈可能就不行，因为我在家里是老大，要帮助妈妈做事。我骑自行车带着沈虹光老师到家来，当时我二弟一看见我带着一个人来，就往家跑，我妈妈一听考上剧团什么的，就开始哭，她不同意，那个时候我们也很犹豫了。我弟弟们都小，我要是走了，心里也确实是特别难过。

记者：您妈妈不同意，自己也有一些犹豫。

张金玲：后来我就给在供销社工作的爸爸打电话，我说湖北省话剧团来招生了，学校里所有的老师认为我最适合，妈妈不同意我去，我说爸爸你同意吗。我记得我爸爸在电话的那边停了几秒钟，他说我同意，说把你交给党我就放心了。我爸爸说了一句这样的话，所以我的印象特别深，因为他是一个年年戴大红花的共产党员。当时招生组还看上了我的大弟弟，沈老师说《农奴》的男主角就是这种感觉。当时在农村都是很艰苦的，我爸爸说沈老师你就带一个走吧，要是带走两个我们家的日子就没办法过了，我就跟着招生组离开了家乡。可以说是一狠心就离开了家乡，离开了父母，离开了自己的家跟着他们去武汉了。其实我从来没演过戏，湖

从左往右依次为：张瑜、李秀明、张金玲

北省话剧团是我艺术起步的摇篮。剧团里当时招了40个学生，我可能也是最醒目的一个，一进剧团就开始演女主角了。当时的话剧是叫《高原风雪》，招我的沈虹光老师就演我的妹妹，我演藏族的一个女民兵队长。这样我就走入了话剧的舞台，实现了我的梦想。

用正剧的方式演喜剧片

记者：我觉得20世纪80年代您的片子有着时代变迁的背景，其中一部是喜剧片《瞧这一家子》，北影厂王好为导演的。

张金玲：对，王好为导演的。

记者：现在看那个片子，全是大明星，您在里面演的是陈佩斯的姐姐？

张金玲：我演姐姐。

记者：您的角色跟自己父亲是有冲突的，片子反映那个时代的状况好像跟"文化大革命"之前很不一样。

张金玲：很久没有拍喜剧片了，当时王好为导演找我的时候，我心里也是怕演不好。她说金玲你就按正剧去演，你才能衬托出其他的喜剧部分，你绝对能演。陈强老师演我们的父亲，佩斯演我弟弟，晓庆演图书管理员，还有方舒。应该说一部戏导演非常重要，选的这些演员大家配合得都非常好。现在放这部戏，有些观众也还是挺喜欢看的。

记者：还包括妈妈的饰演者叫黄玲。

张金玲：对，黄玲。

记者：改革开放以后，整个拍摄的方法或者表现的东西

应该和新中国成立初期不太一样，1974年的《渡江侦察记》中，除了李健扮演的老奶奶，里面很多人都是有缺点的，这一点您是怎么看的？跟以前演的《渡江侦察记》有没有不大一样的地方？

张金玲：《渡江侦察记》里我是侦察班班长，就是做好侦察班的事情。《瞧这一家子》有些复杂的人物内心矛盾，互相之间的误会，因为有了这些误会和矛盾才产生很多的喜剧效果。陈强老师讲喜剧是

电影《瞧这一家子》海报

电影《瞧这一家子》剧照

◎ 电影《瞧这一家子》剧照

◎ 电影《渡江侦察记》剧照

◎ 电影《渡江侦察记》中的张金玲

◎ 电影《瞧这一家子》剧照

◎ 北京电影制片厂"北影三朵花"，从左至右分别是：李秀明、刘晓庆、张金玲

最难演的，里头一定要有悲剧的色彩才能体现出喜剧的喜。我这次去五台山，有一个领导，也是五六十岁的一个观众，他特别喜欢《瞧这一家子》，说有时候工作有困难了，很累了就在家的电视上放这个光盘，看完了《瞧这一家子》什么心情都好了，就没有那些不舒服、不高兴。电影对我们心理的影响特别大，他就觉得喜剧能给人带来快乐和放松，这和《渡江侦察记》是两个概念。

记者：《瞧这一家子》请了很多的明星，甚至包括当年最红的相声演员马季都客串一下。

张金玲：马季客串一个摄影师。

记者：当时有没有这样的想法，就是请这么多明星来演的话观众会更爱看这个电影？

张金玲：我觉得没有。《渡江侦察记》是我最早的一部电影，演员也会比较早地被大家认识，但我自己从来没有明星意识。拍戏就是我的一份工作，把它做好了就行了。现在大家都觉得怎么《瞧这一家子》这么多的明星，包括《许茂和他的女儿们》也是把我们四姐妹全集中在一起了。陈强老师特别的随和，生活当中对我们也特别的关心，包括佩斯现在的艺术造诣这么高，他那个时候也特别地用心拍这个戏。我住在北影院里，那时候我爸爸待我这儿，佩斯经常过来跟我爸爸聊天，跟我也熟悉，现在见了面都姐姐长姐姐短的，觉得好亲切。方舒好久没见了，晓庆见了以后也是非常亲切。前一段时间我还见了王好为导演，一块去参加中影股份的一个活动。不管怎么说，过去一起合作的导演、演员都建立了一种特别好的人际关系，没有谁名气大谁名气小这种意识。

记者：20 世纪 80 年代您和刘晓庆、李秀明被称为"北影三朵花"。

张金玲：对。

记者：还记得这个说法是从哪来的吗？

张金玲：当时我和晓庆、秀明都是北京电影制片厂演员剧团的演员，我们三个人戏的分量都很重，一个戏接一个戏地演，好像汪洋厂长对我们三个也是重点培养吧。因为我们的戏比较多，后来有家报纸就写了"北影三朵花"。

记者：还记得是哪家报纸吗？

张金玲：好像是上海的一家报纸。现在晓庆还活跃在舞台屏幕上，我画画去了，秀明做她另外的事情了。有时候我跟晓庆还会见面，秀明就很久没见到了。

打麻绳，拔鸡毛

记者：后来您演了反映农村改革的《许茂和他的女儿们》，我记得是两个厂一块开拍。

张金玲：八一厂和我们北影厂。

记者：李俊导演和王炎导演。

张金玲：还都在四川，一个绵阳，一个简阳，还挨得很近。

记者：你们在简阳吗？

张金玲：我们在简阳。那时候没剧本。

记者：小说都看过吧。

张金玲：小说都读过。读过小说，可是和戏不一样。一到晚上剧务就给你明天的戏，没剧本，那时候也没手机，也不能够互相交流什么的。我们厂一个班子，八一厂一个班子，等于对垒的。

记者：导演让您去演这个戏的时候，知道要演许秋云吗？

张金玲：是，因为刚演完了《从奴隶到将军》，导演让我演这个，我就不敢演，我怕演不好，对不起导演也对不起观众。这个剧组都出外景了，我心里还有一点私心，我想陪爸爸妈妈去过年。再说这个角色是一个很泼辣的女性，我从来没有体验过。后来北影厂的生产办主任朱德熊来找我，说金玲你得

出外景，这个戏王炎导演一定要让你演。王导演还写了一个条，这个条现在没有了，意思就是说许秋云这个角色就是三姐，是一个非常泼辣、非常美好的一个四川妇女形象。你走进这个角色，一定会塑造一个非常好的人物，你一定能演。看到导演对我的这种信任，我就决定去了。

我进了剧组以后，先进了一个家庭，这个家庭也是有一个妇女，剧组买了新布给她做了新的棉袄，我就穿上了她的棉袄。我感谢农村的生活，在锅灶做饭、刷锅、洗碗、杀鸡、带孩子这些我都经历过，还跟妈妈到大队开会，那些社员没有一个空手坐在那儿的，可能男同志抽个烟什么的，女的手里都有活，纳鞋底的，打麻绳的，做草

XU MAO HE TA DE NU ER MEN

许茂和他的女儿们

电影《许茂和他的女儿们》海报

帽掐辫子的。这些给了我很多的体验，那些形象都历历在目，如果现学就来不及，比如说拔鸡毛、带孩子，这个戏演完了以后，专家们在评论这个角色的时候，说我这个角色演得好。一个是因为生活，一个是那个度把握得好，导演就要求我是泼辣的角色而不是泼妇，他说泼辣和泼妇就一字之差，一看我演的就觉得是这个人物。

记者：您背着一个孩子，还领着一个？

张金玲：背着一个，领着一

⊕ 电影《许茂和他的女儿们》中的张金玲

⊕ 电影《许茂和他的女儿们》中的张金玲（右）

⊕ 电影《许茂和他的女儿们》剧照

个，雨里的、泥里的这些我都经历过。这些生活给我奠定了非常好的基础，导演也给我把握着度，角色完成得非常顺利。在大会上打麻绳的那场戏，本来剧本里是没有的，在小说里也没有。因为是两个人对骂的一段戏，我就跟导演商量，我们两个人的动作最好不要重复，都重复就没有起伏了，如果变化起来可能更有气氛。我说我在农村的时候帮助妈妈打过麻绳，有咬着麻绳然后再打这一连串的动作。导演说这个挺好，于是就把这些生活经验用在这个片段上。生活对做演员太重要了，有了更多的生活体验，在接到角色的时候心里就踏实，心里就准确，有的时候现学来不及。如果没有农村的生活，让我拔鸡毛，我可能都不敢下手。生活给我带来了很多宝贵的经验，用在戏上就特别好。

记者：看着风风火火，其实她是一个很复杂的女人，许茂他们一家人的心地都还是很好的。每个人性格不一样，您和刘晓庆的角色是最有特点的，而且还丰富，和她爸爸保持什么样的态度，跟姐姐李秀明讲话是什么样的，跟妹妹刘晓庆讲话是什么样的，您都处理得很好。

张金玲：谢谢。

记者：这角色很粗，但是演得很细。

张金玲：谢谢。因为剧本里就没有大姐二姐，我是老三，在家里相当于妈妈似的，要关心她们，她们的事情我要帮着去解决，又有点恨铁不成钢，就是这种复杂的心理。不管怎么说吧，也感谢导演帮我把准了这个度，让我能够充分地表现这个角色。

影迷在上影厂门口等我

记者：您本身也是农村出来的一个演员，对农村的变化有什么感受？

张金玲：现在的变化真的很大，20世纪七八十年代和现在就没得比了。我有好几年没有去四川了，从那儿拍完戏回来就再也没有去过，我觉得旧地重游的话肯定不一样。

记者：自己的家呢？

张金玲：我的家乡变化也特别大。

记者：沧州下面一个县，是吗？

张金玲：沧县，我出生在张庄。我们那个庄都姓张，现在我妈妈就喜欢到张庄去，那儿有一些老太太们可以陪她打打牌，在老家也有一个老房子，在院子里种点菜。我妈妈走不了路，她愿意弄一个板凳坐在那儿，拔拔草都特别享受。很多人到了沧州以后，说你们沧州不是很穷的吗，现在怎么这么好啊。

记者：现在的变化确实很大。20世纪七八十年代大家已经开始有追星的现象了，相信很多人也追过你。当时全国最火的、销量最大的一本杂志就是《大众电影》，一个演员上封面是一个成绩的肯定，您还记得第一次上《大众电影》封面是哪年吗？

张金玲：1979年复刊的第一期。我拍的一部《希望》也是《大众电影》的封面，我没有收集资料的意识，都是喜欢电影的人会留一些资料给我看。《大众电影》复刊的第一期是我拍的《大河奔流》，还有几篇写我的文章。当时这本《大众电影》卖了960万份，吓了我一跳。960万份是什么概念，现在想想看确实是了不起的数字，一本《大众电影》可能全家都会看，覆盖面非常大，说明那个时候大家很久很久没有看到电影的刊物了。大家多么希望能看到电影，能看到电影的刊物，因为别的没什么可看的，所以这本《大众电影》就脱颖而出了。《大河奔流》中我演李麦的儿媳妇，就是那个形象留在大家心目当中的。当时李准老师写的剧本，他跟我说，金玲你演得比我写得好，这也是鼓励我。我记得黄健中导演也说过，金玲演农村戏就是演得好。

记者：当时您已经很火了，出门的时候有没有被大家认出来？

张金玲：有。那时候没有电话，没有手机，就是写信。有很多信我基本上都不看，都是对电影的看法，对你的赞美什么的。上海有一个照相馆，我、张瑜、李秀明3个人有一张黑白照片，还给我单独拍了一张，就放在照相馆里。有些人每天在上影厂门口等着我们出来，觉得挺不自在的，不那么自由了。有些观众可能就叫追星吧，你跟他们客气，他也跟你很客气，

《大众电影》杂志复刊号

《大众电影》上刊登的《大河奔流》相关内容

也就过去了。

记者：您去买东西需要排队的时候，别人一看这是张金玲老师会不会给你便利什么的？

张金玲：会，50岁以上的人对我的印象应该是挺深的，大家对我的一种认可吧。我这皱纹都爬脸上去了，不可能没变化，但对我还是有印象。我画画以后，返璞归真了，洗尽铅华，也不修饰化妆。反正大家会认得我，他们都会说我太喜欢你银幕的形象了，

你不去演戏都觉得太可惜了，都希望我再去演一些角色什么的，说特别喜欢看我演的戏。我觉得作为演员，一定要演适合自己的

◎ 电影《大河奔流》中的张金玲（左一）

◎ 电影《希望》海报

◎ 电影《希望》中的张金玲

◎ 电影《希望》剧照

戏，这样观众才满意。这些年我没有去演戏，也有一些导演想到我，也问过我，我说什么年龄做什么年龄的事吧，现在用画笔去抒发我对艺术的感受。如果将来真是有适合我的戏，我也会用心去完成它。

记者：有没有碰到普通的影迷，他们会给您提供便利，比如打车的时候碰到一个司机看到您是张金玲老师就不收钱。

张金玲：这种倒不多，大家都非常客气。我刚从五台山回来，那边搞了一个全球微电影的大赛表彰，完了以后，在这个晚宴上我提前走了，要不然走不了。来的这些人都是看着我的电影长大的，都是五六十岁的人，他们的那种热情真是让我感动。这么多年我不演戏了，他们再见到我的时候，还是有一种深深地对电影的喜爱。如果走进了观众心里的话，它是抹不掉的，并不是我怎么样，而是这部电影在他们心里扎根了，在他们心里定格了，一见到活的真人来了以后，他们就有说不完的话。后来跟我拍照片，我说化化妆再跟你拍吧，不然的话太对不起你了，他们说就要你现在的这个样子，就特别开心地一起拍照片，给他们带来很多的快乐。艺术确实是观众不能缺少的，所以说我们的责任很大。

为了孩子

记者：我觉得那个时候，或许还能上溯到20世纪五六十年代，女性的形象都叫"铁姑娘"。

张金玲：对，我演的《希望》应该是"铁姑娘"。

记者：显得特别的健康，浓眉大眼的，您觉得这是一种怎样的审美？

张金玲：秀明是大眼睛，我的眼睛也大，晓庆的眼睛也不小。演工农兵的形象确实是像我们这样的，如果弄一个很纤细很娇小的，她可能就演不了工农兵的形象。那时候工农兵的戏多，比如说我演的《希望》是女子采油队的队长，带着很多人去采油，冬天拍夏天的戏，夏天拍冬天的戏，非常非常地吃苦，如果很娇弱的人，演不了这样的角色。从形象上导演也不可能选这种纤细的演员来演，肯定是我们这种工农兵形象的人

去演这样的角色。我觉得那个时候的审美也好，导演选角色也好，都是根据人物走的。

记者：您这个形象一投入很容易扎到生活中去，太纤细了会有点飘。

张金玲：现在的审美变化了，不是我们那个形象了，现在都是纤细的、瘦瘦的、柔柔的、美美的，这好像是一个潮流了。我觉得是后浪推前浪，已经把我们推到岸上去了。

记者：您有一件事情大家觉得可惜了。我最早见过梁家辉，梁家辉说李翰祥跟大家提过你，他也很欣赏你，想请你演电影《火烧圆明园》。

张金玲：他们找我演东太后，晓庆演西太后。

记者：最终陈烨演的是您的角色。

张金玲：《姐妹俩》"枪毙"了以后，我嗓子有咽炎，南京军区有一个军医能扎针灸，我就到南京去每天给嗓子扎针灸。后来这个古装戏一来，我当时有一个最简单的考虑就是古装戏应该不会被"枪毙"吧，就接了东太后。当时《火烧圆明园》是第一部合拍片，李翰祥过来以后，副导演是电影学院的王淑琰导演，让我演东太后，往那儿一坐说我就是东太后，还做了服装，后来我的孩子就闯到我心里来了。李翰祥导演说这个戏很艰苦，穿的都是很高的莲花底，头上的装饰很重的，用晓庆的话讲非常非常重，一天顶着头饰。当时情况是要孩子不能拍戏，拍戏不能要孩子。

记者：这是李翰祥导演跟您说的？

张金玲：他让一个姓高的制片主任跟我讲，让我考虑一星期，一两天之后我就回复了，我要孩子，不拍戏了，那时候我快三十了。我也觉得挺遗憾，那是我最漂亮的时候，加上头饰、服装，能留下这么一个形象也是挺好的。我最后还是选择保这个孩子，等拍完戏，如果说再想要个孩子的话，可能很难说了。有一次孩子上学回来正好有电视台做采访，我说妈妈为了你很多好戏都不能接了，你怎么想？我孩子说了一句话特到位，那时候他不大，二十多岁，他说有得就有失吧。这话说得好，我说有得就有失。到今天我也感觉着，后来我为什么画画，也跟孩子有关系。不是说我想画画，开

电影《黄英姑》剧照

始我其实并不喜欢画画，好像是命运安排你一步一步地走，就是顺从天意。

记者：我看您的戏有两种形象表现得都挺好，一种是像《希望》里是坚韧的，还有一种是泼辣的，《黄英姑》也类似这种吧。

张金玲：对，《黄英姑》那个戏很累，也是在我最好的年龄拍的。那个戏我认为剧本不错，可是导演把它改得面目全非了。我还给作者写了一封信，作者回复说金玲你把你的意见好好地跟导演商量。荆杰导演是摄影改行的老好人，好脾气，好说话。感觉这个戏应该是表现土匪，双枪英雄，可是有的时候表现得不是那么充分，有好多电影的语言都没有用，都是表面的东西。

《黄英姑》是我拍摄得最辛苦的一部戏，我们在长春学骑马，长春的冬天雪好像永远都不会化，马有时候脚底下滑了，就把我们从马上扔下去了。我一进剧组就

有一个演员脑震荡了，那时候还有电报，我爸妈就打电报以为是我脑震荡了，我说我没脑震荡。我在练骑马的时候，也从马上摔到雪窝里去了，当时从雪窝里又上来了。那个时候你一定得把马骑好，骑不好就没办法完成《黄英姑》的角色。就像我拍《渡江侦察记》一样，你船跳不好，你也完成不好刘四姐的角色。这些

◎ 电影《渡江侦察记》剧照

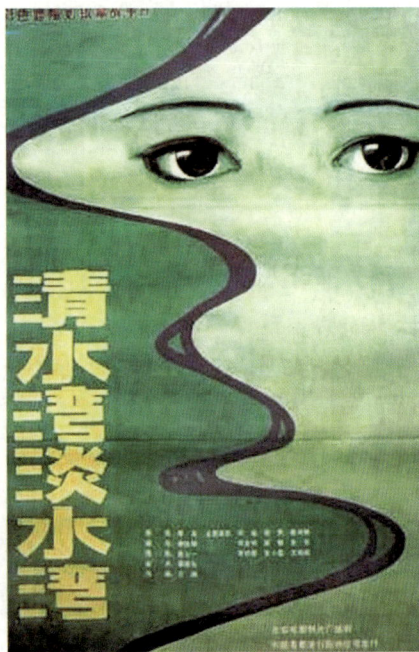

◎ 电影《清水湾，淡水湾》海报

动作都是代表着人物的特征，在练的过程当中是很辛苦的。

《渡江侦察记》里跳的有一点遗憾，其实我是摔伤了，尾椎骨骨折打着封闭针跳的。要是不出事，我跳得还要远一米，现在跳三米，那时候能跳四米了。当时在上影厂院子，我每天早晨练撑竿跳。那时候在剧组也没有助理，都是自己去打水，拿馒头夹咸菜在汽车上吃。要开拍了，可能心里也紧张，早晨去水房打水，水房特别的高，打水的石头是滑的，我们穿的是草鞋，我往下跑，结果就摔出去了，尾椎骨骨折，不能动了。躺了半个月，中间找了一个替身，还是穿帮，还是不行，最后制片主任又到医院说看看有什么办法，要不然这个剧组回不了上海了。后来医生说只有一个办法就是打封闭针，打封闭就不会觉得疼。我当时觉得作为一个演员，如果都不疼能起来就可以，于是就打着封闭跳的。我觉得人到关键的时候也会出奇迹，两次都跳过去了，完成了这一组镜头，摄制组就回到上海了。不管怎么说，我拍过这些高难动作，我又不是搞体育的，就是愣学，也是为了一个角色吧。

记者：这两个动作戏一般人也很难完成。

张金玲：因为我学武术，李俊峰老师是我的武术教练。他做完我的教练以后，拍《武林志》也做演员了，前段时间还碰到了他。

记者：1983年之后您自己基本上就不再拍戏了，那时候是正当年。

张金玲：一个原因是孩子小，还有一个我觉得演员特别需要有一个好的机会。我孩子半岁的时候，我就试图去拍戏了，到了兰州拍《经理室的空座位》，也是一个女主角，兰州电影制片厂第一次拍戏，拍的戏不怎么样。那时候都没有稿费，吃住行都是厂里管，我拍完以后，厂长说没有什么钱给你，你有什么要求，我说我想去一趟敦煌，于是厂长陪着我去了一趟敦煌，两天就回来了。没有照相机，也没有留个照片，后来我又单独去了敦煌。之后我到了上海拍《四等小站》，又拍了《清水湾，淡水湾》，谢铁骊导演的，当时李少红导演到上海找的我。有的时候得碰巧，碰巧这个戏就特别棒，碰不巧戏就比较平。

我生完孩子以后，孩子又生病，心里不踏实，总是牵肠挂肚，所以就回归家庭了。有一次一个报纸采访我，我说如果再活一次的话，我还想做演员，我觉得作为一个电影演员能够体验各种角色，可以丰富人生，丰富生活。如果家庭和事业产生矛盾了，只能求一，我肯定选家庭，家庭是一个永恒。我觉得自己在表演上还是没有达到那种向往，就希望用我的书画去抒发我自己对艺术的感情。他们说金玲这么能吃苦，这么努力——因为我心里有我的梦想，总希望能够在这方面有所造诣。

一起补助 5 毛钱

记者：刚才谈的是你们这一代，后来观众的审美发生了很大的变化。

张金玲：就是大家说的"小鲜肉"。

记者：男孩子叫"小鲜肉"，女孩子叫"小鲜花"。看过他们的表演吗？

张金玲：我很少看这些戏，有些人我都不认识了。

记者：您平常经常看电影吗？

张金玲：我看老演员的电影多，年轻的演员看得少了，以后我还会多看一点，我现在住的地方有电影院了。随着年龄的增长，我想看的还是厚重一点的题材，演员演得好。刚才跟你交流的那几部电影是留在心里定格了，那么好的表演不会忘，

⊛ 电影《大河奔流》中的张金玲（左一）

⊛ 电影《从奴隶到将军》剧照

现在有些戏看完以后记不住，真的记不住。

记者：现在的演员，特别是一些刚出来的年轻演员，他们一天的待遇比一个电影厂一年的产值还高。

张金玲：不得了，真是不知道这种风气怎么来的，搞不清楚。我们那时候一天补助 5 毛钱，比如说在长影要去练功，你要练到 9 点钟这 5 毛钱才有，你不练到 9 点钟都没有。

记者：你们拍戏的时候是吃盒饭吗？

张金玲：拍戏的时候带一个大师傅，跟着我们剧组下来，就是支起锅，吃大锅菜、大锅饭。

记者：自己带饭盒吧？

张金玲：对，都是自己带饭盒。不像现在有成品的盒饭，那时候没有盒饭。

记者：那时候伙食怎么样？

张金玲：反正能吃饱吧。比如拍《大河奔流》的时候，在河南的黄泛区，送饭的来了，有一桶大米

饭，一桶汤，还有一桶菜，汤很咸。负责伙食的给你盛米饭，再给你弄个碗盛点汤。

记者：你们每个演员的饭都是一样的？

电影《女人也是人》海报

电影《从奴隶到将军》海报

张金玲：都一样。

记者：厂工也一样？

张金玲：都一样，没有像现在，一天伙食费多少钱，还有助理、保镖什么的。那时候我们跟场工吃的都一样，包括谢铁骊大导演。我的印象挺深，有一次晚上导演说金玲你们去哪，我说出去溜达溜达，他给我2块钱，让我给他买一点花生米香香嘴，这就是导演的生活。张瑞芳老师是大脸盘，我也是大脸盘，刘衍利也是大脸盘，哪像受苦受难的难民。我们就去节食，少吃甚至是不吃。我们年轻还挺得住，张瑞芳老师年龄大了，血糖低了就晕了。那时候我们都吃一样的饭，所有的导演和演员都在一块吃饭，没有什么特殊。不像现在导演的盒饭贵一点，一般人的便宜一点之类的。经常听到剧组很多的故事，还有房车什么的，都弄得特别好。我觉得现在时代不同了，这些演员们都赶上好时代，一个月就可以拍一部戏，那时候我们拍一部戏需要一年到两年，《渡江侦察记》拍了一年半，《从奴隶到将军》又拍了一年，还没有间隙。

记者：没有档期的说法？

张金玲：没有，一进了这个戏，就得把这个戏拍完再走。

记者：我冒昧地问一下，您拍戏最高的一次拿多少钱？

张金玲：最高的一次可能是《女人也是人》，给了我几百块钱吧。

记者：几百块钱？

张金玲：有500元吧，我是女主角，还在山东电影节获了最佳女演员奖，当时就用这几百块钱买了一个地毯回来，那时候根本都没有钱。

记者：演员的工资比普通人还是要高的。

张金玲：差不多。现在的演员太福气了，一个是收入高，一个是条件好，拍戏快，一部接一部的。我记得我们刚进剧团的时候工资18块钱，第二年24块，第三年28块，我们还要把部分钱省出来买火车票回家看爸妈，都是很低的。《渡江侦察记》是第一部戏，没有钱的，吃住行都是剧组的。

记者：拍完以后也没有片酬的？

张金玲：没有片酬，那时候根本没有片酬这一说。杨在葆

从左到右：中野良子、张金玲、栗原小卷、刘晓庆

当时获了一个最佳男演员奖，他用4块钱在马路边买了一个T恤穿上，然后去领奖。那时候拍《从奴隶到将军》，我们剧组的王炎导演和几个主要演员到杨在葆他们家去吃饭。

记者：安徽吗？（杨在葆祖籍安徽）

张金玲：上海。我的印象很深，他就一间房子，然后就把他家的床掀了，把床立起来，中间放了一个桌子，吃什么我已经不记得了。当时王炎导演就说了一句话，在葆，你请我们吃这么一顿饭，你要倾家荡产了，这就是我们演员当时的生活。我记得我进剧团第一年存100元钱，这100元钱还要买火车票从武汉回家。我给家里打电话，说我这个钱是寄回来还是坐火车回来，我爸爸说坐火车回来。那一段的生活虽然很艰苦，可是留在记忆当中，我特别知足，真是特别特别知足。我们在老家，我记得我从武汉下的火车，有时候我爸爸用自行车驮着我，有时候我妈妈过来接，就是搭人家一个拖拉机。路不是柏油路，都是坑坑洼洼的路，有一次我跟我妈妈坐着拖拉机，下完雨以后那个沟很深，车一晃就给扔泥地里了。

后来我学了书画，书法老师就说金玲你怎么那么不怕苦。我说这不苦，这多享受，比我在老家割麦子轻松多了。所以农村的生活对我来说是太丰厚的财富了，小时候父母给我的教育也好，工作的磨炼也好，积累了很多丰富的想法和感受。今天你来跟我交流，我也把很多心里话跟你在这里讲，这就是过去

我们演员的生活。现在就不可思议了，天方夜谭的感觉。反正听听就好了，就是这样。

记者：说一个题外话，您好像特别喜欢画荷花。

张金玲：为什么我去画荷花？我觉得画荷花是一个让人纯净的过程，让自己心里非常静，不管外面怎么样，我自己永远是非常纯净，追求这种感觉。

关于日本的记忆

记者：您是不是还去日本做过电影交流？能讲一讲那段经历吗？

张金玲：这事也很有意思。很多事情都是顺从天意，怎么安排我，我顺着就走了，没有刻意地做个什么事。我拍了这么多电影，没有一部戏是我要特别找导演，说特别想演你的戏，我就是张不开这个嘴。要是这个嘴能张开，我可能多演点戏，因为导演不知道你想什么，也不知道你愿不愿意。那时候和日本的电影交流就开始了，日本的演员最先过来，她们都穿得漂漂亮亮的，我们都没有什么衣服穿，后来就到服装仓库借衣服。有一张我们四个人的照片成了经典，有中野良子、栗原小卷、我和刘晓庆，其中我和刘晓庆的衣服全是从服装仓库借的。我们陪着日本演员去颐和园，我的衣服还行，裙摆还挺大，就是《大河奔流》美国记者穿

的那身衣服，刘晓庆借的就是一个旗袍式的衣服。

那是1978年，应该也是改革开放以后的第一批出国代表团，我们去日本的代表团中演员有四位，赵丹老师、田华老师、陈冲和我，我带的电影是《从奴隶到将军》，陈冲是《小花》。我们到了日本以后，日本方面搞得非常隆重，当时的首相接见了我们。那时候他们可能知道我们中国演员没衣服，日本有一个翻译来北京很多次给我们量尺寸，回去以后做了套衣服，到现在我还保留着，翻译说这套衣服是法国设计师给设计的，现在不能穿了，那时候瘦。还带我们到美发店去剪头发，美发店的师傅给了我一本他剪头发的书。后来我拍《瞧这一家子》也是要烫头发，在四联烫头发，我说我去日本，人家给我一本书我也没用，我说给你吧，就给了那个师傅。当时《朝日新闻》给我们打扮，拍了一组镜头，

🔘 接受采访的张金玲

卫星传到咱们国内都看到了，说中国的演员出去以后还真是漂亮，后来一批一批去日本的就多了。

我能赶上第一次电影代表团也是一件很荣幸的事。那时候就跟中野良子、栗原小卷、吉永小百合交流，她们来到中国，我们一对一地陪她们。我们到日本，她们也陪我们，2016年底中野良子来了，电影频道也是让我陪一陪中野良子。前两个月我在东京美术馆做画展，就是请的栗原小卷的一个翻译，她对电影太了解了，我还没拍的戏她都知道。然后她就告诉栗原小卷了，栗原小卷一定要请我吃饭，见面以后都很亲切，我把一张绘画作品送给了她，特别地高兴。她现在也挺棒的，72岁还在演话剧，跳舞蹈什么的。

心灵美才是真的美

记者：从你们那个时候的浓眉大眼到后来审美的变化，您觉得有什么样的原因？

张金玲：原因应该问问观众为什么喜欢这样的。听说现在美容院的生意很好，不管是做演员的还是不做演员的都去美容，做眼睛、鼻子、下巴什么的，学校里这方面也特别的多，他们互相影响。我搞不懂这个东西，不知道是不是认为那样是最美的，我的理解，心灵美是最重要的，心灵的美透出来的就是美的。如果心灵不美，脸弄成什么样也会让人觉得不舒服，相由心生嘛。我经常去大自然当中画画，去山区，去农村，去寻找自己艺术的感觉，我们经常出去采风，所以也感觉跟大自然很接地气。如果内心不美好的话，脸上弄成什么样只能是一个躯壳吧，我是这样想的。

记者：美容院特别忙，公安局的工作压力很大，因为你的身份证不换看不出来是本人，整容是要到公安局登记的。

张金玲：有的整了一次之后，时间一长觉得又该整第二次了。我就想多疼啊，太不容易了。

记者：老天给你这张脸，你得尊重老天爷，尊重你的父母。好多演员整容以后就不会演戏了，她的肉是僵的，哭笑都不动，就是面瘫了，影响表演了。

张金玲：父母给你什么样，你就是最美的，脸上一动刀就

是破相，自然才是最美的。栗原小卷、中野良子都没有做过，该老就老了，可是她们的状态是那么的健康那么的美好。

记者：您那个时候演员演戏就是本职工作，主要精力都在这里，现在很多演员或者明星各个方面都会有涉猎，好像演戏不是自己的本职一样。

张金玲：时代一发展，信息量也特别大，他们就想多做一些事情。关键是现在有一种经济上的吸引，出了名以后，请的人可能就多。那时候我们就是一根筋，就是拍这个角色，什么事也没有，只要把这个角色完成好，就是做得非常好，可能跟时代发展有关系。

记者：我觉得每个演员都应该享受拍电影的过程，现在有些演员不是演员了，享受不了表演的快乐。

张金玲：我们真的觉得电影很神圣。

记者：很多演员到剧组就问什么时候结束，别人是问什么时候开始他问什么时候结束，这是两种表演状态和职业态度。

张金玲：所以说现在有些戏不好看了。

后记

在正式表演前，演员经常会花大量的时间去体验生活，了解角色所生活的环境。而对于张金玲而言，她从小帮母亲干的农活和在农村的体验本身就是一笔财富，以至于后来在表演风格上能自然地融入生活的经历，这让她驾驭的角色与人相关，与土地相连。

采访结束后，张金玲还意犹未尽地给我们看了在深圳何香凝美术馆做展览时候的画册，里面有《大众电影》复刊后刊登的《大河奔流》剧照，也有《黄英姑》《瞧这一家子》等电影的剧照，还保存了中国电影代表团改革开放以后第一次去日本的许多照片。她在这些画册里或英武，或家常。她特别钟爱这本画册，那里记载了她最美好的一段时光，也流淌着她对电影的不舍之情。

郭凯敏：
银幕初恋的记忆

文 / 康婕

改革开放初期，《庐山恋》里的那一吻给当时的电影观众留下了深刻的印象，但其实影片中张瑜只是飞快地掠过郭凯敏的脸颊，这个吻，以现在的眼光来看，太轻描淡写了。可在 1980 年的中国，却是件振奋人心的银幕事件。从那时起，郭凯敏闯进了无数少女的梦中，照今天的标准来说，可谓是非常红的"流量"明星了。作为当时的银幕初恋，他给我们带来了那个年代不能错过的幕后故事。

初尝明星滋味

记者：20 世纪 80 年代，尤其

电影《第二个春天》海报

郭凯敏

在 80 年代初的时候，把男女演员算在一起，您也是最红的一个。您第一次感觉到自己是一个明星的时候，是哪一年？具体状况还有印象吗？

郭凯敏：并没有一个自己是明星的感觉，1985 年我进北京电影学院进修班的时候，那个班被称为明星班，那个时候只有一个明星的概念，我们进电影厂的时候就一直只是演员。自己一下子觉得被全国都家喻户晓的，应该就是《庐山恋》之后，因为之前我也拍了好多片子。

记者：《第二个春天》是吧？

郭凯敏：第一部是《第二个春天》，在上影厂里工作也不容易。一开始进厂是学徒工，还有一年试用期。《第二个春天》拍了以后，全厂都知道了，有一个演员叫小郭，当时不叫凯敏，叫小郭。但是《庐山恋》一拍，全国都知道了，之前也拍过《征途》《大刀记》等等，都拍了好多，但不是全国都知道。

记者：您有没有在路上被人认出来过？

郭凯敏：《庐山恋》上映以后，就在路上被人认出来了。我1975年进电影厂，《庐山恋》是1979年拍的，1980年上映后，好像瞬间就特别火了。走在大街上就有人注意我，一开始是猜，后来就被认出来了。

记者：当时的心情是怎么样的，特别高兴？

郭凯敏：当时进电影厂的时候，没有觉得要做明星，只是找一份工作。这个工作就是电影，我从事的行业是演员，所以也没有特别高兴或不高兴，只是觉得一下子被全国人民都认可、认识了，挺有意思的。

记者：好莱坞有明星制，中国明星现在也成为明星制，但那个时候不是。

郭凯敏：有一年，我们国家放了《追捕》。高仓健，还有演横路敬二的那个演员田中邦卫到我们厂来参观，那个时候张瑞芳老师是我们演员剧团的团长，代表中方、上影厂去接待他们。当时我们没有参加，她回来后就告诉我们，说日本的明星制太厉害了，高仓健走在里面，田中邦卫就不能走在他的前面。

记者：现在很多明星都有经纪人、经纪公司，有很多人围着他们转，这其中有些明星很年轻，也没多大成绩，或者没有多少代表作，你怎么看待这种现象？

郭凯敏：我觉得特别累，严格意义上来说，明星制如果用好的话，是一件好事。因为如果一个演员成为明星，一定是有他的基础，比如一部很好的片子，或者他的形象受到了观众的认可，这样的话在工作当中如果能够很好地保护他，让他把角色塑造好，我觉得这样的明星制应该是可行的。现在我们把明星制学来以后，弄成了一个保镖制，给我的感觉这些明星都被捧得像动物园的大熊猫一样了。

明星最可贵的品质是贴近生活，跟他的创作建立血肉联系，这样才会成为一个大明星。我们现在只是学了点明星制的皮毛，但是创作的血液没有了，精神领域的空间也越来越狭窄，原来1个明星1个助理，或者1个经纪人，后来发展成

※《庐山恋》剧照

2个、3个、4个、7个、8个。我觉得这不是明星制，而是一个保镖制的概念了，所以我觉得不是很可取。

记者：您1975年到上影厂，1979年以后，一夜之间在全国闻名，您觉得成为一个明星或是社会名人，对自己的个人生活带来的影响是什么？

郭凯敏：首先在创作上，在工作上，我的选择机会特别多了，或者人家选择我的机会也特别多了，原来很局限。其次，就是在生活中，我对自己的工作、职业更加热爱，就是这两点对我来说影响比较大。

记者：《庐山恋》为什么受大家欢迎呢？我自己的想法，可能是反映了谈恋爱的主题，虽然影片背后也有讲拨乱反正，但是谈恋爱是最吸引人的地方。20世纪80年代之前谈恋爱，跟80年代谈恋爱不太一样。

郭凯敏：提到了谈恋爱的问题，《庐山恋》之前还有乔榛老师

演的《珊瑚岛上的死光》《甜蜜的事业》。当然《庐山恋》是比较鲜明地提出来恋爱的概念。到今天为止，庐山还在放《庐山恋》，大家还在谈这部片子。我也一直在想到底是为什么，我们也不能否认它是那个时代的一个代表，但我觉得《庐山恋》没有过时，这种现象到底是什么，好像也开了很多次研讨会，我觉得《庐山恋》是改革开放非常成功的电影。

说句实话《庐山恋》这部片子的男女主人公的故事，在真实的生活当中几乎没有。一个高干子弟跟一个国民党的子女，两个人在庐山谈恋爱，这事儿是不可能的。但是我们这一代人和相差前后20年的观众，今天来看《庐山恋》，依然像当年一样的感动。我觉得它最可贵之处就在于把所谓的概念化和程式化的东西都打破了，成了按黄祖模导演说的破镜重圆的故事，人们希望这对有情人能成功。

今天到庐山看《庐山恋》的观众，有些以前根本不知道这部电影，有些纯粹是来旅游的，有些看过很多次了，但是他们都会觉得是

电影《庐山恋》中张瑜展示了不同风格的服装

电影《庐山恋》剧照

一种回味。

记者：关于这个电影，其实还有两个地方也很吸引人，庐山的风景和片中的时尚服装，好像跟您合作的张瑜，换了20多套衣服。

郭凯敏：是，我的衣服最多不超过4件，她的衣服多，胆儿比较大。那个时候的服装是有说法的，女孩子的裙子不能露膝盖，袖子不能露肩膀，胸前襟也不能开，线条也不能有，颜色也不能特别鲜艳。男孩子们就是一条黄军裤，蓝衬衫，黑鞋子，或者灰外衣，是很单调的。《庐山恋》把颜色局限打破了，现在来看张瑜的所有服装当然已经过时了，但是那个时候看那可了不得，颜色太鲜艳了。而且她的整个造型让中国观众几乎是拿着本去记服装的。从这部电影当中大家看到了服装还有这样的样式、这样的颜色，女孩子还有这样的美，确实是给观众以震撼了。我为什么说张瑜胆儿比较大呢，当时的创作者，包括我们的服装设计师对美国的生活不了解，实际上是用电影创造了老百姓心目当中的一种开放形象，而这个形象恰好与中国

老百姓所期待的生活吻合了。

记者：吻合了大家对美好生活的一种向往。

郭凯敏：太对了，现在来看《庐山恋》故事很简单，拍摄也不是很复杂，几乎没有什么特技，但是这部在1979年拍摄的影片奠定了一个新的美学架构，我觉得真是挺了不起的。

记者：当年电影会影响人们的生活，改变人们对服饰的态度，或者对时尚的态度。那个时候人们还特别喜欢穿喇叭裤，您有印象吗？

郭凯敏：对，但那个时候我不喜欢喇叭裤，因为我不赶时髦，觉得军裤干干净净，穿得很舒服。

你所不知道的银幕那一吻

记者：当时演《庐山恋》，应该也是您第一个吻戏吧？

郭凯敏：对呀，是第一个吻戏。

记者：拍这场戏的时候有没有一点尴尬，还是觉得作为演员无所谓，能为角色去服务？

郭凯敏：那个时候特别有意思，它是一个天时地利人和的概念，因为我拍《庐山恋》的时候21岁，跟张瑜的年龄都差不多。当时谈恋爱都往后推，因为不让谈恋爱，叫介绍对象，没有恋爱这么一说，所以这种天性的东西，我们在拍戏当中没有禁锢，彼此也没有男女朋友。第一，人与人之间没有杂念，第二，我们那个时候也年轻，自身的禁锢也特别少。虽然导演那个时候50多岁了，但是他拍《庐山恋》的时候，思想很解放，最关键他没有把这一吻作为噱头。当时为了这个吻，导演考虑了很多，所以其实这个吻不叫接吻，叫亲吻，他就亲了脸一下，我觉得这个很有意思，如果当时，彼此的嘴这么一亲的话就是正常的，但是他不这么弄，而是脸上给你这么吻一下，符合了当时中国的爱情观、文化观。后来张瑜说没有人看见，就两只小鸟看见，为什么没人看见？因为当时中国这种东西是不愿意在大庭广众之下展露的，所以这个亲吻我觉得特别有意义。

当时剧本里写的有这么一个亲吻，我们也不知道应该怎么拍，后来导演、摄影、制片部门营造了环境。我记得好像下

午1点钟就出发了，到2、3点钟，阳光正好斜的时候，拍出的镜头会很美。后来因为耽误了一点时间，有些记者可能听到了剧组拍摄的消息，就拿着长焦相机躲在角落里去，像游击战一样托着偷拍。我们摄制组就说不要影响演员的情绪。后来张瑜说她比较紧张，我不是很紧张，当时特别正常，觉得已经进入到这个人物当中去了，没有杂念。结果因为剧组要赶走记者，把我们都弄紧张了。

记者：怕剧透？

郭凯敏：不是剧透，比如《大众电影》一放，这是一个新闻点。电影局说你这个片子还没送审呢，你把这个东西弄出来以后，不通过不就惨了嘛，所以就不让他们拍。赶走记者以后，可能耽误了半个多小时，导演说预备开始，我们前期酝酿了很长时间，结果没想到这个镜头一次就成了，后来拍完以后，我脸也红了，这个镜头特别珍贵。

记者：脸红是一个自然的脸红。

郭凯敏：自然脸红。

记者：您刚才说自己没有像张

电影《庐山恋》剧照

瑜那么紧张，但是她嘴挨着您脸颊的时候，还是会有一种感觉吧？

郭凯敏：这个东西就是人的一种生理反应。演员在表演上，自我的东西越来越少的情况之下，就会跟角色融为一体。假设我在生活当中，跟张瑜之间这么一吻的话，在当时那个年代，也会有这种感觉，因为它毕竟是男女之间的一种接触。所以当时虽然是有摄影机，有导演，有照明，但人不多，很安静，不像现在拍戏乌泱乌泱的，所以气氛营造得特别好，"啪"一遍成。

记者：还有一点很有意思的，一般的恋爱生活，应该女的要羞涩一点，而这个片子反过来，您明显地要比张瑜羞涩一点。

郭凯敏：生活中也多呀，女孩子大大咧咧地要追男的情况也有，当然男追女比较普遍、正常，女追男的，用我们的话来说有点非正常，但是它不是从正常和非正常的角度来说，里头有很关键的一个词叫作"孔夫子"。

记者：书呆子气。

郭凯敏：他不仅仅是书呆子了，可以说是"孔夫子"。

记者：有点守礼教。

郭凯敏：对，他一直说他是孔夫子，既批判了，同时又是一种特别可爱的循规蹈矩。假设反过来耿桦特别主动，上来以后就开始抱着她，搂她，我觉得就流于一般化了。男的被动，女的主动，把它提升为孔夫子，这一点很厉害，孔夫子面对的是什么？面对的是周筠那种完全现代化的东西，这构成了一种文化冲击，这个亮点到今天为止，人们仍有很多回味。《庐山恋》的魅力就在于，把"孔夫子"这种概念和男女之间的爱情表达融在一起。

记者：比较幽默。

郭凯敏：比较幽默，融在一起以后，虽然观众从理论上不能表达什么东西，但是他看了以后就能发现，其中关于中国的礼教，中国的文化，中国的男人的表达有这样一种思想意识贯穿在里头。

记者：电影里边您演的形象比较憨厚，像个毛头小子，特别孩子气。我觉得您4部电影都是这样的，《庐山恋》《小街》《好事多磨》，最典型的是《邮缘》，就是孩子气的大男生，上海话叫毛头小子吧。

郭凯敏：对，毛头小子。

记者：这个是不是跟您本人在当年是20岁出头的年纪有点接近呢？

郭凯敏：对，每一个演员都有自身的魅力，或者叫自身的特色，在我的身上确实这种大男孩的气质在里边。不管我当年和现在，始终有一种孩子的气质，孩子的心态。这就贯穿在我所有演的角色当中，除了调皮捣蛋、不守规矩之外，还有一种最可爱的东西，就是人物的纯，特别单纯、简单。《庐山恋》《小街》能看出这方面的影子，后来《好事多磨》，包括《邮缘》《逆光》稍微转了一点，但是大部分我演的角色当中，都有这个烙印在里边。

记者：我印象中您和张瑜好像搭档合作了两部电影吧？

郭凯敏：还有一部电视剧《一个女记者的日记》，但是这部剧在上海台播了以后反响不是很大。我应该跟张瑜合作了3部电影，《第二个春天》里也有她。

记者：张瑜好像是一个配角。

郭凯敏：是一个工人，我跟她没有搭戏，但是我们在一部戏里。正儿八经的合作是《庐山恋》和《小街》，以及电视剧《一个女记者的日记》，严格意义上来说是3部电影，1部电视剧。

记者：但是人们还是会把你们当作当年的山口百惠和三浦友和这种关系来看待，很多观众以为你们是两口子。

郭凯敏：对，现在也有这样的提问，甚至也有人认为，我的妻子就是张瑜，见了我就找张瑜，见了张瑜就问我，成了一个基本的形态了。但是仔细想一想，客观来说，我有时候看电影的时候，确实银幕上的张瑜和银幕上的郭凯敏是般配的。这个很难得，两个演员在银幕当中，扮演的角色能够让人们相信，太难得了。日本有一个例子，就是山口百惠和三浦友和，他们是真夫妻。演员有很多东西，很难用理论或者语言来表达，就像一对夫妻一样，有夫妻相，另外，张瑜身上也有很多孩子气。

记者：小机灵的样子。

郭凯敏：现在你仔细观察，就在张瑜身上，她的眼睛，她的感受，有很多孩子的纯真。她塑造的角色，包括小凤仙这样的人物，都有这样的烙印。《庐山恋》的男女主人公都有孩子气，给观众们看到了以后就觉得，他们俩可能是一对儿，我认为这是一种银幕期待。

郭凯敏和他的女搭档们

记者：《好事多磨》里面的女演员也很红。

郭凯敏：龚雪。

记者：对。片中龚雪跟您不一样，您的角色还是像一个大男孩一样，心思不够细，领导的意愿都猜不透，在军队搞舰艇研究，也有书呆子气，而龚雪扮演的这个角色，比您显得要沧桑一点，就不是孩子气了。

郭凯敏：对，从演员的气质上来说，龚雪有一种忧伤、忧郁。我演的这个人物是从农村来的，后来搞舰艇研究搞科研，有志气，但是我的这种喜悦和追求生活的纯的部分，跟她的忧伤的部分，实际上是冲突的。《好事多磨》应该也是一部很成功的电影，但是从男女演员的角色角度来说，观众没有留下更多的期待。现在没有人问龚雪是不是我老婆，或者我们俩怎么样，包括我跟吴玉华演《逆光》也好，我跟沈丹萍演《蓝色的花》也好，我跟陈燕华演《邮缘》也好，都没有这种期待。

记者：这4部电影，除了《小街》以外——《小街》这个片

电影《小街》海报

子是你帮着一个女孩走出困境——其他都好像您是被女孩子带大的一样，您在片中要完成这样一个少年的成长。

郭凯敏：对，我觉得我当时演的这几个角色特别有代表性，那个时代从《小街》开始，受伤痕文学的影响，从思考的一代，反思的一代，迷茫的一代，到了希望的一代。我演的角色都特别纯真，虽然有很多灾难，或者有很多问题——包括《邮缘》，吊儿郎当不好好学习，连孺子牛念成需子牛了，但是他不是不爱学习，是没有条件学习，他不是没有上进心，而是没有人引导他上进，这一点对于那个时代是一个共性的东西，同时我这个演员跟我所有演的角色也是吻合的。

《小街》跟《邮缘》有一种反差，《小街》里的角色夏是工人，后来

通过学习有了文化，《邮缘》里的角色丁大森是被陈燕华饰演的周芹引导后，才开始学文化。《小街》应该是我主动地帮助了张瑜饰演的那个角色，《邮缘》则是我比较强烈地受到了女孩子周芹的影响后开始上进。《好事多磨》也是这样，从不成熟变得懂事了。当时这类片子实际上代表了一批人，中国的一大批男青年需要女性的关爱，母亲的关爱，社会的关爱，对他们有推进作用。

记者：有人这么说郭凯敏的角色，让我想到一句哲学的话，"美丽的女性引领我们上升"。而且《好事多磨》也很有意思，结婚之夜竟然不能跟妻子同房？到了这样一个让人不可理喻的程度，而且沈治远

⊕ 电影《小街》剧照

⊕ 电影《好事多磨》剧照

（郭凯敏在《好事多磨》里饰演的人物）也是一个比较鲁莽的人，只听一面之词，看问题不够全面。

郭凯敏：对，他偏激。从干部家庭中选女婿，老首长很难选到自己喜欢的人，就由秘书替他操办。沈治远不愿意接受这种安排，他认为这是属于拉郎配，他不是对妻子这个人有意见，而是对这个事儿不满意，所以就偏激了。其实龚雪饰演的刘方方应该是喜欢沈治远的，但是沈治远误解了刘方方，就是这种小农意识的偏激，导致了他的悲剧。当然后来破镜重圆了，我觉得《好事多磨》也是挺有意思的一部片子。

记者：非常有意思，结婚的当天，作为新郎，别人给敬酒都不喝。

郭凯敏：对。

记者：心里有什么就表现什么，观众看了有点喜剧的元素，因为这个在婚姻当中，是不常见的状况。

郭凯敏：对。

记者：您当时演这个戏的时候，就是有心理调适的吗？

郭凯敏：它就是一个轻喜剧。《庐山恋》我们可以称它为一个抒情的正剧，《小街》是一个抒情的悲剧，两者都跟喜剧没关系，我1975年进厂才17岁，也没有经过科班学习，就直接演了，我是什么样，就演成什么样。《好事多磨》是一个喜剧，喜剧是什么概念我不懂，怎么演也不懂，但是我知道真实到了极致的情况之下就出现了喜剧，有时候悲剧要含蓄、要隐藏，比如想表达的东西不表达，悲剧就来了。而喜剧则是我想表达就表达了，结婚你得假模假式做出来吧，我就不，这样恰恰就产生了喜感。当时拍《好事多磨》，我感觉到喜剧绝对不是挤眉弄眼，绝对不是花里胡哨，它是内心深处的极致的真实，所有人都达到这个极点以后，观众不笑也得笑。《好事多磨》以后，宋崇导演说我可以演喜剧，后来就演了一个喜剧电视剧《卖大饼的姑娘》。当时大众对喜剧的看法还不一致，有人觉得喜剧不入流，其实并不是这么一个概念。

记者：后来《邮缘》更是一个不折不扣的喜剧，是大师桑弧导演的最后一部作品。

郭凯敏：没错。

记者：那个电影喜剧的味道就更重了，而且跟陈燕华的合作也很有亮点。您和张瑜对比不是那么很强烈，跟陈燕华和龚雪的反差比较大。

郭凯敏：对，跟龚雪之间，因为我有一种喜感，她有一种悲感，所以冲突性大。陈燕华长得像小狐狸一样，我们老逗她，她那个时候是上海电视台的一个少儿节目的主持人，特别特别红，严格意义上来说，我跟她两个人在形象上放在一起是不搭的，跳跃性很大。她应该比我小，但是人家叫她燕子姐姐，拍出来的感觉她比我大，所以她就成了我的教育者了。《邮缘》当时放的时候，我也没想到会给观众留下这么深的印象。可能陈燕华演的这个角色，把我带上了正道，走上一个快乐的人生路，这也给观众留下了很多期待。

记者：《逆光》是在《邮缘》之前还是之后？

郭凯敏：《逆光》是在《邮缘》之前，整个的顺序是，拍《庐山恋》以后，就是《小街》，《小街》完了以后是《好事多磨》，《好事多磨》完了以后，就是《逆光》，《逆光》完了以后就差不多1982年。1984年，我就开始去电影学院明星班学习。1985年第一次放暑假的时候，桑弧导演就让我来演《邮缘》。

记者：《逆光》也是一部艺术品位很高的电影，这个片子里边，我看您是不一样的，以前是活泼可爱的大男孩，这个里边特别深沉，特别睿智，也有点忧伤的，这个角色对您来讲是不是一个特别新鲜的形象？

郭凯敏：其实《逆光》这个角色更符合我，廖星明所有的行为和他的思想的、情感的部分，其实就是我的写照。我父母是搞地质勘探的，后来搞石油、搞地震测量。我生在长春，6岁就到了上海，跟父母分开了以后，就住在石库门的房子里面，所以我对上海的市民生活特别熟悉。有一年我回上海，这个房子还在呢。廖星明恰恰就写了那个年代的，那个环境当中的人物，我就是在这个环境里头生活出来，所以从某种角度来说，《逆光》也是一部赶上天时地利人和的片子。但这部片子不是上影厂的。

记者：珠影厂的。

郭凯敏：珠影厂的，丁荫楠导演是天津人，不是上海人。

电影《邮缘》海报

上海当时有两部片子，一部《逆光》，一部是滕文骥导演、西影厂拍的《都市里的村庄》，这两部写上海的戏，都不是上影厂拍的。

记者：我刚写了文章，就是反映上海的电影，一部来自珠影厂，一部是来自于西影厂，西影厂的《都市里的村庄》，还有来自长春电影制片厂的《街上流行红裙子》。

郭凯敏：这个东西讲的是个文化象征，当时中国人还把上海当成一个象征吧。所以那个时候对于我来说也是一个特别奇怪的现象。《庐山恋》是写庐山的，上影厂独具慧眼地进行了拍摄，结果《逆光》《都市里的村庄》《街上流行的红裙子》是写上海的，上海恰恰没有抓住。

记得很清楚，早晨起来我去上班，门房间说郭凯敏有你电话，丁荫楠专门给我打电话，那时候我也不认识，丁导演说："是郭凯敏吗，现在有个电影剧本叫《逆光》，是写上海的，我想请你来演！"我说"好啊"，他说剧本马上就会送到我们电影厂来，那个时候我第一个感觉：怎么是珠影厂拍这个片子呢？后来我看了剧本后说这个片子我们上影厂怎么不拍，当时谁也没有再说这个事，就淡化了。总之丁荫楠来了以后，和摄影魏铎、编剧秦培春，他们3人拍摄之前，在上海生活了

◉ 电影《逆光》剧照

◉ 电影《逆光》海报

将近三个月，专门去看上海的街景、外滩，所以这部片子摄影得了金鸡奖。

记者：金鸡奖最佳摄影。

郭凯敏：这部片子后，丁荫楠导演改变了我关于演员表演的认识，他提出来，首先决定角色的是演员的魅力，演员的魅力决定了角色的魅力。我觉得这一点丁荫楠导演是很成功的，为什么呢？我们原来塑造角色就是从角色当中，往角色靠，从外形上，贴这个，贴那个，往服装上去靠。最后实际上真正靠的应该是内心。所以那个时候我们的男演员几乎不化装，我还留了胡子。

记者：对，这样。

郭凯敏：那个时候1982年、1983年拍的，其他电影男演员还粘双眼皮呢。

记者：您的双眼皮还粘吗？

郭凯敏：也粘，但我粘得少，因为太难受了。很多演员都粘了双眼皮，当时这叫浓眉大眼，单眼皮弄成双眼皮，双眼皮弄成三眼皮，成了一种习惯。魏铎的摄影又极其有质感，他到上影厂的洗印车间去盯着。我觉得丁荫楠作为导演还是很有眼力，那个时候已经有奶油小生这么一说了，所以如果按照《庐山恋》《小街》判断，那么他肯定不会选我来演《逆光》。后来丁荫楠导演跟我说，珠影厂长都反对让我演，后来导演就坚持非我莫属。这些我都不知道，后来就演了《逆光》。当然了《逆光》跟《庐山恋》不能比，因为《逆光》代表了一部分小众，而且导演拍摄的手法和意识带有一定个性，是一种试验。

当年，《逆光》在日本放映过。日本电影人或者日本观众看中国电影，认为中国的社会是平等的，人人都一样的，但是看了《逆光》以后，他们发现了不平等，起码主人公是住在小阁楼里头，爱情、生活，都是在底层的，这跟日本的社会有某种相似度，这样的影片适合在日本做日本中国电影周。所以在日本，当时放的时候影响特别大，它是一个真正的、不带粉饰的现实主义题材，就这一点来说，《逆光》比较成功。

记者：影片一开始，我就被您演的作家吸引，您有自己的处理方法，是丁荫楠导演让你这么演，还是您自己觉得人物应

该这样演？

郭凯敏：还是那一点，演员的魅力决定你角色的魅力。我自己就住在小阁楼，那个时候有辆自行车是了不得的事，要凭票，我们基本上坐公交车上班，包括《庐山恋》成名以后，我也是坐公交车上班。演员的很多东西必须要来自于生活，因为他只有在生活当中有这种感受，才能表现出来，所以演员一定要在生活中去感受，这个很重要。我跟吴玉华上车，我们之间在公交车上的所有的行为就不是去"演"的，而且她还抱着孩子，虽然她自己刚刚学校毕业，还没结婚，但毕竟是个女性，还抱着个真实的孩子，所以她就很认真地抱。在这样的一个下雨的天气中，我们在车上，感觉到特别温馨，就是两个人的生活，他们心中就是要相互依赖，相互关怀。我觉得这一点，就是这个镜头的魅力体现。

你要演你有的东西，我们的很多片子，演员在上面哭得死去活来，观众无动于衷，为什么？因为你没有用心去哭，你可以不掉泪，你甚至连一滴眼泪都没有，都可以让观众把眼泪掉下来。当然观众也知道了，现在演员可能用催泪棒，用眼药水，当然了也有真哭的，但是哭只是一个外化的东西，要看你有没有真心。

记者：当年这部片子其实也带出了出国热潮，上海是最早感受到这个出国潮的时候。

郭凯敏：对，上海。

记者：电影其实已经涉及这个话题。您当年是不是在上海感受到很多周围的人，包括演员也出国了，像龚雪就出国了。

郭凯敏：龚雪那个时候还没有，陈冲出去了。上海的留学、出国走得都比较前，而且上海对于外来文化的接受特别快。英语角从上海起来的，外来的文化很多，跟上海的地域有关系。海派，我认为它是一个开放的概念，所以当时《逆光》上影厂没有接受，我觉得它不是海派，海派应该是海纳天空，而不只是喝咖啡，吃蛋糕。为什么党的一大会址在上海，为什么很多先进的东西在上海，因为它开放，心态是开放的，出国潮也是这样。当时外国人来了以后，人们都像看大熊猫那样，围着看半天，能跟外国人接触的话就是了不起的，这也是当时

电影《逆光》剧照

这个片子的一个看点。

记者：20 世纪 80 年代初的时候，您有没有出国的愿望？

郭凯敏：我当时特别想到国外去看一看，《庐山恋》1979 年拍完，1980 年底我跟黄祖模导演去了电影节，看了很多国外的电影。我觉得国外的很多拍摄方法、拍摄理念，值得我们去学习。

要想分房先结婚

记者：后来你是到电影学院明星班吧？

郭凯敏：对。

记者：班长是唐国强吧？

郭凯敏：班长一开始不是，一开始是张国民、郭旭新。我们班有宋春丽、何伟、肖雄、刘信义、唐国强、刘继忠、梁同裕、寇振海，包括上海的赵静、韦国春。还有方卉、姜黎黎、宋晓英，当时确实是可以称为明星班。

记者：而且毕业做的是《鸳鸯楼》。

郭凯敏：《鸳鸯楼》，郑洞天老

师是导演系的，当时好像是主任，他也很超前，拍了《邻居》以后，就想让这批明星班的演员，弄一个《鸳鸯楼》，《鸳鸯楼》改编自俄罗斯电影《命运的捉弄》，所有的楼房都是相似的。而《鸳鸯楼》看似很相似，但其实有不相似的东西，我觉得理念很超前。我们是1985年进去表演班，1987年毕业的时候拍的《鸳鸯楼》，跟《邻居》已经相差很多年了。1983年和1984年以后，中国电影发展一年一个样，原来是10年一个样。那个时候第五代导演起来了，观众选择性更大了，郑洞天作为导演有他的电影地位。

记者：您在片子里面是特别"收"的那种表演，不光是跟你自

北京电影学院85级明星班合影

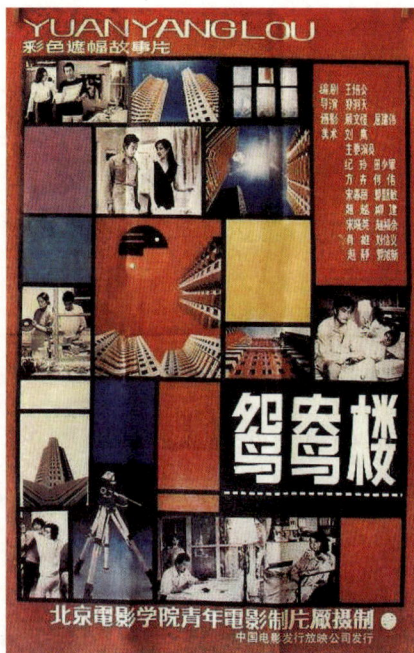

电影《鸳鸯楼》海报

己，跟当时所有的电影中的表演都不太一样，好多演员可能要找镜头，而你这个演的角色好像不太找镜头似的，是导演要求的，还是你自己的想法？

郭凯敏：肯定是导演的要求，演员永远躲不过镜头，导演会给你镜头。

记者：《鸳鸯楼》讲的是当年分房子这个大事，为了分房子打得头破血流，您对当年中国分房的情况有什么感受？您当年在上海分了房子了吗？

郭凯敏：当年房子对于中国人就是一个传宗接代、安居乐业的概念。房子对于中国人来说天大的事，我在拍《逆光》的时候就住小阁楼。

记者：电影中和电影之外都住小阁楼？

郭凯敏：我住小阁楼后有一篇报道，拍完电影，记者到小阁楼来采访我了，他很惊讶我怎么住在这儿，我也很惊讶，为什么我不能住这呢。那个时候我记得很清楚就是我提出了年轻人的待遇问题，当时起来一批"青年突击手"，或者是为国争光的能手，他们要成家立业，要房子，但是我们的分房制度是按照工龄，按照所有的条件级别来分的，如果按照条件分不到的话，就一定要破格分给有贡献的人，要给他们相应的待遇。不光是我，当时有一批这样的年轻人，有各行业的都有，只是我演了这部戏有名了，他们没有名而已。

记者就把我说的话发了出去。发表以后发生了很有意思的事，有一个房管局的管房子的大姐，她看了报纸以后觉得报纸肯定是假的，就通过关系专门找到我这来，看到我的条件后，决定帮我，让我写份报告，但是前提的条件一定要结婚，后来她就帮我弄了一套房，所以我没有经历那种买房、分房的苦，

但是我通过这件事就了解到，确实在中国家庭中，有一套新房真是件欢天喜地的事。所以《鸳鸯楼》里有一套房子可是一件大事。分房的问题在1987年的时候只是开始，还没有达到特别尖锐的地步，是商品房、分房两轨制走的情况，所以《鸳鸯楼》中关于房子的问题没有成为一个绝对的焦点。不像《邻居》，在《邻居》中，房子问题是一个绝对的焦点问题，因为筒子楼在北方太有影响了。

● 电影《邻居》剧照

不能忘却的角色，不应忘记的电影

记者：我特别喜欢上海拍的两个片子，一个是《逆光》，还有一个是大导演黄蜀芹拍的《童年的朋友》。在《童年的朋友》中，从来没见过这种八路军战士的角色，那么朴素、亲近、深沉，在那样艰苦的环境里有一种精神上的自足。

郭凯敏：这个角色特别有意思，一开始不是我演，是张丰毅，因为黄蜀芹导演在我们电影厂属于女中豪杰的导演之一，都知道她要拍《童年的朋友》，请的张丰毅演。后来临开拍前一个月，突然有一天，她给我打电话说："小郭我有个戏要找你演"，我问："什么戏？"她说《童年的朋友》时，我还愣了一下。原来张丰毅脚摔伤了，演不了，救场如救火，我是救场去了。看了剧本以后对我触动很大，我觉得这剧本很好，就写了一个普普通通的战士跟自己孩子的相处，他话不多，爱情也不像《庐山恋》那样。一个演员肯定是想演各种各样的角色，但是要看有些角色能不能打动你，让你有把它表现出来的欲望，这就是演员对角色的期待了。

我觉得我有这种期待，后来我们就去了榆林拍摄，我觉得自己在上海生活了这么多年，跟这个完全是北方战士的角色有距离，所以我天天跟孩子在一起晒太阳，穿着角色的衣服，我的心要进入这个角色。我觉得这个角色跟黄蜀芹导演合作得很好。演员要如何在缺乏生活体验的状态下，通过后天的努力充分与角色结合在一起，是要靠自己去挖掘的。演员的生命是一口井，绝对不能停留在现有的基础之上，越挖掘对角色的理解就会越深入、更厚重。

记者：那个片子我只看到您在黄河告别的那场戏，表演得特别好，此处无声胜有声。

郭凯敏：对，这个也挺有意思，一个好的表演，一个好的演员，必须要有一个好的导演，这个特别重要。有时候导演要求你的表演要外化，要离别了，你泪如泉涌的话，就把厚重的感觉弄没了。电影艺术是导演的艺术，导演是有通盘考虑的，演员跟导演一拍即合的时候，出来的东西就不一样。表演是门艺术，它绝对不是一个简单的技术。

当时拍摄也苦，不像现在，有助理、替身，那时这些都没有，我就这么站着，有时候站两个小时。因为拍摄需要调动部队，随时好，随时拍，太阳底下演员必须就这么站着。演员一开始是演员，最后只是单纯的角色，你站在那儿，就已经是这个角色了，在生活中你送这个人走了，虽然已经看不见他了，但依然还在等，有这种心情的话，演员的背影、感觉、眼神会都不一样了，镜头怎么拍都是这个人物，而我们现在怎么拍都不是这个感觉，这是完全质的区别。

记者：您觉得现在明星的审美和当时你们那个年代有什么区别？

郭凯敏：那个时候没有现在的酬金制、劳务制，他们也不知道到底拿多少钱，但是那个时候大家关注的是对明星塑造角色的审美，现在反过来，明星待遇好了，他们的私生活，他的妆扮都能成为表演之外的话题，有很多审美是不堪一击的，长得漂亮又怎么样呢，长得歪瓜裂枣又怎么样呢，现在的审美是金钱、奢侈品、权力，这些变成了审美的先决条件。

所以我觉得前一阶段我们从"小鲜肉"的兴起到对"小鲜肉"的抨击，这些都是一种虚假繁荣。每个人都有年轻的时候，用现在的话来说，当年在《庐山恋》中，我就是"小鲜肉"，对不对？现在的年轻人就是"小鲜肉"，为什么现在的"小鲜肉"有这么高的待遇呢？是因为现在人们对于真正的内心深处的审美已经降格了。我们原来一直说艺术家是灵魂的工程师，反正我进入电影厂的时候受到了这种教育，现在先不提艺术家，大家都想当明星，当了明星以后能够拥有人气、人脉、粉丝，就可以赚大钱。但是角色在哪里呢？有几部作品的角色能够深入人心的，有人去考虑吗？有人去评论吗？我们现在的评论文章和评论的人员，从影评角度的分析有多少呢，我觉得远远不够。所以我们现在的审美是外化的多了，参差不齐。比如我在朋友圈看到，有一个孩子的妈妈指着扫垃圾的老头告诉孩子，看不好好读书，将来就扫垃圾，审美颠倒了吧，应该是要表扬这位老爷爷有多好，这么大岁数还在工作。

电影《童年的朋友》海报

电影《童年的朋友》剧照

说个最简单的例子，《童年的朋友》送别那场戏我记得很清楚，拍了一天，我们早上5点多钟就出发，到了黄河边，等部队调过来，我们演员都早早地化好装，到了十一二点，第一个镜头还没拍，我们9点多钟就得站那儿等，现在的演员可能这么做吗？从当时的角度来说，我就是明星，还是一个比较有影响力的明星，可是那个时候我没有助理，什么都没有，就这么站着。所以我觉得现在的审美，还是要把它正过来，你当明星也好，当别的什么也好，这个都不重要，也不要太在意，把自己的角色演好，这才是最根本的。

前两天我在北影厂做口述历史，谈水华导演的《蓝色的花》。这部电影在1984年拍了以后，才放映一个拷贝，卖不出去。后来那一天为了口述历史，我又看了一遍《蓝色的花》，真的是太好的一部影片了。这部影片是我跟沈丹萍演的，一个大的爱情故事，连拥抱都没有，不像《庐山恋》还亲了一下，但是为了讲述这段刻骨铭心的爱，水华导演跨越了30多年，将近40年的历史。那个时候因为市场经济起来了，影片需要分流，有些人希望看到这样的影片，就像一个超市，大妈要去买菜，大爷要去买吃的，孩子要买玩具，可是我们的大门打开后，进入到电影院里看到的却还是千篇一律的电影。所以我们的分流做得不够，导致了《蓝色的花》这样的影片被湮没了，不能说水华导演没有审美，没有市场价值，是被湮没了以后才导致我们失去了这类好影片。

记者：那是水华大师最后的电影。

郭凯敏：水华导演后来想拍中美建交，讲尼克松，也没拍成。他有几部影片最后都没拍成，《蓝色的花》作为最后一部电影，我还赶上了。也很有意思的是，他拍了一半把男一号给换掉，已经拍了小1年了，他说得换郭凯敏，我不知道他是看了《庐山恋》还是看了《小街》，当时我正在拍《逆光》，他说把郭凯敏请来，后来我就演了《蓝色的花》。

记者：这是被忽略的一部电影。

郭凯敏：对，被忽略。所以你们现在做改革开放40周年的电影回顾，我觉得真的特别好。首先对于那个年代的好片子，我们要做影评，其实影评就是一个引导，因为我们现在的观众缺少引导；第二，对于当年被遗漏的好片子做一种重新的回归。为什么说一部作品可以影响几代人，就像我，我小时候看《董存瑞》《小兵张嘎》，到今天这些影片还是能影响我。我们对这些遗漏的，包括水华导演的这些片子进行重新梳理，为的是要提出一个命题，要拍中国电影。如果这个命题再不放到我们的电影界、放到学术界，是中国电影的巨大悲哀。我们现在看20世纪五六十年代的电影，包括《一江春水向东流》《乌鸦与麻雀》《茶馆》等一些好片子，可以理所当然地说是中国电影，可是改革开放以后，我们的很多电影学习了好莱坞、印度、韩国、日本，却看不到中国的影子，所以这一点来说是我们的悲哀。前一段时间看印度的《摔跤吧！爸爸》《三傻大闹宝莱坞》之类的片子，好像离我们很近，因为它的文化都是亚洲的，可是又离我们很远，似乎觉得这个东西是我们的故事，他们怎么拍得这么好。

电影是一个很时尚、很大众的文化，它不是高不可攀，关

电影《蓝色的花》剧照

键是你如何用心去拍，用心去引领，现在我们的电影只是单方面地在推动票房，而没有推动它本质的创作的"心力"，这种"心力"太不够了。

后记

通过采访，能看出一件有意思的事，几乎每位长得帅的男性前辈演员，都会被问到或者自己主动提关于"小鲜肉"的问题，当然，郭凯敏也不能幸免。不能否认这和他们的经历有一定关系，曾经大众对他们的关注也是面孔多于演技。浓眉大眼的郭凯敏倒是没有特意扮糙扮酷去更改戏路，他一直知道什么是自己最有力的武器。从没有经验的新人到明星班求学，即使成为大明星后，郭凯敏也抓住任何能进修提升自己的机会，正如他自己说的，只有把自己的角色做好，才是演员的根本。

滕文骥：
奏响生命之歌

文 / 张强

● 滕文骥

滕文骥一脸的大胡子，看上去有些粗犷。在他的电影里，自然流淌着放牧青春的豪情，但更多的还是满满的柔情。他在拍摄现场是个鼓动性极强的导演，他的大嗓门一开，他的大手一挥，不是带领人们去完成一项具体的拍摄，而是要去参加某个节日。滕文骥除了电影外，最热爱的是音乐，他的第一部电影《生活的颤音》就与音乐相关。他还将我国最重要的两位音乐人的传奇经历搬上了银幕。分别是《在那遥远的地方》中的王洛宾，以及《春天的狂想》中的施光南。现在仍满怀激情的他，还将自己当作一个流浪艺人，去拍摄一些音乐片。

电影和音乐很像，都可以用时间来计量长短。它们都是关于时间的艺术，我们的生命也是这样，也要用时间来丈量。

我到西安电影制片厂

记者：您回忆一下，1978 年《光明日报》发表了《实践是检验真理的唯一标准》的这篇文章之后，当时的社会环境是什么样的？您读了这篇文章以后有什么样的感想？

滕文骥：现在想已经是很遥远的事了。当时不管是思想界、文化界还是电影界是非常活跃的。但是大家无所适从，不知道该从哪说起，人们的思维忽然打开了以后真的不知道说什么。这篇文章应该说指向性非常强，有灯塔的作用，忽然一批迷失在汪洋大海中的船找到了航线，我觉得这个是很重要的，在那个时候能起到一个定海神针的作用。这篇文章一出来各界引起的反应不是今天我们能拿言语讲述的。

当时这篇文章出来以后大家觉得都很奇怪，随之而来的巨大的变化应该都是从这篇文章开始的，包括我们电影界，这批年轻的电影工作者，导演、摄影、演员都很活跃，跃跃欲试，都在千方百计寻找自己应该走什么道路，毕竟是沉寂了十几年。忽然到了这个年代，有了十一届三中全会然后又有了这篇文章，大家非常活跃。

记者：我们没有经历过这个时代，但您用灯塔、定海神针这个比喻非常形象，我们大概能理解。很多第四代导演毕业以后长时间没有独立导演电影的机会，可能一直到20世纪70年代末80年代初才拿起导筒，您能不能从个人角度出发谈谈这一代导演？改革开放对你们来讲意味着什么？

滕文骥：首先应该是说思想的开放，工作上也有了一个开放的机会，施展我们能力的机会和创作的机会。各个电影制片厂长期论资排辈，电影学院的毕业生，别管你是大学毕业还是什么，先打板，场记做完了做副导演，副导演做完以后还在等着，一直到1979年我拍《生活的颤音》的时候，基本上电影学院没有什么毕业生拍片子，所以我拍片子算毕业生第一批里其中的一个。不像现在电影学院的毕业生导演系毕业了，起码做个副导演，弄好一点起码可以拍个短片什么的。那时候别管是20世纪60年代毕业的吴贻弓这些人，谢飞他们60班这些人都是在等着。我能拍片子首先得益于一个小厂：西影。我大学毕业以后分到西安了，西安到底不像北影、上影、长影有许

多非常有能力的导演，但他们还年富力强，尤其是改革开放以后，他们肯定是要跃跃欲试的。西影导演力量比较弱，另外还有一批导演年岁比较大了，所以说我们还有机会，我能在电影学院毕业生里排在前面拍片也是西影是个小厂的原因吧。

记者：说到您的《生活的颤音》了，这部电影作为改革开放初期非常重要的电影作品，即便现在看还是比较大胆的作品，您简单地给我们聊聊这部作品的创作过程吧。

滕文骥：很大的偶然性。因为我是北京人，大学毕业后我跟我爱人翁路明，她表演系的，被分到了西安。因为西安也举目无亲，从来没有去过，家里父母都在北京，尤其是母亲病得也很严重。我1973年分到西影，滕华涛1972年出生的，都是爷爷奶奶带的。本来分到西影是想到了外地小厂可以干点活儿，比较早地出来。但是一开始到了西影也是一样，既然这样还不如

西安电影制片厂

回北京，北影根本去不成的，那么多人。想先到中国青年艺术剧院（以下简称青艺），话剧团，就跟青艺联系，青艺说光说你是电影学院毕业生不行，你总得有点东西给我们看，你写点剧本吧，我说话剧剧本我肯定写不了，有一个电影剧本，其实这个电影剧本是比较早就开始酝酿了，但是就没有写，青艺有这个想法那我就回来写吧，一个星期就写完了。

我原来学过点音乐，又酷爱音乐，所以我觉得我以后要想当导演我得拿我的长处和别人的短处拼，不能拿他们的长处和我的短处拼。我就写了一个小提琴演奏家的故事，一气呵成，一个礼拜就写完了。搞艺术的，你的本事能力和作品都要碰撞，不碰撞在一起兴许你写个东西压了十年都没有人理你，尤其是那个年代。1978年十一届三中全会，大家思想忽然解放了，那篇文章出来了，大家都觉得应该大干一场的，西影1978年只有一部影片，而且拍得也不太好，上座

电影《生活的颤音》剧照

也不好，当时叫拷贝量，拷贝量很低。这时候田炜厂长就有点急了，大会上说，谁有好剧本，哪怕你是场记我都让你当导演，开完会以后我想了想，当天晚上吃晚饭的时候我就把我的剧本给了田厂长了，我说田厂长我这有一个剧本你看看，我并不是想在厂里拍，我是想拿走的，他说你放这吧，就放这了。一般都是编辑室看，艺委会看，艺术厂长看然后才轮到厂长看，因为我曾经有过剧本给过他，他觉得不错，我给了他也得走程序。这得花很长时间了。

《生活的颤音》诞生记

记者： 如果当时再没有机会是不是就去青艺了？

滕文骥： 青艺那边都谈好了，结果第二天早上敲门，厂办的来了，说厂长叫你，我过去了，他把剧本往我前面一扔，我一想完了脸都变色了，"小滕，你当导演"——我当时是场记。"你当导演，就这么拍"。我一下热血沸腾，等于多少年的积蓄一下蹦出来了，我一句话没说。他说成不成，我说成啊，当然成。但是当时稍微年轻一点的，不但是我，在我上一辈的，第一次拍片子一定要有一个联合导演。他说我再给你加个联合导演，我说行，你加吧，说吴天明可以，当时从剧团到了电影学院后来过来的，我说没有问题，就开始做导演了，这是1979的年初。

记者： 1979的年初还是冬天的时候？

滕文骥： 对，田厂长特别牛特别好，给我安排了一个西影最强的班子。电影学院的老一点的同学在那，朱鼎玉又搭一个刘昌煦，录音都是原来上海那边过来的，照明也都是原来长影过来的老照明，化装也是长影的老化装，安排得特别好。我的团队弄得很强，制片主任也是老长影的，前面是筹备，4月1号开机，就是这么做出来的一个片子。这个片子除了政治主题以外，主要吸引年轻观众的是什么呢？是女孩徐珊珊敢于直面郑长河盯着他说我爱你，这在过去是不可能的。过去只要一说到爱情，都是男的向女的说，女的一定很羞，很不好意思。女孩第一次敢于直面表白，这个反应是很强烈的，我们当时是很激进的青年，敢于这么做。另外就是所谓的中国第一吻，当时

还不敢吻长，还做了男女演员的工作，男的因为有老婆还有一些犹豫，最后也做了工作。当时真的不敢太长了，吻了以后门开了，但是效果也很强烈，当时拍两条，一条没有吻着，一条吻着了，万一审查不通过我还有一条没有吻着的。

1979年改革开放后，几个思潮汹涌而来，引进了一些国外的片子，比如说日本的《追捕》什么的都进来了，就反映说为什么我们的电影里连拥抱接吻都不可能有。新中国成立30周年，作为献礼片最后基本没有什么修改就通过了，这也是一个奇迹。引起了很大反响的，除了对老一代革命家的缅怀，还有反映青年男女新变化的地方，包括服装服饰里的高领毛衣，第二年北京、上海全部是徐珊珊的高领毛衣、短大衣，郑长河的短大衣，这都引领了一下潮流，所以这方面也起到了一些作用。再有就是跟以前过去所谓的戏剧电影有很大的不同。之前戏剧电影还是"第四堵墙"的概念，所有的都发生在这个空间中，这个是戏剧的模式，我就憋了很长时间打破了这个模式。还有就是那时候有很多参考片，都是电影资料馆带到西影去的，他们从北京过来，我是北京毕业生，所以有一种天然的联系，他们来了以后找我，一起去吃西安有名的羊肉串，吃完后就把片子交给我，我去剪辑室去"摇"，做记录。

我按真实生活那种感觉拍。这里有许多小故事，比如说在王府井，我们拿箱子什么的摆在街上，然后掏出一个孔来，把摄影机藏在里面，因为别人发现不了。那时候我们的片比是1∶2.8，你要是拍9本片子，就是9×2.8的胶片，2.8什么比例就是你只能拍两条，还有片头片尾还有实验片，所以你拍电影拍两条，我这种"造"法根本不可能的，我说能不能给我片比高一点，"凭什么给你高，老导演都不能高凭什么给你高"。我说这样行不行，你给我黑白片，那时候有彩色片谁拍黑白片，要多少给多少，1∶5、1∶6、1∶10，他都敢给你。所以他给了我黑白片，我就头尾中间一部分用彩色片，也这样解决了这个问题。艺委会每一次样片的意见都到我那，我当时年轻好胜，看完以后就扔了，告诉他们我给撕了，那边更急了，就是这个状态。过去的电影中人物一定是左出右进、右进左出，有一个轴线的问题，我说轴线是有，但是不是你桎梏一个影片

电影《生活的颤音》剧照

或者是桎梏一个导演的枷锁，所以我们弄的片子大家说很真实、很写实，也很接地气的感觉。我1979年拍1976年的东西，就隔了三年，没有变化，那时候一年年都没有变化，所以基本上是很真实的。我觉得这个也是为什么《生活的颤音》出来以后能够在观众中爆响的一个重要原因，还是和原来所谓的戏剧电影不太一样。

记者：您刚才也说了有纪实的风格，还有大量的音乐，这个是怎么考虑的？

滕文骥：应该说是个音乐片，开始一个小提琴手想写一个协奏曲，我自己学过一点，对这个有一些研究，我想这段音乐就是个协奏曲的乐章。开始他拿起琴来写第一个音的时候就是从G弦上走的，肯定是最漂亮的。另外，我又用了老柴的协奏曲（柴可夫斯基的《D大调小提琴协奏曲》），老柴的协奏曲在那个年代是不能听的，都得偷着听。音乐是人类的语言，有民族性的问题，这个协奏曲我也是在勃

拉姆斯、贝多芬、门德尔松和老柴这四个协奏曲里选的，老柴的协奏曲和李耀东这个协奏曲感觉和当时的社会氛围比较贴近一些，而且很优美，尤其是我用的第二乐章，在音乐上会有一个比较贯穿的东西。然后他还有一个电影里的一个主题，给这个片子加上纪实性和真实的感觉，加上一段非常压抑的环境下非常浪漫的爱情，能形成一个非常有张力的东西，这个也就是最后我觉得有感染力的部分。

社会给了我创作素材

记者：《生活的颤音》《小花》《苦恼人的笑》《巴山夜雨》等影片的出现让人耳目一新，电影内容也

⊕ 电影《生活的颤音》剧照

⊕ 电影《都市里的村庄》海报

从政治生活到了人性人情，作为这段历史的见证者和参与者，现在回头看有什么感想？

滕文骥：从 1979 年的两三年的时间，电影界有 3 个比较扎眼的年轻人，一个是我这个《生活的颤音》，一个是杨延晋的《苦恼人的笑》，还有一个是黄健中的《小花》，虽然导演名字没有挂他，但主要是他拍的。后来吴贻弓的《巴山夜雨》也是前面挂着老导演，反正有一批年轻的人拍片子，我觉得我们这 3 部片子实际上起了引领作用，给观众耳目一新的感觉，所有的方向也就开始往这边转了。纯戏剧电影的东西开始不被观众喜欢，更不被观众接受，后面大量电影的出现和我们这几个年轻人的突破有一定关系。《都市里的村庄》也是反映当代的事，从原来劳模是处在备受尊敬的位置，忽然颠覆性地反过来讲劳模是备受孤立的，因为在计划经济时期，大家都拿同样的工资，你干得好往往脱离更多的人，所以《都市里的村庄》里丁小亚在工友里没有朋友，大家都远离她。最后殷亭如和韦国春演的丁小亚和杜海两个结合在一起，这个戏也是在上海江南造船厂拍的。

我在上海体验生活就半年，这个戏 20 世纪 80 年代出来的时候，在电影界引起了很大的反响，为什么不拍高楼大厦而拍棚户区，上海的劳模这么受尊敬为什么拍这个受孤立的故事？还有杨延晋他们拍的《小街》，北影厂的《瞧这一家子》，一批全新的电影开始活跃了。我觉得这是从 1979 年思想解放以后开始的一个新历程，第四代实际上是承前启后的一代，起到了种子的作用，种子破土发芽是要经过艰难困苦的过程，等于我们给第五代蹚了路。第四代已经冲破了一些防线，有很多的作用是被低估的，因为第五代太强了，但是第四代在电影进程中起的作用还是比较大的。

记者：《生活的颤音》上映的时候反响非常热烈，您作为创作者最初想过它会这么受欢迎吗？别人的反映是怎么样的？能不能帮我们再回忆一下。

滕文骥：能当导演拍片子是我们求之不得的事，根本想不到片子出来会是什么样。但是有一点，我肯定和之前的老导演们不一样，因为我不走旧路，但是观众认不认同这个很难说。

后面拍了几部戏了，也明白了观众将会是什么样的想法，你拍的时候预想可能会"爆"，但是没有"爆"的话，就会觉得比较伤心了，你觉得这很一般，没想到"爆"了，会觉得很奇怪。当时还有接吻的戏，审查的时候也很低调，最后一致肯定了，这才开始兴奋地给田炜打电话，说通过了，没问题，不修改，而且评价还很好。最后国庆片子上映，没想到反响非常好，这时候才觉得这个事成了。首先就去找田炜厂长，谢谢他给我机会。田炜说："不是你谢我，而是应该我谢你们，我现在抬起头来了，可以挺胸进电影局。"田炜曾是新疆厂的厂长之前担任新疆军区文化部部长兼新疆军区文工团团长，他喜欢电影，后来调到新疆厂当厂长，跟崔嵬学导演，从副导演做起。

记者：谢晋导演今年逝世 10 周年（2018 年），不知道您跟他有没有接触过？

滕文骥：和谢晋导演是有接触的，但没有什么太多合作，他在我们面前就是前辈。另外，我们作为导演协会的成员，还有几次跟香港、台湾地区的导演聚会，开研讨会，都是跟谢晋在一起，他是华语电影界圈里两岸三地的导演都非常受尊重的人。我们当时 30 多岁，他那时候都 50 多岁了，非常照顾提携我们。1992 年，在香港新华社的最后一次大会的告别宴会上，让内地导演这边出一个主持人。那个时候我们出国也少，很紧张，与香港和台湾地区的导演都不太敢接触，谢晋说滕文骥赶快上，我年轻的时候什么都不顾，就上去了，后来所有的导演协会活动都让我做主持。他对年轻人非常地理解，因为他也是这么过来的，是思想很开放，很好的一个人，因为我跟他不是一个厂，所以也不是特别了解。

我也能拍商业片

记者：20 世纪 80 年代中国出现了商业片，您怎么看这种商业片热潮？当时我就觉得您的《飓风行动》特别好看。

滕文骥：80 年代初圈里面有一种特别不好的倾向，就是文艺片至上，你拍文艺片哪怕拍不懂你也是牛的，拍商业片就是登不上大雅之堂的，所以对商业片在圈里都不看好，像《神秘的大佛》其实很好看，但是评价不高。在每年的创作会上商业

⊕ 电影《生活的颤音》剧照

⊕ 电影《海滩》剧照

片都不能得到充分的肯定，这种情况一方面是由于原来我们的电影观念受苏联影响，另一方面就是我们原来注重文艺的政治性，这个当时很重要的一个创作倾向。我在 1984 年拍了《海滩》，提出了环境污染的问题。这部电影在当时非常前卫，后来我 2000 年后到鹿特丹电影节，他们都很奇怪说中国的导演在 80 年代中期就提到了环保这个问题。

记者：这个电影我没有看过，也是环保题材？

滕文骥：不完全是环保题材，建了工厂以后把十里的长滩缩小了，鱼都没有了，还提出了愚昧和

先进的冲突问题：渔民难道真的是愚昧吗？保护自然真是愚昧吗？四个现代化是唯一先进的吗？影片在北京基本没放过，山西是禁放，上海只有3个电影院放。再拍这种题材也不行了，我就跑深圳，拍了《大明星》和《飓风行动》，我找了成家班做武指，有爆炸、飞车，我们第一次拍戏在白板上写，10本100分钟，几分钟要有一个彩儿，这是我们第一次尝试商业模式，都吓傻了。

记者：10分钟一个变化。

滕文骥：对。

记者：当时您就用过10本模式。

滕文骥：对，他们说要按这个走。我那时候已经是著名导演了，编剧阿城更厉害，是轰动海内外的作家，加上徐庆东我们3个人写的这个商业片，280多个拷贝，那时候了不得的，中国第一部时装动作片！我后来到广州，发行公司的经理跑过来搂着说，滕导你救了我们，观众的反响大，后来上海电影局局长说，谁说我们不能拍商业片，谁说我们不能拍动作片，香港

电影《锅碗瓢盆交响曲》剧照

能拍我们就能拍，文艺片导演滕文骥不是拍了吗，等于当时我们尝到了点甜头。那个时候已经开始有像《第一滴血》这样的美国片引进了，已经开始考虑票房和拷贝这样的问题了，所以我觉得那次也给我们打了一剂强心针，连着拍两个电影，一个歌舞片《大明星》，一个张毅和沈敏演的《飓风行动》。

改行拍电视剧去了

记者：20世纪90年代，中国影视行业很低迷，20世纪90年代末到2005年之前的票房都10个亿上下，很多影院关门或者改做其他生意了，这段历史您应该有印象吧？

滕文骥：对。

记者：您觉得造成这种局面的原因有哪些？

滕文骥：中国电影从计划经济转到资本运作模式有一个过程。好莱坞一开始就是市场化，我们原来没有市场化，没有太多的娱乐形式，电影是唯一的大众性的娱乐形式。话剧小众，票价也贵，剧场就那么多，而且中国老百姓刚开始看话剧，大城市还可以，在中小城市或者是农村根本就不接受。看电影尤其节假日，春节什么的，你要没有点后门就得排长队去买，我经历了这段时期。《生活的颤音》在首都剧场放映，我想看，买不到票，第二天票都没有了，最后没有办法了，我把工作证拿出来，说我是西安电影厂的滕文骥，让检票员通融下让我进去看，检票员说没坐了，让我坐台阶上，最后我坐在台阶上看的电影。当时要不然你就得认识人，要不然你就得排队买票。

90年代娱乐慢慢多了，卡拉OK有了，各种歌舞厅全有了，大家不一定看电影。外国电影开始进入国内市场，美国的片子投资上亿，中国的电影才几十万投资，一个电影院里同样的票价凭什么强迫观众看国产片？所以国产电影就不行了，市场低迷了。后来对国外电影有了限制，国内电影院没外国片放，就开始倒闭。那时候电视剧开始发展，虽然没有电影看得那么痛快，但是不用花钱。现在也是一样，有一批电视剧观众不愿意花电影票钱，他们还是觉得在家里看电视方便，这就造成了这个电影低迷状态。

我们那时候拍不了电影就纷纷改行拍电视剧。我算改得比

较早的，从一开始做这一行的时候我就说要做一个职业导演，不想做一个艺术家、哲学家，电影是要反映现实，反映人们对自然和社会的看法，但是你是一个导演，要为观众服务。我就去拍电视剧了，所以我到现在为止拍了20多部电影，400多集电视剧，应该是中国产量最多的导演之一，比较少人能跟我去比。我习惯了早晨6点起床7点出发，和当兵的一样，没有一个摄制组氛围的话我特别地难受，我就进电视剧领域了。我特别想提的一个人就是韩三平，我还在导演协会负责的时候团结了一批导演，陈凯歌、何平，包括谢铁骊、黄建新、冯小刚。我们没有钱拍片怎么办？就到处扎钱，韩三平拉着我们去四川去跟当地银行行长和经济界的人一起吃饭，开座谈会。韩三平说中国电影一定会有几十个亿的一天，别人觉得是吹牛，但是他特别坚定。所以我到现在到处都说，在大家都迷茫的时候，韩三平的坚定起了特别重要的作用。有次韩三平说"告诉你我弄了这个数"。"多少？""两个亿"，美元啊！大家太高兴了。这两个亿怎么花，那时候大家都不知所措了，等到今天大家看到电影《失恋33天》（导演是滕文骥的公子滕华涛）这么点的投资最后三亿多的票房。我觉得是善有善报，你只要做了善事，最后还是报你儿子身上了。

电影《失恋33天》海报

跟着时代往前走

记者：您刚才也聊到了，国产电影创作那时候还在低迷阶段，您觉得引进美国大片对国产电影创作是积极的还是不积极的？

滕文骥：电影这种东西不可能封闭，不能说好莱坞太强了，就把民族电影给吃了，正是有了好莱坞的刺激，才能到我们今天的状态。还有一些人，主要是老的从业人，对于今天的市场很不满意。电影是跟着市场走的，总不会希望再回到都靠红头文件去看电影的时候吧。那时候电视界那么多人，电影界就那么点人，说你们是弱势团体，根本没有办法，现在大家拍电影的又牛起来了。我是觉得电影就是现代科技的产物，它应该是开放的。在我们看来好莱坞电影部部都好，到美国一看其实很多片子都很差，因为把好的引进来了，这个也是有它的不

公平，也不能说让发行公司把坏片子引进来。有一些市场上并不叫好的片子有很强烈的艺术推动作用，好莱坞没有流派，它永远是市场片，但是意大利有新现实主义，法国有新浪潮，还有意识流，好莱坞的市场不可能有意识流这种东西。但是艺术流、自然流这些东西对好莱坞都起到了作用，它也是从20世纪30年代的电影逐步走到了今天，吸取了各个派别最好的东西。我们现在还是有一点故步自封，我觉得这个还是不好。

记者：您的创作也是从改革开放40年过来的，谈谈时代对您个人的影响？

滕文骥：改革开放对我的影响是关键性的，不是改革开放我不可能开始拍片子。正好是改革开放

了，十一届三中全会和那篇文章的出现，让我们的思想活跃了，年轻人才有这个机会。我34岁拍电影，在之前是不可能的。年轻人嗅觉高，体内充满了激情，所以捕捉灵感比年长的人要敏感快速，我现在70多岁了，比年轻导演还是差得多了。第五代没有原来的那些框框，所以一爆发就很厉害，我们还

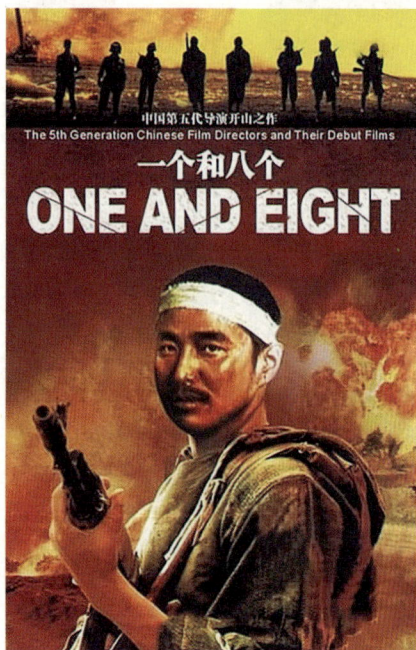

电影《一个和八个》海报

得冲破一个藩篱，冲破这个藩篱走到很纪实的时候已经很厉害了。第五代一出来的时候就已经有像《一个和八个》这样的大色块和情绪上的东西往外蹦，这个是没有办法比的。

时代也好，改革开放也好，对我们这批人都是既有引领，还有助推的作用，像我的《生活的颤音》《都市里的村庄》《锅碗瓢盆交响曲》《棋王》《黄河谣》《春天的狂想》这些片子都是跟着时代还有当时的文化潮流走的，像《黄河谣》这种西部片我原来没有拍过，但是1989年关于文化传承的问题提出来后，我马上就到陕北采风去了，拉着芦苇他们做这个，也正好和当时文化界提倡的精神相吻合。像我们今天市场上的商业片也是跟着时代走，最近的《我不是药神》为什么这么轰动，为什么这么小的成本取得了这么好的票房，也是这些问题决定的，我觉得时代对于电影工作者是一个特别重要的问题。

后记

第四代导演的影片，基本都比较淡雅隽永。滕文骥作为其中的中坚分子，他的影片则大开大合，豪情满怀。另一方面，滕导的影片既注重电影语言上的探索，也能够照顾到观众的接受美学。在他盛名之时，就执导了大量的商业电影，当时叫娱乐片。这些都使滕文骥和同代的导演相比，有些异类。但他影以载道的情怀却始终不移，他认为电影应是时代的晴雨表，只有这样，电影才是活的，才能和它的观众心手相连。

朱时茂：

想干就干，不计后果，说的就是我

文 / 阿泯

朱时茂

他是朱时茂，圈里的人都喊他"老茂儿"。这个叫法显然是昵称，但是乍一听会让人联想起社会上曾经流行一时的称呼"老帽儿"，而这个"老帽儿"一般用来形容人土气，犯傻。

朱时茂土吗？反正他穿着打扮上从来不奇装异服赶时髦。

朱时茂傻吗？他为了遵守跟别人的约定，一连拒绝了谢晋导演两次，错失了《啊！摇篮》《天云山传奇》这两部经典影片。

好在命运之神没有忘记这个重诺言守信用的年轻人，于是有了在中国电影史上极优秀极经典的角色——《牧马人》里的许灵均。

"海选"当上男主角

记者：您是 1970 年去福州话剧团参的军，后来在 70 年代中期就跟电影打上交道了，您怎么跟电影结的缘？

朱时茂：其实做演员是挺被动的，做演员谁不想演电影？但我们福州军区话剧团是在外地，不是在北京，我相信当时可能各大军区、各文工团都想拍电影，凡是做演员都想拍电影，因为拍电影能够出名，能让大家一下子认识。所以当时我能够出来拍电影对我们团来说也是一个不得了的事情。我出演电影很偶然，当时北影的张水华导演准备拍摄一部电影叫《西沙儿女》，有两个副导演到我们团来选男主角。我们整个福州军区文工团将近 300 人，话剧团有上百人，这么多人都看完了之后都没选上。我那时候是刚探亲回来，正在球场打球，他们俩看见了就问，这个小伙子干吗的？他是演员吗？别人说是啊。怎么他没来参加选角色？别人说他刚探亲回来。于是就把我叫过来了，拍了照片。那个时候拍一张照片挺贵的，他们就给我前边、后边，多高，拍了起码有 20 张照片。

记者：各种角度地拍。

朱时茂：各种角度。当时他们一边拍，我一边觉得太贵了。过了个把月，他们就通知我说到北京去参加这部戏。我到北京试了妆，又赶到了西沙永兴岛。不过由于后来时代变化，这部电影就没有放，但这是我第一次接触电影，知道在镜

🔅 年轻时的朱时茂

🔅 电影《西沙儿女》海报

头前面的表演和话剧表演有所不同，是在细微上的区别，这是我从《西沙儿女》开始有的体会。

记者：这个经历很幸运。

朱时茂：确实幸运。

记者：这在现在来说就是大海选，您当时是探亲刚回来不知道有这个活动吗？

朱时茂：我知道我也没过去，我觉得不可能，也就没把它当回事。人家来选演员的时候，每个人都得打扮打扮，头发弄得都挺整齐光亮，我就没有，穿着个打篮球的运动服就过去了。

记者：这部电影的导演是张水华，他可是非常有名的大导演。

朱时茂：对，那时候水华是大牌导演，而且这个剧组的演员也都很大牌，选中的有李秀明，她在电影《春苗》里扮演了春苗，在当时非常红的。张连文是电影《创业》的男主角，还有北影好些老演员都参加了。

记者：您当时作为新人，一去就演男主角，这起点相当高了。但是剧组里都是非常有名的演员，您会不会有压力？

朱时茂：当时只有我一个是新演员，确实是很有压力的。所有人都是观众熟悉的面孔，除了我这个新人。当时我们拍戏回来的时候，从西沙带了一些特产回来，每个人都带了两箱，都超重了。空运的时候一检查，就把我的箱子给拦下来了。又有一个箱从那过，人家问这是谁的？这箱子不行太大了。李秀明说对不起是我的，人家一看，"哟春苗啊，可以，没事，过过过"。

记者：再来两箱都没事。

朱时茂：那时候李秀明确确实实很出名。

记者：您的大银幕处女作就是《西沙儿女》了，现在隔了 40 年，还能记得拍摄时的一些细节吗？

朱时茂：我就记得我们是在广东的万山群岛拍摄的，我演的是一个雷达兵的连长、指战员。那个时候我们的表演多少都有一些夸张，特别在银幕上那种说话的感觉。说起话来响当当，走起路来硬邦邦，属于底气十足。表演各方面还是有些过

火。但是当时我们的这种创作气氛我觉得还是值得留恋的。

记者：您在拍电影之前，是不是已经看了很多电影？

朱时茂：看过王心刚老师的电影《勐垅沙》，张勇手老师的电影《奇袭》，还有《三进山城》《智取华山》等等，多半都是一些战争片和抓特务的片子。我特别喜欢看这样的电影。虽然看的时候没敢想将来自己也会演电影，但是作为一个演员来说，看电影还是有的放矢地在看。像当时看王心刚老师主演的《勐垅沙》，我一边看他的表演，自己一边揣摩模仿他的表演；一边看他说话的感觉，我一边自己在小声地说话。有时候看完一部电影都没有记住是什么故事，但是记住了这个演员的表演。

记者：后来您演了《蓝天防线》还有《飞行交响乐》。到了改革开放以后，电影就呈现出了跟之前完全不一样的面貌，《小花》《生活的颤音》《庐山恋》，这些好电影都出来了。

朱时茂：对。光从表演上来看就有很大的区别了。1978年、1979年之后，表演上开始追求真实的、生活化的表演，慢慢步入了正轨。

一波三折出演《牧马人》

记者：您真正意义上的成名作，应该是《牧马人》，当时谢晋导演怎么找到您来演这个男主角？

朱时茂：我参演《牧马人》也是非常巧合。当时谢晋导演准备拍《啊！摇篮》，他的制片主任毕立奎跟我认识。当时我正好是在八一厂招待所住着，他就给我打电话说他在北京，我就说我来看您，和我一起去的还有在《闪闪的红星》里演椿伢子的演员刘继忠。我们就一块到他住的酒店房间和他聊天，正聊着呢，谢晋导演正好从门口路过。老毕就跟谢晋导演说老谢，你来见见，这两个是我朋友，一个是刘继忠，这个是朱时茂。谢晋就说好，行，你们继续聊，然后他就走了。

记者：没多说？

朱时茂：没有多说，从头到尾大概也就是10秒钟，就完了。后来我们聊完了之后就回到了八一电影制片厂的招待所。刚回到招待所，就接到毕立奎给我打的电话。毕主任说朱时

电影《创业》海报

茂，你现在有没有时间？我说干嘛？他说谢晋导演说看到你以后觉得一振。我说什么一振？什么意思啊？"他就是觉得你的形象很特别，能不能来演我们这个戏《啊！摇篮》的男主角？"当时我说不行，老毕，我已经答应了演一个八一厂的片子了，冲突了，那就不行了，算了，就这样结束了。

到第二年的时候，我又演了一个电影叫《飞行交响乐》，这个时候谢晋又来找我了："你能不能来和我合作？"当时谢晋导演准备拍摄《天云山传奇》想找我来演，我就说不行，我已经接了《飞行交响乐》了，我演飞行大队长。

等我把《飞行交响乐》拍完了，

电影《勐垅沙》中的王心刚

有一天中午在八一厂那个招待所的大食堂里头吃饭。这时候来了一个人在餐厅喊："谁叫朱时茂？"一过去他说我是上影厂的副导演，谢晋导演让我来找你，看看你明年有没有戏，没有戏就等他，他会请你拍戏。就这样，我一直等谢导演，从12月份一直等到第二年3月份、4月份，后来我们到了上海拍叶文玲老师的作品《心香》，让我和丛珊

⊕ 电影《飞行交响乐》海报

⊕ 电影《牧马人》中的朱时茂（右）和丛珊

⊕ 电影《牧马人》中的朱时茂

演男、女主角。

又过了那么几天，我在上海还没动地，谢晋导演说朱时茂你看一看这个小说，叫《灵与肉》。我说那个《心香》呢？他说那个先不拍，先拍《灵与肉》。第二天他见我就问你喜欢不喜欢这个小说？我说这个写得好。他就问那你演男主角怎么样？演那个许灵均怎么样？我说太好了，我演这太好了。他说行了，就你和丛珊演，你演许灵均，丛珊演李秀芝了，就这么着就定了。

记者：这过程真是一波三折啊，跨了好几部电影。

朱时茂：第3次，第3次才算合作成。所以后来我就想，谢晋导演这个人他真是一个执着的人。你想他就见了我一面，那么短的时间，10秒钟，他就一约再约，一约再约。

记者：当时您相对来说还是一个比较新的演员。

朱时茂：对，我是年轻演员。而且当时我周围八一厂的朋友们都跟我说，你把这部电影停掉也要去拍谢晋导演的片子。

记者：我正想问，当时拍谢晋导演的戏对于演员来说应该是很有吸引力的，您居然拒绝了他好几次。

朱时茂：是，当时很有吸引力。只要是谢晋导演拍的，这部电影一定会出名。但我觉得我已经答应人家了，就不可能再变了。所以第一部《啊！摇篮》我没参加，第二部《天云山传奇》我也没参加，到第三部的《牧马人》才参加，我觉得这可能都是缘分。后来《牧马人》拍完了，我也确实觉得我演《牧马人》很适合，石维坚老师演那个《天云山传奇》比我演更合适。

谢晋布置了10个小品

记者：我知道《牧马人》的原著《灵与肉》是张贤亮的小说，当时在国内影响很大。

朱时茂：是的，先是小说很火，后来他们又请了谢晋导演来执导，李准老师来改编。建组后我们就和丛珊一起到了宁夏找到张贤亮，一起体验生活。

记者：现在很多演员都不再体验生活了，您把这段说说。

朱时茂：我们在那里体验生活一个月，做了谢晋导演给布

置的 10 个小品，然后我们回上影厂向他汇报。这个过程我觉得是非常重要的。其实演电影在镜头前是很短暂的，幕后的工作一定要做得结实，这样子在镜头前面表演才能够准确。所以我们那个电影在表演上如果说比较准确的话，是因为我们在准备阶段，体验生活的阶段做了 10 个小品，接近人物的小品。我们到上海给全摄制组汇报的时候，一个一个做，做完了之后，谢晋导演说看来你们这一个月体验生活没有白费，你们很有进步，你们基本上已经接近人物，但是还要继续努力。

接着我们就奔赴祁连山草原就开始拍了。在拍的过程当中，我们又认识了刘琼老师、牛犇老师、陈肖依，还有几个话剧的老演员，有一些现在都过世了，包括刘琼老师也过世了，里边演大爷的（赵子岳）都走了。但是在《牧马人》的整个创作过程当中，给我们留下了非常非常深刻的，一辈子永远不能忘的合作的友谊。我和丛珊老师这种合作，和牛犇老师的合作，和刘琼老师的合作，这种友谊永远不能忘记的。刘琼老师和牛犇老师对我们年轻演员的这种关照，这种指导，永远不能忘，非常怀念。刘琼老师，还有谢晋导演，他们在拍摄的过程当中给我帮助很多。我说台词，刘琼老师就教我说应该这样说更好一些。还有谢晋导演在拍摄过程当中，让副导演跟我说这样说那样。牛犇老师在我和丛珊打回来饭之后，一边吃着一边和我们俩聊。

这种关系我们现在都很难找，真的回忆起来是特别地想念他们。所以后来谢晋导演每次到北京，我都要请他坐一坐，因为他喜欢喝酒，我都要给他准备他喜欢的白酒。刘琼老师有时候喜欢抽点烟，我都要给他准备点烟。牛犇老师和我们一起做节目，做完了我请他到我们家吃饺子。丛珊直到现在还和我们有经常的联系，因为她认识人不多，凡是有点事她就会给我打电话。不管是孩子上学，还是家里头什么事她都给我打电话，我都会能帮就帮，能够解决多少解决多少。所以这部《牧马人》，我们演员之间，演员和导演之间建立这种友谊真是永生难忘。所以谢晋导演在纪念他从影 50 周年时，我那时候钱虽然也不多，还是带了 10 万块钱给他。我说谢晋导演我知道您平时也没有人给你洗衣服，不是在家里，是在摄制组里头，希望你找一

电影《牧马人》剧照

电影《牧马人》剧照

个人给你洗洗衣服，这样能够让你有更多的创作的时间。

记者：当时电影《追捕》在国内掀起风潮，尤其是高仓健成了家喻户晓的明星。您的外形也是非常英俊硬朗的，在出演《牧马人》的时候有没有借鉴他的表演风格呢？

朱时茂：我看过《追捕》，也看过《百万英镑》，所以大家一会儿说我像格里高利·派克，一会儿说我像高仓健。我当时算是硬派小生，在拍《牧马人》的时候，因为高仓健演戏的时候不愿意笑，脸上一直很严肃，所以后来拍我和父亲一场戏的时候，我也是一直在那儿绷着。后来谢晋导演说，朱时茂你怎么不会笑啊。我是受高仓健的影响，但也不能跟他说呀。

大家帮我一起塑造许灵均

记者：这部《牧马人》对您的整个人生的影响还有哪些？

朱时茂：《牧马人》应该是我的艺术道路上的一个顶峰，也是我演艺道路上的一个转变。是通过《牧马人》这部电影让大家认识了我，后来我又接连拍了几部电影，但还是这部电影从表演上让我觉得自己更加成熟了。之前我演的《蓝天防线》《飞行交响乐》都是部队的戏，本身我也是个军人，所以演部队的戏必然要展现部队的那种阳刚之气。《牧马人》里许灵均这样的人物，我觉得离我很远。我要怎么去把这个角色演好？靠近角色过程当中是要经过很多努力的，一个眼神，一个动作，我们要经常去想。

有一场许灵均想不通了，要上吊的戏。我当时才二十几岁，没有像这个主人公许灵均那样经历了那

⊛ 电影《牧马人》剧照

⊛ 电影《牧马人》剧照

么多，我就在想怎么理解这个人物。后来我就请教牛犇老师、刘琼老师，在他们的帮助下我觉得我理解了，后来这个镜头演得还是挺准确的，那都是在这些老师的辅导、帮助之下才准确完成的。

记者：丛珊老师当时上大一还是大二，她离这个人物应该更远一些。

朱时茂：对，她实际上离角色的距离也很远很远，我毕竟是演过一些戏了，演过一些话剧，也演过电影了，所以我对她也有一些传授的责任。因为你好了我也好，我好了你也好，一个戏就是这样。谢晋导演曾经说过，我们的表演就像是一个人捧着一捧水，如果我们10个手指头缝都散开，一点点都散开，水就没了，这个戏就没法看了。所以我们一个个都不能让水漏，我们都捧住它，这个戏都在这里头，大家看起来就过瘾，这就是戏，你千万不要散掉。所以我们这种演员之间的交流是很多的，我和丛珊几乎每天都要交流这个戏的问题。当然谢晋导演说你们两一定要经常在一块，说话，她一个眼神你就知道干什么，你一个眼神她也知道干什么，一定要这样子，千万不要有陌生感，要不在镜头里头就陌生了。所以我们在生活当中就尽量地多接触，我们的台词都互相说给对方听。因为她的表演经验毕竟少一点，但是她很纯朴，接受能力很快，你一说她就能够理解，所以她靠近角色的这个速度也非常快。

有一场戏就是我上山放牧回来，她在家学写日记，脱土坯那场戏，我觉得这场戏是我们俩这部电影里很精彩的一场戏。她说我也跟你去放牛，我说别小孩子了，包括我在她手上写字这些感觉。后来导演看着很满意，我们自己看着也觉得很满意，这个就是跟我们俩在平时互相交流分不开的，所以这场戏，每次自己看都觉得过瘾。

牛犇把丛珊"惹"哭了

记者：我记得谢晋导演生前接受采访时说过，丛珊老师和您确实是下了功夫了，他说后来拍电影很难再遇到为了演好戏，做这么多小品的演员了。

朱时茂：那很难了，那很难了。我还记得电影里有一个镜

头，就是丛珊在大街上遇见牛犇，然后跟他说我能干活，说完眼泪就掉下来的镜头，一开始拍了好多遍都出不来。因为这有个先理解，然后表演出来的问题，理解了可能表演也有一定的距离。牛犇老师就跟谢晋导演说我来，我来给她说。牛犇老师就跟丛珊说，一个女孩得有多么悲惨，我能干活，就是干什么都行，只要能找个男人，能吃饱饭，你想想她多悲惨。牛犇老师给她启发了之后，她这个眼泪就下来了。所以丛珊的这个镜头是金子，这一滴眼泪掉得准确，这个准确确确实实应该感谢牛犇。

一夜之间就火了

朱时茂：这个电影一放之后，《牧马人》火了，大家也都认识我们了。我记得有一次我去中山纪念堂开一个会，会开完了之后有一些大学生就来要签字，都是拿了一个本，拿了一个小纸让你签字。我们签不过来，那天中午我还约了事。我记得就是一直在跑，签一个就走。后面这一大群人就在追，我就在跑，跑了一下摔倒了，一个压一个，他们也找不着我在哪儿。后来我又起来了，因为车停在哪儿都找不着了，中山纪念堂里头也是很大的，我们不是很熟悉，所以跑得满头大汗，大概转了有半个小时终于转出来了，找到自己车在哪儿了。那个时候大学生对这个影片的这种热情，对我们的这种热爱实际上就是对《牧马人》的肯定。

记者：像您刚才说到的，这部电影给您的生活也带来很多变化，一下全国观众都认识你了。虽然之前也拍了几部电影，但是知名度跟这个来比还是有差距的。

朱时茂：就是一夜之间的事情，现在也是，现在你想想也都是一部电影，一个节目，上春节晚会一下这个人就火了，这都是一样。小沈阳不也一个小品就火了。

记者：当时您很年轻，一下子突然就红了，对自己来说有什么影响吗？

朱时茂：红了之后我就从福州军区调到了八一电影制片厂，生活上有一些变化了，但是我还好，因为在部队里头人不会那么飘，但是曾经有一段也觉得自己了不起。

电影《牧马人》剧照

记者：估计一般人都会。

朱时茂：觉得自己怎么了不起，回头率高了，也觉得有点沾沾自喜的样子。那个时候采访我的很多，采访的，照相的，拍剧照的，《大众电影》，还有每一个省的电影刊物，各地方都来采访追着你。我们八一厂也好找，他们没有我电话，就直接敲门，打开门就问能采访吗？

记者：上门去采访。

《大众电影》朱时茂封面

朱时茂：对，就直接敲门，朱老师我是哪儿哪儿的，您能接受采访吗？所以一开始觉得很麻烦，但这个时间很短，慢慢地我就觉得人家这也是工作。他那么老远来，从天津来，从福州来，就是为了要采访一下你，想让大家了解你，我就尽量地能够满足他们就满足他们。

出国不等于不爱国

记者：在《牧马人》里，许灵均的父亲想带他一起移民，离开中国，但是他拒绝了。对他的这种选择，您个人怎么看？

朱时茂：是，当时记得还有很多人请我去做一个爱国主义的报告，其实我是挺客观的，我说出去也不是等于不爱国，因为出去的人很多，所有出去的人，我认为90%，甚至99%的华人他们都爱国的。不出去，也并不等于你爱国，即使你不出去，如果对这个国家没有责任，毫无贡献，或者百无聊赖地活着，能算你爱国吗？我们爱国要有责任，爱家也要有责任，爱人都要有责任。

我在国外看过很多的华人，实际上这些在国外的华人的地位和我们中国在世界上的地位永远是密不可分的。我们中国地位高，他们在外边就地位高；我们中国没有地位，他们就没有地位。一些老华侨他们是很清楚的，过去我们国家

贫穷的时候，比如40年前，这些华侨在国外实际上就是打工开餐馆或者什么的，你永远进入不了上流社会。后来我们国家改革开放之后，出现了一些富人，那么这些富人出去之后，包括给小费给得都比人家多，是吧？你只要给小费给得多，人家就说你是台湾地区的或者是日本的，人家不会想到说中国大陆的，对不对？最近十几年特别明显，一看有钱的就说你是中国来的，这些变化就太大了。这些华侨在外边觉得我们中国有地位了，他们觉得自己也有地位了。所以无论是哪个国家的华侨，他们都是很爱国的，他们都希望中国好。所以我们国内的老百姓应该清楚这一点，他们多么希望我们中国强大，因为你是中国人。

所以当时我做报告的时候说，许灵均没有出去不是因为他爱国不爱国的问题，而是由于许灵均和李秀芝他们两个人的夫妻感情的问题。

记者：对，还有他个人经历的问题。

朱时茂：这么多个人的经历，他对草原的情感，对儿子的情感，对牧民的情感，特别是对妻子的这种情感。他如果离开了他们，可能他就要无法生活，因为他的思维，他的文化已经扎根在这个地方，扎根在祁连山了。如果他脱离这个，到了另外一个环境，和一个格格不入的父亲在一起，他会生活得幸福吗？我相信一定不会幸福的，所以我觉得他由于对所有这些人的情感，决定了不出去。当然这也是一种爱国的表现，是一种爱妻、爱家、爱国的各种表现，都在这里面呢，对不对？

中国强了我们才强

记者：其实改革开放给我们带来生活的变化，很大的一部分就是让我们看到了外面的世界，因为此前的那10多年，中国都是在一个相对封闭的环境里。

朱时茂：过去在国外的机场、免税店，哪有为中国人服务的？哪有中国人？你现在到美国纽约的免税店里头，你会看见所有的名牌店里头都有中国的服务员，因为要接待中国客人。

记者：是的，改革开放以后，中国游客的购买力大大增强

了。刚才说到出国，您离开八一厂以后，也到国外感受了一下是吧？因为从1985年开始，社会上兴起一股出国潮，很多人都学英语出国，你还记得当时社会上的这种现象吗？

朱时茂：我确实出国去转悠了一下，开开眼界嘛，到底欧洲是怎么回事，美国是怎么回事，日本怎么回事，东南亚是怎么回事，我觉得还是要见多识广，这样也对自己的知识是一个丰富，阅历本身也是一种文化嘛。

八几年的时候，我就去美国看了看，在那儿待个三个月两个月就回来了。一开始的时候说实话，20世纪八九十年代的时候出去，还是觉得有很大的差距，觉得人家的高速公路这么长，这么宽。那个时候我去德国，从柏林到德累斯顿（德国萨克森州首府），开车走的高速公路，那个时候我们国内基本上没有高速公路，所以我觉得真是开眼。但是现在不一样了，现在觉得到那边，特别是到了纽约福莱斯那个地方，觉得那像农村了，回到北京、上海像进城市了，现在的感觉真是不一样了。特别是我们国家新建的楼堂馆所，这种基础设施，和过去差别太大了。

转战小品舞台

记者：您的艺术生涯上的第二个高峰，应该是同陈佩斯老师活跃在央视春晚舞台上，为全国观众奉献了那么多经典的小品。这么多年搭档下来，在您的心目中，陈佩斯老师是怎样的？

朱时茂：我和佩斯现在是很少联系，但是只要一联系，就觉得从来没分开过。

记者：老朋友的感觉。

朱时茂：只要一个信息或者一个电话，说话也不带什么客套，就是这样一种关系。我觉得现在可能和任何人都做不到这样一种关系，这种关系从哪儿来的呢？就是从这么多年的合作，这种默契和情感积累下来的。见面吧还得损他两句，你不损他两句，我今天还不过瘾，他也说我两句，互相损两句，那就行了，今天过了瘾了。确实和任何人都不会有这种感觉。

当年做小品的时候也争吵，一开始也互相不服气。你说你

年轻的朱时茂（右）

的好，我说我的好，因为我们的小品一开始没有剧本嘛，都是互相这样你一句我一句这样对出来的。第一个小品《吃面条》没有剧本，演完了以后都没有剧本，就是这样碰撞出来的。第二年是《拍电影》，也没有剧本。互相提醒，一字一字对出来的。这种创作的友谊，当时的那种激情，现在可能都很难再有了，我觉得是不可能了。那个时候也年轻，也想冲。反正作品已经留下了。

记者：成为经典了。

朱时茂：大家认可就行了。

朱时茂（左）与陈佩斯合作小品《主角与配角》

我眼中的陈佩斯

记者：陈佩斯老师近几年在媒体面前特别低调，他生活里当中是怎样的人？

朱时茂：他生活当中很随意，特别简单，一双布鞋，一个汗衫，大概也就是三个汗衫、四个汗衫来回倒着穿，也没有什么太多的奢侈，也没有太多的奢望，吃个面条就行，很简单，平时也不太喝酒。偶尔我们俩演出完了之后，一人来一瓶啤酒，差不多了，有时候我喝得还比他多点，他没有太多的要求。但是你要跟他掰扯小品，那就有的掰扯了。你不掰扯小品，平时他话语比较少。我们在一起说话多一点，他和其他人在一块，那种

🎬 朱时茂（左）和陈佩斯合作小品《吃面》

🎬 电影《道是无情胜有情》海报

不熟的，他不怎么说话。最近我看是不是因为他年纪大了，好点了。

佩斯挺执着的，我觉得现在这个年纪，他在艺术上还这么执着，不容易。虽然我平时经常开他玩笑，损他两句，其实我在心里头还是挺佩服他的。

记者：坚持那么多年。

朱时茂：心里还是挺佩服他的，难得。

转型导演是不想受制约

记者：现在有个词叫偶像包袱，您当年绝对是偶像级的明星，但是您没有一直走这条路，而是不断地在转型，先转战小品舞台，后来又当导演。为什么会不断地挑战自己呢？

朱时茂：其实我这个人挺简单的，我是属于想干就干，不计后果。我是从演话剧开始，后来演电影，演电影自己不能够掌握自己，因为一开始做演员你肯定是要受导演、摄影各方面的一种制约。后来演小品就没有制约了，我和佩斯我们俩一商量就行了。当然也有互相制约的时候，比如在题材的争论上，在包袱的争论上都有一些互相探讨。

做了导演之后，我觉得除了受投资的制约，别的没有什么制约。为什么说受投资的制约？比如说有时候我需要场面更大一点，人更多一点，然后制片就过来说这个要花多少钱，这个多少钱。但是我觉得做了导演之后，能够整个看到一种未来，看到电影将来是一个什么样的结果，你作为一个演员看不到，因为导演主控这个电影，你是用镜头来讲故事，这跟我做演员的时候不一样。

有时候有些想法演员控制不了，我有很多想法不能够通过镜头来表现。比如我在1982年拍的一部电影，韦廉导演的《道是无情胜有情》，也是军旅的故事。那个电影我花了很多的精力，有很多想法提供给导演。当然最后韦廉导演总结的时候说了，朱时茂对这个电影贡献很多。我就觉得电影就是导演的意识，有时候演员在戏里头，再大的演员也可能就是一个道具，完成一个符号。当然演员自己不能这么想。

所以我还是很热爱导演这一行，我希望通过镜头来解释每

一个角色，来完成一个主题，我很愿意，我能够发挥我自己很多的想象。

谢晋留给我们的财富

记者：您这几年的工作重心也是放在导演工作上了，也拍了好几部电影，现在回想起来有什么感悟吗？

朱时茂：我觉得我当导演第一是对谢晋导演的一个致敬。当然我没有谢晋导演的水平，但是我很努力。我导演的第一部电影叫《戒烟不戒酒》，是我自导自演的，直到现在我觉得这个电影从镜头的准确，电影语言上来说，可以给自己打一个及格。

这个艺术就是这样，一定要看准了就这么着先定了，你认为好就可以了，别人不管。你一定要坚持自己的。你不可能有一个东西大家都说好，那不可能的，如果那样就是大路货了。但是电影是这样的，有时候电影本身的水平和市场是不画等号的。

记者：对，好的电影不一定卖座。

朱时茂：这中间当然有好多原因了，但是就纯艺术来讲，我觉得《戒烟不戒酒》完成了对一个剧本的解释，当然剧本我也参与很多。那么到后来拍《爱情不NG》的时候，我觉得我在导演方面可能有点玩花的了，就是有点耍镜头了。当时觉得自己对镜头掌握也比较成熟了，可以拿起来就拍，就有点花哨。

记者：当年您跟谢晋导演合作的时候，只是演员的视角。后来您自己当了导演以后，再回想谢晋导演对你们的指导，或者他在现场的工作，有什么特别的地方吗？他是中国第一流的导演，他身上有什么特质？您做这个导演的工作时，有没有受到谢晋导演的影响呢？

朱时茂：我和谢晋导演不同的，谢晋导演所有的工作都是做在前面，他实际上在现场就不太怎么说话了。有时候他看到也说，就是所有的演员在拍摄之前，已经完成了创作角色的过程，我们现在做不到。那个时候演员听使唤，你再大的演员都得做功课，因为那个时候胶片紧张，都是一比三的片比。你现

电影《戒烟不戒酒》海报

电影《爱情不NG》海报

在可以随便拍呀，演员一遍不行，再来一遍都可以，而且现在你要指导哪个演员，人家还不见得听你的呢。

记者：不太可能留这么长时间做准备了，就像您和丛珊当初为了《牧马人》体验生活一个月，准备10个小品。

朱时茂：现在没有了吧，都没有。所以有一些好的传统还是应该传承下去。我们这一代演员，在拍戏的时候，看到什么问题都会说，但是现在人家互相都不说，自己演完了自己的就算完，互相之间都没有交流。我觉得还是要提倡过去的这种，大家在一起要商量，要研究，碰出火花，这种老的传统，我觉得还是需要的。

但愿以后我们的一些年轻演员能够学习老演员身上的优良传统，

每一个角色都真实，能够扎扎实实的。

偶像看偶像

记者：在当年，您跟唐国强是两种不同类型的但都非常受欢迎的演员。您是硬汉小生，他被称为奶油小生，当然唐国强老师很不爱听人这么说。现在我们问一些老人，他们说当年朱时茂是最帅的，您怎么看这样的评价？

朱时茂：这个帅和不帅，每个人的衡量标准不一样，要叫我们

🎬 年轻时的朱时茂

🎬 朱时茂

家人肯定说我帅，唐国强家的人肯定说唐国强帅。我觉得唐国强是挺帅的，因为在 1976 年，我们俩在西沙群岛待了三四个月的时间，我和小唐关系都很好。当时我在那拍《西沙儿女》，他在那拍《南海风云》，后来他那部电影放映了，我这个因为种种原因就没有放映。但是我们个人感觉是非常好的，我那时候看着小唐就说小唐挺帅的。他是青岛人，我是烟台的，也有人经常说你们俩在一起要是能够演一部电影就最好了，因为你们俩外形都不错。但是我觉得小唐比我帅。

记者：改革开放初期对演员的审美跟现在是不太一样的，经过三四十年，您觉得最大的变化是什么？

朱时茂：是啊，每个时期都不一样。那个时候我们看王心刚是最帅的，有一段达式常是最帅的，现在人就觉得吴亦凡还有其他的什么人是最帅的，欣赏的水平也不一样了。另外，现在的审美是中学生大学生他们的欣赏水平，还不是我们一般老百姓的欣赏水平，你仔细想一想是不是？

记者：是的，消费的热量和所谓的流量，其实大部分都是那个年龄段的。

朱时茂：对，而且我们的市场也是根据大学生的口味来定的。你们喜欢谁，我们就去拍谁，我们就去用谁。当然了大学生是走在前面的。我们也要肯定人家的欣赏水平。但是我觉得电影还是要分各个层次，不同的档次，不同的表演风格都应该存在的，百花齐放。就像莱昂纳多·迪卡普里奥在演《泰坦尼克号》时就是小鲜肉，但后来他尝试了不同类型的角色，演技也很棒。包括罗伯特·德尼罗、克林特·伊斯特伍德这种演员的戏还是很有市场的。

记者：常青树。

朱时茂：老演员的戏还是很值得看，《廊桥遗梦》我看了都不止三遍，起码有四五遍，只要电视有放我就得看。那两个演员演得太棒了。当然现在很多的年轻演员，他们也很好。但是我觉得看戏还是看这些老演员的戏，像牛犇老师的戏很经看，还有很多老演员的戏也很经看。每个人对电影的欣赏要求都不一样，这个也很正常，不能说你大学生喜欢看，我们都要喜欢看，也不一定，我们根据我们自己的需求来选择。我们现

在的电影真是百花齐放了，我觉得真的挺好。

给年轻偶像的寄语

记者：最后一个问题，想请您给年轻演员嘱咐那么几句，比如跟您合作过的朱一龙，他现在非常红，您有没有对他有什么建议与忠告吗？

朱时茂：我们两家关系挺好的，我和他父母亲都是很好的朋友，所以最早他从电影学院刚刚毕业就在我的电影《爱情不NG》里头串了一个角色，后来又和我拍过《胡杨的夏天》。我觉得这个小孩特别正，像现在的"小鲜肉"或者有一些演员有这样那样的毛病，我觉得他没有，他是一个正能量的孩子，什么歪的邪的都没有。

关于走红的这个问题，我当时也跟朱一龙交流过。我说可能你将来很红，我们都红过，红的时候最初的阶段我们可能都找不到东南西北，可能都不知道自己姓什么，这个时候一定要冷静，一定要记住，这个世界上离了谁都行，只有家里头离了你才真是塌了天。我觉得真的要知道自己到底吃几碗米的干饭。

记者：如果请您对 1978 年刚出道时的自己说一句话，您会说什么？

朱时茂：我那个时候精力比现在旺盛，对不对？我想应该是还是要拍电影，我永远觉得电影就是我终生不可分割的工作。

后记

朱时茂数十年的演艺道路非常清晰：银幕偶像——小品大咖——电影导演。部分人会认为，前两个身份的成就远远高于后者。但是在访谈中，我们可以清楚地感受到，对于朱时茂来说，现在的导演身份才是他最看重的。

因为当导演，可以尽情表达，可以掌控全局，可以实现想象，这难道不是一个人最高的人生追求吗？更何况，他是如此热爱电影。

卢燕：
银行家的明星梦

文 / 罗洋

提起在好莱坞发展的华裔女演员，很多人第一个都会想到卢燕女士。

她有着中国演员所极为稀缺的富贵气，眉梢一动，就会生出许多馥郁来。她端坐一隅，不动声色，你会感觉会有许多光线向她聚拢过来。她身上有着演员最应具备，也最难实现的气场。

出身京剧世家的她，能说一口纯正而悦耳的京白。其身形也自有一份气定神闲的韵致。今天，我们和这位老艺术家聊起了她在海外的经历，看着她的神形，听着她的语调，都是种极大的享受。

好莱坞备受欢迎的"一条过"

记者：您是最早在好莱坞闯荡的华人演员，当时那个环境里没有现在那么开放，想问一下您当时为什么要走演员这条路？

卢燕：我的家人本来希望我做

卢燕

一个银行家。因为我在中学的时候算术很好，而且他们觉得我很老实、很诚实，所以觉得我做金融方面的事情，一定可以得到人家的信任，能够有好的前途，而且我的叔叔伯伯们都在银行界能够照料我，所以我中学毕业就到交大（上海交通大学）去念财务管理。到1945年我们胜利了，我的家人都回来了，然后我们就跟家人一同出国，我再继续念书。后来就解放了，我就不能回来了，继续做财务的事情，可是我每天去工作得不到乐趣，天天对着账目我觉得很枯燥，我最喜欢的还是表演。所以我的丈夫就说你已经30岁了，如果你老觉得自己能做演员，那你去试一试吧，别给自己留遗憾。他就觉得我绝对不能成功的，因为那时候我已经30岁了，还有3个孩子，已经没有机会了。可是我在1958年到演艺学院去深造，毕业以后校长觉得我很有天分，就在大剧院里给我安排了一个戏，那时候还没有中国戏，舞台剧只有一个角色是演日本人，当时他请了很多好莱坞的人来看，从那会儿起我就开始演戏了。

记者：您进入到好莱坞以后，大家送您一个"一条过"的称号，您能跟我们说一下这个名字怎么得来的吗？

卢燕：那时候刚刚从学校出来反应很快，同时在那个时候，电影不会等到剧本写完了才拍，常常在拍摄的时候就有新的词儿来。因为我记忆快能够适应，而且我的准备工作做得好，头脑也比较清楚，所以每一次上镜的时候都一条就过了，所以他们就觉得这个演员是一条过的，很省钱，而且从来不迟到，非常合作。所以就给我起个名字叫"一条过"，只要是东方女性的角色就找我。

记者：后来1987年拍《末代皇帝》的时候，贝纳尔多·贝托鲁奇就找您出演了里面的慈禧。我发现您扮演的慈禧虽然只有5分钟左右的戏份，但是特别地抓人，您能说一下当时这场戏拍了多久吗？

卢燕：就是一个镜头就过了。当时是在北影拍的，第一个镜头一下来，导演就飞跑过来说，你演得真好，不温不火，恰到好处，可以了！摄影师又跑过来说，导演还要我们拍一个备用，如果有一个不好的话就没有了，所以就拍了两条。

记者：当时导演是怎么去掌控一个关于中国皇室的题材的？

卢燕：他有他的努力，拍摄的时候我也跟他提了，因为我一看到片场慈禧的屋里都是八仙桌，他把龙床从这里推到别的地方去，而且慈禧的妆非常可怕，我就跟他讨论，说你有没有到故宫看过，慈禧屋里很简单的，没有八仙桌乱七八糟的，龙床不可以推来推去，一定要四平八稳。而且慈禧很爱美，不可能弄得这么怪的样子。他说我了解你的提议，不是我不尊重中国的传统，但我是在拍一部艺术片，就希望人家看了觉得很有趣，只要不太违反中国的传统就行。而且慈禧的那一幕不是我故意要丑化她，我的镜头是从一个三岁小孩的视角展开。小孩晚上睡得好好的，被人家抱起来，又在大冬天冷得不得了，把他从被窝里抱出来就到皇城去了，阴森森地跑进一个很暗的

房间，看到一个垂死的老太太躺在那，你说这个小孩看见的应该是一个美貌的女子，还是一个很可怕的老太太。我就不能再跟他说了，他是从一个几岁的小孩眼光里看出来的，在半夜里看见这么一个躺在床上的可怕老人。

年轻时的卢燕

电影《末代皇帝》剧照

《末代皇帝》拍摄花絮，卢燕（第二排左一）和贝纳尔多·贝托鲁奇（第一排右一）

记者：其实从当时您周围演员的妆容还有他们的穿着来看，也反映出西方人对中国的看法，他们固有的模式，觉得是那样的。

卢燕：给他们化妆的人都是意大利来的化妆师，他们眼里的中国人就是这样。

回国后的奔波

记者：当时您是第一次回国吗？

卢燕：不，中美建交是1979年，一建交我就回来了，拍摄是在1986年，已经回来很多次看我的家人。

记者：您当时参与拍这部中外合拍片，跟在好莱坞拍电影比起来有什么不一样的感觉？

卢燕：那时候好像大部分的创

年轻时的卢燕

作人员都是从意大利来的，其余的都是我们中国人在帮忙，大家都非常敏捷、有效率。虽然在剧组都是意大利的工作方法，但跟好莱坞差不多。

记者：您当时出演这部电影的时候有想到过合拍片会发展到今天这个情况吗？因为如今合拍片发展很快，可以合拍的类型也非常多样化。

卢燕：我觉得这也是我们自己国家强大了，我们有观众、有戏院，就快要成为世界上最大的电影市场了，戏院和银幕数比别的国家都多。前几天我去了当初拍《红楼梦》的地方，他们试片的地方都有非常先进的设备，现在中国的技术进步得太快了。

记者：您现在在海外有没有很多人过来找您帮忙？因为合拍片在中国可以分得更高的票房，会不会有很多海外的公司或者老板请您帮忙促成合拍？

卢燕：从前人家会来找我，现在我很高兴的是，我们有很多海外的留学生，他们现在双语说得非常好，对中国和美国两边的情况都非常熟悉，所以他们中有很多人都在往这方面进展，我很高兴他们都可以在这个行业做非常重要的工作，我觉得这样发展下去的话，我们会有很好的前景。

记者：在《末代皇帝》以后，您出演了谢晋导演的《最后的贵族》。您能谈谈对谢导的印象吗？

卢燕：他是一个非常谨慎周密，把事先一切都安排得非常到家的导演，而且他也很会启发演员演戏，能够调度他的镜头，使得演员在镜头上展现最好的一面。他是了不起的导演，对时事非常敏感，电影都拍得非常到位。

记者：您记得拍《最后的贵族》时，他是如何启发您诠释角色的吗？

卢燕：就说我演得好，从开镜就说好，没有说什么。讲到《最后的贵族》，这个题材也是我介绍给他的，当时他正在寻找题材，我说你应该看看白先勇的短篇小说集。谢导擅长拍女性的故事，我说这里面的女性每一段都是一个很好的故事，他看了以后就选择了这一篇现在叫《最后的贵族》(小说原作为《谪仙记》)的小说。后来我介绍他给白先勇认识。因为从前看白先勇的书时我还年轻，他笔下的每一个女性我都想演。可是那时候文艺片不当道，都是武侠片，没有一个人要投资，所以我和白先勇还有导演制片四个人开了一间四傻公司，因为我们都不要钱，只要投资人给我们一个制作费我们就可以工作了，可就是那样也没有人投资，都没有演成。因为没有人给经济的支持，片厂也就不再投资这些电影，觉得会赔本。

记者：您是怎么说服谢晋导演拍这部电影的？

卢燕：谢晋导演用不着我说服，因为当时中国的制度不是商业制度，觉得导演有好的题材，政府就会支持，他们并不是以收入来衡量他是不是应该拍这个电影。那时候谢晋导演声誉很好的，他想要拍的电影，政府都支持，所以我也很高兴留下了这部能够介绍海外华人生活的电影。

记者：幸好有您把这部电影的原作介绍给了谢晋导演。我们说回《末代皇帝》，里面还有陈冲和邬君梅，她们俩一个演皇后一个演贵妃，您还记得她们吗？

卢燕：陈冲和邬君梅都演得非常好，还有尊龙演的溥仪，这三个人演得都好。在一九八几年的时候，我们国家还没有那么强，所以这部电影在奥斯卡上有九个提名，就是没有演员的提名。如果是放在今天，我想他们都会被提名最佳男主角、最佳女主角、最佳女配角，可是那时候这么多的提名就没有一个是给中国人的，他们在戏里是很重要的一环，所以那时候我心里就很不舒服，我觉得他们的才华没有被认可（注：卢燕记忆有误，最佳原创音乐奖获奖者中有中国的苏聪）。

记者：之后她们两个都去好莱坞发展，您对她们有什么好的建议吗？

卢燕：她们都是很好的演员，英文中文都好，所以本来应该是有更大的发展。从前我就非常为陈冲觉得不平，因为她在美国接到的第一个主角，好像是一个不太光明的女性，好像是给人家当姨太太这样的角色（电影《大班》），大家就说她给国家丢脸。可是我觉得真是太委屈她了，因为在好莱坞那个时候要得到一个主角的机会是多么的难得，我们是做演员的，应该是演什么像什么，而不能说她生活里是这样。她演得非常有说服力，但是人家给她很坏的批评，这是不公正的。一个演员有一个机会演出，就应该把握这个机会把角色演好，这是我们的

电影《最后的贵族》海报

职业。现在我们有很多机会，章子怡也去好莱坞拍了成龙的《尖峰时刻2》，在里面演反派，大家也都很接受，因为文化更加开放了。

好莱坞华裔演员今昔大不同

记者：我们再来说一下《喜福会》，这是一部讲女性故事的电影，您和邬君梅在里面都出演了角色。

卢燕：邬君梅在戏里是我演的那个角色的妈妈，影片是倒叙说我以前的事情。

电影《末代皇帝》中的尊龙与陈冲

记者：当时是第一部有好莱坞主流电影公司投资的亚裔人故事的电影，您当时参与其中有什么样的心情？

卢燕：当时大家都非常兴奋，因为这部电影是根据谭恩美的小说改编的，大家看了这部书都有同感。母亲跟女儿因为战争逃难，许多美国女性都在欧洲受过迫害，所以她们有同感，对这个小说非常欣赏，大家看了都哭得不得了。

电影《摘金奇缘》中的卢燕剧照

电影《摘金奇缘》海报

那时候我第一次碰到谭女士的时候，书还刚刚发行，他们在洛杉矶的音乐中心办朗诵会，请我去朗诵其中的一段，我朗诵的是他们挑选的一个角色，叫英英。谭女士的畅销书非常热，后来要拍电影了，他们问我想要演哪个角色，本来主角应该是扮演妈妈的演员，后来从导演那里得知那位演员不去中国拍，那么在美国这个妈妈就没有什么戏了，所以我挑选了安梅。她最宝贵的儿子掉到海里被水冲走了，她还有一场戏是跟外国女婿讲大道理，有一点戏剧性。不巧的是，我们当时租了个大房子拍戏，拍摄的那一周老下雨，就拍不了。等到雨停了，合同也到期了。另外，我们把大海寻子的戏就放在最后。因为那是大场面，结果拍来拍去，预算拍完了，这场戏也拍不成，我的戏就变成没有了。后来舞台版角色设计得很有趣，我就在舞台上演了。所以这部戏有四个妈妈，我演了三个。

记者：《喜福会》是一部全亚裔的阵容，关注的又是亚裔的生活，您当时出演这样的一部电影，在好莱坞有没有什么压力？

卢燕：我们没有，因为导演是中国香港人（王颖），他很了解中国，写剧本的谭女士也是中国人，他们所描写的都是中国人的情感，中国人的遭遇，所以能够得到观众的认可，有共鸣，那些观众看了以后都哭得不得了。现在叫《摘金奇缘》的这部电影，导演非常好，也是中国人，但是他从来没有在中国生长过，他的父亲是从中国大陆移民到美国，母亲是从中国台湾移民去的，他们结合以后生了五个孩子，他是最小的。对于他们的教育是中国式的教育，灌输他们中国的礼义廉耻、孔孟哲学，他们的为人非常有中国的味道。我一加入的时候，就觉得这个电影会很好，因为导演不但自己有才华，还能够启发每一个合作的人，让他们发展他们最好的才华，所以每个人都非常尽力地合作，让片场的气氛非常和谐，而且他找的都是华裔演员。从前我们刚去好莱坞的时候，如果这个主角必定会是一个美国人来扮演，那么中国人乃至亚洲人就扮演次要角色。这部戏完全是亚裔演出的，而且每个人都演得非常到位，每个人都是受过训练的，技术人员也非常有天才。所以整部电影让你看了又感动地哭又高兴地笑，每个人看了以后都非常地喜欢。

记者：对，它已经连续两周是北美的票房冠军了。您当时参与这个电影的时候就已经预见它可以取得这样的成功了吗？

卢燕：没有，加入的时候我们都很担心，因为美国的观众不晓得外国人会不会喜欢，可是因为它的尺度，孩子们的表演都非常到位，让人看了非常感动，也非常好笑，所以有的观众写信说看一遍还不够还要看第二遍。

记者：这部全亚裔的电影和《喜福会》隔了25年，您觉得25年前和25年后最大的感触是什么？

卢燕：现在技术更进步了，我们亚裔的演员不只是好莱坞的，而是来自全世界的演员，有的是英国来的，有的是东南亚来的，有的是中国大陆的，台湾地区的都有。

记者：您觉得美国观众对此的接受度有变化吗？

卢燕：美国观众现在对这个电影非常欣赏，不管是白人、非裔还是亚裔，都很喜欢，看了一遍还要回去再看，也很期待续集。因为原著的作者是中国人，他是在新加坡土生土长的中国人，他写的时候就写了三部曲，都是畅销书，人家看了第一本就要看第二本、第三本，所以我觉得电影也是一样会有续集，还会有更多的续集。

记者：之前我们采访导演朱浩伟的时候，他说他的父母在音乐上给了他很大的建议，电影的插曲里为他选了很多中国的歌曲，您在哪方面帮助过朱浩伟？

卢燕：没有，他不需要我帮助，现在的科学技术可以在电脑上拿到所有的歌曲。他父母是中国人，所以他如果有问题会先问他的父母，不需要问我们，他是非常有文化的中国人，他的父母教导他做一个中国人。

记者：因为前几天《喜福会》举办了一个主演重聚的活动，当时制片人说《喜福会》续集剧本也写好了，如果要是拍续集的话您还会参加吗？

卢燕：我会的，我想他们也会请我的，因为我们的制作团队还是会继续在这里面。

记者：您曾帮助了不少在好莱坞闯荡的华人，听说您曾经想零片酬帮助李安拍电影？

◆ 朱浩伟导演

卢燕：那时候因为我看了李安的《喜宴》，非常喜欢这个戏，那时候他还没有出名，我跟陈冲也在洛杉矶，她也很喜欢。我说我们两个都不要钱给他做这个戏，即使那样，他这个题材在那个年代也不能被好莱坞的制作人接受，台湾人也不接受，陈小林做台湾中影代表，在洛杉矶跟我说这个题材在台湾不容易通过，因为是讲两个同性恋的故事。我也没有帮助过李安，李安成功是他自己努力，因为我很欣赏他，我想帮助他，可是没有帮上什么忙。因为那个时候，时代不同，我跟人家怎么说，人家也不接受。

记者：现在给好莱坞的电影公司推荐华人的演员是不是容易很多？

卢燕：我们不需要推荐，他们

都会来，像李冰冰、章子怡都被他们邀请了，尤其是巩俐，美国都主动地请她去，因为他们有票房。

记者：对。其实也是因为跟中国电影市场迅速发展有很大的关系，中国电影市场已经变成了世界第二大市场，很多好莱坞公司都想来中国电影市场捞一把。想问您，这些年您觉得国外的这些电影公司，对待华人演员或者是华语电影，有发生什么明显的变化吗？

🎬 电影《摘金奇缘》剧照

🎬 电影《山路》海报

卢燕：当然有了，可是我们反对他们只用中国明星的名字来赚钱。他们有两个版本，就是在美国发行的电影是另外一个版本，我觉得这个是很不道德的行为，不应该把华人的戏在美国掐掉，这个故事应该是一个完整的故事，不应该利用中国的名声在中国赚钱，而到了美国这个戏就变成另外一副模样。所以我觉得我们一定要有约制他们的条款，整个故事的剪辑必须都是一样的，而且我希望将来合作的电影能够宣扬一些中国的文化、中国的伦理、中国的道德，不要只靠打打杀杀的电影赚钱。所以我非常看好《摘金奇缘》，因为这部电影有中国的幽默、有中国母亲的爱、有两个年轻华裔的真诚爱情。

记者：张艺谋的《英雄》您看过吗？它现在仍然是海外票房最高的华语电影，当时它在美国上映的时候，是一个什么样的情景您还记得吗？

卢燕：《英雄》这个电影大家好像都喜欢它里面的排场。它放映的时候我不在美国，我没有看过，我最欣赏张艺谋的电影是《秋菊打官司》，拍得真是好。我喜欢的第一部他的作品是《菊豆》，那部电影拍得好、演得好，摄影和美术非常美，让人看了非常震撼。

将中国文化推广到底

记者：您从第一部电影《山路》到现在，入行接近 60 年了，每年几乎都会有新的作品推出，您现在回头对刚入行的自己说一句话，您会说什么？

卢燕：刚入行的时候就是要自己自修，有好机会把握住机会，演得好，看到不符合中国情况的剧本，一定要很正式地向导演提出来。可是那时候我还比较年轻，我跟他们说话也不够地位，他们接受的是比较少的，可我还是要提的。

记者：在那些与国情不符的情节里，还记得最夸张的是什么样的内容吗？

卢燕：太多了，比如中国人怎么自相残杀，互相对打。他们只记得从前看到中国人在中国城的不好的现象，反而不记得好的现象。

记者：您当时很势单力孤的，独自面对整个好莱坞对中国的误解。

卢燕：他们也不是故意要丑化中国，他们没有跟中国人接触过，因为没有邦交，他们看到中国从前的纪录片，或者是接触到的人，还是过去修建铁路的那些苦力。

记者：您当时遇到这么多误解有没有想过不演了？

卢燕：不演并不解决问题，你要跟他说这个不对，我们要这样演，不能那样演，有时候他们听的，有时候你也没有办法去改，因为他们写的故事就是那样，可是我可以说我们现在不是这样了，他写的那个情况不是现在的情况，他写的情况是造铁路时的情况。只能让他改得好一点，可是也不能完全改掉。我们有一个故事很希望李安能拍出来，讲述的是有一个铁路工人修铁路赚钱，后来铁路修完了，铁路老板觉得他很勤力，就让他到家里帮助他做事，等到他死的时候，他跟老板说，我积攒了三万块美金，想捐给你们最好的大学来开设中文的科目。现在哈佛大学的中国馆，就是他捐的。后来美国人觉得他这么爱国，也拿了很多钱出来帮助他建造中文研究机构。

记者：您这个想法跟李安导演说过吗？

卢燕：我还没有说，我明天跟他见面的时候说，我觉得这个故事非常有意义。

记者：确实特别有意义，我觉得您整个人给我们很正能量的感觉，不仅仅在美国一个人对抗他们对中国文化的误解，而且这么多年一直在拍戏，现在还回来拍《红楼梦》。

卢燕：是，我很高兴能够看到中国现在这么发达，可是现在每个小孩都要念英文，中文好像没有那么重要了，我觉得还是要首先把本国的语言文化灌输给孩子。因为美国的英文到底只有 300 年的历史，只有 26 个字母，可是我们中国五千年，文字是从甲骨文一直演变到今天。我现在自己都很惭愧，我拿起笔来写字有时候都忘了怎么写了，因为现在都是打字一拼音就出来了，所以还要放一些时间把中文学好、写好，还要学孔孟思想、做人的道理。因为即使是一个非常有学问的人，假设他的道德思想不正确，将来也不能为国家做什么。我们都要培养我们的儿女为国家效劳，就像原来钱学森那样的科学家，他们放弃了很多，回来建设中国。

记者：所以您也一直致力于推广中国文化。

卢燕：对，在美国每一代都有这样的中国人，从前都有很多的人士非常爱国的，现在也更需要年轻人来帮助我们的国家更进步。

记者：对！您说得特别对。因为您现在演的这部《红楼梦》就是中国的四大名著之一，您有没有想把它介绍到国外去。

卢燕：当然，我希望将来这部作品可以代表中国去外国参展。希望我们推动这个事情，因为中国的《红楼梦》是一部文学巨著，而且里面也讲了很多的哲学，我想胡玫导演是非常棒的导演，现在的技术也是这么好，摄影那么好，我看了非常高兴，能够参与这个剧是我最大的幸运。

后记

很多中国演员第一次到美国，都会去找这位慈眉善目的卢老太太，人们从这位老人身上获得经验，换来能量。如今已经九十高龄的她，仍愿意把她的余热播撒在她所钟爱的电影事业中去，为中美两国电影的文化交流贡献余热。"莫道桑榆晚，为霞尚满天"正是此时此刻的卢燕女士最真实的写照。

娜仁花：

我从草原来，回到草原去

文 / 张强

对娜仁花最初的印象来自谢飞导演的《湘女萧萧》，电影让我们看到了中国广袤的腹地上还有许多美到窒息的地方，还有娜仁花扮演的萧萧那紧张的、害怕被惊动，又渴望被关注时，那既清澈见底又不乏迷乱的眼神。坐在娜仁花面前，似乎和想象中的又不太一样，她有种独特的气质，大方、坚毅，却又满怀激情，可能和她受到草原文化的熏陶和滋养有关系吧。她健谈而安然，假若她没有那么丰富的从影经历，她坐在那儿，也仿佛是天边的云彩。而电影，则让我们更多的人为这片云彩凝神、张望。

娜仁花

我不想留级

记者：我们知道您在改革开放前就已经演了《战地黄花》，您对当时的环境还有印象吗？

娜仁花：当时很小，只有13岁，对政策的东西还不是很敏感。

《战地黄花》是在改革开放之前拍的一部影片，整个摄制组有党支部，天天学习。我记得有个导演白天拍戏，晚上他们都是要开会批评他的导演终身制，党支部每天晚上开会在说他。改革开放之后，我的感受就是大家更注重艺术创作，从政治的角度已经转到了艺术创作的氛围。我当时最深的感受是这个。

记者：当时都批评导演，您有没有跟导演交流？

娜仁花：那个导演我记得非常清楚，他叫马尔路，北京电影制片厂的一个留苏的导演，他的创作风格都是受当时苏联的影响，所以他们就觉得他是导演中心制的。那个导演很老实，在现场你会觉得他是一个导演，到晚上他就是一个被批评者。可能我太小了没有跟他交流，当时我就是觉得他是挺好的一个人，肯定做错事情了，导演中心制是不对的，创作应该还是一个集体的创作。其实从电影的创作规律来讲，我现在真的是觉得导演中心制是一个创作的规律，当时之前的创作氛围就是集体创作，而且是在党的领导之下，政治上你是绝对不能出问题的。艺术肯定都是为政治服务的，你的目的性要很清楚，艺术不是那么重要。我经历了那么一个过程，中间还有毛主席去世、唐山大地震，所以那个戏一下就拍了一年多。

我为什么就成了电影人，就是因为这个片子拍了一年多，他们拍几个月的话，我还可以回到学校继续读书。以至于最后我们冬天再拍的时候，内蒙古草原已经没有了，冰天雪地，所以我们后半部是跑到广西去拍的。这个片子我是1976年7月份暑假的时候参与的，一直拍到了1977年的暑假。你们可能不知道，那时学校根本不读书的，我就去拍戏了，爸爸妈妈说不读书也无所谓，大家也都没在读书。可是一年之后，1977年再回来的时候，真的叫改革了，一切都恢复了正常，学校都是常点着灯在那儿复习，完全不一样了，都要高考了。我走的时候初二，再回来已经初三了，我觉得我回不去了，回不到学校了。

记者：跟您走的时候不一样了？

娜仁花：完全不一样了，而且课也全都落下来，如果我要再回去，可能我再重读初二，那个叫蹲级，在那个时候就很难听。当时很困惑，觉得又不能上学了，那怎么办？然后锡林郭勒歌舞团还有内蒙古艺术学院都欢迎我去，说你能做什么呀，我说我也不知道我能做什么，我能跳舞吧，最后我就选择了锡林郭勒歌舞团。那时候14岁，觉得还是愿意离家近一点，就是这样。

马尔路导演去世

记者：1978年到的歌舞团。

娜仁花：算是工作了。

记者：到了工作岗位以后，国家正式提出来改革开放了，这时候的工作氛围和以前有什么不一样？

娜仁花：当时是在歌舞团，我真的不知道他们以前是什么样，我估计也就是像我拍电影的时候是一样的。我到歌舞团以后，团里整个状态并不是天天要政治学习，更多的是在创作各

电影《战地黄花》中的娜仁花

种不同的舞蹈，创作氛围非常的强，我们还会经常下乡演出，活动非常多，那时候好忙。那时候我是学员，但是他们对我特别优待，我也不知道为什么，每次都要把我带上。可能他们觉得我拍过电影吧，虽然还不是明星什么的，拍过一年的电影可能跟别的学员是不一样的，所以每次节目里都有我，有照片很可爱，就穿着内蒙古的小衣服跳着舞什么的。我其实在锡林郭勒歌舞团的时间很短，大概也就是十个月的时间吧，然后我就拍《乳燕飞》去了。

青春美丽的娜仁花

西安电影制片厂看了我在《战地黄花》的镜头，他们就觉得这小姑娘挺好看，全国去打听，说这个孩子在哪儿，发现我跑到锡林郭勒歌舞团跳舞。正好那个角色是体操运动员，有一些形体上的要求，那么我这十个月的工夫正好用在这个电影上，所以我就觉得真的非常幸运，命运好像一直在为我安排。这十个月歌舞团的创作氛围跟我在拍电影之前完全不一样，真的完全不一样，政治因素已经很少了。

记者：您在拍摄《乳燕飞》的时候，有没有感受到改革开放后一些具体的细节变化，比如说以前的服装不能变，但是现在服装的色彩变得更艳丽。

电影《乳燕飞》剧照

电影《乳燕飞》剧照

娜仁花：对，《乳燕飞》是西安电影制片厂的，当时导演是孙敬导演，他曾经拍过《桃花扇》，过去老上海天马电影制片厂的一个老导演。如果没有改革开放，这个导演肯定是不能出来拍戏的。1978年他出来拍第一部片子，老先生真的是非常兴奋，压抑了那么久，等待了那么久终于可以拍戏了。他曾经跟我说他在天马的时候是个很年轻的导演，他的任务就是替老导演拍戏，然后不上他的名字。他拍过好多片子，就像枪手似的不署名，所以他很娴熟。我记得20世纪七八十年代拍戏的时候，导演都有严格的分镜头剧本，什么近景、全景非常清楚，但是他老先生没有，一个字没有，因为他说全在他脑子里，他不需要。当时他去世以后，大家就全傻了，因为他一个字也没有留下来，怎么拍呀。

是这样的，我们拍那个电影的时候，他已经70多岁了，是非常资深而且岁数很大的导演，拍到半截的时候他就去世了。我记得我们在广西电影制片厂摄影棚里拍，中午他看到了一篇关于康生的一些文章，因为康生好像是特别指名地批评过他的《桃花扇》，他就好兴奋，那个中午就没有睡觉，他就觉得终于可以平反了，所以在现场就犯心脏病去世了。当时那么小的年纪就能看到，1978年的时候很多事情已经变了，能从这些老艺术家身上感觉到一切都过去了，终于可以扬眉吐气了，觉得一切都可以平反了。创作上也是，可以放开胆子做了，所以拍《乳燕飞》拍的时候，衣服什么的都很漂亮，第一次穿着体操服，都是很包身那种的。

记者：很开放了。

娜仁花：是很开放了，后来1986年拍谢飞老师的《湘女萧萧》已经开始涉及人性的主题，开始有裸体了，比如那场磨坊的戏，我当时就绑了一个带子，上身都没有穿衣服，已经很大胆了，在艺术上、创作上已经是完全走了一大步。从1978年到1985年短短的七年当中，无论创作的题材也好，表现形式也好，往前跨了一大步。

谢飞老师不跟我聊剧本

记者：新中国成立后，我们国家也有一些优秀的民族电影，比如说像《五朵金花》《阿诗玛》这样的影片，不知道您当时有没有看这两部电影，您有什么样的感受？

娜仁花：都看过，我小时候最幸福的一件事情就是看电影。我觉得 20 世纪 80 年代是电影的黄金期，因为没有电视的冲击，大家看的都是电影，一说电影都疯狂了。我 1978 年拍的《乳燕飞》，1979 年一放，我真的就变成家喻户晓的明星，为什么？就是因为所有人都去看，有对电影的那种热爱。尤其改革开放之后，国外的，像罗马尼亚、阿尔巴尼亚的片子进来，那个时候很多，电影院都能挤爆了，像《阿诗玛》这种片子不知道看过多少遍，一部电影的歌恨不得马上就变成一个流行歌曲。

记者：这个作品本身呢？

娜仁花：那个时候还是小孩子，可能还是很好看吧，想象那个时候的感受，就觉得很美很好看，有很美好的爱情等等，后来再去云南的时候，必须要去石林。当时也有很多电影，包括《冰山上的来客》，那个时候的电影我们都看过，只不过还不是有思考能力的年龄。但是这些影片真的就是印到你脑子里，比如说像演《阿诗玛》的那个演员叫杨丽坤是吗？

记者：对，是杨丽坤。

娜仁花：好美啊，那个时候觉得少数民族电影真的好看。服装也漂亮，音乐也美，他们都是能歌善舞的，像现在的宝莱坞电影，特别热闹，有歌，有舞，有爱情，有美女，又有帅哥，就觉得好看。而且内容还是非常正能量的，也是非常积极向上的。

记者：刚才聊到了您跟谢飞导演 20 世纪 80 年代的合作，到 1995 年，您又在《黑骏马》中饰演了本民族的角色，这个电影拍摄中您是什么样的感受？还有谢飞导演作为非少数民族的导演，他当时是怎么把握少数民族题材的，有没有对他的观察和了解？

娜仁花：《黑骏马》是根据著名作家张承志的小说改编的，当时这部小说非常有名。张承志也是一个知青，在内蒙古生活了很久，然后他根据自己生活的一些感受和感悟写的这部小说，当时非常轰动，有很多人想拍，甚至于我自己都想过。之

电影《湘女萧萧》剧照

电影《阿诗玛》中杨丽坤饰演阿诗玛

电影《黑骏马》剧照

前我在英国国立电影学院导演系上学，那时刚刚毕业，就在想我毕业

以后拍的第一部片子是什么，就想到这个小说，我还让朋友从国内给我寄来。寄来一看就找不着北，这个东西太难拍了，因为回忆的东西很多，不大好处理，我就放下了。那个时候我自己已经做幕后有几年了吧，然后就想如果我不做演员做幕后了，我最大的遗憾是什么。我就觉得我从没在自己民族的电影里演过一个比较重要的角色，虽然起步是《战地黄花》，但是那个时候毕竟是个孩子，戏也比较少，我就觉得特别遗憾。正在遗憾的时候，谢飞老师就给我打了一个越洋电话，当时我正在做另外一个戏的创作，他那个电话打到酒店里面，我都不知道他能在伦敦的一个酒店把我找到，你说他有多厉害。他就说他要拍《黑骏马》，想请我演女主角，我说没问题，他说7月要拍你能来吗，我其实那个时候是有别的

电影《黑骏马》剧照

事情要做的，但马上就说可以。因为我当时特别兴奋，就是觉得，他圆了我一个梦，我遗憾的事情将要被弥补过来，这是一点。第二就是他要拍《黑骏马》，我当时特别吃惊，这是一个少数民族的题材，我特别好奇他怎么拍，我觉得这个难度太大了，所以特别干脆就答应了，然后就立刻把手里的活儿一扔就跑回来，其实后来我知道他准备了有10年之久。之前跟谢飞老师在《湘女萧萧》合作过嘛，我记得他带我去体验生活，让我去感受湘西，那时我是第一次去湘西，体验生活很久，然后就直接进入了创作当中，谈剧本，谈创作。很多戏我都可以跟他沟通的，我说这个戏我可以这么演，原因就跟他讲，特别深入地介入创作。

到了《黑骏马》就不是那么回事，我们当时到外蒙古的一个地方，是苏联的工程师的一个旅游疗养地，他们撤回去以后这个地方就空掉了，被遗弃很久了，像一排平房招待所似的，我们是住在那儿。有一天他说娜仁花你不是现在都学导演了嘛，去乌兰巴托给我选一个演员吧，把演你女儿的给我找来。我说行，就跑去把她找回来了，他很满意。然后我就老想跟他谈谈剧本，想跟他谈谈创作，他不理我，你知道吗？他每天晚上就打牌去了，我特别郁闷，那我就打坐吧，每天晚上我就自己打打坐什么的，反正他就去玩牌，真的从来没有跟我们谈过创作。

记者：为什么？因为谢飞导演成竹在胸？

娜仁花：对呀，10年了，人家根本就没必要跟你们再啰唆什么了，我觉得他当时太知道他要什么了。一部戏他能够有10年的积淀，这个真的是不一样，功夫和时间都摆在那儿了。《黑骏马》最有意思，它是第一部蒙古族的片子，是用蒙古语演的第一部片子，之前已经有很多蒙古族片子了，但他们都是用汉语演的，包括我们的《战地黄花》都是汉语演的，这个是第一部用蒙语演的。谢飞老师就像在导一个外国戏，他有翻译，他也不知道我们在说什么。

这时候不需要演技

记者：那是一个蒙古族语言的电影，如果不说蒙古语，影

片出来之后会有什么样的效果？

娜仁花：太不一样了。比如说你穿上一个蒙古族的衣服，说着汉语去演的话就不配套，好像缺失了什么东西。但是你要说着蒙语，穿着蒙古族服装，在蒙古包里喝着奶茶，吃着肉，说着那个话，它是很协调的。我们有一个版本是汉语独白，配音配成汉语了，没法看，你就想笑，就感觉那个片子的观赏质量减了一大半，这就是为什么你看一个英国人在那儿说着中文感觉就不对。你们现在可以看字幕，但是那个时代，过去那些观众他们都不会读字幕，都没法看有字幕的片子，他们看不了，只能配音。

谢飞老师真的是到了蒙古共和国拍的，那时候真的很少有这样的片子跑到蒙古去拍。他当时就觉得那儿的草原没有那么多的电线杆子，真是一个草原，我们住在蒙古草原的周围，出去走三个小时都遇不到一个人，也遇不到一辆车，走出去就会觉得你会被野生动物给吃了这种感觉。在那个地方可以一个星期不换衣服，剧组的男生都不换衣服，一个星期后他那个衣服领子是干干净净的。除了我跟腾格尔，其他所有的演员全部都是外蒙古的演员，他们的演员有一个特点就是特别落地。演奶奶的那个老太太，她是一个功勋演员，但是你不知道的话会觉得她就是一个地地道道的牧人，一个草原的劳动者，真的在她身上看不到一点演员的感觉，看不到一点城市的感觉。她就是泥土味特别浓重，在牧区跑来跑去干活的那个老太太的感觉，他们所有演员都是这样的，真的很了不起。腾格尔本身就是一个非职业演员，他没有表演，特别纯朴的，一点演员范儿没有，那我要把我的表演中端着的地方全部揣下来。那次创作真的很享受，我觉得真正的艺术创作太到位了。

记者：对您来讲那时候也是一种挑战。

娜仁花：对，那个时候演技已经很娴熟了，然后就觉得不要演技了，就全抽出去了，就不"演"了。我在那个剧组天天干活，比如一到吃饭就帮着人家端盘子端水什么的，你们哪个需要汤，我给你们拿去，就完全不去想自己去"演"了。他们说我特像一个剧务部门管饭的，说哪个桌缺汤，去给端。

记者：感觉这个剧组你才真正是主角，因为处处都是你的

电影《黑骏马》中的蒙古草原

身影。

娜仁花：谢飞老师就说，你看看哪像个女主演，跑来跑去，一直在那儿给人端汤端水的，瞎在那儿操心。因为我是有意地在找自己，我不认为我自己是演员，我不认为我是女一号什么样，把这些姿态全部放掉。我每天跑出去，一到吃饭的时候我就去搀老太太，给她盛饭盛汤，跟她建立感情的同时，也是在找那种距离吧，就是一定要靠近他们，跟他们所有人融在一起。谢飞老师给我设计就是一个朴朴素素的牧区的劳动妇女，我就很困难地往下揣。后来去蒙特利尔电影节，我们的片子是唯一一部加演了的，观众要求加演，最后一天在上千人的剧场演，片子放完观众掌声经久不息，好长时间。

这个片子很有禅意，很像谢飞老师本人，那种深不可测、温温柔柔、平平和和的，但是不知道为什么它有内涵，尤其我觉得张承志老师的小说中可能想表达的东西，谢飞老师用电影的语言延伸了，更多讲到了蒙古族文化中对生命的一种

态度，万物有灵，所有的生命都是值得尊重的，因为他可能是跟大自然最贴近的一个民族，人就是大自然的一个部分，包括人跟所有的动物的品质是一样的，是平等的，应该互相尊重彼此的生命。所以我就觉得谢飞老师的《黑骏马》应该是在蒙古族的电影里，第一次特别深刻地讲到了蒙古族对生命的一种态度，他们是怎么对待生命的，包括我那个人物跟别的人怀孕了，男主角很难忍受，抛弃爱情就离开了嘛，但是奶奶的态度是不一样的，她觉得谁的孩子不重要，她就是一

电影《黑骏马》剧照

电影《黑骏马》中腾格尔饰演男主角白音宝力格

个孩子，她对生命的尊重完全超越了道德上的一种概念。

记者：超越了世俗的。

娜仁花：对，超出了世俗的理念，当时我也在思考，为什么在蒙特利尔电影节有那么大的反响，在西方世界那样地被人认同的时候，我觉得可能有很多东西是相通的，他们也是感受到了这种对生命的理解和对大自然的包容性。真正的一部经典影片，它的生命力是特别长久的，百看不厌，过了多少年你再拿回来依然还是可以欣赏，这就是真正经典的艺术价值所在。

记者：这部影片也是对人性上的一个探索，我们开始讲人性上的一些东西了，不再是高大全的那种。

娜仁花：谢飞老师每部作品真的都非常经典，当然跟他自己作为导演的创作态度有关系，从《湘女萧萧》开始就在探索人性的主题，一直到《黑骏马》还是在探索生命的主题，虽然它是一个少数民族的影片，有了很多少数民族文化和生活状态，和他们对生活态度的一些积淀，但是依然在探索人性和生命的主题。

记者：是，我们也在这个电影中看到了白音宝力格的反思，在他身上我们能看到那种忏悔，也能看到现代与传统的冲突。

娜仁花：有探索性。蒙古族的电影也好，少数民族电影也好，我觉得其实《黑骏马》之前有很多在选材上有很大的局限性，就像我们讲的少数民族衣服很漂亮，能歌善舞，载歌载舞。但是他们文化的东西，他们对生命和生活的态度，在这些方面表达的是非常少，所以为什么说《黑骏马》本身的小说非常有名，改编成电影它更加是一个经典的作品，直到今天还在放还在看。谢飞老师说，每年他出去就是带着这几部片子走，前几天好像在匈牙利又在放《黑骏马》。

记者：前几年他还去新加坡、马来西亚，拿到不同的国家大家都看得懂。

娜仁花：对。

记者：都会引起共鸣。

娜仁花：没错，少数民族电影中有涉及很多文化的东西，本身就会被别人欣赏，让人想要了解，然后它本身有探索的主

题，跟任何人都能产生共鸣。少数民族电影中还有涉及人类的主题，有这样的文化支撑以后，我又拍了《天上草原》《额吉》《季风中的马》。每次电影局出国，都会带上这些作品，每次给别人选片，都会选中这几部片子。

少数民族电影也可以多样

记者：2001 年的时候，您又凭借着电影《天上草原》获得了第 12 届上海影评人奖最佳女主角奖，还有第三届少数民族题材电影电视艺术骏马奖的最佳女演员。

娜仁花：我还得了金鸡奖最佳女演员提名呢。

记者：因为提名太多了。

娜仁花：提名很重要，金鸡奖的提名很有含金量的。

记者：后面你有获金鸡奖。

娜仁花：对。《天上草原》真的就更加大胆了，你看我们的服装，蒙古包都跟传统的不一样了，蒙古袍都没有袖子，改良了。据说是第一部国产数字电影。

记者：是我们电影频道投资拍摄的。

娜仁花：我自己感觉那个片子是非常浪漫的，在创作上是一个非常随心所欲的状态，它也是承载了一个生命的主题，因为从外面抱来一个小孩，女主角无条件把这个孩子接受下来。我不知道你们看出来没有，女主角跟她的小叔子是有爱情的，因为这个事情在创作前期大家吵啊吵啊的，涉及少数民族电影的时候，万一什么地方没把握好就有问题了。当时在这些方面争议很大，可能看得特别仔细的人会看出来，粗心的话可能就看不出来。

记者：线索比较隐晦。

娜仁花：非常隐晦。小叔子回来之后，脸都烧伤了，然后回来看他的哥哥和嫂子。其实她那个爱情是很奇怪的一个爱情，当时主要想写那段感情的，后来考虑到可能不大对，可能是怕出现一些问题，就很含蓄地去处理，我觉得那些表现蒙古族的婚礼等等民俗方面做得还是蛮到位的。但是又有很多蒙古专家会说那个是伪民俗，因为他觉得服装、蒙古包不是那样的。

电影《天上草原》中的娜仁花

电影《天上草原》剧照

记者：不够写实。

娜仁花：太夸张了，就像我刚才讲的那样，它是浪漫的，是超现实的，你要在生活中去找原型的话，一切都不是那样的，就连所有的道具什么的都是夸张了。可能有一部分人还在坚持着我们就要本原的，民族特色是什么样就是什么样的，但有一部分可能就是要加上创作的元素，我们要把它放大，可能会有这样的一个创作理念。在这样的一个影片里，你去寻找那种写实的东西肯定是找不着的。为什么它叫《天上草原》，已经给你注定了是在天上的，不是在地上的，所以应该从这个角度看。作为我个人来讲，本身少数民族电影的创作有时候变得很窄，你想自己拓宽一点的时候，别人就会说伪民俗，不符合少数民族的生活。你想突破是非常难的，那部影片就是有一种非常大的挣扎，我觉得麦导（麦丽丝）还是很有胆识的，她愿意去尝试，《天上草原》在艺术创新方面还是做得非常好。

记者：我们少数民族电影一样也需要创新，因为都在与时俱进。

娜仁花：是啊，风格以及各个方面真的可以不一样的，不是非得所有的都是写实影片，我觉得完全可以是多种风格的。

《季风中的马》对我影响很大

记者：您跟宁才导演在《天上草原》有合作，也是这个时候开始

⊙ 电影《天上草原》剧照

⊙ 电影《季风中的马》剧照

认识的吗？

娜仁花：不是，我跟宁才导演是拍电视剧《静静的艾敏河》认识的。

记者：拍电视剧的时候。

娜仁花：对，他是导演，我是演员。然后《天上草原》的时候，是我推荐他演的，我觉得他比较适合这个角色。《静静的艾敏河》是宁才导演拍的一个电视剧，那个时候我觉得自己作为一个蒙古族演员，我对蒙古族的生活了解得太少了，虽然我会说蒙语，不代表我对这个民族是了解的。当时我站在片场，举着双手，不知道从哪儿下手的时候，宁才导演就说，你看她站在那儿多像一个游客，那个时候开始我就想，我要好好了解一下，好好充充电，补补课。

记者：深入生活。

娜仁花：了解自己的民族到底是怎么个民族，我觉得从方方面面都要去多多了解。所以就拍了《天上草原》，后来又拍了《季风中的马》，一直拍到《额吉》的时候，差不多有十年，我就觉得够了，我已经了解得很多了，到《额吉》以后，我完全知道我要干嘛了。

记者：所以你推荐宁才导演的时候，是想偷师学艺吗？想从他身上了解更多的东西？

娜仁花：不是，应该说我那个时候对自己民族充满热情，我就觉得看自己民族什么都是好的，怎么说呢？就是一头扎进去的时候。

记者：到了2003年宁才导演的《季风中的马》这部电影，我们看到的是影片对生态环境等现实问题的关注与思考。不知道您怎么看这部电影表现出来的现实意义？

娜仁花：这部影片对我很重要。我是制片人，里头有很多作为蒙古族，我们自身的一些感受。比如说像《黑骏马》，我觉得可能是谢飞导演作为非蒙古族的人，他从外面去理解蒙古族是怎么样的。所以我拍《黑骏马》的时候，并没有觉得自己在蒙古族的身份上有什么问题，我会说蒙语，我觉得我很棒，他也对我没什么问题，就过了。《天上草原》还好，因为那是个浪漫主义的，所以又过了，没事儿。到了宁才导演的手里我

就不行了，老被他批评，我这个地方不对，那个地方不行，这个地方不像，那个地方不像，就是因为他的东西是很写实的，很扎根于生活的。

说到了《季风中的马》的时候，真的就是一个蒙古族人自己的反思和感受，其实因为宁才导演写这个剧本的时候，我们正在拍《天上草原》，我们俩一直在说草原的事情，说彼此的感受。我小时候是在草原长大的，虽然我是一个城市的孩子，但是边缘都是草原，稍微出去一点就是一个大草原，遍地鲜花，小河流水，水里全是鱼，真的像一个童话世界一样，真的很美。冬天有雪的时候，睫毛上全是冰霜，雪飘过来，你可以用嘴把它接住，太美了。那个时候草原真的是遍地鲜花，你就这么看过去吧，红的黄的，真像一个花园一样的，后来发展到 2000 年的时候，你发现草原已经开始严重退化，人们环保的意识真的都不是很强，草原被破坏得非常严重，你看到这个会流泪的。你发现小时候的那种童话世界没有了，就在你眼前一点一点地消失的时候会很难过，会反思很多东西。一说起我们是成吉思汗的后代就很骄傲，但是后来你会发现，那是一个800 年前的事情，真的跟你有关系吗？为什么你永远躺在那么一个历史上，然后你不去想眼前，喝酒，麻醉自己。

《季风中的马》后来在民族宫有一次放映，上千个蒙古族的人来看，好多人看完就哭晕过去了，因为好多东西是扎到他们心里了。其实它是一个黑色幽默，里头带有很多对蒙古族自身的一种批评，就是很严肃批评的一部影片，说你醒醒吧，不要躺在历史的功劳簿上，一天到晚说自己是成吉思汗的后人，历史的车轮是往前走的，现代文明已经发展到今天，两千年的游牧文化已经到了消亡的地步，随着现代文明的发展，你这种生活方式根本不可能了。几千年的文化已经快没了，那你怎么想，怎么去做，在那儿抱怨，还是依然沉醉。

我们当时说得最多的是这个，片里有几个不同的人物，代表不同的心理状态。我那个角色是为了孩子上学，就要交学费了，但是家里没有钱，怎么办？我饰演的是一个积极的人物形象，跑到公路上去卖牛奶、卖羊皮，甚至最后要搬到城里去住，到饭馆去主动找活儿干。像宁才演的那个角色，他就是一

● 电影《季风中的马》剧照

个完全无法面对这种变化的人物，跟过去的生活无法割舍，不能放弃游牧的生活，他觉得这是祖先留下的，包括他的马也是不能放弃的，宁愿把这个马杀了也不能拿到歌厅去当一个商业的工具等等。虽然它的故事很简单，但是里头承载的东西非常饱满，这部影片在夏威夷电影节得了大奖，然后我们被请到日本去商业放映的时候，日本有 40多家媒体来采访，他们觉得这部影片讲到了传统与文明的碰撞，这种东西是一个人类的主题，很多人都会面临这种挑战。

日本有公司买了这部影片，放之前做很大的宣传。因为他们在战后也同样遇到了文化传统和生活方式受到现代文明挑战的过程，通过几十年的这种改变，他们已经过来了，从这部影片里能找着他们当年的感受。这就是现实，这就叫生活，这就叫生命的无常，它永远在

变化当中，每一分钟每一秒钟，每一个瞬间都在变化。所以我就觉得那部影片为什么叫《季风中的马》，就是不同的季节它的状态是不一样的，马都不一样，曾经成吉思汗是在马背上征服了世界，今天你的马就没有用了，所以它在不同的季节，它的用途都不一样了，它的那种象征都不一样了。过去马在蒙古族人生命中就像家庭一员一样，它都是有着美丽的名字，什么宝石、闪光，到今天都变成累赘了。我觉得这部影片作为少数民族电影，在自身反思上应该是做到了极致。

我和草原融为一体

记者：我前段时间去采访一个地方的官员，他说直接跟政绩挂钩的不再是 GDP 了，而是环保。

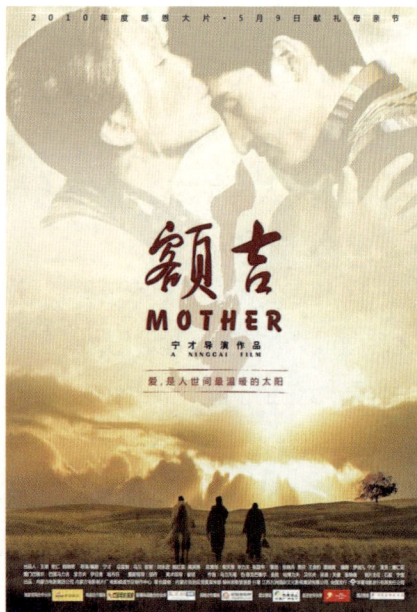

电影《额吉》海报

娜仁花：太重要了，发展中遇到了很多的问题，今天改革就是为了解决很多的矛盾和冲突，如果单纯从环境这一个方面来讲，我们也是对环保前所未有的重视。

记者：这条河污染了不达标，就处分你，就找你市长。所以说这个电影表面看是生态的，是季风和马，是两个非常好的意象，结合在一块可能讲的是一个非常沉重的话题。我不知道宁才导演当时为什么会有这样的一个思考，他想着从艺术的角度去提醒大家，是这样吗？

娜仁花：我觉得可能他想说的是我们自己作为一个蒙古族的困惑吧。《季风中的马》以前叫《困马》，后来就觉得这个名字有点太消极了，所以就改了。其实我觉得这部影片一点不消极，而是特别积极的一部影片，它告诉你历史是前进的，不要背负那些过去的东西。

记者：未来还要创造更辉煌的历史。

娜仁花：就是不断地挑战未来和现实，要创造不同的历史，因为未来也会变成历史。

记者：刚才您也提到了《额吉》，您凭借这部电影获得了第14届华表奖的优秀女演员和第28届金鸡奖的最佳女演员奖。其实少数民族电影也给我们少数民族电影人带来了很多自身的荣誉，不知道除了收获了这些奖项以外，您觉得演绎这些电影最大的收获是什么？

娜仁花：怎么说呢？这个问题大了一点，其实我就觉得回归自己吧。可能是小时候太早地离开内蒙古，没有根的感觉，然后用 10 年的时间去拍这些影片，最重要的还是对自己民族文化认识的一个过程，就是一个补课的过程。演到《额吉》的时候，我真的不觉得我在演那个角色，我可以很自信地觉得我就是那个人物，不用去考虑她的一举一动是什么了，就是完全融进去了，自信到那个份上了，我完全是属于那个地方的，我是属于那个草原的，就是感觉自己是草原上的一粒小尘土，那么样的融合。感谢你问我这样的问题，我真的就是觉得自己融进了那片草原，真的这样。因为你根本不了解那儿，你也不懂那儿，这个时间虽然很漫长，但是感恩有这样电影的创作，给你这样的机会，作为一个蒙古族的城市人深入到一个草原的深处，深入到蒙古族最原本的骨髓里，就是这样。就是融进去了，觉得自己很扎实，好像你的心胸也变得很宽阔，看所有一切肯定跟看过去不一样了，内心像草原一样包容，反正就是觉得你的内心变得很强大，很有力量，就是这样。

文化是一种基因

记者：那个时期的电影发展肯定离不开很多少数民族的电影人，当然也有非少数民族的电影人，但是他们可能拍的少数民族的影片相对少一些。那您怎么看待少数民族电影人做出的努力？

娜仁花：少数民族电影是中国电影的一个重要的部分，无论是从题材还是各个方面，使中国电影更加丰富多彩。而且少数民族电影有一个共同的东西，就是有文化感，他们非常重视自己的民族文化，传达自己民族对生命的一种认同。他们用独特的视觉，独特的文化，通过电影语言创造了自己电影的时候也丰富了中国电影，为艺术电影创造了一个非常好的平台。因为他们这种得天独厚的特点，使他们很容易在艺术上有所创新，特别是他们的这种风俗。少数民族电影在国际市场上会特别受欢迎，除了艺术欣赏，还有标新立异和猎奇的东西，他们觉得这样的服装，这样的语言，这样的生活方式，这样的生活态度就很来"劲儿"。我们蒙古族的文化，让我最感动的就是跟自然的贴近，完全觉得自己是自然的一部分，对自然和生命有一种天生的敬畏。

记者：改革开放之后，整个蒙古族电影有很快的发展历程，它有什么样的特点，或者有什么样的规律呢？

娜仁花：我觉得不好归类吧，咱们也都知道少数民族电影的创作是很艰难的，当然所有的电影创作我认为都是很艰难的。比如说我们现在讲到这个市场，虽然现在票房很厉害，但我觉得跟 20 世纪 80 年代比，有了网络竞争以后，电影可能会越来越难，肯定不会是电影的黄金时期。

我觉得少数民族电影跟整个时代是同步的，刚开始只是表面上的那种能歌善舞，歌舞片式的那种表达形式，表现很豪放的那种状态，慢慢到了后期，一些影片逐步进入了更深的主

电影《额吉》中身着蒙古服饰的娜仁花

题，各种不同风格的表现也都在出现。我认为还是不够，不够大胆，还是在框子里头。少数民族电影创作的资源很大，那么独特的文化，还有它的本身地域的特点等等，会拍出非常好的影片，但是拍的人真的是非常少，希望有更多的人去拍一些少数民族的片子吧。

我经常会去做一些国际评委，印度电影节最多，他们就做得很好，而且能够占据印度市场票房的第一位，美国电影在印度永远是居第二位。印度电影有自己的文化，有自己的特点，有自己的风格，培养了大量观众，喜爱自己本土的电影，我甚至觉得我们为什么不派个研究小组好好研究研究印度电影是怎么回事。

前几年北京有一个北京民族电

影展（2011年第1届北京国际电影季北京民族电影展），应该说是北京国际电影节的前身，把所有的少数民族影片集中在一起的时候，你突然发现气势很大，一下就能收拢来几十部、几百部风格、内容、题材各异，非常丰富多彩，非常漂亮，真的很美。自从有了这个少数民族电影展之后，我们经常会有一些活动。比如宝莱坞电影，人家也做得很好。什么《摔跤吧！爸爸》《我的个神啊》都做得很有意思，我觉得也可以向这方面探讨，不一定非得那么深沉的，那么痛苦的，我觉得没有必要，还是可以用一种很轻松的角度去传达给观众。

记者：有句话叫"民族的就是世界的"，您出国学习后是不是更能深刻地感受到这句话的内涵？

娜仁花：一部电影没有文化的承载是无路可走的，为什么说民族的就是世界的，就是因为它承载着自身民族性的东西，这一点我特别有感触。我在英国上学的时候，我

2011年第1届北京国际电影季北京民族电影展开幕

们是研究院嘛，我去学导演也是一个非常偶然的事情。因为那个学校很厉害，我就想进去看一看，他们就给我拿到了李嘉诚奖学金等等，我又自己拍了一个片子，他们觉得非常好，就觉得我好像有导演能力似的，就去了。我去了以后其实非常自卑，我觉得我是一个演员，而我的同学都是牛津大学、剑桥大学的，都是那个级别的大学生，还有BBC的记者，拍过好多片子的那种，跟他们在一起好自卑。

后来慢慢去拍自己东西的时候，我觉得我的东西有特别强烈的东方文化传统，儒家的、道家的、佛家的这种哲学思想都在里面。我在学校第一年级的第一部片子出来以后，十分钟的一个短片，就在学校轰动了，所有的学生说太佩服我了，其实我就在说一个关于死的主题，讲一个老太太临死之前的一些状态。他们说从来没有看见一个人把死说得如此浪漫，如此简单地去解释死，我在那个学校就出名了。后来我才知道这就是文化的东西，他们没有东方文化的这种哲学思想，我用这个角度去说这个故事的时候在他们眼里就是最棒的。为什么说民族的东西就是世界的，就是因为世界需要你这个文化的板块，就这么简单。

后记

正如娜仁花所说，看过她的许多银幕角色后，她的表演和其他的演员的"演"是不太一样的，她更多的是去感受剧中人物的命运，体验蒙古族人民的生命力量。她也不止一次说过，人生很短暂，不想浪费多余的时间演自己不喜欢的角色，同样不能浪费宝贵的生命。娜仁花对文化身份的自省是在英国学习的时候开始建立，蒙古族对自然和生命的尊重、信仰万物有灵内化成她的文化基因，既在银幕内塑造角色，又在银幕外成全自我。

娜仁花坦言她是骄傲的，能够有幸在4部蒙古族的经典电影中留下珍贵的影像，而且风格各异，它们承载着不同的内涵和主题。电影之外，娜仁花也在积极推动蒙古族文化的传承发展，我们期望少数民族文化和电影都能得到广泛有效的传播。

牛犇：

谁说绿叶不开花

文 / 肖再悦

🎬 牛犇

　　童星出身的老电影艺术家张学景，属牛，11 岁时因饰演的"小牛子"一角而为人熟知，因此被谢添打趣"再添三只牛"——他就是牛犇。在大银幕上，牛犇演了无数平凡的角色，不是惹人注目的男主角，而是令人难以忘记的男配角。《牧马人》里的"郭扁子"，让他一举拿下第 3 届中国电影金鸡奖最佳男配角奖、第六届百花奖最佳男配角奖。在银幕上，牛犇是活泼有趣的"花样爷爷"，在异国他乡变成了一个"好奇宝宝"。这一次，牛犇老师向我们分享了更多故事，关于多才多艺的他在改革开放时期最向往的生活物件，关于他第一次拿最佳男配角奖的心路历程，关于这么多年以来他最念念不忘的一位导演。

忆当年：一种向往和另类献艺

　　记者：说到改革开放，您觉得改革开放给您个人生活带来的最大的改变是什么？

　　牛犇：这个问题谈起来，不是大了，是太简单了。简单到什么程度，就像现在问你到了中国的哪几个城市一样。改革开放到现在，那变化的速度就是一日千里的。我几天没回去，家附近就又多了两条路。没有几天时间，地铁在全国都有了，说没有的那倒是奇怪了。什么都有了，老百姓的生活不知不觉地提高很多。

　　我们作为文艺工作者也是这样，虽然我们跟那些小鲜肉没法比，他们的收入比我们要高得吓人。如果按照过去的教育思想来讲，我觉得有愧，我们现在生活提高了多少，但是我们真的给人们贡献了多少。我觉得我们这些文艺工作者，有时候应该坐下来，认真想一想，我们付出的到底是什么，给人们带来多少所谓的精神食粮，创造了多少精神食粮。现在一些明星拿到上亿的收入，我听着浑身都起鸡皮疙瘩。当年我们这些人说，演员有拿过万的，我那时候还在想我这辈子能不能拿这么多钱。现在我们拿上万的收入那简直太一般了，可见我们这文艺界生活转变得太快了，因为我们生活水平提高了。我们现在思想的改变，跟我们工作条件的改变差距太大了，我觉得这个

🌐 改革开放初期大家围坐在一起看电视

🌐 牛犇

是我们现在应该考虑的，有时候都不知道该怎么办。

记者：您记得您家第一次买电视机是什么时候吗？

牛犇：我好像在马路上挤在人堆里头看过。先不说我吧，就说说我们文艺界买电视机的人。像赵丹是全国有名的演员，陈鲤庭也是电影界的老导演。改革开放了之后，他们第一批补了钱，第一次买了大的电视机，我们都羡慕不已。我到他们家去看电视机，为了要保护电视机，我给做了一个罩子，罩住电视机，怕把屏幕玻璃碰碎了，特别小心，做了一个壳子给它扣好，不看的时候要关上，看的时候再把它拿下来。那时候最早就把罩子往上一搁，保护电视屏幕，罩子外头还贴上花花的纸，是个装饰。那时候对我们来说，电视机就是一种向往。最早能够有电视机的时候，大概我们的孩子都已经上到中学了。我那时候拿的工资，从七十多块钱涨到了一百三十几块钱，除了生活费之外还可以买一个小的 9 寸的黑白电视机，带个尾巴的那种，把尾巴拉出来就可以看。

记者：对，天线。

牛犇：后来科技先进了，天线可以另外装在其他地方，可以掉头的，有时候有模糊、下雨、白屏什么的，可以用天线找回来一点。所以那时候对我们来说，电视机是一种向往。现在电视机太普遍了，我家人送我一个大的荧幕电视，我到现在都还没拆箱呢。现在的生活确实提高了。

我记得那时候我跟赵丹俩人，挤在人群里头，在马路上看的机器就是电视机。弄个 9 寸的电视机在那儿放，底下围着一大堆乘凉的人，我们跟在人群里头在那儿看。改革开放后赵丹还补了钱，赵丹把钱交给我，让我给他去置办家具。我给赵丹置办的家具，其中有一个是一台电视机。我把窗帘全部换了一遍，修理了沙发，在旧货商店里头给他买了一张双人床，带点雕花的。我用家里头的旧木料给他做了一个大的写字台。这就是我们那时候普遍的演员的生活。

记者：您刚才说的打家具，做木工活，我听好多人讲，上影演员剧团做木工最好的两个人，您是其中之一。听说您给谢晋做过家具？

牛犇：我给谢晋也做过家具，给赵丹家里头也做过。有时

候我也帮我们的演员修理一些下水道，就是当管子工。因为我会的东西很多，可以修修凳子、椅子、橱，什么都可以修理，也可以给他们做一点简易的卫生设备。我给他们这些著名的演员做过，不著名的演员也做过，我觉得这也是我献艺的一种吧。

"心相印"：与群众打成一片

记者：挺好，我们知道您给谢晋做家具的事儿。我记得20年前我采访谢晋，谢晋有提到过这个。

牛犇：我是觉得过去的演员……

记者：多才多艺。

牛犇：你们都觉得他好像演戏还可以，演什么像什么，这是大家普遍给那一代演员的评语，为什么？主要是这些人充满了生活气息，他们向生活学习的意念不忘。毛主席在延安文艺座谈会也讲，我们为工农兵服务，必须要把自己的立场转移过来，把自己的屁股转移过来。我们那时候都在力争，不管大演员、小演员。我跟赵丹排的一个戏叫《海魂》，最后我们向解放军告别的时候，在他们的军舰上拍集体照。解放军有很多的单位，有排、连，他们各个编制不一样，集体照都是要以军舰炮台那一部分作为纪念的。我们这些演员，有赵丹，有刘琼，有高博，有康泰，还有王丹凤，我们在群众中拍照片，没有一个人是站在同一个地方的，有的在炮台，有的是在指挥台上，有的是在群众中的。我们一人一本纪念册，来给我们拍戏的时候送解放军们一个日记本，日记本里头夹页，就是我们《海魂》的集体合影留念，里头夹页的每一张照片，演员的位置都不在同一个地方。我说你们看看，那时候的大演员没有架子，普遍跟群众打成一片的。现在不要说其他演员，就是说我好了，拍照片，我在这站着不动，你来吧，完了以后这个人走了，再换两个人，是这样，我这个位置不动。那时候我们的演员是在四面八方，每个角落都有我们的演员，你在同一个地方找不到他们所有人。所以我觉得那时候演员非常注意向工农兵学习这一点，其中一个是拍戏，还有就是生活里大家打成一片。所以为什么我们拍戏能够有生活气息，因为不管拍戏多长，只要演战士，我们就是一样的，所以这样大家都非常心心相印。

电影《海魂》中的赵丹和牛犇（右）

发光的"绿叶"

记者：您是童星出身，很早就进入电影界，后来您一直是演配角居多。您第一次拿的最佳男配角奖，就是《牧马人》里面的那个郭谝子。

牛犇：对。

记者：这是您第几次跟谢晋导演合作？

牛犇：我跟他合作过好几次，《红色娘子军》也是，《天云山传奇》也是跟他一块合作的。反正我跟他合作好几部电影了。

记者：谈到《牧马人》里您的表演，也让我印象非常深刻，而且您凭这个角色得了金鸡奖和百花奖的最佳男配奖。这个片子是反映改革开放时期关于出国热的一部电影。

牛犇：这不仅仅是谢晋的一个经典电影，还是反映那个时代的一个很典型的作品。当时全国的电影

电影《牧马人》剧照

厂里头，能够拍这种片子，也是冒着很大风险的。我拍这个戏的时候，正好已经回来在剧团里头，在拍电视剧了。谢晋要搞这个戏，《牧马人》这个角色他觉得很好，当时作者李准也觉得很好，他们研究下来说只有我来演才能够胜任吧，他们对我的信任我很感激。但是那个时候因为我觉得我还在之前这个戏里头，而且之前我已经帮他做了两个戏的工作，《天云山传奇》我就帮他做过。

牛犇：《天云山传奇》和《牧马人》是他的两个杰作。叫我演，我很希望他能给我正名一下，我那时候刚回到上影厂演员剧团，观众也很想知道我这几年干什么了，我怎么会又回来了，结果他不给我这个机会。过去人家都觉得我跟谢晋关系很好，但是他不给我这个机会，我心里头就有点不高兴，所以我这个戏就不想演，不想跟他合作。后来厂里头调令下来，北京电影局也来了，说一定要我演，那我当时给他提了几个条件，我说一个我不给你做演员副导演，我就做我的演员，我不下生活，因为我正在拍别的戏，得等我那个戏拍完，完了我就来，不给他做演员组长。结果我后来来了这个组，一个承诺都没有兑现。我依然做了演员组长，依然帮他做副导演，做了好多工作。依然帮他拍戏，很多戏是我给他排完，

他才分镜头，因为我给他排，给他增加很多演员创造上的小点子。其实我是很钦佩谢导演的，谢导演也是我们中国不可多得的一个导演。他很有才华，在我们亚洲都是很有名，很有威望。那时候因为我这个人也有自己的性格，他没兑现那个《天云山传奇》对我的承诺，那个戏里头我是给他做副导演，我给他做了很多的演员的工作，做了很多改革的工作，他们都承认，但是就是后头没有署我的名字，我就有点不喜欢。而这部《牧马人》我觉得他是作为补偿请我去演的。但不管怎么说，这是他的一个杰作，我们也出了力，这是个好作品，在电影里头也是不可多得的一个好剧本。小说作者张贤亮是个不可多得的人才，他也有过很坎坷的经历，导演拍这个戏，他提供这个故事，我觉得在电影界里是一个珠联璧合的结合。好的导演，好的剧本，好的演员，都碰在一块了，所以才有了这么一个好的作品。

记者：《牧马人》这个片子对当时的出国潮是不是有一个很好的回应？当时很多人都想离开中国，到国外去生活、学习。它是为了出国潮而拍的一部电影吗？

牛犇：这是一个人的思想，谢晋我知道，他家里头的人没有出国的，我家两个人都在日本，那个时候也是出国。我们家里头我自己没有到国外去过，除了拍综艺《花样爷爷》，我跟着这个摄制组到外头，拍戏完了我就回来。我自己对国外的生活不是这么喜欢，除了他们在物质上、文化上，比我们是有先进的地方，我们中国到底是年轻。我倒是一直相信，我们中国将来肯定会都好的，那种高楼大厦我也见惯了，因为我小的时候在香港，所以我并不羡慕，也并不这么热衷。但是这个戏里提了一个很严

电影《牧马人》剧照

肃的问题：出国。当时就是说出不出国，对年轻人出国怎么个看法。我们那时候觉得出国去学习，把人家先进的东西借鉴过来，为中国的建设出力，有什么不好呢？那时候觉得你出国是不爱国的，我却觉得能接受，有什么不好？他们学先进的，真是有作为的人确实是爱国，学完他回来了，有很多国外的人，他在国外待着还想尽办法都回来。像我们搞"两弹"的那些都是科学家，冒着很大的风险，甚至生命风险也要回来，为什么？这是他的土地，这是他生根的地方，也是他要发芽、要建设的地方，所以这些有出息的都是一些有作为的。特别我们这几年也都证明了，他们这种思想是代表着中华民族好男儿的思想。所以《牧马人》最后说的两个东西，就是以刘琼饰许景由为首的，给了许灵均那么多的诱惑，最后他还是留下了，这个教育意义也很大的。

记者：其实许灵均留在这，一方面是因为祖国和他的妻子，还有就是您扮演的角色。

牛犇：他妻子和孩子，他的根，这是我们中华民族的好男儿的一个表现，他还是爱我们国家的，还是爱我们这片土地的，他没有责怪，不会计较。最后的事实也证明，祖国需要你们，他们不会忘记祖国，还是这个主题。

记者：其实这个电影中就是您演的这个郭谝子送他走的，而他的妻子，也是郭谝子作为介绍人给介绍的。

牛犇：这个角色也有点像那时候我们看到很多朴朴实实的人，郭谝子觉得他们这些人没有什么，出身是自己选择不了的，但是他们的行为老百姓都理解，都怀念。后来你知道，谢导演还要准备拍下集了，那时候开过好几次座谈会。后来我轻轻跟他们说，没必要，我觉得拍不成。我们何必要这样做呢，我们中国发生的故事太多了，可选的题材也太多了，不必炒冷饭。

心心念念的导演，念念不忘的呼吁

记者：我们来聊聊张刚导演。你们合作过很多次，您在他的电影《面目全非》里演过钟科长，您对张刚导演也是特别有感触的。

牛犇：我合作过的导演很多。从1945年拍第一部戏（《圣

综艺《花样爷爷》里的牛犇

城记》）就跟沈浮合作，那是中国的大导演。演员我也合作过很多。我后来到香港去，也跟很多有名的导演合作过，老一代导演，像卜万苍、程步高、朱石麟我都认识，北京的王元龙导演我也认识。这几年，我觉得很念念不忘的导演是谁？你们大概也不一定很清楚，但是如果我们很正视中国电影历史的话，就会想起来有个叫张刚的人。

张刚是江西人，他生活很坎坷，被平反之后，他自己成立一个艺术研究所（南昌电影电视创作研究所），现在被江西的宣传部收编了，收到文化部，等于是变成国营了。张刚拿自己存的钱，拍了他第一部电影赚钱了，而且拍两部、三部，拍很多。他拍的《阿满正传》，阿满绝对是一个正能量的人物，是当时社会的，不管是哪个角落里

的，哪怕从事别的行业，都是个顶尖的、带有先进思想的人。我那时候在上影的电视部，张刚用最少的钱拍电影，赚最多的钱，那时候是国营厂里做不到的。我为了了解张刚导演，想探索他这个人到底是怎么做到的，我就接受他的邀请，拍

🎬 张刚导演

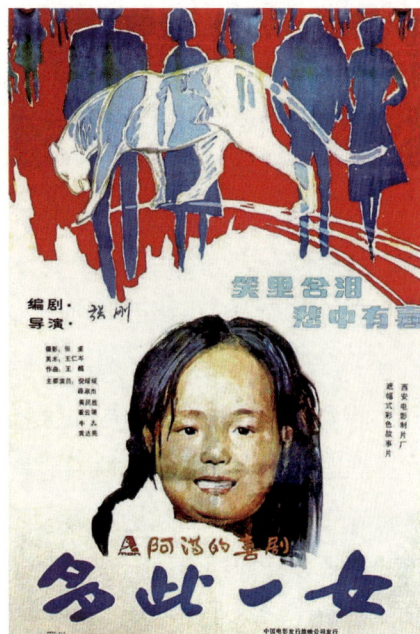
🎬 电影《多此一女》海报

了一个角色。后来我看他确实很辛苦，10天拍一部电影，而且这电影是他自己写的，自己导的，自己发行，自己做宣传，演员也都不是很知名的，都不是一线演员，但是在电影界有反响。我就觉得他很认真，创作的主题也是选择了正能量。正能量是什么，这个戏的社会反响是什么，就是他要说出的话，他要歌颂的人物，歌颂的社会的一个事件，都是很不错的。比如《多此一女》，一个家里多出一个女儿来，姥姥不疼，爷爷不爱的，觉得她是多余的，结果恰恰这个孩子被钟科长照顾了。钟科长最早是一个放映员，他是一个单位的科长，他给这个孩子很多爱。《多此一女》就是这么一个故事，简简单单。结果这个戏当时发行得很好，花钱不多。扮演那个孩子的演员已经长大了，叫倪媛媛。她很好，很小就很会演戏，她常常把大人的戏都给抢了。

记者：这个电影比较伤感。

牛犇：张刚对这个孩子也很好，结果就演了这个戏。这个戏当时就在跟赵本山主演一个叫《男妇女主任》的电影，唱对台戏。当然张刚那时候是被电影界唾弃的一个人，被看不上的一个人，觉得他是个粗制滥造的老祖宗。我觉得不是这样，我们小看他了，他对社会的问题很敏感，他会写，能演，也能导。他培养了一批社会不知名的人，属于编外人员，都成为制作电影的专家，难道这种人我们不应该重视吗？那时候我们有一种最坏的思想就是嫉妒。人家好了，我们不是看人家好在哪，因为他这个"粗制滥造"，就否定了他的作品。他每部作品都赚钱，这就是人家的本事，人家出片子很快，都是现在我们提倡的小成本。他制作的都是大主题，他拍"阿满系列"，什么都有，放映员也有，社会采购员也有，都是小人物。

记者：对，我看了，还有一些吹萨克斯管的，有的是卖帽子的，有各种各样的。

牛犇：所以我觉得我们现在应该好好研究研究，这个人在当时为什么能够跟国营厂的唱对台戏。我们这些人坐不住了，几天拍不出一部戏来，他几个人就拍一部戏，而且人家自己发行。不应该学吗？所以那个时候在我们电影界，他也等于起了一个革命的作用。但是那些整天端着金饭碗的电影人，就看不起人家，不去研究人家当时的制片。比如法国新浪潮，人家两

个演员，就可以导演，以小规模拍出世界得奖的大片子，我们为什么不好好学习？张刚这也是新浪潮。

记者：对。

牛犇：我觉得是这样，我拍了他好几部电影，而且在他的戏里头我还得过奖，得过两次奖。

记者：我记得是《夫唱妻和》。

牛犇：《夫唱妻和》，《多此一女》是得专家奖。

记者：对，另一部是《面目全非》。

牛犇：《媳妇你当家》《夫唱妻和》这两个戏，都是咱们江西的题材，我演的两个配角，而且都得了奖了，得票数都超过了主演，所以我获得了两次最佳配角奖。

记者：专家奖是？

牛犇：专家奖是我们表演家学会的奖项（中国电影表演艺术学会金凤凰奖），我和谢晋拍了半天，就是《牧马人》得了个最佳配角奖。当时他们觉得粗制滥造的导演，我倒得了两个最佳配角奖。所以我觉得现在我们在写中国电影史的这个时候，不能忘了张刚同志对中国电影的贡献，应该给他写上一笔，最后他也入党了。

记者：应该可以从一个方面讲，没有改革开放的话，是不可能出现张刚这种导演的？

牛犇：对的，应该是这么说，我觉得现在能想到他，也应该给你记一功，这种人一般都被人家遗忘了。我们电影人当中有很多这样默默无闻，对电影做过贡献的人。

记者：因为以前的电影都是国营的，而这个人像黑马一样的。

牛犇：他都是自己出钱，自己宣传，他的戏得过政府奖。

记者：华表奖的前身。

牛犇：《多此一女》得政府奖了。

记者：《夫唱妻和》也拿了。

牛犇：所以与其说是感谢张刚，能够给我得这个配角奖，还不如我呼吁一下，我们在写中国电影史的这些个朋友们，不要忘了给张刚，电影人张刚，导演张刚，演员张刚，给他记上一笔。不是因为我在他这个戏得奖而呼吁，我是向在撰写中国电影史的

电影《多此一女》剧照

2017年牛犇获得了第31届中国电影金鸡奖终身成就奖

这些人呼吁的，不要忘了给他记上一笔，因为他是对电影有过贡献的，特别是在改革开放后，拜托了。

后记

牛犇长了一张娃娃脸，童星出身的他，在少年时有着一派天真。老了，这张娃娃脸，就有了得天独厚的喜剧效果。他一举手一投足，就能把人逗乐，就让人愿意看着他，如顽童般在我们周围，给我们带来最简单也是最温暖的快乐。

2018年6月，83岁高龄的牛犇在耄耋之年加入了中国共产党。这是他多年的凤愿。他认为表演只是手段，电影也只是载体，承载了民族的希望和祖国的未来，他希望自己以后还能多拍电影，多拍好电影。

陆小雅：
我不知道风是在哪一个方向吹

文 / 肖再悦

演员出身的陆小雅，在 1979 年执导个人首部电影之后，就走上了电影导演的创作道路。从对过去时代的反思，到观察改革开放之后的社会进步，陆导一直以敏锐又热切的目光关注着芸芸众生复杂变化的心路历程，给我们带来了不少好的电影作品。

《法庭之外》讲述了对于法治的反思；《我在他们中间》聚焦了一批青年男女，对禁锢思想进行了思考；广为人知的《红衣少女》表达了陆导对于教育的一种思考；《热恋》展示了个体自由选择之下

⊙ 陆小雅

的困惑、迷茫与彷徨。不难发现，陆导的电影始终和"反思"有关，始终扎根于社会现实与时代走向。此外，陆导在这里还和我们分享了关于胶片拍摄、选演员等不一样的"幕后"故事。

法治缺口开出期望之花

记者：您拍摄过很多描述改革开放的电影，比如《法庭内外》《热恋》《红衣少女》《红与白》，还有《我在他们中间》。我们先从《法庭内外》来说一下，这部电影极具现实意义。您当初为什么会拍摄这部影片？

陆小雅：当时人们经历了一个很动荡的年代之后，所有的人都怀着希望，期望一个新时代的到来。这个时候当然也都在

⊙ 电影《法庭内外》中田华饰演女主角尚勤

反思过去，反思我们到底为什么会走那样一段弯路。我们作为人民群众中的一员，也是跟着这个时代思考。

《法庭内外》这个剧本拿到手里，我就觉得这个题材是我心中想要的。为什么发生了这么多不可思议的事情？我觉得我们还是缺少法治，这是我们一个非常严重的缺憾，所以我就想在这个缺口上来塑造一个人物，这个人物就是尚勤这样的法官，而她在执行判决所遇到的问题就是情与法的交织和困惑、矛盾，到底遵循情还是遵循法？因为中国是个讲人情的社会，我们的文化就是要讲这些人情面子等等。尚勤的矛盾就在于犯罪的是曾有恩于她的老上级的儿子，就是陈佩斯扮演的。他犯罪了，而且犯的罪应该说是不能够饶恕的，以至于这些女孩子受到了极大的伤害，那么尚勤到底判不判？有一场戏是尚勤探访老领导之后，她走出来，下楼梯的时候内心非常的矛盾，但是她已经做好了准备。这个时候我用了一个无字的女声合唱，来写她的心情和矛盾。我把最后一场戏放到了法庭上。尚勤在审判，老领导的儿子也得到了应有的惩罚，判刑了。审判结束之后，尚勤在审判席上坐着，老领导的夫人柳茹濂，尚勤叫她大姐，柳茹濂大姐坐在底下，她们互相望着，柳茹濂很悲伤地流下了眼泪，尚勤也非常难过，也为他们这种痛苦而痛苦。这个时候敲响了话外钟声，这就是让人们警惕，就是说我们这个国家需要法律，需要尚勤这样的人，在法律面前应该是人人平等。这个故事在当时引起了观众的热烈欢迎，因为在当时没有什么宣传，也没有什么宣传品，就写个法庭内外的故事，但很多观众就去看，用今天的话讲就是市场效果极好。这就说明大家关心这样一个故事，喜欢看这样一个故事，因为这可能是很多人心里想到的事情。

记者：像《法庭内外》这样的题材，当时是在一个什么样的社会环境下进行拍摄的？

陆小雅：是改革开放之后，那个时候的人们思想比较解放。在拍摄的时候，我记得一个法院的院长，就把他的家让给我们拍。那时候人们好像都在思考，都在对过去走过的道路进行反思。我觉得当时那种气氛以及人们之间的关系都是非常好的，包括创作状态。所有的演员都非常喜欢这个剧本，都喜欢

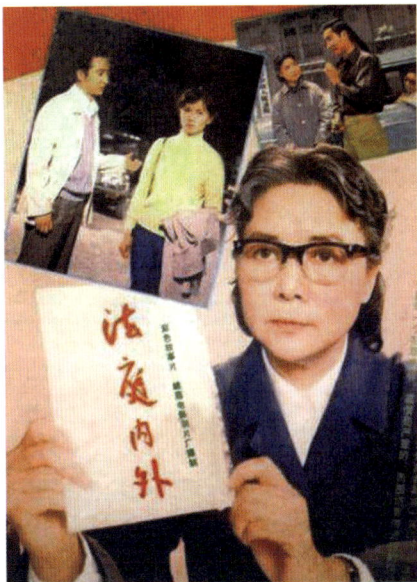
电影《法庭内外》海报

进这个摄制组。田华老师毫不犹豫地就接受了这个任务。我记得陈佩斯接到这个角色后就给我写信，用那种毛笔竖写的信写给我，写他对剧本的理解。这应该是陈佩斯的成名之作，那个时候他还很年轻。演柳茹濂的林默予老师，还有演老领导的周楚老师，这都是非常优秀的演员。整个摄制组的气氛非常好，大家还一起讨论应该怎么样来完成这个角色。比如有一场尚勤在柳茹濂家里的戏，她们就一起看那个画面，讨论要说的台词。这些都是非常由衷的情义，在这种情义之下，大家喜欢这部电影可能也是因为它没有直接去说那些责任是多么多么重要，而是真正通过人物形象，通过尚勤内心的心理活动和情感的交织来表达他们这类人最高的责任理

想到底是什么，用这种感情的东西来表达一个很严肃的主题。

记者：当时您创作这个剧本的时候有没有一些要顾及的事情？

陆小雅：有。写一个干部的儿子犯罪了，这个其实是受到很大的阻力的。我们拍的过程中，一些上级领导不是很理解，可能就有人把我们的事情告到上边了，说他们居然要拍这样的电影。当时我们要出外景，道具这些都要装车皮，用火车装。我们那个车皮都已经装好了，都已经定了出发的日期，这个时候有关部门就让我们停下来，停下来之后就要检查电影本，再审查剧本，提出了很多问题，当然我们也阐释了我们为什么要拍。我记得

电影《法庭内外》剧照

电影《法庭内外》剧照

我当时讲了为什么这部电影会是一个正能量的电影，在有关部门的会上我谈到了，解释了，后来经过反复的讨论，做了一些个别的调整，又能够顺利地拍摄了。

拍摄之后这部电影拿到了北京，得到北京的领导、群众、艺术家，以及当时中国影协一些评论家，比如钟惦棐、罗艺军等人的充分肯定，包括当时的电影局，在北京就引起了很大的反响。所以这部电影也得到了第一届电影金鸡奖的最佳影片提名荣誉，获得了文化部授予的政府奖的优秀影片奖、上海文汇奖的优秀影片奖，得到了很多肯定。我也感觉到要真正关心现实，关心人民群众的心理，我们自己心里想的要和老百姓想的是一样的，就是这种贯通、这种默契促使这样的电影能够在当时诞生。

记者：刚才您也提到了，《法庭内外》想表达的一个主题就是法律面前人人平等、公平公正。电影里也多次提到，田华演的尚勤说，当官的应该要重审。这是您这部电影想要表达的主题吗？

陆小雅：其实这就是尚勤这个主人公内心的愿望，她认为法律就是应该在人人面前平等。我们国家依然还在建设法治，要让它更加完备。今天再看尚勤，她就代表了一种热情、一种反思、一种期望。我觉得确实在法律面前应该人人平等，这也是今天老百姓所期望的。

记者：这个也是您创作的初衷。

陆小雅：对。那个片子是在1980年拍摄的，1980年之前我们国家经历了好多事情，想让我们这个民族再往前走，我们的体制还有什么样的不足？这个时候可能就想到了这些。我觉得尚勤这个人物身上寄托了许多许多创作者的这种情怀，就是我们所关心的东西。所以在创作的时候，我和田华老师都对这个人物倾注了真正的极大的热情。当时有一件衣服穿得不太合适，衣服比较新。后来看完样片，我跟田华老师两个人都觉得这个衣服有点问题，这个形象穿着上应该很自然很朴素，让观众更能接受，于是我们就为了这个又重拍，当时对这些人物的塑造都非常非常认真。

记者：您拍摄《法庭内外》是在20世纪80年代，那您电

影里设定的时间是什么时候？

陆小雅：电影设定的时间就是1979年、1980年，因为它不可能再往前，再往前就没有法院的公审。其实这部电影在法治程序上，不像现在这么完备，因为法治在不停地建设，你越往现在看，越觉得当时的程序不是很符合我们后来的规范，但是当时的法院的这些专业人员都忽略了这一点，而重视这个人物所代表的理想和责任。

2018年，我一个朋友前些日子路过国家最高人民法院，法院外头有一个小的通知板，上面写着今天晚上放映《法庭内外》，他就告诉我了，我当时挺高兴的。其实从法律的专业讲，《法庭内外》里有很多都不符合今天的程序，但是这不重要，是吧？就像每个国家的法律不一样，但是它所表达的故事、它的内核是今天的人们仍旧接受、仍旧喜欢的。

记者：因为这是一个关于法律的故事，那您当时在创作的时候，肯定也了解了一些法律方面的知识。

陆小雅：对，我们到两个法院，包括四川的法院，因为当时峨影厂是在成都，又到杭州的法院进行采访，了解了整个法律的程序。我们跟那些法律工作者也建立了一些联系和友谊。之前提到的那个内景就是一个法院的院长让给我们拍的。

记者：《法庭内外》上映时是十一届三中全会两年之后，那这部电影是否也想体现出改革的锐气？

陆小雅：我们并没有那么强烈的意识。作为创作者来讲，其实我觉得一个创作者主要是能跟时代同步，用今天的话讲就是接地气吧。在那样一个新的时代到来的时候，我们充满了热情，也可能是有一种责任感吧。我想你先打动了自己，才能打动观众。所以那个时候就感觉到我们都应该用电影的语言来表达，来讲述这些故事。

记者：那您觉得改革开放两年以后或者五年以后，法治环境有没有变化？

陆小雅：应该是有很大的变化。我们那时候一些普通的群众就没有用法律来维护自己权利的意识，而现在的人基本上都明白都懂。那个时代好像这种律师制度等等，都还没有或者说不健全。现在整个中国就在向一个完备的法治社会前进，向大

家期望的那样一个真正的法治社会前进，现在整个社会和中央都很重视法治建设。所以电影人也是很幸福很幸运的，因为我们能够用我们的语言来把老百姓关注的事情用故事、用人物来表达，能够给这个社会的前进注入一点点力量。

记者：那40年后再回头看自己拍的《法庭内外》，您有什么样的感受？

陆小雅：我好多年都没有看了，前些年也是在碟上偶然看一下，我觉得那个年代的创作，思想还是比较解放的。电影最根本的东西是留下一些银幕形象，应该说这个电影还是留下了一些人物的形象，能够让人们今天再去看它，仍旧充满了现实意义。

自由的风，彷徨的风

记者：1989年您也在海南特区拍过电影《热恋》，那能不能从个人的角度谈谈，您为什么会在海南拍摄，是什么吸引您来拍摄的？

陆小雅：这个剧本是我根据一篇叫《城市与女人》的小说改编。这个故事是发生在湖南或者四川这一带，我也是按照这个来写的，写完之后觉得不是很满意，我就带着摄制组的主创人员一边选景一边改剧本，另外深入生活。在这个过程中，我们走到了海南，之后有三天的时间我没有说话。后来我就跟摄

制组的人讲，我想把这个故事放到这儿来，大家异口同声地说，我们也有这个想法。为什么放在那儿？因为对于故事当中发生的这些人物矛盾，海南那里可能更典型、更集中地表现出来了。当时的海南是处在风口浪尖上的一个地区，所以很多人都奔赴那个地方，有很多矛盾在那里表达出来了。

《热恋》这部电影，实际是在写改革开放的历程中，人们获得了选择自己生存的自由，这个自由过

电影《热恋》海报

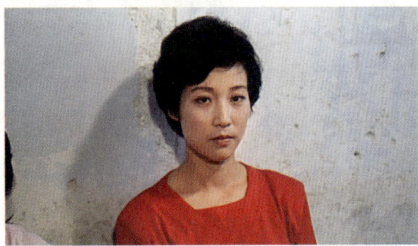
电影《热恋》文洁非剧照

去是没有的。"我能够改变我的生活"这一点，吸引了大量的有热情的人，希望改变自己生存环境的人奔赴特区，或奔赴其他认为适合自己的地方。这种大的迁徙，在中国过去几十年是没有的，是不允许的，也不可能的。这个自由带来了经济特区的繁华繁荣。海南当时还没有完全发达起来，很多移民到了那里该如何选择自己的未来，这里的选择，包括职业的选择，包括爱情的选择等等。

实际上《热恋》这个故事是讲主人公文洁非在创造新生活的时候，到底是选择物质的还是精神的，她困惑了、矛盾了。人生最难的就是选择，而选择往往就是几步。这个时候她的爱情面临着极度的困惑。文洁非遇到了吕晓禾扮演的农民企业家。在重重的物质的困难的面前，文洁非看到了物质的力量，让她觉得这个农民企业家有一种她没有见到的力量，她倒在了他的怀里。

我当时要讲述的这个三角恋的故事，是在表达人们在这样一个经济大潮到来的时候的心路历程，就是我们每个人都面临着选择的困惑。看了这个电影好多观众都哭了，尤其是女观众，其实我也没有煽情。同样的困惑发生在很多人的身上，这是我当时要在海南拍摄这样一部电影的原因之一。因为那儿很多的移民，有很多的选择，我尊重所有想要改变自己生存环境的人，我向他们致敬，我当时就有这种心情。

另外就是改革开放，谁花费的劳动最大？我对农民工在20世纪80年代初就倾注了关注。那时候我在深圳，突然发现一间房子，我就往里走，没有窗户，从那个窗洞往里看，所有人都在一个炕上，没有什么褥子被窝，就是一个人一个人地挨着，就像火柴盒那样。当时我震惊了，他们就居住在这样的一种环境里。所以我拿到《热恋》的剧本的时候，剧本里有民工的戏，我特别加强了民工的戏。而为了写民工的戏，我那时候去钻民工棚。我在峨影厂的时候正好也有民工棚，吃完晚饭我们到民工棚，一路采景。我到重庆钻民工棚，到株洲钻民工棚，到了海南也钻民工棚，我还采访那个包工头。这些生活素材给了我很多很多的启示，包括舞厅老板的生活素材。因为这个剧本是我自己写的，那么在修改的过程中，就积累了大量的

生活素材。我去采访中学教师，看很多文字资料。我觉得生活确实是创作的源泉，在那样一个大时代里，每个人的生活都发生了急剧的变化，包括我们摄制组到了海南，也都发生了很多很多的故事。那真是一个让人又震惊、又困惑、又美好的时代。

电影《热恋》也是我比较偏爱的一部作品。因为当文洁非嫁给了这个包工头之后，精神上的贫乏又使她不满足。注意最后一场戏，最后一场戏是他们生了一个孩子，吕晓禾演的范继原抱着这个小孩，然后李克纯演的文洁非说，这个孩子应该姓我的姓，范继原说不，怎么能姓你的姓呢，他说当然是姓我的姓，文洁非说不，要姓她的姓。这个时候范继原就哈哈大笑，在笑声中混杂着孩子的哭声，文洁非流下了眼泪。这个时候在海水中，我用了徐志摩的一首诗作为歌词，是解晓东和毛阿敏唱的，这首歌是《我不知道风是在哪一个方向吹》，解晓东这首歌得了全国青歌赛二等奖，也就出名了。这个场面实际上是映射或者说象征了在那样一个时代，有笑声有哭声，有困惑有彷徨，可是海水还在奔腾，时代还在前进，我们不知道风在哪个方向吹，因为我们在这样一个洪流滚滚的急剧变革的时代里，每个人都在选择中困惑彷徨，走不同的道路，但是千条河流归大海，大家一定会向美好的生活走去。

记者：2018 年也是海南建立特区 30 周年，您有再去过海南吗？

陆小雅：去过。这个电影当时在海南拍摄完以后，当时海南的省委书记接见了我们摄制组，还给我题了字。后来引起了争论，是那种比较教条的评论，就是一些人不能接受一个比较客观的电影来反映客观的生活。所以在海南的观众中，《热恋》引起了两种不同的意见，这个争论非常好。在《海南日报》，一个月，一整版谈这个电影，这是从来没有过的。我当时已经离开海南了，有一个放映员，他很喜欢我的电影，用今天的话讲可能是我的粉丝之类的，他很关心我，就把《海南日报》寄给我。一整版的内容，有一两篇内容以正面评论为主，然后总有一两篇反对的。在江苏也引起了争论，那个放映的单位把电话都打到我家里来了，在辽宁也是，这部电影在观众中引起极

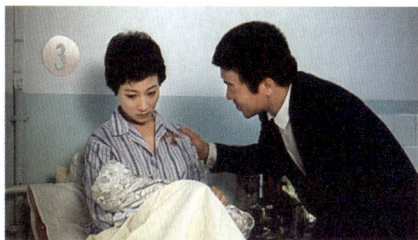
电影《热恋》剧照

陆小雅《热恋》剧组工作照

大的反响。

一个小学校长认识我以后就说，他在一个小城市看过我的《热恋》，他认为这部电影表现民工到海南的时候，民工们说我就是来挣钱的，小学校长说这是写实主义。可能就是没有那些冠冕堂皇的理由，人们第一次敢于说我是为了挣钱，这种非常正常的语言以前都不敢说的。在工棚里拍的那些民工的场面，我心里头还是觉得挺满足的，我能够在那个时代做了记录，记录了那个时代真实的人们，记录那些凭体力劳动工作的人们和凭知识工作的普通知识分子。

记者：当时是改革开放 10 年以后，您觉得有没有一些新旧变化？

陆小雅：改革开放来了，带来了很多改变。人们的物质生活提高，人们精神变得自由，这都是那

个年代带给我们的。人们对物质的追求比过去要强烈得多，因为物质丰富了，人们可能会产生困惑。过去很多的精神上的、道德上的向往和追求，整个社会一时还满足不了人们。人们可能失去了一些东西，然后得到了更多的是物质上的东西。这是一个非常有意思的时代，我们每个人都经历过，也在这个时代里成长，这种困惑、这种矛盾就必然使我们成长。

到底什么是最重要的呢？在这个过程中，我们每个人会得到不同的答案。《热恋》里我没有给大家答案，我只是把困惑写出来，引起每个人的思考。为什么电影叫《热恋》？第一是海南岛是片热土，这是表面上的；第二，也就是实际上，我觉得是人们对时代生活的一种眷恋，就是这样一个时代让我们热爱，让我们眷恋，但是它又让我们困惑，让我们这么艰难，这种艰难是心灵中的艰难，不是说物质上的贫乏。

记者： 也是说明改革开放10

电影《热恋》剧照

年以后，大家的物质生活比较丰富了，就产生了这种困惑，不知道到底该往哪个方向走。

陆小雅： 我觉得这部电影是写改革开放的一个特殊的角度，写人物的心路历程。不光是写我们做成了什么事情，更是在这个过程中，我们有痛苦有彷徨，而选择是多么艰难，而这些属于个人的选择是时代带给我们的，和大时代分不开的，这些困惑和彷徨在过去是没有的。之前的时代就是组织指到哪儿，你就打到哪儿，是一个集体主义的时代，现在到了一个重视个人生存的时代，这是一件非常好的事情。但是个人生存就面临着完善自我。

记者： 面临这样个人的困惑。

陆小雅： 对，我喜欢《热恋》这部电影，也是因为它比较丰富。

记者： 像《法庭内外》是说中国法治的一个困惑。

陆小雅： 对，这部电影告诉你什么是正确的。

记者： 《热恋》算是描述一个人怎么来做自己。

陆小雅： 对，在这样一个大潮到来的时候，我怎么来选择，我的精神归宿到底在何方。所以我最后没有答案，用了徐志摩的那首诗，《我不知道风是在哪一个方向吹》。

记者： 当时在海南调研的时候，还有什么给您留下了深刻印象？

陆小雅： 到海南，会发现很多内地过去的人，比如教师，比如那个舞厅的老板。我讲一个有趣的细节，我到那个民工棚里，见到包工头，我们坐在那儿跟他聊天，包工头叫一个民工去买点水，那个民工去了，拿了一瓶水给包工头。我们这儿坐了两三个人，但是这个民工不知道，他只知道他面对的就是老板。今天可能就不是这样了，民工们也见多识广了。这就是一个很有意思的细节。人们都想换一个地方，觉得原来的单位不那么如意，可是换到的那个地方，又不能完全发挥自己的才能，你又要生存，怎么办呢？你就做别的事。那个时候非常五花八门，而且求职的人用各种方式在求职，很有意思。今天再看海南，最近中央提出来要把它建设成为一个真正的自贸区，对外开放。这个历程还是很漫长、很艰难的。一批人去了海南，又一批人走了，又一批人去了海南。我觉得中华民族真的很伟大，大家在哪儿都能活得挺好。当时拍《热恋》，我特别热爱这个片中的所有人物，他们跟我一样都是从那个年代走过来的，只不过他们比我年轻一些，他们走到今天，想改变自己的生存环境，想向更美好的生活前进。今天我们可以说人民对美好生活的向往就是我们的奋斗目标，可是要争取个人的美好生活的目标，在以前并不是那么合理、合法、合情的。而在《热恋》这个年代，人们已经开始懂得要建设自己，向往美好的生活。

记者：您自己在改革开放初期的变化中，有没有像您影片中的人物一样，也有一些困惑？

陆小雅：这个问题我还真没有想过，因为一直在拍电影，一部接一部。我们那个时候拍电影是没有任何报酬的。直到1989年拍《热恋》我才拿到1200块钱的分镜头剧本费，以前是一分钱都没有。那时候真是热爱电影，我跟我先生两个人都做导演，孩子就放到家里。那时候生活艰苦，物质条件又不是特别好，要养大两个孩子，我和先生两个人又都在外出，现在想想是不是都疯了，这俩人这么奔波劳碌。但像现在你们采访我，我有时候就为自己骄傲，我觉得好像人生没有白过，自己选择了劳苦还是对的，如果选择休闲，可能现在就很一般。现在大家回过头来再看影片，尤其那天看完《红衣少女》我也很激动，我拍了这么好的一部电影。其实我从来没有这么赞赏过自己，但那天我内心真诚地觉得自己这辈子行啊，就拍这么部电影也值了。所有的困苦，所有的悲伤都是值的。

敢想，敢说，敢于不同

记者：接下来我们聊一下电影《红衣少女》。作为女性导演，不知道您是否注意到拍《红衣少女》时，当时社会与人们生活发生的变化？

陆小雅：红衬衫并不是最重要的，它是个载体，实际就是说服饰代表人们对美好生活的一种向往，或者个人的选择自由。在过去的年代，人们都是从众心理，你不能够有一点跟大家不一样。而这种从众，这种对别人的眼光的重视，生怕别人

陆小雅导演年轻时的照片

对自己有什么看法等等，实际上压抑了个性，压抑了人们的独立思考。我用了这样一个故事，像寓言一样，一个女孩子就因为一件红色的衣服，引起了周围人对她个性的不认同，认为她跟我们就是有点不一样。中华民族要在这样一个大时代里生存，用经济学的话讲就是要解放生产力，解放生产力首先是解放人的个性和思想。一个个体的人敢于想，敢于与众不同，敢于有独特的想法，才能够解放生产力，社会才能够进步，民族才能发达。这个是我当初在讲述这个故事的时候，非常非常认同和思考的事情。

那时我选择了铁凝的小说《没有纽扣的红衬衫》，它震撼了我，它调动起我所有的积累，调动了我多年思想和情感的积淀，把我创作仓库里所有的东西都点燃了。所以

我毫不犹豫地选择了这个题材，铁凝也同意由我自己来改编，所以我加入了很多我个人对生活的体验，当然也做了很多重新的再创作。红衬衫在今天看来是一件太普通的衣服了，时代在进步，我们的物质生活极大地提高，不断地在接近时尚，当时还没有"时尚"这样的名词。

我觉得今天的教育就这部片子的课题来说，仍旧在摸索。我当然

EYINGSHEZHI
HONGYISHAONU
红衣少女

⊕ 电影《红衣少女》海报

⊕ 电影《红衣少女》剧照

没有想要对教育发什么言论，但是反过头来看这个形象——到底要不要用自己的眼睛看世界、看别人，这是我特别在安然身上寄托的爱和期望，未来的青年应该是这样的一群人。所以当时很多老一代的评论家像夏衍先生、钟惦棐先生、陈荒煤先生等对这部电影是极其肯定和喜爱的，我想还有很多比我年长的人都喜欢这部电影，包括我的同代人。因为我们都是从那样一个年代走过来的，我们有过这样的体验，我们想用自己的眼睛看世界，想真诚地生活，可是来自社会的、来自亲朋好友的、来自生活的这种压力是不允许你这样做的，你一定要从众，你一定要跟大家一样，所以泯灭了很多人身上美好的天性和个性，不能真诚地生活，而带来某种虚伪。所以这个故事的主题是我特别特别想在安然身上寄托的一种情怀或期望吧。

记者：对。而且影片里安然穿的衣服，招来了老师和一些同学异样的眼光。有一个镜头是她后来走到大街上，看那些卖衣服的橱窗里，再看看大街上的人们的穿着，是不是觉得自己太过个性，还是有别的含义？

陆小雅：她走在大街上给我的感觉是芸芸众生。老百姓到底要不要有自己的东西？还是完全融入普通人当中，一生都跟大家一样？其实这个我倒没有特别地想过，但这些镜头可能给很多人一些联想。

另外我最看重的是白杨树的眼睛这场戏，这场戏是我在选景的时候突然想到了很多，重新加的。这场戏就是白杨树一个一个的眼睛代表了同学们的一个一个的眼睛，周围都在看着安然，她该怎么办呢？是用自己的眼睛看世界，用自己独立的思考走下去，还是改变呢？安然在进步，她的进步在哪里？她觉得不是所有的事情都能写进作文，而应该保护自尊，我觉得在这个过程中，安然虽然有过困惑迷茫，但是她也在成长。片子里的红衣服今天看来是那么普通，当然这已经不是衣服的问题了。如果今天我要拍一个戏，那我的载体就不是服装了，而是另外的东西，可能是一句话，也可能是对一个事物的独特看法。今天的问题是像安然这样的青年人仍旧没有被培养出来，我们讨论教育、讨论学校，实际上就是一个问题，我们要什么样的人？是循规蹈矩、老实憨厚的听话的人，还是要有独立思

想、有个性、有才智、有创新意识的公民？直到今天这仍然是我们在学校里探讨的问题。

记者：其实我们看到从《红衣少女》的红衬衫，到《热恋》里头海南特区老师的穿着，都是比较有特点的。能不能聊一下当时人们的着装和物质生活的变化？

陆小雅：这个肯定是有很大的变化的，从大家全部穿灰色的衣服的年代到大家能够爱美、张扬个性的年代，这是改革开放带给我们的。这不光是一种物质上的追求，更是从心里迸发出来的一种对美的期望。另外在对美的期盼的中间就显现每个人不同的个性，因此我们现在也有了时尚，时尚就是说引领潮流的那些走在最前边的、对美特别关注并有创意的人。这些服装带给人们的是一种思想的解放、心灵的解放，带给大家这种着装的自由和美。时尚潮流在不断地变化，人们追逐时尚已经不是一件什么不好的事情，而是人们热爱生活的一种表达。人们热爱生活，因此他会热爱自己；热爱自己，他就会注重自己的形象；注重自己的形象，那么就会对着装有意识地进行选择。

记者：对。当时的《红衣少女》比较有代表性，因为安然穿了一件红色的衣服，招来一些非议或者异样的眼光。那当时的现实社会里，比如您穿了一件红色的衣服或者说穿了一些特别潮流的衣服，会不会招到周围人异样的眼光？

陆小雅：这个我觉得在那个年代很普遍，身份、年龄、社会会对一个人有很多标准和规范，无论是谁，如果你穿了一件不合乎身份的衣服，你超越了这个规范，那么在每个人的眼里，你就是大逆不道，你就是不对。我小学的时候，我母亲给我买了一件浅蓝色带白点的和一件红色带白点的衬衣，我始终就没有把红色带白点的衬衣穿到外头，一直穿到里头。一个小姑娘，就懂得这个，懂得不合规范别人会对我有看法。这样一种文化环境，人们还能有什么样的个性呢，都会被泯灭了，连件衣服都不敢穿，都不敢跟别人不一样。用今天的话讲，跟别人不一样这就是创意。今天我们就是一个创意的时代，我们就需要有创意的人，那么一个人的创意从童年、少年时期就应该培养。所以改革开放这个年代，它的进步体现在每个人身上，

每个人的生活方式，每个人敢于对美有追求，敢于爱自己。

记者：那当时《红衣少女》那个时代，思想还是不够解放。

陆小雅：那肯定的。那部戏是1984年拍的，1985年放映的。之所以我想表达这个故事，就是我觉得一个时代的到来，不光是物质要变化，人也要变化，这也是我心里的感触。我们要迎接一个美好的时代，人就要越来越美好。什么样的人是美好的呢？我是觉得真诚的人，有个性的人，敢于表达自己思想的人。

电影《红衣少女》剧照

记者：敢于释放自己个性的人。

陆小雅：对，敢于和别人不一样的人。当然我指的这个"不一样"也是不能够逾越法律的，我指的"不一样"，就是指很多方面的思维、看法，可以跟别人不一样，这样这个民族才是一个多元的、丰富的民族，是吧？不是说完全只是听话而已。

记者：从《红衣少女》到《热恋》这期间，人们面临的问题发生了哪

些变化?

陆小雅:到《热恋》的时候就不是服装的问题了,而是一种精神和物质两难的境界。物质已经丰富了,那你到底还要不要精神,要不要一些道德,要不要人类的修养这些呢?难道物质生活好了就是好吗?是吧。

记者:对。那会儿人们的穿着有什么变化吗?

陆小雅:那时候我还真没注意这个。因为我特别重视演员的服装,服装是对一个人物的外部刻画,是对一个人外部的最重要的一个描绘。比如我给吕晓禾演的这个角色选衣服,选来选去,最后给包工头选了一件红色的衬衣,而且这个衬衣小一号,包工头穿上以后,他那种经过长期体力劳动之后的体型,肩稍微有一点缩,不是那种健身房里出来的挺拔的体型,他的肩更缩一点。那天给他试衣服试了一天,像这样的衣服就不是说能不能穿,而是合不合适这个人穿。不存在说他穿了以后别人会怎么看他。这个时候一个教师、农民、学生也好,穿什么,别人不会有什么议论,个人的生活已经不会引起别人更多的议论了,而是自我心灵的一种困惑。我觉得已经到了这个阶段了,由为别人活着,到开始为自己活着了。

记者:对,这是一个变化。您刚才说1984年拍《红衣少女》,之后是1989年拍了《热恋》,这期间思想上都会有一些变化。

陆小雅:其实变化很多,但是我们没有去总结。21世纪都过去了18年了,中国人的变化真的很大。我随便举个例子,比如那个时候我们要出国就会为出国的着装而苦恼,因为我们这些衣服都不能穿出国,于是我们就要去购买,甚至会有一些女演员到厂里的服装仓库去借,借完了衣服,发现两个人穿的都一样。现在我们出国提着皮包就走了,我们和全世界已经接轨了,对吧。这个就是最大的变化。那个时候的中国男性出国全都穿着一样的西装,很刻板,到国外以后也挺滑稽的,女士们也没什么选择。到了今天,我们就不会为出国穿什么而发愁了,包括我们拿着旅行袋和箱子都有差异,今天随便一个中国人,都有口皮箱,那个时候不是每个人都有皮箱,我记得我们出外景都是拿个旅行袋。从这方面来说,我们的物质生活确实是有极大的提高。

记者:是。在拍摄《红衣少女》的过程中,有没有遇到什么困难?

陆小雅:我写《红衣少女》是带着一种特别的热情,而且我自己非常有自信,有人说她怎么搞这么淡的故事。可是我和演员们,包括朱旭老师等一些非常成熟的老演员,他们都说这个故事可不淡,它内部非常丰厚,因为它想表达的东西是我们每个人心里都有的。

拍《红衣少女》的时候是胶片时代,我们的技术真的是还比较落后,很困难。因为那时候用的胶片,拍一段戏要把片子送回去洗,这个过程我们是很焦虑的。送片的一般是摄影助理或者灯光人员,一个年轻人,他去了之后就等他的电话。有一次等到电话,打来说水洗了,就是全部的胶片上就像下雨似的,什么都没有,我当时在电话里就哭了,拍了那么多天等于白费了。怎么办呢?就只能重新拍。这些非职业演员没有那种专业技巧,可以同时达到一个表演的境界,非职业演员完全要靠导演来引导到那个境界。所以就要想办法,不能用同一个办法,而且所有的人要重复劳动,最后厂里就派人来调查了解,是机器的问题还是人员的问题等等,最后结论是伊斯曼胶片过期了。我们当时的胶片,从进关到分配,一直分配到制片厂，胶片比3.5：1，厂里要扣下0.5，还要扣一个0.5，然后自己只剩2.5：1。这个镜头前面总要多一点，后面总要多一点吧，又不能卡死，所以我们拍两条都很困难，而我用的又是非职业演员。我要做很多工作，要不停地反复地排演才能达到"一条过"，而且我的分镜头要做得非常精确，所以我有这种职业能力吧。1000多个镜头，今天再去看它，完全是流动的，我今天都分不出来，我都不知道我当时是怎么分的，但是完全是按分镜头本拍的。当时的电影都是600多个镜头，当然今天的电影一般是1000多个镜头了。分镜头剧本、导演阐述，最后要做艺术总结，完全是专业化的，我们导演是有这个能力的，必须有这个能力。镜头要掐着秒表算时间，"咔"多少秒，完了写上一分几秒。我拍的时候，要看分镜头剧本，别超时，这一场戏是不是这个镜头，如果我每个镜头都超过了，那我就要考虑我胶片够不够。数字化真的带来了许多便利。我第一次拍电视剧就数字化，这多么幸福，尤其到最后剪辑，不用掏胶片了。就是今天要拍一部同样的电影，情况也要好多了，我可以拍很多条。

记者：刚才您也提到了，当时拍摄《红衣少女》是在20世纪80年代。现在看数字化也是时代发展技术进步给创作者带来的福利。

陆小雅：数字化肯定带来极大的便利。我第一次接触数字化是拍电视剧，非线性剪辑就给我极大的便利。最早用胶片剪辑很规范，很难的，比如说我想加几个格，那真的是在那个胶片里掏，但是数字化就可以随意来剪辑了嘛。拍电影也是面对数字化，当然技术上可能不能一下子达到胶片的那种层次感，会有一些困难，在各个技术环节会有很多损失。胶片还是有它独到的地方。但是毕竟要给这么多观众看，每年要生产这么多电影，我觉得数字化还是一个非常便利先进的手段。如果在每个环节的技术上都能把好关，都有优秀的人员操作的话，我觉得数字化跟胶片的这种差异是很小的。现在有些导演又开始用胶片拍电影，其实我如果有胶片，我也是很留恋的，尤其是你对画面的质感等各方面有更高要求的话，胶片是会给你带来很多惊喜的。但是数字也不是说不能，还是要不断地摸索，不断地提高。

🔘 电影《红衣少女》邹倚天剧照

记者：您刚才说到胶片要从国外进口，所以那会儿拍摄会比较难。那现在改成数字是不是更便利？

陆小雅：那当然了。那个时候的柯达胶片，现在都没了，听说他们又在恢复，每年都给我们寄贺年片，寄得挺漂亮的。那个时代，就我们这些导演嘛，柯达的人都把我们名字都记住了，我们不认识他们，但他们记住了我们的名字，还能把贺年卡寄到我们单位或是家里的。我们都依赖进口胶片，哪个导演都不愿意用国产胶片。进口胶片又受限制，因为每年进多少国家是有比例的，分到制片厂，制片厂再分到每个系。为什么用胶片不能自由地创作呢？光得到那个胶片比，都不是件容易的事情。在拍《红衣少女》的时候，主演邹倚天得了急性肝炎。她病了之后，马上得送医院，就抢拍她白洋淀那场戏。那场戏全是特写，就是因为她病了，我没办法，把她放到船上就拍特写，拍完了就赶快把她送走了。她那个跑为什么做慢动作呢？因为用实的，她已经跑不动了。小演员也挺好的，那么小，克服了很多困难，自己能够克制自己。病了就送到北京，一病就是三个多月，中间回到内景再拍，人员都走了。因为厂里很多戏，很多人员要支援别的组的。我用了很短的时间把内景抢下来。那部戏遇到很多困难，所以我看的时候也是挺感动的。我为了能在那年拍完，整整三天三夜不睡觉，要完成内景的剪辑。在那年 12 月 31 日的晚上，夜里 12 点钟之前，我在北京的招待所，用酒店里的行李推车，推着 10 本胶片，我跟制片人，2 个人搭个车，送到了电影局，就在夜里 11 点多钟登记。这个登记完成了就算是 1984 年的任务完成了，就是因为演员病了，耽搁了三四个月。

记者：那您为什么会选择邹倚天来演？

电影《红与白》海报

陆小雅：选演员是很艰难的，那个时候没有现在这么发达的通信工具，也没有那么多交通工具，甚至的士都没有，我们也不可能带那么多车跑到一个城市去选演员。那个时候经济条件也没有那么好，一个电影的成本很低。我们选演员就是跑路，分几组，坐公交，到各个学校、少年宫去找。我选演员选到什么程度呢？我在马路上看见女孩子，就能知道她是 13 岁、14 岁，还是 17 岁、18 岁，我能准确地说出她的年龄，我已经选着魔了。

一开始我也想在职业演员里或者要做职业演员的这些人里选，但是到了一些艺术院校，我觉得大一的学生已经成熟了，18 岁了，不一样了，所以我后来还是决定在中学找。有一次摄影师在北京少年宫的合唱队拍了照片，照片里就有邹倚天，她是北京八中的。开始我没选她，因为她还在读初中二年级，14 岁，而女主角是 16 岁的高中年龄，我就觉得她可能不能理解这个年龄的孩子，但是她这张脸给我留下了非常深刻的印象。后来又选了一个也是很好的女孩子，16 岁，形象非常漂亮，也都定了。回到厂里，我跟厂里汇报，厂里也同意。那个时候主演都要艺术厂长批准，每部戏的主演都要向厂里汇报。春节来了，我觉得这个演员还不是安然，还有问题，还有差距，感觉她缺点东西。于是我就跟厂里请示，我说我还要再选。那个时候只有照片，于是我就把所有的照片铺到我家里的床上、桌子上，到处都是。我一个一个地看，最后还是看到邹倚天这张脸。我就跑到北京来考她，看她能不能完成。经过反复的面试，跟她做了各种小品，我发现她身上有很多安然的东西。比如她不会说谎，比如她很真诚，她很有亲和力，她在生活中很自然，这些东西都是我要的，唯独就是她当时还在读初中。于是我就跟她谈，我说我们一起努力，我们共同来创造这个角色，她很高兴，她说好。后来我就把女主演换成了邹倚天，也觉得很对不住之前选定的女主演。

把灾难变财富的"实验性尝试"

记者：您能谈谈反思题材的电影《红与白》吗？

陆小雅：我拍《红与白》，就真的是抱着忧国忧民的心选的题材。一个医学院进行百年院庆的时候，许还山演的主人公——一位老教授，他把自己误诊的案例汇编拿出来，而不是把自己卓越的成绩拿出来，就跟院方产生了矛盾。这个时候他的儿子又一次误诊，把一个舞蹈演员的病误诊致死。正好院庆了，是不声张还是让别人知道？这也是一个焦点。

其实，我觉得好的电影应该都是寓言。我当时也想用这样一个故事，来表达我们民族走过了这么长的路，都有过失误，这些失误要不要告诉人们，我们要不要真正地在心里反思。所以我把它安在了南京的城墙上，我用南京的城墙作为我们古老文化的一种象征。在南京的那个大城墙上，两个教授在谈过去。我觉得既然是改革开放，那肯定是在过去的基础上走过来的。我们今天之所以有一些问题，是因为对过去总结得不够，我们反思得不够，我们不敢、也不愿意把那些东西告诉下一代。

我没有太通俗地讲《红与白》这个故事，所以它的观赏性可能受到了一点影响。但是今天再看这个戏，可能会有另外的一种感触。那十年是灾难，应该让这个灾难变成财富，我们的民族不应该再重蹈覆辙，应该好好地深思，我们为什么会做这样的事情。《红与白》里叙述的这个故事，同样也是在反思。这个老教授认为自己不是神医圣手，每个人都会犯错误，没有

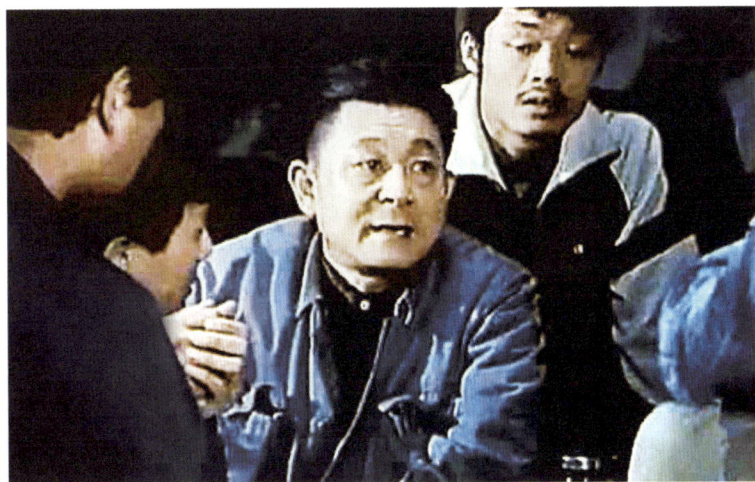

电影《我在他们中间》海报

神医圣手，没有完人，这就是这个戏表达的东西，应该是挺丰富的。

平凡生活中撞出的"不平凡"

记者：让我们来谈一谈您导演的另一部有意思的电影《我在他们中间》。

陆小雅：《我在他们中间》这部电影也过去好多年了，是1982年拍的，当时为什么选择拍这部电影呢？因为每个导演都想拍一点不一样的东西。那时候原剧本构不成一个喜剧，不是很完美，我就跟作者在一起改剧本。剧本里写了一群织袜厂的男工人、女工人，还有一个保守的女厂长。这个女厂长在一群年轻人中间，充当从过去的时代过来的一个刻板的角色，她认为生活就是应该好好工作，好好休息，

电影《我在他们中间》剧照

开会、吃饭，下一代的青年也应该这样，劳动、生活、休息，她喜欢的劳模更应该是这样。新时代来到了，这些工人也变了，他们不是原来的工人了，他们要玩，要发明创造，他们又要谈恋爱。这个女厂长看不惯，觉得他们没有把心思放到工作上，尤其是劳模也要谈恋爱了，她觉得劳模完全违背了自己对她的期望。所以这样的轻喜剧造成了女厂长跟工人们之间一些很有趣的细节。

这个戏我用了一种流动的镜头，短镜头造成长镜头的效果，造成一种生活的流动。这种流动就是说明，这些年轻工人的生活已经是动荡的、欢快的，他们个人对美好

🏵 1985 年第 5 届中国电影金鸡奖陆小雅（右）获得最佳导演

🏵 1985 年第 5 届中国电影金鸡奖《红衣少女》获得最佳故事片奖

生活是有追求的。今天我们说对美好生活的追求是我们奋斗的目标，是我们努力的目标，这也事关我们国家大事的议程。可是在那个时候，你谈恋爱、选择自己的爱人，是对美好生活的一种期望，这种个人的自由，好像都是不对的。今天我们已经从那个年代走过来了，回头再看那些事情都很有意思，很有趣。

记者：所以说这也是对以前那种思想禁锢的反思。

陆小雅：对，禁锢的思想所培养出来的人和新时代环境里成长的人，不同的人物和性格和理想之间的那种碰撞，产生了一些很有趣的事情。我觉得那个片子也是挺有意思的，这种题材不多。那个年代的那些工人们，今天都已经是老人了，但他们就是在那时候经历了改革的初期。那时候人们的生活模式、理想、追求，都有所变化和丰富，他们不是不好好工作，而是要适应市场，他们后来也发明创造了，也改革了他们的技术。这些都是当时发生的事情。我们用了一个典型的故事，用了一个典型的厂长，来跟工人们，跟新一代进行碰撞，发生矛盾。在我拍的所有戏里头，这个戏真的挺有意思的。因为我拍的戏一般都是正剧多嘛，这是一个轻喜剧，比较有趣，是另外一种类型的。

"能在这条路上走，就是幸运的"

记者：您刚刚提到《法庭内外》《热恋》《红衣少女》《红与白》《我在他们中间》，这些电影都是改革开放以来大家的集体反思，您的创作主题总是与这种反思精神相伴。

陆小雅：可能跟我个人有关系。拍摄的时间顺序应该先是《法庭内外》《我在他们中间》，然后是《红衣少女》《红与白》，最后是《热恋》。我相信一句话：真正的艺术家应该是思想家。当然我不是说我自己是思想家，但是我喜欢思考。我觉得艺术到最后是一个文化和思想的递进和升值，而不在于技术层面或者是纯艺术层面，这可能是我个人的理解。

另外，我觉得我这个人的性格特点决定了我就是得拍现实主义的题材，我爱生活，我爱我周围的人，我充满了热情。我的这种性格决定了我会关注周围，关注我的亲人，关注我的朋

友，关注所有我不认识的人，我会关心他们的生活，我会关注这个时代，我也会关注这个时代朝什么方向走。我爱我的国家，爱我的民族。所以我觉得我拍这些片子，是我的良心之作，是我的情感之作，尽管在艺术上我还有很多不完美的地方，还需要前进，还需要成长。我觉得人的成长是一生的，学习也是一生的，我现在仍旧在成长，仍旧在学习。这种爱，这种热情可能属于我的个性，这就是我还会拍，我可能还要拍那些我最关注的时代的普通人的原因。

记者：您觉得改革开放给中国人带来了一些什么？

陆小雅：我觉得改革开放对于普通的中国人来讲，是幸运的，因为遇到了这样一个时代，虽然不完美，但是是中国最好的时代。它有很多欠缺，甚至我们每天都有很多怨言，我们的制度还有一些弊病，我们还有很多不完美的东西，但它仍是中国历史上最好的时代。虽然还不能够完全得到个人思想的独立，不能做到完全的民主自由，还不是那么完美，但是它已经在往这个方向努力。物质上已经极大地丰富了，虽然贫富不均，但是我们正在努力地改变这种贫富不均。它使我们懂得我们的个人价值、人的尊严，我觉得这是最重要的。虽然还不是那么完美，那么理想，但是人们已经懂得个体的生命是很宝贵的——我要热爱自己，热爱生命，热爱别人的生命，我有我的尊严，我也要尊重别人——这些先进的人文理念已经注入到每个中国人的心里，这是非常非常重要的。这条路仍旧很坎坷，

我们仍旧在前进，我可能看不到那个最光明美好的未来，但是我觉得能在这条路上走就是幸运的。

后记

已经 77 岁的陆小雅导演依然非常健谈，条理清晰地与我们分享了这些思考和故事。一直以来，陆导始终让自己沉淀下来，目光所及之处，是大时代下各种各样的小人物。她不仅仅去关注他们、了解他们，更是推己及人地与他们同欢悲。她以女性所特有的温暖，给予那些在生活中迷惘的人、焦虑的人以慰藉，以疏解。现在已经不是改革开放之初那个洪流滚滚的时期，但时代的车轮仍挟着风雷，滚滚向前，我们依然会有手足无措、茫然四顾的时刻。但就像陆导所说的，千条河流归大海，明天又是新的一天。这可能就是电影所能给予我们的力量。

赵静：
淡极始知花更艳

文 / 阿泯

在 20 世纪 80 年代的中国影坛，星光璀璨，瀚如银河，赵静绝对是其中不容忽视的一颗。凭借《笔中情》《街上流行红裙子》两部经典影片，她成为无数男性观众的"梦中情人"。

坐在采访间的赵静，岁月无痕，温婉如初，让人不禁慨叹时光之神对她的格外偏爱。

面对改革开放 40 多年来的社会巨变，一方面她欢欣鼓舞，另一方面她又对中华民族的传统有着相当"固执"的坚守。

这份坚守，在如今看来，弥足珍贵。

一出道就演女一号

记者：2018 年是改革开放 40 周年，也是上影演艺剧团成立 65 周年。在改革开放前后，上影厂真是群星璀璨，各路人马都会集在一起，而且优秀的演员挺多的。龚

⊕ 赵静

雪、张瑜、郭凯敏，当然还有赵静老师您，都是非常著名的演员。请先给我们简单回顾一下您的演艺道路好吗？

赵静：我挺庆幸我第一部戏就演了女一号，从一开始主演《新风歌》，一直到后来的很多很多影片，基本上在 20 世纪七八十年代都是以女一号来出演的，角色类型也很多。我当时觉得演员应该各种不同的角色都去尝试一下，所以我没有把自己定性。演员首先是要反映这个人物的个性，不同的性格，你要只演某一类角色，好像也挺乏味的。当时国外把演员分成很多类，比如说类型演员、性格演员，还有很多表演上的理论元素，什么糊涂表演等等有各种说法。我就觉得不管怎么讲，演员总是要塑造形象，而形象不可能是一样的，所以我就是偶尔想突破一下自己。

我在《新风歌》里扮演了一个性格很泼辣的农村烧窑的厂长，她能跟自己的大伯哥做斗争，但是因为种种原因，这部电影没能公映。后来又拍了《冰山雪莲》，这是我第一部公映的影片。我也挺庆幸那是一个黑白片，因为作为一个演员来说，尝试到黑白片是很难得的经历。后来又拍《海之恋》，这部影片里关于回忆的部分是彩色的，因为它寓意美好，而其他部分是黑白画面，因为现实生活当中不都是美好的，当然这是就影片而言。

记者：寓意了个人命运。

赵静：用了黑白和彩色相间的这样一个拍摄手法。其实那个时候我们也有吊威亚的，就是拍摄梦境里边那个情节，我也是第一次尝试吊威亚。接下来有导演找我演《喜盈门》里温玉娟后来演的那个角色，但是我那时也接到《车水马龙》的本子，这个角色我一看就觉得跟我前边演的几部戏还是有反差的，所以我想挑战一下自己的演技就没有接演《喜盈门》。再来我还是挺喜欢《车水马龙》里骑摩托车的那个角色，她原来是自行车运动员，后来从车队下来以后就做了一个公务员。因为那时北京开始禁止马车进城，她就骑这个摩托车去办事。反正从那以后，我自己就想着尝试各种不同的角色，试试赵静到底能演什么风格的角色？演员真的是这样，只要自己喜欢，只要自己能驾驭这个人物，我就觉得可以去尝试一下，其实我也挺喜欢悲剧式的角色。

记者：您参演的电影都给观众留下了深刻的印象，像是在《巴山夜雨》里虽然您的镜头并不多，就是春夏秋冬在一个山上的房间里等待着自己丈夫的归来，但是表情上的变化，喜悦的，凝重的，悲伤的，几个镜头就把人物刻画得入木三分。您后来还演了不少跟时代密切相关的作品是吧？

赵静：我正好赶上改革开放这么一个大时代，所以我演的戏好像都能和时代的变化联系起来。1979 年拍的《海之恋》《巴山夜雨》都属于那样的。后来改革开放，我拍的反响比较大的影片就是《街上流行红裙子》了。

火遍全国的"红裙子"

记者：提到《街上流行红裙子》，您演的陶星儿这个角色

电影《海之恋》赵静剧照

在工厂里是一个爱岗敬业的劳动模范，而且在各个方面都严格要求自己；生活中她比较内敛，这跟她青春美丽的外貌和年纪形成了一定的反差。您本人和这个角色之间有相似之处吗？

赵静：应该说还是有一些相近的地方，因为我这个人不是特别会讲话，所以很多人看着我不像演员，这可能跟我的家庭氛围和家庭出身也有关系，因为家里没有人搞文艺，我也就是瞎撞到这个行业里去了。当年我们老师特别希望我能搞专业，那时候我快毕业了，我们宣传队的老师就说你去专业团体吧。我说那我为什么不下乡呢？我哥哥姐姐都下乡了。他说傻孩子，下乡多苦啊，我带你去考试。后来我就到了河南省曲艺团，在那里边待了两年，最后又拍电影，这就是我入这一行的过程。

其实我自己是一个非常要求进步的一个女青年吧，在曲艺团的时候就加入共青团了。后来我演了《街上流行红裙子》，那个时

候的人们认为劳模就不能有缺点，恰巧陶星儿这个人物就是个劳模。那么在拍的时候，我自己似乎也能感觉到这里边的一些人物的心理状态。其实姑娘们谁都爱美，但是当她想要突破自己，穿一个无袖的红裙子的时候，她又因为自己的传统观念，或者是因为家庭，或者是因为平时的生活习惯，她很难突破自己，当然最后还是她的那些工友们推了她一把。

我们拍《海之恋》的时候，剧组不允许我们演员轻易去骑马或者游泳，怕万一要是出点问题就不行了。有一天，洪学敏、马晓伟他们好几个年轻演员想去海里游泳，就说赵静你要去，我们就去。因为我平时非常遵守纪律，

◎ 电影《街上流行红裙子》剧照

◎ 电影《街上流行红裙子》剧照

也是导演夸奖最多的一个演员。其实我心里也很想去，但是我觉得要遵守纪律，又不能去。可是我要不去，大家多扫兴。去了呢，又怕导演来批评我们，就是非常纠结。后来大家说要批评大家一起挨批评，反正就是这些话鼓动我，最后我说那就去吧，就到海里去游泳了。游泳回来，我们都像猫一样地躲着导演想溜进自己的房间，结果恰巧被赵导演（赵焕章）看见了，他就问我们上哪儿去了，我们说去游泳了。"谁让你们去的？万一要出点什么事儿怎么办？怎么赵静你也去了？"我就说导演我做得不对，是我带他们去的。当时我就觉得我应该去承认这个问题，其实也没什么事情，你承认一下就好了，生活中类似这样的事情挺多的。电影里陶星儿也是这样，明明是她自己工作有瑕疵，但是班长不让她说，因为你是劳模，于是就把这个过失转嫁到别人身上了，她就很难过，后来在开班会的时候勇于站出来，承认这是自己的问题，我觉得生活当中做人也应该是这样的。

记者：您当初参演《街上流行红裙子》是 1984 年，那时候改革开放已经进行了五六年。您觉得当时为什么会出现这样一部作品？

赵静：这个片子是长春电影制片厂拍的，它是写一个劳模，是写我们上海纺织厂的事情。这个劳模首先从她的穿着上就是一本正经的，没有色彩的，她就是一个闷头工作的人，也不特别会打扮自己，跟大家在一起也不玩也不闹的这么一个女性，各方面都只能做好不能做坏。她织出的布在出了瑕疵之后，他们班长想给她掩盖，还要她的好朋友为她承担，最后好朋友也挺委屈的——就是姜黎黎演的那个角色。但是陶星儿本人可能就觉得明明是我的错误，为什么会要别人承担？我虽然是劳模，劳模就不能出错吗？这在当时社会上能有这样的一种思想是很难得很难得的。我觉得这就是说做人的一种本质性的善良、纯真，是你的错误，为什么要嫁祸于别人？这个观点我就觉得在当时那个年代应该是跨了一大步。我确确实实挺钦佩这个作者的，他能写出这样一个活生生的人，真的是很了不起的一个作者。

再就是陶星儿的穿戴。因为改革开放以后，大家都非常愿

意穿漂亮的衣服。女孩子休闲的时候也没有像现在这样有特别丰富的业余生活，好不容易有点钱了就做一条漂亮裙子到公园里去"展裙"，你们现在叫 PK 了，我把你"展"下去了就觉得挺高兴的。当时公园里还有一个英语角，因为社会上有出国热嘛，很多人休息的时候会去那里展自己的英语，就是进行英语对话。有时候也有外国人在那边，大家就跟外国人对话练英语。

电影里，小女工姐妹们给我弄了一件无领无袖的连衣裙，样式比较袒露，我在前一天晚上就给它缝上了白色的领子和袖子。结果去公园"展裙"的时候我的好朋友们就把这领子和袖子全部给撕掉了，这也是一个当时的女孩子爱美之心的一种体现。

记者：您当时是怎么揣摩这个人物的？您觉得作者为什么要设计给挺漂亮的红裙子缝上白领子、白袖子的情节呢？

赵静：作为这个人物来说应该是保守的，因为她是一个劳模，她就觉得自己不该穿那种奇装异服。其实从内心里感觉你说我不需要吗？我也很需要展示自己。但是在当时的社会背景，还有人们的穿着习惯，好像一下子穿了一个无袖的裙子就觉得不能出门。这也是从一个很小很小的方面去展示当时的人接受的传统教育。

摄影师突破常规"跟拍"我

记者：这个片子公映之后，在当时造成了什么样的反响呢？

赵静：大部分看完影片的人都觉得好美好美的。其实不管是从剧中的陶星儿这个人物来讲，还是从我们拍摄的技术层面来讲都有所变化。我们当时拍摄的时候，那个摄影师完全打破了过去的传统，用的是跟拍的方式。因为过去拍戏就是一个三脚架一支，一个机器就这么拍了，机位比较死。拍这部电影的时候可能用了两到三台机器，而且摄影师扛着机器，他说赵静你尽管大胆地走，你走到哪儿我跟你到哪儿，这样演员表演起来也特别随意。这个情节原本是为了展示女孩子那种青春活力，展示改革开放以后社会风气逐渐放开，大家心里边特别敞快的那种状态。摄影师让我们想怎么走就只管

电影《街上流行红裙子》剧照

走，没有受到任何的约束，就像生活当中一样，他的镜头跟着你的脚，跟着你的裙子，跟着你的特写，这些都有。所以拍的时候，我们演得也挺自如，拍出来之后也感觉特别生活流，特别舒服。

在这之前我们的电影镜头怎么拍？就是说导演在分镜头都掐着秒表的，这一段我需要两秒的表情，他分镜头就是两秒，你多一秒都会把你剪掉。所以演员在表演的时候一定要精确到两三秒，就按照他的分镜头表演。因为当时是用胶片拍摄，胶片就是钱，一开机就等于是钞票跑出去了，所以对演员的要求非常严格。但是这位摄影师打破了常规拍摄手法以后，我们就觉得很

电影《街上流行红裙子》剧照

舒适，更趋向于生活的那种感觉，而且多角度，多镜头，很流畅。

如果用原来的拍摄方式，你一点都不能差了，当然也得根据剧情来看了。后来我拍的《闪光的彩球》里那个辅导员跟孩子们在一起打篮球，完了跟孩子们在一起参加活动的镜头，摄影师也是跟着演员一起动，也是无拘无束。

记者：您觉得这个劳模心理上的转变是否反映了当时社会上的现象，从一个封闭的状态走向开放和自由呢？

赵静：它其实是释放一种心理的自由。人总归是要追求一种真善美的东西，真正的真善美，而不是弄虚作假，这部影片好就好在它的立意是非常好的。

🎬 电影《街上流行红裙子》剧照

🎬 电影《笔中情》剧照

其实那个车间的组长，他就是觉得劳模就应该什么都是正确的，他就是一种传统的代表。用现在的语言就是说和年轻人有代沟，年轻人接受这种新生事物或者新鲜的事情都很快的，他就觉得是不应该的，他认为传统就应该传统到底。当然了，我觉得传统实际上也没有什么不好，但是要接受新的东西进来，人总归是要不断交替，不断地变化。但是你不能特别出格，你只要不违法乱纪，不违反我们中华人民共和国的法律就可以了。

记者：您觉得影片中的那一条红裙子有什么寓意吗？

赵静：我觉得代表人的一种阳光，一种火红的时代，我觉得仅此而已了吧。因为人不应该生活在一种色彩里面，应该是多色彩。也可能是说人的心情不一样，他的穿着也会有所改变。当时的女孩子都是很喜欢红色的，我小时候也很喜欢红色，我妈妈给我做了一件红的灯芯绒的衣服我穿了好多好多年，磨得毛都掉了，我还愿意穿，因为它是红色的，颜色鲜艳，穿了觉得心情也好一些。

戏里面我穿的那个红裙子其实不是那种特别实实在在的正红，它还带一点洋红的感觉。因为这个人物原来比较封闭，所以伙伴们就要把她的心灵敞开，让她有一种真正的阳光照进来的感觉。

《笔中情》里的齐大小姐

记者：您还有一部代表作《笔中情》，当年公映的时候真是风靡全国，您把一代才女齐文娟塑造得非常唯美，不仅美丽端庄，而且充满智慧，她跟王伯昭扮演的赵旭之的爱情虽然一波三折，但最终取得非常圆满的结果。您现在回想起当初的拍摄经历，有什么记忆特别深刻的事情吗？

赵静：《笔中情》好像是改革开放以来第一部反映才子佳人的古装戏，当时上影厂的颜碧丽导演选我来演这个角色，从整个的舞美服化道方面都是下了很大的功夫的。虽然这个戏里的故事发生在东晋时期，实际上我们现代人的生活也常常能碰到。就是告诉大家要谦虚、谨慎、不骄不躁。这是从古到今的一种好的品质的延续。看完了以后，让大家能知道学一个东西是要认真的，刻苦的，知道就是知道，不知道就是不知道。

我们在拍摄的时候，大家穿上那个衣服，在说话举止方面导演都是有要求的。正好我也学过一些戏曲的功，虽然不能一招一式都是那样的，但是你起码一颦一笑不可能像现在一样无拘无束。而且穿上古代的衣服，我们就得穿一天，不能躺着，你要是躺着想休息就得脱掉，哪像现在好像都无所谓的。我们那个年代拍电影，真的有一些严格的要求，对我们演员来说也是很好的帮助。

⊛ 电影《笔中情》剧照

轻轻的"吻别"

记者：我知道您还主演了一部影片《奇迹会发生吗？》，您演向梅老师的女儿，这部影片不像《笔中情》《街上流行红裙子》《海之恋》那么广为人知，但它也是当年知识分子的一个真实的写照，也是改革开放在文化领域的一个缩影。

赵静：当时是和很多老演员，比如向梅老师，娄际成老师，还有王冰老师一起合作，我就觉得我作为一个年轻演员，能和这些老演员在一起合作，是愉快的合作和学习。正好赶上这样的一个时代，在改革开放以后也演了一些在当时来看比较开放的戏。比如我在影片里和刘子枫演的那个角色有一个轻轻的吻别，其实我演了那么多年的戏，就这一个戏有这么一点点的接触。但是我觉得演员不管演什么戏，都要和不同的时代紧紧地扣在一起。你在演的时候，一定要了解这个时代的人和事，无论大事小事，生活当中自己的事还是别人的事，作为演员都应该去了解的。不然你怎么去演呢？所以我在这方面可能会比较关注，在演的时候，就不至于那么陌生，使自己手足无措——一切都是为了塑造人物吧。

别人出国 我进大学

记者：后来随着社会的变化尤其是改革开放的深入，社会上涌动起一股出国潮，上影厂也有不少演员走出国门。您当年为什么选择留在国内呢？

赵静：应该说人各有志吧，每个人对生活的态度可能都有自己的想法，对于今后的人生轨迹都有自己的人生观和世界观。我不是选择一定留在国内，我也没想着要出去，我就觉得顺其自

然。再说他们出去也不是什么坏事，出去走走挺好的。但我就觉得不管在哪儿，你做一项事业应该要立足于本国，其实当时出去的人一开始也很艰辛，后来随着我们国家的不断强大，他们在国外的日子可能也慢慢地好过一些。

记者：您身边这些出国的人是以学习为目的居多，还是家里比较有钱就想直接出去了，看一看世界？

赵静：可能有一定的经济基础，有的人有继承财产，可能家里原来有一些海外的亲戚，所以想出去看一看。因为毕竟改革开放了，人的思想逐步活跃了，限制也少了一些，你可以出去走，但有的人就不想回来了，各种各样的原因。但我觉得真正出去的人还是蛮艰辛的，还是要从 ABC 开始做起。

记者：去外面从头做起。

赵静：要的，要给人家洗碗刷盘子看大门，都会从这方面开始做，因为他首先要养活自己，不可能像在国内一样拿着你的基本工资去。

其实像我们这个年代的人缺少的东西很多，比方说学习，我们没有上大学，所以对于我来说上大学是一个梦想。因为我哥哥姐姐都下乡了，我就想我一定要想办法上大学。后来到了电影厂，正好有这么一个上大学的机会，北京电影学院招明星班，我就积极复习功课，最后考进了明星班。其实我们那个班里边有大部分演员都是拍过近十年的戏，所以我很有幸就到了这样一个集体里来，这期间我的表演有了很大的提高。

因为那个时候我给人的感觉就是很安静的性格，老师想让我突破自己。有一天老师让我们排练《骆驼祥子》，老师就问你们谁来演，当时没有人举手，我也不，我心想我怎么能演这个呢？没想到老师点将了，赵静你来演。一点也不夸张地说，我当时愣了半天，我说我能演这个？

记者：虎妞吗？

赵静：对呀，我再想演我也演不了。我这外形怎么能像虎妞呢？

🎬 赵静照片

🎬 北京电影学院 85 表演明星班照片

根本没这个自信。可老师说行，我给你排。我说那就试试吧，后来就排了，我演虎妞，谢园演祥子。没想到效果特别好，用他们的话讲就是演出了一对儿袖珍虎妞和祥子，这是我表演上的一个突破。

可能也是受家里的影响吧，家人说你长得再漂亮，如果没有本事，走哪儿都不行。而且我也从来没有觉得自己是一个很能干的人，我一直觉得自己是很笨的鸟，不是都说笨鸟先飞嘛，我就先飞吧。我就真的是踏踏实实去学习自己所有要学的东西。后来电影拍得少的时候，我就去拜了老师学唱歌，学画画，自己还考了一些证书，比如说心理学证书，还有教师上岗证，怎么说呢？我就觉得那个年代就是要学，其实这个学对于演员来说不吃亏，当你塑造另外一个角色的时候，这不都是资本嘛，都是你的素材。所以我就踏踏实实的吧，一步一个脚印去学吧，就学出了我今天这样。

记者：改革开放前，在您眼中大街上的人们是一个什么样的穿着，还记得吗？

赵静：改革开放应该是 1978 年 12 月开始，1979 年那会儿好像也没有特别明确地感觉到改革开放这样的一种提法，但是后来随着形势的不断发展和整个社会的改变，就觉得是一种逐渐的开放。我在剧组拍《海之恋》的时候，在湛江、厦门等南方城市待过，感觉最具有代表性的就是我买了一个录音机，两个喇叭的，四个喇叭的，就觉得不得了了。还有人穿着大喇叭腿的裤子，好像是从港台过来的那种感觉，戴着大墨镜。1978年之前，大家的穿着都是灰、蓝、绿，穿军装已经是一种最时尚的了。

那时大街上还没有什么高楼，路也不是很宽，我在上海徐家汇住的时候，那里非常干净，也非常幽静，老上海的感觉特别浓。现在我们上海的徐家汇除了保留了老的教堂等建筑以外，还有我们电影厂的建筑以外，基本上都换新了，高楼房很多，色彩也很多，各种不同样式、不同色彩的房子，最主要是那种广告牌，给人感觉是一片繁荣，市场繁荣。

记者：在生活娱乐方式上，在改革开放之前大家是怎样去消磨时间的？

赵静：我觉得那个时候的人比较安静。一般像我们小朋友，女孩子就是玩跳皮筋、跳房子、扔沙包这些；男孩子就是打弹子、滚圈，还有打陀螺，要么就是一些体育锻炼，游泳什么的。什么卡拉OK，那都是后来才有的，能进去唱一次歌就觉得好像是不得了。还有一个让女孩子、女人们感觉最新潮的就是美容，所谓美容就是洗脸，进美容院给你推拿、按摩什么的，就感觉也是一种很了不得的事情了。但是现在已经多如牛毛了，随着大家的要求水准各方面都高了以后，该淘汰的也就淘汰掉了。但在当时这是个新生的事物，可能给人们在美和健康上增加了一点内容。

⊕ 上海电影制片厂大门

好的传统不需要改

记者：社会从封闭走向开放的过程中，您有没有觉得不适应的地方？

赵静：确实对我们固有的传统观念造成了一定的冲击。但是传统对我来说，很多是从小养成的，或者是家教给予的，或者是一种信仰，我觉得很难一下子改变。但是因为我们是做艺术工作的，就要学习，要了解，可未必非要改变。我觉得像我这样想的人可能还有很多，尤其是这个年龄段的人。因为我就觉得这种信仰的力量是很强大的，不可能把自己改变得面目全非。

其实现在的年轻人有些打扮、头型也不好看，在过去我们都说这种头像农村的马桶盖，但是现在就时尚，对不对？有的人把底下头发都剪了，就上面留了一些，我觉得尽管很时尚，但并不美。时尚应该有一种美感，但是他非得那样做，他觉得美，你就让他去，我觉得他会慢慢改变的。

举个例子，就像我儿子有一次说妈妈我想染头发，我说你想染什么样的头发？他说我想尝试一下染个红的。我说你觉得合适吗？你要想染你就可以染，但是我不同意，也不欣赏，你自己看着办。那时候他还在国外学习，他说我就尝试一下，我说你尝试一下可以，但是你不要忘记你是一个中国人，你也不要忘记你是出生在一个什么样的家庭背景里边，我不希望你是这样的，所以他后来没有做。

有的年轻人在头上剃一个字母，他爷爷是老革命，一见到他就说你怎么这样子，爷爷就不接受他这样。或者说他穿一个专门做旧的

青春靓丽的赵静

赵静

破牛仔裤，爷爷就会看着他说，你怎么会是这样？你是没有衣服穿吗？这衣服怎么都破成这样了？真有这种事。但是孩子们觉得这是一种时尚，所以说我还是保留意见。我有时候会说我儿子你平时要是玩可以这样，但是在正经的场合坚决不能这么穿。

时髦并不代表美

记者：大家对于时尚都有一个接受的过程。

赵静：但是什么叫时尚？年轻人应该真的要好好琢磨一下，真的。我觉得有的传统我们还是应该把它发扬光大，而且要继续传承下去，不是说一概地否认传统，因为这毕竟是历史，毕竟是那个时候人一针一线或者是一点一滴地积累过来的。

记者：像您在那个时代也追赶过什么样的潮流吗？

赵静：我好像没有特别赶过时髦。因为我从小受着家里艰苦朴素的这种传统教育，所以我到了上海拍电影的时候，穿的还是一件我哥哥穿不下的一套旧军装。

记者：还是觉得军装最时尚。

赵静：对的。我那时候觉得军装最时尚，年纪大的人穿军装显得年轻，年纪轻的人穿军装显得沉稳、成熟。好像绿色就已经代表了一种鲜艳的颜色，而且穿起来也挺帅的。

记者：那么您在拍完《街上流行红裙子》以后，大街上的年轻女孩有没有跟着您穿这种红裙子的？

赵静：有，确实是有，穿红色裙子的很多，样式也很多了。其实我那条裙子线条很简单的，只不过是一个鸡心领的无袖连衣裙，但是它有一个180度的圆形的大裙摆，显得特别飘逸。我不是研究社会学的，我只是从我们演艺界来聊。比如我们上影厂曾经拍了《庐山恋》，那个服装好像有四十几套，一场戏就换一个，这个在当时是不得了的，张瑜几乎穿遍了所有女性的漂亮衣服，所以说《庐山恋》给大家的影响是非常非常大的。我感觉还没有像我们红裙子那么开放的服装，那些衣服还是趋向于传统，但是能看到这些已经是很了不起了。

其实就服装的流行潮流来讲，我觉得它是会循环的。一个人的服装我就觉得穿在身上越简单越好，你看国外一些服装都

是非常简单的。

记者：您也算引领了一代潮流。如果说20世纪80年代是衣着上有变化，90年代就差不多是歌舞、霹雳舞、摇滚这些，您有感受到这种变化吗？

赵静：有，舞台上或者是大马路上都能看到年轻人跳一些这样的舞步或做一些街舞的动作。荧屏上也看得多一些，那时候迈克尔·杰克逊的那种舞蹈，好像文艺舞台上也多了一些。

记者：有感觉到这个变化？

赵静：有感觉到，但我还是喜欢民族的或者是芭蕾。

记者：像手机支付，极限运动，都是时下年轻人比较喜欢的东西，您平时也会用到吗？

赵静：太有了，只能说是学习，慢慢学，毕竟是到了这个岁数了，也觉得变化太大了。手机支付也很方便，去买个菜时也会用到。

中国电影飞速发展

记者：您从艺这么多年，见证了中国电影产业的飞速发展。您以一个从业者的角度来看，改革开放40年以来，中国电影在哪些方面有了巨大的变化？

赵静：我刚开始拍电影的时候，还拍过黑白片，后来就是全彩色片子。当然现在又是数字技术了，不用胶片拍了，这样就更好更高级了，所以说我们电影技术随着科技发展也在不断地变化，这也说明了我们国家在改革开放以后，经济各方面发达了，电影产业也飞速发展。因为高科技的东西花费是很高的，原来拍摄的时候就是一个镜头，一个机位，现在是多机位，像张艺谋他们拍那些戏都是多机位、多角度地拍摄，演员在表演上也是非常自如，放松了很多。

另外，原来都是在摄影棚里搭景比较多，搭景可能是成本低一点，现在搭场景不便宜，场租就是不得了的。我们后来有一段时间，实景拍摄很多，但是后来人家都知道实景拍摄要钱了，后来又出高价，比方说要去医院拍摄，原来是随便拍，后来现在不可以随便拍了，一个是要保证病人的休息，再一个就是收费很高了。所以就找那些新造的医院，还没有病人住进去

的，跟人家联系一下。

有些电影公映火了，也会带动一些其他产业，像是旅游行业的发展。比如，通过拍《庐山恋》可能大家去庐山的愿望就多了，通过拍《少林寺》大家就觉得少林寺好玩，都去了少林寺习武或者参观。《庐山恋》拍完了以后，去庐山旅游看《庐山恋》成了一个旅游项目。听说这个片子在庐山电影院放了很多年，放烂了无数个拷贝，所以影响是很大的。

记者：因为一部电影火了带动当地旅游甚至使之成了一个著名景点的例子还真是很多的。

赵静：是的。我们这次在黑龙江黑河拍的《勇敢往事》，摄像师拍到了雪景、树挂雾凇，都是用航拍，真的是很漂亮。所以他们当地宣传部长也说了，但愿这片子上映以后能给我们的旅游业带来发展。我们说会的，因为看过这部片子的好些人都说，我们一定要到那去旅游一下，去看一看。虽然说那里是当年知青生活过得非常艰苦的一个地方，但是大自然的美还是可以征服所有的人。

斯里兰卡的一位老人

记者：改革开放40年来，中国发生了巨大的变化，在国际上的影响力也是与日俱增。您作为一个改革开放的亲历者、见证人，有什

么感想吗？

赵静：我觉得世界需要了解我们中国，我们中国也需要了解世界，随着咱们国家的发展，可能更多的国家，不管是大的小的，远的近的，真的是需要更多地了解中国。因为在20世纪80年代，我就觉得他们对中国的了解只是我们的封建社会，清朝、明朝那个时候的印象。现在我们出国，他们问你是哪儿的？上海的。有的人来过上海，他们自然而然都会竖起大拇指，他们会有这种感慨的。

还有我们对国外的支援，比方说有一次我到斯里兰卡去，看到有一个老人在那坐着，孙子在远处玩。看到我们到那公园里面去散步，这个老人就问你们是哪儿的，我们就说是中国来的。他就特别兴

⬤ 赵静接受采访照片

奋，特别开心，他说的是那种不特别好的英语，就跟我们说，中国对我们的支持非常大，我们都记得，非常感谢。其实他这样一说，我们就也有一种感动，就是这么一点一滴的。有时候我们也开玩笑，其实也是真实的感受，你不出去就不知道，出去了你才会感觉到这种爱国的热情会油然而生。相比较之下，真的我们国家发展得太快太快了，上海也真的是发展速度太快了。

记者：您觉得改革开放给整个社会带来了什么样的变化？

赵静：大家的生活富足了，富裕了，而且人的思想更开放了，更活跃了。我就觉得这个东西是不断地交流，不断地学习，不断地提升，也希望咱们国家能变得越来越好。

后记

在接受采访时，赵静一直温婉大方，唇角盈笑。确如她自己所说，她是个不善表达的人，她语速不快，语言朴实，鲜少用华丽的辞藻，但总能让人感到一种可贵的诚恳。

让我们印象最深的是，一方面她十分肯定时代要发展，新的事物要不断融入；另一方面，她又十分固执地再三强调，有些传统是绝不能改变的。例如她反对追时髦，反对奇装异服，认为简洁大方才是最美。只有说到这些时，她才会稍敛起唇角的微笑，眼神变得凝重，甚至会微微蹙起她秀丽的眉毛。

⬤ 电影《勇敢往事》海报

谢晋：
时代的歌者

文 / 王家祥

2018年，是改革开放40周年，也是谢晋导演逝世10周年。谢晋这位从浙江上虞走出来的青年，在20世纪五六十年代，已成为声名显赫的大导演。他的"女性三部曲"（《女篮五号》《红色娘子军》《舞台姐妹》）让我们看到共和国在创立和建设之时，半边天们与历史对话时，所爆发出的巨大能量。但他璀璨的电影之光真正地做到普照人间，却是在中国历史的重大转折点，1978年改革开放以后。

谢晋曾经说过："任何国家、任何时代，都要为自己的民族塑造形象。如果20世纪中国电影还没有美好的形象留下来，并且被全世界都能接受的话，那我们这一代电影人就没有尽到责任。"他用一生践行了自己的信念，始终植根于中国的土壤，始终关注着时代变革下普通人的命运，同时也成为中国电影发展史上极具代表性的灵魂人物。

在制作大型专题片《影响——改革开放40年的中国电影》的过程中，制作团队访问了多位曾经同谢晋导演有过交集的嘉宾，与我们共同追忆这位电影巨人。

王馥荔 《天云山传奇》主演

他的感情很细腻，他不表达出来，但是通过他的所作所为你会感觉到他是很温暖很细腻的一个人，今天聊起来就特别想他。

谢晋导演第一次找我拍戏，是《天云山传奇》，那时我俩

谢晋

还不太熟。我记得很清楚，有一天吃中饭在院子里遇到谢晋导演，我知道这是谢晋大导演，但是没敢说过话。他过来跟我说，"王馥荔，我下面要拍个新电影，编剧是鲁彦周，很有名，非常棒的作家。我把这个本子改成了剧本，现在要拍成

电影。里面有一个角色，我想让你来看看。"

我说好的，就把本子拿回去了。一下午一晚上，仔仔细细地看，越看越激动。第二天我找谢导，说自己真的太感动了，这是个很深刻的本子，我当然愿意上。

谢导问我，你猜猜我让你演什么角色？

我当时想，肯定是冯晴岚，因为当时找我的戏都是顺着《金光大

◉ 王馥荔

◉ 谢晋给演员讲戏

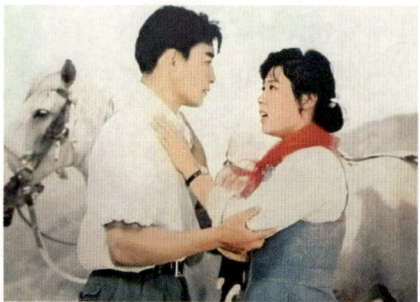
◉ 电影《天云山传奇》中的王馥荔（右）

道》还有《绿海天涯》中的戏路，都是很温柔、贤惠、善良的，大家很喜欢的女性形象。

结果谢导说，我要你演的就是宋薇，我当时真没有思想准备，因为我觉得宋薇好像跟我的戏路子不是很吻合的。

他一笑，"看你用功不用功了，我觉得你可以"。

从那天起，谢导从造型到谈戏，反复让我排小品，指引我慢慢深入到角色中去，还要求我在生活中也要"时时刻刻记得自己是宋薇"。

宋薇这个角色，有 20 岁到 40 岁的年龄跨度。谢导说，在我身上看到了年轻人的纯劲、阳光和活泼，也看到了中年人的沉稳和贵气，以及宋薇后来心中的痛苦及矛盾。所以我觉得谢导在选剧本找演员时是有独到之处的，他会全面考虑这个人物，然后考虑演员是否合适。

他说："王馥荔，如果你只顺着自己的戏路驾轻就熟演的话，不会有突破性和创造性。你要不断给自己出难题，才能提高、进步。一个好演员，不管国内外，都应该驾驭各种不同性格不同年代的人物，这才是好演员、大演员。"这句话我记了一辈子。再选择角色找剧本的时候，我会有意识地不断给自己出难题，让自己在演员的道路上继续突破。

在拍摄《天云山传奇》的过程中，谢导一路激发我、启发我、鼓励我，让我一步一步地接近这个人物。因为宋薇这个角色很复杂，尤其是后半部分她内心的矛盾、痛苦、压抑直到最后的爆发，在正义感的驱使下站出来，宁可这个家庭破裂也要为罗群主持正义。这个角色的难度，我作为一个比较浅的女演员的水平真的是达不到的，也是进入这个角色以后反反复复地听谢导给我的教导。通过塑造《天云山传奇》这个角色，对我的表演启发和提高有很大的帮助。

宋薇是使人同情但是又是很可悲的人，这个人物对女性甚至对咱们这些老百姓是有一定启迪性的。谢导在处理宋薇的结婚这场戏的时候是有他独特的想法的，虽然场面很红火，打扮得很漂亮，头发也做了，口红也涂了，吴遥也摆了酒席，场面也很热闹，但其中暗含一些悲剧性，导演要求我嘴上在笑但内心是酸的，他在这场戏运了一些比较新的手法，让大白马和结

婚场景同时出现在画面上，那匹大白马象征着宋薇和罗群的爱情，她和罗群第一次拥抱的时候就是骑大白马，马惊了，宋薇从马上差点摔下来，这时候罗群接住了她，这个是他们俩爱情的开始，而他真正嫁给吴遥的时候，她脑海里想到的这匹大白马出现在画面上，我觉得这个想法特别好。

谢晋导演其实是个敏感的人，不管是在选择剧本、题材和演员时都具备一种独到的嗅觉。可能你生活中或者哪一次活动见过他，你自己都不知道，但他已经注意到你了，之后哪部戏觉得你合适，就会果断来找你。

在片场的时候，他有时很严肃，很有威望，但有时又像个孩子一样。如果他导了一场好戏，或者对某个镜头和某个演员的精彩表现很满意，就会像孩子一样手舞足蹈。如果他提出了要求但你没有做到，他也会很恼火，有时候发起脾气来也很厉害的，不管是摄影、灯光还是道具、演员，你达到他的要求他会跟你有说有笑，跟朋友一样，拍个肩膀，说个笑话；如果我跟你提出这个要求，几天前就告诉你了，你到实拍的时候拿不出来，比如说道具错了，我要的这个景没有达到我的要求，他宁可今天不拍这场戏，让你连夜整改也不将就。

谢导喜欢一个演员拿出几套方案来，他会选择你最精华的部分，一点都不会把你用功的某一点东西给丢掉了。只有你自己没有注意到的，没有他发现不了的。人家有时候开玩笑，说谢导能把人榨干了，实际上他也是为了这个角色能更好，再前进一步，再提高一点。

谢晋导演不只在工作和艺术上敏感，生活中也特别敏感、细腻，有爱心。我觉得他是个很温暖，对家庭也非常负责任的人。

在拍《天云山传奇》的时候，我的孩子重感冒转肺炎住院了，家里报喜不报忧，我知道的时候孩子已经病很重了。当时孩子才两岁多，我怎么能安心拍戏呢？我肯定想回去看孩子啊，但不可能，我当时戏份那么重。外景部分拍完后，我抽空回到家里看到儿子瘦了，掉眼泪哭了好一场，但紧接着又要去上海电影制片厂拍内景。拍内景的时候我不断给家里写信，每天都在问孩子怎么样了，我真的不放心，有时候会担心地哭

电影《天云山传奇》拍摄工作中的谢晋

了。谢导不知道我为什么哭，又不好意思问我怕我不好意思说，于是就派制片主任毕立奎来问我，毕主任回来后告诉谢导说王馥荔想孩子了。谢导知道了，他托农民买了一只鸡，炖了给我。那时也没有桌子，就是小板凳拼起来，就那么吃。他劝我，说你吃你吃，我理解你的心情，知道你特别疼孩子，但咱们要顾大局。谢晋导演平时对我很严格，但他心里明白我是个特别用功的女演员，一定会配合他把这

电影《天云山传奇》海报

个角色"立"起来。他跟制片主任说，让王馥荔老公抽空带孩子来咱们这，就安排在制片厂招待所住一段时间，陪陪馥荔。后来我妈妈和我老公带着儿子就来了，当天我仍然在那拍戏，那天也是我的重场戏，等我卸完装回到房间的时候，吃惊地发现谢导和制片主任都在那里等我，他们来看望我的孩子。我当时就非常非常感动，那时候已经十一二点了，大家谁拍完戏不回家，何况谢导还得骑40分钟的自行车回家。但他没有。他首先跑到三楼招待所看望我的家人和儿子，我真的非常感动。谢晋导演的感情很细腻，他不表达出来，但是通过他的所作所为你会感觉到他是很温暖很细腻的一个人，今天聊起来就

拍摄《天云山传奇》时期的谢晋（中）、王馥荔（右），左为石维坚

谢晋凭借《天云山传奇》获得了1981年首届中国电影金鸡奖最佳导演奖

特别想他。

当时电影上映后，都会收到观众来信，《天云山传奇》是我收到的信里最多的。那时候传达室每天都会有我的信，都是一袋子一袋子送来。有把我真的当成宋薇这个组织部长了，有来信申诉的，有通过我往上递材料的，这也证明了这个角色在他们心目当中的信任度就这么强。让我最震撼的，让我感觉最温暖的，让我都流泪的一件事情是一个海军小战士，给我来的这封信。他的父母亲当年和宋薇、罗群有相似的经历，他不理解他的母亲，他不认他的母亲。后来他看了《天云山传奇》，他说我知道了，在那个历史背景当中我母亲有我母亲的苦，这是当时的社会造成的，不能全怪我妈妈，我妈妈也不希望这样，我作为儿子不应该让我妈妈继续痛苦下去，我应该认她，现在我妈妈非常幸福，因为我叫了她妈妈，我看了这封信以后我也很感动，作为母亲来说，作为一个演员塑造了一个角色能起到这些作用，我感到特别荣幸。

要说我事业上有点成绩的话，可能这40年更突出一些。非常感谢我的家人，也非常感谢谢导。他80多岁的时候，耳朵背得厉害。我给他打电话他就说，馥荔呀，我听不见了，你就听我说，我都挺好的，电视上只要有你的节目我都看。

朱时茂 《牧马人》主演

在拍摄《牧马人》过程中我们建立的这种友谊是永远不能忘记的。

我出演谢晋导演的《牧马人》非常巧合。那时我本来要去上海拍《井冈山》，后来那个项目黄了，这期间我就认识了制片主任毕立奎。他和谢晋导演来北京选《啊！摇篮》的演员，就给我打了电话。在我跟毕主任聊的时候，谢晋导演从门口过，毕主任说，老谢你来见见这两个朋友，一个是刘继忠，一个是朱时茂。谢晋说好，你们聊，就走了。这个过程从头到尾大概也就是十秒钟。这次见面后我回到八一电影制片厂的招待所，毕主任给我打了个电话，说朱时茂你现在有没有时间啊，我说干嘛，他说谢晋导演看到你以后整个人一"振"。我问，一"振"是什么意思啊？他说一"振"就是感觉你的形象很特

别，想让你来演我们《啊！摇篮》的男主角。当时我已经答应了一个八一厂的片子，冲突了，就没有去。

第二年的时候谢晋导演又来找我，说要拍《天云山传奇》，那时我已经接了《飞行交响乐》，所以又没合作成。

第三次就是《牧马人》，终于合作成了。

后来我就想谢晋导演他真是一个执着的人，他就见了我一面，而且那么短的时间，就一约再约，一约再约。我当时是年轻演员，周围八一厂的朋友们都跟我说，你把这部电影停掉也要去拍谢晋导演的片子。当时只要是谢晋导演拍的，这部电影一定会出名，都是这样的，但我觉得我已经答应人家了，就不可能再变了。

体验生活一个月，谢晋导演给布置的小品任务，做了 10个小品，我们回来上影厂向他汇报，这个过程我觉得是非常重要的。其实演电影在镜头前是很短暂的，幕后的工作我觉得一定要做得结实，这样子在镜头前面，表演才能够准确。《牧马人》在表演上可能比较准确的话，与我们在体验生活的阶段做了 10 个接近人物的小品很有关系，我们这个小品到上海给他们全摄制组汇报的时候，一个一个做，做完了之后，谢晋导演说看来你们这一个月体验生活没有白费，你们还有进步，你们基本上已经接近人物，但是还要继续努力，接着我们就奔赴农场，奔赴祁连山草原就开始拍了。

在拍摄过程中，我和丛珊老师、牛犇老师、刘琼老师的合作，这种友谊永远不能忘记的，刘琼老师和牛犇老师对我们当时的年轻演员这种关照，这种指导，永远不能忘，非常怀念。《牧马人》演员之间，演员和导演之间建立这种友谊真是永生难忘。谢晋导演在纪念他从影 50 周年的时候，我那时候钱也不多，我还是带了 10 万块钱给他，我说谢晋导演我知道您平时也没有人给你洗衣服，不是在家里，拍摄在摄制组里头，希望你找一个人给你洗洗衣服，这样能够让你有更多的创作时间。

谢晋导演曾经说过表演就像是一个人捧着一掌水，如果我们十个手指头缝都散开，一点点都散开，水就没了，这个戏就没法看了，我们的手指一个个都合拢，我们不让水漏，我们都

朱时茂

电影《牧马人》海报

捧住它，这个戏都在这里头，大家看起来就过瘾，这就是戏。你千万不要散掉，所以我们这种演员之间的交流是很多的，我和丛珊几乎每天都要交流。打饭，我们那时候都是自己到食堂打饭，在农场里头打饭回来，大家蹲一块吃，谢晋导演说你们俩一定要经常在一块说话，她一个眼神你就知道干什么，我一个眼神你知道干什么，一定要这样子，千万不要有陌生感，真的在镜

工作中的谢晋

头里才能像一对儿伴侣。我和丛珊在生活当中就尽量地多接触，她的台词，我的台词都互相说给对方听，看她的感觉对不对，丛珊她很纯朴，接受能力很快，你一说她就能够理解，所以她靠近角色的这个速度也非常快。有一场戏就是我上山放牧回来，她在家学写日记、脱土坯，我觉得这场戏是我们俩这部电影里头很精华的一场戏，导演看着也很满意，我们自己看着也觉得很满意，这个与我们俩平时互相交流，真是分不开的。

《牧马人》在我的艺术道路上也是一个转变，在当时来说是一个顶峰，是通过《牧马人》这部电影让大家认识了我。

《牧马人》在全国放映之后，我记得有一次去中山纪念堂开放映会，电影放完了之后当时有一些大

◎ 电影《牧马人》剧照

◎ 张光北

学生就来找我签字，那时候还没有拿着相机，都是拿一个小本，让你签字，我们签不过来，我中午还约了事情，我记得就是一直在跑，签一个就走，后面一大排人就在追，我就在前边跑。跑着跑着摔倒了，一个压一个，他们也找不着我在哪儿，后来我又起来了，接着又跑，因为车停在哪儿都找不着了，中山纪念堂里面也都是很大的，我们也不是很熟悉路线，最后跑得满头大汗，大概转了有半个小时终于转出来了。那个时候大学生对这个影片的热情，对我们的热爱，实际上就是对《牧马人》的肯定。

1978 年我已经开始拍电影了，如果能对那个时候的自己说一句话，我想应该还是要拍电影，我永远觉得电影是我终生不可分割的一部分。

张光北 《芙蓉镇》演员

跟谢晋导演拍了这么多年戏，几十年后回想起来，还是觉得十分感恩和幸福。

1982 年，我考上中央戏剧学院表演系本科班。实际和谢晋导演的结识并不是 1985 年的《芙蓉镇》，应该是 1983 年、1984 年他拍《高山上的花环》的时候结识的。

大家都知道我们有一个师姐，就是丛珊。其实我和丛珊是中学同学，由于我考学比较晚，等我考上中央戏剧学院以后，在校园里碰见的时候，她已经是二年级学生了。大家都知道她拍过谢导的一部戏《牧马人》，轰动了影坛，所以她和谢晋很熟。

谢晋导演筹备《高山上的花环》的时候，想为电影里赵蒙生这个角色找演员，丛珊就觉得我特别合适。我记得跟谢晋导演第一次见面的时候，我、姜文、吕丽萍我们一大帮，丛珊就带着我们去新街口原来的政府招待所去见谢晋导演。谢导见了我们以后，对我们特别客气、特别热情，对我们这些学生们真是像父辈、老师一样的关爱。但是我感觉谢导当时对我印象不大好，因为那时候在戏剧学院正好演一个苏联的话剧，要留头发，头发特别长，还是黄色的卷发，就现在这种很时髦的披肩长发。谢导一见我就说："你吧，演不了这里面的赵蒙生"，大

家都知道后来是唐国强演的。"你太年轻，另外你太漂亮，你演哈姆雷特还可以。"后来我才了解，谢导越夸谁，他就没看上你，他不夸你反而看上你了。

到了1985年，我正在校园里打电话，突然后面有人叫我：张光北。看见是谢导，身边一群人围着他，我赶紧把电话放下。他问我你最近在干嘛呢？我说拍毕业大戏呢。他看了看我，没说话就走了。

当天晚上十一二点的时候，宿舍有人敲门，谢导的副导演过来找我说张光北，你今晚抓紧时间看看这本小说，明天上午我们有车来接你，谢导想约你看看你的表演。

我一看，是《芙蓉镇》。第二天我去试戏，中午的时候谢导说我定你了，但你要赶紧回去跟老师请假，因为马上要体验生活了。我回学校求老师，没用，老师不放人。

谢晋导演想尽了各种方法，帮我解决了困难，我终于演成了《芙蓉镇》。现在想想还是很激动，我从事影视艺术这么多年，从谢晋导演身上学到了一个东西：当一个导演知道自己心目中演员是谁的时候，他不会看你名气大小，是否有流量，而是看你是否符合他心目中的要求。

我觉得这两年真的把这些传统的东西都给丢掉了，但是今天我想起谢导这些东西都是特别有用的，所谓的我们老说观察生活、体验生活，实际对于演员来讲特别重要。因为你一个演员不可能把你所有要演的角色在生活当中都经历过。所以谢导是要求所有的演员去体验生活。

我记得很清楚，这个戏进组最晚的演员就是我和刘晓庆。虽然进组晚，但是不能推迟整个剧组的观察生活、学习生活的过程，我和刘晓庆还没进组的时候，谢晋导演已经带着其他演员都到湖南湘西永顺县王村镇，现在叫芙蓉镇，就那个山村里边去生活。他们体验生活的时间很长，可能有二十多天一个月。

第二拨体验生活就是我和刘晓庆，我们俩去了一个星期。晓庆天天跟当地人卖米、卖米豆腐，我天天跟着那村长支部书记在村办公室办公，观察当地人的生活，回来要做笔记。快结束的时候，谢导又让我们俩去了郴州基地，当时中国女排精神

年轻时期的谢晋

是全国人民学习的榜样，正好中国女排在那进行训练，就专门让我们看了两天中国女排的训练，谢晋号召我们要学习中国女排拼搏的精神，也算是一种动员。

当时，我们每个演员手里都没剧本，谢导就让我们每位演员根据人物角色交小品。这等于又回到我们在戏剧学院当学生时，一年级、二年级的基础教育的训练。比如生活当中，因为我小，刘晓庆是我姐，我们体验生活、观察生活的时候，我就也称呼她为"晓庆姐"，

电影《芙蓉镇》中的张光北

有时候盛饭，我很自觉地说给晓庆姐盛碗饭什么的，这时候谢导绝不让盛，你别盛，让晓庆盛。什么意思呢？他让你在生活当中就建立人物关系，他说生活当中你是光北弟弟，那是晓庆姐，你现在是满庚哥，得妹妹给哥盛饭，你怎么能盛呢？很严肃地给我们说。包括我那会儿也没结婚，还没谈恋爱呢，就让电影里那三个孩子天天跟我们在一块。我们还没拍戏呢，电影中的衣服全给我们穿上了，我现在银幕

电影《芙蓉镇》剧照

电影《芙蓉镇》剧照

工作中的谢晋

当中呈现的衣服什么样，当时生活中全穿那个，到上海也这么穿。如果看到你生活当中穿其他衣服，谢导就跟你急了，永远是这样。

直到后天要开机了，我们手里还没剧本，突然接到通知说明天上午9点钟全组开大会，谢晋导演给大家讲剧本。我记得很清楚在上海电影制片厂八楼，谢导往那一坐说，今天我谈我们的电影《芙蓉镇》。让场记把当时的板砖录音机一搁，我们每个人都拿着笔记本，谢导拿着很厚的他自己写的一摞信纸，就开始说，第一个镜头是什么，他从第一个镜头讲了两千来个镜头，每一个镜头就这么讲。等讲完了，他跟场记说拿去打印，这个就是剧本。关键是我们一听完发现，这一段不是我们的小品吗？我才知道，是我们的演员交了这么几十个小品，谢晋整个把它们都融到他这个电影剧本里了。这就是我的《芙蓉镇》，我们的《芙蓉镇》。最后当影片完成，我们第一次看样片的时候，就跟谢晋导演当时跟我们第一次讲剧本一模一样，真是可以看得出，谢导对电影整个的设计，他对每一个镜头的想法，从开始到结束，永远是完整的。

谢导说过一句话，什么叫好的电影剧本？它一定是能够打动观众的，它是要充满人性的。另外在一个历史大变革的时候，才能产出一个伟大的文学作品，在这个基础之上，才可能产出一部伟大的电影。所以他的戏接地气，就是正好能触动那个时代我们观众的心灵。

具体到拍《芙蓉镇》时，有一场戏是拍我演的黎满庚"百感交集"地坐在炉火边。我当时真的不理解，怎么表现出"百感交集"，就问导演。谢导说，我告诉你，"文化大革命"时我爸跳楼自杀，当我听说后赶回来，把我爸抱在怀里的时候，我就是百感交集。当时有人说谢晋这孩子疯了，为什么他不哭，他还笑？其实那是百感交集，因为笑比哭还难受。

谢导在片场特别会给你营造一种气氛，比如要拍特别惆怅痛苦的戏，一定让现场特安静。他不理你，我特别希望这时候他能够说两句什么，你应该怎么怎么演，但是他不说话。

"安静了，预备。"半天不喊开始，他不喊开始，我也不演。然后谢导用非常小的声音说："开始。"此时此刻，你觉得摄影

棚里掉跟针都能听见。开始——实际上我没演，我在想，但是感觉缺点什么，突然就在那么安静的环境里，传来谢导的话外音"满庚哥"，他用他的哑嗓子学刘晓庆的声音叫我。一个演员，你知道此时是导演在叫你，但是那声音传来的感觉又像是胡玉英在叫你，我一下子进入那个"百感交集"的状态了，胸口一涌，一暖，一揪心，过了。今天电影中呈现出的就是当时的效果。

对于年轻人的培养，我觉得谢导像个长辈、像个前辈，永远把这些演员当成自己的儿女一样，这个我特别有感触。我的毕业论文，正好是在剧组里完成的，谢导把我的毕业论文从头到尾都给阅了一遍，包括错别字都给我改了，他不管多忙，只要你说谢导有什么事告诉谢导，他一定会给你帮忙，而且他是认认真真地给你批注。

最感动的是他经常鼓励年轻人。我至今记得很清楚的一件事，《芙蓉镇》快要拍完的时候，当时上海电视台有一个导演突然要让我演一部戏，我那时候特兴奋。你想想一个大学四年级学生，第一部戏还没拍完呢，马上就有第二部戏了，当时就感觉自己前程似锦，但没想到正准备要去呢，对方突然说不用我了，提前也没有跟我打任何招呼，所以我感到特别痛苦，突然觉得自己前途无望，甚至在宿舍里流泪，有人看到之后就告诉谢导了，第二天上午拍戏谢导也没理我，当时拍戏的时候情绪就不太好了，一个年轻人心理障碍过不去，没想到中午谢导说，来上车，让我跟他上车，我说干嘛去？跟我回家吃饭去。

我就跟着谢导回家吃中午饭，在饭桌上，他给我倒了杯酒，谢导说，听说你哭了？在谢导面前，就像面对自己父亲一样，我就把这件事说了，我说我心里想不开，怎么就把我给换了呢？是我不符合标准，还是什么原因？谢晋后来就说，你呀搞艺术的，这是万里长征刚刚开始，以后你遇上这种事，还多得很，但你一定要相信自己，你一定能成。我先问你一句话，我是谁？我说您是谢晋。他说，我是最棒的导演，那最棒的导演找的演员，应该不应该是最棒的呀？我说应该，他说，所以说你是最好的演员，你记着你永远是个好演员。你还要记住，我们《芙蓉镇》还没公演，等《芙蓉镇》出来以后可能你这些

工作中的谢晋

都不是困惑了，你信吗？所以要相信自己，你会成功的，来，喝酒，好好地保持状态，下午的戏接着好好演！作为演员这时候感觉到特温暖，谢导给你无穷的力量。

《芙蓉镇》上映之后，当时所有的影院都在放，几乎所有人都去看了，在那个阶段轰动了整个的社会，轰动了影视界，真的是很伟大的作品。因为当时正是改革开放初期，又是刚刚结束"文化大革命"，拨乱反正的时期，所以人们的思想，人们对那段历史，都有一种反思，有种记忆，大家觉得像自己身边发生的事情一样，也对未来改革开放充满着信心，让这种事情再也不能发生。我觉得这就是电影的力量，这就是电影艺术的力量。

我们俩最后一次见面是在金鸡百花电影节，他去世的前两年，在杭州西湖边上，我们等着走红地毯。他那时候岁数已经大了。他一走路，我一看他岁数这么大了，我想在旁边搀他一下，一搀他他就打我手一下，那意思就是你别搀我，我能走。

没想到，没过多久，谢导就突然病故了。

所以还是人生无常，但是每次回忆起来，我都觉得谢晋导演影响了我们一生。最关键、最重要的是，那个时候我们全是一片"白纸"，是什么都不懂的学生，通过谢导的戏走向了电影这个道路。作为我来说，一个演员、一个学生来讲，的的确确是一个幸福之事。尤其刚刚在戏剧学院还没毕业，在毕业前后的时候，能得到这么一个伟大的导演来培养你、栽培你，可能对你的一生的艺术创造都是有好处的，刻骨铭心的，永远忘不了。

石川 上海戏剧学院教授、上海电影家协会副主席

想起谢导就是一件很快乐的事情。

谢导特别擅长抓住社会最主要

石川

电影《啊！摇篮》海报

的思潮。

电影《啊！摇篮》，原来的剧本是叫《马背摇篮》，是那些在延安保育院的那批孩子，他们长大以后自己写的剧本，剧本刚拿到上影厂的时候应该说是不合格的，就像一个我们看到的很常见的战争片一样。谢晋这个人就很神，就这么一个剧本他就给改成一个魅力四射的故事，他把整个故事重心从那一批孩子身上移到女性的身上，她怎么重新在自己身上发现母爱，发现女性的特质。这里面还有一个故事，本来主演并不是祝希娟老师，是在《天云山传奇》演冯晴岚的施建岚，她那时候是八一厂的，谢导最初是请她来演这个角色，但是她在学骑马的时候摔了一跤，脑袋磕到一块石头上，就演不了戏了，谢导当时到医院里去看她说你放心，你这部演不成了，我下一部还找你，所以拍《天云山传奇》的时候把她又请回来。祝希娟实际上是去救场的，开始谢导对祝希娟老师好像有点顾虑，因为在谢导眼里祝希娟老师是个刀马旦，风风火火的，演《红色娘子军》吴琼花，后面她母性焕发出来以后的那个柔情，他就觉得祝希娟能不能演出来，开始的时候是没底的，但事实大家都看到了是很好的。这部片子让我们看到了祝希娟她作为一个女演员不为人知的另外一面。

这个片子之所以当时引起这么大轰动，是因为当时刚刚提出人道主义复归的问题，大家都在讨论人的情感、人的价值、人的尊严，社会上各个界别都在讨论这个问题，《啊！摇篮》

这部影片在 1979 年出现的时候，恰恰就打准了当时社会的这个热潮，它就从一个本来相对比较平庸的一个剧本就变成了一个比较优秀的影片。

谢晋有一句话就是艺术家要对社会问题发言，我觉得《牧马人》这个片子是最典型能反映他这句话的。因为这个事情很多年前我也跟张贤亮老师谈过，我说你觉得谢导为什么会看中你这篇小说？张贤亮当时想都没想，他说谢晋就是看中了当时里面出国热问题，就是许灵均他爸爸从美国回来，让他出国去继承他的产业，"子不嫌母丑，狗不嫌家贫"，是通过李秀芝的嘴说出来一句话，其实当时看到很多人出国，谢晋最想说的就是这句话。他在张贤亮的那个小说里看到这句话了，就引起他的共鸣。

谢晋导演有一个特别大的特点，他看中小说或者作品往往就是一句话或者一个细节。他以前经常教育我们说："一个剧本，你一定要最珍视第一感觉。第一次时，是什么地方流泪的，什么地方笑的，这一点才是这个剧本最有价值的地方。"直到今天，我还记得谢导当年的这句话。迄今为止我们碰到一个什么问题，反复修改反复讨论，讨论到最后这个剧本到底要干嘛，我们已经都不知道了，所以要重视你的第一感觉。

谢晋作为新中国最重要的导演之一，他的伟大之处就在于他非常善于把握时代和当下的热点事件。谢晋他擅长把这个社会的主要思潮跟当下的热点问题，还有他个人的生活经验，这三者很圆融地融合在一块，所以他为什么每一个片子总能引起热议？我说不是他的片子引起热议，是因为他拍的片子本身就是一个热点话题。

比如说当年的《高山下的花环》，那个小说一出全国轰动，多少人去抢那个小说，但是最后为什么会落到谢晋的手里？当时全国各个制片厂的编剧全都拥到济南军区政治部门口堵李存葆（《高山下的花环》作者），李存葆谁也不敢给，因为这个得军区的领导来拍板。后来上海也有一个姓丁的女编剧去了济南，看到这个情况她打电话回厂里请示该怎么办，当时徐桑楚当厂长他就回答这个编剧，他说你告诉济南军区的人，你只要把这个剧本给我们上影，我就让谢晋来拍。谢晋是当一副扑克

🎞 青年时期谢晋

牌里的大王打出去的，每个厂都有这种牌，我手上是红桃 K，他手上是黑桃老 Q，他手上是方块 A，每个厂里都拿着牌的，上影厂手里的牌最大，我大鬼直接扔出去，所以谢晋后来拍了《高山下的花环》轰

🎞 电影《高山下的花环》海报

动全国。

谢导并不是一个很新派的人，他也尝试过用那种电子乐，但这些东西都不是他想要的，其实我觉得他内心最大的那一块还是古代的那些诗画，那些古代的美学，传统美学。我觉得谢导是一个传统士大夫，这一点我觉得是成就他了。现在我们的导演可能比较重视现在国际最新的电影技术，电影的美学思潮，相对而言不太看重中国传统的那一套东西。其实这一套东西跟咱们的老百姓特别有亲和力。你比如说你玩古代传奇的那一套，你玩才子佳人的那一套，甚至你玩民国初年鸳鸯蝴蝶派的那一套，怎么玩老百姓都喜欢的。谢晋为什么这么受大众的追捧？其实就是他对这一套传统的东西特别特别熟。

很多人都来问我说谢导为什么他看演员这么准？谢导他把演员还是按照生旦净末丑这么来分的，因为他跟我们交流的这个过程当中就说你看刘晓庆她是个花旦，陈冲她是个青衣，祝希娟是个刀马旦。他就知道唐国强应该用在什么地方，不应该用在什么地方，他对每个演员他的优势、他的劣势都很清楚的。

他说牛犇，你别小看牛犇，牛犇是个小个子，他是个黄金炮架子，我当时听不懂他说的什么，我说什么叫黄金炮架子？他讲的就是我们说的红花要绿叶扶，那个绿叶，就是黄金配角，他们行话叫黄金炮架子，他说你那炮，你得有个架子托着，它才打得远打得准，他说牛犇就是这样，他一个人的戏他出不了彩，你把他放在一群人当中，最出彩的肯定是他。

我记得他说过丛珊这个人眼睛特别有意思，她跟一般学表演的女孩不一样，学表演女孩因为有解放天性的那个过程，所以一般都会落落大方，很坦然地面对一切。但是丛珊她那眼神里永远都有一种害怕，有一种羞涩的眼神，谢晋看中她就是因为这个。他说李秀芝是个逃荒的四川妹子，她在火车上看人都是那种很害怕，像一个受了惊吓的兔子似的，他说他读小说的时候对这个角色的印象就在丛珊的眼神里看见了。丛珊当时很高兴来演，结果没想到这么苦。李秀芝是个很健壮的农村妇女，什么粗活重活都会干，打土坯，盖房子都是她自己动手，他说那你得学。我记得牛犇老师在《牧马人》里演郭谝子，他在剧组里还有一个职务就是表演指导，谢导就给牛犇布置任务，说你得教他们养鸡，你得教他们赶马骑马，特别教丛珊打土坯，他要求演员要做到那种下意识，不是说你模仿两个动作就行了，你上来就能做，本人就像农村妇女一样，"下意识"这三个字是谢导非常强调的，表演要是一种下意识，你不

⊕ 刘晓庆

⊕ 陈冲

⊕ 祝希娟

能说很刻意的，设计好的，这在他眼睛里是过不了关的。丛珊她是一个知识分子家庭出身的，从小养尊处优，从来都没干过重活，你想想在大西北打了两个星期土坯，这个角色之所以公映以后还能被大家认可、被大家喜欢，我觉得跟谢导对她的训练是分不开的。

电影《牧马人》中的丛珊

其实跟后辈这些导演相比，谢导视觉方面的能力是不太强的，因为他是学表演出身的，我觉得谢导最强的还是戏剧方面的，但是他能把他身边那些协助他工作的，他的摄影师、剪辑师、美工师等等，他能把这一群人团结在一起，所以最后他的成片加起来的效果总是要大于局部，我觉得这是谢导很大的一个本事。谢导有个外号叫作榨干机、榨汁机，他就是能把一个演员或者一个创作人员的创作潜能给你充分调动出来，最终让影片呈现的效果总是最佳状态。

我曾经说过谢导一生36部电影，你把它的顺序打乱重新组合一下，就是中国近代史，比如《红色娘子军》，比如《鸦片战争》。他不像很多西方的导演背后有某种哲学观支撑着，谢导如果说他有什么思想，他其实就是一个善良的人，他就是一个人道主义者，为什么20世纪80年代的时候他拍片能够这么有影响力，因为那个时候人道主义是那个时代的一个大潮，但是到了20世纪90年代，到了商品社会开始了以后，这个人道主义的思潮慢慢退却以后，那时候我感受到谢晋他有点六神无主了。

谢导晚年最想拍的是一个叫作《钱塘桥魂》的故事，讲茅以升的故事。茅以升当时留学归来建造了咱们国家最早的一个现代化的钢铁结构的大桥，就是钱塘江大桥。刚造好没两年，日本军队从杭州湾登陆了。国民政府就不得不把这座桥炸了，以阻碍日军的进犯。但是没有人会炸，大家不明这个钢铁桥怎么炸。最后是茅以升自己出来说这是我造的桥，它的结构我最清楚，我来炸。这段故事我是从谢晋导演那里听来，我现在还记得那个场景，他坐在那个大台子后面跟我说："自己生的儿子呀，自己要把它掐死呀……"他就特别感动这一点。那个片子最终没拍成，我觉得是他一个特别大的遗憾。

我想起晚年的谢晋，特别感慨。"我要去拍戏了，我要出去拍戏了"，他整天跟我说这句话。我就想"我要去拍戏了"这句话就是挂在他眼前的最后一片叶子，我们所有人都知道这根本不可能实现，但是我们谁也不愿意去拆穿他。因为这个才能为他带来快乐嘛，这个才能为他带来他活着的意义。

我跟谢导的年龄差得很大，但是跟谢导的相处让我觉得妙趣横生，特别快乐。跟他在一起的那些年特别快乐，我们整天互相开玩笑。我记得有一次在韩国某个电影节上，我不知道他要去参加电影

工作中的谢晋

工作中的谢晋

节，我去了，他也去了，我们互相不知道，结果在宾馆的餐厅内碰到一块，他就像一个小孩一样，在我背后悄悄地走过来，在我后脑勺上拍了一下，我想这是谁呀？

站起来扭头一看是谢导。他跟我说，你就吃这么一点？我说够了。他说你会营养不良的，你得多吃。第二天同样坐在这个位置，我说那就听谢导的话多吃一点，要了两个煎蛋。谢导又来了，他站在我后头叉着个腰对我说："你吃那么多啊，你吃那么多你会成个大胖子的。"他就是跟你逗着玩。

谢导葬礼的时候，我跟许鞍华一起，许鞍华止不住地落眼泪，我就是在旁边面无表情地站着。所以有一个记者就来问，说谢导去世这么些天了，怎么从没看你掉过一滴眼泪？我说我想起谢导心里就是快乐的，所以到今天为止我觉得依然是这种感觉，想起他就是一种很快乐的事情。

后记

诗圣杜甫的诗，被后人称为"诗史"。那么谢晋的电影可以称之为"影史"，假如说托尔斯泰的文学创作是"俄国革命的一面镜子"，那么谢晋的电影就是"新中国的一面镜子"。他的电影为我们讲述了共和国建立前后的风风雨雨，让我们看到一个个具体的人，在时代的洪流中是如何载沉载浮。

谢晋电影的最高峰，应该是他 1986 年创作的《芙蓉镇》，姜文扮演的秦书田，在命运的沉浮面前，依然有他的怡然自乐。扫大街成了一种舞蹈倒在其次，关键是还寻到了一份甜蜜的爱情，以及"活下去，像牲口一样活下去"的傲然胸襟。秦书田自是管他风吹雨打，我自闲庭信步，有着顽皮而倔强的与世无争。而《牧马人》中的许灵均同样有着朴素而独立的精神王国，只要人美、景美便能安然地度过一生，而时代格局的风云激荡，均无法消除此意志。这显然是太过健康的一种人生态度，健康到都快成了一种人生理想。或者说，谢晋的乐观就在于，不管历史的尘埃如何纷纷扬扬，而只要人性深层的一派美好一遇阳光便灿烂，便能无往而不胜地对抗命运之不公，谢晋的宽容与温柔也在于此。也就是说，谢晋所强调的，抑或讴歌的人性是完善的、坚韧的，可以遇折就弯，但又能弹性十足地茁壮成长。于是，谢晋开始了他特有的抒情或煽情。《天云山传奇》里冰雪中的一辆板车、《芙蓉镇》里红红的烛台，甚至谢晋更早期的《女篮五号》里那面冉冉升起的国旗。既是对苦难人生的一丝慰藉，也是与无常命运对视时温软的一瞥。谢晋一方面大口大口地呼吸着时代的东风、西风，同时，谢晋也以他坚定而独特的步调应和着时代的轰然交响。他也就当之无愧地成为我们这个时代最富激情的电影导演，目前看来，也是我们这个时代无法复制的电影作者。

开 路 先 锋

影响
中国电影人访谈录（1978—2019）

张艺谋：
与时间对话的人

文 / 赛人

在张艺谋的第 21 部故事长片《影》全部竣工之后——同时，也是他第 22 部电影《一秒钟》开机之前——我们在张艺谋的工作室，与他有了一次长谈。应该说，他和 30 多年前一样，样貌没有大的改变，他精瘦的身形和一头黑发，让我们很难与他的实际年龄挂钩。想他如同秦俑般的眉骨，理应更容易与时间互不干扰地并存。而在张艺谋看来，电影这门关于时间的艺术，会使那些雕刻时光的人，反过来，不太会被岁月所刻画，至少外在形态上是如此。电影使张艺谋和他的同人们，拥有了两套时间体系。一个是再正常不过的生老病死，另一个是能在银幕上放光的四季流转。

电影人永远是年轻，这句话用在张艺谋身上是最合适的。那我们就先从他的年轻时代讲起。

188 元的海鸥相机

记者：很多像您这样成绩骄人的导演，会用一部电影来回溯自己梦最开始的地方。你有这种想法吗？就是说，去拍一部自传体的电影。

张艺谋：目前还没有，没有的原因其实也很简单，没有碰上好故事，我也不是一个擅长自己去创作，自编自导的导演。我都是愿意找到各种各样的故事来看，如果有好的故事当然可以，其实我自己的人生阅历在很多电影中都有一些细节的体现，已经有了，所以我倒没有很强的愿望完全拍一部自己的人

张艺谋

生阅历，完全那么紧扣着的电影。

记者：我刚才表述得可能不是很好。也不完全是自传。就以您在陕西国棉六厂的生活为背景，反映那个时代，一个热爱文艺的年轻人，他的所言所行，所思所想。

张艺谋：这个我还没有真正好

好去想，我好像不太善于总结自己的人生。

记者：我听说，您在当工人的时候，买过一台照相机。这个物件在当时来说，还是很奢侈的，您怎么想到要学照相？

张艺谋：我1971年进了工厂以后，干的是纺织车间的辅助工，很辛苦，三班倒。那时候21岁，正年轻嘛，所以不甘心那种生活。很单调，也很无聊，在工厂就是那样，天天就是那样子，所以你就想学点东西，其实我那时候爱画画，我周边很多美院毕业的学生也是画画，我们在一起也画画，看他们的作品。我们那个年代主要就是文体活动，坦率地说我们所谓的业余活动其实就是文体活动，那时候也打篮球，我还是厂队的。但是总觉得要学点什么东西，后来就无意中接触到了照相，我表哥爱照相，带着我去放了一些照片什么的，就很迷恋。后来就开始学照相，还从图书馆弄一些书来抄，就对这个感兴趣，感兴趣仅仅是为了打发无聊的空间和时光，所以就去学这个

⊛ 张艺谋在工厂时期的照片

东西。

记者：当时您买相机花了多少钱，还记得吗？

张艺谋：188元，我还记得是海鸥牌的。

记者：您当时的工资是多少？

张艺谋：我是挣了32元。

记者：在当时还可以。

张艺谋：32元已经是辅助工里边的比较好的了，我们没有学徒期，因为你是辅助工，你就不是18元、20元那种一级一级上，我们是半年先是拿一个低工资，可能十几块钱，半年以后就到32元了。32元是辅助工级别的一个起点级，我都上了大一、大二了以后，才涨了一级，涨到40.2元。40.2元就是我们这个辅助工级别的最高级别，到顶了。

记者：您当时学照相的时候，有没有想过，有朝一日，能成为一个职业的摄影师。

张艺谋：那倒没有，纯粹是为了打发时间。

记者：1977年恢复高考的时候，您是出于什么想法，想去考北京电影学院，而且是摄影系。

张艺谋：高考一恢复，所有人都蠢蠢欲动。但是我自己当年只是初二的水平，所以文化课差得比较远，那么多年也没有认真准备文化课。1977年高考后的第一批大学生，都是文化课没怎么丢的高中学生，底子还不错，那我们初中生就很难。我曾经想过想考体院，因为体育不错。想考美院，因为也爱画画。就是文体，因为有些业余爱好，甚至还想考西北一个农学院，农学院的分可能比较低，说是不是我们简单地突击一下就能考上。那时候是你能考上什么就是什么，大家都在挖空心思想办法，后来都落空了，在工厂都没有机会，我也是。我因为爱照相，我画画的一个同事提醒我，他说你可以考电影学院摄影系，我那时候才知道有个北京电影学院。

我记得很清楚，《人民日报》大概在几月份登了一个这样的启事，说解散中央五七艺术大学，恢复电影学院、美术学院、戏剧学院，恢复这六个直属艺术院校，开始向全国招生，一个小的一个豆腐块告示。看到这个就开始准备了。

记者：听说您考得很艰难，成绩是挺好，但是年龄偏大。

张艺谋：27 岁。其实关于这个当年有很多很多报道了，这都是又老生常谈的故事了，大体就是这样的。

记者：给我们回顾一下。

张艺谋：其实就是一个意外，也是当年的一种社会现象吧。你超龄了嘛，当时摄影系最大就是到 22 岁，它是 18—22 岁，我已经接近 28 岁了，所以完全超龄了，考不了。老师说你的作品都不错，但是你考不了，所以基本上就被打回来了。1977 年、1978 年比较有意思的就是你可以写信，那时候《人民日报》或者这些大的报纸很重视读者来信，读者来信挺时髦，有点像现在的网络一样，发布个东西似的，那时候也没多想，也是我的同事给我出主意说你可以申诉。

你可以写信，超龄这个问题也不是个人原因，可以申诉要求上学，可以把你的作品寄给文化部长。那时候文化部长叫黄镇，老一代的革命家了。他说黄镇懂画，他在长征的时候画过长征速写，他肯定懂，你这个照片很直观，你把照片给他寄去，也许可以破格，当年讲究破格，所以我大概就是这样子，精心地做了很多，40 张一个影集，但投书无门，怎么寄？你直接写文化部部长收，估计也没戏，所以到处找人，那时候我记得我妈妈也找人，这也找人，到处找人，后来还是我那个前妻的姐夫说是可以找到画家等等，反正当年都有一堆这样的故事，后来就找过几个画家，几个老师，他们推荐，一级一级的。因为这个很直观，就给了那些画家，他们一看这拍得不错，然后就一级一级报，果然最后就真的递到了部长的手里。等我听说这事已经过去好几个月了，我都觉得没什么希望了。接下来，就批示破格录取，大概是这样的一个经历。

记者：还是挺传奇的。

张艺谋：对，很传奇，你现在看起来，那时候很没有法治化，刚刚恢复，还有很多破格，很多不一样的渠道，可能你要有一个机会的话就是这样子。

记者：刚才听您说这个，我也在揣测，不一定对，您在进电影学院之前，对电影的热情其实并不是很强烈。

张艺谋：对，我对电影一无所知，那时候对我来说就是能考上大学就行。我知道那时候 1977、1978 年是最后的两次机

年轻时的张艺谋

会，1978 年以后，高考就制度化了，基本对我们这老三届的社会青年就不再是重点了，就变成应届高中生为主，我们那头两届是因为百废待兴，完全是大家都在摸索。

记者：您并不觉得北京电影学院，是极其少有的综合性电影学府。

张艺谋：一无所知。我印象很深的就是收到录取通知书，工厂全都传开了，感觉像是出了一件大事。我们所有的老工人见我都问，艺谋放电影要学 4 年呢？他们认为我在学放电影，后来说不是，是拍电影。我只是爱照相，拍了一些黑白的东西，也没有拍过彩色的，完全不知道现在可以作为终身的职业。我当时没有那么热爱电影，也做不到谈什么都能头头是道。当年就是只要能上学，不论美院、体院、农学院、林学院，只要能上大学，能改变你的命运就可以了。我

觉得中国到今天，上大学还是中国年轻人改变命运的一个主要渠道，还不是说完全的就是求知。高考牵动了千家万户的心，除了求知之外，它还寄托了一个人的理想。

记者：高考某些方面跟古时的科举，还是有很多类似的地方。过去讲科举一旦中举，是暮为田舍郎，朝登天子堂。会对整个人生起到巨大的、根本性的改变。

张艺谋：对。而且我们那个年代你想大学毕业之后是国家包分配的，所以基本上从工作到条件到工资到职业都是国家包的，这样的话基本进了大学之后，你一生的道路就重新开始了。

我曾经想离开北京电影学院

记者：我以前采访您的同学，顾长卫。他说你以前在学校里是一个是特别不爱说话的人。

张艺谋：对。

记者：比他还沉默。

张艺谋：对，我一直是这样，我其实性格是这样的，我爸就不爱

🎬 张艺谋（右）电影学院上学旧照

说话，我其实一直是不爱说话，只是当导演当出问题了，所以现在就变成一个话痨了，话多了。

记者：而且他们说您在学校里是特别的，给顾长卫的印象就是同学里面最特别的一个。

张艺谋：对，应该说是。因为我是破格录取，但实际上后来也很传奇了，说我们上大学是违规。弄得我自己挺不好意思的，挺尴尬的，我们很多朋友都知道了，人就变得很有压力。一个是希望不要被退回去，一个是觉得得好好珍惜，这个大学还不知道能不能念完。再说我年龄也比较大，28岁进来的，所以就完全不像那些十七八岁的孩子还有点无忧无虑，我完全不是，属于有一天算一天，所以就特别特别努力，特别刻苦，给自己定了很多标准。

上了大学两年以后，院里边和系里边找我谈话，说要不要给我退回文化部，因为是破格录取，现在一切都正规了，所以跟我讨论是不是两年以后可以提前毕业，征求我的意见。院里边，倒也没有为难我，只是说考虑到当年的情况让我可以不可以提前毕业。我那时候就特别在意有没有证书，我说那有没有证书，如果学校那时候给我一个证书，我就走了，因为我实在觉得很尴尬，我年龄都比人家大，我是全校最大的一学生，我们班同学都比我小十岁八岁。

像顾长卫他们都比我小，比我两个弟弟都小，所以自己觉得很不好意思。后来学校跟我说你这情况没证书，你当年是文化部的领导说破格录取的，我们要把你退给文化部，那你去问有关领导。我去问谁去？我又不认识领导。我说那有没有其他的可能性，学校的意思让我写一个申诉，如果想继续读下去，就要写报告，学校再报给文化部看行不行。那时候就很纠结，挺没面子的，有点像是赖在学校里。当时我就想要不然我就回老家算了，但又一想，小不忍则乱大谋，不能白来一趟，不能灰溜溜地回去，还是要把这个大学念完。我就写了一个申诉，后来还是很顺利地念完了大学四年。

记者：您的很多大学同学回忆他们这四年的求学生涯，一个明显的感受是，看了很多国外的电影，不光是专业上的冲击，对精神生活也是一次唤醒。好像跟我们完全不同的外面的

世界，那里也有一群人，在过跟我们完全不一样的物质和精神生活。

张艺谋：我之前插了3年队，之后又生活在西安，对北京很稀罕的。来北京念大学，又是电影学院，开学典礼上我们就放了两部参考片，当年北电放的就是内部参考片，黑白的，一个是20世纪30年代的电影《翠堤春晓》；一个是娱乐片——法国的《方托马斯》，还有一个007系列的，上天入地的很热闹。我们完全没有看过这种电影，那个年代除了八个样板戏和革命电影，几乎看的就是国家能上映的，像南斯拉夫的《卖花姑娘》的那些电影，完全不知道外国还有这样的电影，所以看完之后我就晕了，蒙了。

我回到宿舍，听到北京那几个同学在那聊，你听他们聊就知道他们之前都看过这些片子了。1977年、1978年，北京很多部委轮着放各种内参片，所以他们都看过，这几个学生聊起来如数家珍。我在旁边睁大眼睛听，就觉得自己落课落大了，北京这些学生都看了多少部电影了，自己差太远了，我就是那种感受。后来我们每个星期规定看两部，但是也都轮着的，有时候摄影系，有时候美术系，有时候导演系，导演系可能多一点。这种参考片，我们都是想尽办法钻进去看，就画假票，往进混，什么都看，那时候有点如饥似渴。

记者：那时候能大量地看国外的经典电影，真的只有电影学院或者研究电影的机构才能有这样的条件。

张艺谋：国家并没有开放，普通观众还看不到，不像现在，有碟片了，能下载了。我们那时很珍惜看内部参考片的机会。直到1982年我们毕业，只要说礼拜三或者礼拜六放两部参考片，同学全来了，大家都很兴奋。大学四年印象最深的一件事情就是看参考片，当然我们是以教学为目的来看这些东西。

记者：那时候，是不是觉得外国电影的摄影方法和理念，和我们这边有很大不同？

张艺谋：也谈不上系统地去了解这些东西，都是一边看，老师请翻译一边同步翻译，对于剧情也一知半解。当时不光我们学电影的，全社会都是非常想求知的亢奋状态，那时候开玩

电影《翠堤春晓》海报

笑说搞对象、谈恋爱，拿本弗洛伊德的书都能谈成的，你夹本弗洛伊德，嘴里再弄点新名词就行。那时候全民有那种求知欲望，一扇大门慢慢地打开了，我们想了解外部世界，各个方面。我印象很深，美术展览，摄影展览，人挤人，就跟挤地铁一样的，你有这印象吗？挤地铁去看全国美展。

记者：星星画展。

张艺谋：对，看星星画展，看那些摄影展览，四五层的人就这么看，挤地铁，挤出一身汗。那个年代是很特别的，到我大学毕业，印象中都是这样子。

导演系的同学们给我开的书单

记者：您的第一部摄影作品是

田壮壮、张建亚和谢小晶合导的那部《红象》。

张艺谋：《红象》严格意义上是实习的，不应该算我们的第一部作品，现在说起来第五代的第一部作品应该是《一个和八个》，导演是刚刚过世的张军钊。

记者：我对《一个和八个》最深的印象就是构图，人有时并不站在景物的中间，像是要被画面给挤出去，或者是被整个景物给捆绑住，非常特别。也有人说你们这些年轻人的行为是为了不一样而不一样。

张艺谋：有那种叛逆的想法，我们对以前的电影作品，有几个名词，叫亮堂堂，就是看前面的国产电影，什么都亮堂堂，都是整整齐齐，就那种感觉。我们不要跟前面一样，要拍得完全像历史的感觉。我们也做了很多研究，看了很多历史图片，让片子的影调像版画一样，是很凝重的那种调子，黑白灰的调子，色彩很少，构图就故意用很多不完整的构图，很有那种平面意识的感觉，大概是这样的一种风格。

记者：演员也是黑白灰的调子。

张艺谋：对，演员也是。

记者：而且那个应该说像画家古元的版画一样，你一说黑白灰，我就想到了《影》也是这种色调，挺有意思的。

北京电影学院摄影系 78 班合影中的张艺谋（第二排右一）

张艺谋：转了一圈，又回来，40 年过来了又拍一个黑白灰的一个风格，一个中国风。

记者：您很快就做导演了，什么时候萌生了当导演的念头？

张艺谋：做导演的想法大学二年级、三年级就开始有了。一个是，我比全班同学年龄都大，我们班 26 个人，25 个看起来我觉得都比我两个弟弟小，自己觉得很尴尬。第二个是，我们请很多老摄影师来讲课，老摄影师说你们别现在觉着自己牛，等毕业以后分到电影厂，你们进去先推轨道，做三助理，然后做二助理，做大助理，做副摄影，掌机，最后才能做摄影师，这一步一步得走 10 年到 15 年，才能熬到正摄影，还有漫长的创作道路和学习道路。我听了后很焦虑。我毕业时 32 岁，15 年以后 40 多岁了才掌机，太晚了。后来，我就看旁边的导演系，觉得导演系的学生年龄跟我差不多，因为他们的招生是 26 岁，而且我还坚信有 1、2 位同学可能也悄悄地改了户口，说不定他们跟我一样大，所以我就觉得，干脆就从这块起步，自学导演，那时候完全是为了避免尴尬。

我找过凯歌，找过吴子牛，找过白宏（白宏于 2016 年 7 月 24 日去世）。让他们给我推荐书单，那时候不好意思说我想学导演，只说我想增长知识。像凯歌都给我写了 20 多本书，我到学校把它一一借过来苦读，受益最深的有一本书叫《电影剪辑技巧》，很厚，翻译外国人的，上边画了好多图，像跳轴这类技巧，我都是第一次知道。当时自己念，自己学，自己记笔记，笨鸟先飞，我从大三开始，大三、大四这两年自己看导演的书，做了很多笔记，假装自己是导演系的学生，我都是一个人悄悄地做准备，班里没人知道，当时完全是为了避免尴尬，没多想。差不多做了3部影片的摄影后，我就想改做导演了。

记者：然后正好有那个机会。

张艺谋：对，那是吴天明。他让我去拍《老井》，开始是把我当摄影师借过去的。我那时候就跟他聊过，我想做导演，我说我们还回广西电影制片厂做导演，他说你别回广西了，就留在西影厂，我把你老婆调来，你就调到西影厂，在西影厂做导演，他当时就给我很大的支持，

记者：那您怎么又成为《老井》的男一号了呢？

张艺谋：那时候我们分了好几组找演员，当时看不上职业演员，就想找业余的，不破不立，天明导演也希望有创新："咱们找那个最像农民的"。所以就到山西、陕西很多地方登报找，我记得印象最深的，我跟着一组人到山西，太原、大同这些地方找业余演员，登报招聘。那段时间，每天就跟来面试的人握手，问情况。自己一洗手水都是黑的——在山西很多挖煤的，握一天手，手就黑了。就是要从社会上找，那时候拿我做样板，说像我一样瘦就行。最后找不着合适的，就开玩笑说让我演，天明导演一开始也没有太认真，后来真的找不着人，当时在筹备《孩子王》的凯歌也去了，大家坐在一起聊，很认真地说就要让我演。我老觉得是开玩笑，后来发现认真的，我想了想，就把这事给接了。

记者：想不到还拿了大奖。

张艺谋：接了以后才发现，我其实不怎么爱表演，我不像很多导演那样愿意表演，我愿意做幕后。

记者：当时东京国际电影节刚刚创办，《老井》这个片子送过去，得了最佳影片，你也获得了最佳男主角奖。

张艺谋：有一段时间他们给我定义为得奖专业户，摄影拿奖，导演拿奖，演员也拿奖，感觉逢奖必拿，到全世界各地摘

《电影剪辑技巧》图书封面

金夺银。大约是1988年，有一段时间是第五代导演风头正劲的时候，很厉害。

记者：我们还是从你执导的第一部电影谈起吧。学术界有人认为《红高粱》终结了第五代，你对这个说法怎么看？

张艺谋：这是一个老话题，我觉得谈不上终结不终结。因为我们应该看第五代的起源，它是在改革开放初期，百废待兴的那个大的文

电影《老井》中的张艺谋

学氛围中产生的。为什么第五代作品大部分都是拍那种历史题材的，寻根的，乡土的，因为它是受到当年最大的文学思潮——寻根热的影响。

那种反思热，它是那个有带动性的，第五代的作品是在这个氛围下成长起来，它带有那个时代强烈的烙印，所以也很难说到了《红高粱》是不是终结，我认为所有人都是跟着时代一同走的，所谓与时俱进嘛。

第五代形成于改革开放的时代，直到后来进入商品时代，我、凯歌，我们这些人也去拍一些商业电影，它其实也有时代的影响，不用以一个固定的角度来看第五代应该是怎么样，应该是什么使命，应该完成什么，这个其实不重要。

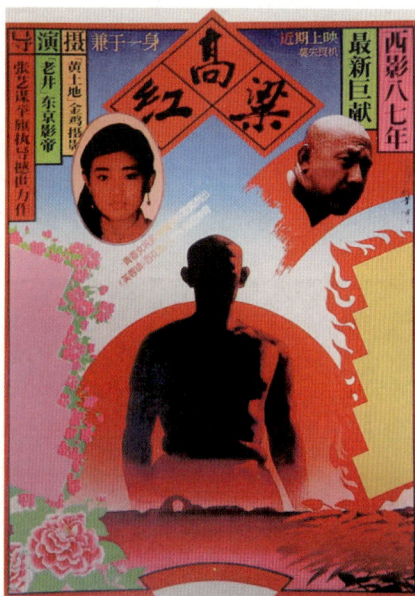

电影《红高粱》海报

记者：我个人觉得您的每一部都是很严肃的，包括《代号美洲豹》，包括《长城》，甚至包括《十面埋伏》这个影片。

张艺谋：对，其实都是挺严肃的。

记者：我们也以为它是一个很廉价的东西，实际上要仔细看的话，联系您前后的作品看，它有一个整体的、非常统一的家国情怀。

张艺谋：是很严肃，其实直到今天我们拍电影，我们这一代人都是很严肃的，到今天拍电影都很严肃，我们总觉得这是拍一个电影。

记者：严肃才是最大的娱乐，很多人没有听懂这句话，周星驰的电影为什么好看？因为它骨子里是很严肃的。

张艺谋：很严肃。

记者：这样的作品才能获得更广泛更持久的共鸣。

张艺谋：是。

记者：包括《泰坦尼克号》，甚至包括《阿凡达》，全世界最卖座的两部电影，它们骨子里也是很严肃的，不是嬉皮笑脸地消费人生，是要激励，要带动人们的梦想。

张艺谋：我认为创作是严肃的，不能儿戏，不能是随便的灵机一动。不管是什么类型的风格，它真的是严肃在这思考，尽管你一思考上帝就发笑，但是你还是在那很严肃地思考。

总是能大红大紫的谋女郎

记者：我们先把严肃的事情放到一边，说点轻松的。您主演过《古今大战秦俑情》。这是一部彻头彻尾的商业片。当年，怎么想到去接这样的一部电影？

张艺谋：当年接也没有多想，因为那个制片人跟我是朋友，游说我，也就接了。我那时候正火，他们很有商业眼光，觉得是个卖点。但是我自己演得很吃力，因为我很严肃，很认真地去演，它的前半段还好，写一个古代的故事，后半段其实就是搞笑，你用今天香港类型电影来看，后半段就是无厘头。穿越以后水土不服，奇奇怪怪。后半段演搞笑戏基本上就很受罪了，我也看不出港台电影那一套的方向在哪儿。你看巩俐后来接了《唐伯虎点秋香》也是不习惯那个搞笑戏，我看后来她自己访谈说，她当年比较拒绝，我们当年对港台这种搞笑的风格非常排斥，包括周星驰。

我第一次去香港看他的无厘头电影，午夜场，香港人乐不可支，卖票乌泱乌泱那么多人，我们看了却一头雾水，"这什么电影，乱七八糟的"，我们对那种所谓无厘头、搞笑的东西是完全拒绝的。直到后来周星驰火起来了——他跟我也是多年认识的朋友——就连北大教授都开始写他的文章。什么后现代，重新解构等等，我觉着他都是蒙的。我们那时候突然把这个搞笑戏给登上大雅之堂了，成了文化，成了经典了，其实我自己也觉着有点糊里糊涂。我们最早看香港的这种搞笑片是非常拒绝的，觉得很不严肃。

记者：我个人认为，周星驰导演的片子，有些个别主演的电影，还是非常严肃，起码很认真地探讨了草根阶层往上攀爬时的艰难。你刚才提到巩俐，当时你和她的恋情，也是街头巷尾热议的话题。电影发行方也想通过你们之间的感情，为这部影片（《古今大战秦俑情》）的票房助力。

张艺谋：那是他们自己想这样做，肯定是我们那时候比较火，反响很大。

记者：单说巩俐的表演，她应该是从20世纪80年代末直到今天，中国女演员的翘楚。有人还把你的电影生涯划分为巩俐前和巩俐后。

张艺谋：那是大家的划分。我自己其实从来不给自己贴什么标签。我对这没有什么评价，大家自己去讨论它而已，现在年轻人大概也不这么看。今天的电影很多元化，我们的市场，还有我们的创作队伍都是很多元的，大家反倒不再去说这些老话题了。

记者：我想说的是两点，一个是巩俐在张艺谋的电影当中，能看到她的发展，简单说，从一个不会演戏的变成一个会演戏的。还有就是说巩俐只有在张艺谋的电影才能大放异彩。

张艺谋：那是，因为巩俐是一个非常优秀的女演员，在今天大家的认知中，她大概都是一个代表人物。所以是不是在张艺谋的电影中，我倒不从这个角度看。我自己认为，好演员就是好演员，她其实在哪里都一样，只是说前期她有一个发展的

◎ 电影《古今大战秦俑情》中的张艺谋

过程。

记者：当年在中央戏剧学院找她试戏（《红高粱》）的时候，你觉得她身上哪一点吸引了你？

张艺谋：其实莫言写的这个人物，是很壮硕。她本人跟这个有距离。所以最早我们把巩俐带到莫言家，跟莫言见面的时候，莫言其实是很担心的，姜文身上他觉着倒是有那个匪气，但巩俐会不会弱一点。其实我觉着巩俐能胜任，是她身上那个劲，我觉得那个感觉是对的，虽然外形跟莫言写得不太一样，但她身上有一种爆发力。直到今天，巩俐演的很多戏，在感情上爆发力是很足的，就是内心的张力很足，这是她非常优秀的地方。

◎ 电影《唐伯虎点秋香》中的巩俐

记者：很多研究表演的学者认为巩俐是从《秋菊打官司》开始学会的表演，但也有人认为，从《菊豆》开始，为什么说从《菊豆》开始呢？因为菊豆这个女的从一个10多岁的丫头演到一个40多岁的妇人。就是说巩俐那时候已经显现出一个跨度式的表演。

张艺谋：其实这两种说法都对，从《菊豆》开始她真的是在演人物，我觉得《红高粱》中的她还是一个一鸣惊人的状态戏。到了《菊豆》的时候，她有了深入刻画人物的能力。这个在她的年龄段是很少见到的，另一个说法是《秋菊打官司》。在《秋菊打官司》里她完全变身，这一点让大家很意外。我印象很深的就是，当年我让刘恒写剧本，写的过程中刘恒实在按

◉ 电影《红高粱》中的巩俐

◉ 电影《秋菊打官司》剧照

捺不住，他知道我们会让巩俐来演这个人物，因为是老朋友，他就跟我直说了，他说"艺谋我这话可能很刺耳，但是你必须听我的，我现在写剧本，平常都是心目中想一个演员，想一个人物写。现在写这个《秋菊打官司》，我心中只要想到是巩俐，就写不下去，我觉着这回你要犯一个致命的错误了，你根本不应该让巩俐来演，她演不了"。他说作为作家，在写的时候，脑海中是这样的抵触情绪的话，是非常可怕的。他跟我推心置腹，他完全不看好，就觉着要砸，所以那是一个冒险吧。

记者：你的信心何在呢？我刚才听刘恒说的话，好像也有道理。

张艺谋：就是我对于她的塑造能力，有一种信任感。那个年代我们找演员，都是找最接近的外形和气质。我们还不是很了解一个演员的塑造能改变到什么样子，长什么样就是什么样，基本是靠本色才行。所以刘恒的话是有道理的，但是我那时候就想着她能演出来。现在想起来，当年做的判断其实就更切近演绎，是对一个演员素质的判断。我那时候的判断基于两点，第一点就是这个电影是要用陕西话来演，巩俐那时候学陕西话学得很像，可以乱真……

记者：《秋菊打官司》中巩俐、刘佩琦和雷恪生都要说陕西话。

张艺谋：对，刘佩琦、雷恪生他俩都不是陕西人，他俩的陕西话都没有巩俐地道。第二个就是她那时候经常跟大家逗乐，学孕妇学得很像，恰恰我们写的就是一个孕妇，当时只是基于这两点，我觉得她说上陕西话，装上孕妇，可能会像。后来果然那个戏真的出乎所有人意料，她变身成功，塑造了一个跟自己反差很大的人物。

记者：博得了业内和业外广泛认可。

张艺谋：对，专家、老百姓都认可。

记者：您觉得这不是一个靠颜色吃饭的偶像了。

张艺谋：对，就是一个演员了。

张艺谋：当然，当然是。

记者：关于《秋菊打官司》，电影很有意思的一点就是相

关法律刚刚颁布，一定要有一个案例证明这个法律不能白白颁布，所以一定会打赢的。

张艺谋：那个时候其实也不是我们刻意的选择。我到处看小说，《秋菊打官司》的原作是陈源斌的《万家诉讼》，是我偶然看到的。最早我看中的是刘震云的《一地鸡毛》，我们还准备放到重庆拍，都建了组，到了重庆选了景。开拍前有一天我跟主创开会，讨论剧本的时候，突然就对《一地鸡毛》这个题材找不着感觉了，就决定先放一放。但剧组已经建立了，我说让主创们赶紧到报亭买杂志，然后摄影、美术、录音都去报亭，一人抱一摞回来，就《小说选刊》等等，在杂志上看到陈源斌的小说《万家诉讼》，我们完全就是等米下锅。我印象很深，看了这个小说觉得可以后，我们就在重庆的街头给陈源斌打电话，打听到他在合肥那里的作协，确认他的小说没有卖给别人，就这样开始改编，是临时抱佛脚搞的这么个东西，跟当时颁布法律的情况完全是撞上的，后来大家其实也把它看作一部法制普及的电影。

记者：那这电影其实要比普法复杂得多。

张艺谋：对，其实暴露的东西还是中国人深层的东西，就是所谓人情世故和法，有时候，中国社会独特的那种人际关系和法，始终有很深的矛盾。

记者：有人说你对起用女演员特别有心得。比如章子怡，章子怡也是后来成为巩俐之后，国内最好的女演员之一了，也是拿奖拿到手软，当年有人说她是小巩俐，她身上有什么不一样的东西吸引了您？

张艺谋：对，大家都这么说，其实她是在大二的时候被我们选中的。最早是接拍了一个洗发水的广告，让我做导演。后来这广告也没拍成，但是我们选了一批演员，就是甩头发什么的，一些简单的表演，其中就有她。那时候印象很深，就觉着她形象很清秀，而且看起来很聪明，很有灵气，后来我们接着拍《我的父亲母亲》的时候，就顺着那个感觉去选她，当然那时候我们也没有刻意地打造什么"谋女郎"之类的，只是我从那时候开始，就有自己一套选择方式，直到现在，我都用我自己这套方式来选演员。就是海选，先海选然后层层

电影《我的父亲母亲》海报

筛选，然后晋级，二轮、三轮、四轮。根据我们编排的各种试验、小品和测试，来反复测试，用镜头测试，一直到现在我都沿用这一套，独家秘方。

记者：我记得好像《幸福时光》的时候，也是用这个方式。

张艺谋：也是用这个方式，全部用这个方式。

记者：整个电影圈都很关注。

张艺谋：对，全部用这个方式，一直到现在。最有意思的是我们大概有一个小品，直到现在还在用，业内无数的演员演过我们这个小品，都演过，包括现在李冰冰，当年都演过。

记者：这是什么内容？

张艺谋：我不说，这是我们的独门秘方，各种成名的演员很多都演过，挺有意思的，那是我们编的一个小品，一直沿用到现在，演员表演这个小品的瞬间，我们就能判断出来好坏，就像一个考卷，用了20多年，考生在答这个卷子的时候，一个字，一个标点符号，就能立即被判断出高下来，就熟到这个程度。后来每次副导演说，导演

还用这个小品海选吗？大家都背过了，业内都知道我们这个小品。我说还用这个，我们是为了自己熟知。挺有意思的，这也是一个很特别的现象。

记者：包括后来的董洁、周冬雨。周冬雨现在是年轻演员里相当受认可的一位了。我是先看她的照片，后看《山楂树之恋》。当时，看她的小眉小眼，给人感觉像是不起眼，但又很特别，这样的面孔好

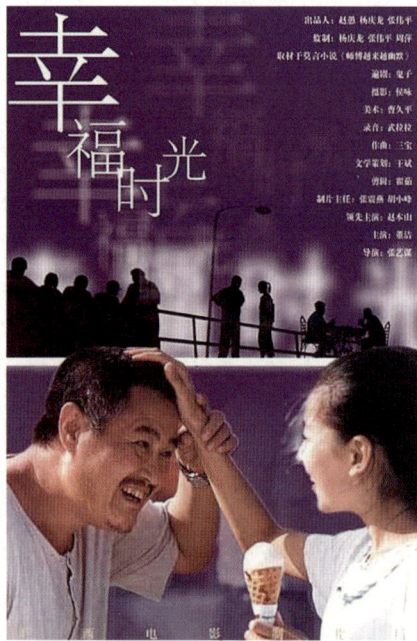

电影《幸福时光》海报

电影《山楂树之恋》海报

像不属于我们这个时代。

张艺谋：周冬雨是我们在南京她考大学的现场选的，她那时候高三。她是石家庄的一个中学的学生，那时候就想考南艺（南京艺术学院）的舞蹈系，完全是个不起眼的小孩，又瘦又小，我们说像个豆芽菜，领到跟前来看像小学六年级的，像未成年的。

第一次看把她刷下去了。后来我们因为一直选不到合适的演员，副导演给我提醒说，导演你把剩饭再热一遍，我们再看一下，是不是漏掉了。我觉得有这个可能，这个女孩可能是没有拍好，我就让副导演再去找她一次，这次我跟他讲用什么样的光线，什么样的角度，再拍一次。那时候再拍一次就是报家门了，对着摄影师、摄像机说，我叫谁谁谁，我多大了，我哪哪的。重拍了一次我再看，觉得好像有一些与众不同。这时候我就说，要不就见她一次，这样就把周冬雨叫来了，周冬雨第一次见我以为我是个盗版的，觉得我是个骗子。

记者：怎么会这样想呢？

张艺谋：那个时候很多人打着旗号选演员都是骗子，她自己说，她见我是蒙的，她觉得我是一个替身，觉得我不是真的张艺谋，这事情直到今天都在说。那时候我记得她还带着她的姨来见，因为很担心，她看着很小，我见她的时候，也觉着她比银幕中看起来更瘦更小，因为银幕上只是拍她的脸，看着像个小孩。所以我们就开始对她进行测试，测试了很长的时间。越测试越觉得她有一种天然的，她自己的味道，这个很重要。也不好说是青涩，还是另外的一种东西，所以我觉得那种东西，直到今天我看她还有，一种"任意流"的表演。

记者："任意流"？

张艺谋：江湖上送她的名字，说她的表演风格叫"任意流"，有点像一个刀客。

记者：当年我们电影频道采访你的时候，你说周冬雨身上有一种很干净的东西，现在的孩子身上很少有这样的特质。

张艺谋：很少了，现在人也早熟，另外信息量也大，社会也比较复杂嘛，所以小孩都很早就懂了很多事。我们说眼睛是

心灵的窗户，在摄影师、大银幕面前，眼睛非常重要，眼睛里边的东西也非常重要，这就是大银幕和电视剧的区别。大银幕是什么，拍一个特写，放大 10 万倍以上看这张脸，不能隐藏的就是电影中传递出来的情感，这个特别厉害。所以我们就特别注重这一点，要拍演员眼睛里边的东西。

记者：周冬雨的干净还有一种没有什么顾及，特别直接的感觉。

张艺谋：有一种我行我素的味道，是现在大家说的"任意流"，其实我看就是她在很多表演上，有自己独特的方式，你看陈可辛导演就用得很好，能把这些东西激发出来。

想想《英雄》，真是一出绝唱

记者：有人说你有两部电影，分别开创了中国电影的先河。《红高粱》第一次拿到了国际顶级电影节的最高奖，让中国电影为世界所认识，开了个好头。另一个是《英雄》，它不光开启了中国电影的大片时代，更是给中国电影市场的高度繁荣，打了一个漂亮的前哨战。

张艺谋：这个我们是偶然得到的，根本不是刻意的，也不知道其实我们在面临中国电影产业的一个坎儿，我自己现在回想起来是那个所谓的拐点到了。

记者：就是 2002 年。

张艺谋：我只是想拍一个武侠片，因为我对武侠还是挺喜欢的。我们一直在写剧本，套了荆轲刺秦的故事来写一个武侠剧本，写了好几年，突然《卧虎藏龙》横空出世，一鸣惊人，大获全胜。我当时就想放弃了，我说算了，要不然显得很跟风、很没面子，但是因为写了好几年，又不忍放弃。后来江志强就劝我，你还是拍吧，这个故事也很有特点，他投资。拍的时候他就跟我说，要不要张曼玉，要不要梁朝伟，要不要李连杰？让我都觉得很惊讶。我说可能嘛？原来是要拍一个文艺片，他说现在市场好——因为他发行的《卧虎藏龙》，海外卖得好，他给了充足的预算，找来了几个大明星，然后就变成一个大片了。他鼓励我说要尽量拍大，尽量把我想要的味道拍出来。我们专门把 100 匹马都焗黑了，因为秦尚黑，焗黑以后站

电影《山楂树之恋》中的周冬雨

在那儿，阳光下特漂亮，就觉得这个电影很特别。用了很多手段追求这样的视觉效果，也是江老师一直支持，他当时只是很敏锐地感觉到海外市场好，也没有料到国内突然有一个井喷。

于是，我们第一次有意识地做一个大制作影片，调动上千的群众演员，不遗余力地去追求那些画面和诗情画意的风格，8 个半月转战好几个省拍摄，很苦，最后我们需要一个配角，江老板告诉我说甄子丹，我都吓一跳，让甄子丹来演一个配角吗？当时也没有想到集合得到这批演员，如今是集合不起来了，当年已经很厉害了，完全没有

电影《英雄》剧照

料到能把这些人集合起来演一部电影，我觉得就像绝唱一样。当时在中国一上映，最后2亿多票房，是全国当年全年票房的四分之一，这是不得了的。今天如果是400亿的全国票房，它就是100亿，完全没想到，就这么成了一个爆款，后来就带动了一系列话题。

记者：这个片子主要还是中国真正进入海外市场的，获得最大成功的一部电影。

张艺谋：对，《卧虎藏龙》还

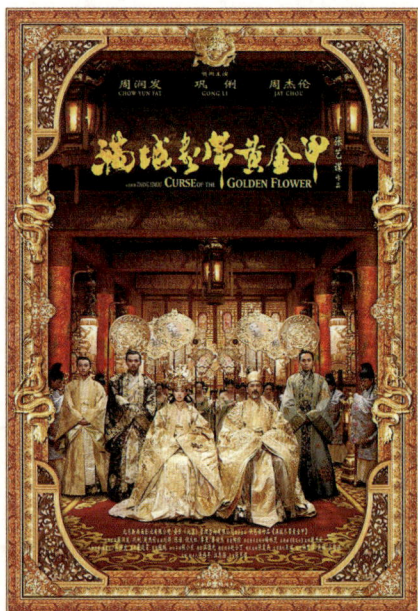

电影《满城尽带黄金甲》海报

电影《影》海报

有李安在好莱坞发展铺的底子，美国人都知道他，也是进入了好莱坞的评奖体系，在奥斯卡那个体系里，带来的巨大收成。到了《英雄》的时候是什么都没有的，直接撂到市场上，居然就大获成功，到今天它在全世界的票房数字还是我们难以达到的，这个真的是一个很特别的现象，当年都不是刻意的，想都没想过。

记者：《满城尽带黄金甲》之后，你好多年没有再去做古装大片了。

张艺谋：对，其实《满城尽带黄金甲》那时我们已经找不到好的故事了，就用了《雷雨》，只是后来没署曹禺的名字，我们有正式买的版权，把它改编成一个架空的古代题材。那时候就是有意开始做这些所谓的古装大片，一共做了3部。后来也就不想再弄了，觉得是重复。直到《长城》，再到《影》。《影》是古装，但是没有那么大的场面，之前跟威秀和乐视几个老板——和张昭他们一块讨论，我说《影》的故事有两个方向，一个是可以拍成一部古装动作大片，一个是可以拍成一部艺术类的片子，看老板们希望拍成哪一种，两种我都可以。后来他们问我的想法，我说我喜欢偏艺术一点。作为公司，当然喜欢偏商业一点的，但他们后来还是尊重我喜欢偏艺术一点的想法，《影》就拍得偏艺术，不再像当年那3部戏。

记者：这个片子成本应该比前3个都要低吧，我感觉。

张艺谋：你要算物价的比例比那3个低。

记者：但是实际来讲的话，差不多。

张艺谋：其实差不多，也没有那么高。

记者：我想特别说一下《长城》，那些饕餮根本不想攻长城，他们早就挖了另外一个工程。这是这个电影最有意思的地方，长城根本是无险可守，这让这场长城保卫战多少有些虚无。

张艺谋：对，虚晃一枪。你这么读解倒挺有意思的。

记者：您执导的，包括《影》在内的5部古装大片，其实都探讨了权力对人的异化。

张艺谋：它是这样的，因为我们拍古装戏，肯定是离不开过去2000多年以来的传统的封建社会的定义。你拍古装戏，帝王将相，才子佳人，其实取材都是这一类的，所以势必要触及宫廷、权力、阴谋等等这些东西，这是一种走向，你看拍古装戏的很少不触及这一方面，很少就拍老百姓。

记者：感觉钱花了这么多了，搭了景，得讲大事情。

张艺谋：一般都是这样，哪怕你拍俩老百姓，背后也有这个东西。

记者：不过可以试着，拍两个小老百姓的故事。

张艺谋：就是拍一个古装戏，纯粹就是俩老百姓，俩伙计。

现实与现实主义

记者：我再问一部自己特别感兴趣的片子，就是《有话好好说》。在这之前，大家都认为你只会拍乡村。但你拍城市，也特别厉害。我记得你曾说过自己最不了解的是农村。而城市，不用特别刻意地去了解，因为就在自己的日常当中。

张艺谋：就是生活的一部分嘛。

记者：而且这个片子也是，现在被越来越多的人认识到它的难得，还有人认为这是新中国成立后，中国最好的城市电影。当年它的地位并不是那么高，而这个片子里面，因为没有了巩俐，反而让两个男演员特别有光彩，成为一部纯男性的电影，但这种男性气质不是雄武的、豪迈的。而是那种卑微、模糊、焦灼的。

张艺谋：对，很焦虑的一种东西。

记者：怎么想拍这样一个片子？而且幽默感超好。

张艺谋：对，幽默感很好。《有话好好说》被大家低估了，被大家很粗暴地一棍子打死了，是不公平的。两个演员的表演非常有趣，而且在黑色幽默中传递出来那种焦虑感、躁动感，那种城市的疏离感、抽象感是很有意思的，我自己其实还是很认真很严肃地来做这个电影，挺可惜，因为大家在海外也是，看惯了我以前那样一种貌似很安静的电影了，突然看到这个，有点不适应，就很简单粗暴地把它否定了。那个电影从拍摄到剧本，到两个演员，我们在一起滚动，包括很前卫的一种晃动摄影，当然也是前面有王家卫，但是我们那个时候做得很极

致，那种变形镜头等等，它在我看起来很像一个寓言。

记者：姜文和李保田扮演的这两个人，到最后，都成为他们不想成为的那个人。

张艺谋：对，总是转换转换，适得其反。

记者：我觉得这两个人也是互为影子的。

张艺谋：有可能，是，当年也是这样的，当年说这个刀到了谁的手里，转换，其实两个人开始互相追杀，这其实是很特别的一部电影。

记者：我觉得他们两个表演，就是赤膊上阵。

张艺谋：对，姜文演个结巴，最后我们拍完电影，全组都有点结巴，都被他带到沟里去了。

记者：他本人有结巴吗？

张艺谋：他有一点结巴，然后他就延续这个特点，又加重了一点，所以弄得我们演完电影以后，所有人都有点结巴。

记者：而且您也演了一个角色。那句"安红，我想你"特别经典。

张艺谋：我演一个陕西民工。那个角色我不想演，我跟姜文对戏，我就拿陕西话跟他对戏，跟他对剧本，对台词，对着对着，最后他就死活让我演，他说你要不拿陕西话，你不演我找不着感觉，他威

胁我。后来我没有办法，我就开始演，那个很有意思。

记者：刚才你也说了，你也承认王家卫的影响，我也特别特别喜欢王家卫《重庆森林》。

张艺谋：《重庆森林》。

记者：对，而且我觉得这个片子里面，那个瞿颖的造型是不是也有点像王菲。

张艺谋：对，因为那时候要有一个时髦女郎。有这种影子吧。

记者：而且吕乐的摄影和陶经的录音也非常好，我记得还有一个镜头，是姜文到KTV砍刘信义。拿着一个菜刀，到处踹门，门一踹开，就换一个音乐。那个浮躁的感觉一下子就出来了。当时是你在之前就做好了设计吗？

张艺谋：对，我们那时候在录音上也是，用很多背景声音，其实

电影《有话好好说》中的姜文（左）和李保田

张艺谋（中）在《有话好好说》拍摄现场

你不知道，用那个声音源于什么？源于我们付不起那么多版税。因为我们要用很多过去的音乐，我们付不起版权，好像超过7秒钟就要付钱了，所以我们踹一个换一个。

记者：对，效果很好。

张艺谋：对，不到7秒钟就过去了。

记者：我个人更偏爱你电影中，那些反映现实的故事，像《一个都不能少》《山楂树之恋》《归来》。

张艺谋：对，《山楂树》，现实主义。

记者：其实包括《红高粱》和《菊豆》都有加工，人为的因素比较多。

张艺谋：对，都是加工的。其实我接下来拍的新电影（指《一秒钟》）也是这样的一个风格，现实主义，我自己当然喜欢现实主义的东西，但是有时候加工，你可以在美学上做一些很极致的追求，现实主义的东西不太好拍。你后来没看《我不是药神》吗？我不知道。

记者：我看了。

张艺谋：怎么样你觉得？

记者：它只有现实主义，我认为一个电影不是因为它站在从众这一边它就是好电影，我觉得电影一定要有作者自己的表达。

张艺谋：对，它要有创作。

记者：不是说站在群众这一面，或站在群众那一面。那其实都是一种迎合。

张艺谋：你说得很对，要创作，要有创作性。

记者：你自己一定要有一个，对这个世界的、真实的、复杂的、痛苦的感觉，在那个片子里边其实看不到。

张艺谋：那挺可惜的。我其实跟你一样，我也看重这个，我特别看重这个。我有时候觉得你不能光有一个立场，一个态度，不能光是一个站队，是要看你的创作在哪里，你知道你创作带来的那个独特的思考在哪里，这个挺要紧的，现实主义难就难在这儿。

记者：比如《归来》，我们看陈道明的表演，他演了三个层次，第一个层次陈道明演陆焉识，第二个层次陈道明演巩俐

心中的陆焉识，第三个层次陈道明演他自己心目中的陆焉识。我觉得这部电影就是这样三个层次，这些层次，会给人余音缭绕的感觉。所以我看到日本人写的那个海报，写得很好：是妻子的归来，不是陆焉识的归来。

张艺谋：没错。我也很喜欢那个，就是她自己等自己，我觉得那个感觉很特别，自己等自己，那个感觉。很多事情不可能归来的，一去就不复返了。

10 年前的奥运会与 40 年前的弹指一挥

记者：您是 2008 年北京奥运会开幕式的总导演，在这之前，你就担任过很多大型舞台表演的导演。比如《图兰朵》和《印象丽江》等，也有人说您这个导演有点不务正业，什么都要参与一把。

张艺谋：其实这个事儿，可能起源于歌剧。《图兰朵》的歌剧来找我，从那儿时候开始的，在这之前还没有任何事情找我。人家西方的歌剧请电影导演跨界是人家的一个传统，人家几十年一直有，我们这儿就很稀罕，我当时也觉得很稀罕。后来他们说是一个中国故事，我就接了这个，我也觉得有意思，可能从这儿开始，就开了一个头，后来就开始有什么实景演出。

有这样的、那样的，各种各样的事情，对我来说，只要你有时间、有精力，可以尝试一下。一个是艺多不压身，第二个最重要的，其实通过这些合作和执导这些作品，能开阔眼界，开阔思路，结交更多的人，增长知识面，是好事情。你只做导演，只做影视，可能很多事情你就不知道。只要你顾得过来就去做，没有什么关系，我自己觉得只要兼顾好就行了，当然电影还是要拍。退回来说，如果我不接这些事情，电影是不是可以做得更好呢？也不一定，因为它永远是未知的。

一个好的电影，我真正心目中的一个非常有力量的电影，我自己认为有三个要素必须要具备。第一个是好剧本，你知道一个心目中的好剧本是多么难，有时候面壁十年都破不了壁，无论是你自己写的，还是跟别人合作的，首先要有一个好剧本。第二个你要找对了人，首先找对了所有的演员，还有工

电影《归来》海报

作人员，摄影师等等主创，你找对了人。第三，你做对了所有的决定，导演无非是现场说是或者不是，OK 和不 OK，要做对所有的事情。但是一个导演一生中这三件事情要碰在一起就是运气，这个运气太难得到了。我如果不做这些大型活动，是不是就能有这运气呢？也未必。因为它真的是要靠运气，不是说你努力虔心，清心寡欲就可以得到。所以我觉得这些事情对我

歌剧《图兰朵》谢幕时对观众致谢的张艺谋（中）

不是坏事，我们一生中能碰上一次自己心目中那样的好作品已经是幸运了，这三件事情全对了很难，所以拍电影永远是一个学习的过程，你一直要学习，所以做其他事情对我拍电影是一个帮助。

记者：这些比较印象、舞台的东西，还有实景加入，是不是这些东西也吸引了官方、政府，这些主流的人的注意？让他们请您做2008年奥运会的开幕式总导演。

张艺谋：我觉得有一点道理吧。只是说你做过一些这样的事情，可能有点经验，但实际上奥运会的总导演的决定还是挺复杂的，当年是全球招标，很多人来应聘，包括李安、陈凯歌、崔健，外界的各种人来应聘，全世界应聘的队伍有上百个，就跟招投标一样，大家提供创意，然后进行筛选，层层筛选最后决定的，也许不一定完全是看你是不是做过一些舞台表演就可以，我自己认为还是一个很科学、很复杂的一个决定，所以我很幸运了，就被

🌐 2008 北京奥运会开幕式

选中了。

记者：改革开放以来，奥运会也是一个特别大的声音。

张艺谋：特别大的声音，当年我都知道特别大，后来我跟李安在宽沟那个应聘陈述会见面了，就一个团队、一个团队来陈述，最后还有10个队来陈述，用了整整两三天的时间。

记者：改革开放40年，对您的影响或者感受是什么？

张艺谋：我觉得影响是一生的，因为我自己是伴随这40年过来的，我的所有，从跨进校门开始，到做这一行，直到今天，整整40年是伴随它过来的，是你生活的一部分，是你生命的一部分，我们在这40年当中，进步，学习，历练自己，也看到整个国家，整个环境发生的大变化。我很相信这一点，就是说人都是时代的产物，人没有天才，是时代给了你机遇，时代给了你可能性，我们全部是时代的产物，这40年是一个非常重要的时代，其实所有的中国人都是伴随这40年走过来，直到今天，我们所有的意识，我们所有的这些，进入网络时代以后，所有的年轻人仍旧是这40年沉淀下来的。到今天你看1990年后，2000年后，或者2010年后，他其实也是由这40年的基础到今天成长起来的新一代，包括我们现在说新的年轻导演，新的年轻的电影工作者，他们会引领和推动中国电影的未来，他们是未来的生力军。我这两天看世界杯感受特别深，真的，江山代有才人出，我觉得这其实就是生活。所以我们每

🌐 张艺谋执导北京奥运会开幕式

一次看到自己的成长经历，回头看的时候，其实会看到是时代给了我们所有的一切。我们这一代人总有这样一种心情，就是不想浪费时间，想一直马不停蹄，希望跟这个时代一直同步往下做，希望能有更多好的作品。

后记

采访的时候，张艺谋一直在笑，与某个人相关，也与某部电影并联，也有可能是他为自己的某些小秘密被惊动了而有了羞赧。他对于我们提出的问题，基本是来者不拒，但也有水来土掩的时候。他的拒绝不是委婉的，而是比较直接的，好在他脸上的笑意，始终是和煦的，让我们的尴尬瞬间显得多余。这让我们对他由衷地钦羡之余，又多了份别样的亲近。更重要的，也让我们明白像他这样一个具有国际标识的中国导演，仍能保持着旺盛的创作力，仍不因非议而己悲，不为追捧而物喜的守望初心。恰在于他老早就明白，人应有所为，有所不为。

那天，在那个渐近黄昏的天色里。我们谈得最多的两个字，是"严肃"。唯有严肃，才会认真，才会有忘我的投入，才会有真实趣味的诞生。才会有一个普通工人走向国际大导演的光辉历程。

《影》之后，张艺谋的下一部电影叫《一秒钟》。我们只能妄自揣度，那部电影会将这嘀嗒之声作出有效的放大。电影是什么，既是对时间的固化，也是对时间的延展。电影一旦进入你的生命体验，时间的意义就变得丰富。它不再是冰冷数字的计量，也不是作息制度的提醒，而是与我们的记忆、感受所引发的一连串共振。张艺谋电影好的时候就是这样，他给了你一分钟，或给你两个小时，都让时间的长度有了新的变化。它总能让你有更别致的方式与时间本身进行对话。在此，我们期待，张艺谋能带给我们更多美妙的时刻，一瞬也好，永恒也罢。

李雪健：

好人一生平安

文 / 康婕

很多人说李雪健是继石挥、蓝马、谢添之后，中国电影最好的表演者。在他那并不伟岸的身躯里，常能爆发出异乎寻常的能量。他的表演不是简单地在规定情境下的游走，也非"传神"二字可以形容的，他的出现，让中国的表演艺术获得了一份难得的骄傲。从 20 世纪 70 年代末，李雪健从空政舞台上起步，四十余载似水流年，他以非凡的可塑性给我们留下了太多难忘的记忆。大部分人一提到他，最先印入脑海的还是"好人"两字。这个好人，不仅是指那部 80 年代的电视剧《渴望》中，让他在全国名声大噪的老实人宋大成，更是在那以后，他在银幕上接连塑造的焦裕禄、杨善洲、冯石、甘祖昌等经典银幕形象。曾经的病魔并没有将他打倒，抚今追昔，李雪健依然富有激情，那些不曾遗忘的幕后种种，现在看来都是珍贵回忆。这次，他

◉ 李雪健

要从刚刚入行谈起。

初入行的毛头小兵

记者：来谈谈您最开始入行的经历吧，1987 年您演了《鼓书艺人》《大侦探》。

李雪健：我是 1976 年底、1977 年初到的空政，1987 年部队第一次裁员时，才离开部队。我在空政待了 10 年。那个时候全国文艺大复兴，部队的、地方的很多文艺团体恢复招人，我就是那个时候去的空政。

记者：您去考空政的时候表演了什么？

李雪健：演的山东快书、诗朗诵、小品。

记者：演完立即就把您选上了？

李雪健：嗯，考试接收学员，但我还不是正式的，待了两年后，1978年改革开放，我才正式成了专业演员。

记者：是空政话剧团改革开放以后的第一批专业演员？

李雪健：对。我、濮存昕，还有王学圻都是。王学圻一来就是干部。他过来空政的时候就穿四个兜，我们当时是穿两个兜的战士。

记者：当时上学员班是什么情况？

李雪健：都在一块。我和小濮在学员班，王学圻在演员班。

记者：你们上学时都上些什么课？

李雪健：语言、形体，练顺口溜、朗诵，形体就是练把杆，还练芭蕾，京剧也练，翻跟头，软摔，硬摔，那时候都练。

记者：十八般武艺样样都练。

李雪健：嗯，那时候参加训练的风气非常好。

记者：那时候改革开放开始，学习都特别刻苦。

李雪健：嗯，有一天两天不练，你再过来练跟不上，比如形体之类的。

记者：讲讲您演的第一个话剧吧。

李雪健：我们一开始在话剧《陈毅出山》中跑龙套，后来又排了一些小独幕戏，1980年排的话剧《九一三事件》，是我第一次演主角林彪。

记者：第一次演主角就影响特别大。

李雪健：之前演的都是配角、龙套，那是第一次演主角。一开始也不是主角，只是替别人走戏位的替身，替着替着导演和领导说定我演了。

记者：替身变成主角，说明您演得也比较到位。

李雪健：那时候也年轻，现在想起来有很多遗憾，那个戏当时影响很大。

记者：那个影响很大，您演得特别像，王光美都不跟您握手了。

李雪健：之后他们捎信过来，说是对人物，不针对演员，

年轻时的濮存昕（左）、王学圻

李雪健（左一）与濮存昕（右一）在空政话剧团

李雪健（左）和王学圻（右）

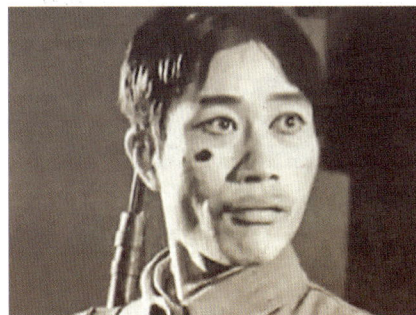
在话剧《陈毅出山》中扮演"匪兵乙"的李雪健

那是对我的一种奖励。

记者：对，说明您演得太逼真了，那真的是一种奖励。那段时间一批中国新的电影《生活的颤音》《小花》《巴山夜雨》出来了，当时

您看的时候感觉怎么样？

李雪健：感觉很好。当时看一批咱们新拍的电影，再看一批老电影，还看一批外来的电影，学习嘛。

记者：那个时候看什么外来的片子呢？

李雪健：《佐罗》《流浪者》《教父》《美国往事》《金色池塘》《克莱默夫妇》，咱们的老片子《英雄儿女》《林海雪原》《上甘岭》《英雄虎胆》《桥》，那时是要学习的，特别我们文艺战线的课，一场都不落。

记者：您拍的第一部片子是田壮壮的？

李雪健：我拍的第一部电影是

话剧《九一三事件》中李雪健饰演林彪

电影《天山行》中的李雪健

八一厂的《天山行》，是景慕逵导演拍的话剧改编的电影，接下来就是《钢锉将军》，太纲导演，萧马编剧，是我第一次演主角的电影。之后是田壮壮导演的《鼓书艺人》，再之后是《大侦探》《焦裕禄》。

记者：当时您演《钢锉将军》的时候，一批将军刚被解放了，您对当时这个背景了解吗？

李雪健：太纲导演和演水利专家的曹景阳老师带着我们一块学习研究。那个时候正好改革开放，需要有能力的干部，需要人才。

记者：对，需要一大批老干部恢复工作。

李雪健：因为我们演的这个将军是大学生，战争爆发上前线打仗，他有知识，有文化，仗打得也好。新中国成立后他回到上大学的那个城市，当军委会主任，改革开放后上级又让他出山搞建设。这个电影写得不错，拿了政府奖（广播电影电视部1986—1987年优秀影片奖）。我从30岁演到60岁。

记者：这个电影讲述了老干部重新走上光荣的岗位的故事，是反映那个时代大背景的一部重要的戏。

李雪健：对，要改革开放，他们心里头也跟着了火似的。

记者：您演《钢锉将军》的时候体验生活了吗？接触过这种马上要重新出山的领导干部了吗？

李雪健：因为我是部队出身，所以对他们那代人从情感和观念上，从性格的趋向和爱好方面都特别在意，也想起了地方上一批这样的干部。我1973年在部队当兵，虽然与他们没有交谈的机会，但是看过书，那些人在我心里留下了深刻的印象。我看小说《钢锉将军》，脑子里还是有这样一批人的形象。当时因为年轻，创作上主要还是在导演，演水利专家的曹景阳带着我们一块搞创作，我们经常做小品，他出题，我们来做。比如外面下大雨了，你冒着雨在外面修水库，回到家媳妇心疼，还有点生气，你该怎么办？我和演妻子的王若荔就要研究怎么演，演完了以后导演看，曹景阳也看，看完了以后给我们上课，我们再找资料学。那个时候这种创作的风气还是挺热的，对表演非常敬业。

记者：后来就是拍了田壮壮的那个《鼓书艺人》？

李雪健：对。

记者：田壮壮是第五代导演中最著名的导演之一。您第一次跟他拍片子的时候，感觉他的风格跟前面的《钢锉将军》《天山行》那些导演一样吗？田壮壮比你大一点？

李雪健：大一点。

记者：当时田壮壮给您这个角色导戏，您是什么感觉？

李雪健：每个导演都有自己的风格，我们既然上他的戏，就要熟悉他。田壮壮是充分发挥演员自己想象力的导演。演员和编剧、导演还有点不同，导演、编剧是逻辑思维，演员是形象思维。壮壮导演很尊重演员的形象思维，前期工作做得很细。我唱大鼓，他带着我跟着魏喜奎学了一个月大鼓。在开拍前，他和演员把工作做透，拍摄起来让演员自由发挥。有些他不认可的，就再跟演员商量。

我觉得现在让我演《鼓书艺人》，肯定要比那会儿演得好，因为那时候年轻，现在自己有了一些经历，有了一些年纪以后，比那时候理解要深刻一些。任何人物都要和大的时代融起来才有生命力。《鼓书艺人》里那时候的艺人和现在的演员有区别。你看他从北京，随着时代、形势的变化，跑到武汉，从武汉又跑到重庆，经历了日本鬼子大轰炸，朱旭在戏里演的我哥，他演得比我好，因为他经历过，他有内心的东西，我比他就差。

记者：他当时年龄比您大一倍吧？

李雪健：大一倍。朱旭老师打心里头就是那种人物，我还是有一种情绪化的、"貌似"的表演，有一些遗憾。

记者：到1990年拍《渴望》的时候，您这种感觉少多了吧？

李雪健：《渴望》里的人物和我是一辈的，更有一种心灵的

电影《钢锉将军》海报

电影《鼓书艺人》中的李雪健（左二）和朱旭（右一）

电影《钢锉将军》剧照

田壮壮导演

电影《鼓书艺人》中的李雪健

共鸣，有一种心灵的撞击，比如说宋大成很多事我熟悉、经历过。《大侦探》王君正一开始没找我，他想找田壮壮演，后来壮壮给他看《鼓书艺人》，王君正看完以后用的我。

公认的银幕好人

记者：从将军到艺人，再到侦探，最后到大成这个普通的工人，您演的角色反差都特别大。当时宋

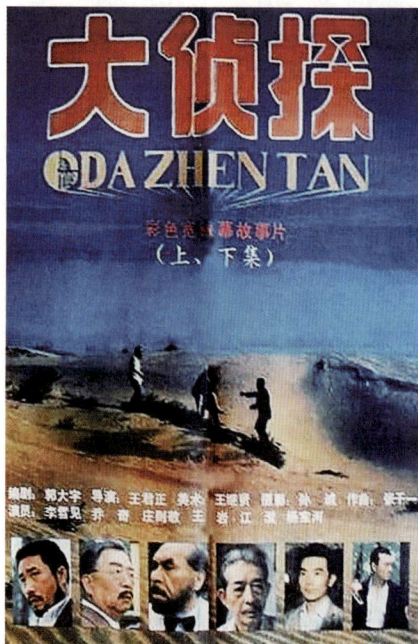
🎬 电影《大侦探》海报

📺 电视剧《渴望》剧照

大成出来以后，全国人民都在说宋大成、刘慧芳，是好人呀。您演这个角色的时候，脑海里有这样的形象吗？

李雪健：有。其实拍的时候也没想那么多。就觉得演我们自己同代人，最吸引人的地方在于这部电视剧是咱们国家头一部长篇室内剧，外景很少，比较新颖。推荐我来出演的是导演鲁晓威的父亲——老导演鲁威，所以他也是我的贵人、恩人，让我有机会走向全国。

记者：刘慧芳变了心，您还一如既往对她好，好多人就给报纸写信，问宋大成为什么还这么任劳任怨，您是怎么看待这个人物的？

李雪健：改革开放后，外面世界的文化进来，对有一些东西还是有影响的。国家在发展，我们的生活在变化，人民生活水平在提高，开始住进大高楼，必然会带来一些问题。恰恰这个室内剧符合了人民当时对于家庭、对人与人之间情感的探讨。这个探讨，用四个字来说就是"呼唤真情"。不管有什么问题，不管有什么变化，真情——真善美不能丢。改革开放后这些东西会受到一些冲击，但大家还是要呼唤它，不能忘，不能丢。包括原来说邻居是远亲不如近邻，搬入楼房后，住一年都不知道邻居是谁，人们的关系疏远了，谁都不认识谁。

记者：宋大成是几亿中国人民都熟悉的形象，之后就是《焦裕禄》。当时改革开放已经开始了。焦裕禄最早出现在《人民日报》报道上时，全国人民都很朴素，拍成电影的时候已经改革开放，商品大潮开始了，人们早就开始挣钱了，在这个背景下拍《焦裕禄》，您是怎么接的这个人物，怎么去体验生活？

李雪健：《渴望》之后，峨影厂要拍《焦裕禄》。因为我在峨影拍过《钢铐将军》，也演过话剧《九一三事件》《火热的心》，所以导演王冀邢就找我，把我作为演焦裕禄的人选。他让我看剧本，这个焦裕禄，是我们这一辈人的父亲的代表。我出生在山东菏泽，十一二岁才离开，我生活了十几年的地方挨着兰考不远，是巨野县的田庄公社。焦书记他们六几年在开封兰考，很多文化、生活习惯、地理位置等等都相近。我们那时候不叫焦书记，叫伯伯，说有一个好伯伯没了。

1990年，时隔他去世已经30多年了，河南已经有了一些

电视剧《渴望》剧照

电影《焦裕禄》中的李雪健

发展变化，改革开放也进入了关键时期。没有那辈人的付出和奉献，哪有我们的今天？我们的今天是他们用血汗换来的。所以我演焦裕禄也是作为自己的父亲来演，他是我们父辈的楷模，不管日子过多好也不能忘。虽然改革开放给我们带来一些好日子，但是焦裕禄的精神不能丢，共产党员一定要向焦裕禄这样的好党员学习。拍这个戏的时候，我们也没想到会怎么样，就是知道我们拍完了要给全国党员看，那时候全国党员也不少。

记者：5000万。

李雪健：给全国党员看，那可了不得。我是1975年入党的党员，焦裕禄既是父辈楷模，又是共产党员的楷模，我是在心里有这样的指导思想去进行创作的。

记者：他作为一个县委书记，是党的基层干部，20世纪五六十年代农村的基层干部，您见过吗？

李雪健：我在公社见过，那时候我跟着父母在公社经历过那样的生活，树皮、树叶都吃光了，土地都是盐碱地，有些老人土都吃，有一点干粮都给孩子们留着。我是公社出去的后代，跟着父母到了县里，就生活在那儿，这些都见过。那时候我不太懂，演的时候有点懂了。咱们国家、民族走到今天真是不容易，要珍惜。焦裕禄就是我们这一代的父辈，我们为这一代父亲骄傲，要把他们的好品质、精神作为一种文化传下去。我们的国旗为什么是红色的？因为那是我们的父辈先烈们用鲜血染成的。过去过年才包饺子，现在天天都能包饺子，天天都是过年，这是我们的前辈用血汗换来的。我们还要往高处走，我们好些父老乡亲，还在为小康生活而奋斗。现在有八个字我挺喜欢的：牢记嘱托，感恩奋进。

记者：《焦裕禄》有一场大家特别感动的戏，一个技术员

要走，您追得实在跑不动了，蹲在地下，车开走了发现那个技术员没走，您就哭了，您还记得那场戏怎么拍的吗？

李雪健：那个戏也是当年我们的政府，我们的党面临的一个大问题，就是需要人才、科技、知识。简简单单的小戏反映了我们党在领着中国人民搞建设的道路上要解决的一个大问题。包括现在也一样，尊重知识，重视教育，才有高科技的发展，我们才能上天、架桥、收天眼、量子等等。焦裕禄那个时候

焦裕禄照片

电影《焦裕禄》剧照

就是土壤改造。他让那个技术员研究土，舍不得让他走，又没法狠心耽误人家孩子的发展。这样一个父辈，心里头是很复杂的，他没想到小技术员没走，他为小技术员没走而高兴、激动，也为人家没有离开这个艰苦的地方心疼、难受。拍这场戏的时候，已经到了全部拍摄日程的后期了，拍完了也没想到能在全国引起很大影响。1991年《焦裕禄》投资130万元，票房1.3亿

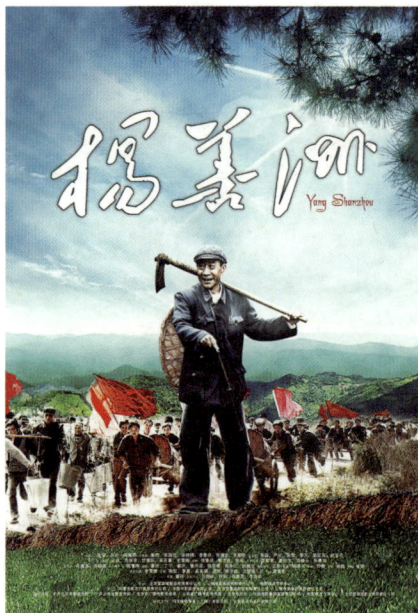

◎ 电影《杨善洲》海报

◎ 电影《杨善洲》剧照

元，开始是组织去看，没过几天就不用组织了，大家都来看了。一些干部看的时候是坐车来的，看完电影走的时候说不坐车了，走回去了。看这部电影有一种心灵的洗礼，还有一种净化的体验，只要是个党员，这种精神永远不能丢。不管怎样发展，人民对于我们党的这样的好传统，好党员，都会去拥护，去爱戴。一句话，焦裕禄真正地体现了共产党的宗旨，就是全心全意为人民服务，就是习主席说的人民对美好生活的向往，就是我们奋斗的目标。焦裕禄作为我们的父辈，给我们做了一个好榜样，我们不能忘，要歌颂他，这是我演员职业的一种责任。

记者：后来又拍一个党的领导干部题材的电影《杨善洲》，那时候您经常穿着他的衣服，拿着他的笔、他的本，每天在山上干着他曾经干过的活，体验杨善洲的生活。您在山上待了多长时间？

李雪健：杨善洲比焦裕禄要小一些，但是他也是学习焦裕禄的一个好干部。他去世了以后在当地也是深受人民爱戴的。我去了以后，剧组搞了一个仪式，我穿上他的衣服，戴上帽子，化上妆，参加了这个仪式。当时电影还没开拍，现场大广场就已经人山人海，大家都给我们鼓掌。这个掌声是对我们来演杨善洲的一种鼓励和点赞。杨善洲在老百姓心中有位置的。杨善洲我听说过，但不是很熟，从他做过的那些事看来，还真是一个学习焦裕禄的好干部。2011年是中国共产党成立90周年，《杨善洲》是作为献礼片来拍的。我们这一代人，在国家或者民族遇到大的活动，或者大的节日时，总想做点什么——像拍《横空出世》的时候，就是陈国星找的我，说我们得为新中国成立50周年做点什么——《杨善洲》也是。所以我找了很多资料，找完了以后，我也有困惑，这个年代有好党员，但是像杨善洲好到这份上，还真有点问号。这也是父辈，焦裕禄是伯伯，杨善洲是叔叔，他年纪比我父亲小了。我在云南当过4年兵，在战士业余宣传队，除了在部队演出，也到地方演出，接触过这些政府机关的干部。我很想演，但在脑海中对这个人物还是有问号的，就要求早点上保山，4月份我就奔赴云南保山了，"五一"拍戏，"六一"停机，"七一"献礼。

我去保山接触了当地的老百姓,对杨善洲这位老人有了一定的了解、熟悉后,我为自己脑海曾经有过的问号脸红。这个问号的消失,是在深入生活,深入人民之后,特别是老百姓给他编的顺口溜,虽然只有短短几句,但那也是老百姓 30 年积累下来的对于杨善洲的评价,不管从形象到精神,从语言到形体,都给了我创作的源泉,让我在脑子里有了一个活生生的杨善洲老人的形象。他 60 岁退休,上了山,20 年种树,80 多岁把树交给了政府,交给了晚辈,84 岁去世,自然完成了自己的人生。因为电影拍摄十分受限,不像电视剧——焦裕禄、杨善洲都拍了电视剧了,电影是抓的他最代表的东西来说,所以我觉得这个电影给我带来了很多,最后票房 8000 多万元。但是当年 7 月份献礼片刚开始演的时候,我有点想不明白。

记者:当时电影院在放《变形金刚》。

李雪健:我不愿意说这个事,当年有些电影院就两三个观众,说起来让人家笑话,票根我留着。我为什么不明白?因为我们在拍摄英雄人物上面做了一些大胆的尝试,随着电影的发展,怎么避免让观众感觉不是在上课,不是在说教,我们也有一些投入,真实的情感,用真来体现,凡是看过的都反映还是不错的。我给看过电影的观众念关于杨善洲的这个顺口溜:"家乡有个小石匠,参加土改入了党,头戴竹叶帽,身穿百姓装,穿着草

鞋干革命,创建了滇西大粮仓。一身泥,一身汗,大官他不像,像什么?像个种田郎。"念完了以后,看过电影的观众都给我点赞。

还有另一个他退休时候的顺口溜:"杨善洲,杨善洲,老牛拉车不回头,当官一场手空空,退休又钻山沟沟。"组织上觉得他苦了一辈子,在昆明给他准备了干休所的房子,让他去看,他没去,他进山了,回家乡了,为什么?第一,他在职当地委书记的时候家乡老百姓因为水的问题来找过他,他把家乡的老百姓劝走了,说"我是地委书记,要通盘考虑,别的地方找我来怎么办?这个地委书记就没法当了",所以他当时就觉得欠家乡父老乡亲的债。第二,他在职的时候,全地区走过,深入农村,很多地方树已经砍光了,没雨的时候干旱,一下雨就发大水,说明了种树的重要性:"山上多种树,等于修水库,下雨它能咽,干旱它能吐。"

所以老百姓给他编了顺口溜,说你已经退休,进山那不是受苦受

电影《杨善洲》剧照

罪吗？有些朋友还不理解他，最后杨善洲说我职务退了，共产党员的身份没有退，现在都讲职业病，共产党员的职业病就是"自找苦吃"，习主席在文艺座谈会上对这4个字还点赞了。他就上山了，老百姓又编了一个顺口溜："家乡有个小石匠，当官退休福不享，栽树20年，荒山披绿装，造福子孙千万代，为民服务永不忘，活到老，干到老，富翁他不当，当什么？当个共产党。"他上山20年，那个荒山什么也没有，最后成了林场。当年给他估算了一下有3个多亿元的价值，你现在再去，已经升值到10个亿了，上面种了水果。

通过这几个顺口溜，这个人的形象出来了。这是生活，艺术创作的源泉。有一场戏，最后要离开农场了，杨善洲摸着每一棵树，都像摸自己的孩子一样。有的孩子长大成人了，有的孩子还很小，观众能够感觉出来他和树的那种关系。这场戏讲的内容是真实发生的，因为我拍摄时有两位老师一直跟着我，一个是杨善洲带出来的第一个厂长，还有一个是杨善洲的三女婿，这是他们跟我讲的。他退休了从山上下来，离开农场，要下车到树林里去，还以为是去方便，结果是在一棵一棵地摸树。焦裕禄种树，叫焦桐，杨善洲也种树，他种庄稼，种水稻。有一个说法叫："全国看苏杭种的水稻，云南看保山种的水稻"，他也搞试验。提起这些人物，我就老是啰唆。

记者：因为是您投入过感情、投入精神拍的，拍《焦裕禄》《杨善洲》，这些都是好人，都是党的优秀干部。

李雪健：拍完了《杨善洲》，得政府奖（2012年中共中央宣传部"五个一工程"奖）、华表奖（2011年第14届华表奖优秀故事片奖、最佳男演员奖），这两个奖杯，在云南杨善洲那个林场有个小的展览室，咱们电影频道跟着一块拍下来了，北京大学生电影节（2012年第19届北京大学生电影节最佳男演员）也给奖了。

ⓒ 电影《杨善洲》剧照

ⓒ 《杨善洲》获奖照片

与中国电影第五代的故事

记者：人们说雪健老师是好人，所以演这些好人演得特别好。但是除了演好人以外，您演其他复杂的历史人物，也演得特别棒，比如秦王嬴政、宋江还有最近演的李渊。这种历史人物特别难演，谁也没见过嬴政，大家说李雪健演的这个嬴政和我们想象的完全不一样，当时您跟陈凯歌合作的时候，怎么想着把秦王嬴政演成这个样子？

李雪健：因为《荆轲刺秦王》里秦始皇这个形象，剧本给他定的是小说中适合我演的那个类型。历史的真相应该是怎么样，也都是后人传下来的，虽然有各种说法，但是必须有经得起推敲的道理。对秦王的看法，流传至今的有几种说法，一种说法是修长城、统一六国、烧书、霸气等等约定俗成的东西；还有一种说他是吕不韦的私生子，从小跟着妈妈做人质放马，之后在吕不韦的操作下回到秦国，当时的社会对他当皇帝是不认可的，因为他不是血统上的皇帝，而且这个人当王的时候，小矮个，低胸脯，声音像狼嚎——这是书上给他的形象。那么为什么他又修了长城，统一了六国？这就和他做人质的生活经历有关系，最后他当了王，就想用实际行为向天下人证明，自己是能做皇帝的，不仅修了长城，还统一了六国，把反对他的人都灭掉了。

在这个故事当中，也有过一位女性，就是巩俐演的赵姬，从小和他在一起。赵女是赵国的，是秦始皇在赵国当人质唯一的小伙伴，他离开赵国的时候，就跟他妈妈提出了把赵女带到秦国的要求。电影是从他在秦国，已经长大成人时开始的，当人质那是电影之外的事，但是电影里也有交代。赵女在他心中一直当女神般爱着，所以赵女离开他后，时间一长，他就有点变化，他不是上来就霸气十足的。

记者：对，跟姜文演的秦王（《秦颂》）完全不一样。

李雪健：这个人物是要通过他做的事来表现他的霸气。因为我的条件适合导演凯歌想塑造的人物。他说"如果要塑造一个上来就霸气的人，就不用你了，我演就行了"。最后他演了吕不韦——秦始皇的爸，这个当时好像观众也不太接受。

记者：当时这个秦始皇引起热烈争论。

李雪健：1997 年，距现在 20 年了。

记者：20 年了，当年在人民大会堂开的发布会。

李雪健：现在很多朋友反过来看《荆轲刺秦王》，问我这是什么时候拍的，我说 20 年前，凯歌导演《霸王别姬》之后。很多人回过头来说，没想到 20 年前能拍出这样的电影。

记者：在大堂上行刺的戏不好拍。

李雪健：横店的秦宫殿就是为凯歌这个电影盖的，当时是冬天在那儿拍的。2018 年北京国际电影节期间有活动还放了这部电影，我听到这个消息心里特高兴，艺术作品的生命力，也是我们创作的标准之一。

记者：这片子现在拿出看是艺术大作。您刚才说田壮壮导演跟您拍戏的时候，在前面准备阶段说透了就让您自己演。陈凯歌导演导戏的时候，是不是每场戏都详细说明？他们两位导演的风格不一样吗？

电影《荆轲刺秦王》中李雪健饰演秦始皇

电影《荆轲刺秦王》巩俐剧照

电影《荆轲刺秦王》陈凯歌剧照

李雪健：对，凯歌导演就在现场，他给你说戏的时候，比演员还动情。《荆轲刺秦王》整个片子拍下来，我总结了一下，每个镜头我平均拍了 12 次，被叫作李十二。好像孙周比我多，有一个顺口溜是他编的，讲巩俐是多少条，张丰毅是多少条，他是多少条，王志文是多少条，我是多少条，演妈的那个上海演员顾永菲是多少条。

记者：在拍《幸福时光》《山

楂树》的时候，张艺谋给您导戏的时候是一种什么状态？

李雪健：我参加艺谋导演的片子的戏份都是配角，可以说大部分是龙套。《山楂树之恋》里的人物叫村长，《幸福时光》里的人物叫退休老李，《有话好好说》里的人物叫出租车司机，《摇呀摇，摇到外婆桥》里的人物叫刘叔，都没名字。

记者：那张艺谋导戏的感觉跟凯歌有什么不一样？

李雪健：不一样。因为角色在戏中的位置，不太一样，所以是艺谋想象这个人物应该怎么样，在这个大的基调上，和凯歌一样，都是让演员发挥，但方法形式不太一样。

记者：您是跟第五代导演合作最多的演员之一，张艺谋、陈凯

🔘 陈凯歌（右）导戏照片

🔘 张艺谋导戏照片

歌、田壮壮全合作过。

李雪健：还有李少红、吕乐、侯咏。

记者：你跟李少红拍了《四十不惑》，演的摄影记者，那是演小人物。

李雪健：《四十不惑》也是有很多遗憾。开机前，我跟着《中国青年报》的摄影上南京、江苏、安徽体验记者生活。那年发大水，摄影记者上前线，我也跟着他去了。

记者：跟着他拍？

李雪健：没拍，我不会拍，但是我体验生活。我一直跟着他，他到哪，我跟到哪，生活很不一样。对我影响挺大的。我说咱们都是文化艺术同行。这个摄影记者，哪的洪水大往哪跑。

记者：李少红导演是想让您演一个小人物。

李雪健：我那个角色是下乡到东北的知青，回来又组织了家庭，他在东北插队的时候留下了一个儿子，后头这个知青回到北京来找父亲，宋丹丹演我媳妇。剧本写的是他回来以后，40岁的时候面临的一些问题和返城以后的家庭生活，编剧是大作家刘恒，我演得不好。

记者：当时大家说您演的这个摄影记者很有特点，但您对自己演的不太满意？

李雪健：不太满意，我真的对摄影记者这个职业、这些人挺佩服的，他们真是值得学习。你看这边发洪水要救灾，他们要拍抢险，休息的时候正吃着饭，那边有决口的消息了，碗一扔，直奔决堤的地方，我当时也跟着去了，恨不得吉普车再快点。摄影记者为了表现人民抢险，是不顾生命危险的，哪危险往哪去，这个职业素养不是一天、两天养成的。我觉得我演的这个记者角色在这方面体现得不足。

记者：您演完宋江以后全国争论得特别厉害。宋江是大家熟知的一个人物，大家说您演这个梁山好汉特别忠义，演得特别好，但是报纸上都在争论您给皇帝撅着屁股趴下那段的表演，您还记得当时关于这段表演的争论吗？

李雪健：我真的和宋江是菏泽的老乡，《水浒传》是名著，在小时候都看过。当时找我来演，我没答应。后来张纪中说找文化部，把它当成任务派给你，我才答应了。我想先看剧本，

要是光了写上梁山这段，那没宋江什么事。宋江这个人物，他给人们最重要的反思就是上了梁山以后的招安，这个是给观众最强烈的反思，后来看剧本是写到招安之后，我就答应了。因为小说的影响，又是老乡，我找了很多反映那个年代的画，包括有些水浒小说上的画，得到了很多启发。

有人问我走的怎么是小碎步？我说那个年代的穿衣风格有一种是穿裙子的，有一种是穿棉裆裤的，你要看穿棉裆裤的人是走的什么步，看穿袍的人是走的什么步，穿棉裆裤的基本上都是农民，是下层、基层的人，穿袍的都是上层人，穿长袍的人能迈开大步吗？不管小说还是留下来的画，包括京剧里，穿袍的人要迈大步，一定是把袍揉起来以后才行，不揉起来，迈大步就得摔跤，这是来自生活的细节。再有几百年前的人，他的腰带不像现在，那时候穿袍，腰带都在肚脐眼以下。宋江是菏泽郓城的一个小吏，出身地主家庭，小吏就是现在派出所的人，他能想到最后的结局。他为什么要招安？有种种原因，你离不那个社会，也离不开几百年前那个时代，所以不管什么人，不管他是所谓的正面人物、反面人物，小人物，必须演的是活的人。他招安是为了弟兄们，不能因为自己耽误了他们，一辈子让人家骂，骂他们的后辈是土匪的后代，让弟兄们的孩子、孙子、孙子的孙子们背黑锅，我们还得走正道，那就是要招安。所以后来人们批判宋江是投降派。

记者：对，他要为弟兄们着想。

李雪健：这是正道，是仁礼义，真善美的东西我们要发扬，当然也有一些假恶丑的东西，所以这个人物能够给我们带来一些反思，这是我们艺术创作的责任。一开始山东老乡不让

⚜ 电影《四十不惑》剧照

我回老家，说回来揍死我，说我演的宋江把弟兄们带沟里去了，现在不了，现在说那是几百年前的事，是艺术，让我们反思。现在山东老乡们欢迎我们回去。宋江的跪也有讲究，那时候人穿着袍，他的礼仪、形体，都有规矩，形成了一些形体动作、语言动作，这是艺术创作人物的基本。

记者：最近轰动电视剧《少帅》中的张作霖这一角色，是雪健老师您演的。演焦裕禄的人，怎么演好一个东北的土匪出身的大军阀呢？当时您是怎么接这个戏的？

李雪健：张黎导演我们合作过。1999年拍《横空出世》时他是摄影师，他有几部作品我挺喜

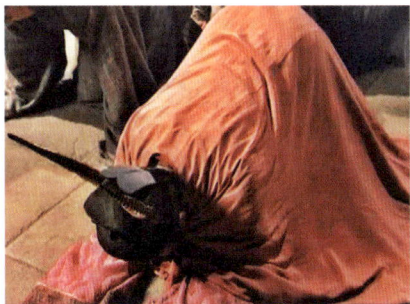

⚜ 电视剧《水浒传》中的宋江跪拜

⚜ 《水浒传》剧照

⚜ 《水浒传》中李雪健饰演宋江（右三）

欢的，一直没有机会再合作。到了《少帅》给我机会了，看完这个剧本，我觉得写得还是挺好的，再加上张黎导演对我的信任，他说了解我，能胜任这个角色，这是对我的鼓励。之后他派我到东北沈阳张作霖家的大院参观，体验生活、采访，提供了很多书给我看。这个戏也是反映张学良抗日，是纪念反法西斯胜利70周年的一部作品。

那些演将军的日子

记者：《横空出世》里那个领导实验原子弹的冯将军，您也演得特别好。

李雪健：冯石。那个就是陈国星找的我，说新中国成立50周年，

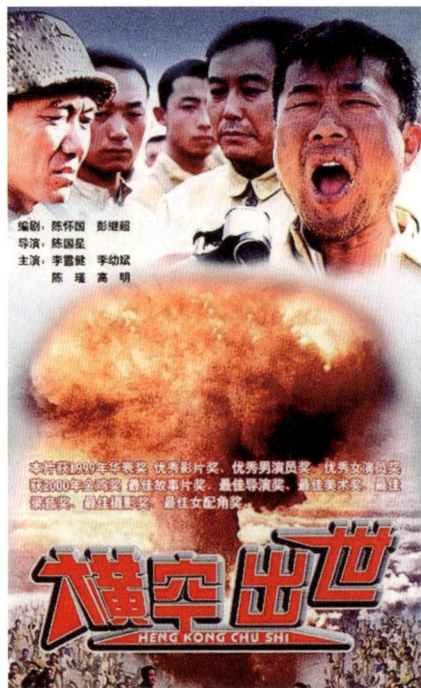
电影《横空出世》海报

电视剧《少帅》中的李雪健

导演张黎《少帅》工作照

咱们得做点事，有个反映原子弹的电影，虽然苦，但是值得。拍这个片子，我觉得还是值得的，很难忘。

记者：好多人砸夯那场戏，是在九泉拍的？

李雪健：嗯。因为那个时候我们的条件、设备有限，都是人工来弄。当时有两个大场面，一个场面是做动员：朝鲜打完仗回国，这个部队就一路到了马兰搞原子弹，当时在朝鲜，用原子弹的人，动不动就拿小玩意来欺负你，咱们伤自尊了，要搞原子弹，为了民族，为了国家，这支部队没回家，又不能告诉亲人在哪；另一个场面是打夯那场戏，几百人打夯，沙漠的太阳又大又热。拍那场戏的时候，本来说要做好动员，结果还没动员，配合我们拍摄做指挥的一个副司令，叫我们等一下，他临时走了后传回信息，说让我们继续拍拍，因为咱们国家驻南斯拉夫的使馆被炸了，国家进入一号战备状态，领导们都得盯着。这个消息一传开，现场不管是战士也好，首长也好，包括我们创作人员都炸锅了，所以根本就不用动员，直接拍了。我演的是司令，唱着夯歌，带着大家打夯："美国佬呀吼嘿，欺负人那么吼嘿，夯夯砸在恶霸那些身上，砸他们，欺负人。"那场戏是在那种环境下拍的，我们民族情结炸了，这就是艺术和生活的关系。

记者：那片子看得让人感动，太震撼了。

李雪健：这个人物和《钢锉将军》的那个将军有点区别。

记者：对，您演了三个将军，还有一位是改革开放时复出的将军。

李雪健：那个将军应该是《老阿姨》里的农民将军。这3位将军都有一个共同点，都是刚打完仗。《钢锉将军》里的李力将军是解放战争打完了，新中国成立了；《横空出世》里的冯石将军是抗美援朝战争结束回来了；《老阿姨》里的甘祖昌

将军是解放全中国，随着王震到了新疆三五九旅，他也是开国少将，刚刚提完军衔。

他们3位的不同点是，李力将军是改革开放重新起用；冯石将军是战争之后消失，配合中国制造尖端科技；甘祖昌将军是打完仗，留下来一身病，他感觉给部队、给国家带来累赘，看着战友们在为祖国建设做着贡献，他心里着火，寻找了一个还能够有价值，能做奉献的地方——就是离开部队，回去当农民。他找到了自己的位置，回了老家当农民，修水种树。他一生为家乡做了很多事，习主席有一年在人民大会堂接见劳模，拉着甘祖昌的爱人龚全珍阿姨的手，叫了一声"老阿姨辛苦了"，在人民大会堂讲到了甘祖昌将军。龚全珍阿姨的回忆录里头说甘祖昌给他们全家留下了一个传家宝，就是一生老老实实、勤勤恳恳的革命传统精神。老老实实做人，勤勤恳恳地工作、奋斗、做奉献，不容易。

他从一个少将改去当农民，轰动了世界，最后他去世，很多外国记者都到他的老家采访。在这个片子里，我们也做了一些大胆的尝试，比如把英雄人物的内心斗争形象化。我觉得这点史建全老师的创作非常好。我们影片里是有选择地用，比如他评上少将，比如他和龚全珍结婚，比如他回到老家看到和他一块出去闹革命的战友就剩他一个人了等等。有几次这种思想内部的斗争，我们把它矛盾化，用艺术告诉你甘祖昌这样的形象。我们很努力，我们觉得这些人物不能忘，这也是我们艺术

李雪健饰演的三位将军，从左至右分别为：李力、冯石、甘祖昌

电影《老阿姨》剧照

创作的一部分。

记者：从1977年到现在41年，您获了33个大奖，这在演员里面是极少的。这么辉煌的荣誉，这么多大家牢记的形象，一般人到了您这个岁数，就该逐渐淡出了，但您又演出又获得大奖。对这段演艺生

电影《横空出世》打夯剧照

涯您最想说的是什么？

李雪健：没想过，真没想过。观众、社会、政府、组织的认可是一种鼓励，是为了让你更好地拍摄好作品，更好地去为观众、为人民服务。现在奖也多了，今天一个奖，明天一个奖，天天都有奖。我在部队当兵的时候还立过三次三等功。

记者：为什么立功？

李雪健：都是演戏的关系。在军队要获得一等功几乎是要牺牲了，像我们文艺工作者还能给三等功，我还得了三回，我就能从这些奖杯里面去认识、感受我们这个工作的重要，它的意义，我们能够更加深刻理解习主席给内蒙古红色轻骑兵的回信，这个信中说到了九个字：要做"接地气、传得开、留得下"的作品。这简简单单九个字，深了。接地气：接地气你就想到时代，想到我们国家、民族，现在是什么样的形势，我们面临着是什么？我们向往的是什么？我们的优势、弱势等等一系列问题。传得开：现在的老百姓得爱看，艺术作品是要给大家看的，看了以后从艺术作品里头得到什么？为了什么？这样的作品才能传得开。留得下：上下五千年的历史留下了什么？能传承到今天，大家最喜欢的是什么？我们现在做文化艺术作品，要有多长的生命力？长寿的艺术作品要留得下。要有这个意识，有这种精神来

做。所以也许眼前票房跟别人没法比，但不代表以后不行。比如那个时候凡·高吃饭钱都没有，把自己耳朵都给毁了，画没有人要一分钱不值，得靠他弟弟养着他，但他现在画可值钱了。

记者：历久弥新。

李雪健：这也是给了一种自信，我喜欢就拍，要有这个自信。比如《荆轲刺秦王》，20 年后，反而有人喜欢起来了。

记者：和第五代合作是田壮壮、凯歌、张艺谋、李少红他们先找的您，您也喜欢跟他们合作吗？

李雪健：嗯。我和第五代是同时代的人，

记者：还有我看您也跟年轻导演了拍视频短片。

李雪健：那是 2014 届，还是 2015 届的电影学院毕业生作品。

记者：获了短片奖。

李雪健：学摄影的，摄影系的梁文哲。小孩，他的毕业作叫《父亲》。他说他做梦都梦见我去给他演这个父亲，他说他做这个剧本的时候，还和他的父亲有点关联。我一听，有点感动。

记者：给这个小孩演一个戏，没要报酬就演了？

李雪健：我去给他演了，在青岛，一个礼拜。演完了有 20 多分钟，这个片子拿了几个短片奖，特别高兴。

记者：现在不拍戏的时候您一般做什么？

李雪健：不拍戏和平常人一样。我是改革开放的受益者，也是参与者，不是旁观者，从生活到工作，方方面面。

后记

看到面前的李雪健，很难不心生感动，这位大病初愈的老者，仍然坚持着热爱表演的初心。他的声音或许已经不再清晰，但是吐字却铿锵有力，如同做人的堂堂正正。这么多年下来，伴随着改革开放一路走过，李雪健始终兢兢业业地对待每个角色。他像焦裕禄、杨善洲那样只问耕耘，不问收获。他也像曾演过的三位将军一样，甘洒热血写春秋，把自己澎湃的青春、创作的激情与积淀的岁月都留在了大银幕上。好人李雪健演绎银幕好人，好人一生平安。

黄建新：
站直了往前走

文 / 张强

黄建新

在各种各样的场合见到黄建新，有一点印象特别深刻，就是他标志性的微笑。他微笑的幅度永远是一样的，他的笑容是礼仪，也是一种人生态度。他笑起来，让人联想到风雨过后的彩虹，也让人联想到登高望远之时的欣欣然。

黄建新是第五代导演里，最具当下性和社会性的观察家和思想者。他的目光一直打探着我们这个求新求变的神秘东方。他尽量不输入爱憎，生怕惊动了这个古老国度一次次的转身与回眸，但却能以最深沉的情感去勾勒行进中的中国，它的变与不变。

我在部队偷偷看电影

记者：我们把思绪拉回到 40 年前，1977 年您上西北大学，那时候是什么样的环境？

黄建新：我上学的时候高考还没有恢复，我们有几个陕西的做电影、小说的人都是工农兵大学生，比如路遥、贾平凹，我们都是，贾平凹还要早一年。我是 1977 年春天进的西北大学，秋天就恢复高考了。我当时上的是西北大学中文系的新闻专业，那时候是各单位推荐上大学，有一些考试，比如读文科的一定会考一些马列著作，读过什么书，一些基本原理，写一些小文章看你的文笔的情况。那时候有一次很大的上山下乡运动。那时候独生子女很少，如果你家里是一个孩子可以留在城市，只要是两个孩子就必须有下乡的，可能会留一个。还有一条出路，如果你有机会，当兵是最喜欢的，当兵以后复员，回到当地会安排工作。

电影圈里的人当过兵的人很多，我、陈凯歌、田壮壮、冯小刚、李少红、胡玫，当了兵可以不下乡，大家都第一选择是去报名当兵，我就当了差不多6年兵，跟韩三平一样。我当的是空军地勤，干了六年战斗机的机械部分，管机体和发动机，好像韩三平是军械的，军械就是导弹和机关炮，他会维护这个。我当兵的地方是叫中国人民解放军空军第五航空学院，有个关系好的西安人分到了院部的图书馆，图书馆有好玩的东西我周天就跑去看。那天就翻到库里肖夫的《电影导演基础》，我就借回去看。那时16岁，看到蒙太奇原理觉得

🌐 黄建新年轻时的照片

电影太神奇了，几个镜头这么一切就是一个意思，后来关于电影的书全部借出来看，还做笔记。那时候很少有电影看，部队一个月有两次电影，都是《春苗》《反击》《战洪图》什么的。有一次教育是反军国主义的，放了一批军国主义的电影，就是日本的《啊！海军》《山本五十六》什么的，我是战士还不让看，只准干部看。我们几个迷电影的人就从暖气管道里爬到地底下，从礼堂的管道口再出来就看，觉得电影特别神奇就迷上了。回来以后分到了西安市卫生局下属的一个专业报纸叫《卫生宣传报》，我在卫生摄影组，给报纸拍照片。我们摄影组高老师想拍一些短的纪录片，正好有一个16毫米的摄影机，我就跟他一起去拍东西。

后来跟了一个科教片，就觉得越来越喜欢这个东西。到了1976年底，因为西北大学第一次开新闻专业，他要有关的单位都推荐，简单考下试就上了这个班，我的同学里面有《西安晚报》《陕西日报》的人一起去读书。西北大学有两个老师非常喜欢电影，王忠全老师很年轻就去世了，他对电影有理论性的一些认识，他发现我很喜欢电影；还有郑定于老师，就是后来做过西安电影制片厂的文学副厂长，我做的《黑炮事件》都是他来组织的。我快毕业的时候，说西影厂缺人让我试一试。我记得当时西影厂文学部赵主任带了四个人跟我聊，聊完了以后给了我一个剧本，让我三天对这个剧本写一个剧本分析。我白天上课，晚上看晚上写，大概3天写了7000多字。10天以后我们老师说西影厂要你了，但是你们单位放不放人是另一回事，因为工农兵学院基本上是有一个原则，你要回到推荐你的

🌐 电影《春苗》海报

🌐 电影《反击》海报

🌐 电影《战洪图》海报

那个单位去。

记者：就跟委托培训一样。

黄建新：对，后来中戏、电影学院都有对少数民族地区的定向招生，有点像是各单位把你送出来，他觉得你未来可以对单位做点事。但是特别巧，我单位的领导姓张，他的妹妹是长影的文学编辑，他跟我聊，说你真是喜欢还是凑热闹啊，文学编辑可是很苦的事，是默默做幕后的事。我说喜欢，然后他去找卫生局说把我放了，我就在毕业的时候从西安市卫生局到了西影的文学部。

我去的时候是 1980 年，改革开放了，突然各个厂都要拍电影，那时候第四代导演谢飞、黄健中、滕文骥、彭宁导演都跃跃欲试，因为他们是"文革"前的电影学院、中戏的最后一届毕业生，积累了很久。所以那时候电影厂都在一种热情之中，我跟另外一个姓高的编辑，我们两个就看外稿，一年看了一千个剧本，那时候是规矩，你看完剧本必须要文字回复，用还是不用，问题在哪里都要写，用格子纸手写完了寄回去。滕文骥他们都要当导演了，没有年轻的场记，文学部大部分是女的多，他们就过来跟我聊，说你要不要去摄制组，我说赵老师放吗，他说让我们去试一试。导演组的负责人在西影厂是德高望重的人，就把我从文学部借去试一试，我到了组里一待，发现更喜欢这样的氛围，后来就留下了。我好像是在几年之内做了 5 部，还是 6 部电影的场记，3 部电影的助理导演，然后做副导演。做副导演的时候就是上的电影学院改革开放后的第一个导演进修班——83 进修班。我们当时最红的是鲁晓威，后来他拍了《渴望》，他在这个之前拍电视剧得过奖，还有米家山也拍过电视剧得过奖，还有韩三平。我们班 8 个人，在电影学院读了一段时间，读完以后回到西影厂，赶上吴天明当厂长。

改革开放后有了一批新的专业性厂长——原来电影厂的厂长行政为多。吴天明的想法是聚集全国的人才，他把陈凯歌、张艺谋、田壮壮、何平、孙周在一两年里全部聚集在西影厂里拍戏。西影厂拍过一个叫《东陵大盗》的连续电影，中国电影史上很少有这样的，让我去做联合导演，这部 4 集的系列电影

当时赚疯了。后来吴天明问我什么想法，我说我拿到了张贤亮的小说，这个东西我有兴趣，但是可能要改编很多，我要写信给张贤亮看他同意不同意。跟吴天明聊完以后三四天，张贤亮回信了，说很同意

● 黄建新接受采访照片

● 电影《山本五十六》海报

我的想法，小说就是一个基础，怎么盖房让我来定。后来吴天明问我想不想拍，我说我想拍。《黑炮事件》就是我拍的第一部电影。过去国有厂是这样，至少做3部场记、3部副导演，联合导演2部，第一部你挂后面，第二部是你在前面，有问题你就做不了了，没有问题的话第3部你就可以独立做导演。我是属于命好的，一开始做场记做得多，各个组里串，比较认真，总结了一套工作方法。厂里给我一个外号叫"救火队"，哪个组有问题就把我派过去，我曾经一年调了3个组。我跟吴天明认识也是因为他的《没有航标的河流》场记生病了，紧急要人，把我从山东的一个组抽走了，赶到湖南到他的组。场记有一个好处，和现在不太一样，现在的孩子们大学毕业以后直接要做导演，现场的生产流程、细微的东西没有那么熟悉。我们那些就是这个做得多，了解得比较多。

"撞"出来的电影导演

记者：第四代和第五代突然出现应该不是偶然的现象，并且在世界上都引起了很大的反响，现在看这些片子都是比较大胆的，这种现象是不是也和改革开放或者社会思潮有关系？

黄建新：有太大的关系。对我个人而言，现在来看当时只是喜欢看电影，莫名其妙看了那些书，还做笔记。你读个新闻，本来是应该做新闻，遇到个老师，老师跟你聊电影觉得还行，把你介绍到西影厂，本来是文学部，又赶上导演室没有年轻人，场记是一个力气活，就把你借走，莫名其妙地做导演了。大家老说你有什么规划吗，没有规划，撞出来的，糊里糊涂地做了。

当然这和大的环境也有关系。"文化大革命"前的教育体系实际上是苏联式的教育挪进来的，我们现在的国有体制都和苏联有很大的关系，比如说党委制，这些都是社会主义阵营共同的模式。在我小时候上学的时候经常会参加集会，声讨美帝国主义什么的，还上街游行。所接受的思想就是以马列主义为原则的体系，但实际上全世界伟大的思想家有无数个，比如说马克思也受了很多人的影响，那时候我们都不知道。

我们的学习都没有完成，所有的知识都是跟时事连在一起的，比如说社会倾向于什么，学校就把这个东西作为重点教育，它不是一个系统教育。那时候叫"两报一刊"社论，就是《人民日报》《解放军报》《红旗》杂志，这个社论就是每一个时期最重要的方向性的舆论指导。后来大量的书出来我们都在读，因为这些思想的开放，使我们的视野迅速扩大。

改革开放的好处是有一天我们突然向全世界打开，看到了人类文化史、精神史上非常了不起的东西，年轻人对这些东西

❀ 2005年第1届中国电影导演协会年度奖颁奖典礼上，黄建新（右）为吴天明（左）颁发导演终身成就奖

产生了好奇，产生了兴趣，这时候出版了非常非常多的思想著作、理论著作、小说。第四代和第五代这两个团体其实是在一起的，这就出现了一个问题，第五代导演和第四代导演的方向完全不同。因为第四代导演实际上是在改革开放前完成了系统的教育和学习，他们有固化的思维方式。第五代导演就是乱的，小学没有读完就已经分散了，而且很多的家庭被冲击。他们也经历了一个成长过程中非常复杂的精神旅程，等到他们能拍戏的时候，给电影注入了超过电影自身的深度的东西，注入了特别多深沉的东西，比如说对历史的追溯，对精神的追溯，对现实的关照，人在中间的位置……非常非常多。所以第五代导演会出现以往整个电影史上没有的不同面貌，虽然他们骨子里的根可能一样，但是出现的状态全都不一样。

第五代的个性在改革开放前没有受到制约，不管在任何地方都是自由生长的，自由地考虑问题。改革开放以后，他们从全世界人类的文化母本里看到了对应的东西，突然打开了思维、心胸，因为他们喜欢电影，可以通过他最擅长的方式表达出来，所以第五代导演在整体出现的时候，确实是全世界都盯着。这个我太清楚了，因为每一部戏还没有拍完，各个电影节的选片人就在现场跟你聊，问你要不要参加我的电影节什么的。那时候突然用了三年的时间就引起了全世界的注意，因为他们看到了一个五彩缤纷的中国，这种情况我们在当时都没有料到。其实我算是参与了一次伟大的变革，参与了一次文化的开放过程，所做的事情可能是下意识的，但是所做的努力在电影史上都能看到。

当时，文学有个词叫"伤痕反思"，大的文化的现象是"寻根"——"文化大革命"以后我们寻找文化之根在哪里，所以我们才会有了《黄土地》，还有很多小说。我记得中国的文化现象是五彩缤纷，当时有朦胧诗，有星星画派，有伤痕文学，它是一个整体的文化现象，不是孤立的。这个现象就说明了改革开放后"文艺复兴"是一个整体的过程，电影不能单拿出来说的，它是整体的一部分。你是被整体的洪流推着走，不是你引领的，是整个思潮推动的。电影人获得了这样的一个机会，这个机会很重要。

《黄土地》海报

电影《黑炮事件》海报

记者：现在再去看这个问题是挺有意思的一件事，您早期的作品和这些应该有很大的关系。

黄建新：第一部电影的那篇中篇小说并不是张贤亮最著名的，他当时出名的是《绿化树》，还有《男人的一半是女人》，那些在当时轰动得不得了。《绿化树》是有哲学思考的小说。当时吴天明厂长想拍《绿化树》，后来他告诉我说张贤亮还有一个中篇他觉得有意思，就拿来给我看，我就很喜欢这个《浪漫的黑炮》。那时候拍电影实际上是钱很少，我记得《黑炮事件》是53万元，导演是不用管这个的，厂里有制片主任去管，你拍你的戏就是了，他会认为你够，你不够他会告诉你这个不行。因为你喜欢那个小说，张贤亮当时是排在全国最靠前的作家，他又支持你，再加上吴天明是一个如果信任你就是无限信任你的人，基本不干涉。我跟他讲这可能不是大家习惯的电影，他说你去试试。

我一开始是想把隐喻、象征这种文学的修辞方式用到电影里，就想赋予电影一些新的形式。最初是对色彩的隐喻系统做了讨论，比如说红色是有不安的、躁动的，黑色是什么，我们电影里面基本上是消除绿色和蓝色，最容易让人引起宁静的颜色要消除，除非蓝天我没有

⊙ 电影《黑炮事件》剧照

⊙ 电影《黑炮事件》剧照

办法，除非大片的树没有办法，但凡我们能够掌握的东西我们都会改编。当时刘邑川是78班美术毕业的，我们的组都是电影学院的年轻人，他带着美术组、制景组，有一大任务是提着广告色和油漆到处去刷，你看那个电影主要是红、黄、白、黑组成的视觉系统。我们还研究了体积跟感受的关系，所以《黑炮事件》里有特别大的车和小车之间的关系，人和巨型吊车的关系，种种的，就想在文本上建立一些影像系统的象征。电影拍完了整体放也许问题不大，但是在样片阶段，经常会受到艺委会的质疑。

拍了一部关于"臭老九"的电影

记者：这种方式确实突破了当时人们的想象，在接受程度上会受到一些影响，在创作过程当中有没有受到明显的阻力？

黄建新：他们觉得不生动，把生活的毛边都弄没了。我拍开会的那场戏，后来被认为是最著名的段落之一，就是一个桌子全是白的，所有人穿着白衬衣坐那，后面满墙是大钟表，会议很无聊，一直没有结果，每个人喝的是白水，一个镜头架在桌子的前面，一个镜头四分钟长。所以艺委会的同志说这个叫什么电影，让我们停下来讨论，要仔细地讨论你们的方法对不对。一开始很多这样的争议，可是艺委会是有权力让你停下来的。这时候就没有办法了，给吴天明打电话，我说这个怎么办，他说我给你挡着，也问你到底怎么想，我说我不敢保证，但是一定会让你觉得很新，他说那就行。

这种方式是关于电影外部形态的，我用大广角和特别长的长焦去匹配。比如所有人坐在一个圆形的会议室，一个电扇一直扇，其实没有结果，就是很长的流程，表现那种无奈；比如大长焦拍的矿山那种被压扁的东西和太阳之间的关系，和环境之间的关系；我们还会用大广角表现两个人穿着柠檬黄的衣服坐在橘红色的机器上一声不吭，巨大无比，人那么小；还会表现人的绝望，在内心孤独感的趋势之下他会走向教堂，他会寻求一个东西，他看到一个小孩也站在教堂门口。我们大家一直后来在说，最引起大家兴趣的段落就是那个多米诺骨牌，最后结尾小孩推倒了。这个电影其实是讨论了一些问题，比如说用

人的问题、对知识分子的信任、开会浪费时间等等。

这个电影出来的时候，送审还是遇到了一些问题。我记得有一条线被删了。赵书信跑到电报局为了一个棋子打电报，公安局就不理解。那个年代对个性很不理解，大家的规范都是服从集体概念的，人们穿衣服基本上都是一样的，留的发型也是一样的，女孩子无非是长发和短发，染发不要谈。如果你出现了非常个性的行为会被认为很奇怪，赵书信就丢了个炮，大家以为是什么秘密的东西，就会把你放到被怀疑的位置上，做别的事也是会把你放到被怀疑的事情上。大概有70多处的修改，我的电影改得最多的是380多处，这个是70多处，不算什么的。

记者：70多处也挺多的。

黄建新：主要修改的是台词、部分的情节和镜头。中间一度同意了，我们去上海做首映，到了江苏的时候，南京放两场又停下来，又通过又停，又过了很久才可以演。我的理解是，因为改革开放初期，人们关于改革还是不改革是很对立的两种情绪，改革的人就认为这个是呼唤改革的电影，反对改革的人就会认为这个是找毛病的电影，角度不同得出的结果就不同。所以这个电影是反复几次的过程都是表现了改革的两种态度，有改革就有保守，一定是中国思想发展史上必然的规律，所以也不奇怪，很正常。最后这个电影通过了，得到了政府角度的肯定，得了政府奖（1985年广播电影电视部优秀故事片奖），也得了金鸡奖（1986年第6届中国电影金鸡奖）的提名和最佳男主角奖，还有很多项提名。那时候政府奖每一年是10部，它得奖了以后底下全在笑，因为这个是知识分子的电影，知识分子外号叫"臭老九"，它正好得了第九。我们去领奖，底下就笑，是很有趣的事。

记者：这种艺术探索与中国电影现实主义传统截然不同，什么原因让您选择这样的方式来表达的？

黄建新：我们在电影学院读书的时候，待了快两年的时间，电影学院当时在朱辛庄，你们都不知道那个地方，我们都快读完了才搬家。他们问我电影学院对你影响最大的是什么，我说是看电影。因为在那之前我小时候看的电影除了国产片就

电影《黑炮事件》剧照

是苏联电影，还有一些内部电影，偶尔会放一些欧洲的和美国的。在电影学院的时候，需要看全世界不同学派、不同流派的电影，每星期有两次进城看电影的机会，坐345路车到电影资料馆，资料馆根据教学会从西安的库把一些电影拿来。中国电影资料馆里有一些跟外国交流的项目会留一个拷贝，但是不能做公开放映，可以作为内部研究看，我们那时候就看了德国的超现实主义电影，看了西班牙的电影。看了法国自然主义的电影，也看了法国新浪潮不同的风格，也看了意大利的新现实主义。

我觉得特别想拍电影的时候就是看了米开朗基罗·安东尼奥尼的电影之后，你看我的电影基本

电影《黑炮事件》剧照

上都是从小事开始往上翻，安东尼奥尼有一些电影就是这样。安东尼奥尼的颜色对我影响也很大，突然有一天我觉得我的潜意识里好像是这个东西，是一直想拍这样的一个东西。那个是我当时喜欢的，有点喜欢标新立异，喜欢做中国电影史上很少做的东西。我不太了解之前是不是还有人做过，只是我们那个时候没有人做，我就想找到题材和外部形式的一个结合，做成一个有意味的形式感。这个是电影的重要特征，因为这个是文学完成不了的，也是话剧完成不了的，所以在这方面就做了试验和探索。

要自我表达还是要亲近观众？

记者：之后您拍了很多都市生活的电影，在这之前您还去澳大利亚讲学了一段时间，据说这段出国经历使您对市场化电影有了一定的认识。

黄建新：对，有一年多是在澳大利亚做访问学者。在《黑炮事件》的时期算有了一点影响，特别是知识分子比较喜欢我的电影。知识分子掌握着话语权，报纸、电视台会大量分析你的电影，就觉得自己挺重要的，拍了一些特别的电影，《轮回》那几部都获得了很多奖。那时候中国电影市场是艺术电影主宰的，也以为全世界都是这样。澳大利亚那一段，有时候会自己去电影院看电影，才突然发现艺术电影在所有主流市场里占的位置都很少。他们电影院很集中，每周二对年轻人半票的时候，半条街都是看电影的人。那时候中国电影市场快没有人

◉ 米开朗基罗·安东尼奥尼照片

◉ 《黑炮事件》主创合影

看电影了，大量的电影院在关，改成录像厅，改成餐厅，喝早茶的地方，跟现在完全是两回事。大家都觉得电影完了，我们同学开玩笑，说如果大家在电影圈混不下去的话欢迎到电视台来。

在澳大利亚的时候我重新认识电影，有一个说法是对的，电影就是一场梦，观众在电影院里进入一个梦境，是认可电影的真实性的，不管你是用科幻、灾难、恐怖、爱情的方式都会造一场梦，就是我们说的好莱坞。在电影学院学习的时候是看不上好莱坞的，一直认为那个是垃圾，不知道是怎么形成的那个观点，可是到了电影市场你会看到看电影的年轻人大部分也是有很高学历的，看电影只是人类正常生活的一个时间段。电影还是要变得好看一点，我前面的电影是很抽象的，很多东西必须要读过那样的理论才会对那个电影有比较准确的分析，不然说不清楚那个电影在说什么，我觉得这个是跟市场电影有很大的距离。市场电影要以感性为主，观众是通过感性看电影，喜欢一个人绝对不会通过理性喜欢，最初一定是感性的。电影的魅力也在感性的部分，它在你的亲近感中产生的，那些抽象的一定让你把距离拉得更远，更冷静地去思考另外一个逻辑。到澳大利亚，除了电影节的个别人认识你，没有人认识你，你回到一个最普通的人过一段新的生活。这个很重要，你开始面对了全世界的电影，看到电影和观众的关系，也会判断你的喜好和观众的喜好中间有多少距离，我得出的结论就是电影一定要想办法跟观众产生亲近感，他才会理解你的电影，如果你没有亲近感，哪怕藏着更深的东西都不搭理你。我跟你是不是在平等的位置上，还是你在居高临下蔑视我，这个对普通观众很重要的。

我那时候就想到这个问题，是做一个票友还是一辈子做个职业电影人，这是两种不同的方式。票友就是你可以干着别的来养家糊口，你只是来客串，所以你一定要表达自己的东西。如果你是一个电影人，一辈子做电影，电影的投资就会跟你建立必然的关系，就得维持投资之间的平衡关系，维持和观众之间的关系，不能让他们老赔钱，老赔钱就没有人给你钱了，如果没有人给你钱就做不了职业电影人。其实大部

⊕ 电影《轮回》海报

⊕ 《站直啰，别趴下》剧照

分的改革开放发生的变化都在细节之中，我回来以后做了一个调整，首先是改编了我很喜欢的大连作家邓刚的小说《左邻右舍》，我跟他聊，他同意，就拍了《站直啰，别趴下》；第二是《背靠背，

脸对脸》改编自刘醒龙的小说《秋风醉了》；第三是《红灯停，绿灯行》改编自叶广芩的小说《学车轶事》，3个作品都来源于文学小说。大家现在说IP，《黑炮事件》就是张贤亮的IP。这几个小说是当年很有名的作家的，电影跟文学之间的密切是超出我们想象的。市场电影是类型电影，我选择了和文学更接近的也就有了人文电影的一部分，来表现20世纪80年代后期到1995年之前这段时间里人

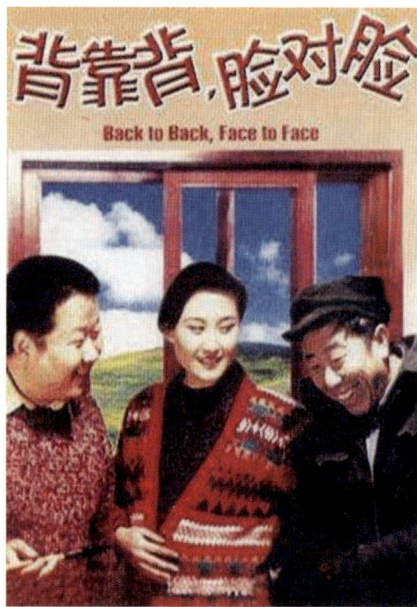
电影《背靠背，脸对脸》海报

电影《背靠背，脸对脸》剧照

们思想的改变、环境的改变、社会的改变。比如《站直啰，别趴下》就写了三波不同的人，作家、人事干部、个体户，还有看门大爷之间特别微妙的关系，因为那个是改革造成的微妙关系。中国是人的社会，所有的文化现象都会表现在人际关系之中，3部电影都是写人际关系的，《背靠背，脸对脸》是写文化馆的人际关系，《红灯停，绿灯行》是从一个临时组合的驾校学员的人际关系，来看改革开放中细节的变化，就可以看到中国人是这么过来的。

电影评分高是有原因的

记者：您导演的电影在豆瓣上评分都比较高，《背靠背，脸对脸》是9.3分，能到9分以上的不多。

黄建新：昨天他们告诉我已经到了9.4分了，年轻观众进来看的，又升了一个点。

记者：今天看还是有这么高的评价。

黄建新：就是我说的，那3部电影都是跟中国的文化本质有联系的。改革改变了一些处理人际关系的方法和认识，比如我们老说西方父母跟孩子的关系，18岁以后是不管的，中国就不是这样，中国现在的啃老族很多。有一天我看到网上说一个70多岁的老太太给她儿子找工作，因为她儿子自己找不到，后来老太太给儿子找了个保安的工作，但他干着干着就不干了，他母亲还得养他，但老太太的退休金就3000多元。实际我们从中看到了中国的人际关系在原点的那部分内容，这几部电影都是从这个角度出发的，只是现在一些细节跟过去不一样了，但是你可以通过这个看到本质。我的前3部是试验性的探索，也是写人际关系的，当年很多电影都赔钱，我觉得我的电影不赔钱的原因就是观众可以在里面看到自己。人际关系是社会学角度的一个入口，从这里可以理解到更深的政治结构、文化结构和人的精神结构，所以和每个人都会有关系。《背靠背，脸对脸》文化馆里的各种人，干部子弟、普通人、摄影的记者、普通工作人员之间也是一个人际关系。

记者：我没当过领导，但是看那个片子的时候，就觉得副馆长想当馆长，这个事就发生在身边，也特别想看他们是

怎么发展的。前两天我看电影学院老师拍的片子，讲的是假结婚买房子，您的电影中有两三部，包括您没拍的那部也是讲房子的，您对房子问题也十分关注，这方面能跟我们分享一下吗？

黄建新：买房子这个事是中国农业文化传统的延续，也是人和土地的关系，大家都要耕者有其田。我看到历史上的一些记载，当年农民也都是希望可以赚钱买一块自己的地，后来城市化进程发展以后，房子都是公家的，买房的概念就是我们对土地的概念，每个人都没有逃出这个，一定要想办法买房子。其实他们老说买的房子住着安稳，这个是文化本源的问题，不是说我是现代年轻人我不需要，不可能，文化是进入遗传编码的，你从出生就带进去了，逃不掉。一开始十几岁、二十岁觉得不屑，三四十岁全部进入这个轨道了。人类进化史上很多编码是进入遗传体系的，国民特征、民族性格都逃不出去。所以房子这一块是农耕文明文化对中国多少年来深刻的影响，所有人都去买。西方的年轻人基本上是40岁以后才考虑买房不买房的问题，我有了孩子有了家庭，我们决定住在这个城市不走了，才说要不要买，之前都是租。我们好像有的孩子上大学就开始交定金了，买房子了，这是文化本源的问题。我这两天一看今年租金上涨了20%，他们说在北京交了房费都没有办法生活了，所以很多问题都是在房子上。一开始大家都买，房价上去了，现在房子限制了，不能买了，房租就上去了。房子问题和每个人有关系，谁都逃不掉的问题，所以大家会用这个事说事。讨论原子弹的是一个更大的，国家概念的东西，只能说是民族情怀，捍卫了我们国土，别人也不敢欺负我们，但是跟每个人有关系的就还是房子和吃饭。

记者：前面关注社会环境对人的影响，更深入挖掘人们情感的变化和困惑，后面您一直保持着两年一部电影的节奏，始终关注的是小人物的情感和命运，是不是有意识地做一些改变？

黄建新：也没有，实际上是中国随着改革开放20年之后发生了很大的变化，在之前我更多的是表达生存的问题。我们借用中产阶级的概念，改革开放20年以后中国开始出现阶

电影《求求你，表扬我》剧照

层分化，中产阶级就开始出现了精神的困惑，那几个电影都是写精神困惑的层面。比如《求求你，表扬我》讲一个所谓的舆论的控制者，自己混乱然后辞职，这些是我想记录的。中产阶级占绝大多数，富人占少数，穷人占少数，这样的感觉是正常的。如果富人变多数的话以后没有人干活了，如果富人少数穷人多数，这个国家就不稳定。美国的稳定是因为中产特别强大，它是社会结构决定的。中国改革开放以后中产开始变得越来越大，这部分人是有危机感还是稳定感，他们的心态决定了这个国家发展的速度和可能性，我就想记录这一段的精神现象。那个时候就是这样，而到今天，是不是中产阶级就都完成独立性格了？国际经济危机都可能给你带来巨大的心理变化，已经不是在一个本国的经济体系里，而是在一个全球的经济体系里。人会变得越来越世界化，困惑变得越来越多，会给你造成新的价

值观，你的选择就会变得越来越复杂，方向判断越来越难。

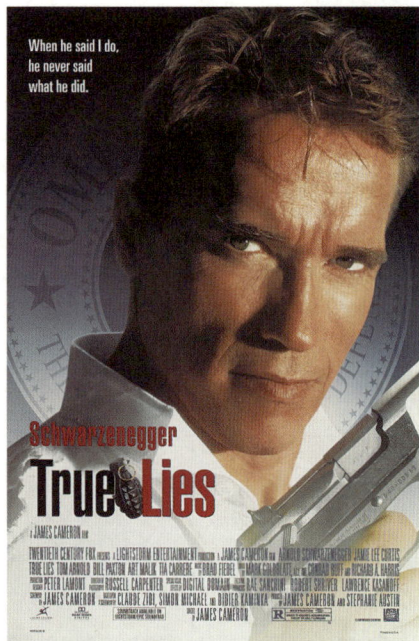
电影《真实的谎言》海报

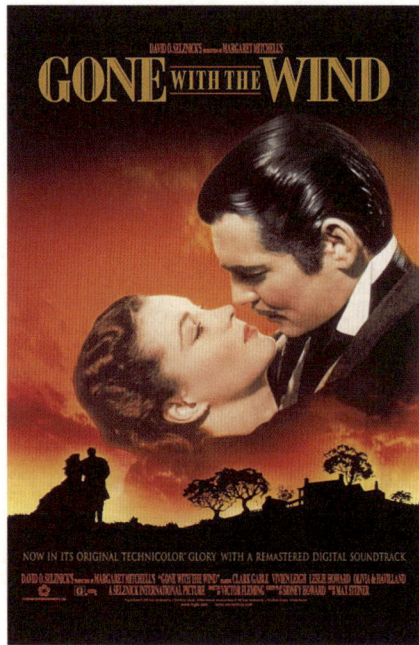
电影《乱世佳人》海报

中国必须得有好的监制

记者：您是从作者型导演转而监制了大量的商业片，还有和香港导演的合作，跟我们聊聊监制的生涯和体会吧。

黄建新：中国电影 20 世纪 90 年代后期开始势衰，市场上越来越不行，1993 年《真实的谎言》把中国电影打得乱七八糟的。那时候中国没有真正的类型电影，任何一部电影都是 5 岁小孩到 90 岁老人通通都能看，全世界有这样的能力和这种概率的人大概都是万分之一，你都赌这个万分之一，国家的文化就会被别人的文化所代替。主流市场电影是救中国电影的唯一方法，主流市场做好了才有多余的钱去支持艺术电影。

全球化看美国电影，全世界很多国家已经不存在自己的电影了，现在日本基本上被美国片吃光了。美国用了两次工业的方法把全世界电影都打死了，二战之前我们看到了《飘》（《乱世佳人》），他们把一些类似史诗的文艺片拍大，这时候成本上升了一个阶段。美国电影最后一次推动工业就是把电影拍到巨大，在任何一个市场都会放这 20 部巨大的电影。包括在我们这也是这样，他会占你的，今年你说我们中国电影占中国电影市场的 57%，他占了 43%，但是他们可能是 30 部，而我们是 700 部，中国电影整体是亏的。

我们之所以转过来就是希望首先建立工业概念，不要像作坊式的，否则永远打不过工业体系。他们是计划的，比如说美国很少有一窝蜂拍同一个题材的，任何一个大公司都是有一个计划，会用 10 年、20 年的时间去做，不会在一个时间同时出现 10 部、20 部同样的电影。我们不是，谁红了就扑谁，扑死算了，这个就不是工业概念，而是商业唯利是图的概念。中国电影发展壮大就得建立这个工业概念，就得有电影在生产过程中的角色，这个角色就是监制。他是替所有投资方去完成一个职责，让导演集中精力去拍戏，比如说 30 个工作人员的小戏，导演的精力还可以管摄制组，如果是一个 2000 人的组，导演不可能拿着钱管项目还要管拍摄，所以就要求一个职业出现，在美国就是制片人。

内地在香港借用了监制，把监制和制片人分成了一个等级，监制是更高一层控制的，其实他就是制片人。你看《我不是药神》，出品方都在几十个以上，投资方都有自己的诉求，他们要信任一个能够执行这个的人，而不是代表某一方的人物，是一个共同的诉求，这个就是监制的作用。他像是 CEO 一样，所有的股民都要通过 CEO 管理一个上市公司，所有的投资者通过一个监制去组织生产。最初我们都觉得不需要这个职位，以前导演不希望有这个人跟他商量，现在大家觉得需要这个，导演协会都说希望有好的监制让我们全部解放，可以安心拍片子。如果没有这个人管生产，不说别的，1000 多个人今天住在哪，怎么安排住，1000 多个人到了现场中午怎么吃饭，需要多长时间吃完，导演是管不了的。

所以这个职业是中国电影市场的需要，如果你不做，完全对抗不了美国的电影工业。它是一个移民国度，很有方法，吴宇森很厉害，你不来我加钱翻倍，利用它的工业、全球院线把最好的电影直接放出去，就是拿全世界最好的人到他那去拍最大最好的作品。现在我们有了《巨齿鲨》，我们是主投者，用了全球最好的资源来拍，这个电影在上周是全球第一，我觉得可以到达三亿以上的收入。

记者：现在中国的电影监制像救火队员一样重要。您监制了很多都是香港导演的作品，您是怎么参与到监制的工作中的？如何看待香港导演的北上？

黄建新：我在西影的时候做了一部台湾片的监制，那个片子国内没有放过，那是第一次知道作为监制在更加宏观角度上的工作体会。我 1989 年调到北京后有一次跟好莱坞的团队在一起工作，体会到他们所有的计划性系统性，后来跟他们熟了，他们也让我看他们的预算。他们所有的预算都要把东西规定死，用了多少箱纸都要算，算到最细致化，变成一个流程执行，财务管理也很有效，而不是大概多少钱。他们的预算是非常厚的一本，还有分册预算，还有平衡表支出和未来的支出预算，从开拍的第一天到最后一天完全是按计划走，这些都是我们原来没有的。我们做导演的时候都是任着性子，我今天不高兴，情绪不高没有灵感了今天就不拍了，那个是不可以的。他们的各部门配合得非常严谨，这些都是未来中国电影的发展所

◉ 电影《我不是药神》海报

需要的。那时候我跟了美国这部戏不久，《墨攻》就来了，它是一个中韩日共同投资的电影，请我做监制，日本有一个，韩国有一个，香港地区有一个，我是负责整个的协调。这是我第一次实战操作，把美国学来的东西中国化了，做了一整套的报表系统来做，生产周期报表、预算报表、执行报表，每周发给大家，大家都掌握。大家觉得我们是专业的，做完以后很多找我

◉ 电影《墨攻》剧照

们合作的，之后也做了《木乃伊3》，也做了奥斯卡得奖的《追风筝的人》，还做了法国合作的《小夜刀》。后来，我们就觉得应该用到中国电影里，你在人家那里是共同操作者，也不是我们自己的电影。

《背靠背，脸对脸》《红灯停，绿灯行》的主要投资来自香港，那时像这样的电影内地有点不敢投，电影厂那时候都没有钱。1993 年以后电影改革，国企那时候已经

电影《十月围城》海报

电影《十月围城》刘伟强（左）导戏照片

没有钱了，因为电影是企业，不是事业划拨，给你一部分以后要自负盈亏的，那时候中国电影是很惨的时候。我们改革开放了，香港也看到了未来的市场，很大的市场。香港培养了一批优秀的电影工作者，比如徐克、陈可辛、尔冬升，一批很好的摄影师，很好的电影执行人。一些亚洲地区的合拍片，我也会请香港团队参与工作，建立了很多了解，跟很多人是朋友，加上我最早涉猎了监制，从美国人那也好，香港地区那也好，综合地学习和总结，能适应和他们在一起工作，使他们变得更方便，更有保障，这样就都来了。后来我和于冬经常聊，合拍片、香港片来了以后，他也很明白，觉得中国类型电影的最初阶段一定要启动香港的这批人，不然我们重新摸索一遍的时间太长，如果我们培养人需要 10 年时间。这 10 年怎么办，如果被美国电影打倒，机会会变得很少。我们要利用成熟团队每一年拍一些可以和他们对抗，有体量的电影。于冬也是推动了这个，我们两个在这个上面一拍即合，我跟别的公司也做，跟华谊也做过，还有人问你是博纳的人吗。

拍电影是一个反思的过程

记者：两岸三地的合拍片也有 20 多年了，和香港导演合作得更多，可以谈谈他们对内地电影发展的影响吗？

黄建新：香港导演是有一个精神的，他们非常团结，为了电影就会亲力亲为。比如拍电影《十月围城》的时候，我们有特殊的情况，耽误了一点时间，就请刘伟强导演帮忙，二话不说就来了。结尾的很多地方是他拍的，他也不挂名，只是在后面挂一个刘伟强导演支持拍摄。香港导演永远都有危机感，他们很善于学习，经常在一起讨论电影，会为一个细节争论很久。香港电影低潮的时候很多导演、副导演开过出租车，做过餐厅的服务员我都遇到过一次，生存对他们是很大的压力，所以香港电影拼命地往前。还有就是香港导演他们对全世界主流市场的了解普遍比内地导演要多，大概和他们从小成长的开放性环境有关系。

徐克导演最新电影的 3D 水准已经达到全世界最高了，这

徐克导演照片

电影《建国大业》海报

是徐克导演终生一直在做的，他对中国电影的技术有很大作用。以前我们拍的3D都看得你晕，现在真是做到了全世界最好的水准。徐克导演比我还大点。我觉得香港的这些导演或优秀电影人带给我们一些宝贵的东西，也会传递给新的电影人。他们也善于学习我们的东西，去查历史学习以前读的不多的东西，他们都在补课。内地和香港导演互相激励对中国电影发展是一个非常好的事情。

记者：《建国大业》《建党伟业》《建军大业》3部电影请了大量的明星，当时是怎么考虑的？

黄建新：这个主要是从《建国大业》开始的。当时有一个很特殊的情况，它的放映时间是定死的，2009年9月30号必须上映。把我从香港叫回来已经是2009年的1月了。这是一个重大题材，非常庞大的工程，在这么短期内，我们得动用好的演员。60周年阅兵的时候全国收视率高到了不可想象的程度，60周年是中国老百姓激情高涨的一年，我们要通过特别好的演员来撑住里面的角色，因为里面的每个人都是历史上重要的人物。我们完全没有找演员训练的时间，所以就做了一个大胆的设想，是不是能够说服一些好的演员。我们把计划做好，我学的本领就是完全按计划拍，给出去的计划，两个月以后哪天来，我做得到那天一定拍你。这个计划我做得了，那是不是能够开始，我就跟韩三平开始打电话，就开始做。

一开始是先动员的姜文、唐国强，然后动员了张国立、许晴，他们答应了以后我们就跟其他人说谁答应了，接着又动员。我们原来计划是在4个月之内把38个人拍完，其他的人找普通演员，等我们动员了30多个的时候开始不用找了，大家打电话都说希望参加。结果每个人都出乎我的意料，他们对角色的准备都特别认真，我记得跟姜文见的时候，他抱着一堆史料。蒋介石那边到1948年的时候是美式装备也是美式军礼，但是我要求行的军礼是有点日式的。我解释为什么，因为他是在日本军校训练出来的，他敬礼下意识是要磕脚后跟的，所以你看姜文见总统是脚后跟一磕。他们把所有的细节准备到都不用你想，他们给你想完了，去查史料看军服应该怎么穿，人物习惯是什么，每个角色都变得很丰富，最后变成一个现象了。

记者：作为第五代的一员，从您的经历出发，最想对改革开放40年表达什么？或者聊一下改革开放40年对您的影响。

黄建新：有时候我们私下聊天，说作为艺术人生我们是赚到了。这个话怎么理解呢，就是第五代导演经历了中国改革开放40年，从一开始计划经济发展到今天，人类历史用200年走的过程，我们用40年追，我们经历了好几代人要经历的事，很多事情都是从没有到有的过程，给你提供了无限丰富的创作可能性。所以大家常常说外国有的故事中国有，外国没有的故事中国也有。很多事你觉得像是编的，但它是真的，因为它浓缩了，会变得很剧烈。改革开放还打开了世界的大门，使我们进入了一个全世界电影艺术的循环体系里，我们学到了更多的东西，心胸变得更大，知识变得更丰富，有更多的机会跟全世界交流。在精神生活和物质生活的发展空间里会有知足感、满足感，这个对第五代导演很重要。电影永远都是一个继承关系，我们是站在了前两代的人的肩膀上起步，人家为我们打好了基础，我们是受益者，我们今天也有责任把我们的经验传给新的一代，让他们站在我们的肩膀上，让中国电影达到一个更高的水平。

⬤ 电影《建国大业》剧照

后记

当年黄建新还在当兵，作为迷影青年从暖气管爬到礼堂偷看电影的时候，他可能怎么都想不到自己会和电影结下不解之缘。从导演到监制，他更能感受到电影作为一种文化、一种商品的价值，从对安东尼奥尼电影中色彩的迷恋到在表现中产阶级生存困境时找到与社会对话的方式，他是善意的，是有责任心的，他的电影在经过380次修改后，他依旧坦然地热爱电影这个行业。在聊天的过程中，切身地感受到了黄建新导演传递的正能量。正能量在具体的环境下可能就不是一个空洞的词汇。而是他的坚毅，源自他对中国电影的信心，来自对这片土地再真挚不过的情感。

田壮壮：

四十年是一杯陈酿

文 / 张强

🔅 田壮壮

田壮壮总能给我们带来惊喜。当我们用导演和老师的身份称呼田壮壮的时候，发现他已经悄悄地在电影《相爱相亲》和《后来的我们》中刻画了令人深刻的丈夫和父亲形象，似乎已经消失在大众视野中的一位老影人以新的身份站在观众面前。我们惊讶中还有些欣慰，原来那位随性、有趣的前辈一直在我们身旁，只是两鬓多了几根白发。或许我们也不该惊讶，因为在 20 年前的《长大成人》中，田壮壮就化身朱赫莱为年轻人指引前进的方向。

1978 年，改革开放；1978 年，田壮壮踏入北京电影学院。历史不是靠凭空想象，或者几个词就可以概括，但我们仍试图在蛛丝马迹中去还原过往时光中最动人的一刻。

与电影结缘

记者：当年是什么样的机缘让您选择读了电影学院？

田壮壮：这是挺有意思的一事。那个时候我在农影厂（农业电影制片厂）当摄影助理，有一个规定就是要到大寨拍半年以上的纪录片，拍回来以后自然而然升成摄影师。我在助理里边表现算比较优秀的，就把我派到大寨去了。那个时候大家早晨 5 点钟全部都在地里，晚上 11 点才回来，村子就像空的似的，所以你要是想拍大寨的人就得从早上起来就往地里去。那个地方有个记者站，很多单位都在那。有个北影厂的照明师就跟我说，你听说了吗？有一个电影学院招生了。我那时候还不知道电影学院是怎么回事，但是我不太想在大寨待着了，我说那能去考吗，他说你应该能考，就给我拿了一份报纸，具体内容我印象不深了。我就给我们的总编室打一个电话，问我能考吗，他说能啊，你去吧。在大寨不是有台车嘛，开那台车到北京来考。这么着才考的电影学院，当时是想考摄影系，因为我不像张艺谋有作品——当然他比我大。

他写了封信，表达愿意学习的东西。我就没办法，人家摄影系不招，不超过23岁才行，我当时基本上25岁了，然后就去导演系报的名。就这么着阴错阳差学了导演了。

记者：当年您在农影厂的时候有没有想过自己有一天会成为一个大学生？

田壮壮：还真没想。我喜欢特别自由的生活，当摄影就是一特自由的生活，跟着一师傅，拎着一台机器，满世界跑。我1975年复员到1978年读书，大概这就3年间

🎬 田壮壮年轻时的照片

在北京待了不到5个月，基本上就在外头，特别爽，我觉得我个性里有点喜欢流浪的。中学我就没读过书，小学读过书，读过6年，觉得读书挺辛苦的，干吗还去找那辛苦去受啊，咱也不知道大学什么样。后来因为是想学摄影，然后我父亲已经去世了，跟我妈妈商量，所以才萌发了想考电影学院这个愿望，而且那个时候真的不想去考导演系，就觉得导演系好像是最用不着考的一个系，完全不知道是干嘛的。后来学了电影以后，慢慢地接触导演什么的。好像就是一个积累，拍了个东西，又有一个机会又拍了个东西，慢慢就这样就过来了，糊里糊涂的。

记者：当时你们班女生多吗？

田壮壮：应该是8个，李少红、胡玫、刘苗苗、王子音……

记者：学导演还是女的少。

田壮壮：其实不少，少红妈妈就是当导演的。叶向真、陆小雅、王好为、黄蜀芹都是电影学院的。但是女生做导演确实辛苦，太累了，条件不好。现在更容易拍了，难度小了，所以现在女导演也多了。

记者：以前电影学院或者资料馆这样的地方才能看到普通观众看不到的电影，您在电影学院看电影是不是跟看样板戏的状态不一样？

田壮壮：其实这个是挺有意思的一事儿。那个时候只要有电影就会千方百计把它看了，外语片可能看不懂，听不懂，但也得去看，它有些东西是从影像上对你是一种帮助，也有些细节、情节对你的帮助。我是觉得后来包括DVD、网络，电影的阅读量确实大了，但大了以后可能精读的可能性就小了。我们那时候星期六一放学，就进城了，图书馆买书去。因为那个时候我们班里有几个人有工资的，30多块钱每个月，每个礼拜三去吃顿涮羊肉，然后买书，我记着从那个时候读书，到后来也买了有上万册书，但可能有70%的书都没有真正阅读，就翻开而已。故事梗概是很重要的，你看看故事梗概就可以了，就知道怎么回事了。

那个时候因为我父亲是电影局的副局长，他们审片我们会

跟着混进去。那个时候看电影都是苏联电影偏多，或者捷克的，反正都是社会主义国家的电影。像苏联的《伟大的公民》《基辅姑娘》全是黑白片，巨长巨长的。我是在电影院里看恶心了，有一段时间什么电影都不去看，绝对不进电影院，进电影院就受不了，黑乎乎的。后来当兵了，你不看也得看去，说今晚看电影必须得去，拿一小板凳操场里头坐着看电影去，刮风下雨你都得坐那，我那个时候经常请假说看看房子、站站岗，我宁可在那站岗，我也不愿意去看电影，因为差不多都重复的。到了电影学院以后，每周组织两场国产电影，两场外国电影，平均每周四部，你算算上学这么多长时间看了多少部，还不算额外的参考片。那时候还有一个特权，就是可以到片库调参考片。一般来讲也就是那些经典的电影，像美国的肯定是《魂断蓝桥》这些电影，一看就是两三遍，三四遍。

记者：这些电影里面还有没有印象比较深的？

田壮壮：最开始爱看的是《三个火枪手》，就觉得特别好看，那时候还是喜欢英雄，喜欢动作，爱情电影我小的时候可能看不下去。到学校以后可能会看到一些新的电影，比如说挺个人的，或者爱情的，不会觉得特别新鲜，但是会跟很多人聊这电影是到底表达了什么，比如跟社会的关系，传递了什么思想，会去琢磨中国的方式是什么样的。新中国成立以后的文化，可能滤掉了很多我们原来民族里的东西，我就会从那里慢慢找回来。比如纪实的那种感觉我就觉得特别有力量，对真实的东西特别在意，我一开始拍电影都是非职业演员，像《猎场札撒》和《盗马贼》。当然可能我觉得最大的触动还是源于自己最早去学摄影，就是我更喜欢影像的东西，比如黑泽明的电影可是不得了，看小津安二郎的就觉得差一点，但后来慢慢也觉得小津的东西也非常棒。当你学电影，认识电影的时候这些会变的，会不停地变。

我是一个幸运的人

记者：您是在同学里面最早开始拍电影的，好像在读书的时候就已经开始拍了，比如《我们的角落》和《小院》。

田壮壮：对，那可能是运气。那时候让我们去实习当场

电影《伟大的公民》剧照

电影《魂断蓝桥》海报

记，我觉得实习场记是没有意义的，最多你知道怎么看拍电影，但拍电影我见得太多了。我从小就在片场里混的一孩子，所以我就不想去，我上学第一年的寒假和暑假都在北影厂的剪接室里，因为认识那些阿姨叔叔们，就给他们做助理，帮人摇片子，看人怎么剪片子、接片子。他们会给你讲一些很简单的道理，比如特写应该几尺，全景应该几尺，中景应该几尺，什么叫

跳轴，什么叫不跳轴。我第一次拍《我们的角落》的时候，写剧本写的时间特别长，快写疯了。张客是副院长，他是非常棒的舞台剧导演，一直说我这不行，我就改了7稿。我把自己成长的所有细节都给用上了，如果他再不同意就不准备拍了，结果上他办公室说我可以拍了。那个时候曾念平是摄影，谢晓晶负责找演员，崔小芹负责当副导演，当场记，拍得也挺顺利的。我们借用了史铁生的轮椅，史铁生还说以为拍戏能换一个新轮椅，结果拍完了以后又原物还回来了。

记者：我记得这是改编小说的吧？

田壮壮：《我们的角落》是史铁生的作品改编的，我们就花了两万块钱，你看那时候电影多便宜。拍完以后当时在学校影响挺好的。《小院》是改编王安忆的小说《小院琐记》，我们的毕业作品，导演就是我、谢晓晶、崔小芹我们仨，摄影多了，侯咏、张艺谋、吕乐，还有张会军、梁明他们。因为那时候我跟他们摄影系分组，老谋子、侯咏、吕乐是一组的，所以我跟他们这组人最好，后来拍《红象》也是他们去的。

记者：《红象》是第一部上院线的电影。

田壮壮：其实我都觉得我特别幸运。那个时候是老太太（于蓝）儿影厂成立一周年，我印象特别深，她看完了《我们的角落》以后，找的张水华两个人，她还问张水华，你看完这片子觉得这些孩子能拍戏吗？水华说行啊，他们已经挺成熟了，比想象的要成熟。我妈就把我给叫去了，说儿影厂一年了，不能让孩子"六一"没电影，你得给我去拍个电影去，就《我们的角落》这帮人去吧。当时给了我一剧本，都觉得那剧本挺差的，可我妈说就必须拍这个，那就去吧。那个《红象》拍得特别艰苦。我跟金山是忘年交，后来他给我一个剧本《夏天的经历》，这你可能没看过。

记者：我没看过。

田壮壮：就在毕业之前，我已经拍了这么四部作品了，包括一部短片、两部电视长片、一部电影长片，你看我的运气有多好。

记者：我就觉得从《红象》这个片子出发，再重新看待第五代的时候可能会不一样。

田壮壮：那比《一个和八个》早了两年。

记者：我当年写第五代的时候，把《红象》作为一个开山之作，因为《红象》这个电影是对一个神话的质疑。大家都说象是红的，我不相信这个神话，揭穿了这个红象的真实的面目。小孩的眼睛是不揉沙子的，但是拍的时候还是仅仅把它当成了一个童趣来拍。

田壮壮：对，而且在造型上会特别强调。影像特别好玩儿，可能这是我们这代人的一个感受。其实，《我们的角落》是最早的第五代从意识和造型上一次很准的体现。那个剧本改的时间太长了，从2月份改到9月份，几乎每个月写一稿剧本，演员都是谢小晶蹲在各大学挑的学生，全部都是学生，而且是谢晓晶主演。所以我觉得这是第一次——全是他们的生活体验，但都不是真实演员来演的，挺有意思，挺地道的一个东西。老师就觉得二年级学生拍这样的，以后怎么教，大家看到

◉ 电影《小院》剧照

的不是我们的才气，而是这一批学生未来不可限量的前程。毕业以后，我们就都分配了，我去给凌子风做《边城》的副导演。我去广西厂，张军钊他们正在做《一个和八个》的剧本，我在那认识的郭宝昌，回来以后严婷婷来找我，就是她看完《红象》《我们的角落》以后，说我有一个剧本你帮我拍吧，完了就把《九月》给我了，这个本子没怎么大改。

记者：这是我最喜欢的，很清淡的，慢慢地讲一个东西，看完以后有说不清楚的情绪会上来。

田壮壮：后来这个审查时间特别长，剪掉了结尾处5分钟的内容。这个电影是和《一个和八个》同时出的，但是比它送审晚，通过得也晚。

与内心对话

记者：您早期开始拍电影的时候有没有一个相对稳定的创作观念？或者说受哪些东西影响比较大？

田壮壮：我是有改革开放前时代情结的，你要想感受时代给你的那些东西的时候，用内地的题材来讲一定是伤痕文学那一类的，我不喜欢那种方法，可能会把它变得更写意一点，更抽离一点，可能用少数民族的一些原始状态的东西来表达。《盗马贼》更多的是生死、信仰跟人的这种关系，我觉得都是一些形而上的东西。那个时候我想找一个电影来把它作为一种表现对象，我不管观众看得懂看不懂，没有关系，但是我原始的动因是因为这个来的。

记者：我看《猎场札撒》和《盗马贼》会觉得几乎你所有的片子里都有一种流浪感，当然您说的情结是一种，但是它的外观会给我这种体会。

田壮壮：有，一定有。我还觉得不管电影拍得怎么样，题材可以重复，主题可以重复，但方法上不能重复。比如《猎场札撒》是一个纯客观的，纯技术式的，《盗马贼》其实是带着好多主观的那种记录式的在里边，更多地想把它做成像超现实的那种东西，我觉得在西藏的文化里我看到了这种东西，可以表达，所以加上电影的语言是可以做到的。所以那个时候可能更多的都是想尝试。

电影《红象》海报

记者：当年《猎场札撒》和《盗马贼》出来以后，在市场上不受欢迎，普通观众甚至知识分子都看不懂。您当时的反应是无所谓，还是觉得应该反思一下？

田壮壮：怎么说呢，我觉得我

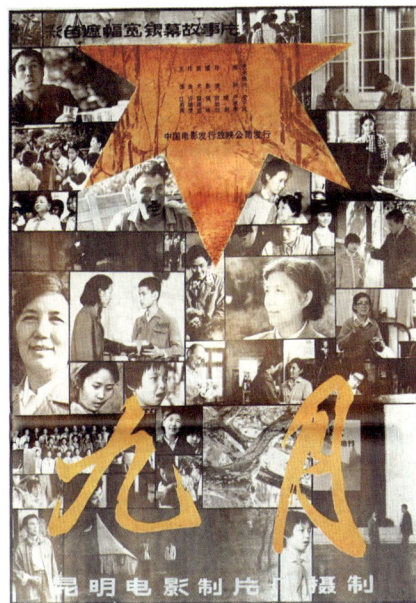

电影《九月》海报

没有特别想这事，我其实挺二的一个人，不是特别在乎别人说什么。我觉得西影厂挺可爱的，给我拿了一麻袋信，都是骂我的信，拎北京来了，因为我跟西影厂好多好多人关系都特别好，我大概看了几封，挺释然的。第一我发现他们没看过电影，大家都跟着骂，我觉得这事就没所谓了。真的写这一麻袋信的人都没看过，

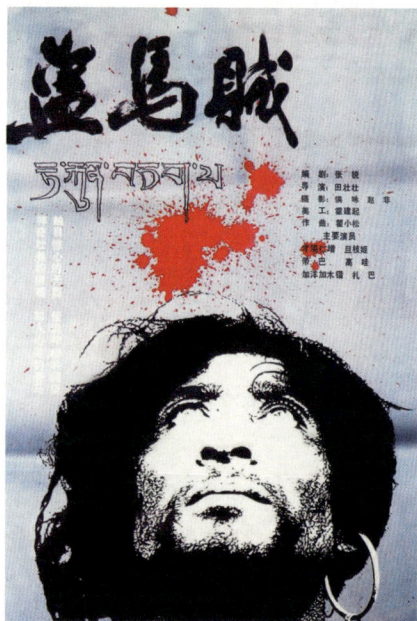

◎ 电影《盗马贼》海报

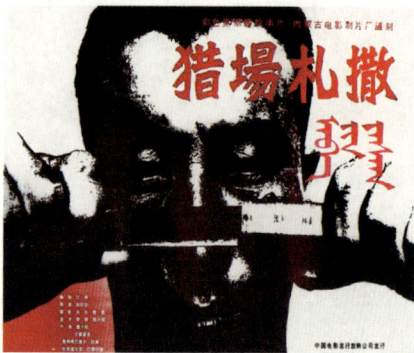

◎ 电影《猎场扎撒》海报

那我跟人置什么气，没有必要。第一因为拍得太晦涩了，第二西藏地区和内蒙古地区毕竟还是边缘的民族文化，我又还原得比较纯粹，用当地的人，甚至用当地的语言，是有这个问题，你会觉得特别陌生，但是我能接受这种说法。我觉得重要的还是我要找到大家的一个基本点，我不可能去拍 10 个亿的电影，拍不了，我真拍不了，你现在看 10 个亿票房的电影，你都能看得清清楚楚是什么内容，你给我 10 个亿我也绝对拍不了。这类电影是需要有人拍的，需要有市场的，这是很正常的，我一点也不觉得那些电影不好。比如《小偷家族》，我看两遍了，我乐意花这钱看，《小偷家族》现在好像还没卖到 8000 万。

记者：8000 万过了。

田壮壮：现在过 8000 万那真不错。

记者：有可能过亿。

田壮壮：我觉得过不了。（《小偷家族》最终票房是 9675万元）因为我还是觉得电影的娱乐性和艺术性是有区别的，更多的人喜欢娱乐，这是对的，人家忙活一天了，凭什么说我去那想点问题，这事用不着，能娱乐就好，当然有的人是喜欢艺术这东西，去感受，你也得给人家这种片子才行。

记者：您的《猎场札撒》当时未能上映是为什么？

田壮壮：《猎场札撒》没有放映。《猎场札撒》有一段特别的历史，电影拍完以后，正好中央台每年拿 30 万出来买电影，就是电影频道的前身。他们拿 30 万，大概就 5 万一部，或者8 万一部去买电影的，就不知道怎么就看上《猎场札撒》了，就买了这部电影，跟内蒙古厂签了合同了。签了合同以后发行公司就不能发了，因为你走中央台了，就不能走院线。当然，这个事谁做都注定失败，就是走院线也卖不了钱。我都是早上和晚上拍的，全是黄昏那阵，刚刚有天光的时候拍的，电视台的系统转出来以后没法放，全是糊的。后来中央台说退回给内蒙厂，内蒙古厂拿这片子又去找发行公司，最后发行公司说不行，说你已经给他们了，合同已经签了，我们不发行了。可能发行公司那时候也觉得这片子不会卖钱的，所以他们就没要。因此，《猎场札撒》就等于是半道扔那了。可是内蒙古厂拿这

原底拷贝卖给国外，就老有外国人买。有一次他们偷印拷贝的时候，把原底给撕碎了，现在《猎场札撒》没有底片了，可能电影资料馆还有一个翻底拷贝而已。这个片子特别逗，片子和人一样寿终正寝了。

走在流行的前线

记者：您拍了这么多电影，《摇滚青年》是比较奇特的，它反映了青年人的生活，关于青年文化、亚文化这些东西，当时怎么想到拍这个的？

田壮壮：那是特别偶然的，那时候有一个电影娱乐化的提法。我回北京做《鼓书艺人》后期的时候，《摇滚青年》的作者刘毅然就来找到我，当时我不认识他，他说让我帮他拍一部电影。我说我想认识陶金，他说写的就是陶金，我说那你让我看看这个原型是什么样的，可爱不可爱，可爱还有可能拍，不可爱就算了。陶金是太好玩一人了，所以我们俩一拍即合，他也是那种一天到晚神神道道的人，一没钱了就出去走穴，让我们等着，"一个礼拜我回来请你们喝酒"，然后就回来一块聊。就这么着开始跟陶金聊天，改毅然的剧本，慢慢就把拍什么也全忘了。那个时候正好霹雳舞特别盛行的时候，而且那种比赛是他们自发性参加的，衣服都是自己做。那个时候挺热闹的，跟陶金在一块聊这个舞蹈挺过瘾的。当时跟陶金就说把各种舞蹈都要拍一点，有双人舞那种，还有比较柔慢的那种，什么的都拍上了，摄影是肖风，他天天在想镜头，想怎么拍，作曲是徐沛东，当时特别开心。听说这部电影卖得不错，我后来也没看过。

记者：那个时候您也很年轻，有没有感觉到《摇滚青年》是那个年代时尚的东西？

田壮壮：我不太懂这玩意，当年我也不时尚，我是一"溜边"的人，不知道怎么就认识陶金了，就觉得两人特别对脾气。陶金每天晚上都在聊，聊得特别开心，聊第二天怎么拍，每天都聊。再加上肖风也是特别好玩的一个人，大家在一块挺嗨的。后来马羚也加盟了，挺合得来的，糊里糊涂就给拍完了。其实那个时候我对时尚这个词都还不太认识，都不知道是

电影《小偷家族》海报

什么。

记者：以前年轻人没有一个很好的休闲娱乐的东西，而这个片子可以看出也许跳舞是一种。过去年轻人除了上班下班，就是吃个饭，喝个酒，除了这个没有别的娱乐，这个片子给我们带来一种新的娱乐方式。

田壮壮：你说这个我也觉得挺对，这可能就跟我这个人不太读

电影《猎场札撒》剧照

书，不太看报有关系，完全是感性地拍东西，所以才有的《鼓书艺人》和《摇滚青年》。

记者：也包括《大太监李莲英》吧？

田壮壮：对，包括《大太监李莲英》。拍到《大太监李莲英》为止，拍了大概4部。拍《大太监李莲英》的时候，我跟姜文聊过，问他想演成什么样，他就给我讲他想演成样。后来我去查清史，蹲了两

陶金照片

电影《摇滚青年》中的马羚

个多月。经过一个时代你会担心很多事，会觉得作为一名电影人，还是得考虑点事，多少关心点民族存亡、民族发展，所以又回去拍自己想拍的东西了。

电影《摇滚青年》海报

电影《大太监李莲英》姜文剧照

从导演到演员

记者：您在影片《狼灾记》之后跟之前的状态就不太一样了，好像没有再去从事导演工作。

田壮壮：教书去了，其实拍《狼灾记》的时候已经在教书了。我2002年拍完《小城之春》到的北电，当时这几个项目都搁项了，除了《狼灾记》以外。《吴清源》和《茶马古道·德拉姆》都已经把项目谈好了，就是没拍而已。我2003年回来以后，就已经当导演系系主任了。

记者：在2009年之前基本上教学和导演两不误，在2009年以后为什么没有拍了？

田壮壮：退休了，我到2012年60岁就退休了。

记者：导演现在没有退休这一说。

田壮壮：导演没有退休，就是我工作退休了，我还不能玩两年呀？

记者：一玩就玩了10年。

田壮壮：我这10年也没少干事。是这样，我觉得在系统里教育是挺难圆梦的，在系统之外是可以的。比如我在社会上帮人去做监制，帮人去做剧本策划呀，这个是你能够实实在在地帮到人家。但是在教学上有一个国家的教育政策，这个本科生摊上哪个老师，这一辈子基本上运行轨迹就随着这老师走了，他等于是你的开山老师，所以这老师是挺重要的。还有就

是像我们以前在北影厂，你跟的是哪个师傅，你进的哪一个集体，这个也是特别重要的。那个时候的北影厂发展是学苏联模式，有水华、崔嵬、凌子风、成荫四个集体。

记者：北影四大帅。

田壮壮：你跟谁都会有很大收获，可要跟不上那就完了。这个集体里还有别的导演，你跟别的导演，不是跟大师，出来可能很慢，因为大师确实有他们的创造力。这几个人，成荫是我们后来的院长，跟崔嵬住前后院；凌子风与我是忘年交，大顽童一个；张水华跟我们家的关系很好，我妈妈也是跟他一直在拍戏，所以都不一样。我觉得这些东西对我的创作会有很多无形的影响。

记者：最近您重新被一些青年人所注意到，主要是演了2部电影。

田壮壮：所以我不敢再演了。

记者：为什么呢？

田壮壮：我还是挺想走到马路上，能踏踏实实吃点什么，到火车站别戴着口罩。

记者：现在要在火车站戴口罩了吗？

田壮壮：前一段时间要戴。

记者：现在好了？

田壮壮：现在好点了。但是还是会有人认出你来，不太喜欢这样，没自由了。当然也不是，说心里话演员这个行当很难，做得好很难。我觉得我不能算演员，除非能塑造我之外的人物。我以前演的近乎于平民角色，可能换一个别的身份去演，是需要花气力去琢磨的，这个可能于谁来讲都挺难的，所以干嘛要去弄这个事呢？还不如有机会帮着别人做做监制，或者自己再看看有没有想拍的题材。因为现在机会多了嘛，我一直不在乎是不是一定是导演，但是我还是希望好片子多，各种各样类型的片子多，市场会好一点。

记者：《后来的我们》和《相爱相亲》都涉及一些爱情的状况，您觉得这两部电影有什么区别？

田壮壮：两个故事不太一样。《相爱相亲》可能更是一个传统意义上的爱情故事，这两人也相依为命一辈子了。去演

电影《狼灾记》海报

一个挺暖的男人，我觉得能够感受得到，触碰到这个人物。另外，张艾嘉真的是特别了不起的导演，她能够给你提供一个让你特别自由的空间，然后去感受跟她的关系。我们两个在组里，他们老说你们真像夫妻，吵架呀，拌嘴呀，其实都是为了拍戏用的。经常较劲，经常没头没脑地说我一顿，我也知道她是为什么，是为了找我们两这种关系。

讲课中的田壮壮

《后来的我们》那是一个纯父亲形象了。其实这两个我生活里面都做得不是很好，但是我也很渴望做一个好的父亲，或者好的老公形象。所以角色对我来讲，我会用比较理想化的东西来表达。我会想真正好的父亲应该什么样，真正好的老公应该什么样，我会把他们做得更好一点。当然我还很坦白讲，我不是一个演员，去路演的时候我看过这两个片子，会经常觉得这地儿演得不好，那地儿演得还差一点。我特别担心当我明白这些的时候，我会不会变成去"演"一个东西了，而不是下意识去反映东西，这里面的道道我真的觉得挺深的。尤其一个好的演员，他真的能够做到那种一点都不露痕迹的状态。《小偷家族》里面那女孩叫什么？

记者：安藤樱。

田壮壮：太厉害了，她得观察多少生活才能创造出这么一次表演，她是真的观察和感受。

记者：这种状态能散发出来。

电影《小偷家族》剧照

电影《相爱相亲》海报

电影《后来的我们》剧照

田壮壮：对，散发出来。她那个哭戏，那个抹脸，完全不要自己，不停在抹。就这是实际上生活里经常可以看得到的，有的女孩就是这样，但谁能够把它恰如其分地用最好的节奏最好地表达，作为一个演员来在人物里呈现出来，我觉得特别难。所以我对演员这行业挺钦佩的，真的是非常难的。我在导演系受过两年表演训练的，我们也有训练台词，发声啊各种东西，都可以去琢磨，但是这个东西你要用得游刃有余的话是要天天练的，我是肯定不练的，我们学的实际上是为了跟演员沟通用的。当演员的时候你会觉得其实当演员真的很累。每天都要去想你明天要干嘛，头一天有戏的话，真的很容易失眠，就会觉得这次举手投足你到底怎么做才是最有分寸的，就是在"演"和"不演"之间那一下。不演吧，你一点东西没有也不行，但你演又不能让人看出来，就不能是一个演的状态，那个分寸挺难把握的，我不知道别的职业演员是不是这样。

记者：估计他们都轻车熟路了。

田壮壮：人家可能就是张嘴就来了，或者举手就来了。我是不行，我觉得我必须得想他们的人物关系，他的东西是怎么回事，然后要符合这个人物，还有它的节奏是怎么样，你都要去想。挺累的，然后拍的时候还都老忘了。

变与不变

记者： 现在很多人费大力气在大城市站住脚，他们特别想要被外面的世界认同，您是怎么看待现在一些人这种心态的？特别是北上广深这样的城市，《后来的我们》好像也是基于这个。

田壮壮： 今天早上张艾嘉给我发短信，还跟我聊起这问题。她每天去拍戏路过一个地方，都是一些废弃的工厂。她就说人现在为了生存，为了钱，为了物质特别急功近利，特别有感触。当时也没注意她说那话，回来我在想，其实可能就在今天吧，机会多了，信息社会的东西都在不停地浮在上面。现在交通就很好，你想 1960 年我到十三陵玩一趟都要想很长时间怎么去。

记者： 骑车子去。

田壮壮： 你得到哪坐哪辆车，那个时候公共汽车是限时限点的，你得踩准了，比如我要坐火车去，我在西门坐是哪班车，到青龙桥再走上去——那个时候很慢。你现在去八达岭，一天去两趟都行，开车就过去了。是今天这个给了你特别多机会，所以人们会对物质的东西留意得特别多，反而今天精神的东西特别少。后来张艾嘉就问我，你觉得物质和精神的需要是先天的还是后天的？我说一定是先天的。为什么？为什么有那么多神职人员、哲学家、诗人、音乐家，这些都是注重精神上的人。当然这里面也有生意，可能音乐家生意会浓一点，但诗人这些基本上都是快饿死的人。是有一些人是喜欢追求精神层面的东西，但是这部分人还是少。我特别想找两个哲学家聊聊这个，就是究竟人类是怎么转换成现在这个样子的。

记者： 这是一个挺复杂的问题。

田壮壮： 比如我跟好多孩子聊过结婚这件事，我说为什么婚纱买卖这么好？他们说他们做过社调，很多男孩女孩说，这是一生中唯一有人关注他们的时候，两边的亲戚、同学什么的都会关注，他们是主角。前两天我在上海跟一个老师谈戏剧表演的事，他就说现在的表演更多地带有功能化和消费化，表现小剧场，包括真人秀，抖音呀什么的。因为些东西，有人关注他，就会有可能改变自己一生。

电影《相爱相亲》剧照

记者： 有可能变现。

田壮壮： 对，所以我觉得还是因为今天信息和距离变得越来越小了，机会越来越多，可能性会越来越大。你想《后来的我们》给了你被别人认识的机会，但是它毕竟是作品，毕竟不是真事，毕竟在真实生活里能够做到马云、马化腾这样的人太少了，还是寥寥无几的，大部分还是普遍人。你要能够真正地认识到这个问题，有一个特别好的生活方式或者生活状态，其实就是一快乐的事。

记者： 大家都愿意活得比别人强，但这个梦想大多数都做不到。

田壮壮： 其实不甘于平庸这个事没有错，但是就看你怎么获得这

电影《狼灾记》剧照

个不平庸了。这个可能是方法的问题，不甘心是一个道的问题，去达到这个不甘心是一个术的问题，那你这术的方式合适不合适，我觉得这是很关键的。

生生不息

记者：作为重要的亲历者，您怎么看待第五代？

田壮壮：当时有几个说法。谢飞老师提出来分代，第一代就是张石川、郑正秋那拨人，第二代是费穆、孙瑜这一代，第三代就是成荫、水华、崔嵬、谢晋等等，第四代就是谢飞、张暖忻、郑洞天等等，第五代是我们，这么分类好分。他这个分得也有点问题，我觉得是按年龄分的，其实没有在电影美学上有统一性，不像所谓的法国新浪潮和意大利新现实主义，它们从题材上和美学上是可以找到一个非常明确的东西的。还有一个说法说是当年在中影公司做外国专家的一个人，他要写一篇关于中国新电影的博士论文。那时候正好他就写了一个第五代，外国人瞧着这好玩嘛。都不知道那个说法对还是不对。但是统一看第五代电影，从题材或者表现手法上来看，确确实实没有特别系统的一个美学的东西，各式各样的题材几乎全有了。吴子牛的《候补队员》和张军钊的《一个和八个》，美学上相差很多，《猎

场札撒》和《九月》彼此之间都没有相通的东西。可能第五代的东西个人化一点，每个人都有每个人的个性在里面，每个人都在原来的基础之上，可能在语言上受到一些新的东西，真正的批判现实主义精神并没有比第三代、第四代在题材探索上多多少。

记者：实实在在地讲，很多导演并不是那么直面当下的。

田壮壮：黄建新的片子更像第四代的，就更像张暖忻最后拍深圳的《南中国1994》。可是你看暖忻老师的《沙鸥》《青春祭》《北京你早》，又有点像我们这代人的。所以很难讲，我觉得还是跟大时代有关系。那段时间谢晋导演和其他人拍了一大批伤痕文学，拍过以后，可能突然间大家对伤痕文学有一个想停下来的态度。所以大家可能去找了一些自己有兴趣的题材，带着你自己的烙印，又会把自己的东西藏得很深，可能更多的是从文化上或者从艺术的感受去表达东西。

记者：从您拍第一部电影到现在也将近40年，正好也是改革开放的40年，这期间发生了很多变化，您有什么感悟？

田壮壮：其实年龄是一个挺重要的东西，前一两年我跟我的朋友两人就注重时间产生的东西。比如陈年的酒，陈年的茶，比如玉石、老石头、文物，其实时间是一个特别重要的要素。咱们看电影，刚才聊的都是十几年前，甚至20年前的电影了，但是还可以历历在目，为什么呢？我觉得它带了一个东西特别重要——带了一个生命的元素在里面。这一段时间整个过来，我觉得最好玩的是什么呢？就是从退休以后开始学会怎么放下"田壮壮"这三个字。像所有人都说，你怎么那么好说话呀。我说其实我原来也好说话，只是你们不敢跟我说话而已，原来你们会觉得做导演对我来讲是最重要的一件事，但是一段时间以后，尤其从教书以后，导演其实不是最重要的，归结到底你是爱导演这两字，还是爱电影？如果你爱电影的话，只要沾电影的事你都可以去做，你都愿意去做。如果说你不爱，你就爱导演这事，你就一定千方百计，得当导演，不当导演我不爽。所以随着年龄对所有东西的认识会改变，比如对一些东西的态度，会接受那些以前水火不相容的人，也可能这个不相容会给你一定的收获，会给你一定的启发。人变得圆通

了，变得比以前豁达了，比以前包容了，而且更愿意给予了。因为包容，你可能获得的东西就更多了，就更愿意给予，更愿意支持别人。你要说这40年我哪明显地变了，除了长老了以外没别的，头发也白了。但是从内心来讲，我变得平静了，变得更宽阔了。

记者：如果没有改革开放，人生轨迹是不是沿着另一个方向发展？

田壮壮：我觉得很简单，改革开放以前我们电影是计划经济，改革开放以后变成市场经济，市场经济无疑是好的，它扩大了整个市场。我认为市场越大，包容量越大；市场越小，内容也会越少。所以如果能够爱护好现在的电影市场，保证稳步健康的发展，在两三年之内做到一千个亿，这个电影市场会有更多的、更新的作品出来。这样的话，才真正有可能谈到形成艺术的一种风格，用人文的东西去吸引观众，这个还是要培养的。更好地维护市场的正常发展是很重要的，只有到了市场最大化的时候，才有可能产生更多不同的电影和观众，才能实现电影的真正价值。

后记

于个人而言，我承认影像本身与社会之间的微妙关系，以及它所给予人们思考的力量，但这玄妙的背后一定有着创作者的想象和灵感的迸发，这才是独一无二的地方。田壮壮最关心的还是人，人的生存态度、喜怒哀乐都在他的镜头下形成某种迷恋，它是具象化的，是可感知的，是陶金的霹雳舞，是怒江穿过茶马古道，是牧民最后的拥抱。

对谈过程中发现田壮壮非常坦然，随性中又能看到他一股子的认真劲儿。可能对于今天的年轻人来说，田壮壮的有些作品是陌生的，甚至是晦涩的，但是从对谈中也能看到导演的早期电影无论在影像风格上，还是主题表达都在寻找一种切入社会的方式，这是有效的而且是先锋的，也能看到第五代电影人

田壮壮照片

在20世纪八九十年代所留给后辈的经验。田壮壮不是拿望远镜看这个社会，而是拿显微寻找生活的真相。正如田壮壮所说，"其实我们就是起承转合的一代，但是我们在这个社会里，见到了人，见到了天，见到了地，知道什么叫爱，知道什么叫责任，知道什么叫给予。我们后来把这些都放到我们的电影里了，用自己的命来做电影，我想这可能就是我们这代人的一种态度吧"。

从剧情到记录，从时尚都市到凛冽的边疆，从经典翻拍到人物传记，田壮壮在40年中尝试了多种表现方式，带给我们的是多样性的影像表达和对民族记忆的追问。我们也看到田壮壮对电影的热忱，并用才华和经验帮助许多青年电影人完成自己的梦想。不管他以后会以什么样的身份出现在大众面前，或者带来什么样的电影，我们都会满怀期待。

冯小宁：
爱国不是一个简单的口号

文 / 张强

看到冯小宁坚毅的眼神，不难想象他为什么能够拍出那么多优秀的战争电影，也能理解他所流露出的强烈爱国情怀。拍战争电影并非代表他喜欢战争，而是对英雄主义精神的弘扬，是对侵略者的痛斥。安洁在黄河岸边张开双臂，杨玉福用身体顶住秋叶子的枪口——他的电影是一种力量，在最残酷的岁月中我们也能看到昂扬的精神和对美好生活的向往。

冯小宁身上有好几个头衔，编剧、导演、摄影和美术，但这些经典的战争电影只是冯小宁的一部分，他还是一名环境保护者和动物爱护者，是受到过嘉奖的环境大使。如果看过电影《大气层消失》，一定会对男孩能听懂动物的语言印象深刻，也会对狼狗衔着火把冲向油罐车拯救人类记忆犹深。对冯小宁而言，电影应该传递美德，应该能够引起我们的反思。

◉ 冯小宁

参加了两次高考

记者： 2018 年是改革开放 40 周年，也是您考入北京电影学院 40 周年，您能不能回忆一下您是怎么决定去报考北京电影学院的？

冯小宁： 我出身于一个知识分子的家族，有很多德高望重的教育界的前辈，还有科学界的人士，在上山下乡的时代，都在生活的底层，成为彻底的草根，成为最普通的、最底层的老百姓、劳动者。我在工厂当了 8 年出苦力的翻砂工人，没有什么技术需求。这让我们了解了什么是生活，什么是人生的意义，我特别珍惜那个时代。我们总想学习，不光是为了一口吃的去卖苦力。当时十四五岁，特别想学东西，就学了画画，因为画画只需要一张纸、一根笔。后来恢复高考，所有的年轻人都觉得有希望了。

我记得1977年第一次恢复高考，当时还有一种惯性，讲家庭出身。我当年只有三个院校可以报考美术，一个是中央戏剧学院的美术系，一个是中央美院，还有一个是北京师范学院，现在叫首师大了，美术系可以招生。一个苦工能够去考大学会觉得非常的兴奋。我考完了以后，结果特别有意思，中央美院我没戏，因为那考的人水平太棒了，全国只招八个，准考证都没发我。我们那时候什么人也不认识，就在那个生死线上把我刷下来了。我觉得没戏了，就去考中央戏剧学院，后来去查素描好像是5分，很棒的，色彩是4+，创作好像也是5分，可以说在总分中是名列前茅，那么按理说应该录取了吧，偏偏就没录取，原因是被认为出身不好，就造成我1977年没有上学。

记者：等于说您1977年考了一次。

冯小宁：对。这样我继续回去干我的翻砂工，到了1978年继续考。

记者：是在燕山石化？

冯小宁：燕山石化总厂机修厂翻砂车间，那个时代交通不发达，很遥远，大约一个月才能回来一次。那个时候苦不是生活上的苦，一个月8块钱的工资还顶用，挺好。

记者：那您平时都干些什么？

冯小宁：没有其余的书可看，什么手机、电视都没有。我们能够看的就是政治书籍，也就逼迫我们学习了一些政治知识。

到了1978年重新进入考试，又考了一大堆学校，最后被电影学院录取了也是意外。因为我又偏偏是不上不下的成绩，而且我年龄大，当时的录取的标准是22岁以下，我当时23岁。我觉得要感谢很多，一个是邓小平当时在全国给提出了一个观点就是只要是分数够，孩子正派，都可以录取，不在乎政治上的事了，随着改革开放才抛弃了原来那种家庭出身、政治背景这些东西，使得我们这一代人重新有了一个上大学的机会，从此走上了电影这个行业。再有一个就是我录取的时候也很好玩

儿，我年龄大，超龄，按理说是被刷下去的，但是成绩还行，也有蹭录取边缘上了的，所以第一批新生入校时候没我。你可以查那个开学典礼中有一大批后来的著名电影人都没有在里头，因为开学的时候好多人还没有进校，为什么？是因为一些偶然因素，比如我的情况是一个上海的考生被录取了北京电影学院美术系，但是他同时又被上海戏剧学院录取了，那当然他就挑选在家门口上学，这样空出一个名额来，按照那个分数线往下找一个叫冯小宁的，我就正好替补上来了。所以我入校的时候已经开课了，后来还有其他人，包括何群这样的也是后来替补上来的，一些超龄的也是第一批没有录取的，包括张艺谋、陈凯歌、田壮壮这些第五代的中坚力量都是超龄。

记者：张艺谋的年龄更大。

冯小宁：第五代的一大批人都是超龄生。

记者：李少红当时23岁。

冯小宁：超一点。所以说我觉得正是因为一种改革开放的思想才造就了中国各行各业，包括中国的科技、军事，包括农业、工业，所有行业的中坚力量都是这样被录取进来的。

对电影痴迷的日子

记者：再聊聊您进入学校之

后的情况，当时求知氛围比较浓郁吧？

冯小宁：我们78级，1982年毕业，实际上这批人是中国电影第五代的主力。当然还有后来的周晓文，包括冯小刚、何平、黄建新，好几个都属于这个年龄层的，太多了，我一时数不过来。他们虽然不是电影学院本科这批学生，但是在校里校外这一代人中，他们都给中国电影带来了强大的新生力量，形成了第五代现象。我们回想起来在电影学院中还是特别爱学习，而且这种学习跟现在很多孩子可能有不同的地方，是一种从自己每一个细胞中迸发出来的"拼了"的那种感觉，不是很学究地都在那啃书，而是非常活泼，非常奔放，因为有一种好像压制已久的力量迸发出来。全国都是这样，改革开放给全国的人，包括青年都带来一种放开的东西。

记者：到了改革开放以后，把人本性的很多东西都放开了，20世纪80年代初可以说是大家的精神状态最开放的时候，所以一直到80年代末期，中国的文化和思想

北京电影学院78级美术系同学合影

都特别活跃，这是一个黄金期。每个人的个性都得到很大的张扬，每一个孩子都想珍惜千载难逢的学习机会，所以很少有荒废的。

冯小宁：在美术这行业，我就知道有很多都成了非常著名的画家，那一张画比我们这一部片子挣的钱都多，非常非常能挣钱。除了挣钱以外，他们更多的是给我们的文化注入了很多很多的思想和观点，包括在其他行业领域，在音乐行业的也有，在商业行业也有，从政也有人做得不错，我觉得都有出息。我们同学之间，不是说直接有什么帮忙，更多的是一种互相的比照。比如说当年从电影学院刚刚毕业出来后没两年，张军钊就率先和张艺谋、肖风共同创作了第五代开山之作《一个和八个》，包括陈道明在里头还是主演。后来是田壮壮的《盗马贼》，李少红拍的《血色清晨》，陈凯歌的《黄土地》《边走边唱》，后来到张艺谋开始独立创作了他的《红高粱》，就一连串全出来了。我觉得是同学们互相比着劲儿，我记得我第一次在北影的小放映间，看我们同学的第一部作品《一个和八个》，大家在地下坐着，没有座位。当时还属于禁片，不让看的，不让放映，但是我们看完了以后鼓掌，居然能把我的手都拍肿了，鼓到什么程度，长时间在那使劲地拍巴掌，为什么？振奋。这样棒的电影出来了会传染每一个同学，它鼓励了大家，我们也可以成功，我们一定能够成功，所以开始自己尝试创作新的作品。

记者：《一个和八个》也让整个行业振奋了一下。

冯小宁：先吓着了，有这么拍电影的吗？这么强烈的造型

电影《一个和八个》海报

冲击力，这么强烈的精神的扭曲和排斥，闪烁出来一种光，你看刚才我说的那几部作品全有这种精神，所以第五代的电影作品有一个共同的特点，就是强烈地表现那种精神的东西。恕我直言，后来好几代孩子，新的电影学院的，包括现在已经成熟的很多导演都走了很多弯路，出来的作品缺乏第五代的精神，那种振奋的精神。现在很多电影包括商业炒作，或者搞什么鬼头鬼脑的东西，让你看着萎靡，提不起劲儿来，让人感觉到灰心丧气。我想当年看我们电影学院第五代这批作品的，看完了以后没有跳楼的，绝对。他再有生活的苦难、精神上的误区还是其他什么问题，看了我们的电影会感觉到力量。所以我觉得第五代能够在中国电影史上留下光辉的一笔。他有正能量，是一种精神向上的东西，虽然有很多批判，包括后来张艺谋的《活着》，陈凯歌的《霸王别姬》，田壮壮的《蓝风筝》，我的《大气层消失》，这样的作品都是直面社会、剖析社会，分析人性人生的一些真善美和假丑恶，这是艺术应该担当的责任，批判现实主义本来就是我们追求的东西，但是我们的电影仍然给你一种向上的精神，看完了以后让你觉得棒。

记者：这 40 年对您最大的改变是什么？

冯小宁：责任！改革开放使得我们这些老百姓有一个新的前途，大家开始进入到自己的发展。也有很多人觉得不习惯了，要自己去拼了，不是大锅饭养着你了，但是这是对的，大家都能理解。成千上万的下岗职工，人家原来都生活得好好的，虽然穷，大家一块穷，但是一下子大锅饭没了，这是改革开放中必然的一个痛苦的过程。虽然有很多人很委屈，但是现在看，总体上大家的生活水准还是提高了，只要你努力就可以找到自己的人生价值，所以这种责任是落在每一个人身上，机会也给了每一个人。我觉得改革开放给我们现在这代人一个借鉴，就是每个时代都有机会，是不是自己去努力抓紧它，是不是坚持正能量的东西。学坏很容易，每个时代都可以学坏，你如果坚持住一种善的东西，坚持正的东西，那么命运还是一定会给你机会的。

当这种责任落到自己身上，或者落到我们每一个从业的电影导演、编剧、演员身上的时候，你要意识到它，并坚守它。有很多人最后在名利场中会迷失，会觉得自己了不起了，高人一等了，这样你就忘了初衷。当年我们走进电影学院的这些人，最开始初衷都不是为了出名赚钱，是想表达自己的思想和感情。好的艺术家初衷都是在这，所以这种初衷不要丢掉，要坚持住，钱多点少点就那么回事，现在活得都挺好。名这个东西是双刃剑，名太大了，有时候就会迷失，

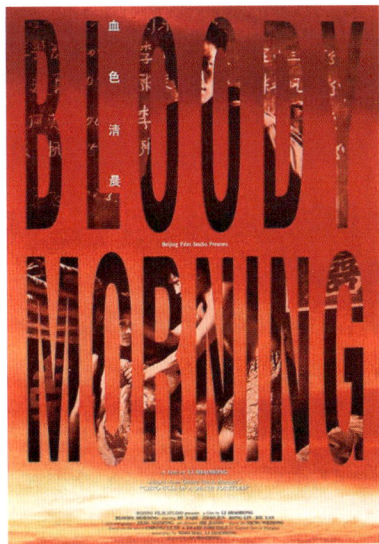

电影《血色清晨》海报

电影《黄土地》海报

会忘却了自己应该勤奋、刻苦。现在我们这一代同学中陆陆续续有些人已经走了，我们美术系就走了4个了，所以要活明白了。我们从事电影，会像电影学院最开始学习那样，经常会想到78班在朱辛庄学习的那些岁月，全的记不清楚，但是有些片段，我们会觉得现在还能像那时候对电影这样地痴迷吗，我

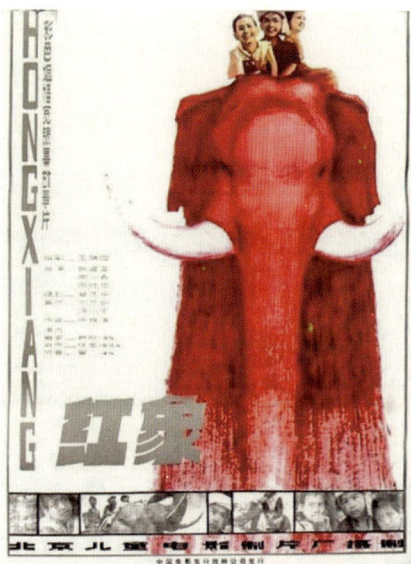

◉ 电影《红象》海报

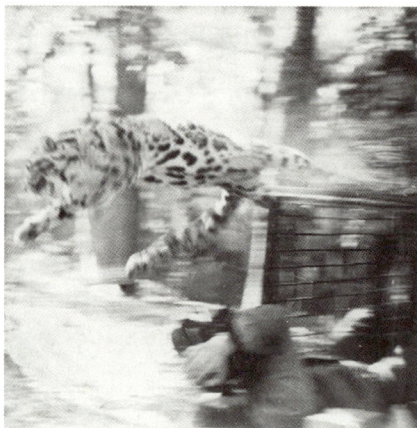

◉ 电影《红象》拍摄中，摄影师吕乐拍摄豹子一跃而起的画面

们还能像那时候，一群学生挤在面包车里去拍一部电影吗？一个摄制组只有一部陈旧的面包车，我记得大家挤不进去的时候横着往里躺。我们每一个电影学院的同学出去拍实习片，一个剧组好像只有2万多，3万块钱，拍《红象》这部我们的实习电影，导演是张建亚、谢晓晶、田壮壮，然后摄影是曾念平、张艺谋、侯咏、吕乐，美术是我，我们这一群同学。

记者：那个时候对电影有种执念。

冯小宁：我们拍的时候衣服、鞋都不脱，直接就蹚进泥水中，趴在泥水中，我记得吕乐拍一个镜头，拍一头豹子从他头顶上过，他就抱着摄影机躺在地上，让豹子他从头顶上过去。穆德远拍《青春祭》，人趴在泥里头，为了找低角度，根本就不考虑什么条件，现在的这些同学都成了著名的大师了。我自己抱着摄影机躺在泥水中，趴在石头上，我觉得我喜欢这样，对电影这个女神去膜拜，这是对艺术的一种虔诚。

记者：您以前也是几乎每个工种都自己上。

冯小宁：对。

记者：岁数大了是不是可以让别人去，您就没有必要再去趴着拍？

冯小宁：不，这不是一种表现欲，30年的电影实践应该证明我这个观点了，我真的不是为了表现，我连媒体都不让知道，我连照片都不拍，我为的是电影银幕上的效果，各种不同的捕捉和角度是一种灵气的表现。那种时候没有什么可商量的，你要不断地去展现和捕捉艺术的灵感，而不是在那等待。

作为电影人的责任

记者：《大气层消失》是很特别的存在，您当时怎么会想到拍这样的电影呢？

冯小宁：我所有的作品都是自己原创剧本。那是我的电影处女作，也是第一次尝试电影剧本的写作。我为什么要写呢？刚才说了，20世纪80年代大家都拼了命地开始挣钱，或者走入一种新的生活方式，其实很好，但是我这人爱读书，那个时候各种杂志、报纸，我都看。我有一次无意中看到了一批杂志，是一批环保专家写的文章。那时候对环保的概念，大家只

是停留在不要随地吐痰那种公德上，再比如过马路要走人行横道，就这种基础文明的东西。当时环保专家们呼吁警惕中国的环境问题，我一看这些环保专家的声音，都在那些专业的小杂志上头，外界没人知道，社会更不知道。20 世纪 80 年代中国的工业发展和生活发展迅速产生巨大的污染，那个时候刚刚初露端倪，我觉得这值得用电影的方式告诉大家，因为电影是一种大众传媒，尤其我们当时在儿童电影制片厂，面对的是千千万万的孩子。

记者：寓教于乐。

冯小宁：对。我觉得我们在创作一个作品的时候，首先应该承担社会责任。在此之前因为我拍了第一个电视剧，儿童电视剧《病毒·金牌·星期天》，这么一个小电视剧，它也获得了飞天奖的最佳导演奖（1988 年第 9 届全国电视剧"飞天奖"单本剧一等奖，最佳导演奖）。这也对我后续的创作起到了一个特别重要的作用。曾经在这十几年，我一直有个观点，就是电影的各种奖项一定不要再评给一些已经成功的艺术家，我这个话可能要得罪人的，但是我坚持这一点。因为电影的奖项应该奖给那些有发展前途，有潜力的年轻人。当时我就受益，我刚刚第一次写了一个小剧本，第一次做导演拍出了个小电视剧，就获得了飞天奖最佳导演。不是我拍得好，是因为当时那些评委专家——我记得有仲呈祥老师——这些著名的老师他们就能够把这个奖评给一个没有见过面没听说过的年轻人。

记者：鼓励新人。

冯小宁：我相信张艺谋也好，包括很多我们的同学也好，这些老师把奖给他们，当时在评奖中都有负面的声音的，但是这些老师们坚持给他，不是有红包的，没有受贿的，很干净的。那时候的金鸡奖、华表奖都是含金量极高的，真是你自己的硬东西拼出来，老百姓中口碑积累出来的。所以这样的奖杯鼓励了我。我刚刚获奖，马上就写了新的剧本，《大气层消失》一个月就写出来了。

记者：故事创作的来源是看到杂志上环保人士的观点？

冯小宁：是启发我从这个点发展自己的创作，但是这个创

吕乐照片

作的动力正是因为前头电视剧处女作获奖，然后开始电影处女作的创作，这两股力量合在一起，后来我连续又出了很多新的电影，包括《战争子午线》。我也是看书多，喜欢看各种各样的史料，看到当年抗日战争中，延安保育院的才几岁的孩子，就穿着小八路服，我还记得祝希娟老师演的《啊！摇篮》，包括我后来的《红河谷》《黄河绝

电影《大气层消失》海报

恋》，都在这些资源中有很多触点灵感启发的。《大气层消失》是因为我在一些环保的专业杂志上看到，这是一个触点。更重要的是责任感，还有给我的支持和鼓励，这几点合在一起。

还要说到儿童电影制片厂，一个刚刚成立没多久的电影制片厂，它的厂长是于蓝老师，副厂长是陈锦俶老师，这两个老师是给我这部《大气层消失》决定生死的。为什么？他们给我投资了40万，在当时我有40万就可以拍电影了，很高兴，可以说拿命去拼。后来我发现我每部电影，包括现在正在拍的，全是在拿命去拼，因为我要对得起投资的这些领导老师。人家给你投是瞧得起你，你就要拼命。当时这部电影写作的时候，我记得于蓝老师还在我的剧本上一个字一个字地改，所以人要知道报恩。当时

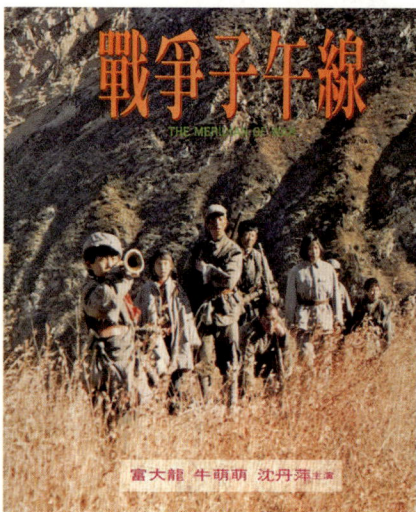

电影《战争子午线》海报

大家都没有这种环保意识，所以我就从这个点上去写。比如我们拍一场戏，拍到鱼在很脏的水中挣扎，大家知道清河，现在是高楼林立了，但是当时那条清河就是实景实拍的，我们没有做任何的加工，就是那样的像臭粪汤一样。

记者：清河前几年也是。

冯小宁：小的时候经常到那去玩儿，我在清河是游泳的，所以当拍电影的时候我自己被震惊了，十几年以后居然脏成了这样。从这我迅速就发现，原来我写到的很多东西，空气的污染，水源的污染，土地的污染，大气的污染，还有就是工业的污染已经非常严重了。

记者：我看的年头比较早了，一开始给人的第一印象是一个动作片。

冯小宁：对，动作片。其实这是我们平常爱学习。那个年代我们的电影评论有什么说什么，说真心话，敢于批评人，也敢于鼓励人。我们的媒体也好，我们的评奖也好，给了我这么多鼓励。所以当我有电影出来以后，就很习惯到电影院，坐在老百姓堆里，去听老百姓的喜怒哀乐，听他们的声音。看到我的一场戏，一句台词在他们那，是掉了眼泪了，还是被他们嘲笑了，这是一种最好的学习方法，就是从老百姓中学习。第二我们本身就生活在生活底层，我们从来不自己高高在上，什么大师、明星、大腕这些词我特别反感。我就是老百姓，我们跟着老百姓一起去生活，挤地铁，坐公交，走在老百姓堆里，让人认不出来，这才对呢。这样的话你就深深知道，老百姓想的是什么，感受的是什么。

所以在写作的时候，你就能写到他们喜欢看的、感受深的东西，包括《大气层消失》。我写到孩子，孩子是纯真的，写到动物，动物有什么罪过啊，但是野生动物大量被残杀。我们就保护野生动物，因为野生动物的保护和环境的保护，直接关系到我们的生活。所以早在三十多年前我就开始用电影的方式呼吁，在电影中我是第一人，到现在写环保题材、环境题材，可能还没人超过我。这么重要的一个东西，中国电影这个行业三十多年居然没有人再去触及，或者比较深刻地触及，我觉得这是一个遗憾的事情。所以我现在新拍的电影，就是继《大气

电影《大气层消失》剧照

本片放映时间为 1 小时 35 分钟
在此期间 地球上又有 2 种生物灭绝
又有 2000 公顷森林消失
又有 1000 公顷土地变为沙漠
人类又排放污染 16000 万吨
排放废气 600 亿立方米
其中含……

电影《大气层消失》剧照

层消失》之后的姐妹篇，我仍然在拍环保和动物保护。

全剧组捡垃圾

记者：您多跟我们说说这部新片子。

冯小宁：中影集团今年的一个重点电影叫《暴走巨轮》（上映名为《动物出击》），也是我自己的剧本。这个剧本其实写了30年，在《大气层消失》之后。

记者：就一直在酝酿？

冯小宁：对，我就还想再写一部类似这样的电影，我一直在等待这样的机会。现在我在中影集团的支持下，给我开的绿灯特别大，立刻推上这部电影，也算是向改革开放40周年的一个献礼。

记者：那它大概是一个什么样的故事，能透露吗？

冯小宁：跟《大气层消失》差不多，涉及环境，涉及动物，涉及人的善良与丑恶，但是它更加像商业片。我所有电影都适合青少年看，因为它里头是正能量的东西，善最后一定战胜恶的东西。可能刚看电影，会觉得是一个大的动作片。

记者：和刚才说的是一个感觉。

冯小宁：对。

记者：一开始以为是个动作片，也有点奇幻。

冯小宁：对，有点奇幻，它有童话色彩也有科幻色彩，都有一点。

记者：借动物批判人类对环境的迫害。

冯小宁：有，我觉得《大气层消失》这几个点是很好的，

但是当时我的制作水平和我们中国电影的整体制作水平，包括我本人的知识还都不够，经验太少，所以制作粗糙。但是故事讲述很绝，所以我要再把这点优点发挥出来，把自己的短板补上。现在的制作要好多了，经过了三十年的时间。所以我觉得一个艺术家，不要太狂妄，不要太好高骛远，踏踏实实的，一生中能做好一两个事，就已经不错了。

记者：当时是怎么考虑做动物拟人化这种处理的？

冯小宁：那个年代社会对动物还没太关注，尤其对野生动物保护更不太关注。我那个时候养过猫，一养猫以后，你就会发现，其实它什么都懂，它只不过不说话而已。它的心灵，它的情绪，它跟你的交流的方式很细腻的。有时候我把猫抱到我脸前头，我看着它，猫眼睛很大的，像水一样的，你去看着它的眼睛，好多好多的感情都有。狗、马，甚至鱼，所有的动物都有

眼睛，你看到眼睛的时候，可以跟它交流。我把它写到电影里去，让它能够说话。实际上我们中国古代，还有外国，很多文学作品都有动物和人用语言交流的这种想象力，这不是我的发明，只不过我在电影中运用上了而已。

当我们共同面对着污染、物种灭绝，和人类对它们的暴行的时候，它们会说什么，我通过这样的设想让动物们告诉我们人类，它们心里在想什么，我觉得这是一个挺有意思的事。我记得后来在很多电影院放映，尤其是儿童场，当看到狗最后牺牲了自己，拯救了大家的时候，我看到千千万万的孩子跳起来叫、喊，给狗助威，最后他们全哭了。有一次我记得特清楚，后排一大群孩子站在椅子上，因为前排的孩子都站起来，他们就站到椅子上跳，在那喊，在那哭，我特满足。我那时候在电影院后排坐着看着这些孩子时候，才知道什么叫成就感。不是奖杯，不是媒体上怎么夸你、嘲你，不像有些人把自己奉为什么明星、大腕，什么巨星之类这些破词，都不是，是老百姓被你作品感动的时候，每一声掌声都是价值万金的那种满足感。我觉得它打动了人心，让老百姓从这个电影中感受到了，我们要尊重动物，我们要爱护我们的环境。这些孩子现在都为人父母了，他们小时候看了我的这部电影的，可能没有一个长大了会伤害动物，功德无量。

记者：那您能不能帮我们回忆一下，当初拍电影的时候有哪些破坏环境的行为？

冯小宁：这几十年我又拍了好几部涉及环境题材的电影，比如说《嘎达梅林》讲对中国草原的破坏，《超强台风》讲对灾难面前应该怎么应对，都涉及了环境问题。所以国家给了我中国环境大使的称号，给了我"绿色中国"年度人物的称号，联合国环境署也授予我奖，世界野生动物保护学会给我中国环境形象大使称号。这么多的环保称号和荣誉使我更多去思考问题到底在哪里，不是一个电影导演去思考，而是作为一个中国普通公民。我们的祖先传承给我们的，我们应该怎么再传给后代？也要问我们所有的观众，我们自身是不是尊重了动物，是不是每一个人都去自觉地爱护环境？

我新拍的这部《暴走巨轮》，主题就是海洋保护。我们周边的海洋有多少肮脏的垃圾袋、快餐盒、可乐瓶、矿泉水瓶。相比之下，发达国家的海洋保护上明显要比我们好得多，是因为他们的法律吗？我们中国的环保法律非常严谨的。是我们大众老百姓还需要提升，尤其是一些年轻孩子把大量的精力用于

⊙ 电影《大气层消失》剧照

⊙ 电影《嘎达梅林》海报

垃圾文化的追崇，这种基础价值和道德标准错了，传统文化中应该坚持什么？勤劳、努力、发奋、学习，还有公德，这是传统文化的价值，而我们现在的孩子好多人就以为这些东西不值钱。

记者：说到环保，您会提示身边的人注意这方面吗？

冯小宁：在我的剧组都有严格的要求，我一直坚守了30年，所有在我摄制组工作过的人，都承认这一点。第一，我们每一辆车出去都备有垃圾袋，每一个工作人员和演员不可以随便扔垃圾。举个例子，比如《青藏线》，我们去青藏线拍摄的是可可西里无人区，我要求摄制组每一个人的矿泉水瓶一定要扔到垃圾袋，然后带回驻地扔到垃圾箱。有时候高原反应要靠抽烟缓解，我说行，每一个人我发一个小烟灰盒，每一个人抽完烟一定要把烟头放到小盒里头带回来。严格规定，违反者当场罚款，在我剧组工作的人都知道，我一罚就是200元、500元或者1000元，从他的酬金中扣除，如果他干得好还有奖金，每天有二三百元的奖金。记得我在拍《嘎达梅林》时，有一天我们拍摄要请很多牧民，有的牧民朋友从一百多里外骑着马赶过来，帮我们拍千军万马冲锋的场面。我们那天拍到下午4点才完成了工作。牧民们都是很有环保意识的，他们把自己的垃圾都带走。我们在草原上拍完了以后，还有很多围观的游客，他们扔了很多垃圾，那么我们4点多完成以后全组捡垃圾。12点送到的盒饭一直到下午4点都没时间吃，没打开包呢，全摄制组把草原上的垃圾全部捡干净，别人扔的垃圾也在内，全部都装好，然后才吃饭。那时候的6点天都黑了，全组把中午的盒饭带回宾馆，晚上一块吃就算了，就是这样，这是我们的一种硬性规定。

交通是一条生命线

记者：刚才您也说到了《青藏线》这部片反映了这条天路的建设艰难，我不知道导演对青藏线建设有哪些看法和理解，或者简单说一下这个片子吧。

冯小宁：我当时正在创作新的剧本，当时广电总局的领导就说你能不能去接触青藏铁路这个题材，他说很急。可能很多

剧本创作出来，这些施工单位，包括铁道部都没有看中，眼瞅着就通车了，可是电影还没出来。领导问我行不行，我说我什么都行，真的，我什么题材都能行。你给我一

◎ 电影《超强台风》剧照

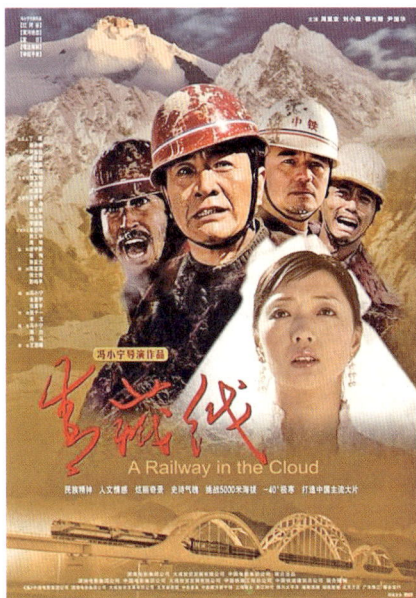

◎ 电影《青藏线》海报

个月写一个剧本，一个月以后我把这剧本写出来了。严格来说我不是临阵抱佛脚，我对工业生产很懂，各个工种，包括铁路建设我都懂一些，所以我写得很快。剧本写出来以后，从铁道部到中铁工、中铁建，他们这几个大的施工单位领导看完了，都说这是我们铁路工人想要的东西。所以总局支持，中影集团支持，立刻就拍出来了。写这种题材的剧本要懂行，不懂的不要胡来，它不是可以胡编乱造的东西，这段历史你必须知道，这是中国人近百年的一个梦想。在影片的结尾，我那句字幕让人特别的振奋——将近一百年前，孙中山先生第一次提出要把铁路修上青藏高原，经过了95年的努力，中国人终于实现了这样一个伟大的理想。这是我影片最后结尾的话。我觉得大家的眼球不要老盯在明星、大腕、绯闻这些事上，应该看到中国的历史上，在这40年创造了多少灿烂的东西，青藏铁路就是其中之一。它首先是科学的成功。早在

电影《青藏线》剧照

20世纪50年代，中国政府就曾经想往青藏高原修铁路，失败了。所以我开始就写50年代，然后到了60年代、70年代——再次去修，修到一半修不动了，为什么？青藏高原是世界最高的高原，地质情况复杂，包括冻土问题，地震问题，这在全世界都是难题。为什么中国能够在2006年完成了这个梦想？正是因为科学技术上去了。中国的未来发展，科学是第一的。后来我写了很多军事题材的，甲午海战的，《红河谷》也涉及了抗英的，《黄河绝恋》《紫日》《举起手来2：追击阿多丸号》这都是涉及抗日战争的，都是历史教训。我在《青藏线》中，非常重要地是要突出精神的东西——几代人的命扔进去了，比如20世纪六七十年代修建青藏铁路的前期工程，几百米一位烈士的遗体。科学技术发展后，再加上人的精神，终于牺牲率极低，牺牲得非常少。

记者：提到交通，其实改革开放40年交通变化也挺大的。您平时关注交通领域的变化吗，比如说以前的道路是什么样的，现在是什么样？

冯小宁：中国改革开放40年，交通大变样。我记得小时候我们骑着自行车走土路，现在全是一马平川的，现代化的高速路，城市的交通也都不错，尤其我们走到中国各个偏远地方，都是很新的现代化的高速公路，我个人认为公路可以打高分。还有就是我们的高铁，全中国老百姓受益于高铁，出门买张高铁票2小时到了，走亲戚或者到哪旅游，去办事非常方便，以前我们拍电影都是坐大巴、坐中巴，现在在高速路直接到，我觉得中国交通在改革开放中是一个大亮点。

为"兄弟民族"电影呐喊

记者：1996年您拍了《红河谷》，反映汉藏儿女共同抗争。您总结一下心得，怎么能拍好少数民族电影？

冯小宁：少数民族电影中有好多是少数民族自己的导演拍的，非常棒，内蒙古的特别突出，新疆的也有，朝鲜族的好像不多，云南那边的一些民族朋友导演也不是很多。

记者：藏族的也有。

冯小宁：藏族有。汉族朋友要是想拍少数民族题材电影，

我个人的感受，第一要尊重别人。这个尊重不是表面礼貌的客气，是从内心深处的尊重。比如大家都知道北京是中心，新疆是边疆，可换个角度说，如果你从小生在新疆，你就是一个维吾尔族或者哈萨克族的朋友，那就是你的家，那就是你的中心，北京才是遥远的地方。你要这样把时空打开就会发现，每一个人的家乡都是值得被尊重的。而不是说我是北京人，你是新疆人，你是边疆人，我是首都。你有平等的观点了，再去学习人家的东西时，就会发现原来新疆有那么多少数民族，藏族有那么多的文化，深层的文化历史，都是让我们崇仰的东西。少数民族这个词我不是很喜欢，我个人愿意用兄弟民族这个词。

这些兄弟民族有一个最大的特点，他们的歌舞都比我们汉族棒——当然我们也有歌舞团的孩子跳得棒。兄弟民族普通老百姓拉出一群来，唱首歌试试，个个都是歌手级别。包括人家的哲学，人家的文字、诗歌、建筑都值得学习。比如藏族人的哲学受藏族佛教很大的影响，对人生，对大众，对生命的看法，都是我们现在挤在城市里的这些"乱糟糟"的人可能需要学习的东西。所以当这样的一种观点确立之后，你必然是一种崇仰的心态，而不是居高临下。我想无论是《红河谷》，还是《嘎达梅林》，这样的民族题材为什么能够让藏族、蒙古族的老百姓都爱看，正是因为我首先尊重了他们，写一个故事要弘扬他们的那种真善美的东西，歌颂他们那种英雄的、精神的东西，那么人家当然就尊重你了。我们表现了历史的真实，表现那种感人的东西，写一个电影，这点上是最重要的，其他都好办。

记者：您怎么看少数民族电影在整个电影体系当中的地位和特殊性？

冯小宁：这些兄弟民族的电影里头很多都特别好看，但是很少能在院线中放得好的，我举一个例子，新疆有一部电影叫《钱在路上跑》，你们都没听说过吧？

记者：没看过。

冯小宁：新疆的老百姓一场一场看，没完没了地看，它是个喜剧片，新疆的艺术家自己创作的。我觉得我们内地很少有

电影《红河谷》海报

人知道，院线没有打进来。维吾尔族朋友看了以后觉得好玩，可能民族习惯、民族文化不同，但是作为欣赏来说，给内地的朋友放了，他们一样开心好玩，觉得好看，这是一个什么问题呢？有两方面，第一，我们大家还没有意识到，就在我们的周边，有好多兄弟民族的文化，远远超过我们，尤其是在艺术上，上我们汉族的大众还没有强烈地意识到这一点，我希望通过媒体让大家注意，到兄弟民族地区去，千万不要以为人家地方比你差，很可能你特别喜欢人家的艺术呢。第二，电影市场不健全，我们的电影市场现在还存在一些不健全的状态，垄断，强霸市场，强霸票房，强霸媒体，造成艺术发展不均衡。好多真的很棒的电影，甚至是中小成本的，都非常好看的，但是它见

电影《红河谷》剧照

不到观众，为什么？被院线给拒绝了，导致好多民族朋友的优秀电影进不来，没有见到大众的机会，当然就不容易赚到钱，就不能再投入，二次生产，就要靠政府去补贴和支持。

蒙古族朋友的电影更多了。蒙古族朋友好多优秀的电影都非常有

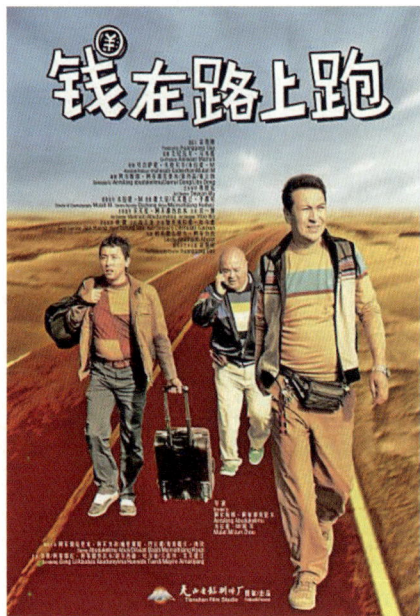
电影《钱在路上跑》海报

味道，甚至经常在国际上获奖，但是在我们院线中进不来，为什么？被封杀了，这种封杀，是市场被挤压得进不来。所以我们老百姓有责任，我们作为观众有责任呼吁这样的电影，支持这样的电影。我们的院线老总他们也知道，只要有观众的支持，就能赚到票房。我们的观众可以自由选择的时候，才是中国电影真正繁荣的那一天。

后记

1997 年冯小宁去美国，认识了当时的美国电影协会主席杰克·瓦伦蒂（Jack Valenti），美国把电影作为文化和政治的工具有所感悟，他意识到了电影是一个国家、一个民族最有效的文化形式，电影所传递的正能量可以激发一代人，所表达的思想要为大众接受才能发挥其作用。在这个层面上理解冯小宁拍摄的战争题材、环境题材等电影时，我们才有可能理解他是多么地热爱自己的国家和民族。

对冯小宁的采访非常顺利，他对 40 年来的电影发展有很深的体会，大道至简，他总能将大道理讲得透彻和具体。他也痛恨当下不良的电影文化现象，偶尔会发几句牢骚，他对电影的执念是我们这一代人难以企及的。冯小宁的电影不是在空洞地说教，而是用鲜活、有感染力的影像让大众思考。对他来说，电影的最终目标是为人民服务，而不是为了票房和奖项。

霍建起：

谦谦君子　温润如玉

文 / 阿泯

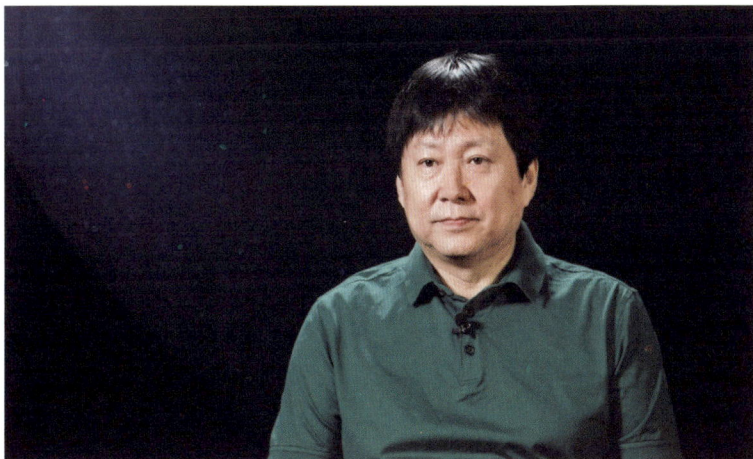

☺ 霍建起

霍建起导演给人的印象就如他的影片一般，温温的，雅雅的。有人评价他的作品不够激扬灵动，不够惊世骇俗，但绝少有人能临摹出他清新、隽永、唯美、含蓄的风格。从《那山那人那狗》开始，这就成了他的标签，至今令世人为之惊艳。

有人赞他是"得奖专业户"，有人羡他一帆风顺，但这些对他来说好像都已经是过去的事，他基本没有被名气和成功摧残，也没有改变自己的性情和本色。

邮递员连接的是情感

记者：我们知道，您是 1978 年考上北京电影学院，正好是改革开放那一年成长起来的电影人，也可以说是 40 年改革开放的亲历者、见证者。您最具有代表性的作品《那山那人那狗》讲述了一对乡村邮递员父子的故事。您为什么会选择这个题材呢？在那个时代，邮递员对于老百姓的生活来讲有着怎样的意义呢？

霍建起：的确，我考上电影学院跟改革开放恰好是同一年。在改革开放刚刚开始的前后，邮递员太重要了。因为大家都是通过通信来联系，比如说你有外地的亲戚，或有下乡的知青，家里边人的联系都靠通信。那时候通信一次可能要走挺长时间才能收到，然后再回信，所以可能家家都有一摞信。后来改革开放之后有人去了海外，那就更是靠通信了，因为那时候没有别的途径，不像现在有 E-mail、电脑、微信已经方便到感觉这个世界越变越小了。那时候不行。

我印象中在北京的王府井有一个邮局，我们就住在东城区北池子那边，所以肯定要去那个邮局，寄包裹或者取包裹。有的是亲自去，有的是邮递员给送到家里边，都是靠邮递员。如果有点什么情况，着急了没办法就只能打电报，也是邮递员开着摩托车来了，喊谁谁谁家电报！你就知道有什么事了，肯定是急事。如果还有再急的事，需要直接说的，那就得去邮局打电话。因为那时候家里边都没有安装电话，可能会在哪个胡同的某个地方能打一下电话，但大部分的长途电话还是要到邮局去打，海外就更别说了。当时所有的留学生都是靠这个维系着，打电话也得排队、叫号，里面有一个一个的小房间，就像咱们电话亭那样的，开个门你进去打，你去拨号，然后再如何如何。我印象中整个邮政的环境全是这样的，都靠邮局，邮递员送信是最基本和最普遍的，因为人们的沟通就靠他们。

记者：我们传过情书，靠书信来沟通人的情感，在那个年代不知道您身边有没有发生过这样的事，比如说因为书信送不到，耽误了一

电影《那山那人那狗》剧照

段感情也好，或者遗失了物品也好，造成了误会。

霍建起：我觉得这个肯定是有的，比如说我考学的时候，当时是在北京郊区怀柔插队，那么可能给你的复试通知，就寄到你下乡的地方了，但那时候你考试是在城里边，可能就把这时间错过了，当收到这个让你复试的通知的时候已经晚了，生活里这样的误差肯定也很多。我拍的《那山那人那狗》是写邮递员的，它主要是写人的感情，写山里人，虽然我们那时候也开始慢慢进步了，但是山里人由于交通环境所限还是要通过书信的方式，毕竟那时候还没有进步到像现在通信这么发达。

你刚刚提到误会，我想到的就是我拍的莫言原著的片子《暖》，这个片子里边男、女主人公，再加上哑巴，他们就是这样的一种感情连接。在这个过程中也有误会，比如哑巴觉得他们俩可能不好了，因此就把信给撕了，就造成了男女主角双方失去了联系，产生了误会。女主人公觉得到城里去的恋人可能已经把她忘了，不再来信了，这种生活里的误会肯定也有很多——当然也不止一种。

《那山那人那狗》

记者：《那山那人那狗》这个电影里讲述了两代邮递员之间的传承，我们看到父亲一生的工作，后来儿子愿意承担这个重任，接过这个邮包，我觉得这其中更多的是感情的一种维系。您觉得这样一位乡村邮递员，他对这个工作倾注了什么样的情感呢？

霍建起：我觉得那个时候人都比较朴实，对一份职业大家都会尽心去做。邮递员这项工作跟千家万户的这种联系，令他更有一种责任感。他一定会有"万一邮包送不到，遗失了怎么办？或者是损毁了怎么办？"等等的一些想法。因此这个片子讲父子情，但同时也在讲那个时代的邮政——主要就是传递书信。我觉得父亲对邮包的感情不用说了，全片就是他人生的回忆，他送信的邮路。那么儿子跟他走这条邮路，他是希望将来传承给儿子。这样的话他觉得虽然退休了，他还能够间接地参与，好像过去的一切还跟他发生着关系，他还能看着儿子去做

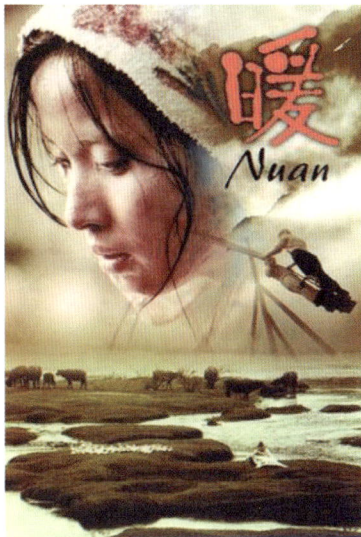
电影《暖》海报

电影《那山那人那狗》海报

这样一件事情。

而且在儿子看来，他觉得在农村，邮递员是一个好差事，为什么？他是国家干部，其实就是有国家编制的邮政工作人员。可走了这条路之后他就会知道，这条路太艰辛了，毕竟是山路，毕竟是靠人的体力来重复完成的这样一个工作，他才体会到这里面的艰辛。

可能他开始时觉得在乡下人面前，自己是一个国家的工作人员，他会觉得有一种满足感、优越感。在跟随父亲走了一次邮路之后他就了解到这份工作不像他想的那样。但是在整个过程中，我想是因为父亲的力量使他们不仅在感情上，而且在职业上也有了一个传承，所以他后来再带他的那条狗走向这条邮路的时候，是一种特别好的状态。

我是觉得这个片子当时拍完就是一个诚意之作吧，看了这个选题很喜欢，然后想做，就这么一个初衷。当时这样的片子是一个小的艺术类型，没有什么太大商业性，资金上也很困难。后来得到了北影厂和电影局的扶持。因为是农村题材的，就这么七凑八凑地拍了这个片子。但我觉得这个选题有意义，就去做了。我们那个时代中国也没有什么商业模式，就是电影厂的拷贝出来，拿着出去到各地去放。《那山那人那狗》去参加蒙特利尔电影节，我去看第一场放映，当时就奇怪怎么这么

多影院在一个地方，多厅电影院，那时候中国还没有多厅影院呢，都是大礼堂放映。长虹电影院就是一个大礼堂，明星电影院也是一个大礼堂，大华电影院、首都电影院全是大礼堂。你看电影就是在大礼堂里边，大家就看一部片子，都是那么一个巨大的礼堂。我觉得那时候你也不能怨，因为它的商业模式不是这样的，没有更多的片子选择。我那次去了蒙特利尔就觉得好新鲜，说我们什么时候能有多厅影院。当然现在不一样了，现在全是多厅，我们的银幕越来越多，我们的电影市场越来越大，已经在世界比较领先了。

中国文艺片轰动日本

然后在辽宁沈阳的那届金鸡百花电影节（1999 年第 19 届中国电影金鸡奖），这个片子拿了最佳影片奖，我也挺意外的。因为说实在的，那时候懵懵懂懂，这才是我第三部电影，就拿了最佳影片。在电影节期间到辽宁大学放了一场，学生反响特热烈。我记得当时好像在台上见面的时候，牛群还作为主持人跟大家互动，所以现场特别热烈。

当时有日本的电影公司来参加电影节，他们看了这个片子后也觉得很好看，然后就通过别人找到了我，说想发行这片子，用一年的准

备时间。我觉得挺意外的，因为这个片子连小规模的发布会或是见面会都没有举行过，只是我个人去接受了很多媒体、报纸的采访，然后做一些试映，没想到效果特别好。更没想到的是这片子在日本发得特别好，当时联系的是在日本的艺术院线里很有名的一个影院，在一间100人的小厅放3个月，结果后来变成了6个月，接着又延长，然后从东京一直放到全日本，所以说在日本影响特别大。当然人家对影片的整个营销做得也很好。

因为影片是讲邮递员的故事，日本的邮政局员工都看这片子，据说还有个人给当时的首相小泉写信，就是说怎么去对待邮政事业，我觉得这可能也是很意外地延伸出来的话题吧。当然最重要的还在于影片本身，在于它关于家族、父子之间感情的一种表达。我记得有一位记者说，我看完之后就领着我父亲一起来看，好多人领着父亲一起来看。因为日本也是个东方国家，父子之间的情感挺不外露的。日本

☯ 电影《那山那人那狗》剧照

的父亲形象比中国的可能更严肃，完全是绷着脸的，一天到晚在外忙碌的样子，因此影片里这种感情的表述就会激起很多人内心的感受。而且家族的这种人性和美好的表达也是他们希望的，因为这个世界经济飞速发展，生活节奏太快了，每天都在工作、工作、工作，突然看到这么一片绿，看到这么一对父子缓慢地、田园式地看风景的这样一个过程，可能也是他们日本人所期待的，因此在他们的观众里边引起特别大的共鸣。

日本毕竟是一个岛国，崇山峻岭也很多，这种情绪跟他们也很接近，因此他们就会觉得，这种冷漠的人情关系是不是通过看这部电影能够恢复呢？因为每个人都在忙碌，然后又很实际，又很物质，怎么能够去享受这样一份风景和一份情感，这可能是他们内心特别需要的，这部电影也许就恰好契合了这么一个点吧。

洛赛克就像个邮递员

记者：您的这部电影是通过蒙特利尔电影节走向海外的，获奖的过程中有什么记忆深刻的事情吗？

霍建起：其实我也不太懂这个电影节的事，最早就是蒙特利尔电影节的主席洛赛克到中国来，他每年都来看看中国的电影，然后他就看上这部片子了，就选走了，后来我参加电影节就获了奖（1999年第23届蒙特利尔电影节"最受观众欢迎的电影"奖）。说实在的那时候咱们的航空业没像现在这么发达，我去电影节要转好几次飞机才到，特别远，还好大家喜欢。

这部电影除了在人性上具有普遍性，也要感谢这个电影节的主席赛吉·洛赛克。因为我去电影节之后了解到，他有一个高大的儿子，还有一个贤惠的妻子，忽然就感觉影片里的人物就像他们的家族一样。他也会因为电影的原因全世界满处跑，他每年都来中国选片子，不是跟那邮递员一样吗？也是把中国片子带到国外蒙特利尔。所以这个片子能在蒙特利尔获奖也确实应该感谢洛赛克，有这样的一份情分吧，让一个小片子在世界上有了更好的传播。

放映之后确实大家的反响特别热烈，跟你握手，请你签字，你就会忽然觉得，一部影片使你跟这个世界，跟这个世界

所有的人连接在一起了，这可能就是超越了一部影片本身的意义。

记者：您的作品在国内外获过很多奖，包括第一部作品《赢家》就获得了金鸡奖（1996 年第 16 届中国电影金鸡奖最佳导演处女作奖）和华表奖（1996 年第 2 届中国电影华表奖优秀故事片奖）等奖项，您还记得当年去领奖时的心情吗？作为您导演的处女作就得到了重要奖项，是不是非常难忘？

霍建起：那是一定的，因为我从 1995 年才开始拍戏，《赢家》是我的处女作。当初拍摄的时候没想太多，因为是喜欢电影，就去拍一个自己的片子，对于结果当时是不会太想的。因为电影这个工业是一个团队的合作，很难，尤其在初次执导影片的时候就更难了。因此在这个过程中，也遇到了很多困难。我当时觉得反正就往前走吧，你也不知道什么结果，但拍完之后反响还不错，自己的处女作获奖当然特别高兴。这也可以说是一个意外收获——第一次拍戏得到认可。

其实对我们来讲可能还不仅仅是荣誉的问题，它还是对一个导演在职业上的认同，你可以再去拍片子了。你如果第一次拍不成功，也许后边就更难一些。获得荣誉了就是说你可以在这个行业里继续往下做，当时可能想法比较低，当然获得荣誉那也是挺满足的。

我是一个不会经营的人

记者：这两个奖一个是政府奖，一个是专业奖，分量都很重。刚刚您也说了，获奖意味着事业得到了认可，那么是不是后来就有很多人主动找你拍电影了呢？

霍建起：当时我在北影厂工作，北影是一个大厂，是在全国范围内非常好的一个制片厂。我觉得能够在北影拍戏，能有这样机会，能够继续做就特别满足了。当时还有很多其他人帮助你，给你一些扶持。北影厂这种大厂是非常严格的，不过你的成功就意味着你有机会再去做，后来我就没太费劲了，北影厂让我自己找选题，就进入了一个正常的拍摄影片的流程。就看有什么样的机会，有什么可能性，然后厂里也会给你提供很多资源。在我的印象中，除了我的第一部戏比较艰难，比如投

电影《赢家》海报

资问题，选题问题，跟谁合作的问题等等，到后来就逐渐顺利了。因为我觉得电影是一场经营，我是不太会经营的人，那我就觉得靠着电影厂就行了。

我也比较被动，所谓被动就是说大多数是别人找我，这么多年基本上都是别人找我，不管是我有选题，还是他们有选题，反正一路就这么走过来了。怎么说呢？因为一部电影你又要找资金又要自己去做，这不是一件简单的事，尤其可能在我们那个年代，它的整个体制还是另一种方式，所以说我基本上是这么过来的。

记者：您是说自己不太擅于主动去找别人拍电影是吗？

霍建起：是，这可能既是我的幸运，可能也有另一方面的缺憾，就是说我在这方面没有特别强的能力。因为有时候可能你非要拍一个选题的时候，需要你自己出击的选题，我就觉得自己在这方面太缺乏。比较幸运的是总有人来找我拍戏，机会很多，反正遇到好的就拍，就看机会。有时候你可能有好的想法，你找上门去

也未必能够实现，这个行业就是这样的。

时代越进步　恋爱越自由

记者：您是圈内公认的文艺片导演，您的作品也以细腻刻画情感见长。在您看来，现代年轻人的恋爱观相比起20世纪八九十年代有着怎样的差别？

霍建起：那完全不一样。在我们改革开放之前，中国的社会风气是比较禁锢的，谈恋爱在大家的印象里是一个不太正当的行为，而且有一个非常严格的过程。虽然人性都有这样的期望和追求，但是那个时代是禁锢的，家长会起到很重要的作用，个人的选择首先要依附家里的选择，要依靠一个政治的因素，最后才是个人的选择，等等。就是说你可能会受到很多方面的制约，所以就会出现很多婚姻的、爱情的悲剧。

到了改革开放之后，社会环境越来越宽松，大家追求感情越来越自由，到了今天我觉得人们就很开放了，他们的择偶方式不一样了，想法也不一样了，人们的选择更加自我，找什么样的爱人完全取决于你自己的选择、你的认同、你的价值观，所以我觉得这个时代越来越进步了，给人的个性空间也好，人性的表达也好，自我的追求也好，都是自由的。

记者：不知道您当年身边有没有年轻人会因为父母的话或者其他的因素放弃了一段感情？

霍建起：那肯定会有。

记者：能不能给我们分享一些具体的事例？

霍建起：因为我们经历的可能就有那种家庭干预，比如说有出身问题，无产阶级家庭出身和资产阶级家庭，或者剥削阶级出身，这样的出身的两个人结合就肯定有难度。但是感情这东西，它是没法去用这个来控制的，因为它是很自然生发的，但是那个环境就会有干预了，这个人会说你，怎么能选择一个剥削阶级家庭的？那个人就说，你跟他不合适吧？我觉得可能每个时代有不同的婚姻上的方式和束缚吧，像父母包办那就有时代的局限性。胡适这么伟大的一个学者，这么一个有文化高度的人，他的婚姻也是包办婚姻。

记者：现在也有。以前父母包办，现在好像单身多了，找不到对象了。

霍建起：有的是找不到，我觉得有的是不要。价值观不一样，对吧？有的选形象，有的选才华，有的可能选物质，选金钱，那么有的可能选独身。也说明这个时代很宽松，在旧时代你不成家就是不孝，而这个时代给人的感情空间越来越大。

热心肠的滕文骥

记者：10年前，第11届上海国际电影节请您去做评委，后来您也到很多电影节都做过评委。

霍建起：在这之前，我还在想我拍哪部片子的时候，就已经开始参加上海国际电影节了。那时候还是在电影厂，上海电影节邀请我们厂参展，我们就听一招呼就去了，好像这已经是一个约定俗成的事。上海国际电影节是亚洲和世界的A类电影节，因此确实在国际化上面是做得最好的，当然现在又有北京国际电影节。在我的印象里参加上海电影节的意义是除了自己的作品可以参与之外，还可以看到很多国外的优秀影片，还可以接触很多国外的电影人。

有一年上海电影节选的开幕影片是我拍的《蓝色爱情》，那天放映之后效果特别好，我记得散场的时候人挺多的。忽然之间滕文骥导演就出现了，一手拉着我，一手拉着袁泉，还有潘粤明，一块儿在人群里挤来挤去往前走，就走到了前厅的一个场地。我就在那里见到了这次电影节的评委会主席艾伦·帕克——他是《迷墙》的导演，还有祖拉夫斯基，这两个非常有分量的导演是这次电影节的评委。他们看完《蓝色爱情》后就说想见这个导演，滕导也特别热情，就拽着我们就去了。见面后艾伦·帕克就说，很喜欢这个片子，可惜为什么没有参赛呢？其实这都是各方面的安排，不管怎么着能够得到他们的喜欢，我当时就觉得挺高兴的，挺满足。上影节是一个国际化的舞台，能够有这样的参与的机会。

因为上影节它时间比较长，影响很大，比如说，亚洲可能只有我们上影节和东京电影节是被国际制片组织认同的 A 类电影节。虽然上海电影节主会场挺拥挤的，看片子的人特别多，又是在盛夏的时候举办天气很热，但是每年参加活动和展映的人确实是络绎不绝。我觉得它作为这样的一个国际电影节的平台也很重要，也是很专业化的，它一定是按照国际电影节的标准去做，也做出了自己的特点。我认为它是在咱们自己家门口举办的、很有品质的一个电影节。

上影节是影迷的狂欢节

记者：上海国际电影节每年展映的文艺片居多，都很火爆，一票难求，很多观众就等着电影节期间的展映然后抢票去看。大家都说上影节是影迷的盛会，它是不是带动了老百姓观

电影《蓝色爱情》剧照

影的气氛？

霍建起：那是一定的，因为它是国际电影节，搭建了一个平台和渠道，所以就会有全世界很多影片过来。有些展映的是老片子，因为它这是一个电影节的框架，所以它不掺杂很多商业因素。虽然它卖票，但它并不是那种大的商业发行，因此可能在片源的提供和平台的宽度上就强于其他地方。因为我们每年进口影片是有限制的，你能看到的是有限的，特别是文艺片进来就更有限。有上影节这样的一个环境，每年就会有机会看到很新的片子，可能放一场，也可能放三场，都有可能，这在每年就变成了上影节的一个特别重要的内容。全国各地的特别是上海的观众很早就预定这些片子，我记得还有一些主题性的单元，比如山田洋次导演的主题，王家卫导演的主题，塔尔科夫斯基的主题，等等。就是不同的主题，不同导演的作品。

我记得就是前年吧，我也去订了几张票，大概有塔尔科夫斯基的《镜子》，有基耶斯洛夫斯基的《十

接受采访的霍建起

诚》。因为在电影节期间还有别的活动要参加，所以买了《十诫》也看不了"十诫"，能看"五诫"就不错了。再有就是像维斯康蒂的《豹》，这些导演都很棒。我们看电影也会带着情结前去，你可能早就有DVD了，你还想去看大银幕，就是这种观影感受特别好，只有国际电影节才能体验到。

我觉得上影节看片子的氛围也特别好，看这些大师作品你会特怕迟到，迟到之后来了就赶紧去落座，因为环境特别安静，如果有人在那儿说话就会马上有人制止。大家觉得这是对这些大师的一个尊重、致敬，是对电影特别真诚的对待。

记者：您参加过很多电影节了，国际的国内的都有，您觉得我国的电影节呈现出怎样的趋势？

霍建起：我们那年参加东京电影节，《暖》还获得了最佳影片（2003年第16届东京国际电影节金麒麟奖），然后我还做过评委，对国际电影节的评奖和国际电影节的作品也有更深的体会。我觉得中国的电影节越来越多，办得也越来

电影《大唐玄奘》剧照

越好了。长春电影节我参加过很多次，做评委也做过两三次。特别是今年他们有一个新的主题，就是主要作品以年轻人为主，45岁以下的年轻人，主要是关注他们的创作，我觉得也是一个新的方式；另外，北京国际电影节也很火红，因为毕竟在北京这样一个文化城市举办，大家能够被国际的方方面面注视，通过这样一个平台展示自己的作品，我觉得也特别好。还有丝绸之路电影节，金砖国家电影节我也参加过——第一届我就去了，还得了一个奖。电影节其实它是一个平台，不仅仅是获不获奖的事，它还给大家提供这样一个互通的，互相交流的环境，让你对电影有更好的认识，并且对电影的发展有更好的推进作用。

我们带着《大唐玄奘》去参加丝绸之路电影节，玄奘当年就是在古丝绸之路，沿着这条路去印度、天竺取经，用了19年把真经带回来，使佛教得以传播。我们前一段跟电影频道去到非洲，到了南非好望角，把我们的影片带到南非，带到埃及。埃及又是丝绸之路，陆地、海上丝绸之路的交会点。我们把《大唐玄奘》这样的影片带去，就是把我们中国的文化向世界传播，大家看了影片也会对中国有更多的了解。通过电影来交流，使我们跟世界各国的合作越来越完善。

后记

采访霍建起导演之前，就听说过这是个"老实"得让人不忍心批评的人。见面之后发现"诚不我欺"。当然，我们原本也不是抱着要找碴儿的心情前去。不过硬要"找碴儿"的话，还真能找出一个。

采访中，每当记者提问后，霍导会先聊两句，然后忽然问你：你的问题是什么？问得我们有点发蒙，赶紧反省自己的提问是否不妥，然后发现不是我们的提问太模糊，而是这位可爱的导演，他走神儿了……

另外，他也不像外界传说的那样"清高"，视名利什么的都如浮云。最起码在聊起自己的影片获奖的时候，他会非常开心，眼睛亮晶晶地看着你，就像是一个孩子，改装了一下自己心爱的玩具，然后等着你也来夸他两句。

夏钢：

饺子就酒，越喝越有

文 / 张强

夏钢

夏钢很少接受采访，也不常出现在媒体报道上。但真坐在摄像机前，他一样能侃侃而谈。这也有些像他的电影，不是那么的热闹，可只要你静下心来，就会有一些气息弥漫在你的鼻翼，一些往事浮上你的心头。那些顺水推舟的人之常情，在风和日丽中足够让人欣然、怡然。可一旦人性的转弯变得无力挽回，又足以让人扼腕叹息。夏钢的电影是希望与无奈的交织，是憧憬与无望的对视。但他的电影，仍然充溢着过尽千帆后的感激之情，感激那些能够相亲相爱的人们，感激这个不断流变，但依然昂扬的美好时代。

夏钢和黄建新是第五代导演中最具城市感的两位导演，黄建新的电影有着冷眼旁观的理性之光。而夏钢的城市影像，则有着温暖人心的韵致。他没有一味乡愿地进行大而不当的抚慰，即使会流露一些伤感甚至是残酷的意味，他也相信那些伤口依然有着愈合的可能。

不能沾父亲的光

记者：我们知道您父亲是北京人艺的大导演夏淳老师。

夏钢：对。

记者：但是您在高考的时候没有选择中央戏剧学院，而选择了北京电影学院。

夏钢：其实，我高考以前完全是按照电影学院来准备的，也报了中央戏剧学院。当年中央戏剧学院招的是剧作专业，不是我最有兴趣的，但是为什么我要报呢，我想多考一个积累点经验，因为那个考得比电影学院早。我重点还是放在电影学院上，我要到戏剧界可能会被觉得是沾父亲的光，借前辈的光，到电影界我就没有这个问题。考试的时候我也没有大张旗鼓地说我是谁谁谁，考完了老师们才知道。

记者：您这一代很多都是名人之后，陈凯歌也是，田壮壮也是。

夏钢：对，我们这届同学里边确实电影界、戏剧界的子弟比较多。

记者：后来像第六代导演也有很多，管虎，还有王小帅也是。

夏钢：还有一些电影学院老师的孩子也都逐渐地上了学，也是从小在家里受的熏陶比较多。

⊕ 夏淳照片

⊕ 北京电影学院上学期间，排演话剧的夏钢（右）

记者：电影教育没有基础教育，小学、中学不会教电影课的。

夏钢：对，我考这个一部分是兴趣，一部分也是无奈。那时候我下乡劳动，做了两年就毕业了，毕业以后我修马路去了。

记者：修马路具体是指什么呢？

夏钢：北京市市政工程局，我是修马路的工人。我们当时就是修马路、修桥、修下水道。另外，当时恢复高考了，我们又有学习要求，我在工作和学校的这么多年都在参与一些文艺活动，文艺宣传队这种，编编节目，演演节目，搞搞乐队，都在做这些事，你让我去考其他的门类可能困难更大一点，恢复高考的时候很自然地选择这个了，比较有把握。

记者：导演系班上是不是男生居多？

夏钢：男生多，男生大概占 2/3。

记者：女生我印象中有刘苗苗、崔小芹。

夏钢：我们班上女生是 9 个。

记者：有 9 个？

夏钢：刘苗苗、崔小芹、李少红、胡玫、李子羽她们。

记者：李子羽后来也拍过一些片子。

夏钢：像《神秘夫妻》。

记者：当时在学校里面，男生多嘛，女生是不是就会比较受宠，特别受欢迎。

夏钢：倒也没有，大家对女生相对来说照顾一点，毕竟女生人少。

记者：八卦一下，那个时候最受欢迎的女生是谁？比如男生喜欢跟她聊天，或者跟她一块玩，一块打闹。

夏钢：我们班女生都蛮招人喜欢的，如果有一个女生跟几个男生在一起的话，大家都会照顾这个女生。曾经在我们校庆的时候，人家开玩笑说大家最喜欢的女生是谁，很多同学说是李少红。对我们班来说，李少红性格比较好，做事情很认真，又有很温柔的一面，大家觉得即使她生了气，也会为大家做饭或者是做事，所以大家就开玩笑说我们都喜欢李少红。其实我们班各个女生都有自己的优点，都有自己的特点。

电影《党同伐异》海报

电影《大撒把》海报

小时候不爱看电影

记者：您在电影学院学习跟想象中的情况是一样吗？它是艺术院校，跟别的大学，或者说跟中小学根本不同。

夏钢：本来我们就没怎么上过学，小学都没上完，去了以后都很新鲜。当时电影学院跟我们小学有些相同之处，我那个小学是一个非常好的小学，它的教学方法基本上是启发式的，而且除了课内的教学内容之外，课外活动非常丰富。为什么当时我有信心去考电影学院？其实主要是靠小学的基础，还有参与文艺创作活动的这些经历，所以我有信心去考电影学院。我们这拨人都没有上学的机会，别说大学了，上过高中的都几乎没有，除了我们班年龄比较小的应届的这几个同学。

记者：刘苗苗这种。

夏钢：对，他们有几个可能上过一点高中，我们甚至初中都没有上过，到了大学以后就觉得都很新鲜。

记者：以前电影学院最让人羡慕的地方就是能够看到普通人看不到的一些电影。

夏钢：对。

记者：后来因为 DVD 或者网络普及了以后，你想看也能看到了。

夏钢：也一样看。

记者：过去只有在电影学院、电影资料馆或者研究机构能够看到，当年能够看那么多电影有没有感觉特别震惊？包括电影的技术、语言，还有电影反映的那种生活。

夏钢：确实跟我们通常能看到的东西不一样，让自己开了眼界，打开了思路。我从小不是一个很爱看电影的人，因为小时候看的电影全是打仗的，最后都是吹个冲锋号，大家鼓掌，全是这个，很没意思，我特别不爱看。大概在 1962 年的时候，我偶然地看了两部外国电影，都是历史题材的，一部是《奥赛罗》，一部是《理查三世》，这两部电影我很喜欢，就觉得跟我们以前看的电影不一样。当然还看不太懂，那时候也就 10 岁左右。

记者：这两部都是莎士比亚的吧？

夏钢：对，都是莎士比亚的，可能是因为人艺要排莎士比亚的戏，或者是作为业务参考拿来放的。为什么后来我选择拍电影，选择学电影，跟小时候这个经历也有关，就是电影和电影是不一样的，有些电影会非常枯燥，非常没有意思，别说让我买票，给我钱我也不愿意去看，但是这种电影我是要看的。到电影学院看的电影多了，老师告诉我们，学拍电影先学看电影，就是你得能把电影看明白了，看出区别，知道电影是什么。不是囫囵吞枣，而是得能区别它们不同的追求，不同的流派，不同的艺术感觉，逐渐地发展你自己的喜好，喜欢什么电影，不喜欢什么电影，如果你要拍的话，准备拍哪一类的电影，什么样的电影。先学会看电影再学拍电影。

记者：当年你最喜欢哪种电影？

夏钢：我喜欢文化内涵比较多的电影，不太喜欢看纯粹商业的电影。当时进来的电影你没有选择，每当放到那种一般商业片的时候，就觉得没什么大的意思，看看就走了。后来看了一些比较经典的电影，比如说我印象最深的一部电影叫《党同伐异》。

记者：默片，分四段叙事。

夏钢：当时是资料馆保存的，

电影《遭遇激情》海报

拷贝还少了一部分。我觉得对我影响特别大，看了那部电影，我知道了什么是电影，什么是我们要追求的电影，印象很深。当时还有一些意大利新现实主义的、法国新浪潮的，我对意大利新现实主义的东西可能更喜欢一点，法国新浪潮的片子，有点狭窄，它知识分子内心的东西比较多。

记者：1978年恢复高考，其实1977年就有了。

夏钢：今年正好40年。

记者：您觉得高考对您来讲最大的意义是什么？

夏钢：对于我们这一代人来说，高考是一个契机，是我们这一生中第一次能够自主地选择自己要做的事情，靠自己的努力去选择。我们之前都是没有办法选择，小学、中学跟着大家一起上，然后去农村插队了。像我们这一拨1970年初中毕业，北京市招工，分配你到哪个单位就是哪个单位，也没有选择。但是恢复高考了，我们人生中第一次是靠自己的努力选择自己的道路，对我们这一生来说都是很重要的。不仅仅是改变了自己的生活轨迹，更重要的是使自己有一个信念，就是说靠自己的努力可以改变一些东西。像我们这些是幸运者，还有些人当时没考上，但是他也会明白这个道理，他在其他地方再去努力的话也会成功。

既潇洒，也狼狈

记者：您导演生涯中有一部非常重要的电影就是《大撒把》，当时为什么会起这样一个名字，可能南方人会不太理解。

夏钢：这部电影的名字确实是从骑自行车来的。我们那代人没有汽车，一直到了改革开放以后，大家才逐渐地能够开上汽车。那时候值得炫耀的交通工具就是自行车，骑自行车最潇洒的动作就是两个手不扶把，大撒把，很多男孩子都喜欢在这种骑行当中展示自己的潇洒——大撒把实际上是一种潇洒的代名词。但可能会失去控制，往往很多男孩子有这种经历，两个手不扶着车的时候很帅很潇洒，但紧接着摔一跟头也是很狼狈的。所以大撒把就有这两种可能，一种是潇洒和帅气，一种就是很狼狈。

记者：是并存的。

夏钢：这个名字其实是冯小刚的神来之笔，一开始这个剧本的名字很长，而且很绕口，不够醒目。有一天我们在一起吃饭的时候，冯小刚忽然很高兴很激动地站起来跟我说，我想起来一个名字，大撒把，我说好，就用这个名字。

记者：我好奇很绕口的名字叫什么？

夏钢：写剧本的时候也是小刚想了一个名字，叫《陌生的脸有甜蜜的危险》，叫这么长的名字。

记者：您跟冯小刚老早就认识是吧？

夏钢：对，我们20世纪80年代的时候经常在一起，因为之前我和冯小刚、郑晓龙一起做了一部电影《遭遇激情》，他们俩是编剧。实际上他们俩跟我是通过王朔认识的，因为他们俩写了这个剧本，希望能有人来看一看，来帮他们成事，找了一些人看了以后也没看明白，最后就找王朔。王朔就把这个《遭遇激情》推荐给我看，说你帮他看看，能不能帮着想想办法，我们就这么认识了。他们都是很有才的青年，晓龙跟我们年龄差不多，小刚和王朔都比我们小，还是有很多可以谈的共同语言，又是王朔介绍的，于是我们就熟悉起来。合作了《遭遇激情》以后呢，我就把这一批青年作家介绍给北影厂我们厂长，我说这十几二十个人都是现在北京最好的青年作家，咱们厂应该经常和他们联系，建立一个合作模式，免得临时抱佛脚找人家，人家跟你也不认识，建立一个长期的联系沟通起来也方便，就这样把他们都介绍来了。

记者：有人讲你的片子跟王朔有很多关系，这个电影虽然不是王朔编剧，也不是王朔的小说，但感觉还是有很正的王朔味。

夏钢：对，当时王朔的成功让很多文艺青年非常地向往，所以他们一开始写作很大程度上是学习王朔，模仿王朔，也经常去请教王朔。

记者：我还记得电影《大撒把》中葛优冒充王朔的那段特别有意思，这个桥段是你设计的，还是冯小刚？

夏钢：是小刚设计的。我觉得光是两个人的戏，从头到尾太单一了，虽然很好很有意思，但是观众会产生疲劳，电影也

电影《遭遇激情》剧照

需要有跳出来的段落。后来我跟小刚说，故事已经没有问题了，但是你必须编三段戏，这三段戏里边必须插进新的人，跟主题情节线无关。小刚说这有点难吧，我说你必须得编出来，就把他关在我的办公室里边，关了3天，我说我给你买饭送来，你必须写完了才能出来。最后他就编了这么几段戏，一段是两个人在书店里边，一段是天安门城楼上见面的戏，还有一段就是在日本餐馆的戏。

认真地做一件荒唐事

记者：想问一下《大撒把》的剧本是怎么诞生的？

夏钢：我不是把他们一些青年作家都介绍到北影厂了吗，然后我

电影《大撒把》中葛优饰演的顾颜冒充王朔和文艺女书迷约会

们厂长、副厂长就定期地和这些青年作家聚会，请他们到厂里来聊聊天，喝喝茶，吃吃饭，就先熟悉起来。逐渐地接触多了，我们厂长就说，咱们都是朋友了，下次来能不能请大家写点什么，哪怕没有写出来剧本，在这讲一讲故事，哪位导演听了觉得有意思，我就请你们到北影厂招待所里面写剧本，签合同。当时很多青年作家都带了故事来，现场讲了故事，王朔讲了一个故事，叫做《前夫与前妻》，后来我拍成了《无人喝彩》。然后郑晓龙和冯小刚讲了一个出国故事，一个人的老婆出国了，一个人的丈夫出国了，两个人在机场相遇了，很简单地讲了这么一个故事，后边的内容都没有。后来小刚说，当时郑晓龙老婆出国了，他闷得慌，天天拉着大家一块聊天，把大家都聊得困得不得了，他还精神十足。我当时就认定了这两个故事，觉得都可以写成剧本，于是我们厂长就跟他们各自签了合同，请他们住在北影的招待所里面写，还有一些其他导演看中了其他的故事，也一块在我们厂写。

电影《无人喝彩》海报

记者：电影和出国有很大关系，是不是出国在那个年代是一个社会问题？

夏钢：他们俩设定的人物关系是用喜剧的方式表达的，和别的不一样，我觉得蛮有意思的。当时"出国热"是一个很大的问题，比如我自己就带着我姐姐的女儿去美国大使馆签证了6次。我姐姐1985年去的美国，一直在那读书，觉得把一个小孩扔在我这对小孩不好，对我也太拖累了，于是想让她女儿到美国跟她在一起。我就带着小孩去签证，签了好多次也没签出来，一直到我们这个片子差不多成形了才签出来。每次到美国大使馆门口去排队，他们的心理和表现我也有切身体会，所以大家一聊就有共通的感觉。我们拍的那个地方是加拿大大使馆，因为当时美国大使馆门口太乱，没法拍。

记者：人太多了。

夏钢：对。

记者：当年您也有过这个经历，办签证很难吗？

夏钢：很麻烦，一个是人太多了，要预约很长时间才能去面签，他们要的材料也很多，很繁杂。当时的签出率很低，大部分人是被拒签的，少部分幸运者是能签出来的。

记者：当年什么样的人才能够成为幸运者？

夏钢：美国使馆才有标准，我们闹不清楚，有的人觉得自己什么问题也没有，但是就没签成，有的人就觉得自己很忐忑，但是就给签了，它没准。有的觉得有移民倾向之类的，可能也有目测，看这人就不顺眼，可能就不签了。

记者：是不是得有财产证明？

夏钢：那个时候国内的人都没有财产，都是穷人，万元户很不得了，去读书的人都是要求有一个经济担保，一般都是海外的亲戚、朋友给出具的经济担保。

记者：像北京、上海这种城市办签证的人会多一些。

夏钢：对，上海有领事馆，北京有大使馆，所以接触签证的事比较多，外地的很多人也得到这来签。

记者：电影里面拍的倒是那种又冷静又幽默的感觉。

夏钢：因为大家都有亲身体会。

记者：这个片子里，不管是葛优还是徐帆，都隐隐约约感

⚙ 电影《大撒把》剧照（排队签证）

⚙ 电影《大撒把》中顾颜送爱人出国

觉到自己的爱人出国可能就不回来了。

夏钢：这两个人的感觉不一样。葛优送走了他的爱人以后吧，其实是知道对方可能不会回来了，他跟朋友说话也是说"肉包子打洋狗，一去不回头"，再加上他对老婆的了解，觉得她肯定是喜欢那种浮华的生活。徐帆这个角色可能更多的愿望就是男的先出去站住脚，再把她办出去，这是他们事先的约定，葛优这一对事先连这个约定都没有，头也不回就走了，甚至连飞机上有没有厕所都不知道，就走了。

记者：我记得葛优那句话，说咱们中国男人就是出国人员培训班。看着吊儿郎当的一个人，内心很善良，他还是在为徐帆出国积极地奔走，没有半点敷衍。

夏钢：对。

记者：您是怎么考量这个东西呢，这不是自己找了一个伤口撒盐吗？

夏钢：我就觉得出国这个事本身有很多的荒唐，但是这些人都是很真诚的，很认真地做一件荒唐事这才可笑。

记者：但又很伤感。

夏钢：对，好的喜剧都是流着眼泪的笑，又伤感又幽默，这才是好的喜剧，我觉得纯粹胳肢人的那种乐是没有价值的。

记者：您说得挺好。当年很多出国的人都不愿意回来，现在状况不一样了。

夏钢：其实不完全是不愿意回来，也有他们的难处。当时能够做成出国的事是非常不容易的，可能要欠很多的债，要欠很多的人情，要变卖家产，等等，跑很多次好不容易办成了这

件事，恐怕就不能轻易地放弃。有的要学业，要拿到文凭，有的要在那打好经济基础站住脚，有的还背负着把家属、亲人再办出去的使命。种种这样的条件，再加上当时中国和西方这些发达国家生活水准的差异，所以好不容易办出去的人，回来的就比较少。

⚙ 电影《大撒把》剧照

⚙ 电影《大撒把》剧照

外国的月亮比较圆

记者：您觉得出国对当时中国人最大的诱惑是什么？

夏钢：不同的人有不同的要求。比如我就在北京站遇到过。我送一个朋友去欧洲，他是坐西伯利亚的火车，经过俄罗斯去欧洲，然后到德国。就有很多北京的，也有外地的，各种各样的人都坐那趟火车，当时我遇上几个南方人，就问你去哪儿，他说只要不是非洲哪儿都可以，那时就是这样的心态。我估计这些人也是既没有经济基础，也没有政治背景，没有学历，没有专长，所以他们渴望着换一个环境，能不能挣扎出一些出头的可能。后来很多上海的人到日本，各种最苦的活儿他们都做，为什么？就是为了要换一种活法，因为他什么都没有，这是无望的，换一个地方可能也是什么都没有，但是经济积累会快一点。也有一部分人是希望出国学更多的东西，也有很多后来学成的，拿到了很高的学位，甚至好几个学位。那时候中国教育相

电影《无人喝彩》剧照

对来说还是落后的，这些渴望学习的人能得到更好的机会。当然也有其他的，比如有人出去就是看看人家是怎么生活的，这也是一种动力，大家出国的目的或者动机是完全不一样的，但大家都奔着一个方向去走，这是当时一个很特殊的社会现象。

记者：刚才您说坐西伯利亚列车的时候，我也觉得有的人出国很盲目，他是不是还有一种好奇心，国门刚刚打开的时候就想看看外面的世界，什么目的也不为。

夏钢：前几十年太封闭了，终于有机会出去看看了，看看外面的世界是什么样。

记者：《大撒把》反映了一个状况，就是出国的时候可能会造成离婚。

夏钢：对，中间的那个律师就是代表顾颜（葛优饰演的角色）的爱人来办离婚的，那律师说你也别难过，我指不定也会离婚，都是这样的，也是很普遍的现象。

记者：所以中国有一个特别温暖的事情，过去领导觉得夫妻不能够长期不在一起，以这个为理由可以调动或者换个工作。

夏钢：解决两地分居是当时的一个政策，其实办起来也非常难，我的《无人喝彩》写的就是这样一个故事。

记者：丁嘉丽。

夏钢：盖克、谢园、丁嘉丽和方子哥4个人演的。男的是一个设计飞机的，在三线工厂，女的是一个音乐家，在北京，两地分居怎么办呢？只好想办法把男的调回来，但失去专业，所以才痛苦。

记者：好像是在故宫里面。

夏钢：对，在故宫做保卫工作。

记者：这还有一个情感的问题，就是漂泊感。

夏钢：对，国内的人有这样的孤独，有这样的寂寞，国外的人也一样，离婚率比较高。在国外的人那种孤独是国内的人无法体会到的，所以在国外经常就会有两个素不相识的人能够碰到一起，萍水相逢了，互相温暖，于是跟国内的就分手，很多也是这种情况。

记者：听说这两年回国的人也开始多起来，国外不像当年

那样有诱惑力了。

夏钢：对，回国的人开始多起来已经不是现在了，从20世纪90年代后期大量的人学完了以后就回国了，因为那个时候国内经济发展快了，造就了很多的就业机会和创业机会。当时很多都是海归，海归回来太多了就变成"海带"了，中国人这种流动随着年代变化。近几年跟90年代后期又不太一样了，低龄的孩子出国量更大了，而且老人的出国量也大了，一部分掌握了很大财富的人把老人送出国去，把小孩送出国去，这样的也多了。

记者：小孩我理解，他们觉得国外的教育对孩子的成长会更好，把老人送出国就不太理解了，老人需要照顾，需要亲情。

夏钢：国外很多地方的养老政策和设施都是比较完善的，特别是那些英联邦的高福利国家，你不是在我这工作的，但是你退休了，到我这享受同样退休的待遇，所以就把老人也弄出去了，既享受国内的退休待遇，又享受国外的养老待遇。不过有很多老人是待不长的，像我的一个邻居，两位老教授退休了，他们的儿女在国外，他们基本上每年有半年是在国外，半年在国内。

我拒绝了很多演员

记者：我们谈谈《大撒把》最闪光的一个点。从这个片子开始，确定了中国银幕上的最佳搭档就是葛优和徐帆，后来一部接一部合作，当时为什么选择这两个人做银幕情侣？

夏钢：当年的选择挺有意思的，经历了很多的考察、筛选。大概有个两三年，脑子里始终没有顾颜的人选。我前面拍《遭遇激情》是袁苑演的，他也特别想演这个角色，小刚也当着袁苑的面说咱们这戏就让袁苑演吧，我当然也不能当袁苑面否定，但是我真没想好，袁苑《遭遇激情》演得非常好，金鸡奖提名。

记者：他很少演男一号。

夏钢：对，袁苑也是我好朋友，又是住一个楼，但是他演这个戏，人物能不能把握得准确，能不能特别合适，我真是没

⊛ 电视剧《编辑部的故事》剧照

想好，所以我当时支支吾吾。袁苑很长时间在等着这个戏，当然后来有一段时间投资也没确定。后来冯巩也想演，而且他还带一部分投资来，特别想演这个戏，我觉得冯巩是一个好相声演员，但是他演这个戏可能会有点外露，可能有点表面，我也没有完全答应。我就跟当时主管生产的副厂长马秉煜商量，马秉煜是我们电影学院的大师兄，他说葛优是不是能行，我说我觉得葛优有可能，当时葛优还没有主演过男一号，只是演了一个电视剧《编辑部的故事》。

记者：非常好的演员，尤其葛优。葛优也是第一次在电影当中演男一号，也是他第一次拿到了金鸡奖最佳男主角奖（1993年第13届

⊛ 电影《大撒把》中的葛优

中国电影金鸡奖最佳男主角奖）。这戏拍完了以后，您对他的表演有没有信心？

夏钢：很有信心。

记者：这个戏有点悲情的感觉，你怎么发现葛优能够演这角色呢？

夏钢：其实接触之后会发现葛优跟他演的角色都不一样，他是一个内心很丰富，不太外露的人，对人很谦和。他得了很多奖以后，他的母亲为了写一本书，叫《都赶上

⊙ 葛优早期的照片

⊙ 电影《武生泰斗》中的徐帆（右一）

⊙ 电影《大撒把》剧照

了》，来找我，说你是让葛优成名的第一个导演，你说说葛优他怎么就能演戏呢？也没学过演戏，小时候也没教过他，没觉得他有这才能，怎么就能当演员而且还能得奖，你怎么就看上他了？我说葛优虽然没有受过系统的戏剧表演教育，但是他的素质特别好，特别符合演戏的规律，这是一种天赋，他要求每一个细节、每一个情节都能让自己相信，他不能相信的东西是做不出来的。他觉得如果有障碍的话必须得想方设法让它都合理，他相信了才有内心的支撑，才能说出这个话，才能做出这个动作，这个是一个演员应该有的。有的演员就是，只要你给我写出这词来，我就照着说，这个是不行的。必须得找到它的合理性，必须得找到它的内在动机，找到它的逻辑，这是他自己的一个内心的要求，他一直做这方面的努力才能够让大家相信他的表演。

岳父推荐了徐帆

记者：刚才说是先找到葛优，那找徐帆时候要不要考虑这个人是不是跟葛优能够相匹配？

夏钢：女主角一直没定下来，也是看了一个又一个，所有那个年龄段的演员基本上都看过了，没有觉得合适的。我的岳父是上海人艺的，一级美术设计师，也搞人物造型，当年白杨演话剧都是他造型。他说前些日子看了一个电视剧，里边有个小女孩不错，可以演这个。那个电视剧是我们厂王好为导演拍的《武生泰斗》，他说那个里边一个叫杨红宝的演员不错。我们找徐帆的时候实际上脑子里已经有了葛优的形象。我找演员从来都不是单一地找一个演员，都要考虑所有演员的搭配，所有演员搭配在一起得既不雷同也不冲突。比如说这两个人搭配了，其他的配角，像张会忠、李婷都没有和他们雷同、冲突或者不和谐的感觉，所以是全盘考虑。

记者：我记得有邢岷山、刘佩琦。

夏钢：对，后来我一看，说这个演员请来见见吧，我就把徐帆，还有当时其他一些同龄演员——包括江珊都请来了，一起来看，我觉得她合适。她那种劲儿，那种矜持都很合适，我就去找人艺谈合同。她中戏刚毕业分到人艺还没演戏呢，人艺

说这刚来的小孩行吗，我说我想办法吧，总会让她行的。

记者：很有信心。

夏钢：就这样把徐帆就请来了。那时候我们拍电影真是有一个心气，就是要把这个人物塑造好，就是要把这个戏搞得有意思，大家又像在玩游戏，又像在搞研究，就这样一场戏一场戏地把它弄下来，总体一看还真是挺有意思。在这之前，小刚还介绍过宋丹丹，说丹丹想演，我说丹丹太熟悉了，因为从小就认识，她也是人艺演员。小刚说咱们去，她在中央台录节目，录春晚，咱们看她一眼去，我说好。我俩一块去的中央台，在摄影棚里边的化妆室见到丹丹。丹丹说我特想演，导演你就别让我试戏了，试戏怪不好意思的，我说丹丹你演小品太多了，会把人物的东西表面化的，这可能是一个障碍。

记者：现在来看徐帆演得很好。

夏钢：我拍完了这个戏，当时有记者问我，你觉得中国的男演员里边最好的是谁？我说葛优、姜文。他问葛优能跟姜文一块比吗？我说将来葛优潜力非常大，说不定会在表演上超过姜文。他问女演员的时候，我说了徐帆和巩俐，她们都是好演员。

后记

在那个自行车是最通用的代步工具的年代，很多大男孩

年轻时的宋丹丹

都有骑车玩大撒把的经历，会跟同学比，看谁坚持的时间更长。今天再回过头看《大撒把》的时候，会觉得出国所带来的露水情缘之下，仍然有着可堪咀嚼的人生况味。只要你把手松开了，就很难确定自行车会走向何处，又会发生什么意外。"大撒把"会让你看上去很潇洒，但也许仅仅只是"看上去"。夏钢所有的电影，要讲的只是，你以为你能豁将出去，但事到临头，会发现人生真是有太多的难舍难分。

马羚：

痛并爱着的 20 世纪八九十年代

文 / 罗洋

ⓧ 马羚

提到马羚，除了演员身份外，很难不与时尚挂钩，而她与电影缘分开始的契机正是得益于此。在主演当时极为时尚的电影《摇滚青年》后，现实中的马羚也走上了个体服装设计师的道路，虽然一路磕磕绊绊，但是她的经历正体现了那个年代的鲜明印记。在改革开放大潮冲击下，年轻人用自己的独立意

识和更充沛的人格，与这个急剧变化的年代进行着富有意味的对话。

从服装设计师变成女主角

记者：您的电影处女作《摇滚青年》在当时很前卫，您觉得哪些元素在那个年代是比较大胆的？

马羚：当时这部电影的全部创作者，从导演田壮壮、摄影肖风，到我师兄陶金、史可、朱迅，平均年龄不足 26 岁，最老的就是第五代导演田壮壮，进组的时候我叫他叔叔，当然拍完以后我就叫他壮壮了。

应该说这部作品很前卫，首先在于它是一部年轻人的电影，年轻人在技术和思想上的先进都表现成了新鲜元素的集合。比如说霹雳舞，当时全世界年轻人都在玩这个，那些金属音乐，还有大胆的舞蹈动作，以及时装设计。在这之前我们中国没有设计这个概念，时髦是一个贬义词，时尚更没有人提到。大家穿着统一，颜色多灰色，还要求上班的女孩子不能露什么，最前卫的可能是 1984 年的电影《街上流行红裙子》，突然出现了红裙子，后来才有烫发，还有霹雳舞、摩托车，以及陶金的一些行为动作。

种种元素搭上摩托车、舞蹈、时装等载体，构建出一种冲破牢笼的前卫思想：不要在所谓的父母政策、国家安排好的生活里一步步走过去，而要冲破牢笼、自寻职业、解放思想，自

己去完善这一生。陶金的角色就是这样的人物，当时选择我的时候也是因为我的形象。因为我长了一张比较古典的脸，导演希望扮演女主角的演员能代表一种按部就班的、完美的、古板的、苍白的、规范的人。我当时是中国戏的服装设计师，毕业于中央工艺美院，就是现在清华美院的第一届服装设计系。我的师兄找我去做服装设计，他是《摇滚青年》的美术设计李岩，也是后来非常棒的一个大美术家。我是以服装设计师的身份进入剧组，在挑选这个女主角圆圆的时候，我的师兄陶金说了一句，咱们组的服装设计师是我中专学舞蹈时的师妹——我先是在舞蹈学院上了6年学，再上的中央工艺美院，跨界有点大。当时我就已经非常不墨守成规了，让我的师长、母亲都非常不快乐。所以实际上我是长着一副古典脸庞的摇滚青年，听到师兄他们开会说这个戏的时候，我在旁边激动振奋。

后来影片轰动，我上一辆公共汽车，看到别人挤带孩子的母亲，就多嘴了一句，整个车厢的人都开始跟我说话，我才知道我的电影公映了。而我之前愿意演圆圆，是因为导演说劳务比服装设计的高。后来我筹备时装发布会，需要资金，我师兄和姜文，还有那些老朋友带着我一起去演出——就是走穴。普通演员一场是五块钱人民币，我是一场五十块钱。当时我们火车坐到河南新乡，出站就听到"摇滚摇滚"，全是我们的歌。所有参演我们这个戏的歌手，比如毛阿敏、范琳琳、杭天琪，他们所有的歌曲都在那里面，那时候所有公众场所比如台球室、游泳池，大家会聚的地方都是徐沛东的作品，达到了轰动效应。

记者：除了您自己的经历之外，有没有关注当时媒体上报道的这部电影对公众的影响？

马羚：我不太关心这个，我关心的是当年我们费尽心思，用所有的心情告诉大家，我们20世纪80年代这样的一群年轻人可以不按部就班，可以自己创业，可以当个体，可以干这个、干那个。当年就有一些绯闻了，我是完全不能接受，我觉得这些都什么乱七八糟的。媒体对我的夸奖，只有我漂亮这一件事情，而我在影片当中的时装秀、我们整个对人物的策划、电影的节奏，没有人在乎。所有人都说花瓶一样漂亮的女

⊙ 电影《摇滚青年》剧照

⊙ 电影《街上流行红裙子》剧照

主角，好苍白。18岁的我，在第一次面对镜头的时候，是田壮壮给了我所有的自信，我真的就是呆若木鸡，但是我用心了，所以当时非常反感说我是花瓶。在我30岁的时候，扮了很多丑角之后，突然又觉得你们夸一句我是花瓶吧。人都是变来变去，但是在那个年代，希望打破这种花瓶的印象也很有意思的，现在想起来对社会的影响还是很良性的。

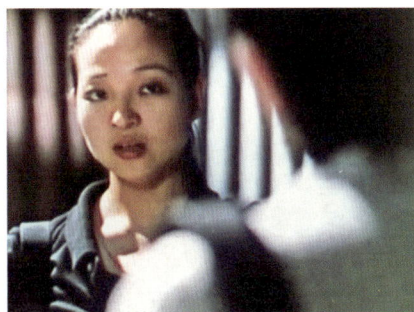
⊙ 电影《摇滚青年》剧照

记者：您觉得 80 年代末 90 年代初的年轻人，追求的是什么样的时尚？

马羚：首先那个时代分了几个层次的年轻人，有一个层次的年轻人是高等教育下的年轻人，他们对于时尚的追逐更多的是思想，他们希望的是中国的改革开放，盼望着吸收更多的世界的营养，而不是名牌。还有一个层次是我们通常说的舒适派的年轻人，我们那一代人的父母，没有人逼着你一定要上大学，都是自己想上大学，也没有父母逼着你一定要当老板赚钱，也没有父母特别逼着你一定要有出息。大部分父母都是说，好好地交一些好朋友，我的记忆当中，我周围都

● 电影《摇滚青年》中的马羚（右）

● 电视剧《大西洋海底来的人》剧照

是这种舒适派的年轻人，他们就会追求漂亮，尤其女孩子，所谓的漂亮就是突破灰色，比如烫个小卷发、抹个口红，男孩子装个酷。当时有一个电视剧《大西洋海底来的人》风靡全国，里面的男主人公叫迈克，所有人中就流行"迈克镜"，现在我们也是这样戴。还有日本电影《追捕》、电视剧《血疑》，所有人就都留着幸子头、幸子装。喜欢山口百惠、邓丽君，新潮的年轻人就会拎一个录音机听邓丽君、张蔷的歌，然后在街上找一个地方穿着喇叭裤跳霹雳舞。但是对名牌还是没有什么概念，而且不认为花钱多是件好事，而是炫。

记者：也有年轻人反对？

马羚：对，我周围有这样的，就是跟我同龄的人会觉得你们太闹了，跟现在社会是不一样的。

记者：您刚才说您以服装设计师身份进组，您在设计中都融入了什么样的元素？

马羚：没有，最后我推荐我的同学担任的设计师，因为实在忙不过来，每天除了拍戏，还需要开创作会。其中有一个环节，是史可演的时装设计师有一个时尚秀，那里的很多时装是来自我和我同学的设计。首先有几套像机器人一样的，银色、红色和黑色的皮制作的，那个是我同学的设计，参考的是当时从美国引进的科幻电影，我的设计是白色的沙滩装，大家说像养蜂女但是很随身。因为我是舞蹈演员出身，所以当我考工艺美院的时候，院长很欣赏我，他看中了我的舞蹈背景，我的所有设计都要考虑能随身。那个秀里面你可以看到大概三四个当时中央工艺美院的服装设计系和染织系的作品，是我帮他们从中央工艺美院借来的。大家思想都很开阔，不会拘泥于一定要抄袭迪奥、抄袭香奈儿或者抄袭谁，更多的是来源于我们看到的风景，还有我们内心想表达的一种设计情怀。

砸掉铁饭碗搞创业

记者：电影中陶金后来辞了舞蹈团的工作去做个体户，这个是当时他自己的真实经历吗？是不是也反映了社会上一些年轻人的生活写照？

马羚：首先这件事情是陶金的经历也是我的经历，其次我

要说一个法律概念，个体和个体户是两个概念。那时候大学毕业以后国家给分配工作，分配到单位后听从上层领导的安排，走一条按部就班的路，最后退休。如果辞去这个工作就面临着你是个体，你没有单位，尤其对于我们搞文艺的人来说，文艺工作者辞去了工作会很麻烦，难道要当街头艺人吗？陶金是我舞蹈学院的师兄，他学舞蹈很晚，但他是天才，他后来跟我的师姐赵丽萍谈恋爱组成了家庭，赵丽萍分到了东方歌舞团，我也是。陶金分到了军艺（中国人民解放军艺术学院），多好的单位呀，当老师，工资也高，他这一生就有保障了。可他要冲破这一切，这确实是陶金的经历，他比我辞职还早一两年，我是工艺美院毕业以后也分到服装设计中心，一年以后我辞职的，和电影里说的一模一样。他说我想跳我自己的舞蹈，我想让这个社会看到我的想法，他特别喜欢迈克尔·杰克逊和麦当娜。我们在剧组闲暇的时候看的录像带都是他们的演唱会，他还让我给他找，因为工艺美院的录像带比军艺多很多，工艺美院要比军艺开放——因为我们的院长是美国留学生。所以陶金打破铁饭碗，当个体。个体户是什么概念，就是后来我做的事情，成立一个公司，照章纳税，雇人，发工资。而脱离这个单位，自由自在到处去打工，跟这是两个概念，陶金的经历是这样。

记者：当时您为什么要选择这样一条路，辞职，然后去开创自己的事业？

马羚：我和陶金不太一样，他是男人，有主动意识，我真的是被迫的，我演完《摇滚青年》不知道会红成这样，服装设计师300元钱的工资，和演员700元的工资比起来，我当然会选择当演员，之后又为了实现自己的理想去做了时装发布会，当时的单位对此很愤怒，把我的档案丢了，包括我之前舞蹈学院的学历，以及我7岁当过兵的经历，都没有了。当时做时装发布会，单位说我个人主义，不能写"马羚时装"发布会，应该写北京服装设计研究中心成员马羚服装发布会。我所有的设计他们没有掏一分钱，是我自己出去走穴打工挣来的，一件件衣服是我自己亲手做的，我同学帮我在各个单位、毛针织厂给我做的。我说你们第一不给我钱，第二不给我假期，第三让我

电影《摇滚青年》陶金剧照

做那么多的工作，我还要培训一个中国的模特队，要为这个模特队打工，所有的熨衣工作都是我，收拾三个大箱子，我一个小女孩，只有一米六七、一米六八的个子，一个人六七个箱子还要给他们干活，我没有钱，就是拿70元钱死工资，还要忙自己的时装发布会，你觉得这事公平吗？

我在北京的时装发布会之后很红，全世界都知道了，就接到了香港时装展的一个约，并拿到了世界优秀设计师的十大设计师称号。接着在香港时装展上拿到了法国春季时装展的邀请，我去单位问能不能给办护照，因为那时候我们不能办私人护照，都是公家护照。我的签证全办好了，但是单位不让我去，我当时就火了，我找到纺织部的领导，找到我的恩师，拿到了私人护照。1989年我拿了金奖，真的是特别感谢我当年的领导，回国以后发现我的办公桌已经没了。我说我辞职，辞职的时候要我的档案，但

我的档案已经没有了，只能自己写电报，写信给我所有经历过的地方补，补完了还不能我本人拿着，他们要直接寄到那去，于是我申请了我的个体户执照，应该是1989年的6月9号，我在法国待了80多天回来，骑着我的大自行车穿过西单没有人烟的街，是一个非常奇特的回忆。我申请执照时，档案没有了，就拿着参考消息、中国时报等媒体上登的我的获奖证明，但是当时这种事报纸是不会采访我的，我申请个体执照的时候被街道大妈给骂出来了，说我不就演了几部电影和时装获奖，祖国需要我报效的时候我居然辞职当个体户。我说单位把我踢出去了，但是我可以换一种方法报效我自己的国家，施展我自己的才华，她让我到派出所去办

马羚时装

理。我就找到我们的派出所安所长，好在那位派出所所长认识我，所以有时候成名是有力量的。这些事我都是瞒着我爸妈的，我没有能力，也没有勇气冲破已有的铁饭碗或者是金饭碗，是实在没有人给我饭碗了。

记者：当了个体户以后，您自己创业？

马羚：对，非常难。"马羚时装"是中国第一个设计师品牌，所有人对设计师品牌就不理解，我拿行业执照的时候，行业办公室的几个师傅就说时装设计师是什么东西，我说就是设计衣服给大家。他说你会做兜吗，我说倒是会，但是手工不是那么好，一般。"做个兜吧，给你评个级别。"我说好吧，做个兜，我现在的手工，比起我的同学和工人真的很烂。我是设计师，我关心的是人体，如何让胖子变得瘦一点，如何让女孩子更有品位，如何穿出一种风格，这些我没有办法跟他们说。最后给我定了三级裁缝，算是有一个证，赶紧回去申请。当时设计师是非常生僻的，所以有时候说中国第一个设计师，后面的人不要跟我争，因为他们一定没有经历过这个事。我的品牌最开始是在西单租了个小店面，卖古典旗袍，服装很少，就是现在的定制店或者是高级精品店。但是我的能力就这么多，在那个年代个体户是没有贷款的，银行和国家不支持，我把我妈的冰箱和彩电都卖了，当作我妈给我的投资。然后自己还有一些积蓄，因为当时我已经是一个电影演员了，电影演员花不了太多时间。我当时的经济来源还是靠演戏。当时我主持了《北京小吃》，一个北京电视台的节目，每天晚上在大家吃饭的6点钟的时候播五分钟，给你介绍所有北京最好吃的东西。这样的节目每天6点的时候加上我的时装，有一种无形的广告效应。

当时海润老板刘燕铭等很多朋友给我拍广告，我说我没有钱播，没有关系，你的时装我们真的喜欢，你用你的想法赢得了市场，真的是做得风生水起。当时冯小刚导演也非常喜欢我设计的戴帽子的风衣还有我的古典旗袍，买给他当时的女朋友，当然田壮壮、黄军等导演都让我演，我也给电影担任服装设计师。因为不懂经营不懂税法，我的时装公司第一年被罚了一万块钱。罚完了我利润就没有了，我那一年1分钱没有赚还倒赔。"马羚时装"20年，非常辛苦，那时候也没有品牌意

识，比如我的蓝色旗袍，给中国大饭店推的中国旗袍风，还有 1997 年前后设计的中国红、花脸，后来被很多设计师拿去再设计的风衣。当时的中国对设计师没有任何保障。我用两三个月设计出来的东西，盘扣都做得很仔细，卖四百多只是成本的 15%，因为要留出税务和商场扣的资金，利润已经非常低了，在这种情况下，3 天以后动物园小摊全是你这个衣服，你卖 400 多元，人家卖 70 元。从 1992 年到 1996 年期间，我每年在律师和打假方面耗光了我赚的钱。好在我的时装公司经营得非常好，最多的时候全国开了 40 多家。但是我一直开着天津大发和奥拓，因为我没有钱买奢侈品，还面临一个最大的问题是向商场要债。2009 年的时候给中国邮政出了最后一本首日封的设计之后，我终于不做了。时装还是我的最爱，而且我坚信我绝对是最棒的时装设计师，20 年经营带来的折磨，让我更加坚强。

知识分子曾是银幕典型

记者：在经历这么多之后，您觉得改革开放给您带来了什么？

马羚：给了我机会，让我可以冲破牢笼、砸了铁饭碗，虽然很多法律不健全，导致我经历痛苦的 20 年创业生涯，但是我获得了很多东西，包括让我能对自己的艺术理想有所表达，不然我可能就在单位办公室里把椅子坐穿了。如果没有改革开放，大家都是单位制，都是计划经济体制，你何来展示自己表演天赋的机会？何来这么多电影给世人留下回忆？

记者：对，我非常同意。您当时还拍了一部《高朋满座》，也是特别有特色的影片，您还凭借这部电影获得了 1992 年第 12 届中国电影金鸡奖最佳女配角的提名。这部电影讲的是 20 世纪 90 年代的婚恋，您觉得它体现了当时中国什么样的婚恋观？

马羚：这也是一部相当卖座的影片，我记得《摇滚青年》是四百多个拷贝，《高朋满座》也是四五百个拷贝，相当于现在的几亿票房。因为当年的很多拷贝只能卖 20 个，400 个拷贝就是疯了一样的。《高朋满座》讲的是一对个体户的夫妻，

《高朋满座》海报

他们没有文化但是他们有钱，一个教出奥数奖学生的老教授，他想结婚但是没有房子，住在四合院里最小的房子里，很窝囊。有钱的没有文化，有文化的没有钱，然后还有一部分人是既没有文化也没有钱，但是他们有权力。就是这样三方人在一个大杂院里的故事，它不是婚恋故事，而是关于一场婚礼和三个阶层人的斗争的故事。

影片很诙谐，编剧的思想立意也非常大胆。李志舆老师扮演的老教授，用他的付出，感动了我和谢园扮演的这对个体户夫妻。这也是我第一次同期录音，因为在这之前所有人都认为我这张脸应该是细细的嫩嫩的声音，看到《高朋满座》的时候所有人都惊到了。我和谢园的角色是很善良的没有文化的个体户，卖衣服的，他们用钱去展示自己。还有一对是官员，很多人巴结他们，他们用权力证明自己可以胜过钱和知识。影片最后的立意是，知识战胜了钱，也战胜了权力。

记者：您刚才说影片围绕着不

同阶层聚集的四合院展开，您觉得当时20世纪90年代的社会环境里，一套住房对于两个年轻人能不能结婚真的有那么重要吗？

马羚：很重要。我们的父辈在50年代，一人抱一条毯子就可以在一起过日子了。我们这一代不在乎住房，不在乎物质，那也得有个地，可以有单独的房子。后来出现棚户区，两个年轻人结婚了以后和家里七八个人在一起，或者是两个人结婚了以后，这个人在城东，那个人住在城西，那为什么要结婚？所以住房永远是中国人也是全世界的人结婚的必需品，我觉得这个是人之常情，一直都很重要，房子就是有一个独立的私密空间，是给婚姻一个尊严，给两个年轻人一份尊严。

● 电影《高朋满座》剧照

● 电影《与你同住》中的马羚（右）

记者：到90年代，很多人对婚姻爱情的看法稍微物质化一点，也比七八十年代复杂一些，是不是从侧面上展现了90年代人们对于一些物质上的观念更看重了，而不是像七八十年代这么纯粹地追求精神层面的东西？

马羚：对，这个确实存在，但这是一个社会问题。我们有一部电影叫《与你同住》，拍摄于1992年前后，这部电影让我拿到1993年第1届上海大学生国际电影节的最佳女主角奖。《与你同住》讲述的是一个女博士尹澜澜在分到研究单位后，住房成了问题。当时大量知识分子的住房成为社会问题，因为他们不能下海，不能去当个体户，他们要在一个研究机构为国所用，他们必须要按照这个单位的住房规则来满足住房要求。

尹澜澜和《高朋满座》里李志舆老师演的角色都是在讲知识分子的现状，当年中国的电影和电视剧比如《渴望》也是这样，它关注更多的是我们现实生活中间的人文。我们最近的电影关注的更多的是神话和王侯将相，是不是我们的现实问题都解决了，所以大家都不太关注这些事了？当年大家非常关注知识分子，他们是国家的脊梁。我演的尹澜澜是另一类女人，我们常说女博士是第三性人，她的婚恋很木讷，她没有能力解决自己的恋爱问题，变成了一个大龄剩女。她和张光北饰演的朱一丹在一起后，朱一丹必须要通过结婚才能要到一套住房，这个是很现实的问题，然而他们两个人相爱吗？不相爱，所以在这种尴尬之中诞生了这部电影。

记者：您觉得这样的电影是不是反映了当时的社会现象？

马羚：很大的社会现象，因为你要知道下海的人在当年还是凤毛麟角，一直到1996年之前，真正冲破牢笼下海的人还是少的，1994年、1995年左右，我记得中关村开始大量出现像我一样出来租房子开店的人，有很多是IT精英，那时候我已经用386电脑了，我喜欢写一些东西。研究人员真正开始下海应该是在1994年、1995年，所以很多政策随着改革开放一步一步出台，有一些东西是个人去推进，有一些东西是社会去推进，我认为90年代的中国电影也起到了推进的作用。

记者：90年代初稍微引进了个别国外的大片，当时引进的第一部外国大片叫《亡命天涯》，您记得不记得当时的情形，有没有去影院看这个电影?

马羚:《亡命天涯》我真没看过,我看过的所有好莱坞电影都是在20世纪90年代开始大量引进,还有很美的《泰坦尼克号》。我觉得这种影视剧方面的交流,最能体现这个国家的状态的。

记者:您觉得当时我们中国人对这些影片是什么样的态度,他们有没有出现电影院疯抢票或者是一票难求的状态?

马羚:我想说的是中国电影最美好的年代应该就是20世纪80年代,1994年之前。除非你拍得太烂了,否则基本上电影院座无虚席。中国电影在1994年之后出现了发行环境的问题,真正有票房的不宣传。中国的时尚如果有人愿意写的话,我愿意贡献我20年"马羚时装"的经历。中国后来的时尚片是不接地气的,我真的认为唯票房论是根本的问题。我现在天天看网剧,成本低,演得真诚,除了故事不好,不接地气之外剩下都是好的。我还是希望中国电影能够回到20世纪80年代初,接地气,为真正的中国作一些贡献,为我们的年轻人,为中国社会的推动前进作一些贡献,这个是电影人的义务。

电影《与你同住》中的马羚

后记

马羚本人和她大部分的银幕形象一样爽朗,快人快语。这是一个非常自信的女人,她年轻时,飒爽英姿,年华渐长,仍不改巾帼之色。她对20世纪八九十年代的追忆,有着强烈的怀旧情结。那个一切都可能要发生,或准备要发生的年代,让马羚的梦想开始起飞,也让她的不舍和获得错杂交织。可青山遮不住,毕竟东流去。她与我们一样,在来日方长中祈愿的更美好的明天,就要来临。

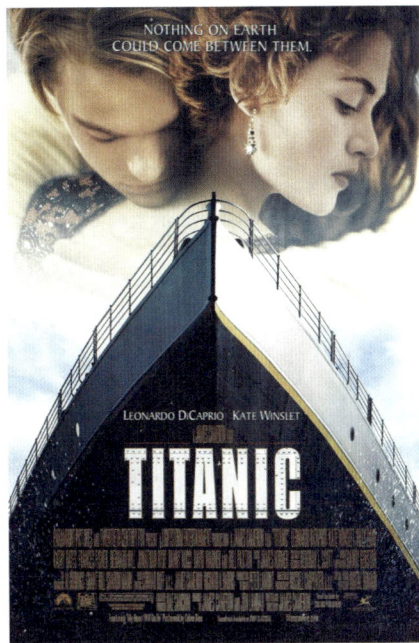
电影《泰坦尼克号》海报

顾长卫：
浮现历史的瞬间

文 / 张强

顾长卫作为第五代的摄影师参与了中国 20 世纪 80 年代几部重要电影的拍摄，和他的同学们开创了一个崭新的电影时代。直至《孔雀》中高卫红骑着自行车，载着蓝色降落伞穿过人群的时候，我们才意识到他又给中国电影添上了一根美丽的羽毛。顾长卫与同代导演有着不太一样的地方，不是那种特别张扬的个性，也不是那种知识分子式的表达，他对自己的形容就是"蔫儿坏"的一个老实人。

顾长卫的父母从小就教育他做一个普通人，不要老在人群中抛头露面，没想到这个老实人却成为家喻户晓的电影人。我们很难用某一两个词去概括他的影像风格，可能是多变的，也可能是丰富的，既奔放热烈，也有温馨浪漫，因为坐在我们面前的顾长卫看似老实，却有着能发现趣味的眼睛。

◉ 顾长卫

我是学美术的

记者：1978 年的时候高考开始，您怎么想到去考电影学院的？

顾长卫：很简单的目的，就是找一个工作的机会，找一个生存的机会。我 1966 年上小学一年级，1976 年高中毕业，自己的学习虽然还不错，但是那时候的大环境是不太学习的，很多的业余时间倒是学了画画。高中毕业以后就没工作了，每天晃来晃去，有时候做做临时工，就是这样。1977 年下半年开始恢复招生考试，我觉得这是找工作的一个机会，找饭吃的一个机会，当时的愿望真的就这么普通。

记者：怎么不去一些工厂或者机关单位？

顾长卫：那时候不像现在可以随便招人，都是分配工作，大学毕业也是分配工作。

记者：现在是自谋出路。

顾长卫：我高中毕业之后就没有工作了，等于失业了，当时也没插队，我算是家庭困难的那种。

记者：那时候应该叫待业青年，对吧？

顾长卫：对，待业青年，能上了大学就是天上掉馅儿饼了。1977年我报了西安美院油画系，那时候学画画，差一点，没混进去。这个考试刚结束，1978年也就是下一届的考试就开始了。因为1977年晚了半年，1978年春季又招了，艺术院校招生通常都比较早，所以间隔时间不长，第二年本来还是想继续考美院什么的。那时候没有这么发达的媒体，招生信息只是在西安音乐学院外面贴着，所有在西安招生的艺术院校海报都是毛笔写的，招生的海报跟大字报似的，有西安美院、中央美院，还有一个电影学院，我特别惊讶和好奇，当中有美术专业，也有摄影专业，摄影专业也要考画画，所以就碰了碰运气，碰上了。

记者：怎么没考美术专业考了摄影专业？

顾长卫：它那个美术当时叫电影美术，可能更像是做布景之类的，更多的是一个环境场景的营造。我在中学的时候其实也喜欢借个照相机拍个照片，135相机，自己在暗房里洗。那时候洗洗照片什么的这些都会，也同样很有兴致。我

王左 张艺谋 张会军 顾长卫等人合影

北京电影学院78级摄影系合影，顾长卫（右一）

们居住的小区附近有一个工人文化宫，他们从我们中学招了十几个人去做义工，每周六、周日放电影，放完电影打扫剧场。如果有什么活动、展览、演出，大家就都在那儿帮着打扫卫生，布置剧场等等。他们需要一些能够画画的人，把美术字写好了剪下来用大头针别在红布上，作为开大会的时候挂在主席台上面的横幅。上中学的这个经历对我挺有帮助的，虽然那个时候看的电影都是罗马尼亚、越南、南斯拉夫、阿尔巴尼亚的电影，再加上中国的《创业》《闪闪的红星》和样板戏之类的。白天上学，在家吃完了晚饭就到剧场，文化宫也是电影院，每天就在那儿混，也看了很多电影。那边也有他们的美术小组，也有摄影的师傅，所以在那个过程当中也学了很多东西。北京电影学院是1978年刚刚恢复，它晚了一年，看到招生就特别有兴致地报名了。摄影系要考画画，还要考关于影片的分析，就是写作文，写影评那样的。现场没法考你拍照片，电影在那个年代更没法考，不像现在这么好的条件。反正就混上了，那是40多年前了。

记者：41年前。

顾长卫：那个环境跟现在真是天壤之别。

记者：那时候是荣耀的事。

顾长卫：各个正经的理工科大学也是1977年第一届正式恢复考试，能够收纳的学生数量也比现在大学少得多，尽管已经比艺术院校多很多了，总之能碰上的都是遇见馅儿饼了。那个时候是刚恢复，所以年龄的跨度比较大，有没有年龄限制我没有印象了。除了应届的，毕业好几年的都有可能考，有兴趣、有资格参加考试的人很多，机会太少了，对我来说算是幸运地碰上了。

放弃英语选修课

记者：以前看过摄影系的合照，我觉得在电影学院1978级很多系的毕业照里面摄影系是照得最好的，摄影系的人在视觉上特别专注，人是活着的那种感觉。

顾长卫：是吧，忘了。

年轻时的顾长卫（左一）和姜文（左二）

记者：这是我的感觉。

顾长卫：好像有那样的照片。我觉得在那个阶段每个人都怀着热情和好奇心，对未来，对学习，各个方面都是一个特别难得的时期，

又轻松又紧张。大家都觉得真的在二十多岁的时候赶上了改革开放这么一个好的时代，所有人的状态还是充满了热情和活跃，自然会流露在作品里，就像你平时拍一个照也是心情和生活的态度，也是你的内心。

记者：您在班里算是活跃的吗？

顾长卫：我在班里有一点"蔫儿坏"的感觉。

记者：蔫儿坏？调皮捣蛋的事你干？

顾长卫：捣蛋的，我们班也有正形的，比如说像张会军比较有正形，有领导才华，学习又好，各种类型的人都有，我稍偏蔫儿坏一点。当时有一个很幼稚的决定。那时候大学有必修课和选修课，我也不是特别懂，就问老师选修课是不是可以不读，老师当时就问教务处了，教务处一想也对，说选修课也可以不读。我当时目光太局限，特别不爱学英语。虽然已经进入了一个新的时期，充满了可能性，开阔的视野和天地，我还是觉得学外语没什么用，特别抵触，加上我学语言又不太灵。然后就跟教务处申请说能不能不学，教务处就同意了，他说你要想好了，你如果不学，将来毕业的时候这部分就没有成绩了，我说行，没关系，于是就批准了。差不多第二学期开始，他们一上英语课我就玩去了，我可以不上课，全校其实只有我一个人。

记者：那您玩什么？

顾长卫：随便了，可以在宿舍睡觉或者拿球到操场踢一

北京电影学院78级摄影系合影，顾长卫（第一排右一）

踢，当时觉得还挺惬意的，但是回头一想，觉得社会的发展变迁比我想象得快。

记者：英语其实是一个工具。

顾长卫：对，没有学也没有影响我大学毕业分配。但是到1987年拍了《孩子王》《红高粱》等等，开始有机会去参加影展电影节之类的，视野好像更开阔了，那个时候才发现会一门外语还有点用。可是当时的水平基本上就停留在初级阶段，后来学一点，又觉得不容易，于是又扔下了。没想到1994年底的时候，又更多地参加这些活动，电影节得奖等等。1994年底搬到洛杉矶住了七八年，去那儿的时候基本上还停留在how do you do的水平。今天且不说是不是读书学习让事业更广阔，生活中要是不会说两句国际的语言都受到局限，想想这40年真是巨大的变化。

记者：78级是1982年毕业，正好你们这一代经历改革开放的初期，同时赶上了意识上的改变、思想的解放，记得您最早是跟滕文骥导演一起合作吧？

顾长卫：《海滩》和《大明星》两个电影。

记者：您参与拍摄的这几部电影跟中学时候看到的是不是有很大的不同？

顾长卫：对，跟1976年之前的电影区别还是非常明显的。那个时候基本上以样板戏为主，还有少数北朝鲜的电影，再就是阿尔巴尼亚、南斯拉夫、罗马尼亚的电影。决定改革开放是1978年的十一届三中全会，决定了国家大的发展方向，改革开放不仅带来了经济的发展，也让中国在封闭了几十年之后打开了视野，能够见到更丰富的世界，了解不同国家的生活，给中国带来了很大的变化，包括生活的变化以及电影内容的变化。这在20世纪80年代初特别明显，到处可以感受到这种变化。

张艺谋是个学霸

记者：您作为摄影师跟中国重要的导演基本上都有合作，张艺谋、陈凯歌、姜文等等。张艺谋是您同学，您觉得他是一个什么样的人？

电影《海滩》剧照

顾长卫：他确实令人欣赏和钦佩。我在大学跟他同届同班甚至同一个宿舍，老能看到他认真读书的背影，看到他趴在桌上一笔一画的，平时写字特别认真，很美术字那种。我们宿舍里除了大灯之外，每个同学的床头都有一盏小灯，他那个小灯每天都是最后一个熄灭。每天晚上最后一个上完晚自习从教室回来，然后又在那儿写半天，坐

电影《大明星》海报

在床上看半天，最后熄灯的一定是他，他是最认真学习的。

记者：您跟他是老乡？

顾长卫：老乡，西安的。他入学的年龄也比较大一点，是破格录取的，学摄影后来改行做导演。我觉得他全身心地只关注他做的事业，在生活中也是，好像也不太会跟别人聊别的事，三句话说不到电影上扭头就走了，大家就不会再多说。像我们过年过节老同学还愿意聚一下什么的，对他来说都没有必要，所有同学的电话他都没有，其

🌀 电影《孩子王》剧照

🌀 电影《阳光灿烂的日子》海报

至自己都不拿电话，觉得麻烦和复杂，耽误时间。我们坐在一块聊，哪怕是车轱辘话还得聊下去。我觉得这是他的一个很主要的特点，才有可能在有限的时间里出更多的东西，基本上每年都出作品，这几年除了拍电影还做了很多社会上的事。他所有注意力都是电影，除了电影之外没有兴趣。

记者：你们跟陈凯歌也有很多的合作，我问陈凯歌，陈凯歌说张艺谋很书卷气，像一个文化人。

顾长卫：对，陈凯歌也是更偏向于浪漫知识分子的味道，很有情怀，很浪漫，他自己也读了很多书，非常能说会道。我印象中78级的聚会，重要的讲话一般都选陈凯歌作为代表，这个也像他的作品，有时候文如其人。在他的作品当中，很容易体会到那种情怀的、诗意的，而且还肩负着使命跟责任，《黄土地》《孩子王》《霸王别姬》都是。《孩子王》和《霸王别姬》是我跟陈凯歌一起合作，帮他做摄影师。

记者：第一次合作拍电影（《孩子王》）。

顾长卫：对，他也特别的逗，他不仅对古代文化非常精通，背哪个都清楚，好像也从来没学过英文，可是英语特别好。他的英文好不是说词汇量成千上万，他说英文大部分我能听懂，我不知道人家怎么那么会组织，他很善于把文字组织起来，特别容易理解他的意思，用得那么合适。

记者：您第一次跟他合作是《孩子王》，也是第一次看到你演戏，光头坐在桌前，跟谢园有一个对手戏。

顾长卫：对，谢园。

记者：我记得您演吴干事。

顾长卫：对。

才华很重要

记者：然后姜文拍《阳光灿烂的日子》也是找你当摄影师。

顾长卫：跟姜文的合作让我特别惊喜。那个时候电影好像还是有一点高大上，不像现在这么普及。他大学学的也不是电影是中戏的。

记者：他是学话剧的。

顾长卫：更不是导演专业的。他拍《阳光灿烂的日子》，

我觉得他心里一定是有数的。加上他之前演过很多电影，包括《红高粱》《芙蓉镇》等等，演电影的过程其实也是跟电影互相了解和学习的过程。我这些年的经验是，除了经验积累和努力之外还得看有没有这方面的天赋。比如体育和音乐，可能有一些训练和经验，但是最终能不能做得更好还是得看这方面的天赋。像《红高粱》一起合作的时候，我就觉得姜文是一个非常有灵气、有才华的演员，善于捕捉人物的特点，然后从演员的角度赋予这个人物更多的东西，以及把人物在剧中的层次表现出来，我能非常明确地感到姜文很有个性而且很有才华。

后来一起合作《阳光灿烂的日子》，我特别支持。他也问我，我这个行吗？我说姜文你没有电影学院导演系的学习和训练，这个对你来说也许有一点挑战，但是我觉得也会给你一个更大的、更有趣的空间，没有那些所谓的经验，所谓的成和败，就不容易有边缘和框框，这对于一个导演拍电影的设计、表现和思考就更自由了。事实上也是如此，那个电影拍得很任性，本来找到的那些钱只能拍3个月，实际上拍了半年多一点吧。

记者：钱也早花光了吧？

顾长卫：钱花光了，但拍的内容还是很不错的，所以又接着找钱。我记得有一场戏在北京的恭王府拍假山上边救了一群孩子，恭王府虽然是文物，是一个国家单位，但是也对外开放旅游，那些职工每天来上班，去食堂打水一会儿经过一次。拍了3天，第一天大家看拍电影还挺热闹，看一会儿就烦了，过一会儿又经过说看看，又看一会儿，你折腾几次之后，3天还是在拍那场戏。工作人员在那儿打完开水回去的时候，一边经过一边唠叨，烦不烦啊，还拍呢，还是那场戏。看拍电影本来就是一个很烦的事，乱哄哄的，那么多人，也不知道谁该干嘛，大家都在那儿晃来晃去的，但其实每个人都有自己的职责和工作。我觉得从另外一个角度讲，一个电影能比较任性地、仔细地拍摄是很难得的。我拍的这几个片子，比较长的是《霸王别姬》拍了半年，《阳光灿烂的日子》也拍了差不多半年。

记者：您刚才说姜文拍电影，我看你们拍《孔雀》的时候也是很仔细的。

电影《阳光灿烂的日子》在恭王府中拍摄

电影《孔雀》海报

顾长卫：《孔雀》拍了100多天。

记者：3个多月。

顾长卫：对，我觉得一部电影确实是需要2个月到3个月的时间比较合适，如果拍不到1个月的时间，确实是太匆忙了。

记者：有没有可能太顺利了？

顾长卫：太仓促了，太仓促了之后只能拍摄最简陋的，对付一下，能不拍就不拍，最后可选的内容太少了。

记者：拍戏很快的导演也是有

的，质量也能保证。

顾长卫：这都是属于天才型的导演了。

人人都是摄影师

记者：开玩笑地讲，78级的摄影系可以说是第二个导演系，大部分学生后来都做导演了，好像比美术系、录音系和其他系成为导演的可能性要大得多。

顾长卫：那个时候做电影拍电影，因为设备的复杂性、技术的复杂性或者配合的复杂性都比今天要高。

记者：今天拍电影更日常了。

顾长卫：对，那时候我们还学胶片，跟今天手机的差距非常大。今天每个人都可以拍，就像写作文似的，你看生活中每个人拍的快手、抖音，每个人都在微信里的朋友圈发东西。当技术发展到了一个方便程度或者给你更大自由空间的时候，剩下的就是你有没有动心，你有没有觉得这虽然辛苦但是也是一件有趣好玩的事，或者心里有话想说。要这样想的

🔘 在北京电影学院时拍摄毕业作品的顾长卫
（右一）

话，是不是导演专业都没关系。电影学院分专业的方式比较像当年的苏联，西欧和北美其实只分电影系，大概分两个专业，一个是电影理论，一个是电影制作，电影制作就是什么都学，也不再分录音、美术等等。我的印象里当时我们在学校除了主课是摄影，其他课也都学，导演的、美术的、声音方面的其实都在学。

记者：刚才您谈到现在影像进入到了平常生活，像大家写日记一样，很多事情本身就可以当作摄影的素材发到平台。您觉得这样的影像时代对生活最大的改变是什么？稍微说一点我的感觉，"等待"是一个很美好的词汇，但是我等你的时候，你不来，我照样看手机，马上把这个时间打发掉。

顾长卫：我觉得没事，你也拦不住，操心也是够累的，凡是新的事物能够存在，能够发展，都是有道理的。你不用去等待一封从邮局寄来的信，传递信息的方式不一样了，任何事情都有两面。你可以等待别的，等着也怪着急的，终于等来的时候还是挺兴奋的，同样会有期待。比如改革开放40年有这样的发展，未来的40年是不是还有更高阶段的发展，让人们生活有更大的发展空间，更有个性的表达，这个也同样是值得期待的。从影像来说，现在已经到了能够普及的程度，既有高大上也有很朴素的，也有很个人的表现，我觉得10年之后还是会让我们有更多的惊喜吧。未来的道路可能是曲折的，但是前景应该还是很乐观的。

记者：现在人人都是摄影师，拍静态的也有，拍动态的也有，您觉得中国会出现好的摄影师吗？

顾长卫：会呀，还是有不少非常高端的，就是拍得很好的那些。前两天我还去了一趟纽约，在大都会的博物馆有一个书店，有一本拍纽约的画册，那本画册都是从社交平台搜集的，拍得真的很好。

记者：中国人拍的？

顾长卫：不是中国人。我觉得中国人很聪明。我们平时能够接触到的大部分是手机的微博、微信诸如此类的，也有市场商业的原因造成了更大众或者更通俗的内容，那些更有深度的或者有艺术价值的东西不容易在我们眼前出现，你要是有心还

是能够找到很有品质的东西。

小时候的自行车

记者：在《孔雀》这部电影中，自行车也是一个符号。您对自行车有什么记忆吗？

顾长卫：应该是上小学吧，那时候骑自行车去幼儿园接两个妹妹。

记者：当时几岁？

顾长卫：大概三年级，那时候骑自行车，没有那个身高就不能骑在梁上坐到座上，可以掏腿骑。然后有一个妹妹坐在前面的梁上，后面再坐一个，我就骑着去幼儿园接她们回家。还有上高中的时候，我能够骑着车大撒把，一边画速写一边骑着，还不用扶车把。

记者：骑得太好了，电影中有这个画面该多好看。

顾长卫：自行车大国嘛，现在很多城市自行车道很窄或者已经没有了，像上海、广州公路上基本没有自行车道，自行车也可以骑在车道上也可以骑在人行道上。最近一两年开始小黄车之类的，又开始多一些自行车，很多人开始把自行车当成锻炼身体的方式。

记者：叫有氧出行吧。您还记不记得第一辆车是什么牌子？

顾长卫：印象中我爸有一辆自行车是匈牙利的，忘了是什么牌子的，但那个车是倒蹬闸，就是你不能倒着蹬，倒着蹬它就是刹车。

记者：有这么高级的车？

顾长卫：不是高级车，不是什么名牌车。60年代的时候有一个很有名的牌子叫三枪，还有飞鸽，便宜一点，永久、凤凰可能贵一点。

记者：对，我觉得自行车不仅仅是一个代步的工具，还是一种运输的功能。

顾长卫：还有摆酷的，把自行车后面的座子给拆了，弄得很有运动感。飞鸽是天津出的那种大的二十八，它还有二十六的，那时候还分男女，坤车就是女式的，没有横梁。

电影《孔雀》剧照

记者：您还记得女士穿裙子怎么骑自行车吗？

顾长卫：肯定记得嘛，坤车都是从前面上。左脚先踏上面，镫两下，自行车得先走起来，然后一站起来就坐座上了，或者有的人直接摆好了，往座上一坐就走了。

记者：有的要把裙角弄起来放在车把上，她怕走光嘛。

顾长卫：你研究的更有生活了，我得多向你学习。

记者：坐后座的时候，过去女的是侧坐，好像没有跨坐的，男的是侧坐垮坐都可以。

顾长卫：对，路程长的话，跨坐更舒服一点，轴上有出来的部分你可以蹬着，比较自在。侧坐短程的还行，长的话老那么歪着，

电影《孔雀》剧照

有一点拧巴。

火车也是一种记忆

记者：您经历过春运吗？

顾长卫：有啊。大学时代的春运就是快到放假，基本上提前1个月就得登记，哪天离校，跟谁一块走，学校就帮所有学生订票了。寒假那车特别挤，没有什么卧铺，都是挤的硬座，从北京坐到西安好像十几个小时吧。当时我就有印象，我们宿舍有张艺谋、赵非，还有张会军好几个人，赵非是我们班年龄最小的同学，他是应届毕业生。第一年要放寒假的时候，是谁出的主意说逗逗赵非，那天赵非先回了宿舍，我们回去之后跟他说我们票都订了，不知道怎么回事把他的票给落了，把这个消息告诉赵非的时候，他显得特别无奈。春运票相当难，没有票在北京怎么办。

记者：从北京坐车到回乡十几个小时挺长的，是不是很难熬？

顾长卫：我们还好，通常我们西安的同学一块走，大家都坐很近

🌀 电影《红高粱》剧组合影，从左往右依次为：张艺谋、巩俐、顾长卫

的位置，至少路上还可以聊聊，可以打打牌，贫贫嘴，聊点八卦。那个时候我记得好像刚刚有盒带，就拿录音机放邓丽君、徐小凤的那些音乐，都是老的绿皮车，噪音还是相当大的，小砖头的录音机放的声音基本上就淹没了。

记者：上卫生间特别麻烦，一个来回有时候需要半个小时的时间，人挤人。

顾长卫：说到这儿，我有一个记忆挺有趣的。1988年左右，我们在山东高密拍《红高粱》，要到北京电影洗印厂冲洗样片，我和副摄影一起从山东坐火车到了北京洗印厂。冲洗完回去的时候，大厅检票进站都是顺利的，把东西放到车上，然后我们就在站台上抽烟，等铃一响要开车了，一上车，门一关，就发现我们票上写的那个座位有人了，人家都躺那儿了。怎么回事，说你们怎么占了我们座位，结果叫列车员一看，发现人家的票是对的。

因为那天晚上正好是转夏时制，票的时间在12点和1点之间，本来就容易搞错，加上夏时制和平时时间的转换，在这个时间如果第二天就变成了早一天或晚一天，所以我们买的应该是第二天晚上的票。我们就只能站在车厢之间的过道，下一站我们又跑到了硬座车那边，结果硬座也没有座位，车上人很多，站票也没买上，可是我们又拿了样片，必须赶回青岛再转到高密。最后车厢门口有一个钢板可以放下来，我们俩就在那坐了一宿。

后记

2014年，顾长卫拍摄了青春爱情片《微爱之渐入佳境》，蒋雯丽扮演的市侩房东也唱起了意大利歌剧。没曾想，导演内心的种子也才刚刚发芽。2018年，60多岁的顾长卫又拍了一部《遇见你真好》，爱情仍在，青春梦仍在，高卫红对理想的执念一直都在，它勾起了每个人对青春的那些往事，关于自行车，关于邓丽君的歌。

顾长卫的电影总有一种淡淡的，予人距离感的冷色调，但也会有浪漫的情愫。就像《遇见你真好》的海报一样，大家坐着红气球飞向天空，在云间向远处招手。

尹力：

在大时代为小人物立传

文／罗洋

🌑 尹力

　　在第五代导演群落里，美工出身的尹力，属于后发制人。他的电影不像他的同辈那样，在剑走偏锋时带出宏大的家国想象。尹力的电影，貌似没有树碑立传的野心，但往往能从寻常巷陌中，娓娓道出人生的真义和时代的变迁。尹力是以儿童影视剧起家，如那部给无数人留下童年记忆的《好爸爸，坏爸爸》。他喜欢表现那些不太完美的孩子，只有不被要求完美，孩子们才会有成长的空间。他的第一部电影《我的九月》也讲了一个木讷、胆小，甚至有些自卑的孩子，是如何战胜自己，用自己瘦弱的身心去拥抱时代的故事。

从儿童片开始，带领观众寻找情感公约数

　　记者：您对改革开放40年的体会是什么？

　　尹力：我们电影学院78班刚举行过一次聚会，毕业后，我们每10年聚会一次，这次是纪念入学40年，又聚了一百多个同学，所以大家再聚首的时候真的是感慨万千。40年过去，指尖流沙，时光荏苒，国家发生了翻天覆地的变化，回眸我们当年的一些创作，在今天就特别意味深长。

　　记者：在1990年的时候，有媒体称《我的九月》是当时最好的一部电影，您当时是怎么想到用孩子的眼光来拍孩子的戏？

　　尹力：记得《我的九月》那会儿我在儿童电影制片厂，那是我的第一部电影，当时厂里给了我52万，结果花了48万就拍完了，还省了4万，在今天来看完全匪夷所

思。当时就是一种初心，在没钱的时候也能拍好电影。我原本是电影学院美术系毕业的，最初也不知道美术在电影工业里是做什么的，学了4年以后，我才明白电影就是导演的艺术，于是从一个爱好美术的文艺青年，慢慢地转变了理想：在大银幕上施展自己的才华。毕业后

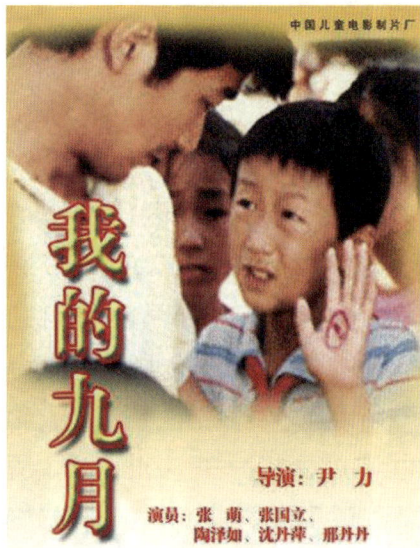

电影《我的九月》海报

北京电影学院78班入学大合影

分配到儿童电影制片厂，参加过几次关于儿童电影创作的研讨会。大家经常讨论的是，什么是给予儿童的什么就是儿童的，如何准确定义儿童片，是不是儿童演员演的就是儿童片。那么我当时的想法就是：都别争了，我们拍一个写儿童心理的。

记者：《我的九月》与亚运会关系密切，当时整个创作过程是怎样的？

尹力：其实在这之前的1988年，我还拍了一部短的电视剧叫《好爸爸，坏爸爸》，电视台播了上百次，所以很多孩子到今天还会唱"我有一个好爸爸"。后来拿到一个电影剧本叫《傻老师》，张国立演一个从农村来的老师，他特别同情班上一个怯懦、不善言辞又经常受委屈的小孩，故事核是这样的。当时1990年北京正在办亚运会，刚刚改革开放的国家面对着怎么融入到世界当中，所以亚运会在当年就算一件大事了。我们看到北京很多小学生参与到大型团体操的训练中，每天都很艰苦，我当时就有一想法。因为上学的时候受法国新浪潮影响，尤其"左岸派"与巴赞的长镜头，对喜欢纪实美学的我影响特别大。我们当时也想把在电影理论方面的所学放到自己的作品里展现出来。

拿到剧本以后，把亚运会这个背景往里边一放，它那种纪实感是跑不掉的，我们就是要让观众在银幕上感受扑面而来的生活质感，扑面而来的就是刚刚发生的事，所以当时大量用长镜头的表达方式。你知道长镜头对器材要求也是很高的，不像

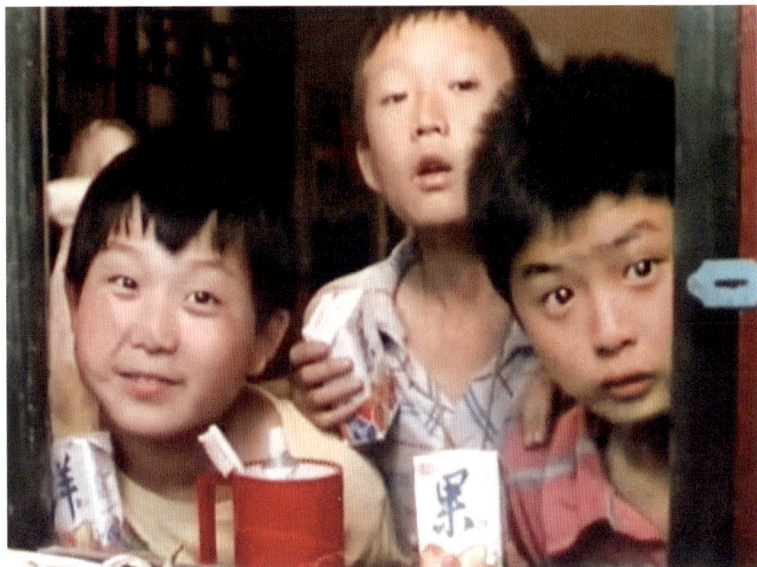
电影《我的九月》剧照

今天我们能用"大炮"、斯坦尼康，那时我买了一个图书馆运图书的小车，也没有监视器，摄影师扛着机器在车上坐着，我担任移动摄影，长的都是我自己来控制，嘴里还控制地喊着后景的群众演员，还有这边前景过几个人。就在这种最艰苦的条件下，完成了《我的九月》这部电影。

记者：《我的九月》在特殊的时代有着特殊的意义，收获的口碑也不同凡响，其中有让您印象深刻的评价吗？

尹力：当时评论界评价也很高，其中有人觉得是纪实美学在当时中国电影里的一个最完美的体现。其实我心里明白它是一个伪纪实，我们只不过是用了纪实美学的一些手法，故事还是一个完整故事片的故事。但是这部电影在今天还有很多的年轻人能记得，这是他们90年代的一个心灵记忆，是他们对老北京的一种怀念，同时也觉得安大傻子那个形象是深入人心的。而且，在今天我觉得是从情感上为弱者发声，安大傻子代表了生活当中大部分的人。即便是改革开放，即便是市场经济，即便是一个竞争的社会，不是人人都想成名成家，不是人人都想一夜发财的，大部分的普通人置身于我们身边，所以这部影片为安大傻子那样的人物立传，我觉得找到了最大的情感公约数。

小人物的故事更有共情之处

记者：刚才您提到了亚运会，当年亚运会留给您的印象是什么？

尹力：咱们中国人祖上的传统是宁愿自己忍饥挨饿，也要把最好的东西呈现给外人，亚运会是这样，奥运会在很大程度上也是一样，这是一脉相承的。举全国之力办这么一个盛会实际上招待八方来客，武术也好，中国文化符号也好，人们是尽可能地以最完美的姿态去展现。影片里的安大傻子和他这帮同伴，我们当时用了北京宽街小学五年级这一帮孩子，扮演安大傻子的小朋友在亚运会开幕式当中表演武术，我记得他们都牺牲上课时间集中训练，非常艰苦，每天朝天蹬、劈叉。这些从来没有受到武术训练的孩子，从零开始，整齐划一，非常艰辛。但是人人都把参加这件事当作荣誉，那些落选的——像影片中的安大傻子那样作为备选，内心都遭受了极大的折磨。一个人的童年在他一生的成长过程当中，会有很多这种难以磨灭的片段，其实参加这样隆重的集体活动，你被剥离，被踢出去，对一个人的挫败感和他一生自信心的建立，都有极大的影响。

记者：所以后来，对人物内心的关注成为您创作的一种特征？

尹力：其实更多的是对小人物的关注。比如安大傻子长大以后，他是不是能够成为精英？回答肯定是否定的。在四合院当中永远被欺负的这么一个弱小的、屠弱的少年，他哪怕在银幕上张扬到那一点，我觉得都是让观众落泪的地方。就像后来拍《张思德》，就是在那么多的人物当中选择了这么一个不起眼的人，用毛泽东的话说就像清凉山上一棵小草，没有人多去看他一眼。但是为小人物作传，后来成为我的一贯追求。站在今天来看，《我的九月》等为小人物立传的电影都经过了时间的考验，如今我们拍电影资金充足，武装到牙齿，回眸过去那一刻就是所谓的不忘初心，就是你内心涌动的那些东西是什么，情感跟哪些人去贴近，我觉得这是多少年是不变的。

记者：除了人，《我的九月》对那个时代北京的城市面貌也做了非常好的记录。

尹力：当年拍摄这个影片的所有那些外景，大金丝、小金丝、杨梅竹斜街、胭脂巷、陕西巷、前门、西河沿、东河沿、长巷……那些胡同在今天几乎都没了，人们在影像当中还能记得住。所以电影的魅力除了讲故事、叙述人物，很大程度上它还有文献价值。胡同虽然没了，印记在胶片上还能记录下来，这也是聊以欣慰的地方。

命题作文最难拍

记者：刚才说到《张思德》，他是典型人物中的一个很不典型的案例，很普通的一个工作人员，您当时怎么想到去选择这样一个人物去拍？

尹力：这是当时北影厂、中影集团给我的一个命题作文，要赶在他的纪念日拍这么一部影片。这段经历放在今天是不可复制的，从2004年3月18日提这件事，到影片9月5日公演，时间只有半年左右。剧本一个字都没有，从零开始，严重地违背创作规律、生产规律，也违背电影规律。

记者：后来你们是如何完成这么艰巨的任务的？

尹力：我跟编剧刘恒到陕北，花了半天时间找原杨家岭、凤凰山、南泥湾，整个看了一遍，感觉回到了那个年代。当时实际上也要面对今天的很多话题，就是这样一个写领袖和士兵的红色主旋律，怎么能够在价值观、审美情趣和观影习惯上，跟今天的观众打通。当时我说了12个字，4句话，就是时间紧、任务重、要求高、资金少。我们带着自己的切身感受：市场经济优于社会，人人都想把自己从羊变成狼，每个人都希望用自己的尖牙利爪从别人饭碗里抢食，那种过去中国人传统的隐忍、奉献、利他等美德在市场经济的打磨下丧失殆尽。那么恰恰在延安那个年代，有这么一个最普通的士兵，永远在那不发

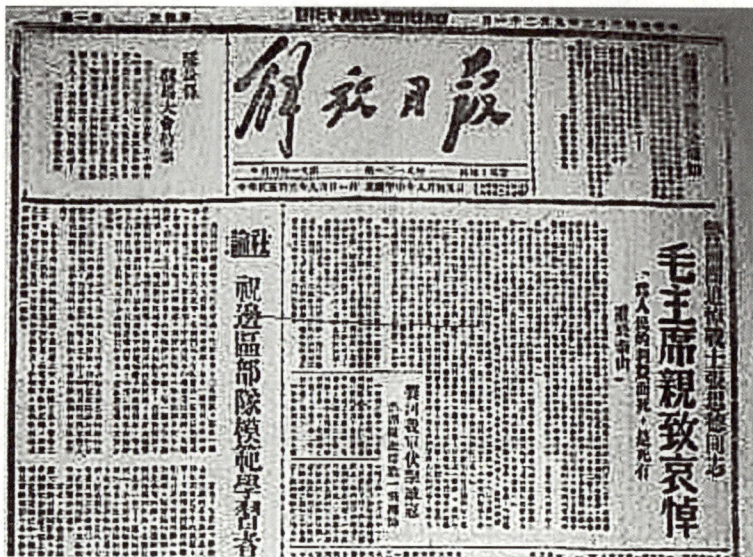

1944年9月21日，《为人民服务》在延安《解放日报》上刊登

声，永远是讷于言敏于行，和我前面提过的一样，生活中的大多数人都是这样的，实际上还是为弱者立传。在张思德身上，更多地反映了中国传统美德在每一个普通人身上的投射。我们要把这种东西挖掘出来，同时还能感动人。所以后来我们去做了一些采访。

毛泽东在张思德牺牲后说了三句话："第一把尸体找到，不要让狼吃了；第二，给他换上一身新军装；第三，你们警卫团到时候开个追悼会，我要去讲两句。"1944年9月8日下午，毛泽东在枣园，在警卫局给张思德开的追悼会上，滔滔不绝讲了两个多小时。根据当年的速记整理完了，就留下了1500字的《为人民服务》。这篇文章在"文化大革命"当中是作为"老三篇"之一每天必读的，每个人都是朗朗上口。站在今天，这样的东西能不能拍，怎么拍，对于电影人来讲就是个问题了。

后来，中影集团好多人有意见，说当年尹力导演一个字没有，拿走100万开始筹备。我们现在有剧本有大纲有梗概，要10万块钱你都不给。韩三平当时说了一句话：不是一个字没有，加起来是21个字：毛泽东、张思德、为人民服务、尹力、刘恒、韩三平、张和平。所以，当时是完全非常规地在操作这么一个戏。我印象特别深，过去十几年了我还记得。2004年3月12日说的这件事，3月24日在韩三平办公室定下来就非常规地倒计时筹备。我们马上拉着班子就去了陕北、绥德、佳县、榆林去勘景，勘景的过程当中，剧本一个字都没有，所有人都不知道怎么干。后来我跟刘恒在延安采访完了以后，我说你只给我几个场景的名字，和都需要什么样的人物，我们就开始筹备了。

记者：还记得具体都做了哪些筹备工作吗？

尹力：在延安就开始搭景，烧窑烧炭，八路军住的窑洞，这些都跑不了的。我就记得当年我的制片主任晚上从绥德开了6个小时车到延安，晚上11点在延安的一条街上，我们俩聊预算、人员、计划。当年那个新市场现在是延安的一条娱乐街，有老板娘说听你们说话像拍电影的，我们说对，拍什么电影？说《张思德》，古装戏呀？陕北本地的都不知道张思德这些事。后来刘恒是4月30日凌晨6点钟剧本发给我，5月

电影《张思德》剧照

3日我们全组讨论剧本，5月7日开赴延安，到5月15日计划开机，实际上5月14日下午我就开机了，就拍了一个镜头，到7月24日停机，8月24日全片完成，9月5日在人民大会堂就已经公演了。所以是用这样超常规的速度，在短期之内把所有人对这个题材的激情全部给迸发出来了。后来大家在看《张思德》这部电影的时候，一个是吴军演的这个形象立住了，唐国强演的毛泽东立住了，我们是把他们作为一个人物来写的，有血有肉，真实感人。

另外是看到了大家不同以往这类题材的影像表达。第一，我们采用黑白片，当时全中国已经没有地方有黑白胶片，也没有冲洗条件，全部都关了，我是从美国柯达公司调的这个柯达伊斯曼5222，就是斯皮尔伯格拍《辛德勒的名单》用的那个胶片，当时全世界已经很少人用了，每次拍完了胶片运到北京不出机场，直接发到澳大利亚悉尼，洗印完了再送

回来，当看到第一批胶片回来的时候，我眼泪都快出来了。那种质感就像缎子一样，所有的主创为之欢呼，立马就找到了那种历史感。

在拍摄过程中，虽然时间那么紧，剧本上的一个字都没削，我花了大量的时间拍延安的纺线比赛、延河边上跳芭蕾舞、鲁迅艺术学院识字比赛、大练兵，后来都成为影片当中最能够让人觉得气氛生龙活虎，是一个火热的生活场景，是这部分镜头起了关键的作用。因为电影制片厂是组织生产，生产处每天要听你削了多少剧本，一个星期一个字没削，拍的全部是这些东西，但是恰恰这样的选择是对的，在未来影片呈现的过程当中，这一部分成为整个影片包装、背景和整个气氛的最主要的烘托和体现，所有花的力量都是值的。

张思德和毛泽东这两个形象，当初选吴军来演张思德，唐国强来演毛泽东，饱受诟病，很多人甚至说得非常尖锐。因为吴军在演这部戏之前演过很多宫廷小太监，演过《神医喜来乐》《康熙微服私访记》，有人就讲你把一个演太监的人放在毛主席身边，观众会怎么想？最终的银幕呈现会不会非常危险？当时这种话听听也就过去了。吴军从中央戏剧学院导演系毕业，刚刚出校门，就被我拉到剧组拍《无悔追

电影《张思德》中的吴军

踪》，我对他非常了解。

记者：吴老师在您心中是一个怎样的演员？

尹力：他肯吃苦，很朴实，从最终的银幕呈现来看，很难说换别人能演成那样。当时吴军刚见到我时完全是一地主形象，非常胖，大脸。他花了最短的时间，每天吃一杯酸奶，一个小苹果，抱着大枪在外头晒太阳，一个月减了 27 斤。拍完这个戏，吴军将近半年的抑郁症，从这个过程当中，从那个角色当中，从那个创作当中缓不过劲儿来。因为从头到尾是黑白胶片，到了影片结尾，这人已经死了，他在八百里秦川背着身跑，镜头升起来，最后一个镜头背着枪回眸一笑。其实我是想让这个笑容透出来就是一个普通的农家子弟的感觉，他带有最朴实的本能，就这一笑，秃噜了好多本胶片，从延安拍到米脂，米脂又拍到北京，片子都进行后期剪辑了，还在北京补拍镜头——因为吴军已经不会笑了。在这个过程当中，他的体力透支，精神崩溃，就是笑不出来，最后硬着头皮拍，必须要拍出这种感觉来。这样的创作我想包括对演员本身都是一生当中留给自己的最重要的财富之一。所以《张思德》当年年底能有 8000 多万的票房，在那个年代真不容易，同时也囊括了 2005 年第 25 届中国电影金鸡奖、第 11 届中国华表奖等所有大奖。

临"危"受命拍新主旋律

记者：执导《张思德》为您后面的电影创作提供了哪些帮助？

尹力：《张思德》的成功，让我们顺理成章地完成后边的《云水谣》《铁人》，媒体说是"主旋律三部曲"，所以在这些方面确确实实也积累了一些经验。我想这些经验不光是我的经验、我们集体创作的经验，也应该是中国电影这么多年拍摄主旋律电影积累的经验。

记者：咱们顺着《铁人》往下聊，这也是一部非常成功的主旋律作品。以前的主旋律电影要么拍一些大场面，或者是一些重要的事件，到了您这儿之后就回归到普通人物。

尹力：对，这当中我认为我拍得最艰苦的戏是《张思德》，我就觉得像做噩梦一样。我刚才说时间紧、任务重。当年我们在烈日炎炎下，转辗米脂、绥德、佳县，天天沙尘暴，每天工作将近十六七个小时，硬着头皮完成了。当时我说这是本人从影过程当中最苦的经历。这个话说早了，到了《云水谣》的时候，基本上所有人都说你干的是一件傻事——我们用三个摄制组拍三部电影的精力去拍一部电影。台湾那一部分是在福建拍的，福建是在鼓浪屿、南靖、诏安，前后转场 200 多公里，搭了很大的景，后来南靖那个景现在改名叫云水谣景区，连续多年盈利。西藏那一部分转场都是将近几百公里，在拉萨北边羊八井一开车就 2 个小时，每天往返 4 个小时，到浪卡子那都是 700 多公里。其他抗美援朝的戏是在北京挖战壕拍的。3 个摄制组同时在搭景筹备。所以那个战线拉得就更长。

记者：很多观众甚至创作者惯性地认为主旋律不好拍，您怎么认为呢？

尹力：关于主旋律电影，很多人觉得拍了以后它势必就是标语、口号的堆砌，到了拍《云水谣》，我觉得社会发生那么大变化，人们的价值观、婚恋观都是在大洗牌的过程当中，特别是普通的民众对包二奶、一夜情司空见惯，以更加宽容的目光看待这些事情的时候，我们在影片当中所表达的那种爱情，一见钟情、终身相守，还能不能感动人？影片最后拍出来让无数人，特别是我们的年轻观众潸然落泪。这部影片在全世界

电影《云水谣》海报

40 多个国家都放映过，不同国家，不同文化背景的人看了都能看懂，而且还都能被感动。所以我说真正的不是什么能拍什么不能拍，而是怎么拍。

记者：《云水谣》走的是商业

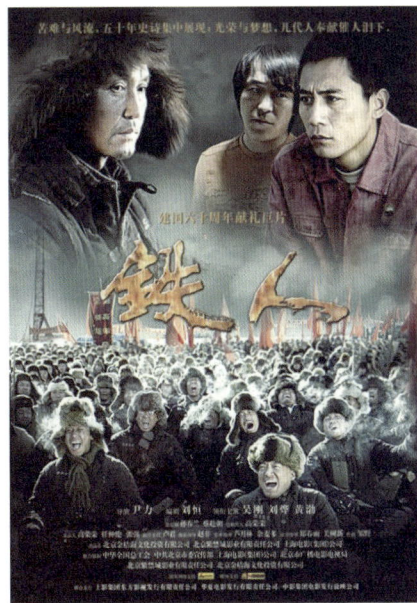

电影《铁人》海报

电影《创业》剧照

大片的路线，在主旋律里也是比较少见的。

尹力：对，我们启用了两岸三地的演员，陈坤、李冰冰、徐若瑄、杨贵媚，还有归亚蕾、秦汉，以及香港的梁洛施，把这样的爱情故事拍得跌宕起伏，在宏大的史诗叙事里，由个人小我的情感上升到家国情怀，所以《云水谣》在这些方面我觉得也是积累了一些这个方面有益的经验。

电影《铁人》中的刘烨

记者：后来的《铁人》回到和平年代，拍摄工作是否较之前容易一些？

尹力：《铁人》也是命题作文，当时全国总工会的主席王兆国亲自找来说一定要拍一个工人的片子，说你们能做成，当时我正在给国家大剧院排话剧《天朝1900》。因为大家知道铁人不是一般人物，90年代，新华社、人民日报、中央人民广播电台评出的"100年10个有影响的中国人"里，王进喜和毛泽东、孙中山、鲁迅同在名单里，可见这个人物的重要与深入人心。在60年代国家贫油的情况下，"宁肯少活二十年，拼命也要拿下大油田"，这是一句标志性的口号，"农业学大寨，工业学大庆"深入人心。但当我们深入到这个题材的时候，会发现再站在今天的角度，它是不能干的一件事，因为大庆这个展览馆花了三个亿，充满了标语口号，除了刚才我说的"宁肯少活二十年，拼命也要拿下大油田"，还有"学习矛盾论，实践论""认一个字就是翻一座山""我要翻山越岭去见毛主席"……充满了那个年代的标志印记。那么站在今天的角度，这样一个英雄怎么呈现在今天的观众面前，是一个非常严峻的问题。

记者：你们参考了哪些影像文献？

尹力：1975年，有一部电影叫《创业》。同时，我们追溯到1960年3月25日，铁人这个钻井队从玉门煤矿出发，到了萨尔图草原，4月10日全油田学铁人，花十几天树立这位典型人物。我们了解到，当时条件太艰苦了，跑的人太多，必须有一个像铁人这样的人作为标杆。我们面对的资料虽然很多，但都是经过梳理的，对于拍电影来讲你必须找到第一手的鲜活的东西，这一点对于我们而言真是困难。后来，我们采访了一些至今仍然活着的他的徒弟、同事，了解了一下那个年代最真实的情况。后来我忽然想起来2007年，我带着电影家协会几个演员到新疆采风，从库尔勒、阿克苏、库车一直到喀什，这当中就在库尔勒看了塔里木油田的一个展览，展示的是一个现代化的油田，工人上班开奔驰、住公寓、吃自助餐，卫星天线，无线上网。跟当年在那种寒风当中零下四十几摄氏度里食不果腹的奋斗完全是天壤之别。

电影《杏花三月天》剧照

记者：您将这种对比放到了电影里。

尹力：我们找来刘烨、黄渤、马苏，来演年轻的石油工人，和过去吴刚他们演的那一代铁人，进行了一个对接，实际上就是这种精神在今天传承的过程当中，它的可能性和遇到的问题传递出不同的价值观。我们把过去那种最艰苦时血脉偾张的场面，将国家个人利益和每一个生命个体联系在一起的情景，都拍成黑白的，非常昂扬，非常有力量。现在时空则完全现代化，彩色的，但是年轻一代的石油工人，他因为长期生活在天无飞鸟、地无昆虫的沙漠里，几百公里见不到一个人，容易得沙漠综合征，就是很容易找不到北，在沙漠公路上开车的司机进城都不习惯看红绿灯。我们把这两个时空对接在一起，将我们该说的话都放里边。所以当时《铁人》放映后的效果也是非常好，年轻的观众都明白刘烨在戏里内心的反思和他的困顿，其实就是一代人的困顿，是价值观的困顿。

记者：这种困顿通常在过去主旋律里的核心人物身上很难看到。

尹力：可见主旋律并不是非要树立一个高大全的、不食人间烟火的、充满了标语口号的人物，而是让人物怎么能够沾地气，变成有亲和感的普通人，同时还能够把每一个人内心向善、动情入理的那一部分释放出来，触摸观众心里最柔软的那一块。我觉得在银幕下的黑暗中待两个小时，让观众找到这种价值和情感的最大公约数，就能够打动人、感动人。

记者：当时也有媒体将您的电影叫作新的主旋律，因为您

在这条创新之路上最大的体会是什么？

尹力：还是要尊重艺术规律、尊重电影规律。过去我们学电影的时候，更多地注重于电影的艺术表达，特别是我们上学时最喜欢苏联电影和法国电影，言必称大师，左岸派阿仑·雷乃、玛格丽特·杜拉斯，要不然就是爱森斯坦、普多夫金，全是大师。在今天的角度我觉得电影除了艺术属性，还有工业属性、商业属性、科技属性，特别是在今天电影从黑白到彩色，无声到有声，到 3D、IMAX、全景声，你怎么调动所有这些元素，拿到你有所表达的影片当中充分且准确地利用它们。我觉得这些方面就回答了我们前面说的主旋律什么能拍什么不能拍，而是怎么拍。怎么调动所有元素来为要表达的人物和主题服务。

关于电影节不得不说的事

记者：您的影片题材涉猎非常广泛，其中有一部反映农村变革的影片，叫《杏花三月天》，您当时怎么想到拍这样一部反映当下农村的电影？

尹力：今天好多人说尹老师就是拍主旋律，导致这部作品成为最容易被忽略的一部电影，在我的印象当中，我觉得我们的意识是超前的，拍完《我的九月》就接了这个

剧本《杏花三月天》。故事写的是商品经济以后，农村阶层分化，不出五服的叔侄、兄弟，因为财富的不同，一个变成贫农，一个可能变成地主了。像张国立演的旺来，想买媳妇生孩子，还有蒋雯丽在片中偷情的对象福林，在这村里都是不招人待见的另类，都是人人趋利的情况下，农村社会分化的一种表现。其实，1992年我们就拍了这么一部电影，当时就有一种声音说市场经济刚刚让人有点私有意识，你们就用电影像老太太一样哀叹。今天看来我们是有前瞻性的，今天中国社会整体的分化不是农村了，是全社会的，底层的这种劳工阶层、贫民阶层、打工阶层，和暴富了的人有很大差距。1992年只有两部华语电影参加戛纳电影节，其中一部是《杏花三月天》。后来《杏花三月天》在全世界很多国家放映过，参加过很多电影节。电影的结尾，杏花离家出走，在塬上背着包走了。当时一些外国观众都奇怪地问，蒋雯丽演的那个杏花去哪儿了？我开玩笑说也许去深圳或者珠海了。因为那个时候特区热，村里只剩下空巢的老人和孩子。这是我们农村的现状。

记者：您的作品屡获大奖，全世界各地参加电影节让您印象最深的是什么？

尹力：其实电影节现在越来越多，我自己也做过金鸡奖、华表奖等的评委，做过金鸡奖评委会主席。电影节颁出的奖，对于年轻的创作者特别是导演编剧，是一种入行的肯定和激励。但是今天的电影节太滥太多了，评奖的标准应该做得更纯粹。我算一路顺风顺水地走过来的，从1988年拍第一部电视剧处女作《好爸爸，坏爸爸》，到处女作电影《我的九月》，都得了奖，它会给你一种莫大的肯定。相应的投资就会自然找上门来。如果没有这个电影节平台，年轻导演可能会比较难。当然，40多年过去，影视产业发生了翻天覆地的变化，现在的年轻导演机会比我们那会儿多得多。因为像我们那个年代每年的电影产量只有六七十部，你要想做其中一部作品的导演，还有那么多导演系毕业的没饭吃呢，比如我这种从美术系出来的人要改当导演，谁能给我第一部？我到了第二部《杏花三月天》时成本就270万，在那个年代算高成本了。但是今天，我们每年有900部电影，2万集电视剧，1000部网大，这意味着每年就得有几千个导演在筹备，几千个导演在做后期，几千个导演正在拍。艺术院校源源不断地给社会输送这样的人才，连农学院、林学院都有影视创作专业。上次在电影学院，我说专业的电影学院、戏剧学院，包括传媒大学，不能去拍微电影，现在普通老百姓都用手机拍视频，影像的创作一点都不再神秘，没有门槛了，电影学院就是要培养大银幕人才，殿堂级的人才。你要是说满足于拍个微视频，拍个微电影，那你就别在这学校上学，我觉得目标是不一样的，平台也不一样。

记者：您以评委身份去这些能给年轻导演带来资源的电影节，会有怎样不同的体会？

尹力：这个平台相对的因素比较复杂，它不是一个量化的产品，势必就都带有个人好恶，个人评判，私人感情，千丝万缕，要在这个平台评出最佳，我相信还是艺术的，一定不是商业的，一定不是走关系的。当然了，商业电影以票房为主，但是作为电影节电影，只有一个好电影的标准，好电影一定是故事简单，人物情感丰富，人物关系复杂，这是好电影。不好的电影一定是故事倍儿热闹，人物招之即来，挥之即去，只有这么一个标准。我觉得电影节就要评出这样的好电影。那么当然它还有更好的社会标准，更好的作者立场，那是单说了，优秀作品一定是这么产生出来的。

记者：您觉得这个时代需要怎样的作品？

尹力：梳理40年我们走过的路，可以说是摸着石头过河，杀出一条血路来。今天远远不是了，我们现在是全世界数一数二的大票仓，电影产量、电影的硬件都已经是世界领先了，在这种情况下怎么能呼唤更加优秀的作品出来，特别是呼唤经典作品出来？什么是好的经典，一定不是那些专注于在影院娱乐观众的作品，而是能在这个时代留下印记的作品，过50年、100年，后人通过这样的影片来了解当代社会。中国电影确实也有这样的传统，我们现在重提谢晋电影，就是因为他的电影贴近人民、贴近生活，针砭时弊为民代言，代表了那个年代艺术家的良知良心。我觉得这样的作品跟我们庞大的电影工业和这个市场比，还是相对太少。所以作为走过40年的第五代，我们要感恩这个时代，感恩改革开放，没有改革开放就不会有这一代人，就不会有这国家从积贫积弱，走

到现在是世界第二大经济体，也不会建立我们今天所有的文化自信。

后记

为小人物立传，一直是尹力导演的美学追求。他坚信历史是由人构成的，更是由那些不起眼、不那么引人注目的芸芸众生来组成。只有在他们身上，你才能找到一个民族最可宝贵的财富，透过他们再平凡不过的身影，才能一览历史的轨迹，是怎样一步一个脚印踏上去的。这使得尹力那些看上去毫不张扬的电影，能拥有那份更为持久的生命力。

李少红：

不损电影一分

文 / 张方方

她是第五代导演中的一员，和她的同学相比，她较晚才独立执导影片。一出手，她就不倚仗自己的性别优势，以高度的理性，阐述了人与暴力之间的关系。她为观众所熟悉，是来自电视剧《大明宫词》《橘子红了》，那华美的影像、玫丽的台词，为中国电视剧制作开辟了一条壮丽的先河。作为导演，她是周迅和杨幂的伯乐。同时，她也是当下中国电影导演协会的掌舵人，她是李少红。

第三代著名导演谢铁骊曾告诉她，电影是严谨的艺术，妥协一点，凑合一点，电影就减一分魅力，这在她脑中奉若圣经，她舍不得自己的电影被损害一分一毫，所以永不妥协，力争把电影最大的魅力献给观众，留给时代。

高考 1978

记者：1977 年恢复高考时，您

◎ 李少红

还在当兵。听到这个消息时，心里有什么想法？

李少红：我那时完全没想到还有机会能上学，对我们那一代年轻人来说当然是一个普遍的利好消息。因为只要你有机会去考，就有机会上大学，所以，恢复高考对我们来讲是一生的转折点。

记者：听说您 14 岁就参军了？

李少红：对，初二。

记者：初中都没有念完，就要参加高考，对您来讲是一个挺大的挑战吧？

李少红：挺大的挑战。因为基础教育不完善，复习理科也来不及，所以多数就把训练文科当作一个方向，文科里面的艺术类，是在高考之前的 3 月份开考，如果报艺术类专业就等于有两次机会。我觉得当时很多人的想法可能跟我一样，先闯一闯艺术门类，闯不过去的话，再参加全国统考。

记者：您参加高考时年龄多大？

李少红：我们 78 级考上大学的，最大的是张艺谋 27 岁，最小的 16 岁，我属于中间档，23 岁。当时 23 岁是一个坎儿，超过 23 岁就超龄了，所以我的机会只有这一次，不管什么大学，我一定得上一个。

记者：当时电影学院也有很多专业，为什么选导演系呢？

李少红：有两个原因。第一个原因是因为我妈妈就是导演，也毕业于电影学院，所以很自然就会想到导演系。那一年电影学院在《人民日报》文艺版登了招生广告，我印象特别深，我的同事举着《人民日报》跟我说的，因为我妈妈的原因，她觉得电影学院好像跟我有点关系一样；第二个原因是，不是一直流传一个笑话嘛，说长相好都考表演系，会拉琴都考录音系，会拍照片都考摄影系，会画画都考美术系，什么都不会干的就考导演系。我衡量了一下，其他几个系跟我没有太大渊源，对导演系有一定的认知，所以就报导演系。

记者：当时刚恢复高考，一些基础课本都不好找，更何况电影专业的课本，您备考时，买教材容易吗？

李少红：不容易，有两个机遇让我能够接触到这些。第一是我妈妈做导演，有关于导演的教科书，就放在我的床底下，也伴随我自己的成长过程，这些让我拥有基础的电影知识。第二个原因是我当兵时，最早的职业是电影放映员，你看就是这么巧，这些对我考试很有帮助。比如说，电影分析时考的电影是《英雄儿女》，我在部队恨不得放了上千遍，每个镜头都很熟。另外，我能考上还得益于我妈妈的辅导，包括她的同学张暖忻等都辅导我，考试时我也不紧张，可能发挥比较好。

记者：考上的原因相当于是家庭熏陶、名导私教课，再加上职业初期看片量的积累。您还能回忆起收到录取通知书的心情吗？

李少红：这一段比较复杂，当时我还是现役军人，给我发的不是录取通知书，是一封电报，写着你的分数超过录取线，

年轻时的李少红

但因为学校不收现役军人，这个名额可能会让给别人。我当时就疯了，想插翅飞到北京去，当时通信没有现在这么发达，我赶紧发电报，就说宁肯退役也要上大学。然后，我必须要在规定的时间内退役，才能够被录取。这是当时的情

李少红军装照

况，后来突发状况，部队为了配合全国高考发布通告，现役军人但凡考上地方大学的可以保留军籍，我觉得我的运气太好了，当时激动得不得了，后来学校给我发了录取通知书，当时我们班有两个现役军人，一个是我，一个是胡玫。

第五代是在世界电影中泡大的

记者：纪念电影诞生百年时，电影学院 78 级开学那一天被《电影手册》评为 20 世纪电影史上最激动人心的 100 个时刻之一。您还记得当初进电影学院时候的情景吗？想象过你们这些同学会创造历史吗？

李少红：其实当时有点小失望，因为把我们拉到北京郊区的农学院，就在朱辛庄。我万万没想到一个电影殿堂和菜地连在一块，没有任何艺术感，也不是我小时候看到的父母上学的地方，这个落差还是挺大的。也是因为历史的原因，让来自五湖四海、不同年龄层、受过社会不同层面熏陶的人聚在一起，所以这班人前所未见。唯一好的就是师生学习的氛围，学生跟老师在一起探讨电影、恢复对电影的记忆，但开学第一天我真的觉得没什么好炫耀的。

记者：您上学那几年，国内思想解放气氛比较好，文学艺术的讨论空前热烈，这些对你们有影响吗？有没有影响到您后来的创作？

李少红：改革思潮确实影响了我们，大家同时在恢复和重新认识世界电影的过程中来学习电影，虽然没有教材，但电影就是我们学习的文本，我们学得非常电影化，这个电影化不是书本，而是电影本身。看电影，是这 4 年核心中的核心，我们这 4 年是在世界电影中泡大的。不管是中国电影还是世界电影，我们从头到尾至少看两到三遍，在后来的电影教学里完全不会有这样的经历。这个经历太特殊，再加上那个时代，文学、美术的思潮对我们的影响都非常大。我觉得不仅仅在电影学院，在全国的院校里面，都经历了一个复兴的时代，对每个人来讲都难能可贵。各个院校之间的联系也非常广泛，学生联

北京电影学院朱辛庄老校区照片

谊是一个普遍的社会现象。当时各学校的同学，都成为一生的朋友，这些都是一个时代的回忆。

记者：您以前采访时说，当时特别佩服田壮壮导演，感觉他非常懂电影，能不能回忆一下，同学们读书时的一些状况。

李少红：当时在班上，最突出的就是壮壮和凯歌，他们本身就有的电影血缘，像一种烙印，他们流露出来的对电影的热爱和优越的感觉，在他们一生中都存在，包括到现在。像凯歌和壮壮，虽然他们表达的方法和特点不同，但他们对电影的爱发自肺腑，从血统里带来的。从很大程度上，我非常能理解他们的电影，不管他们怎么拍，我觉得有一个东西不变，就是他们对电影真正的热爱，是很多人不能取代的。这些渊源都从电影中来，就是你的成长过程已经和电影分不开了，电影已在我们的血液里面，排不出去。这是我对他们最根本的认识。

我们班上一共28个人，都好像为电影付出了他们的一生，我觉得很多人在用各自不同的方法，跟电影并存着，就是跟电影的基因已经不可能分开。这一届还有一个最大的特点，我们是电影学院有史以来招生中，女生最多的一届，一共有9个女生。这9个女生中有的现在没继续拍电影，但我觉得电影把我们结成一个不可分割的集体，我们走得非常近。女同学能坚持下来做电影，比男同学更难，但我觉得她们从未离开过。

恩师谢铁骊让我更严谨

记者：您毕业之后，先是给谢铁骊导演做过两部电影的副导演，从老导演身上学习到什么重要的东西？

李少红：师从谢铁骊，真的对我帮助特别大，因为在电影学院里看电影、学电影，都是理论型的知识，但真正到操作环节，我体会特别深的是，你想拍的和能拍出来的有很大距离。有时候很好的想法，但没办法拍出来，在银幕呈现上的东西终究有损失，所以我当时非常重视实践。中间有马上能做导演的机会，我都放弃了，包括张艺谋最早去广西厂时也来动员过我，我觉

78级导演系师生合影

得，马上要当导演心里还没底，就没去。当时壮壮的妈妈于蓝阿姨，也说我可以到儿影厂拍戏，我也放弃了。我总觉得，还没到自己能马上拍戏的时候。这一点不太像男同学，男生可能胆子比较大。

我是跟了4部片子，才开始想自己独立拍电影，觉得第一阶段任务完成，积累了经验。在这个过程中，谢铁骊对我的帮助最大，因为谢导的很多电影认识、对细节的把握、处理现场的能力，都让我受益匪浅。尤其是细节的表现，他非常认真，认真到我有时候觉得很受不了。比如拍《包氏父子》时，我印象最深的是小包要抹司丹康头油，我当时想弄个司丹康头油瓶子，里面装豆油也没关系，但谢导不行，他一定要让我去弄到真的，还专门给我派车，让我到上海去找司丹康头油。还有一件事印象很深，当时拍戏谢导要用到苏州的糕点，道具部门认为就是点心而已，用了现代的华夫饼干。老谢在现场发火，他指定到哪家店去买，我就跑着过去，买了他所要的糕点。虽然那天没有耽误拍摄，但我特别失望，因为老妈子托着盘子，前景一过就完了，我没想到竟是这样的镜头，谢导还那么较真。后来，我觉得这些对我真的很有用，一部电影实际要靠具象的细节展示出来，等我领悟到这一点时，我非常感谢谢导当时对我的严要求。

电影是五分制的艺术，就像你捧着一捧水，手指间漏了一分就四分，再漏一分就三分，要不严格了，我觉得这个好可怕，像谢导的这种教诲，对后来我自己拍电影时，太受用了。我一分都不想漏，所以在拍戏做不到时，我就想尽办法弥补，一定做到让自己满意。

❀ 谢铁骊导演

❀ 李少红（右二）与北京电影学院的同学们

大卖的处女作

记者： 据说接第一部电影《银蛇谋杀案》时，您还犹豫了，但这部电影商业成绩很好。为什么要拍这部电影，内心的想法是怎样的？

李少红： 这部电影是1988年拍的商业片，当时刚刚提倡拍商业片，我很不情愿的原因是，自己学文艺片出身，让我拍商业片就不甘心，当时还哭了一鼻子，可也没有别的机会。我虽然跟了4部电影，从场记、副导演到执行导演，但那时要得到一次自己拍片子的机会还非常困难。壮壮就跟我说，你用这部电影领一张入场券，听他这么说，我就接受了。那时拍电影需要听从北影厂分配，我想通后，在原来的剧本上做了很大调整，然后变成一部有艺术含量的商业片。

记者： 据说当时被举报有18处暴力镜头，观众也认为您是一个"武力导演"。

李少红： 观众当时没认为是一个女导演。

记者： 这个反应出乎意料吗？

李少红： 出乎意料，首映时才体会到，观众都以为是一个男导演拍的，因为一说介绍导演时，我上台后，底下一片嘘声。我当时有点懵，后来一提问才知道，所有人都没想到是一个女导演，我还挺扬扬自得，我觉得拍得很成功。每年都有全国电影工作会，那一年要调《银蛇谋杀案》去看，我追发行处的人，问我能不能一块去，被拒绝了。后来才知道是要去批判我的电影，因为拍之前提倡商业电影，拍完以后已经不提倡了，我的电影就变成反面教材，所以才有你说的被举报18处凶残镜头，但它是那一年北影厂最卖座的电影。

记者： 那些暴力镜头，您觉得是类型需要？

李少红： 对，是类型的需要。

第五代创作像一个集体

记者： 你们毕业之后，《一个和八个》《黄土地》《红高粱》这些第五代群体的作品受到强烈关注，您作为亲历者，能描述一下当时这个群体的创作状态吗？

李少红： 一开始，大家像集体创作一样，只要在北京的同学，都会因为某一个同学的电影，聚在一起谈某一场戏，帮着一块找演员，看样片，最后成片时，就跟自己拍的一样激动万分。像《一个和八个》，我们真是帮他们到处跑找演员。那时最早去找葛优的就是我，虽然他没演成，我对葛优特别抱歉，我说你一定是个好演员，这个话当然被验证了，而且后来促成了葛优和艺谋合作《活着》。凯歌拍《大阅兵》时，大家的互动也非常频繁，都维持着我们是一个集

◉ 电影《包氏父子》海报

◉ 电影《银蛇谋杀案》剧照

体，一个群体的荣誉感。

记者：第五代作品几乎全是对中国传统文化的反思，您觉得第五代导演为什么选择这个创作方向？

李少红：这个是时代原因，跟我们的经历有关系，我们这一代人虽然没有生活在战争年代，但整个成长过程，也比较起伏，你的世界观刚形成就被打碎，打碎又形成，是在这个过程中认识世界，认识历史的，所以大家会把这些个人化的感受，融入到电影中去。

记者：那您觉得为什么第五代能如此迅速登上电影舞台？

李少红：因为那时文艺的形式比较少，一个是影视，一个是诗歌，当然还有美术，但电影特殊在传播力非常强，所以就会被当作一种核心，影像的作用和影响力确实超过其他的艺术形式。

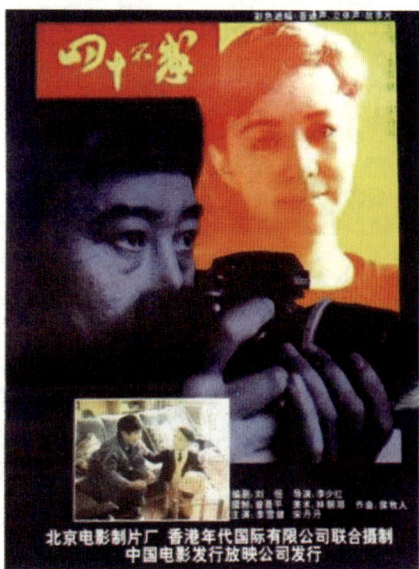

电影《四十不惑》海报

记者：20世纪90年代中期到2000年前后，中国电影进入低潮期，那个时候好莱坞大片对中国观众具有一定的吸引力，这些好莱坞大片进入中国，对作为导演的您有哪些影响？

李少红：肯定有影响。从那之后，我们电影的总量就减少了，可能每一个人都面临着两种选择，一种还是坚持自己的文艺片路线，坚持拍自己想拍的电影；一种就是要与时俱进，能拍就拍，在拍的过程中间再找回自我。

我不认为拍商业片就是放弃自己的电影梦想，但我好像很难在电影上做妥协，因为我不会拍好莱坞式的电影，没学过，也不见得拍得好。当时就转到电视剧行业，电视剧有它的市场规律，某种程度上也是进入商业领域、大众美学的一个途径。

记者：电影体制改革，对您来说带来了哪些变化？

李少红：当时国家体制改革后，没有电影厂给我们投钱拍戏，我们得自己找钱，可是人海茫茫，我们上哪儿找钱？最早就是看到有人投资张艺谋，我们很羡慕这样的机会，但当这个机会落到自己头上时，我觉得自己想拍的东西和投资人想要拍的东西不见得吻合。基于此，我非常感激邱复生先生，他现在跟我关系还非常好，当时他让我拍自己想拍的电影，所以才有了《四十不惑》，用一个父子的命题来讲我们熟悉的生活。我跟壮壮摸黑到西单去找刘恒，请他来做编剧，现在这事还历历在目——是电影把我们联系到一起，非常值得珍藏的友谊。演员找的是李雪健和宋丹丹，他们两个人演戏非常带感，尤其雪健对于人物的把握，真的让你看到人生无比彷徨的那个感觉。

开公司是为了更好地创作

记者：您1996年成立了荣信达，也算是很老牌的影视公司了。中国这种公司不多，你当时怎么考虑出来做公司的？

李少红：也是因为体制改革吧，其实我们从来没有离开北影厂，当时特批的导演，包括壮壮、凯歌，都允许在外面成立一个公司，条件就是给北影厂拉活儿，然后完成劳务。因为那时厂里没有钱拍戏了，钱都是从社会上来，靠我们这些公司找到戏，能让北影厂更多的职工有戏拍，所以我们早期拍的电视剧和电影实际上都跟北影有关系。同时，我们每年还给厂里交劳务，一直到退休才结束，现在我们都还是中影的人。在这种情况下，如果你没有一个法人机构的话，都不受法律保护，也没办法跟别人签投资协议。所以20年来，我们开公司的宗旨在于能够出作品，能够拍戏。

记者：能不能再延伸一下，除了荣信达，像后来的华谊兄弟等其他公司也慢慢起来了，您怎么看待民营影视公司对行业的促进呢？

李少红：我觉得在转型的过程中肯定是大浪淘沙，原来在这个行业中的、行业外的，还有跨界的人都进到影视行业来，实际算是大家带着各种各样的心态来谋生吧。荣信达不同的是，我们是行业内的创作人员成立的公司，完全为了创作孕育而生，我们合作的人就是自己的创作团队。现在很多影视公司都是经营人员负责，他们再去跟内容创作者合作。我们恰恰在公司的运营上完全服从于内容创作。经过影视圈20年的公司运作，大家慢慢又走回到内容为王的起点，对于我们创作起家的公司来说，路肯定是越来越宽。

演员主要靠灵性和悟性

记者：您还发掘了周迅和杨幂，她们现在都是比较红的演员，您挑演员有什么标准呢？

李少红：我们做艺人确实很早，荣信达可能是最早做艺人的公司。我们跟单纯的经纪公司不一样，因为荣信达有自己团队的作品，本身拍电影就需要演员嘛。最早萌生做演员的想法，是因为在变革当中，演员都是社会人，没有单位，需要有一个社会机构帮他们操办一些事。公司和艺人就是基于合作产生的雇佣和服务关系。荣信达跟周迅可能产生了最早的经纪合约，这是我们在一块创作的基础。你所提到的演员，还有公司其他演员，都是因为跟我合作过而留下来，之后就长期合作。

记者：您一开始对周迅印象如何，为什么觉得她可以长期合作？

李少红：我觉得她比较有灵性。演员实际上靠两个因素，一个是先天的灵性，一个是后天的悟性，这个悟性就是对表演的灵感。当时我觉得，能够演到现在、被大家认知的这些演

电视剧《橘子红了》中的周迅（左）

员，都是靠自身的灵性、悟性，再加上努力得来的。他们也接受你对表演上合作的一些想法，只有这样，大家才能够互动起来。

记者：改革开放初期流行奶油小生，后来又流行高仓健这类硬汉，20世纪80年代末90年代初还有一类丑星，现在小鲜肉们把明星价值推到最大化，您怎么看改革开放40年来明星气质的变化？

李少红：这个好难回答。我觉得主要还是审美趋向吧，当一部作品的审美趋向被商业化后，标准就已超过演员自身。这些商业需求可能会带动或取代大家最早对表演和演员的定位，比方说大家喜欢完美，客观就要求偶像要完美到不真实，要现实生活中没有才可以让粉丝做梦。这样一来，对演员的要求就越来越脱离现实。

记者：您最近这些年还有中国电影导演协会的工作，能不能介绍下关于社会职务的事？

李少红：中国电影导演协会最早是因为两岸三地导演联谊申请的。当时的初衷是希望能够抱团，能够让艺术创作不要在商业过程中流失掉，所以我觉得创作人员一定要保护起来，我们要捍卫自己的尊严和集体的形象，这是做导演协会的初衷。

记者：那您做了两任会长，做了哪些主要工作？最自豪的是什么？

李少红：我没什么自豪的，我觉得坚持到今天，简直不知道为什么。因为这是一个非营利的机构，也是民间机构，我们的权限和能力都非常薄弱，完全靠导演为自己争取条件来扩大影响力，真的很不容易。现在不管是新导演还是老导演，大家都以自己作为导演协会的一员自豪，我觉得是这些年来，所有导演努力付出的结果。如果没有这个力量支撑我的话，我真的做不下来。

我们与时代一起走过

记者：今年是改革开放40年，也是第五代入校40年，您怎么看待第五代和时代的关系？

李少红：正因为如此，2018年导演协会给第五代发了评委会特别表彰，这确实是一个值得纪念的年头，也是这一年表彰典礼最大的亮点，就是给这一届同学们一个集体表彰，作为时代的一个印记吧。回头想一下，我们这40年确实跟改革开放一起走过，改革开放造就了我们，我们也成就了时代。这可能是旁人感受不到的最大价值。

记者：以您这些年的经历看，您对改革开放40年最想表达的是什么？

李少红：我觉得我们还是受益者，当然是时代赋予了我们机会，另外我们能真正抓住机会，并付出自己的努力，换来现在的成绩。这一切都不是偶然的，这是命运赋予我们的使命。

记者：您对中国电影的未来有哪些期待，希望自己将来拍怎么样的电影？

李少红：抓住现在，趁创作上面还有感觉，还有激情，能够再多拍几部戏，对我来讲就是现在最大的愿望。

后记

近年，李少红给人的印象像是电影拍得少了。实际上，她作为中国电影导演协会的现任会长，这些年为行业忙碌，主要做了三件事：一、连续举办两岸三地电影导演研讨会，加强华语电影导演间的交流；二、创办CFDG中国青年导演扶持计划（简称"青葱计划"）；三、持续每年一届的中国电影导演协会年度表彰。另外，她也一直在为监制或导演的新作品而奔忙，包括《解放·终局营救》和《妈阁是座城》，后者是关于澳门的一部电影。

拍电影，有时可能也是一场赌博，押上自己的青春、意志和自己全部的能量。这是与命运的玩笑进行周旋，是在找寻生命中那些稍纵即逝的可能性。这个外表温婉、内里坚忍的女导演，总能以她独有的视角与她周遭的世界对话，与观众进行一场非同一般的促膝而谈。她总能看到时代的洪流那些不经意的浪花，那些一闪而过的人性之光是如何照亮他们的前世今生。

梁天:

一位喜剧人的自我修养

文 / 李文心

🌀 梁天

瘦弱的身板，笑起来眯成缝的眼睛，似乎总憋着点坏主意的表情，这是大多数人提起梁天后脑海中浮现的形象。这位活跃在中国 20 世纪八九十年代银幕上的喜剧演员因其饰演的角色多是游手好闲、不求上进的落后青年而在近年的网络中频繁被制作成表情包，也成为当代"佛系青年"的经典符号。今时今日，当年轻人为生活忙碌奔波或与同龄人攀比而倍感压力时，这类角色某种程度带来了一种共鸣和抚慰——慢一点没关系，停下来也无妨，这个转变的过程可能是不擅使用网络的梁天所无法了解的。依然秉持着喜剧初心的他又会对自己的职业生涯做出怎样的总结？让我们从头开始讲起。

先进的"落后青年"

记者：改革开放 1978 年的时候，您在做什么？

梁天：如果说改革开放是从 1978 年开始的话，那会儿我在部队当兵，北京军区某师。因为我小学、中学都是宣传队的，在部队当了两年兵以后也进了文艺宣传队。那会儿我们是下部队演出，也接触了很多原来没有接触过的事情，我们那会儿说喜欢文艺，喜欢表演，都是看舞台剧，包括一些老电影，就那几部电影，《南征北战》《地雷战》《地道战》，演出也是相声、快板还有一些话剧。随着改革开放我感觉复映的电影越来越多，很多原来我们没有看过的电影，但都是老电影，印象比较深的有《洪湖赤卫队》。包括改革开放后又公映的一些电影，我们印象非常深，就觉得那电影怎么拍得那么好，随着改革开放电影就越看越多。包括一些进口片、港台片，我们也能看到，还有各种信息，包括邓丽君的音乐什么的，那会儿觉得世界这么美好，原来还有这些东西，之前根本接触不到。

对于我们热爱文艺的人来说，

电影《洪湖赤卫队》海报

年轻时的梁天

获取的营养更加充分了，这是我一个最大感受，而且信息量大了以后，对我们的创作影响很大。当然我们在部队得自己编写好人好事、快板、相声，所以我们就借鉴了很多传统的东西。当时也出了很多书籍，包括侯宝林的相声集，《解放军文艺》。那会儿我们都做笔记，我现在的笔记本也留了很多当时的一些心得。

原来我们是观众，是影迷，是一个文艺爱好者，随着改革开放，我们的机会多了，也会去参与到其中了。不光是在宣传队给大家演出，复员回来以后为剧组工作，当然我进剧组先不是演员，因为我这形象当时别人都看不上，只能演反面人物，演点落后青年什么的，但是机会还是给你了。就在剧组先打杂，当剧务、当道具、跑龙套我都干过。我们这行业就是滚雪球，越滚越大，之后认识的人越来越多，机会也越来越多了，所以才逐渐把自己这个所谓儿时的梦想实现了，这也得益于改革开放，否则你没有这机会。一年才几部电影，你能看到的才几部，拍就更甭说了。改革开放以后各个电影厂都焕发了活力，各个省的电影厂都开始拍电影，当时演员也少，片子也少，但是我们就得益于那个年代，我这个形象就占便宜了，老演落后青年、反面人物，一想就找梁天。

记者： 就像您说的，改革开放像打开了一扇窗一样。

梁天： 对。

记者： 一下子让咱们的世界五彩斑斓。

梁天： 对。

记者： 有很多机会。

梁天： 因为当时我们去看表演看演出，真是凌晨去排队，再比如说早上9点钟卖票，我们头天晚上9点就拿着小板凳去排队了。

记者： 看什么演出？

梁天： 所有，所有的演出都要排队，因为就卖两张票。北京曲艺团的曲艺，我印象很深，梁厚民《奇袭白虎团》的快板书，马季的相声《友谊颂》《汾河湾》，北京人艺、青艺、实验话剧院的话剧，天桥的芭蕾舞剧《天鹅湖》——那疯了，那得打起来，好家伙那会儿能看芭蕾舞，70年代那会儿能获得两张票，那真是不得了，现在很多票根我都留着。所以我觉得那会儿能看演出很珍贵，因为你知道在那个看演出的时间，或者看电影的时间，把自己带入了另一个世界。日常生活很枯燥，我们学习也不太好，没事干，天天无所事事，东溜西窜的，不知道干什么，也没什么钱，真是很空虚。但是一说买到票了，过几天能看演出，那种期待是真的比现在要强烈。现在当然也有很多好片子，大家也很期待，但我们那会儿很难得，一个月没多少演出，北京还好，每个月大概有那么几场，不管什么河北梆子、河南豫剧、山西梆子——当然这些演出是一个样板戏的形式，但我们都看，能看演出对我们来说是最大的欣慰或者说一种期盼，我印象是最深的是那会儿天天排队。

记者：您后来转业，刚才也说到了不是一开始就进入这一行。

梁天：对。

记者：您做过很多很多的工作。

梁天：我们复员回来以后，去复员军人安置办公室，那会儿还比较好找工作。我印象特深，大院里贴了好多单位，自己选，因为我还是共产党员，他们说你当过兵又是党员，愿意不愿意去劳改局，我说什么叫劳改局，他们说就是看犯人的地方。我一听这，我说我不行，我弄不了这个。后来我自己挑了一个北京市服装八厂，做服装的，雷蒙西服公司。当时它缺仓库管理员，我一想仓库管理员比较轻松，记记账什么的，那会儿我还是想遗传我们家这个写作传统，就是想搞创作，写小说。当时因为有一个作家叫蒋子龙，他是工人作家非常火，我们说那得去工厂体验生活才能写出小说来，所以我们都去的工厂，我就选了那服装八厂。结果到那一看根本不是那么回事，天天就是当搬运工，扛料的，各个料进来以后你得装卸，再把料扛分到各个车间，给我累的，看什么书？还搞什么创作？没戏。我就说这干不了，当时想离开工厂，正好这个时候有一个机会，有一个中央电视台的导演叫赖淑君，找我母亲聊点创作的事，正好她有一个电视剧，1984年的，叫《春泥》，是写伯乐发现千里马的故事。主人公是一个工人的形象，我演一个很

马季（左）、唐杰忠（右）合作的相声：《友谊颂》

后进的，起哄的那种工厂青年，是一个上下集的电视剧，在苏州拍的。我妈就跟导演说，你看我这儿子喜欢文艺，喜欢表演，中学、小学、部队都是宣传队的，能不能给个机会进组演个龙套，这么着去的。去了以后我的人缘好，形象特别，又认识好多人，紧跟着那个组的副导演第二部剧又找我——有一部电影叫《大学生轶事》。后来还有很多电视剧：《车从深圳来》《吉他歌手》。1984年、1985年就是我刚开始演戏的时候，我们的创作氛围很浓，真得开会，大家就非常认真。其实我们就几句词，但导演说

电影《大学生轶事》里的梁天

不行，你这个人物得自己来写人物小传，哪儿的人，他是怎么回事，这得编，人物的基础你得自己来设定，编剧给你提供的很少。大家天天开会，所有的戏我们都要到现场去看，当时拍一个戏要几个月，时间很长，我们就看人家怎么演。

记者： 虽然您只有一两句台词，但是您要到现场？

梁天： 对，每天到现场，帮着干点活儿，看看人家怎么演的。那会儿的氛围特别好，也没有什么钱，而且自己还得带全国粮票——剧组管饭，但是你自己交粮票。因为那会儿粮食很紧张，我就想剧组不错，管吃管住还给点补助费，虽然是很少的补助费，工厂这边还给我开着支。工厂也很支持，他说你看我们这个厂里有个人能当演员，后来又把我调到工会、组织科、宣传科、办公室，这一路就离开搬运工了，还在工厂。我在那服装工厂待了8年，从搬运工一步一步做起，但是我得益于在外边当演员了，别人都很羡慕。另外我也能写点东西，这样我就一直在科室，所以到现在我连服装厂的尺子都不会量都不会看，但是这期间我一直在跑龙套，各种演戏，越演越多以后，工厂我就不干了。老不上班不行，工厂给你发着工资，所以我就离开工厂，去了北京电影学院下属的北京青年电影制片厂，在那工作

了两年，也是在办公室，也是一边工作一边演。后来干脆一想，算了，就别干事了，还是演吧，好好演得了，我就变成一个"个体演员"。

记者： 虽然不是科班出身，但您经历特别丰富。

梁天： 对，因为专业演员指的是科班，是艺术院校毕业，或者是剧团，这要都经过考试的，艺委会要审评的，你才能进。

记者： 您当年考了吗？

梁天： 考过，都没考上，不能说考哪儿了，反正考过几个地儿。考两回我就知道肯定没戏，所以当时也有两手准备，万一当不了演员，那我在工厂也挺好。我那会儿在工厂最大的理想是当个副厂长、副书记什么的，也没当上，最高当到了办公室副主任。但是后来演着演着，找你的人多了以后自信就增加了，另外你认识人多了以后机会就多了。你生活有保障了。因为我们首先还得挣钱，但这个钱就比在工厂挣得多了，管吃管住，省了生活成本，还有补助费，加上后来有酬金了。它还有床板费，比如当时我们的床板费是20块钱，但是我们住10块钱的房子，那剩余10块钱就补给你了。你愿意住20块的房还是10块的房，我当然愿意住10块的，钱很重要嘛，吃饭也一样有饭补。所以在当年我很珍惜这个工作，如果能进剧组，首先把生活来源解决了，其实一九八几年那会儿已经改革开放几年了。但是后来慢慢我觉得变化都是无形的，原来我们住剧组都是六七个人一个屋，甚至十几个人住一个房间，现在这条件太好了。那会儿盒饭都是铁制的盒饭，就一盒白米饭或者馒头，熬一锅猪皮、酱油汤，里面搁点土豆、白菜，全是大锅菜，就已经很不错了。那会儿的条件确实是不好，但也没人想这些东西，大家吃饱就行，还是在专心研究剧本、讨论，翻来覆去地看那几句词。那个氛围我还是挺怀念的，现在确实没有了，可能时代发展得太快了，节奏快了也没工夫让你琢磨，但是很多有心的演员还是会静下来把剧本好好阅读，分析。但现在大多数我觉得都没有这时间了，也没有这个意识了，这个不知道是好还是不好。

做人和气，演戏较真

记者： 当年很多人认识您还是当时在《二子开店》里面，麻秆那个角色给大家留下的印象特别深。

梁天： 其实第一部不是《二子开店》，但是那部大家都没怎么看过，叫《大学生轶事》，是1985年拍的，《二子开店》是1987年。但是大家真正认识我是通过《二子开店》，因为借了陈佩斯老师的光。你想想佩斯当年得多火，他那会儿在我们家都是跟我父母一块聊点事儿，我跟我哥都是沏茶倒水什么的。后来也是通过副导演我进了组，见了导演以后，因为去过我们家，他们知道我了，知道这是谌容（著名女作家）的儿子，就说可以，来吧。我也不知道是因为我是谌容的儿子，还是因为我演那合适，反正王秉林导演觉得我演那个形象比较合适，还弄了一个爆炸头。因为当时都是拍现实题材的片子，也是迎合了改革开放，因为电影中是私人开旅社，二子开店，它是改革开放以后的新产物。原来都是国企、国营，他们这几个人都是待业青年，不靠国家，靠自己的双手挣钱吃饭，我觉得非常励志，而且是通过喜剧的形式。《二子开店》是有一个系列，佩斯跟陈强老师一块，对我的演艺生涯来说是非常重要的一部戏。紧跟着就是1988年的《顽主》，是王朔老师的作品。我们觉得它最好地反映了城市文化，反映了当时城市青年那种状态，至今我觉得也没过时。主人公是很迷茫的一代，也不是迷茫，他有自己的追求。王朔的小说中的人物看似玩世不恭，但骨子里很要强，很有个性，完全符合当时那个年代年轻人的一些想法，一种状态。里边有很多的经典台词，包括葛优说的"足球就是人生"，后来我在我导演《防守反击》里还用过这话，曾志伟饰演的曾大伟说，足球就是人生，整场球下来也许一个球都进不了，为什么大家还在跑，为的是观众的喝彩，人生其实也是一样。我从一个影迷、观众，到后来通过很多机会认识了一些演员，那会儿我老给演员写信，有的演员给我回信，包括一些首映礼，当时的见面会我也跟演员照过照片。你从这个开始出发的，后来你当演员了，演了电影了，而且跟你喜欢的老艺术家还合作了，之后自己又成立公司了。我做导演以后，又把老艺术家请来在我导演的戏里边出演角色，我觉得这就是

进步，那就是为了观众的喝彩，大家可能觉得梁天又进步了。所以我说王朔那句"足球就是人生"非常对，进球不进球无所谓，就是得不得奖是无所谓的，这个过程你努力了，我个人认为已经成功了，比我当年的想法那已经高出多少倍了，完全够本了，死而无憾了。实际上也是为了大家叫好，说确实好，踢得好、演得好，是一样的。

记者： 实现自己的一个人生价值。

梁天： 对，以前我想都不敢想。后来我们做公司，我做导演，我想请陈佩斯老师能不能来我这演一个角色，二话没说人家来了，姜

电影《二子开店》中的梁天

电影《二子开店》剧照

昆老师、赵本山，朱时茂，所有的这些演员，我喜欢的、崇拜的全都合作了，我觉得已经没什么遗憾了。

记者：刚才您也说到《二子开店》很有现实的意义。

梁天：非常现实。

记者：当时这批人也是最初个体经济的一个代表。

梁天：对，叶京的很多片子，后来也反映了到广州倒电子表，倒服装什么的。那会儿都是在广州进

电影《二子开店》剧照

电影《二子开店》剧照

货，我印象也很深。而且那会儿的所谓"靡靡之音"也可以开始放了，跳个舞，还有弹吉他——他们叫"荏琴"。我都见过，因为我认识人比较杂，比较多，也都参与过。我觉得那会儿人的状态都是非常简单，有一种特兴奋的，天亮了似的感觉，每个人都快节奏，挺美好的。

记者：在《顽主》里，您、葛优还有张国立老师，也是三个小伙儿，成立一个 3T 公司。

梁天：对。

记者：这 3T 公司现在想来还是挺有意思的。

梁天：后来好像真有人成立这个，实际上它是特别好，特别善意的一个故事，就是你有什么火冲我撒，你别撒到社会上去，我们来替人代过，替人排忧，替人解难。最后我来替你受这罪，你别受罪，你要想发火你冲我发，你别到社会上惹事去，其实是多正能量的一件事，真要有这么一个公司就好了。

记者：当年您和佩斯老师还有葛优老师合作都比较多，他们俩是不同风格的喜剧。

梁天：对，佩斯老师我是不敢妄加评论，他是前辈了，还是动作性强一点，他的形体表达能力非常强，像《吃面条》，

电影《顽主》海报

电影《顽主》里的梁天（左）、张国立（中）、葛优（右）

电影《顽主》剧照

谁也弄不了这个。他所有的小品，你现在看起来还是很经典，他的表现力是非常强的。葛优是冷幽默，他本身反应有点慢，因为他是一个慢性子，你说话他得琢磨一下。别人一说什么都明白，他慢，他得想一想，所以我们合作几年我觉得他就是那状态。包括《顽主》，那应该是我们中国第一部同期录音的电影，原来我们的电影都是配音。你想去拿奖，到国际上要是去评选的话必须要百分之多少的同期录音才行。所以葛优的台词是一遍一遍地就在屋里来回地背，我们大伙都烦了，因为大伙都住一块。比方说"你吃了吗"四个字，他天天在屋里"你吃了吗，你吃了吗，你吃了吗，你吃了吗"，一百多种"你吃了吗"，他在找一种最准确的一个调，一种语速，他对每句台词都特别认真。另外还得跟对手商量，我这个音这么说行不行，你能不能接得住，能不能呼应上，可不是像现在拿起本就念，不是，且练呢。我们大伙都烦了，说你是祥林嫂吗，但是他对台词就非常讲究。再加上他反应有点慢，结果杨重这人物就特别适合他，我是演那种特痞的人物，国立老谋深算，葛优反应慢，所以这三个人物一出来他们就觉得特别对。

记者：每个人都特别有自己的个性。

梁天：对。

记者：我们大家也一直都觉得梁天演的角色没有特别伟岸，特别高大上，都是一个小人物。

梁天：我这形象演不了那种，你既然干这行业，你是为观众服务，等于你表演给大家看，大家认可了，才给你掌声，才有人再接着用你，你如果拧着干是不行的。这是佩斯老师跟我

电影《喜剧明星》中的梁天（右）

说的，因为当时我老演反面我也真的烦了，其实谁不想演正面人物，演主角，后来佩斯老师说你得认，他跟我谈过喜剧，他对喜剧有很深刻的认识，我们这种形象演省长，演书记，演皇上都不对，别人不信。比如老百姓爱吃炸酱面，炸酱面就得这么做，就得配这个菜码，他好的就这口，现在大家认可你就是因为你老演这些后进青年，这些地痞流氓，小偷特务什么的，大家觉得你演得像演得好，你就照这路子演就行了，别想着突破。很多演员不明白这个道理，说什么人我都能演，我觉得不对，演员还是有局限性的，有些你就不能演，你自己是过了瘾了，大伙不认，你不是白演嘛，还是要服务于观众，后来我也想开了那就演吧。我们拍《二子开店》的时候，我不会游泳，不是把我扔到河里去了嘛，围观的很多老百姓就乐，佩斯就跟他们急了，说他不会游泳你们知道吗，你们乐什么呢，他越急别人越乐，大家不知道啊，以为你在演戏。其实喜剧挺苦的，大家觉得好玩，其实演员不容易，后来我拍了一个电影叫《喜剧明星》，实际上就是写的这个道理。

记者：感觉有一点您的影子。

梁天：那是我母亲给我写的，一个工厂的工人当业余演员，逐步逐步成功了。

记者：所以演起来比较有自己的感受。

梁天：对。

记者：后来自己参与执导一些戏，做一些更多的工种，您觉得是不是之前在部队打杂，当剧务都是一些积累？

梁天：太是积累了，我觉得根上说是得益于我们这个家庭，因为是一个文化世家，就我文化稍微差点。他们都大学毕业，我学习非常差，小学、中学都是，尤其数理化一窍不通，灯泡怎么亮的我至今没弄明白。我政治和语文还可以，历史都不行，历史、地理记不住，就没走这根筋。后来我们家就说你自己闯去，我们从来不限定你要做什么，但当兵是他们建议我去的，复员回来以后就是你随便，想当演员

古典名著《红楼梦》

你就自己去。

等我演了几部戏以后，家人找我谈了一次话，我父母也好，我哥哥梁左就问你是不是真想当演员，我说我就喜欢这个，他说那你就得看书了，要好好看书，要懂得更多一些，你整体的素质要提高，作为一个演员，不是光有脸就行了。但是我看书很多时候很难看进去，后来他们说你先看《红楼梦》，我说《红楼梦》是竖版的又是繁体字，人物关系太复杂了，我记不住。再看一遍，又看一遍，还是不行，他说你也别看了，就问我看完《红楼梦》这两遍脑海中有没有人物形象，我说这个我倒有。那会儿《红楼梦》还没拍出来，我说林黛玉应该什么样，贾宝玉应该什么样。

后来他说给我讲一个道理，我一下悟出来，你看《红楼梦》这部小说人物描写、景物描写、心理描写都不多，大量的是对话，王熙凤说话，林黛玉说话，曹雪芹人家是高手就在这儿呢。他处理每个人物的说话方式都不一样，什么人说的什么话，王熙凤就得这么说话，林黛玉是这么说话。你仔细分析演员，台词是生命，你拿到一个剧本，给你一个角色，这角色应该怎么说话，编剧可能提供了一些线索，但是更多的是你自己要琢磨，你要把这句话说好，把它说得有意思，掌握逻辑重音，语速，语调，那么你就能成功。你先把台词弄好再说表演的事，那个是另外一回事，你说话说顺了，你这表情基本上都对了，稍微有一点控制，眼神或者什么的那是后来的事了。所以他这一下点拨，当然我也聪明点了，一下就悟出来了台词的重要性，就是文字感。什么叫文字感？他说你看你老打乒乓球你就有手感，你老练，老是这动作，你的准确度肯定是特别好的，踢球有脚感，老踢老踢，你的准确度就应该可以。文字也是你要老写才行，你看一本书里边哪怕有几句话你特别欣赏的话，你一字一字抄下来，第一把字练了，第二文字感出来了。所以我现在笔记本这么多，就是我抄的那些好的名人名言，人物描写，风景描写，抄完以后第一就是文字感增加了，我再看剧本的时候，再看这段文字的时候，我马上就能明白它的意思，再变成我自己的语言说出来，对塑造人物有非常大的帮助。后来我也带几个徒弟也教他们这样，现在很多人不写字

了，谁还写字，谁还买书，都没有了，但是你要是真的坚持几个月甚至半年一年，我觉得特别有用。今后你说话也会很严谨，重音什么的全都对了，就得练这文字感。所以我觉得还是得益于我们家这种指点，否则我也不知道怎么演，那会儿我都照着镜子瞎练，照着镜子做各种表情，其实根本不对。

记者：后来改革开放之后，1978年之后也恢复高考了，有没有想再去考一下？

梁天：试过，复员回来以后当时想让我报补习班了，那笔记本我还留着呢，根本听不懂。可能也就几天半个月就不行，我跟我们家说高考这事就算了，我还是到工厂去吧，自学成才去吧。

你快乐所以我快乐

记者：后来你直到1994年的时候成立了自己的一家公司，和谢园老师还有葛优老师一起，叫好来西。

梁天：对。

记者：为什么会叫这个名字？

梁天：当时因为大家都在办影视公司。有一段时间特别流行办影视公司，其实办这个也是考虑到我们的后路，以后你演不了没人找你演戏了怎么办，你别的也干不了，不如我们先把公司成立了，如果以后没人找我们演戏了，我们可以自己来拍。或者我们不一定演，我们可以策划或者做导演、做制片，

电视剧《我爱我家》剧照

梁天（右一）、葛优（左一）、谢园（左二）合影

把后路先想好。这是我先想起来的，但是我一个人成立公司有点底气不足，我就拉着葛优、谢园，其实他们俩都有单位，我那会儿没有单位了。

记者：那会儿已经从单位出来了。

梁天：出来了，已经把档案搁在人才交流中心了，因为当时成立公司必须不能在职，在职的不能成立公司。葛优是全总文工团的，谢园是电影学院的，所以等于我是法人，他们俩是挂名。很多人以为是我们仨，其实不是，就是我的，他们俩是挂名。人家也没投资也不分红，到现在也一样一分钱没拿，但是就等于帮我。我说是我的公司，可能投资稍微困难点，说梁天、葛优、谢园的公司，三人的就好听多了，他们俩也确实帮了我很多忙，有些谈得差不多的时候，他俩一出面合同就签了。

所以首先是给自己想一个后路。因为我这个公司是在《我爱我家》以后成立的，到了《我爱我

家》那时我觉得我的表演已经再没招儿了，已经演到顶峰了，我已经把所有招儿都用完了。因为在《我爱我家》之前我演过各种后进青年，而且编剧又是我哥哥，他比较了解我，他照着我写贾志新。梁左的本子看一遍我就可以脱稿了，他写得也好，我演得也还可以吧，但我自己有自知之明，从表演上我该用的全用了，我这点底都用光了，再演我认为就多了就重复了。而且我一直认为观众是喜新厌旧的，观众需要看到新的东西，新的面孔，如果一个人老霸占荧屏，肯定也不正常，也不可能，演来演去老是那样，人家就没有新鲜感。所以后来我是有意接戏比较少，转型也不太好转，因为观众印象中我老是贾志新，这岁数你还那样就老不正经了。所以现在他们找我演的都是那种老谋深算的，腐败分子、黑社会，全是这种，也挺好，我个人一点意见没有，反正他们觉得合适，我觉得也合适就可以了。

但是这公司成立到现在我们确

📷 电视剧《我爱我家》剧照

📷 电视剧《海马歌舞厅》中的梁天

实拍了很多很多的戏，承制了很多很多戏，有些我们都没挂名，因为我们对这个名好像觉得不重要，比较低调，不爱宣传，几乎就没有宣传。好来西的来源是因为浙江金华武义县有一个企业叫好来西服装公司，当年是非常火的一个公司，也是民营企业，当时做西装做领带做皮带。它赞助了《海马歌舞厅》，赞助了《我爱我家》，老板跟我们关系非常好，后来相当于他出资我们来成立这公司。好来西就是上海话好得很的意思，他那个企业也是3个人2台缝纫机起家，后来我们就说我们也三个人，咱向好来西学习。但是它是家族企业，后来也是经营不好，全是亲戚弄乱了，倒闭了，创始人王总现在也故去了，但是我现在依然叫好来西。他的亲属都非常感动，这企业已经不存在了，你还能叫这个名字。很多人建议我把名字改了，说你应该换个名了，这企业都没了，老板也没了，合约也结束了，本来我们还有合约。后来我说不，我这人比较念旧，因为没有王总，没有好来西的创始人我们也成立不了这公司。当时是1994年成立的公司，人家给拿出那么多钱来，这就是很不容易了。

记者：成立公司的资金是多少？

梁天：当时拿了150万，你想想，人家就是喜欢我们，人家也没条件，你们只要用好来西影视公司的名义每年拍一部戏就行了，就这么一个要求，这个我完全做到。我一年不是拍一部了，我拍很多部，老板也特高兴，你就叫好来西就行了。后来他那个企业出了不少问题，但是我还是很念旧的人，它就这么来的，所以就一直叫呗，只要还能撑得住，就一直叫下去就完了。

记者：当年您从国企那个铁饭碗里出来，也是需要很多自信。

梁天：有一定的自信，当时我觉得我的人脉积累得已经可以了，而且我又挺会来事，逢年过节到导演家看看，就觉得没有正经工作了也没问题，就是个体演员嘛。

记者：当时个体演员多吗？

梁天：不多，也不算多，我一个。当然比较有名的，申军谊是个体，后来我逐渐想到了成立公司第一是为了给自己后路，第二人家再投资不会给你个人投资，还是得公司，这样大家觉得很安全。梁天一是名人跑不了，第二他有公司，有法律在制约，那么你再合作大家就很信任你。而且我们自己也很有地儿，基本上跟饭馆都挨在一块，这样认识的人会扩大，你作为演员担任的就是演员、导演，成立公司又不一样了，你跟很多公司可以合作，我们跟华谊都合作过。

记者：那成立这个公司之后，基本上都是您一个人管？

梁天：对，我稍微累点吧。

记者：什么都得管。

梁天：对。

记者：是不是自己有了公司之后，可能拍片什么的，自己都可以说了算，不像以前。

梁天：对，那当然了，基本上我们工作成立戏都是我导的，因为外请导演太贵，基本上都是谢园演的。

记者：就是他们给你友情助演，友情参与。

梁天：对。

记者：当时民营公司已经很多了吗？

梁天：也不是很多，我们1994年成立那会儿不多，算比较早的了。

记者：好多公司后来都没有坚持下去。

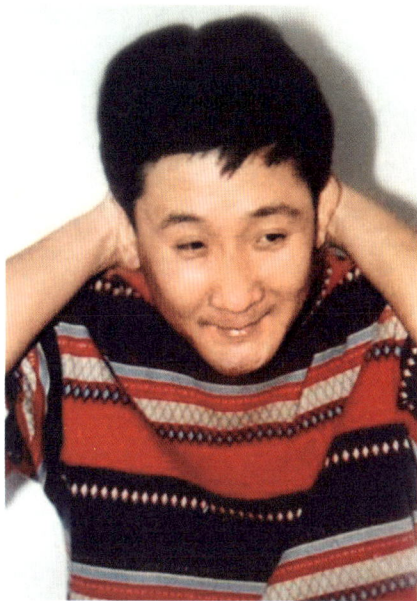
梁天早期照片

电影《不谈爱情》海报

梁天：对，很多倒闭了，我们还能活着就不错了，中间也有一段很不好，当然电影市场也不好，电视剧也不好，那会儿就不拍呗，等呗，就是看机会。我们还是比较坚持我们想拍的一些东西，就跟我们公司的宗旨是一样的，我们还是想拍点歌颂城市文化的片子，因为我觉得中国是个农业国家，城市文化亟须再提升一下，再宣传一下，别弄得太没文化了，有些东西得教人好，真善美的东西还是要推广。

记者：用现在的话说要正能量。

梁天：要正能量，我觉得要与人为善。我们拍的东西都是比较温情的东西，婆媳打架，杀人放火那些，我们肯定是不会拍的，因为我觉得还是要让观众能看到一些美好的东西，人们还是期待着美好的生活嘛，对未来有憧憬。你天天制作

◈ 电影《天生胆小》剧照

◈ 电影《龙年警官》中的梁天

乱七八糟的东西肯定不好。所以我强烈建议，每个省这么多频道应该有专门的一个频道，播好人好事正能量的东西，肯定有人看。中央一套现在就不错，弄得挺好的，挺正能量的。诗歌，朗诵，还加上《感动中国》什么的，得有这个东西存在。

其实我们最早拍过一个叫《不谈爱情》的作品，拍得很克制，是两家门不当户不对有矛盾，怎么解决这个矛盾，最后还得让它美好起来，不能弄成那种狗血剧。我为什么拍喜剧，因为悲剧太容易演了，也好编，生离死别，继父继母，捡个孩子这个那个的。现在压力这么大，你喜剧有本事把大伙儿逗乐了，让大伙儿天南海北都认你，这是最难的，而且要南方北方都通吃，基本是做不到，但是正因为难，你才要做这件事。国外来讲喜剧可以涉及政治，或者男女关系，咱们中国的体制不一样，你不能拿政治开玩笑，你也不能拿男女关系开玩笑，那怎么办？拿自己开玩笑，你就自嘲呗。另外有些事你得有生活才行，喜剧也来源于生活，所以我们很多的幽默都是来源于生活的。而且我们很知道底线，就是你可以反映一些社会问题现象，但是不要拿自己的标准去主导、批判人家。宗旨是希望大家学好，希望大家对生活充满希望，不能因为暂时的不理解或者不顺畅，就报复社会，或者说产生一种变态的心理。所以我觉得影视作品还是更多地弄点喜剧出来，现在喜剧太少了。

记者：那好来西公司当时成立的时候有没有遇到一些困难？

梁天：还行吧，我们还挺顺的，也有赔钱的戏，但是总体还可以。我们也不是单打独斗，还是跟人合作，比如跟电视台的合作多一些，因为我是承制方，电视台当时还没有制作这一块，我们主要是制作，利用我们这个关系吧。我们去找演员可能比电视台找便宜，我们去哪儿拍可能不用花钱，我们租设备，人家给梁天一个面子，给我打折，我们有这种优势，所以很多人愿意跟我们合作。

记者：公司出品的第一部片子叫《天生胆小》。

梁天：是我们公司的第一部电影。

记者：那这部片的您肯定很有印象，毕竟是第一部作品。

梁天：对，这也说来话长，我得感谢当时北影厂的黄健中

导演，因为他让我演了自己唯一一个正面的形象。《龙年警官》里我演一个警察，当时他就说梁天你一定能演警察，我说我老演被警察抓的角色，演不了警察，他说你一定能演，警察也有长得比你难看的，后来就演了《龙年警官》。紧跟着第二部《天生胆小》，这是他策划的，当时我们到深圳万科找王石，王石亲自接待我跟谢园。黄健中就说我来策划，谢园你来导和写，梁天演，当时这么定的。然后我们就去深圳找王石了，王石给我们讲这个故事，是一个真事。万科当时有一个人，调到万科之前是派出所的，派出所不放他，说破三个案子我就让你走，这个人真就破了3个案子。所以这个故事就写了一个警察，他不愿意跟坏人打交道，想走，葛优是所长说你破3个案子我就放你走，后来他果然破了3个案子，但是实际上他对警察认识又提高了，最后也没走。但是后来领完任务以后，谢园拍《爱你没商量》去了，我说这怎么办，我们找的冯小刚，和我们一块，用了一个多月的时间吧，租了一个招待所，冯导把这个剧本写了。写了以后我们请彦小追导演导的，谢园后来也来串戏了，正好那年葛优拿了戛纳的影帝，又回来给我们演这个戏，所以我也非常感动。

电影《天生胆小》中的梁天

记者：这个戏当时市场反映如何？

梁天：一般，为什么呢？这个片子是我自己拿着拷贝，开着车，全国跑了一圈，为了节省开支嘛，当时佩斯拍电影是坐火车，拿着拷贝给人磕头去，我是开车，更省钱，火车还贵呢。

记者：全国跑了多少个地？

梁天：全国能开到的地方基本都去了，当然我们那会儿对接省电影公司，每个省买几个拷贝，再在各省放，我开着车去的，然后一个一个磕。但是电影公司说明明是梁天、葛优、谢园演这个戏，可它不逗，不是喜剧呀，首先给你限制在那儿了。其实《天生胆小》虽不能说是完全意义上的喜剧，但是里边有内在的幽默什么的，他们看不出来。他们认为梁天、葛优、谢园这仨弄一块，应该就是一个爆笑喜剧，所以他们挺失望的。但是那个片子也没赔钱，就没有他们预期的那么好，但我们觉得这个片子非常好。

记者：所以当时最开始的阶段，都是要自己到全国各地去宣传。

梁天：对呀，你得去发行。

记者：自己做发行。

梁天：自己去，给人磕去。我们跟青年厂一块去——因为是合拍的嘛，我们得跟院线经理在那儿且聊呢，首映搞见面会就跟现在路演一样。

记者：就是最早的路演。我记得上次采访佩斯老师，他就说他们最早的路演就是在田间地头，然后铺张席子，就跟观众开始唠嗑，这是最早的路演。

梁天：对，那会儿还没互联

电影《天生胆小》中的梁天（右）和葛优

梁天照片

网，都是报纸，能登你一条消息就很不得了了。

记者：也是挺有意思。其实当时就像您说的，很多人看到您觉得您、葛优老师这个搭配应该是一个喜剧。人其实是有一种审美的固化在里面，就像最开始大家看唐国强老师，老说他是奶油小生。是不是大家这种审美也在不断变化，包括后来佩斯老师的形象，包括您的形象，越来越被大家所喜欢。

梁天：我觉得是，观众可能有审美固化。一开始的电影都是高大全的，正面的人物多一些，反面的，一般一部作品里面有一个，肯定得衬托这个英雄人物。后来逐渐加了很多后进的角色，这不是反面人物，他是不求上进的。改革开放那会儿大家都得上进，所以作品里面有一个主人翁是那种永远上进的，还有一些不太上进的，那我们就是中间的这一部分，这一部分的人物一出来以后，大家觉得很新颖。而且形象都奇形怪状的，叫我们丑星嘛，我、葛优什么的，其实你细看也不丑吧，但因为观众看惯了那种正面的人物了。唐国强其实很正，怎么会奶油小生呢，谁起的外号我也不知道，那会儿也就那么一说就过去了。实际上就是银幕形象逐渐被大家认可的过程，大家接受的种类更多一些了，因为不单一了，百花齐放了嘛。各种电影都看了，包括国外的电影，那观众也明白了不是都那个样的，还有有内容的，所以我觉得很正常。现在没有那么严格了，当然对女演员可能有，确实得漂亮，男的现在都行了，谁都能演男一号。

记者：就是各个类型的，现在大家都能接受。

梁天：都能接受，只要这个人物接地气，是老百姓生活中来的，我觉得应该都会被大家认可。

记者：那您自己现在创作或者导演……

梁天：喜剧，我们现在也在创意，有几个案子在弄，当然我不一定演，但是我很有兴趣参与。

记者：那现在主要是扶植着年轻的一代。

梁天：对对，应该这么说。

记者：就是要带带他们。

梁天：也不是带，人家现在比我们要进步多了。这些年轻人他们看的片子首先信息量比我大，真的。我认识很多导演朋友，我让他们给我发那个目录，都应该看什么片子了，最近应该看什么了，我赶紧找来看。我是这么来的，要我自己找都不行，因为我就是上不了网的人，但是我这人这一点比较好，不明白就问。

记者：最后想问问梁老师，你看改革开放走过了四十年，中国电影这几年也是发展越来越好，然后越来越多的现实题材，包括各种各类题材的出现，您觉得之后会有什么样的一些期待？

梁天：我就特别期待喜剧能越来越多，尤其想给电影频道一个建议，电影频道应该找一个时间段专门放喜剧片，比如每天晚上 12 点到凌晨 2 点，中外喜剧在这儿演，肯定收视率广告能上来，大家太期待喜剧了，就是反复看都不会厌的喜剧电影，中国的、外国的。希望中国未来荧屏或者屏幕上喜剧越来越多，让大家开心的作品越来越多，或者教大伙儿好的作品越来越多。

记者：那您作为一个资深喜剧演员，您觉得现在喜剧电影还缺点什么？

梁天：我觉得缺好的编剧，因为喜剧是挺费力不讨好的事，很多人不愿意写喜剧，因为它太难写了，你把人逗笑，得想半天。你要让人哭特别容易，但是你让他们发自内心地笑，要有大量的生活积累，要观看大量的喜剧电影，包括要了解那些所谓的套路吧。然后你要有敏锐的观察力，看哪个故事能弄成喜剧，哪个根本就不是喜剧，所以我特别佩服这些喜剧人，包括我们现在很多综艺节目的喜剧栏目我全都看，涌现了一批新的喜剧演员，这件事如果他们能坚持的话，我觉得非常的可贵。很多女演员一出来以后，不愿意让人叫她喜剧演员，谁不想漂亮，谁想扮丑，不过好的女喜剧演员现在越来越多了。原来就是宋丹丹、蔡明，现在有马丽，还有开心麻花团队的那些表演都非常好，包括贾冰团队的那个女演员也都不错，我觉得非常好，这些还太少。将来应该专门设一个奖给喜剧，金鸡、百花里边，能不能有一个喜剧奖。

记者：单个的？

梁天：单个的，喜剧演员也好，喜剧导演，编剧，包括影片，如果能给一个奖的话，那就是对喜剧的重视。我跟陈佩斯老师当年聊过，我说我们能不能成立一个中国喜剧协会，把这些喜剧演员，包括一些戏曲里面的喜剧，杂技里的小丑都算成喜剧，我们来成立一个协会。后来觉得太麻烦了，大家都特忙，谁来弄这事儿呀，但是真要有人来做这么一件事，我觉得是非常好的，喜剧协会或者喜剧什么奖，引起大家的重视，我觉得赞助商应该也愿意。

后记

整个采访过程，梁天面对自己的缺点爽快又坦然，说起自己钟爱的喜剧和表演又能做到言之有物，侃侃而谈。喜剧精神仿佛已经融于他的生活中，再平淡的事情一经他描述就能变得生趣盎然。就像梁天所说，喜剧是最难的。难就难在只有彻底放下包袱，发掘生活中最令人尴尬的经历并用自嘲的态度表现出来，或许才能博得大众的会心一笑。与其说他的表演浑然天成，不露痕迹，不如说他是将不同职业赋予的经验和对生活的体悟融会贯通，以献祭的姿态将自己赤裸地呈现给观众。要成为一个合格的明星需要参与一场人数众多的"造神"活动，要成为一名合格的演员则需要一个人默默走下"神坛"，在演戏之外隐于世俗生活中去，梁天毫无疑问选择了后者。

宁瀛：

与贝托鲁奇离得最近的中国女导演

文/张方方

宁瀛从小拉小提琴，从未做过电影梦，误打误撞进创造历史的北京电影学院78级，成为录音系的一名学生。之后考上更为难得的公费留学意大利的机会，在意大利罗马中央电影学院就读。而她第一次接触电影拍摄，是在意大利电影大师贝托鲁奇的史诗巨片《末代皇

⊛ 宁瀛

帝》。这是个不知不觉中与电影分外亲近的人，现在，就让我们看看她与电影的不解之缘。

葛优帮我导了一场戏

记者：现在还能回忆起您拍电影处女作《有人偏偏爱上我》的细节吗？

宁瀛：我第一次当导演，经常有一些到现场特别恐惧的戏，因为全摄制组都等着你，问镜头怎么摆，怎么指导演员表演。那时我特别紧张，尤其葛优演的这部分我记得特别清楚，当时葛优还没这么有名，有人介绍说，我们北影厂老演员葛存壮的儿子特别有特点，他肯定是你想要的类型，我一见说就是他了。等到他来的那一天，我的情绪特别不好，那天觉得哪都

⊛ 电影《有人偏偏爱上我》海报

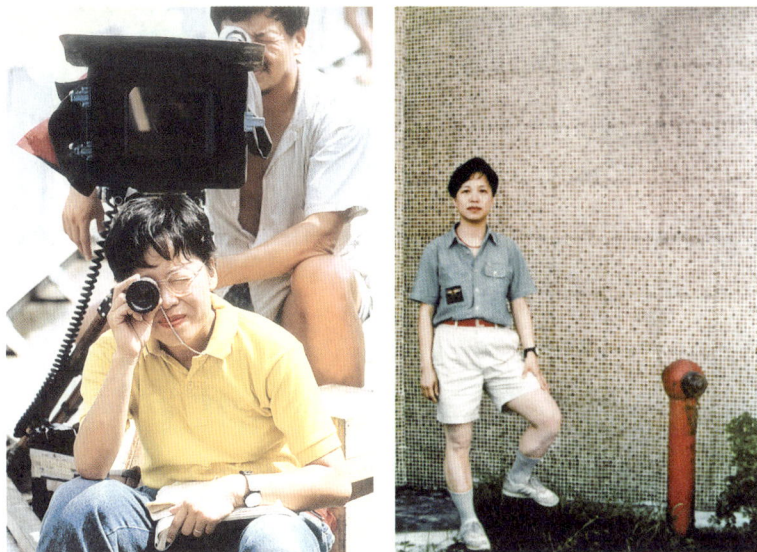

宁瀛在《有人偏偏爱上我》拍摄现场

不对，脑子一片空白。就跟葛优说，说实话，我现在一点想法都没有，完全不知道该怎么拍这场戏。他说，不用着急，我来拍戏，到时候您看是不是这个意思。我都不记得这场戏的台词是不是他们现场编的，反正那场戏是葛优导的，不是我导的，我当时特别慌张，不知道为什么那天死活找不到感觉，后来他就领两个演员排戏、编词，甚至还包括镜头怎么运用，我就那么拍了，所以这场戏是葛优导的，我印象很深。

记者：那时候葛优老师30岁出头还算年轻演员，您现在也跟很多年轻演员合作过，对比两个时期，当年的年轻演员和现在的年轻演员跟您合作起来有什么区别？

宁瀛：区别很大，比如我当时拍摄第一部戏特别紧张，找不到感觉时，像葛优这样的演员，那时候他没现在这么有名，但现场就能帮忙，说这么导，这么放机器。我估计现在一个导演现场绝对不能跟年轻演员说没有想法了，你没有想法也得装得有想法。但做导演久了以后对怎么放镜头就是最容易把握的事了，这就是经验。

非职业演员像小孩

记者：您还和很多非职业演员合作过，您指导非职业演员时有没有什么窍门？

宁瀛：其实关键在于选演员，我是亲自选演员的导演，主要演员我都要亲自试戏。如果说窍门，其实主要在于选合适的演员，像《民警故事》中的李占河，因为他是职业警察，我观察很久发现，他们就是生活中没有当演员的机遇，但实际上都特别有才华，可

宁瀛（左二）在电影《有人偏偏爱上我》拍摄现场

宁瀛（中）在电影《有人偏偏爱上我》拍摄现场

以说是表演艺术家。我记得跟李占河拍戏时有很多有意思的细节，体验生活时我跟他待了很长时间，他常用的一些词，我就拿录音机记下来，回去把这些写成文字落实到剧本上，到现场他一开口，出来的就是剧本上的台词，案头工作做好后一切就简单了。有时候他记不住台词，比如说五讲四美等具体规定，尤其拍到后半夜特别累时，正拍他教育王小二那个厂长的戏，后来我出主意，把台词写在王小二的肚子上，你指着他脑袋念台词，他念词就流畅自如。跟非专业的演员合作，我有一点心得。非专业演员拍戏过程中和导演的关系有点像小孩和

电影《民警故事》剧照

宁瀛（右二）在《民警故事》拍摄现场

宁瀛在北影剪辑室

大人，一开始你说什么他听什么，像小孩的幼儿期，之后他就进入反抗期，他觉得你说得不对。

记者：您还知不知道李占河现在在做什么？

宁瀛：我一年前还见过李占河，但忘记他现在具体做什么。我们还是一起吃饭，他和当年一样，非专业演员之所以在电影中能够出彩是因为他在生活中有鲜明的个性，所以到什么时候他还是他。他主演的《民警故事》后来获得新加坡国际电影节最佳男主角奖，特别可惜，因为他是民警，没能出国，就没有去领奖。北京大学生电影节他也获得最佳男主角提名，当年和朱旭老爷子同时站在台上，最后朱旭老爷子得了奖，他也觉得很好，说毕竟我刚出道。

记者：您现在能回忆一下，拍《找乐》时候的事吗？这也是您的代表作之一。

宁瀛：《找乐》一开始不是黄宗洛主演，是另外一位。那位老先生曾经是专业演员后来退休后成为票友，请他主演，一开始安排戏也没经验，把最开始的戏都安排在冰上，生怕先安排别的戏拍完冰化了没辙，就先在冰上拍。他一开始干劲十足特别认真，一直在冰上待着，要在现场搞清楚，你们怎么拍，我应该怎么配合，我们谁也没有太注意他。我们有很多灯、设备和机位，现场要思考其他的问题。结果拍了不到一个礼拜，老先生心脏病突发，我们都吓坏了。

记者：您方便透露一下是谁吗？

宁瀛：我现在想不起来名字，对记人名有很大障碍，我只能记住个别人的名字，而且他已经去世了。

记者：《找乐》里面3分钟的澡堂独白，这段戏您还记得拍摄细节吗？

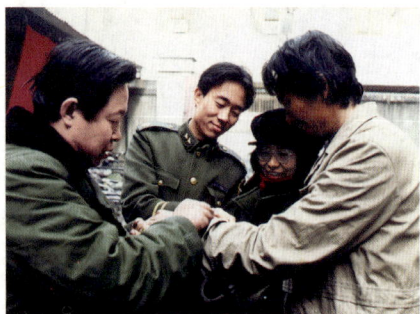

电影《找乐》剧照

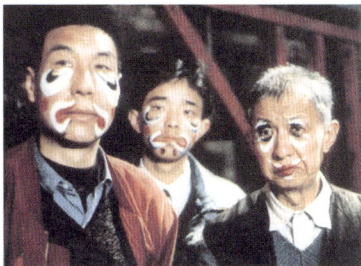

宁瀛：记得。那段戏黄宗洛在澡堂子里躺着，他有一大段独白，准备了很多天。我当时跟摄影师安排长镜头怎么做，怎么去推拉摇移，就听黄宗洛老爷子跟何明说，这是我的戏，你不准插话，何明点头。但我知道何明的习惯，他根本管不住自己，肯定会插话。我就跟黄宗洛叮嘱一件事情，我说我没喊停机你千万不能停，因为我本就希望他说话时何明能特别自然地插话，我不希望这场戏变成沉重的独白，我觉得何明插话进来很好，再慢慢推镜头，把何明推到画外，而不是一开始何明就不说话。我只要控制住老爷子不喊停机，最后出来的表演就是我想要的效果，何明该插话插话，老爷子又不能停机，一直把镜头演完。因为当年都是胶片，一盒胶片只有 10 分钟，又很贵，所以演员非常在意，这个镜头无论如何不能停机，一个卡壳都不会有，恨不得看了剧本就去背所有台词。

误打误撞进电影学院

记者：我们把思绪拉回到 40 年前，聊聊当初您报考电影学院的事，是通过什么方式知道电影学院恢复招生的。

宁瀛：这个说来话长，我一直学音乐，拉小提琴，我原来的梦想是成为一名小提琴家。当初我考过中央音乐学院，但因为我的小指不够长，作为小提琴的考生不得不考虑发展前途，还因为家庭出身就没有录取，这对我打击非常大。当时产生特别大的逆反心理，想离开北京到别的地方上大学，1977 年恢复高考时，我高中还没有毕业，1978 年我就正式参加高考了。我报的学校全在南方，家里当时希望我留在北京，父亲告诉我北京电影学院难得招生，我说我又不想搞电影，他说你别着急，电影学院里有录音系，要求必须会一样乐器，你拉小提琴肯定没问题。我爸爸还骗我将来做录音，万一录着录着底下缺个提琴手，我就去拉，还可以实现音乐梦想。所以，我就这样歪打正着去报考了，记不住考了什么，反正父亲指导我把这些背会，我就死记硬背。就拉小提琴时比较兴奋，然后就考上了。读大学以后，很多同学对我的印象就是早上

宁瀛（左）和《找乐》与《民警故事》两部电影的原著小说作者陈建功在一起

电影宁瀛在电影《找乐》拍摄现场

宁瀛（中）在电影《找乐》拍摄现场

起来就跑步，有空就钻在水房拉小提琴。

记者： 进电影学院后，听说你们每周都有看国外电影的机会？

宁瀛： 我们当时每个礼拜有一

☉ 宁瀛等 5 个中央音乐学院大院里的孩子考上了北京电影学院

☉ 宁瀛在意大利求学期间曾从师安东尼奥尼

下午看中国电影，一下午看外国电影，这个很开脑洞，跟国外的电影教育接轨，都是大量看片，而不是学很多理论。那时候开始对《乌鸦与麻雀》《渔光曲》这些老电影有感情了，主要因为它们的音乐很动听。国外电影几乎看不懂，也就意大利新现实主义的电影，像《偷自行车的人》《罗马十一点》还可以看明白。后来看法国新浪潮之后左岸派的电影，我当时觉得外国人疯了，都不可理喻。

记者： 入学后，有什么印象深刻的事情吗？

宁瀛： 入学以后我才发现录音系学的是录音工程，我数理化不好怎么搞录音工程，我当时学微积分特别吃力，根本听不懂课堂上讲的是什么，我每节下课就跟老师理论他讲得不清楚，因为我没有听懂。我的同屋都是学霸，交作业时我就抄她们的，但数理化作业连抄都抄不明白。

记者： 您后来如何得到出国留学的机会？

宁瀛： 幸亏上了不到 1 年，文化部刚刚跟欧洲各个国家有互换留学生的项目，这是改革开放以后第一批公派留学生，全国选 20 个，电影方面选 4 个。当时在北京、上海、广州招生，78 级所有人都报考了，一共考上 4 个人，都是英语好的。后来又考 2 年，综合各方面才得到公费留学的机会。当时还培训我们到国外去注意礼仪和礼节，不能做出粗俗、没有受过教

☉ 宁瀛考上北京电影学院录音系的合影

育的举动。其中一个细节是喝汤，盘子在眼前时勺子要往外弄，我心想外国人真奇怪，为什么自己喝要把勺子往外再放进嘴里。我到意大利后，没见到一个人把勺子往外的，后来才知道德国贵族和英国贵族是两个范儿，一个勺子往外一个勺子往里，这在意大利没有硬性规定，当时国内外信息沟通很滞后，出国就像现在人说我准备到月亮上去一样，很不可思议。

记者：聊聊出国留学的事吧。

宁瀛：说点严肃的事，我出国的时候都不知道空调为何物。我们刚出去时，一行9个人，就我年龄最大，还不到21岁，大部分学科技，学艺术的没几个。出国以后我没有带小提琴，就像和音乐彻底失恋一样，走在大街上失魂落魄，不知道没有了琴人生到底还有什么意义。后来，我记得看到电影《威尼斯之死》的海报，我那时意大利语还看不懂，大概觉得是关于作曲家的生活，就买张票进去吧。因为电影一直在讨论音乐，我突然间就有了新的希望，人生中有新的追求，走上电影之路。后来感觉到，音乐和电影在结构性上是非常接近的两种艺术形式。

与《红高粱》擦肩而过

记者：您那时候作为小妹妹，对那些将来要做导演的人感觉有什么不一样吗？

宁瀛：我们那时基本就是大家一起看电影，因为78级人数并不多，而且还把表演系分开，我们一拨人在朱辛庄比较封闭，平时2个月才回一次家。录音系和摄影系在一起上很多共同的课，所以对摄影系印象更深。我因为还没毕业就出国了，走的时候跟导演系并不熟。大四拍毕业作品，才打通了导演系和录音系，大家开始熟悉了。

出国前凯歌特别把我和李向阳叫到他宿舍，说你们都在人生的重要关口，能够出国留学，非常幸运，一定要珍惜，那时看他很严肃，很像老大哥。我特别紧张，也不敢跟他聊天。跟张艺谋就比较容易相处，他很随和。记得我刚回国时，碰到正要拍《红高粱》的老谋子，我说给你做副导演吧，他答应了，我特别兴奋。我就跑历史博物馆查资料、翻照片，因为《红高

梁》那个年代我不熟悉。后来老谋子给我写了一封信，大概就是说他回到西影厂，投资方坚持要用西影厂的副导演，老谋子因为这事特别抱歉，我与《红高粱》就这么擦肩而过了。

记者：您觉得公派出国是不是和改革开放关系密切？

宁瀛：关系太大了，我们之所以有这样的人生都是因为站在改革开放的历史转折点上，这是创造历史的改革开放。如果一个人经历了改革开放前和改革开放后，真的觉得是天壤之别，我们今天的一切都应该归功于改革开放。

记者：我们说一下第五代，提到第五代经常用到的一个词是颠覆，您觉得这个词主要体现在哪些方面？

宁瀛：就是反抗意识特别强。这也是我在做电影时，纠结很久才想通的事。我不要做颠覆，我跟第五代虽然是同学，但我跟他们的艺术理念、社会理想，有很大区别，可能因为我上大学前没有走上社会。之后我考上北电，又顺利出国，亲眼见到曾经国内那么羡慕的西方社会，在西方待得越久，就有特别强烈的感受——这不是我的生活。我还是希望能够回到国内。我想通过电影做时代的见证人，我对社会不是简单的颠覆和批判，我有很多阳光灿烂的童年记忆，又有很

多得益于改革开放的经历和人生体验，我的一切都归功于改革开放，所以我的情绪非常复杂，在我做电影时，可能最指导我的不是颠覆，是人文主义思想。

记者：回顾这40年的电影事业或者人生，您最想感谢的人是谁？

宁瀛：这个问题会得罪很多人的。在电影学院，我认为谢飞和郑洞天非常有才华。

记者：那时候也没有什么教材，第四代和第五代一边学习一边交流。

宁瀛：他们也有很多东西可以教，我是录音系的，根本不想当导

◉ 安东尼奥尼　　◉ 费里尼　　◉ 贝纳尔多·贝托鲁奇

演，也不知道想不想干电影，就是因为要考试所以听一听，我就是觉得被他们的口才和智慧所吸引，张口就是诗，在我眼里真是不得了的人物。

记者：国外的电影大师对您影响最大的是谁？

宁瀛：我特别幸运在意大利留学时跟3位大师接近过，安东尼奥尼、费里尼和贝托鲁奇。跟这些大师学到很多，比如电影的核心到底是什么，电影要解决什么问题。

贝托鲁奇对中国没偏见

记者：你作为导演助理，跟贝托鲁奇合作过《末代皇帝》，现在回想起来让您印象深刻的有哪些？

宁瀛：贝托鲁奇导演是对我影响最大的几个人之一。因为他一方面让我放开手去做，一方面又要求特别严谨，一出错就要做好出局的准备。那部电影下来，我身边很多导演助理都出局了，拍《末代皇帝》对我是一次最大的锻炼。

记者：对中国内地来讲《末代皇帝》是一部协拍片，完全是外国的，你们回来拍摄时是什么情况？

宁瀛：我记得当时是合拍片。

记者：后来改成合拍片的。

宁瀛：是吗。原来不是合拍片吗？

记者：原来好像是协拍片。后来导演把中国的版权给我们了，然后改成合拍片在国内放映。

宁瀛：有可能。

记者：您还能回忆起来多少？

◉ 电影《末代皇帝》筹备期间，宁瀛和贝多鲁奇及主创们在一起讨论

◉ 在北京导演《末代皇帝》的贝纳尔多·贝托鲁奇

宁瀛：那事情太多了，我跟在他身边 2 年。从他写剧本第 3 天开始，到剧本完成，我做剧本资料收集和对比，之后跟他一起到中国采景。

记者：大概是哪一年呢？

宁瀛：第一次接触是 1984 年，1985 年开始采景。

记者：这部戏是在故宫拍的，后来电影就没机会在故宫拍了。

宁瀛：对，很少。

记者：请您讲讲国内怎么配合的吧。

宁瀛：他见的人很多，需要翻译时我就翻译，需要专家我就找各种专家。当时他需要见和末代皇帝有过接触的人，我就四处找，找来过一个曾经在长春宫里伺候溥仪的人，但不是太监，类似服务生。我知道他为这个项目跟各方面怎么沟通，怎么举重若轻，让我佩服得五体投地，他是我见过能力最强的人。我不能说他是我的师父，他是带我出道的大师。

记者：这位电影大师对中国的印象怎样？

宁瀛：当时有很多沟通问题，是由于中西方观念不一造成的误会，但老贝理解能力特别强，他对中国没有偏见。举个例子，采景时中国人动不动蹲在田头，很多老外觉得不雅，但老贝去看景时，跟着农民体验生活，他也蹲田头，并认为这个姿势把整个脊椎全抻开，非常养生。

记者：他认为存在即合理。那你们在国内拍摄《末代皇帝》时，还有什么有趣的事吗？

宁瀛：他很尊重中国人的饮食习惯。比如，意大利人拍电影时，导演不喊停，制片主任不敢过来问是不是该吃饭了。导

电影《末代皇帝》在长春拍摄期间，宁瀛和贝多鲁奇在一起

演遵守的规则是这场戏布完光和轨道，一定要把复杂的镜头拍完，不管是否重复了一百次，最后才考虑是不是该吃饭了。但中国人和西方人完全是两种体质，我们到了饭点不吃饭就不行。老贝特别敏感，跟制片部的人说在中国拍摄第一尊重中国的习惯。他开玩笑说，如果再不停机，再不尊重大家的饭点，这个地方会闹革命的。以后吃饭的时候，制片人就按照中国人的习俗，尤其有大的群众场面时，老贝宁可调整他的拍摄。

当时故宫对我们拍戏简直太好了，后宫的很多院子本来不对外开放，但我们拍摄可以用。吃饭时给意大利摄制组在参天松树下，摆桌子，铺桌布，吃自助餐。每天一个专机从意大利飞到北京运矿泉水、意大利面条和西红柿酱，我估计意大利人要没有意面肯定也闹革命。国内很多导演最后在剧组都当皇帝了，几乎像在轿子上拍电影，我一直受意大利导演影响很深，其实就是要当平民导演，先体会镜头前的

宁瀛《末代皇帝》拍摄现场

电影《末代皇帝》筹备期间，宁瀛和贝多鲁奇在故宫看景

人，你跟他有没有共鸣，这是拍戏最重要的出发点。

记者：贝托鲁奇导演有专门培养您吗？

宁瀛：那时老贝对我有点培养的成分。他安排完场面后，如果有空，就把我叫到机器前说，给我讲这个镜头为什么这么安排，到后期会从哪儿剪。他说因为你将来要做导演，就多讲几句，这不是导演助理该管的事。有时候我一听就特别开窍，做导演一定要知道导演思维——怎么用镜头描述故事和场

电影《末代皇帝》在北京拍摄部分，宁瀛和贝多鲁奇在现场

《末代皇帝》拍摄期间，宁瀛在故宫现场休息

景。他有很多这样的时候，到现在我只要夏天去意大利，都会去看望他，跟他聊天（采访时间在贝托鲁奇去世前）。

记者：《末代皇帝》剧组里面，中国人是不是非常少？

宁瀛：中国人很多，当时北影厂作为协作单位，摄制组有很多北影的人。导演组就有三个中方副导演，但我当时从意大利过来，算是意大利剧组的人，因为我那时还没有正式回国。

记者：剧组真正到内地拍是哪一年？在国内拍了多久，去了哪些地方？

宁瀛：1985 年 8 月 4 号开拍的，拍了北京、长春，本来还想到沈阳拍，后来删了沈阳的戏份，当时制片主任暴跳如雷，说一百多人都已经准备好了。之后回到意大利，在罗马的电影城里面搭建一部分故宫，置景和故宫一模一样，我进摄影棚后都有点恍惚——我到底在哪儿？婉容和溥仪大婚是在罗马电影城里拍的。后来在我们学校（罗马中央电影学院）拍了一场戏，日本人告诉溥仪说你妻子肚子里的孩子是司机的，就逼着他把司机立即处决，那个大会议厅是我们学校的一个场景，因为建筑风格属于那个时期。后来又到意大利另外一座城市拍了一部分，《末代皇帝》有 4 次大转景，一直拍到 1986 年 2 月。

下阶段一定创作合拍片

记者：您跟外国剧组合作很多，现在合拍片盛行，票房也还可以，您觉得现在的合拍片和 80 年代比有哪些变化？

宁瀛：变化很大，当时因为没有沟通，无论是西方人还是中方人都怀着特别渴望或者谦卑的态度来对待另外的文化。欧洲人对中国对丰富的千年文化崇拜得不得了，他们特别想了解每个细节到底是怎么回事，比如服装的布料怎么做。

中国人对西方人也是这样，我们见到外国人都非常配合。我记得当时副导演说现场有一个外国演员要踩着一个马夫上马，副导演就跪下，做马夫这个角色，根本没有二话，特别配合。现在改革开放时间长了以后大家出国旅游，见多识广，我觉得我们对西方的态度变化更大，而西方对我们的态度变化相对少一点。有一部分外国人对中国的了解还停留在多年前，只

有来过中国的外国人觉得中国特别现代，都吓着了，没来过的人脑子里的中国还停留在故宫呢。我们去西方旅游多了，感觉心态更开放或者更轻率。这可能是改革开放中一个必经的阶段，你只有开放了，大家走出去，慢慢才有更深入的了解，我现在去西方时，发现他们对我们的了解，远远不如我们对他们的了解，这也是一种遗憾。

记者：您觉得是不是合拍片在这方面应该发挥更大的作用。

宁瀛：合拍片非常重要，像《末代皇帝》这部片子对双方的影响都非常大，我记得那一年《末代皇帝》在中国公映以后，中国的旅游局和老贝联系想给他颁发勋章，说西方的游客倍增，原来故宫没有这么多人，从此以后全世界都知道故宫了。同时《末代皇帝》对中国电影的影响也相当久远，我记得在《末代皇帝》之前只有李翰祥一个香港导演拍清宫片，内地导演不太敢用故宫做背景拍古装戏，《末代皇帝》以后彻底给所有导演打开了这种可能，电影大制作都随《末代皇帝》开始。我觉得从文化交流来说，一部好的合拍片可以影响到一代人，不管是对中国的认识也好，对国外的认识也好，合拍片能发挥的作用真的非常大。

记者：在您看来，中外合拍是不是未来的一个大趋势，您以后会不会制作合拍片？

宁瀛：我觉得中外合拍一定是个大趋势，尤其像我这种之前在国内学电影，出国留学回来在国内做电影的导演，我自然而然抽屉里就好几个剧本都是合拍片，最近也遇到制片人开始跟我商谈说，咱们是不是跟意大利合拍一部电影。我下面马上要入手的就是合拍片，令我很兴奋的一个项目叫《长城有多长》，它找到一些和意大利兰博基尼赛车手的交叉点。我觉得合拍片一定是一个方向，也一定是我下阶段创作中很重要的部分。

后记

采访宁瀛导演时，意大利电影大师贝托鲁奇导演还在世，她回忆了很多跟贝托鲁奇导演合作《末代皇帝》时的见闻和感受，并表示每次夏天去意大利，都会去看望她口中的"老贝"。没想到整理文字时，这位电影大师已经溘然长逝，想必宁瀛导演也跟我一样感慨万千吧。

好在这一类被称作导演的人，只要有传世的作品留下来，他们就会像《寻梦环游记》中描述的那样，永远不会被人忘记，这是他们的幸福所在。

张建亚：

图的就是一乐

文 / 张方方

生活中的张建亚，是个极有趣的人。有他的酒局，一定热闹非凡；有他的聚会，一定不会冷场。他要做主持，拿起话筒就不愿意放下来。只要你跟他聊电影，几分钟内，他就能和你热络起来。他老远看见你，就会敞开怀抱，露出阳光般的笑容来。

张建亚的电影和他的人一样，也是极有趣的。他无论什么时候看《三毛从军记》都会笑得直不起腰来，你不知道他哪来这么多的奇思妙想，就像在现实里，冷不丁有人拍你的肩膀，一回头，就能看见一个老顽童在笑嘻嘻地看着你。

电影对张建亚而言，就像一件玩具。他要玩出花活来，玩出格调来，玩出技术含量来，玩出"电影究竟可以玩到什么地步"的答案。在张建亚看来，看电影是令人身心俱爽的，拍电影，也是这样。

⊚ 张建亚

差点被除名的大龄"带薪"学生

记者： 我们知道在报考北京电影学院之前，您已经是上影剧团的一名演员了，当时为什么产生了考大学的想法？

张建亚： 这个真的是整整 40 年，今天在这回忆 40 年，挺有意思的。我 1975 年进上影，现在的上影这些楼那时都还没有，除了我们的摄影棚高一点，最高的一幢就是三层楼，整个一片地区全部是上海近郊的菜地。1978 年，我从上影离开，考上北京电影学院，1982 年毕业以后，又回到上影。我们那年是恢复高考以后电影学院招收的第一届学生，实际上是 1977 年恢复高考的，但电影学院 1978 年才举办第一届招生，在全国已经是第二届了。那时对我们这批年纪大、在社会上工作过的学生，真是一个非常优惠的待遇。我们是带工资读书的，我从 1968 年进入单位工作，到 1975 年进入上影，再到 1978 年考上电影学院，已经工作 10 年，所以那时工资也很高，跟我们老师工资一样高，老师也就五十几块，我们班里有几个带薪的学生，我就是其中之一。

记者：对于考大学这事，您中间有什么曲折的经历吗？

张建亚：现在回想起来，1978 年的事情依旧历历在目。那时一个单位里有几个考上大学的，会贴红榜，是非常高兴的一件事。那一年我们上影厂就有几个考上的，其中一个是上影厂的青年工人，考上济南大学新闻系，后来他成了《解放日报》和《文汇报》的党委书记，一直做编辑，当然现在也已经退休，聊起这段往事时，我们都非常感慨。我为什么说考大学的事情历历在目？是因为我耽误了 9 月 1 日前入学的期限，我当时参加上影厂的一部电影，正在拍戏，后来学校通知，要视为我自动放弃，我很焦虑。那时我们演员剧团的团长是张瑞芳老师，张老师给陈荒煤写信说我们的小孩考上电影学院不容易，他现在有生产任务在身，你怎么可以把他除名？电影学院将来学的就是要拍电影，那有生产任务是最重要的。那时电影学院还隶属于文化部，是文化部的七大院校，张瑞芳老师写信后，电影学院马上通知我说，给你宽限一个月，你 10 月 1 日以前要报到，如果再不来，那就只能视为放弃了。

那个时候我们在新疆的摄制组，说起这事，真的挺感动。我何德何能，一个龙套演员，人家赶着拍你的戏，为了不耽误你上大学。这中间又发生一段插曲，等我回到上海以后，我之前拍的一段戏出现问题。那时很注重电影质量，我如果再坐火车回新疆肯定来不及了，于是上影厂给我买了来回的飞机票，这是我第一次坐飞机。一天飞到新疆，从乌鲁木齐坐车到吐鲁番去补戏，补了一天戏后再飞回来，最后赶上电影学院报到时间。所以我觉得上影厂为我所做的一切，我难以回报，我怎么感谢上影都不过分。就这样，我赶在 9 月 30 日到北京电影学院，晚了 1 个月，然后就开始 4 年的学习。这 4 年当然改变了我的人生。因为我当时已经在演员剧团上班了，说起来读电影

学院最终无非也就是进入一个专业单位，但那个时候，我觉得电影太神奇了，太好玩儿，我实在太爱电影了。一定要学真本事，要真正懂电影才行。

记者：报考电影学院时，有考虑过其他系吗？

张建亚：我想考电影学院时，年纪已经大了，考表演系是不可能的。当然我也跟过摄制组，知道一部电影里导演最有创造力。我当时有考导演系这个欲望，但不晓得自己行不行。在上影演员剧团里有一帮老前辈们，包括北京电影学院毕业的大哥大姐们都来辅导我。当时，考点设在武康路一幢大的花园洋房里，汪岁寒、郑洞天、司徒兆敦一帮老师到这儿，也有原来在我们剧团，后来调回北京的人来帮忙招生。毕竟毕业于北京电影学院的老师帮我做过辅导，我当然知道应该怎么展现自己，所以非常荣幸搭上了这班车，真的改变了我的人生。4 年里，碰到好老师、好同学，赶上这么一段好时期，对我的人生有很大的改变。那一段真的是最积极向上的时期，整个社会充满能量，也是思想最解放的时期，大家力争上游，就是要做最好的。我们看完一部电影，经常在宿舍里各抒己见，那时老师也跟我们一起讨论，因为重新恢复高考以后，连教学大纲都不完整，也是后来慢慢才

形成了教学大纲，但那种讨论的氛围，现在回忆起来，真的是感慨良多。我们很多同学都回忆过电影学院，那时虽然生活条件不如现在，很多人住一个房间，吃得也很粗糙，但真的改变了我们的思想，所以我一直很庆幸。今年一直在谈改革开放 40 年，我只有一个感觉，真的庆幸自己经历了这 40 年。

怀念睡在脚头的兄弟

记者：听说你们 78 级导演系的感情特别深，能不能给我们讲讲？

张建亚：正好今天赶上采访，我必须要回忆一下我的同学——张军钊，他比我小半岁，1952 年出生。虽然我们工作经历差不多，但因为他是新疆过来的，所以我们那时就一直开玩笑，说他是大富翁。我带薪读书是 54 元零几毛，田壮壮跟我级别一样，工作经历也差不多，上海跟北京有一个地区差，他就是 52 元零几毛。工资最高的是张军钊，他有 56 元多，比我们都多。张军钊从新疆过来，我跟他的床铺前后挨着，脚对脚睡了好几年，边上是吴子牛等人，5 人一个房间，我非常想念张军钊。我们 150 多个同学，已经走了 8 个，张军钊真的赶上第 8 个，我也不晓得他跟这个 8 是不是冥冥之中注定的一样。

我一定要说张军钊是因为我看

北京电影学院朱辛庄旧址照片

了肖风写的微博，我们同学肖风，他们家是浙江美院的。肖风写的微博说他去看张军钊，那基本上就是张军钊的遗言了。张军钊说："兄弟，我扛不住了，我们之间那些不为人所知道的，就靠你传下去了。"我看了以后非常感动，也非常难过，因为我们那一拨同学，1978 年到 1982 年，在朱辛庄的那拨人，到后来有运气好的，有运气差的，有成就大的，有成就小的，有各种各样的，但那个时候就想张军钊。张军钊拍摄了开山之作《一个与八个》，他们为我们在全国的同学们打开一个方便之门，让所有电影圈的人都知道，原来这帮人可以用，他们不用慢慢熬，也能拍出好东西来，这一拨就是军钊、老谋子、肖风、何群这几位，包括他们后来用过的演员，陈道明、王学圻、魏宗万。他之后一直有自己的追求，这就是我们第五代，4 年里学校的教学质量之高，虽然没有一整套的条条框框教你们，没有清规戒律，让你们恪守，但是在我们同学中植下了电影的根，张军钊一直到死，还有他的追求，他跟肖风一直在合作。肖风非常有特点，他在胶东半岛拍了《海的故事》。肖风的心态平和，不争名不争利，有慢慢创作的心态，用非职业演员来拍电影，你知道那三部片子吗？你一定要去查一查。

记者：我知道，是《海的故事》《清水的故事》《喊过岭的故事》那 3 部吗？

张建亚：对，算是《海的故事》三部曲，非常好。电影学院为我们植下的根就是，每个人有每个人的追求。所有人一天到晚说第五代，我一直说的一句话就是，第五代在中国最大的意义，是向大家宣布，电影有各种各样的面孔，不是要用另外一副面孔代替这副面孔。不是第四代我们看腻了，而是第五代是各种各样的，你很难用一言而蔽之，说他们的风格是什么，那些人要总结一定的风格套在我们头上，都是不对的。我们有各种各样的电影，各种各样的风格，但我们大家对电影的态度一样，对电影的情感一样，在这点上一致，但是表现上绝对不能一样，一样就没意思，没意义了。

朱辛庄的快乐时光

记者：你们在电影学院读书时，曾预料到同学们能有今天这样的成就吗？

张建亚：我们那时候只不过是一帮成长过程中的年轻人，所有人最大的梦想就是将来能够独立拍一部电影，我们都不知道有没有这个机会。那时全中国电影界僧多粥少，尤其像田壮壮、陈凯歌这样从北影院里长大的小孩，他们才晓得机会有多稀缺。上影厂一年就拍五六部电影，等我们毕业进厂后，只有一个念头——能不能让我导一部电影，因为有同学学完就做一辈子场记，做一辈子副导演。

我那时是学生会主席，永远是大家在一起，看好电影、交流、比赛、踢足球、打篮球，田壮壮、陈凯歌、江海洋，他们几个都是打篮球，当时文化部院校中，电影学院导演系还算打得好的。

大家那时铆着一股劲儿，从来没有对名利欲有这么大的想象。我拍《钱学森》时，到酒泉卫星发射基地，到了那个地方我忽然间有一种亲切感，它的整体氛围还像20世纪七八十年代，每个人都在努力工作，一点也不焦急。有发射任务时，整个城是活的，没有发射任务时，大家就是消消停停，也有的人黄昏时跳广场舞，但是这个地方，不是物欲横流，浮躁焦虑，搞得你心慌意乱的感觉。

我觉得在朱辛庄读书时非常开心，那时候我们的老师里面，像谢飞老师，他们已经开始拍自己的成名作，但也跟同学们一起讨论剧本。有些老师说不能永远看国产片，会给我们介绍一些海外电影，打开我们的视野。回头想想也很奇怪，你说

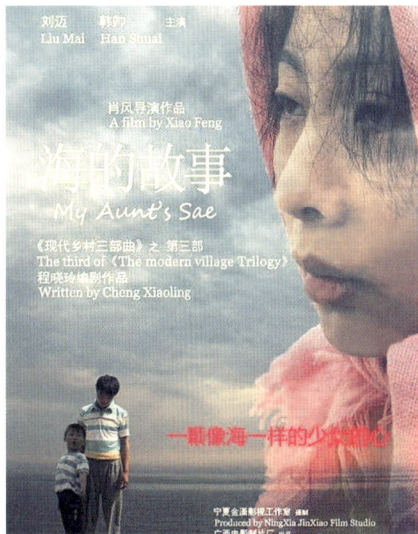
电影《海的故事》海报

电影《钱学森》海报

电影《红象》海报

我一辈子活到60多岁了，大学就4年，这4年同学感情之亲，难以用语言表达。我们10年、20年、30年都聚过了，接下来我们要办40年聚会，每次大家都从全世界各地过来，为什么？因为真的有心灵交流。小学、中学那时还不懂事，大学是人生的重要阶段，大家一起从事同一个行当，当然也有从事别的行当的，我们都非常开心，也缅怀逝去的同学们。我没有想到这是一生当中如此重要的4年，你现在要让我回忆中学，哪想得起来，中学同学聚会名字都不记得了，但大学里的点点滴滴真的印象深刻。

处女作《红象》那些事

记者：能不能回忆一下您的处女作，您和田壮壮导演、谢晓晶导演拍的《红象》，讲讲那个时候大家是怎样的状态？

张建亚：《红象》实际上是毕业作品，各个系组成不同的小组要拍几部，谢飞老师又把它变成一部大电影《我们的田野》。当时我们非常庆幸，赶上儿童电影制片厂成立，厂长于蓝老师特别喜欢《红象》这个剧本。但这部戏太艰难，电影厂觉得不可能拍三个小孩和一头大象，就没人敢接。这才让我们有了机会，那时田壮壮、我、谢小晶，我们三个导演，摄影师是我们

的老师曾念平，曾老师当时在摄影系相当于辅导员，年纪跟我们差不多，后来他回校读研究生了。副摄影师是张艺谋、吕乐、侯咏。那时有一部电影叫《最后八个人》，我们电影学院拍《红象》的是8个人，预算十几万吧。我印象特别深的是跟田壮壮去看外景，他兜里揣着40元钱，那时候很牛啦。40元钱就可以看外景，骑着自行车到处看，一直沿着上山的路看，自行车就放在路边，也没人偷，然后往山里走，走进去看到一个特别漂亮的瀑布，后来又发现这个瀑布不太可能拍进去，因为瀑布在深山里光线很暗，那个时候都用胶片，看到了好景也觉得拍摄条件不够，用不上又很沮丧。但拍那部戏非常开心，我们几个各管一摊，看完外景我还跟人去谈大象的事，这头象是从缅甸运过来的，得跟人到缅甸去谈，再约着他们带大象过来。谢晓晶就是从犄角旮旯的乡村学校里找那几个孩子。我们合作得特别好，是最开心的一部戏，因为我们八个人已经完全生活在这部戏里了。你们真的不晓得，这部电影就形成了我们这些人后来工作的风格，完全投入在里面，生活沉浸在其中。

我们是挑战权威的一代

记者：您在电影学院学习那段时间，就是20世纪70年代末80年代初，银幕上出现了《小花》《生活的颤音》《天云山传奇》等作品，无论形式和内容都跟过去10年的电影有很大区别，对于正在学习或者刚刚处于创作初期的您来讲有什么启发和影响？

张建亚：我们读大学时，狂就狂在要"打倒"第四代，跟老师也是一样。后来我已经毕业了，谢飞老师到上海来拍戏，我去探班，跟谢飞老师一块坐在监视器前，然后我说谢飞老师，别呀，您就这么拍下去，我们怎么出来呀。那时候我们就是要改变这个面貌，当时电影学院每周放两次电影，一次是国产片，一次是外国片。看外国片时，所有人坐在放映间里，学生把那种陈腐成套路的表达方式当成笑话，底下有人喊"音乐起"，果然电影音乐就起来了，大家就笑。然后演员很激动时，底下集体喊"推"，就看着镜头推成特写，我们哄堂大笑，鼓倒掌，用现在话说这已经成套路了。

那时也发生过这样的事，电影学院毕业的学生，理论上是我们大哥辈的，到电影厂拍了电影得意地回学校放映，被我们起哄起哭了，大哥再也不回来了。我回来跟老师汇报，确实是套路化、模式化，是那种用所谓的成功经验来创造的电影，那时第五代在学校里就是以挑战起家的，是以挑战权威的姿态踏上社会的，你看从《一个和八个》开始就不按套路来，我们要改变这一切，当然我们从学术上可以研究很多东西，虽然那时社会上有当时的代表作，他们各有千秋，有的是观众特别喜欢，有的是题材特别深刻，但是离伟大总归还是有距离，我们有自己的看法，当然那时学生还没机会出手，自己还没有拍不晓得有多难，所以学生时代最快乐，就起哄，骂人家电影烂。等到我们毕业以后，幸亏《一个和八个》，包括我们其他同学的电影出来以后，我们确实学到东西了，我们把自己的思考，以及自己对艺术的理解表达出来。当然，有的人命好，有的人命差点，但说这个也不是否认那个年代，每个年代都有每个年代的电影，我们同学也有当时拍得很轰动的电影，现在回过头来看充满毛病。电影就是这么一步一步往前发展，包括现在新一代导演，他们不能做新的第五代，不能学第五代的手法，一定要有更新的东西，但是差别就在于现在资本要求你们复制成功，拷贝成功，这是创作上的大忌，因为电影行业如果不创新，一点存在的意义也没有，它不是体育运动。就像很多人觉得电影赚钱，于是来投资，他真的不晓得每一部电影都是新产品实验，每一次都要承担很大的风险。

追悼谢晋导演

记者：近一二十年，您基本上已成为上海导演界的代言人，在上影期间您应该跟谢晋导演共事过一段时间。在您眼中，谢晋导演是一位怎样的前辈？

张建亚：1982 年回上影厂以后，我正经被 3 个导演带过，一个《大桥下面》跟白沉，《邮缘》跟桑弧，接下来就是跟着谢晋半年多筹拍《赤壁大战》。因为魏蜀吴三边，大家各管一方，那个时候跟谢晋蛮长一段时间，谢晋喜欢晚上谈剧本，我们晚上基本 8 点多钟到他家，然后他开始眉飞色舞地聊天，晚上徐大雯师母就给我们熬粥，吃点酱菜，听他继续讲。最后这部戏没拍是因为没有资金了，那个时候只要一两千万拍一部戏，但两千万对上影厂来说就是一年所有电影的预算，那部戏就黄了。我后来被提拔为创作室主任，谢晋最早也是我们三创的，包括《芙蓉镇》就是我们三创的作品，所以我跟谢晋年年见，再后来我当了影协主席，我去看望他时，他老是跟我说还要拍三部戏，说这个书架到时候你给我拿走，送到博物馆去。

我们年年都要纪念谢晋，今年我们帮他把几部影片数字修复了，《芙蓉镇》修复成 4K，然后还把当年他拍的一部讲群众体育运动的喜剧《大李老李和小李》，配成了上海话版本。他当时就有过这个念头。我觉得对谢晋最好的纪念就是让他的作品重新回到电影院，让一代一代的观众都看这样的电影，这样才有意思。因为你对导演的纪念不是谢晋两个字，而是他很具体的作品。

电影《芙蓉镇》剧照

电影《午夜巴黎》剧照

我跟谢晋导演相识这么多年，印象最深的有两点，一个是他对电影的爱，电影就是命，没有电影就没有命了，他真的就是这么爱电影，这么多年来，永远在找剧本找下一个题材；第二个印象就是语不惊人死不休。我们跟谢晋导演在一块工作，谢晋对人最严厉的批评——"你那种太模式化了"。那时候模式化是一句最严厉的批评，基本上就是你这人没戏。到后来在我们组里，包括我的副导演，也跟谢晋导演拍过戏，他学谢晋导演连神态、语气都一模一样："你这个模式化，就没有希望，我们电影永远要走新路，我们不能搞模式化那一套。"创新不是一件容易的事，说出来容易做起来难，你对这个行业没有广度、深度的了解，知道什么叫"新"？谢晋历来拍电影都是，一场戏样片看完以后，他觉得蛮好，他不满足于没毛病，他一定要很厉害才行，他对于电影艺术的要求真的很高，每一部戏就是想尽办法来创新。你从来没有想过他在拍戏时精力能这么充沛，他的酒量这么好，这些都是我们非常怀念谢晋导演的地方。

记者：最后，请您简单回顾下改革开放40年对第五代导演或者对您的影响。

张建亚：我一直非常庆幸我赶上了这40年，因为一个人来到世上，怎么都是过这40年，但是我没想到自己能够进电影学院，有这么一帮同学，这段生活都有点像伍迪·艾伦的《午夜巴黎》似的，你突然间走进一家咖啡馆，原来那里边都是名人。我们大家一起有这么一段机缘，你看那么多如雷贯耳的现在被称为大师级的人，我们大家都是一块过来的。我非常庆幸能够赶上这段时间，我们在这里面付出过汗水，付出过心血。我们那时很希望回到上影厂，以后再跟着上影厂起起落落，在上影厂拍自己的作品。这40年的人生，你现在跟我说哪年，我脑子里就是哪年哪部片子，一部一部的电影，非常庆幸这40年，让我们的生活过得那么充实，那么有意义。

后记

虽然现在张建亚导演在创作上并不高产，但他依旧保持着清醒的头脑——电影不创新就是大忌。他怀念第五代的好时光，也坚定认为现在的新导演不能学第五代。因为，电影的魅力就在于每一部电影都是辞旧迎新的实验场，每一次拍摄，都应该是一次探险。在张建亚眼中，电影如同带刺的玫瑰，要靠近它，就得付出爱的代价。

陈国星：

我以我血筑我情

文 / 康婕

⊛ 陈国星

北京电影学院 78 级，是第五代导演的摇篮，除了专业完全对口的导演系外，摄影、录音、美工系的学生在他们从影多年后，也执起了导筒。陈国星来自表演系，转型导演后他执导的电影风格、类型、题材都极为丰富。但他之所以能在第五代导演群落里有一席之地，在于他的影片对主流意识形态的深情抱拥。他不是简单地完成命题作文，他用他的身心，去重塑一段段可歌可泣的历史，去描摹一个个血肉丰满的大写的人。

冒个险，用她演，值！

记者： 20 世纪 90 年代，英模题材的电影创作已经比较常见了，那段时期有一批像您拍的《孔繁森》这样的英模题材电影，和重大历史事件题材相比，您拍摄这种题材有什么新的挑战？

陈国星： 1995 年，孔繁森作为一名援藏干部被《新闻联播》报道了。这个报道播出的时候，我正在吃饭，一下子就被吸引了，在报道中，这个人物是有血有肉的。孔繁森是山东大汉，有着山东人的中国传统底蕴、文化观念，他到西藏阿里去当一方藏民的父母官，建设西藏，帮助藏民走向富裕，他收养了藏族孤儿的事迹非常感人。看了这个报道以后，我和当时北影厂主管创作的领导想法是一致的，就是从人的角度去创作。第一步我们去采访，先到山东的聊城去采访他的妻子，到西藏的拉萨、阿里去采访他当年的秘书、身边的警卫、政府里边的工作人员，以及他帮助过的藏族的老阿妈。在创作方法上我们先把人物还原，还原成一个真实的孔繁森形象，然后再把它变成一个电影的故事。就这个创作过程而言，拍英模这个模式跟拍一个普通人物的故事其实没有不一样。

记者： 在采访搜集素材的过程中，有哪些事情让您觉得感动？

◉ 孔繁森照片

◉ 电影《孔繁森》剧照

陈国星： 援藏是4年一届，孔繁森做了2届，一共是8年。当时在采访中，对我打动最深的就是孔繁森是个孝子，他对母亲、对家庭情感比较深，由于常年在外，在西藏打电话很不方便，只能写信表达他对老母亲的牵挂。我在采访当中感触非常深的是，我去了孔繁森在拉萨工作的时候创立的敬老院采访孤寡老人，这个老人跟我讲了很多她对孔繁森的感情，孔繁森把西藏这个阿妈当作了他自己的母亲。老人给我们倒酥油茶，当年孔繁森也坐在这个位置上，这个阿妈也给他同样的招待。孔书记自己常年忠孝难两全，他在西藏工作时，真的从心底把很多西藏的老人看作自己的父母。

我们跟编剧就觉得这个应该是观众能理解的情感部分，所以在这部分中我们就设计得比较细，但是当时在选西藏演员的时候，我遇到了困难，因为我见过真实的被他救助的阿妈以后，再看西藏话剧团的演员就觉得他们太会演戏了，保养得太好，比较偏胖，真实的孤寡老人缺少照顾，是消瘦的，甚至有点营养不良的形象，在会演戏的藏族女演员中根本找不到。后来我就大着胆子又去了一次敬老院，带着摄像机，故意打上灯光，我说要对阿妈再进行一次采访，实际是在给她试戏，我故意教她说台词，然后我像拍电影一样，一次次诱导她拍。后来我就跟韩三平厂长报告，说我们冒一个险，这个人物不选专业演员，就用孔繁森资助的这个阿妈演，最后你现在在电影里看到的这个片段，也应该是电影中非常精彩的一部分。这里边故事很多，我把这个阿妈接到拉萨，因为拉萨比她住那个敬老院的海拔高，她就有点高原反应，我们让她住到招待所里，她睡不惯床，只能睡在地上，我们再给她弄垫子，她吃不惯我们摄制组的盒饭，我们给她牛肉，她反而不习惯，我们让藏族司机负责给她做饭，专门做藏族酥油。

后来我们这场戏在羊八井搭景，离拉萨还有一段距离，我印象中应该是将近5000米的海拔，这个老太太接到那儿以后就完全不行了。我想到了所有拍摄中可能出现的困难，包括老太太跟高明老师演对手戏，做了很多的假设，唯一没想到的就是藏族的老太太居然有高原反应，完全要靠氧气支撑，背台词都非常吃力，那年高明已经是50岁了，我们都很年轻。没办法，因为外边正好下雪，我为了抢雪，给老太太吃了当年治高原反应的药——红景天口服液，我们调了3台摄影机，因为是非职业演员表演，我们追求的是争取一次性成功。这个老太太非常理解我，我采访她很多次，她对我也很熟了，非常知道我要什么，我告诉她想办法把孔书记当年怎么看望你的这个事迹给还原出来，她的理解力超强，最后一次性就完成了。高明开始特别紧张，他说可能导演你要的眼泪我不会有，感觉不是你要那个点，但是由于西藏老人的非常纯真的表演，一下也激发了高明的内心的演技，使他超水平发挥，我们后来都拍愣了，印象中我一口氧气都没吸，因为要说最多的话，所以真是经常晕眩，上气不接下气，但是那一天我到现在记忆都特别深，它是一个特别成功的拍摄案例。

凯歌导演是我这个戏的艺术顾问，他和三平厂长后来看了整个剪辑片，到这个场面都觉得非常震撼。后来凯歌专门给我推荐了赵季平老师，他说国星这个作曲你不要找了，因为我前期也请了几个作曲到西藏去帮我采风，搜集西藏的民间音乐，凯歌很兴奋，他说给我请到了赵季平老师，赵季平之前写过《红高粱》，已经得了金鸡奖最佳作曲。后来赵季平老师看了我说的这些片段以后，眼泪都下来了，说这个戏我给你作曲，而且不请我都不行，我已经很有感觉了。这件事说明孔书记这个生活中的人物形象是真实、质朴的，他把西藏的这些老阿妈当作自己的母亲来去孝敬、去善待。这个电影打动人，离不开

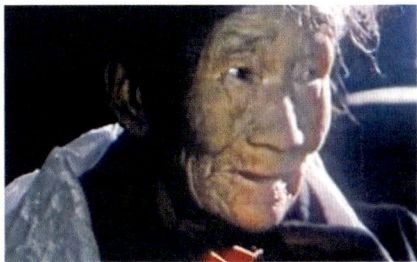
电影《孔繁森》剧照

英模孔繁森的付出和他心灵的崇高品质。

借酒忽悠来李雪健

记者：很多人说您的电影《横空出世》填补了这一题材的空白，当时您是怎么样想的拍这样的题材？

陈国星：好像最早是作为"两弹一星"的题材，像北影厂和八一厂这些大厂其实已经想筹拍很多年了，当年史东明厂长主管我们的创作，印象中跟我谈了几次，至少有3年的时间。但当时可能缺少一个可供拍摄的脚本，后来正好有一届夏衍文学奖，有一个叫《马兰草》的剧本获了奖，《马兰草》正好是我们新疆核试验基地——马兰基地的两个军人写的，他们不是专业编剧反而得了奖，剧本主要写的是在戈壁滩上两代军人为了中国的"两弹一星"默默做实验的故事。当年北影厂就说看看能不能用这当作蓝本，希望我来导，当时我都没有觉得这事能弄成，因为军事题材不是我们北影厂的强项，我自己在那之

电影《横空出世》海报

导演：陈国星
主演：李雪健 李幼斌

前也没有触碰过这么大的一个历史、军事、政治题材，后来还是先去采访，走到了新疆、甘肃、四川、北京，所有的当时非常机密的核试验基地，我都去了，我连核爆的地方也都去了。

通过实际采访我做了这么几件事：一在原来单一的军队为"两弹一星"做奉献的故事本体外，平行进了一条知识分子的线，反映当年新中国成立初陆续回国的一些在美国的科学家，为了新中国的建设，甘愿隐姓埋名，像李幼斌、陈瑾演的人物。二在采访以后，我另外又请了一些非常牛的编剧，像江奇涛、高满堂、张宏森局长，当年都是《横空出世》这个宏大历史电影中的王牌编剧，这些编剧进来把知识分子的线充实、孵化出来。这条线是正面表达新中国成立这么多年

来中国在一个隐蔽的战线做"两弹一星"研制的事迹。应该说这个戏当时六位有名的编剧都非常的卓越。

记者：是，这是一个新的题材，您在故事的架构部分已经做了一种创新，把军人和科学家两条线给并行到一块。

陈国星：对。

记者：并行到一块之后，您实际拍摄的创作难度在哪儿？

陈国星：特别难，因为1999年的时候，我们还没有一个像今天这样相对成熟的电影工业，我们的制片厂要拍好片子，韩厂长、史东明厂长把这个项目交给我，我带领这个团队，包括摄影张黎、池小宁，包括雪健、幼斌、陈瑾、滕汝骏，这些优秀的表演艺术家，包括我们的美术潮翔，和整个的编剧团队、导演团队，那时候就是想要做成一个好事。但是我们实际到新疆去拍的时候，后半部分的知识分子戏还没有写完，甚至只是一些提纲，其实这个戏要按我们今天的电影工业来讲，制片公司是不可以去开机的，因为有各种各样的客观原因，非创作因素，包括季节，部队的时间配合，困难重重，没有经费。我记得剧本论证的时候提了一大堆的意见，对经费论证的时候，我当时提了可能要1000多万，遭到了所有人的反对，第一，因为那个时候大家觉得1000多万拍一个电影，作为北京电影制片厂是不可能的，没有钱。第二，你陈导演这个想法根本就不

电影《横空出世》使用了大量的群众演员

电影《横空出世》中的原子弹塔

是 1000 万能拿得下来的，同样的方案八一厂拍的话，它有军事预算，比如说坦克部队、核试验，飞机空中一架飞出来就多少钱，那时候这个压力就在我身上。

我那时候也年轻，钱、预算、剧本，都跟我的美好想法不相匹配，但是那时候的艺术家空前的团结，从张黎、雪健、幼斌，我们所有的这些人没有说我的档期就 3 天，拍不完就要离组，没有给导演这种压力，大家都是想我们这个电影怎么拍好。看完景以后我们需要器材，那时候我没有预算，厂长能给我的预算上限就是七八百万，张黎这边跟我签了一个 360 万的约，这里包含所有的器材，我们 5 架飞机落在新疆的马兰基地，从南郊机场起飞。5 架，人家当时就傻了，没有见过这样的摄制组，我们也是挺敢花钱的。因为我们所有的设备和人员没有 5 架飞机根本去不了，坐火车去路上要花费 4 天时间，设备 4 天的租期也受不了，所以我当机立断用 5 架飞机落在人家那个保密基地。当时故事太多了。

我用北影的一些像谢铁骊、于洋这些老关系帮我跟当时的军委、主要领导私下拉上关系，请老领导为我们题字，拿着题字在军队得到一些方便，我们调飞机、坦克和核试验，整个部队是免费提供。我们天天通告都是 300 群众以上，现在拍戏，我从来没有签过 300 个群众演员，因为我们负担不起，那时候没有 300 个以下的，甚至有 600 个、700 个，我记得我每天签通告，都是免费的。

那个时候的大家想做好事。比如我们搭水坝，陈瑾丢咖啡，那些戏是在外景，我们先做了这样的设计，然后编剧再帮我们往回设计，比如她拿咖啡，是因为她有爱喝咖

电影《横空出世》中的陈瑾

啡的原因，就是倒装设计。这个编剧江奇涛也是非常厉害。我们回到北京以后，我又重新给厂长打报告要预算，说在北京还要重新搭景，搭片中杨振宁、邓稼先的家，当时北影厂的那个场地还是可以拍摄的，就把编剧调到北京现写，演员现看。陈瑾为了拍我们这个戏，原来留着一头长发到腰，我说你要演这个知识分子一定要剪成短的，一个女演员就义无反顾地把多少年的发给剪了。那个时候我们的军队，电影厂的领导和整个剧组的艺术家，不谈个人报酬，不计个人得失，就一心想做一个好电影。我就老说我们那个时候的6个编剧，他们拿不到什么报酬，现在要把这6个编剧请在一起，5个亿都请不来，个个都是身价高得不得了。

记者：您刚才提到预算1000万，有没有哪一个部分说因为钱不行，所以就上不了？

陈国星：20世纪90年代，核工业保密特别严格，甚至没有任何资料，因为那个时候是不允许拍照，不允许留下笔记，都要销毁。当年做导弹、做原子弹、做热核反应，这些东西的真实资料都没有。所以我们去营造，它当时真正的原子弹塔爆，那个塔是110米，是把我们第一颗原子弹吊装上去的，等待中央命令把它引爆，它是从内往外爆炸，就像我们捏一个西红柿，

简单说原理是这样的。因为这是重场戏，我就跟厂里汇报，就用我们有限的经费买钢材，我搭这个塔。因为我也不懂，就让我们搭景片的美术做钢的设计。当时买了60吨钢，但搭到了45米，钢就没了，45米的时候，我们爬上去就非常高了。现在你要从新疆中部的国道走，在沙漠上，老远就能看到我们搭的这个塔，比10层楼高一点，再要做高就没有钱了。

记者：当时这40层钢花了多少钱，还记得吗？

陈国星：我现在还真记不得了，虽然我是签字的总制片，但是我记不住了，就是这点钢，全部都做上去了，因为是按照原来那个塔的比例做的，你现在看到电影里塔的基座都是真实的，但上边就完全要依赖电脑，90年代末，电脑也是刚刚在起步阶段，当时电脑公司给我们很大的帮助，大家都想象不到最后电影中居然把上半截接上了。当时盖这个钢材塔，电影局认为我把钱花在了一个不该花的地方。我觉得其实我们做的是对的，艺谋拍《红高粱》，是从种高粱开始，因为他找不到他心中的那片高粱地，我也一样，我们找不到我心中的那个圣塔，或者说核工业部有那个塔，但由于保密不允许我拍，我只能自己去搭一个基座。拍电影没有办法，就是工业就要花钱，我已经是很会省钱的导演，一辈子没花过大钱，我们是在艰苦环境里训练出来的导演。

记者：那个时候主要还是我们电影工业的发展不行，包括流向电影这方面的资金也不够多是吧？

陈国星：对。

记者：因为大环境不像今天。

陈国星：对。那个时候还真得是我们厂长敢干，如果按部就班，必须得把剧本搞完才能开机，我们后半部的整个知识分子戏也不出来，会把季节错过，而且可能把一个大好时间点也错过了，所以那时候的韩厂长非常敢干，他敢相信我，敢相信这个团队。当时他也帮着我们去找钱，赵实部长都跟着我们到新疆去，帮我们"化缘"，帮着我们从军队里边弄出360万来，当时对我们来讲就是大救星。它是在大家的共同努力下做成的，一个在今天看来还是有些意义的电影。

记者：说到这两部电影，我们从整体来看，您觉得90年

代主旋律电影的创作呈现出一种什么样的特征？

陈国星：我觉得那时候拍的东西很真，90年代活跃的导演都拍出了好的作品，活跃的演员也演出了好作品，没有遗憾，他们在那个时候逐渐走向市场，走向观众心里。在各个方面都不成熟的情况下，大家也没有自己挣更多的钱，反而出了很多好作品。在今天好像是资本给电影提供了很多方便，但是其实有时候大家还是怀念20世纪90年代或2000年那时候的创作。

记者：但是大家创作的热情和投入的程度，最后作品带给观众的那种感受都是出乎意料的或者是能打动人的是吧？

陈国星：对，其实不能说大数据这种方向不对，但是我觉得它算不出来的是艺术家要尊重自己的内心，不是说我要先去尊重市场，我觉得这是另外一个话题。如果你是一个真的艺术家的话，你相信这个东西，把它呈现出来，那它一定是对的，这是计算不出来的，像《横空出世》《孔繁森》，包括我后来拍的《黑眼睛》等电影，其实是顺应了那个时代，那个时代缺这样的人物，缺这样的一种精神气质，缺这样的一种影像的呼喊，但是也来源于那个时候的艺术家，他捕捉到的人物，和20世纪90年代我们对人物的理解。在这种时候还是要更多地遵从自己的内心，遵从创作规律，其实那个时候不光导演，包括演员、剧作、摄影、音乐，也是尊重内心才做得这么好。

记者：1996年的时候，国家就提出来一个"9550工程"，对主旋律电影的创作，对一线电影工作者，您觉得会有哪些积极的帮助？

陈国星：应该说在那个时候，"9550工程"的提出，使一些项目有了资金，第一因为你能进入这个工程，说明这个项目在选材，后面的研发和实施上，就有一定的关注度；第二那时候我可能还挺羡慕入选的项目，应该说对推进一些好的电影，"9550工程"这个项目还是起到了很多正面的积极意义。

记者：9550这个工程提了以后，对电影产业整体产生了怎样的影响或者效果？会有一大批的好的电影出现吗？

陈国星：应该说《横空出世》就算是9550计划的一部分，是不是广电总局，那时候还叫广电部，也给予了像《横空出世》这种重点项目的资金？有，但是应该都很有限，没有上

电影《横空出世》剧照

千万，可能有二三百万。我们那时候拍电影没有钱，哪像现在一个演员就8000万，1个亿，我们想都不敢想，我从来没有拍过这样的演员，一听这个词都害怕。如果给补助200万，或能够在剧本扶植中能给50万，那就是我记忆中的中国电影了。我们没有享受到这么丰富的钱，从来没有过，给了也不会花。

记者：关于《横空出世》，您当时为什么找李雪健来做主演这样的角色？拍戏的时候跟李雪健老师之间，您印象特别深的事是什么？

陈国星：那话题太多了。我跟雪健的合作特别早，1997年《抉择》这个电视剧，那时候是我跟雪健已经合作了几次了，他是我非常喜欢的男演员，我可能是跟他合作最多的导演，至少有6、7部作品。我到核试验基地接触了这个司令以后，当时想的就是李雪健，但因为雪健挑剧本很严格，我知道可能这个剧本还是有缺失，

打动不了他，就把他邀请到我家来喝酒，讲了很多自己对这个戏的想法，应该说是我把他蒙来的。我跟他讲，轰-6带着试投失败以后，把氢弹又带回到基地，好在这个氢弹没有爆炸，因为一爆炸的话，整个中国所有的优秀工程师，核试验的实验基地要被摧毁，我就跟雪健讲这段真实发生的历史，轰-6怎么带弹降回到了马兰机场，冯石将军一个人站在战壕里，上半身在基地上露着，拿着个氧气指挥……雪健就说可以了，这个电影

📀 电影《离婚大战》海报

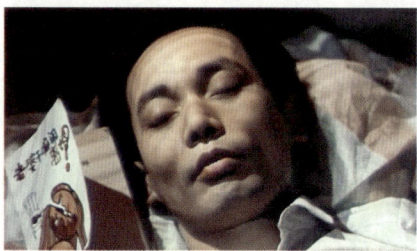

📀 电影《离婚大战》剧照

太牛了，他要演。但是最后整个电影也没有这场戏。雪健说你把我坑来了，我最想的一场戏，你没有。我说我要不给你讲这场戏，你就不来演。当然最后雪健也帮我们在这个人物的基础上进行了丰富，他的表演智慧，他的经验，也帮我协调了整个演员班子。由于雪健的加盟，使整个《横空出世》电影的整体表演提升了好几个档次。

我再说一个他的逗事，在现场，拍摄是一个非常麻烦的工作，每天有部队配合我们，开始都很热情，但是架不住时间太长了，2个月以后，人就已经非常疲惫了，逐渐就松懈了。这时候我实在没有办法，就让雪健、幼斌帮我做了一个重大的任务，因为部队的人都非常喜欢演员，每天请他们到团里连里去吃饭，我说你们拍戏非常累，晚上放你们到团里去喝点酒，吃吃饭，给他们鼓鼓劲，第二天这个连长就归你指挥，雪健就同意了。他跟李幼斌还有其他的演员，我这边只要一说杀青，就被不同的车接走，连我都找不着。有一天我们到沙漠上垒出来的那种类似烽火台的古迹，非常高的，我要拍黎明的时候，冯石将军和陆光达两个人站在上面的戏，新疆早晨亮得晚，大概是8点钟，我们全弄好了，就接不来演员，怎么都找不着。我急了，给军队司令打电话，后来找到他们了，李雪健醉着在一个团里还没醒，到现场一身酒味儿。我问"哥哥行吗?"不行也得行，就这么恍恍荡荡地拍，我让李雪健站在烽火台上面，没台词，背影站住了就行。化完妆后，李雪健基本上没酒醒，灌了好几瓶矿泉水，拿梯子爬到烽火台上，20多个人扶着，把他给推上去，然后其他的人都撤，就他跟李幼斌两人。结果李幼斌说李雪健站不住，在现场还晃荡，我说这可怎么弄，全景，没法让别人扶他，我让李幼斌先拉着他。新疆的风非常大，尤其在烽火台上，大概离地有二三十米高，我说雪健千万不能倒，这还有人身安全问题。从那以后，我再也不允许他去喝酒了。

关于婚姻那些事

记者：在电影《离婚大战》中，您聚焦到离婚这样一个社会现象，这是1992年拍的片子，当时社会上涌现了离婚潮吗?

陈国星：20世纪70年代末80年代初，因为改革开放，整个中国人眼界开了，港台文化进来了，情歌也来了，那时候的年轻人和中年人是比较活跃的。离婚是不是那个时候的话题，这个我不敢讲。我一共拍了5部喜剧片，在刚才说的这些主旋律电影项目之前，我是一个商业片导演。那个时候，在90年代初，电影也面临着转型，整个国家都有这样的大政策，电影要走向市场。当时的北京电影制片厂厂长也鼓励我们走向市场。《离婚大战》这个选题是我自己的，我也是第一编剧，我拉着电影学院的马军骧编剧跟我一起写这个剧本。当时我的设计就是4个喜剧演员，请了葛优、侯耀华、蔡明，整个创意是为了让中国电影能够跟市场相结合。当年葛优演的《编辑部的故事》和《大撒把》都挺火的，给了我们这个戏很大的提升，我做的这个尝试应该说很成功。当年投资这个电影都不是北京电影制片厂，都是社会的资金，是一个朋友投的钱，最后赚了很多钱，那时候拍戏演员才几万，我给葛优3万块钱，葛优拿着快给我磕头了，人民币3万，那时候10元钱一张的，没有100元钱，他就跟现在抱着3个亿一样，眼泪都下来了，因为像我们可能才几百块钱酬金，加上编剧，我估计也有1000元钱。当时因为我又是制片，就觉得要花重金把他们请来，其他演员1万块钱就已经非常开心了，这个戏拍的我觉得一切都很顺利，非常低的成本，几十万拍摄，100万都没有，都是搭景拍的，但是电影赚了几百万。

记者：改革开放以后20世纪90年代市场化进程不断往前推进，您觉得离婚的原因是什么？

陈国星：我这个电影是一个温暖的结尾，婚没有离成，它只是让葛优跟马晓晴他们俩演的夫妻遭遇到了这种情感的困境。我印象中是一个开放式的结尾，并没有去鼓励离婚。在90年代初，我在价值观上还是对的，就觉得他们也许还会复合。

记者：如果抛离电影之后，90年代肯定是有很多这样的例子。

陈国星：身边有啊，我身边的导演、演员有离异的，所以这里边的故事都是我身边发生的事。

记者：您觉得那时候的社会的风气跟改革开放之初比怎么样？

陈国星：对，那个时候是一个挺大的事，不像现在我们中国社会的开放程度，在年轻人这里，好像相对不是事。年轻人的离异、同居、闪婚，这些概念在90年代、1992年是没有的。男女双方家庭都要有一个很正式的婚宴，至少是到对方家吃个饭，非常郑重，是人的一生嫁给你了，那就是一生跟你在一起过了，就是白头到老。那时候北影厂的导演、摄影，离异的就有好几对，像我们这样的中青年导演也有，我们的老部长还到北影厂来给这些离散的人去做说服工作，希望复婚。这就说明那个时候的风气和人们对婚姻的理解，大家是劝和的，"宁拆十座庙，不拆一道婚"，是这样一个风气，所以电影片名就是离婚，这个题材还是挺刷眼球的。

记者：对，因为在当时来讲离婚还是一个大事。

陈国星：大事，对，挺刷眼球的。

记者：那一时期人与人之间的男女关系，今天来看是更加物质了？

陈国星：对。

记者：大家以前都不说物质。但是您这个电影开头也是因为物质，夫妻双方因为对物质的需求不同产生了分歧，那个时候这种物质带来的冲击和感情是会影响的。

陈国星：对，其实改革开放从 70 年代末开始，中国人的眼界打开了，随着港台文化，包括外国的生活方式影响了我们的 80 年代、90 年代这些年轻人，我们才知道原来可以这么活着。伴随这个变化，直接的就是物质的进入，那时候我们可以有一个 4 个喇叭的录音机，家里争取买钢琴，希望有一对沙发，不是过去有一辆自行车、一个半导体就能满足的时代了。所以，在我们这个电影里也是先让葛优这个中年男遭遇了物质的不匹配导致的情感问题，这其实就是那个年代年轻人的直接反映，虽然不像现在这么赤裸裸，但那时候也一样。

后记

采访完陈国星导演后，最大的感触就是敢想敢干，无论是《孔繁森》里大胆起用毫无表演经验的当地藏民，还是连剧本尚未完全成形就开拍的《横空出世》。结果很美好，过程更精彩，这大概就是一个成功导演所必备具备的魄力和胆识吧。陈国星在第五代导演里，虽不以风格见长，却以沉实并可持续的创作力，抒发着可慷可赞的家国情怀，通过稳健的视听语言表达着他与时代同行的赤子之心。而他另一些关乎民情民生的影片，同样芬芳怡人，可圈可点。可惜这次采访时间有限，关于这部分的内容还未来得及展开，大概这也是一种遗憾的美吧。

星火燎原

影响

中国电影人访谈录（1978—2019）

宁浩：

做个不一样的"坏猴子"

文 / 康婕

❀ 宁浩

大体喜欢孙悟空的人，多少都会在心底生出些叛逆的心思。在宁浩看来，打破常规，不按常理出牌，踏出安全区的勇气，都是这只猴子吸引他的东西。作为这个时代年轻导演中的怪才，他也想做中国电影界的"坏猴子"，解构与重塑自己眼中的世界。宁浩欣赏创新，但创新谈何容易，特别是在既有模式中寻找突破。他抓住了时代机遇，交出了自己的答卷，当年"疯狂"系列带给国产电影镜头语言的美学影响，至今余威犹在。现在这只"坏猴子"展开了更大的计划，这回他要把自己曾遇贵人相助的幸运延续下去，带领更多的"坏猴子"在电影市场里好好大干一场。

"坏猴子"，好导演

记者：您现在在做一个"坏猴子72变电影计划"，当时为什么要做这个计划？

宁浩：我觉得还是有传承的因素在里面，因为我本人也是从新星导演计划的开始走向观众的，隔了12年，我也拍了很多电影，觉得应该做这样的计划，我本身热爱电影行业，所以出发点是说如何做一些对电影和对电影市场有帮助的，有意义的一些事情。

记者：所以您选择了一些青年导演，还有一些有商业触角的，有类型片意义的片子？

宁浩：不是。那个是拍了才感觉到的，其实一开始接触的时候，展示出来不是市场或者类型片的特征，而是他本身就是一个非常优秀的导演，电影短片拍得非常好。我这个计划里，没有特别针对商业片，不这么分，我对电影是有一定区别的，是好电影就行了。所以当时我的出发点是找到好的导演，因为好导演是一个好电影的核心力量，所以只要是好导演，我都愿意合作。

记者：怎么看是不是好导演呢？

宁浩：就是看短片拍得怎么样，短片拍得好的，就能看出来，我的出发点也没有一定要适应市场，你只要拍的是好电影。在加入这个计划之前，这些导演就已经是非常成熟的导演，这个计划最初只想的是能够从青年导演的层面来帮

儿时的宁浩

助推动一下电影行业，并没有计划培养出什么样的人，如果能够起到这个作用也未尝不可，也是有意义的事情，我们希望成立这么个青年导演的联盟，一起来拍电影。

记者：纯粹推新人也是您的目的之一？

宁浩：是其中的一个目的，我也欢迎大家如果愿意参与的话都来拍电影。我们这边14个导演都各有千秋，每个人都有他们独特的非常不一样的能力和视角。

记者：我很好奇，您的公司名字为什么叫坏猴子？

宁浩：我小时候喜欢孙悟空，觉得孙悟空就不是个老实猴子，而是坏猴子。所谓这个"坏"，其实不是真正意义上的坏人的坏，我认为它和创作有关系，创作是一个打破规律的事情，有勇气做不同的事情才叫创新。创新就是要把既定规律否定掉或者突破掉，不是按照以前的道路走，要有新的东西，就像改革的意思。创新性也必然有一定的破坏性，把特别陈旧的和传统的东西破坏掉，不破就不立。

一切都要从那个"疯狂"的开始说起

记者：电影《疯狂的石头》当年2500多万票房也算是很不错的，我记得当时放映的时候，媒体还是感觉您有点紧张，不知道这个片子在市场上反响怎么样，你们当时拍这个电影的时候，有什么样的反应和判断？

宁浩：不知道，我觉得到现在我也不知道，我不知道受众

宁浩领衔"坏猴子72变电影计划"

电影《疯狂的石头》海报

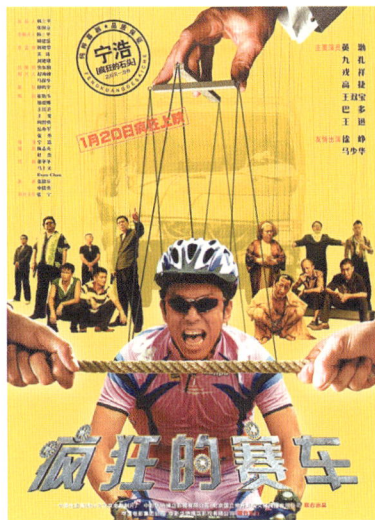

电影《疯狂的赛车》海报

对于一个电影的判断，每次都不知道，我只能说我努力活成一个观众，按照自己的标准去拍，但是我没有办法揣测观众内心的想法。我尊重自己的感受，也很尊重自己就是观众的现状，我没有特别强烈地要把自己弄成艺术家，甚至连文艺青年都不算，我没有必须得跟别人不一样的诉求。

记者：《疯狂的石头》影响了中国喜剧片的发展，那之后很多电影名字里都带着"疯狂"两字，包括制作技巧、喜剧风格，都在向这部电影靠拢，当您看到这种状况的时候是什么感受？

宁浩：自己肯定还是很有成就感的，觉得终于做了一部大家也喜欢的电影，得到了认可。然后就过去了，就不想那些了，赶紧想下一个该做什么事情，另外我回忆起来还是有点恐慌，稍微有点焦虑。

记者：后来第二部片子为了更好地跟市场对接，名字改叫《疯狂的赛车》。

宁浩：反正都是这个系列的，同一个气质的电影，所以就把这个改成了《疯狂的赛车》。它原来的名字叫《银牌车手》。

记者：这两部看上去都是喜剧，但是片子里面都反映现实主义的东西，在一个类型片里面放很多现实元素。

宁浩：我拍的第一个片子是《香火》，是现实视角，我们这一代人都经历过比较深刻的现实主义教育，总想着拍的东西

是不是和现实生活有一定的联系。

记者：《香火》是比较传统的现实主义，而"疯狂"系列不光是故事比较飞扬，人物的性格也是夸张的、出挑的。

宁浩：是戏剧性的。

记者：这个东西和传统的现实主义不太一样了，或者是两种东西的杂糅。

宁浩：对，应该有一些杂糅成分的，我提纯了戏剧性的部分，很喜欢戏剧性的表达，让这部片子有一点寓言感，有一点故事性。

记者：您觉得这两部片子都有一点寓言感？

宁浩：对，就不是那么写实的方向。

记者：通过这两部片子也可以看到，故事发生地点一个是重庆，一个是厦门，跟您的生活环境是不太一样的。

宁浩：实际上我是喜欢市井气的。

记者：北方没有吗？

宁浩：宏观地说，中国的文化

电影《香火》剧照

有黄河文化和长江文化，但是这两种文化略有不同，黄河文化有特别多的农耕色彩，我们想起山西、陕西、西北地区、华北地区、河北还是有很强的农耕色彩的。长江文化有商业色彩，商贸的色彩也是中国文化的一部分。我觉得我写的那些人和事都是在很市井的商业文化之下产生的，每个人都机关算尽，觉得自己很聪明，更像是一种码头文化和商业文化里杂糅出来的文化，我觉得放在南方的城市里文化可能更像。

记者：这两个城市都有一个水域在，跟水靠得很近。

宁浩：长江可以行船，有码头文化有贸易，黄河自古以来不能行船，上下游不通，所以它并不能够成为最变通的水路，围绕黄河周围

® 电影《香火》剧照

® 电影《疯狂的赛车》剧照

的都是农业文明，都是本分、讲究、传统、实在这样一种文化气质，培育出来的人也都是坚忍的，吃苦耐劳，说一不二，都是这种文化品质，所以两者不太一样。

记者：南方相较而言，更有活力一些。

宁浩：对，更灵活的地方才会发生更加错综复杂的事，像张艺谋导演拍的《秋菊打官司》那就像是黄河文化发生的事情，就是直的——我必须完成这件事情——人物性格就是这样的，有那种地域感，这是不同的文化基础的感受。

记者：我记得有一点就是两处都可以看出来，其一，就是徐峥扮演的角色，特别可爱，我从这里能看到现实中人的很多影子。其二，是那个墓地销售。他在说墓地的时候，感觉是在说房地产，这个就是现实，很有意思。

宁浩：是，这些东西都是从生活中来的，没有别的戏剧的经验，都是从生活里拿经验来做的，也都是通过观察生活来的。

记者：我们稍微从这里跳出来，改革开放到现在，房子为什么在中国变得那么重要，您自己怎么看？

宁浩：以前是大家都没有房子，大家都住公家的房子，房改以后推出商品房的概念，商品房就意味着有房和没房是不一样的。我觉得中国人还是挺需要安全感的，他们是需要一个切实的、摸得着的大物产，这个自古以来都是以房子为标志，并不是说在改革开放之后才有的，自古就是这样的，都得买房置地。这个也是从农业文化继承下来的，你有一个居住的空间，有自己的生产用地，衣食住行就都没有忧虑了，这样能提供一个基本的安全感，所以我觉得是房改之后其实是恢复了这种心理。

《疯狂的赛车》里面写的所有的人都是为了一个欲望在行动，无论是台湾的黑帮大哥还是卖假药的，都是为了欲望。主人公是为了他的师父，他师父能不能有一个体面的、可以下葬的安居之所，所以他的出发点是情感，其他人的出发点都是欲望，就只是这么一个对比。

记者：各种猝不及防的意外，串系起了一幕黑色喜剧。

宁浩：对，黑色喜剧，人的命运本来也就很无常的，我觉

电影《疯狂的赛车》剧照

电影《疯狂的赛车》中的黄渤

得荒诞主义戏剧都有一个特征,它强化的是无常,强化的是命运,还很嘲笑每一个人的努力。"人类一思考,上帝就发笑",就这么个逻辑。我觉得后现代主义基本上都是这样的,只是提供了一个别的角度去看世界,它不是艺术的准确,也不是全部,就是一个视角。

宁浩眼中的黄渤与徐峥

记者:《疯狂的赛车》是您所有电影当中最特殊的一部,我觉得整个看上去是有点压抑。

宁浩:就是尝试不同的新东西,我对于视听语言还是很有兴趣的,所以我那部戏比较多的是从视听语言的角度去思考构成一个故事的方法,如何用很少的视觉环境和很少的视觉语言来创造出一个比较冷峻的故事世界,更多是靠视听镜头讲故事,不是靠演员表演,我是在做这样的尝试。

记者:电影里的演员也很特别,自带那种感觉。

宁浩:对,我觉得好的演员都是这样,你看他一个人就涵盖了所有的信息,所以说什么是好演员,就是我一看他就知道

电影《无人区》海报

他背后站着一大群人,比如说赵本山他背后所代表的农民的群体,如果我看他只能代表电影学院或者是中戏,就比较麻烦了。

你看到黄渤,他能代表城市小哥的形象——青岛小哥,那也是城市里面小青年的代表,你看到宝强会看到进城务工的那些人群,他们每一个人的背后的那些人,是通过这个人带出来的,这就叫偶像,他能够代表这些人,这个就是偶像的意义。

所以有的演员现在还不火,那是还没有活到那儿呢,经历过的事情都会装在心里,等你变成了能代表的那一类人,那时候脸上的内容就自然丰富,不会空洞了。

记者:我觉得这个片子里有演员本身所带来的不同样子,具体是说徐峥,他在《疯狂的石头》和《无人区》里是不同的。

宁浩:对,当时也是想试一下一个负面人物的故事,一个有毛病的人,他是怎么去改变自己,《疯狂的石头》和《疯狂的赛车》是一个没有毛病的主人公,主人公是正确的,但他们掉入到一个充满谬误的世界里,他们怎么在这个世界里搏斗的故事。

记者:徐峥现在也是自己一直做导演、监制,您怎么看待他在您电影中的表演?

宁浩:徐峥是一个理解能力和

学习能力都特别强的人，他能够快速地捕捉他自己不知道的部分，而且改造自己的能力也很强。所以我们能感受到徐峥的进步，到《我不是药神》这一部就特别好。表演，就是他的能力，他是一个吸收能力和学习能力都特别特别强的人。

记者：您觉得他从《疯狂的石头》到《心花路放》给大家看到一个什么样的中年男人的形象？感觉他是和黄渤互补的。

宁浩：每一个都有点不太一样，我觉得徐峥之前有很多的小市民色彩的形象，他演绎得非常好，市井气很足的，有一点小坏，但不是大恶，这样的形象我觉得他处理得都特别游刃有余，包括《心花路放》里面他是一个真诚地为朋友着想的兄弟，但是又很贪玩，一天到晚到处泡妞，就是这样的小市井式的人物，我觉得都是他拿捏得特别好的角色。

记者：徐峥给人感觉是看上去欲望满满，实际上却没有什么野心的人，不会在受挫以后特别焦躁，在您电影里描写了这种人。

宁浩：对，他总是能把这些东西处理得特别灵活，实际上他不是一个主角，却包含着中国人千百年来的生存智慧，既有一点小利打算，又存在着善良和大觉知的可能。

记者：佛教的那个形象？

宁浩：对，有大觉知的那么一个形象。

记者：我觉得他身上还有一种大男孩的孩子气的感觉。

宁浩：对。他本身也是这样的，非常可爱的人。

记者：我们来说说黄渤吧。

宁浩：我看到他，是在《生存之民工》里面的一个小角色，他塑造能力很强，演得非常好，形象也好，背后站着一群人的形象。我觉得这种形象特别鲜活，这就是老天爷给饭吃，这种形象其实演什么都对。黄渤的技术非常厉害，非常纯熟，他特别聪明，可以快速捕捉到不同行为所表现的人的性格特点，他这方面是一个天才。他的脸是特别生动的，是一张有内容的脸，我觉得这些组合都是完美的，所以他就能够一下进入到大众视野，然后变成一个特别受欢迎的人物。

记者：黄渤太有意思了，但是怎么让人一眼看出他能承担《心花路放》中这么吃重的喜剧任务，能选择让他来演呢？

宁浩：在我这里没有什么喜剧、非喜剧的概念，都是正剧，我希望演员能够把正剧演出来，我拍的也不是喜剧，是荒诞剧，只是需要好演员而已，只要演员足够好，足够有能力。

记者：我还记得有一场戏，他在机场大厅，一直是背对镜头，回过头来的时候满脸都是悲伤，那个镜头很长的，估计有两三分钟的，拍的时候有没有一个镜头下来？

宁浩：没有，那一个镜头拍了两天，演了好多遍，那个太厉害了。拍《心花路放》这种电影我是想把语言的部分都去掉，那场戏我知道黄渤会演得非常好，但是我想调动起观众的参与

电影《心花路放》中的徐峥

黄渤《生存之民工》剧照

感，想让观众看不到他的心，他一直是在压抑自己，在那场戏的时候，那个人物最主要是演克制，就用一个背影给观众，那个背影是我不想让你看到我难过的意思。观众在这个部分中不仅看到他难过，而且看到了他抑制住自己的努力，那就会更难过，当你看不到的时候你就会更加地去想，去想他在想什么。因为这个电影最重要的是让观众体验角色的心，所以我就用拍后背的办法拍，有一定的长度要让观众静下来。

记者：无论是导演还是表演，呈现出来的效果是不是比您预想的效果还要好？

宁浩：对，因为黄渤太优秀了，不用我去证明和拍出来他的优秀，我把他最后那一下转身过来的力量的点放大给观众就行了。

记者：这个也是他这么多年表演的一个高光时刻，这个表演是神来之笔，作为导演也是一个特别胆大的决定。

宁浩：有的电影适合这么干，有的电影不适合，"疯狂"系列就不适合，"疯狂"系列的着力点不在镜头上，也不在说我给你看内心，"疯狂"系列来不及看内心，因为事比较飞，你把着力点都放在看事情上，因为事情控制了人物，所以那时候不会用拍内心的办法来拍了。

严禁殴打顾客

记者：《心花路放》您拍得辛苦，这部电影反映了 21 世纪中国一群年轻人的内心，包括沈腾扮演的人物，也包括马苏，周冬雨，这样的一群人，您觉得通过这部片子，折射出改革开放对这代人最大的影响是什么？

宁浩：改革开放以后最显著的一个特征是社会多元化，从审美到各个方向都开始多元化，我们小时候只穿统一的衣服，突然开始流行西装的时候，每个小孩都穿一件西装，皮夹克流行的时候是每个人穿仿羊皮的皮夹克。它是特别统一的流行趋势，现在就不是了，到现在为止社会呈现得非常丰富、非常多元的一个层面，不仅是文艺上，很多时候社会生活中呈现的是一个百花齐放的局面，各种丰富多彩的东西，多种多样的生活形态和美学。

电影《心花路放》中的黄渤

记者：《心花路放》里那个发廊就很亲切，以前叫理发店，现在大概没有这个称呼了。

宁浩：我还染过黄发呢，满头黄发，再往前就叫非主流了，杀马特之前有还有别的称呼，再往前还有摇滚青年什么的，有一种脉络的延续。

记者：但是您还是有一个态度，这个不是嘲讽，即使是嘲讽也是善意的嘲讽，这些赶时髦的青年

电影《心花路放》海报

人，永远赶不上时髦的，但是您也没有说他们活得好像很冤枉，很浪费时间，您不是用教育家的口吻去面对他们。

宁浩：我觉得他们本身都很可爱，其实大家都一样，艰难地在自己的境界斗争生活。我是一山西太原人，城市不算特别大，到现在为止也就400多万人口，我是太原钢铁公司厂矿的子弟，那种工厂的生活对我影响特别大的就是工人气质。工厂里到处是脏的，油腻腻的，有一种铁锈范儿，这些一直都是我比较喜欢的东西，比较有劲的，比较直着来的，比较有力量的，而不是比较婉约的，慢慢谈的东西，我喜欢强冲突，强戏剧性，比较满，比较有分量感的东西。

⊛ 年轻时做摄影师的宁浩

⊛ 电影《心花路放》剧照

记者：情绪也是这种的。

宁浩：对，我喜欢那种分量感足的东西。

记者：其实我也想不到您会拍关于爱情的电影。

宁浩：对，那时候我想如果是爱情的话，这个时代的爱情和过去那个时代的爱情的区别是什么？我觉得好像是从一而终或者门当户对，都是那个时代的传统方式，这个时代是情感自由、恋爱自由，这种碎片化、枝节化的情感现象，是区别于上一个时代的，它掩盖了很多深层次的部分。每个人的心里面都藏着一个理想的爱情，但是外面都过着花里胡哨的情感生活。我觉得这种特点，在任何之前的时代都没有出现过，是很有代表性的。可能最终我们还是在呼唤内心深处藏着的真情实感的那条线。

记者：生活中是不是经常遇到那些对您不客气的服务员？

宁浩：因为中国的产业在那个阶段，我们进行的供给政策，最终要形成服务型社会，就是第三产业会变成支柱产业，这个是未来的方向，但是目前还不是，之前也不是。我们并没有建设起一个真正的服务型社会和服务的产业，我们都是没有服务意识的，都是从农业文明直接转型过来的，我们有一定的市民文化和农业文化，但是没有服务文化，比如说出国的时候你会觉得很明显，外国的服务行业的规范性，不光是在服务员领域，在所有待人接物的领域，甚至是一个公司的老板在接待你的时候，都会是一种服务的姿态，服务意思已经渗透在他们整个社会结构当中的所有的文化里面了，所以你会觉得他们都彬彬有礼。

改革开放初期，我们的社会主体文化是农业文化和工厂文化，没有很强的服务性文化。早年间，国营单位的商店服务员，都带着一种你爱买不买的态度，民营系的本质上也没有改造成服务型文化，这个不是人有问题，而是因为他们的文化是建立在农耕文化的基础上，农耕文化每天种地不需要和人交流的，所以人本身的交流性很弱，没有具备大的服务文化基础。我觉得随着现在城市基础建设接近尾声，下一步就是产业问题，即供给侧改革的问题，肯定是服务业作为主导，那时候服务业文化就会提升，会向上引导，向各个领域渗透，之后不仅服务员的态度会发生变化，整个社会的气氛都会融入进服务型意识。

记者：原来饭馆标语有"严禁殴打顾客"，看着都吓人。

宁浩：对，我们小时候也会经常被训斥。随着社会进步，随着服务意识的增强，整个社会都有服务意识的时候，大家都是这样的，就自然转变了。

记者：但是您对这些人态度特别好，总是会表现她们可爱的一面。

宁浩：因为他们本身就是一个人，你每一次接触都觉得他们本来也都是很可爱的，这个就是荒诞主义的特征。社会突然多元了，但是人没有多元，就发生了冲突。就像我们园区的保安虽然穿着类似执法的衣服，但是他里面还不是执法者，那么在这里面就是有冲突的。

中国目前的最大的变革，就是在进行人类历史上最大的迁移，把最大量的农业人口改造成城市人口，这是一个壮举。在这个过程当中肯定有冲突，有矛盾，有荒诞性，这个就是它戏剧的部分。当时间越来越久了以后，我们全部进入到统一的城市文明的节奏里面的时候，这个荒诞性就消失了，那个时期我们要重新整理和建设一套新的系统。

记者：城乡不会消失但是城乡看着会趋同。

宁浩：这叫文明一体化，最后的文明程度会一体化，乡村也会变成现代的乡村，在文明层级上与今天的城市相匹配的。它虽然还有乡村的特征，但是会升级，所以咱们这是两个维度的变化，城市内部的变化，城市与乡村的空间关系的变化，乡村和城市整体的维度提升的变化，我觉得这个变化是未来20年或者是未来10年特别重要的一个点，这个对改革开放来说，是一个需要攻坚的部分。

记者：说得真好，回到您的电影，您培养了很多的电影演员，我看到一些不会演戏的都会演戏了。

宁浩：其实是用传统的方法，传统的方法是非常有效的，包括这次《我不是药神》的成功，我觉得导演也是采用最传统的方法。

记者：这几个演员是有经验的。

电影《心花路放》中的马苏

电影《疯狂的石头》里的服务员

宁浩：不光是经验，也遵循了传统的工序，这个传统的工序就是让演员体验生活，然后大家集体讨论，把这个思想统一打透，就是前期多花时间，真的相信和进入到这个过程当中需要时间和态度上的投入。我觉得所有的好作品都是这样的创作态度，大家全情投入在这个事情里面，只要能投入，只要花时间，都能弄出好东西来，但是最近几年确实有点太过浮躁了，给的钱特别多，但演员却再不体验生活。

记者：大家好像不享受拍电影这个事情，都觉得拍电影好苦，但拍电影当中肯定也有欢乐的时候。

宁浩：拍电影的价值系统不能偏了，拍电影想着赚多少钱，都以片酬票房为标准就出问题了，那演员就算账，只能给剧组2个月或者

1 个月的时候拍戏，体验生活的时间没有了。对剧组而言，你多要演员一个月得花多少钱，就变成一个量化的部分，就不是一种热情在带动了，那就很难出好作品了。所以就是两个事，投入的时间和态度，时间和态度都给到了，我相信好的角色永远会出现。

记者：听说您让周冬雨在湖南待了很长时间？

宁浩：是的。叫她去体验生活。在湖南的大学找的小孩跟她一起住几天，教湖南话让她体验生活。这些工作都做了。

记者：她在湖南体验了大概多长时间？

宁浩：太远了想不清楚了，大概十来天。

记者：这个戏其实加起来不到 10 分钟。

宁浩：不到 10 分钟，在湖南当地拍，她准备了十多天去体验生活，拍了 7 天。

记者：效果惊人的好，这种神经兮兮的小女孩的形象。

宁浩：她是很棒的，我觉得她

电影《心花路放》里的周冬雨

儿时的宁浩

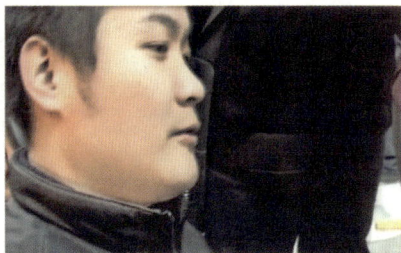
进行 MV 拍摄时的宁浩

是非常有表演天赋的人。

从没想过去拍电影

记者：想问下您的从影之路，从什么时候开始对电影感兴趣的？

宁浩：我是慢慢才开始有这个想法的，原来是没有想过拍电影，原来是想画画，那个时期没有职业画家的概念，那个时代是画家被撵得到处跑。我小时候特别想去圆明园画家村，后来听说那个画家村的人已经被驱逐了，以画家为职业是很难生存的一个状态，因为没有绘画的市场，那时候学画的基本出路都是搞装修、搞装潢。我小时候在想能不能从事和美术有点关系的职业，后来发现自己是色弱，觉得画了 10 年画变成了一个误会。

记者：凡·高也是色弱。

宁浩：他可能没有考过咱们的美院所以不清楚，后来就有一段很长时间的迷茫，不知道自己能做什么。当时第一诉求是摆脱父母还在养我的状态，首先成为一个自立的人，所以当时做过很多那些事情谋生，比如当摄影记者拍图片，在做那个事情的过程中因为要给很多歌手明星拍图片，就接触到了音乐圈，之后有很多音乐圈的朋友问能不能拍一些 MV，我说可以。因为我当时上的那个学校是北师大的节目制作专业。

记者：这个和电影是差不多的东西，也是学影像的。

宁浩：对，但是我从来没有想过自己能干那个事，当时我们学校培养的最主要的方向是毕业以后去电视台做新闻工作，我们班很多同学也都是做这个的，我对那个工作也不是很有兴趣。我就选择了其中的一部分，就当了摄影师。很多朋友问我都干什么？我说平时拍过小片子做作业，我的朋友就问我会拍MV吗？我说会，就是看图说话，把影像配好，从那时候开始就接触MV，拍了大概两三年的MV，还挺多歌手找我拍的，拍了不少人。

记者：具体有谁的可以说一下吗？

宁浩：朴树、金海心、屠洪刚，拍了很多人，拍MV的过程当中训练了很多现场的知识，包括怎么拍摄，怎么当导演，怎么控制剧组，怎么控制机器，那之后我开始有一点想法，我到底想干什么，后来我觉得好像想当画家的那个东西在起作用，想要表达一些东西，那还是拍电影最好。我在家开始写故事、写剧本，有一个阶段在很多MV里也装故事，来训练自己讲故事的能力。记得当时我是边在北师大边上学边谋生，大学毕业的时候我拍了一个作业叫《星期四星期三》，拍了那个作业以后就获得了最佳导演奖（2001年第8届北京大学生电影节最佳导演奖），那个对我的鼓励还很大的。

记者：那是一个故事短片是吗？

宁浩：那是一个故事"中片"，大概1小时，有3段故事穿插在一起，也是多线叙事的雏形，得到认可和表扬后，我在想是不是应该做这个工作，才在电影学院开始尝试写大长篇的剧本。后来从北师大毕业以后拍了一个MV，就去电影学院读了图片摄影系的专升本。那年导演系也不招生，我不愿意等，觉得自己有基础能考上，我一边上课完成学习任务，一边把所有的时间拿出来写剧本，一直到毕业。那一年虽然我不是导演系的，但给自己安排了个毕业作业，那个时期也遇到了一些投资人，我有一个朋友叫吴宇，他说我的故事写得很好，给我投资，当时是电影学院的韩小磊老师牵线帮着做这个事的，后来没有拍完韩小磊就去世了，我就把它当一个作业完成了，完成以后也没有觉得自己将来要拍电影。因为当时那个时候电影院里面好像没有多少电影，我是喜欢电影，就觉得只能自己拍自己看，所谓的行业还不存在呢。

记者：那时候是电影市场比较低迷的状况。

宁浩：就是几个电影厂在拍，我们也不是电影厂的人，所以也不会有那样的机会，就是自己拍自己看的想法，没有坚定

地说我将来要从事电影，因为连电影事业都没有，也没有什么市场，就是喜欢而已。后来那个片子（《香火》）在国外拿了一些奖，但是当时不知道能不能靠这个谋生，真的都是自己掏钱也掏不起，因为电影是一个需要特别大资金的东西，后来赶上电影市场放开，2000年初，2003年，2004年，开始有一些人投资，市场开始变热闹，开始有票房这个说法，我遇到了刘德华先生，就开始做电影，是一个渐进的过程，没有特别明确的……

记者：没有计划的。

宁浩：对，好像是我非要做个电影导演什么的，这个是没有的。

记者：改革开放这40年，你们是经历了后面的20年的状况。

金海心《悲伤的秋天》MV（宁浩2003年摄制）

宁浩拍摄的毕业作品《星期四星期三》剧照

宁浩：2000 年之前没有什么电影，只有那几个特别有名的大导演，张艺谋、陈凯歌、冯小刚，他们的电影在电影院里面放，其它的就是偶尔有一些香港片，好像整个电影没有市场这一说，电影院也非常少，大概我感觉这个情况发生变化是在《疯狂的石头》前后，市场开始热闹起来了，从张艺谋导演拍完《英雄》以后，票房这个概念提出来了。好像是 2001 年还是 2002 年，国家推出了

电影《香火》剧照

宁浩（右）与刘德华

电影《疯狂的石头》剧照

电影改革的方针，当时是把以前只有电影厂才有权力拍电影的事情推向了市场，民营的老板可以投资拍电影，不需要取得电影厂的资质。《疯狂的石头》前后市场化的程度大大提高了，业外的资金可以进入到这个领域开始投资，也就是说能吃这碗饭了。

有一个相当长的焦虑阶段是我必须一边拍 MV 一边写剧本，写完的剧本也不知道到哪演。《疯狂的石头》的时候，记者采访时我都说，自己已经把钱都垫完了，如果这部片子不能拍好，还不能面市，实现不了自己养活自己，我可能就改行了，也是赶上了电影市场的变革时期，才有了继续拍电影的可能性。

记者：时势造英雄。

宁浩：都是命好，都赶上了。我一直觉得这 40 年非常难，实际上这 40 年分很多个阶段的调整和变化，在每个阶段都不太一样。最宏观的变化，我认为是世界的多元化和丰富性。我们小时候不仅仅从物质上、精神上，各个方面都是一个匮乏的状态，我记得 20 世纪 90 年代买打口碟都是逐步才有的，我小时候都是砖头机放磁带，中午听评书，晚上讲故事，一本《故事大王》，一本《奥秘》，还有《红领巾报》，就没有别的了。那时候和现在是没有办法比的，小时候偶像都是统一的，而现在是一个非常多元，非常丰富的样貌，这个是我感觉到的最大的不同。

我们不可或缺的主题就是经济上的发展，大家也都是可以感受到的，过去的物质条件和今天的物质条件是天壤之别，那时候都是过春节才有新衣服，现在谁过春节才上街买新衣服？所以它是很多维度的立体的变化，从科技进步的程度到生活方式的转变，包括人手一个手机，大家所有的事情都在手机上面操作。我觉得这些既有纵向的、科技的、人类学层面的发展变化，也有横向的、社会结构的变化。刚才谈到我们在进行最伟大的人类迁徙的行为，包括还有从农耕文化向城市型文化转型，这里面还有文明层级的递进。我一直觉得衡量人类文明的部分实际上是生产力，这 40 年特别重要的，就是从农业文明的主体形态的国家，转型成一个现代城市的，

并且合并海洋文明的层级。在这个阶段我真的感受到了跳跃式的发展，不是制度上的跳跃式发展，而是生产力的跳跃式发展。

就我们中华民族的改变远在 100 年前已经启动了，我们从被动挨打、被动改变到建立社会主义国家，又不停地用变革的方式来促进整个民族的发展，发展到改革开放的节点上，我觉得最核心的问题是通过经济这个外部的动作，本质上促进并且完成和保障生产力平稳过渡和平稳转型。生产力的平稳转型是我们最大的历史任务，不是说我们这一代这 40 年，而是我们这个民族这百年的历史任务，要在这 40 年去发展变化，把我们改革成为一个现代的并且领先的国家。

后记

第一眼看到宁浩，总有种说不出的感觉，一时间没法将他与那些充满黑色幽默的票房黑马们挂钩。当然，现在不管他导演的作品还是监制的作品，大概都不能说黑马了，因为观众早已对这个名字有了一定的观影预期，这个预期还不低。但是，真正对话过后，又会觉得，那就是他，拥有这些想象力、判断力、执行力的操盘手，应该就是这个人。宁浩现在所做的，不仅仅是对个人，而是对中国电影产业链，起着润滑的功能，为中国电影新力量的崛起，进行着极具远见的传帮带。这只"坏猴子"正在取经的路上，路就在脚下。

黄渤：
至暗与高光时刻

文 / 阿泯

在英才辈出的演艺圈，黄渤应该是属于比较"小众"的那一群体。他的"小众"既源于他不够出众的外形，没有深厚的演艺世家背景，有点"尴尬"的配音专业出身，也体现在他参演影片累积数十亿票房，无数奖杯加身，大银幕导演处女作《一出好戏》就狂揽 13.5 亿票房的骄人成绩。

正可谓：

长得比他好的没他演得好；

演得比他好的没他导得好；

世人常常喜欢给成功人士戴上"天之骄子"的光环，但是纵观黄渤的演艺之路，幸运女神显然不常扣响他的门扉。

那么，黄渤在成功之前，他干了些什么呢？

他又是如何走出"至暗"，然后走向他的"高光"时刻呢？

◎ 黄渤

"国漂"十年，几乎走遍祖国版图

记者： 熟悉您的人都知道，您原来是音乐和歌舞的爱好者，您当时是看到了什么，是看到迈克尔·杰克逊还是小虎队，还是您家里有熏陶？

黄渤： 没有，我们家的家庭环境比较传统，父母都是政府的工作人员，也算是知识分子，对我的管教比较严苛，还是希望我比较遵照他们的轨迹，好好学习去个好的大学找个看起来比较正规点的职业。

记者： 当个公务员？

黄渤： 类似是这样的，但是事与愿违，也没有按照他们的想象发展，这个是他们一直比较苦恼的事。

黄渤童年照

黄渤唱歌演出照

记者：现在还苦恼吗？

黄渤：现在当然没有了，但是在早年间他们认为家风也好，曾经的传承和辉煌也好，可能到我这就要终结了。我记得那时候是上初中、高中，家里面买了一个录音机，还不是双卡，是单卡的，那已经是很好了。录音机从买来到废弃，我爸只学会了关，没学会开。所以是我从小家里面并不是这样的一个环境，那时候唯一能找到点自信的就是这方面，因为学习也不太好。然后唯一得到的奖励也好，认可也好，大概都来自音乐方面。

记者：奖励是什么？是同学夸您了，还是老师夸您了，还是赢得了学校的比赛？

黄渤：比如说参加市里的奖，中学生卡拉OK大赛或者是学校里面每年的元旦晚会你有一个独唱这种的。

记者：经常有您的名字。

黄渤：还好，相比我的学习成绩来说这个已经是很拿得出手的一件事情了。主要是那时候也喜欢，慢慢地可以接触到一些，我记得当时有一个节目叫《潮——来自台湾的歌》，包括小虎队，很多的，费翔《冬天一把火》，庾澄庆的《让我一次爱个够》等等的。再到慢慢大一点，我们可以找到一些影像资料，像杰克逊、麦当娜，看到的东西越来越多了。尤其是在十七八岁，最痴迷的时候，天天真的是光练唱歌练跳舞，只要是休息放假的时候，一天待在屋里不出来，到吃饭的时候，吃

完又进去，就是喜欢。

记者：当时您拿名次的时候这个事情会不会安慰您的父母，会不会觉得这个孩子走唱歌跳舞这条路也是很正当的职业？

黄渤：那个对他们来说也只是业余的小活动，不重要，不足以对你的人生产生任何的影响。我记得学校教导主任也是因为我经常调皮捣蛋，然后唱歌什么的，他就说，黄渤你以后指唱歌吃一辈子饭吗？后来真是指着唱歌吃了好多年的饭。现在回头想想，那段时间还真是很有意思的，因为资讯并不像现在这么发达，有网络可以看到各种各样的东西，那时候真的是要学一个歌学一个舞，尤其是那时候每个周六或者是周五，晚上有一个固定的歌舞的栏目，我就在那等着，把周围的东西全清空了就在那等着，看跳那个舞，小虎队也好或者是什么也好，就这一遍，也可能第二天

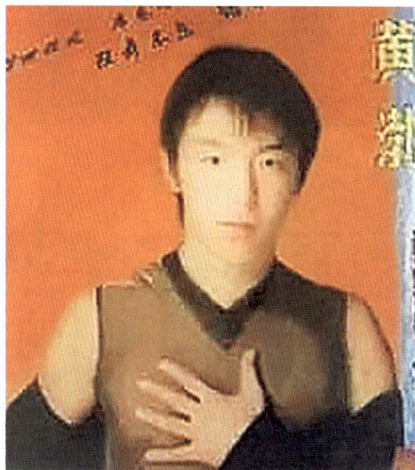
黄渤歌曲专辑封面

中午有一个重播就没有了，第二天中午上学你可能看不到，就这一遍。我就一边看一边学，这边跳完了，跳完了都不敢跟别人说话，马上重复一遍再想一下当时是怎么跳的。你想想这个是什么劲头？那一遍肯定也不可能完全学下来，慢慢加上自己的印象想法和理解，加一些自己的东西，于是乎慢慢有了自己的风格。

记者：老师说您指着唱歌跳舞吃一辈子饭吗，那时候您就觉得靠这个东西谋生吗？

黄渤：没有，那时候完全没有想到谋生。

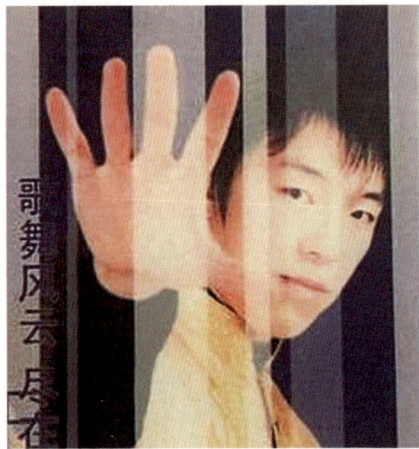
🌀 黄渤做歌手时期的宣传照

🌀 黄渤走穴时的海报照

记者：后来什么时候指望这个维持一段时间的生计，是有怎么样的一个契机？

黄渤：我高中毕业以后就义无反顾地就拉着小伙伴跑出去了，全国各地开始演开了，觉得终于可以给我放开了。还有就是其实从高中毕业到后来我几乎演遍了全国从南到北的几乎每一个省份，除了像当时新疆、西藏、青海，其他的地方全都演过，最北边黑龙江的哈尔滨、佳木斯、鹤岗、绥芬河、牡丹江，全都演过，到南边广西的南宁、防城港、柳州全都演过，真的演得太多了。

记者：那您不应该算"北漂"得叫"国漂"了，后来你在哪个城市待的时间最长？

黄渤：待得长的肯定是青岛，断断续续地出去回来，在青岛上高中的时候就跑出去演出。

记者：那时候走出去的话，应该比普通的工人或者是一个小干部的收入要丰富。

黄渤：那当然，我记得那时候我父母大概一个月三百块钱左右，我出来演出大概是六十块钱一场，一个月就是 1800 元。但我父母永远不允许你出来演出，他就不明白，什么工作白天不能干，非得晚上半夜去干，是什么正经工作？我就记得当时凑了一个月发的薪水 1800 元，又凑了多几天的薪水就凑了 2000 元，全换成 10 块钱的零钞，特别厚，然后回家放桌子上了，我妈吓一跳说这是哪来的钱，我说是工资，唱歌演出费，她突然意识到了原来这个事还能赚钱。原来认为你就是胡闹不务正业，现在才知道有人还愿意花这么多钱请你唱歌，从那以后唱歌这件事情慢慢转正。那时候也正是改革开放开始不久，大家的消费已经开始有了新的变化，开始出现了歌厅，有演出的地方。

记者：当时人们的精神生活需求跟以前也不太一样，分得比较细了。

黄渤：对。

记者：以前只有一种娱乐生活，歌舞厅这种场合也不会进。

黄渤：我们有一些在歌舞团里面的舞蹈演员、歌唱演员，他们平时的演出费和赚的工资也差不多。突然有了这个机会，他们也找到一些新的表演办法，也跟商业结合和市场结合。那段时间整个的文艺样貌出现了很多展现形式。我们这个就是很基层、很民间的。在这些年挨个去了那么多城市，你也见到了全国各地不同地区、不同民族、不同样貌人的不同变化。

记者：后来为什么没有一直唱下去，是什么原因？是走穴已经不像一开始那么红火了吗？

黄渤：倒也没有，我算是比较早的，那时候市场还挺好的，我们后来演出可以1000多元一场。

记者：那薪酬翻了好多倍。

黄渤：对，慢慢已经做成了嘉宾演出，你要负责一个时段，比如说三四十分钟，今天晚上最精华的表演类似这样的，慢慢也锻炼，不断地有新的节目。现在回头想想有一些东西还挺值得珍惜的，比如说我们当时在国内做演出服买不到有弹性的、亮晶晶的或者说是各种看起来很新潮的布料，不好买到，所以就找到一些地方，比如说天津它有洋货市场，像一些打样的布料或者是用的只剩下三丈、两丈的，哪怕有的只剩下几米的，别的地方你见不到的布料，然后自己想样子，照着国外的、港台的演唱会的服装自己做，太有意思了。不是说我想做什么东西按照这个出去找布料，而是你出去能找到什么样的布料，回来再想拿这个布料能做什么，自己设计样子，自己找裁缝做。那时候做这个样子裁缝都觉得你神经病，这个是什么？能穿吗？不行这个腰太细，抬胳膊不舒服，我说不要舒服就要好看。

记者：既然您说当时形势还很好的，为什么自己没有继续做。

黄渤：其实这个是自己的内心的需求，一开始你是想，最初的目的是想要有演出的机会，我要有表演的机会，我们后来不满足只是在青岛演出，想去到全国各地演出。但是出去演了发现你到各地城市演出你是为了什么？其实是为了还有一个梦想，就是找到一个好的唱片公司签约，出自己完整的专辑。我自己那时候也写了很多歌，就希望能够找到这样的机会。最早的时候是先跑到广州，当时那时候有一个太平洋唱片公司，一

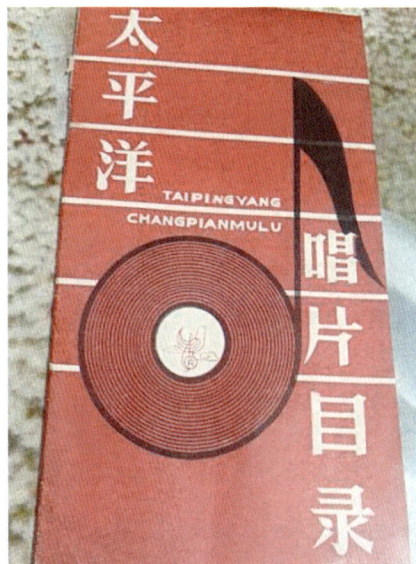
太平洋唱片公司唱片目录

些歌手都在那儿。

之前也有一些采访说当时我跟杨钰莹、毛宁在一起唱歌的，但是真的没有，你跟人边都沾不上，人家就是大明星，你去那会发现依然还是在唱歌厅，很难进入到那圈子里。于是我又唱唱唱，后来是想到北京是文化中心，有好多歌手和好多唱片公司，我就来到北京，自己去唱片公司送小样，自己做的歌，我记得印象很深的是临出门的时候，旁边有一个储藏室里面有一个大纸箱子，里面满满的全都是各种小样，碟都扔里面，跟垃圾一样的，我就想我走了大概没有一两个小时就出现在这个盒子里面了。所以那时候你觉得你实际已经唱了那么多年了，你跟希望自己能够达的真正的目标，还是相差甚远，自己每天在过的生活以及跟理想之间的

距离从来没有缩短过。

其实我家里面条件也都还可以，那段有点坚持不住的时候，家里一直让我回去，自己慢慢也觉得，自己的梦想有点像鸡肋，走了以后，坚持这么多年的事就这么放弃了。但是说不走，在这留着每天跟昨天和前天和大前天是一样的。眼前的光突然灭了，那时候比较迷茫，就说回去开工厂也好，做别的也好。回去做了一段其他的事，后来又绕回来了，实在受不了又回来唱来了。

第一次走红毯，觉得很讽刺

记者：后来为什么想考电影学院的？您高中毕业以后一直没有读院校？

⊙《上车，走吧》中的黄渤

⊙《上车，走吧》剧照

黄渤：没有。

记者：考电影学院是想给自己镀金，拿个本科学历，对这个东西感兴趣，还是？

黄渤：这个说来话长。我是后来在唱歌的时候突然有一个机会就拍了第一个戏，当时高虎给介绍，就拍了第一个戏《上车，走吧》。

记者：您和高虎是很早就认识的？

黄渤：对，我们是青岛人，发小，来了以后演了第一个戏是《上车，走吧》，就拍了十多天的电视电影。那个戏我来了以后才知道，大概前面选了一些角色导演不太满意，可能里面还要说方言，这个角色是一个外地进京打工的，正好我和高虎都是青岛人，方言比较统一，前面大概找了很多演员都不合适，他就说我认识一个朋友，要不要试一试。当时问我要剧照，我说我哪来的剧照，就把演出海报发给他了，还把导演吓一跳说这不行，太帅了不能用，我们这个角色不能要太帅的。高虎打包票说放心，没有那么帅，来了以后就知道了，结果就演了。那个片子的题材也和改革开放的时代有关，当时北京、青岛都有这种小巴，招手即停就上了，满员大概有 20 个座位，但是经常会超载，过路口有警察的时候号召大家蹲一蹲就过去了，各个地方都有，在青岛也见过，全国其他的地方也有。在北京住的那段时间也都坐过，印象还都挺深的。卖票的扒在窗户上朝外面喊，很有意思，而且那时候外来务工者进城打工也是当时的一个大潮流。

记者：那部戏您有点抢戏，这和角色设定等各方面都有关系，您觉得这个角色成功在哪？

黄渤：那时候也懵懵懂懂，也不知道好坏，只是从导演的表情上感觉到，慢慢地不骂我了，开始点头。

记者：开始骂您什么？

黄渤：因为我不懂，经常拍着拍着，我就喊停了，其实镜头从我这摇走了，摇到别人那了，我还在那演，但是我词说得不太好，或者是没太演好，就喊停。然后管虎就把头从监视器，一米九多的大个子，窝在车里说，你干什么？我说刚才好像说得不太好，演得不太好。管虎说，镜头早都摇走了和你有什么关系，这个停只能我喊。我说你喊就你喊吧，一开始很多都不懂，也不知道该怎么演，所以那时候就表演来说，我能够抓到的是我曾经见到的那些人的真实样貌大概是什么样的，谈不上什么技术，慢慢把自己变成那个人，因为之前也见到过很多的，慢慢地就走进去了，也觉得不太用演的了。

然后因为那个电影，我第一次参加了金鸡奖颁奖晚会，走了红毯，跟其他大明星坐在一起，还拿了2001年第21届中国电影金鸡奖最佳电视电影奖。我觉得这十来天是对自己之前的十来年的巨大讽刺。通过那一次的尝试过程，突然找到了一个跟在舞台上演唱同样的兴奋感和满足感，我觉得这是我喜欢的事，我能干而且能干得不差。但是真正开始做这个事的时候，会发现对这个行业了解得太少，那时候出了各种洋相，演着演着演到摄影机背后了，完全没有镜头的概念。但那时候的懵懂，也带来了一种特别有生命力的东西，现在看起来都是很有意思的，很宝贵的经验。当你要从事一个职业的时候，有必要对它做一个深入详细的了解，可能上学是一个最好的途径。

记者：考的时候是考表演系，分的却是电影专业吗？

黄渤：不是，我考了两三年，广播学院也考过，中戏、军艺都考过，肯定都得考一圈，要不你怎么知道你能通过哪个？但我最好成绩就到三试，一般是初试就下来了。考试之前我觉得自己能跳会唱，也有表演经验，我觉得还挺有自信，但是去了以后初试就被刷下来了，自己就去进修了一年。其实对我来

黄渤（左）和管虎合影

说文凭没有什么实际意义，我真正想要的是了解和学习到一些真正有用的东西，后来我发现学校是一个知识的海洋，我也去听了别的系的课。上进修班那段时间也是我最努力的时候，可以一个星期交7个小品作业，想的脑仁都疼，但是很兴奋，突然回到学校里来了，也不用考虑今天晚上去哪演出了，中午去学校食堂吃饭，觉得是特别美的事。

进修了一年以后老师对我有一些了解，老师都很喜欢我的，那时候有一些作业，留到学校档案馆了，是很大的荣誉，觉得编了一个东西能够留到学校里面当资料也是很好的事，也是因为我们在那一年还有汇报各种表演，很多老师都见

北京电影学院

到我了，对我很有兴趣，但是对我自己来说再上个4年本科，出来30岁了，想想是有点可怕的。正好在那年新出了一个表演配音专业，徐燕老师临退休之前提出想带一个配音方向的班，配音的整个职业也需要有新生的力量补充。这个班相当成功，我们班的同学现在已经算是真正接过了配音的重任，很多人在很多戏里都是挑大梁，很多人做了配音导演，很多人已经成了大家很熟悉很喜欢的配音演员，我那时候听了徐燕老师一堂课，就被她的语言魅力深深折服。表演有时候靠点天赋和小聪明是可以对付过去，但语言是靠练的，它的节奏，它的表达能力，语感，等等。另外一个原因，就是我觉得自己起码又多了一个本事，而且能跟这么好的老师学习，是一个特别好的机会，然后就报了这个表演配音班，我们配音是主课，但也学表演。

遇到管虎和宁浩是最幸运的事

记者： 从哪部戏开始让您觉得自己在表演上开窍了？

黄渤与北京电影学院表演系教授徐燕

北京电影学院02级配音班合影，黄渤（第二排左一）

北京电影学院02级配音班合影，黄渤（第二排左一）

黄渤： 每个阶段有不同的感受，有的阶段觉得全情投入是对的，波涛澎湃的大情绪的表演很过瘾，后来觉得将一些细腻的东西不露声色地展现出来也是很难的，然后慢慢觉得当人物跟角色——也就是我们说的第一自我第二自我合在一起的时候，我不用演了就是这个人了，也觉得很好，再后来觉得需要一些控制，把技术和感性的东西结合到一起，包括到现在也是一直在变化。

记者： 您跟管虎合作的《斗牛》，让您获得了巨大的肯定。这次不仅仅是走红毯了，而且是领奖了，您当时是什么样的心情？

黄渤： 拿奖是现场才知道的，当然能够入选就很好。当天晚上已经约好了和朋友去台湾小吃街，没有做过多的设想，但是还是抱有侥幸心理的。对于那次的表现我觉得，我得到了我该得到的东西，已经很满足了，包括上映了以后大家对你的认可，以及表演过程当中觉得自己拿捏到了哪些，获得了哪些，我觉得很满足，没想到获奖了。其实拿奖项是对于你在一部片子里面的表演的肯定，那时候想得也很清楚，我觉得这碗饭我好像可以吃，而且吃得还可以，但是能发展到怎么样的程度是完全不知道的。我觉得很幸运，可以做自己喜欢做的事，乐此不疲地沉浸在一个个角色里，已经很满足了。

记者：这个戏拿奖，您觉得自己不是特别兴奋，可以这么说吗？

黄渤：知道得奖了，当然还是兴奋的，也很高兴，最起码是一个专业上的肯定。可能是那么多年的演出经验让我显得比较淡定。后来也慢慢参加一些奖项的评选，甚至去当评委，知道了决定一个奖项的客观因素有很多，包括评审者的审美角度，喜好，以及当时遇到的其他影片的类型，对手跟你的差别等，有很多其他的因素，我觉得各个奖项能够入选就是很好的肯定了，获奖还有很大的运气成分。

记者：您跟管虎合作，包括后来的《厨子·戏子·痞子》，你们私交也很好，谈谈您对管虎的认识吧，合作了这么多年，有10年以上了吧？

黄渤：不止了。2000年到现在。

从第一个戏开始，我觉得能碰到管虎还是比较幸运的。首先他并不是给予我第一次的表演机会这么简单，第一次可以碰到有好的艺术审美的导演，或者说哥们、老师，他能有很多东西会影响到你。我觉得一开始正确的表演审美是很重要的，一开始就知道什么是好的什么是对的，这个是对我帮助比较大。这个过程中大家成了很好的朋友，一个个作品拍过来，每个戏在文本创作的时候，拍摄的时候，大家都聊很多，也会彼此影响。我会把我的一些见解、对角色的认识跟导演分析讨论，再去实施。这个过程中很庆幸可以碰到管虎、宁浩等人，确实每个导演都有不同的特点、喜好以及艺术主张，美学的整个体系。管虎对于人物的把握是我最喜欢的，而且他特别重视这一块，在以往他的作品里面都是。最早他拍过很多的文艺片，后

电影《斗牛》剧照

来他找到了一些和市场契合的角度，这些对我的影响还都是很大的。管虎的作品从最早的《头发乱了》到现在《八佰》，从规格体量到切入的角度都发生了一些变化，但是我觉得根上还是人物，我在拍《一出好戏》的时候也和他聊剧本，中间他还给我发了一个帖子，内容说的是剧本创作三要素，我打开一看第一点是人物，第二点是人物，第三点还是人物。

记者：我觉得您跟管虎合作的

黄渤喜获2009年第46届台湾电影金马奖最佳男主角奖

电影里的人物都很复杂，看上去都很简单，实际上总有一些言外之意。

黄渤：有一些是和时代性相契合的，《老炮儿》《上车，走吧!》是现实主义作品，《杀生》带有点寓言性质。管虎是特别有意思的人，自己和自己拧巴，但是初心未改，一直奔着一个方向去。

记者：我自己觉得他特别擅于白描，几笔就可以把人物勾勒出来。我们再聊聊另一个跟您合作过

◉ 电影《疯狂的石头》黄渤剧照

◉ 电影《我不是药神》中的徐峥

的导演宁浩，您觉得宁浩导演指导您表演的时候，和管虎的方法有什么不同？

黄渤：大体的方式都是这样，大家彼此合作多了也彼此相信，慢慢磨合时间长了，有一些审美的基准点、方向是一样的，我慢慢知道导演要什么，经常会提供一些不同的方式方法，也会做一些不同的尝试。有时候大家经常互相踩着肩膀，在原来的基础上把一个东西做得更好一点。我们两个都是处女座，是同一天生日，性格上有一些相似的地方。我觉得宁浩比较有意思的地方是他顽皮的一面和黑色的一面，也有用他的视角去关注时代的态度。在大家心目中，每个演员会自然而然地产生某种固定属性，比如徐峥，《我不是药神》我觉得最大的成功是冲破了我们曾经对他的认定，徐峥一直都有精英中产的标签，《我不是药神》里的这个人物就有点像来自城市底层。这个层面我是最熟悉的，因为我也曾经闯荡江湖，见到了太多各种各样的人，所以我也感兴趣，徐峥的表演能够跟宁浩的表达比较好地契合到一起去。

◉ 黄渤（右）和管虎合影

◉ 电影《疯狂的赛车》剧照

记者：有两个小问题，一个是《疯狂的赛车》里的柜子是您自己钻进去的吗？

黄渤：有点久了，但是有点印象。那是单独设计出来的，后来故意把箱体缩小了一块，希望进去以后尴尬感更强一点，创作里面经常有这种那种比较好玩的东西，一个点想到了觉得有意思，把它放大了，到现在都是观众有记忆点的地方。

记者：还有一个是《心花路放》里有一场打电话的戏，表演层次特别棒，您是怎么设计出来的？

黄渤：这个是磨出来的，因为这个戏不太好演，是一个从极其高兴、兴奋的状态，到觉得自己释然了。接电话得知女朋友要结婚了后，状态整个拧巴下来，我到自己进入到那个状

态，慢慢演就觉得这样可能是最好的表达办法。我们有语言动作，也有行为动作，心理动作，把它们结合到一起的时候自然会有化学反应，当然还有技术上的一些调整。那场戏还拍了两次，很难拍。第一次拍完了以后存储卡好像出问题了，突然给格式化了，镜头全都没有了，要拿到美国修复，只能保险再演一次，我听了简直太崩溃了。

记者：而且戏里他一转头马上就眼含热泪，那个眼泪是用辅助手段眼药水还是自己真的哭？

黄渤：那个是一个长镜头，从一开始兴高采烈到后来泣不成声，没有办法做辅助手段。

记者：完全靠自己调动的情绪。

黄渤：对，只能靠自己，靠感受。

记者：那个镜头反反复复哭，还是尽量一次完成。

黄渤：也不少，拍了十好几条。

◉ 电影《心花路放》剧照

◉ 陈佩斯、葛优、黄渤

在蓬勃的时代浪潮中翻滚

记者：您现在是国内最有票房号召力的男演员之一，您觉得自己可以取得这样的成绩是因为市场的发展，还是因为观众口味的变化？

黄渤：我拍了不少喜剧片，当然和整个市场的扩大是有直接的关系，我们这些年只能这么看，我们见证了中国的电影市场从那么小的规模到现在的几百亿规模。一开始说一个电影票房上千万，已经觉得很了不得了，一开始投资五六百万是小成本，800万到1000多万就是中间成本了，上到2000万以上就是大制作了，现在2000万可能都是小制作了。从我们的制作到整个的市场规模，包括银幕数量和观众数量都在扩增，同时我们的类型片在那个阶段也是亟须扩充的，大家的需求来了，希望能够看到更多不一样种类的片子，看到相对极致一点的电影，无论你是大特效片、枪战片、警匪片、喜剧片还是爱情片，都是遇到了好时候，有几个片子得到了大家的广泛喜爱，自然票房成绩也就好一些。

记者：有一种说法好像是中国观众这几年特别爱看喜剧，喜剧电影也卖得特别好，改革开放之后的三大喜剧明星，第一

代是陈佩斯，第二代是葛优，第三代是您，是这样的顺序下来的，各领风骚。

黄渤：那倒没有，只是演了一些这样的喜剧片。我觉得大家也是在分析，这些年慢慢经济在不断地增长，各行各业都蓬勃地发展，同时带来的是我们的每个人的精神压力也是越来越大，面临的工作和挑战越来越多。电影有它的一定的文艺属性也有商业属性，希望大家在繁忙的工作以后能够完全释压，回到电影院里完全可以做精神按摩，放松一下，所以喜剧片在最近这些年一直有很好的市场表现，这个在世界范围内也是规律性的东西。

记者：但是全世界最卖座的电影很少有喜剧的，但是您演的很多电影都是，包括《心花路放》《泰囧》，很多片子都是这样的，中国、韩国和美国都不太一样。

黄渤：其实也是分阶段，中国也是有一个阶段，大家因为看到的少，比如说一开始的《阿凡达》也好，其他的一些视效大片，看着确实是好，震撼，时间长了以后可能就会觉得见怪不怪，但是喜剧片是

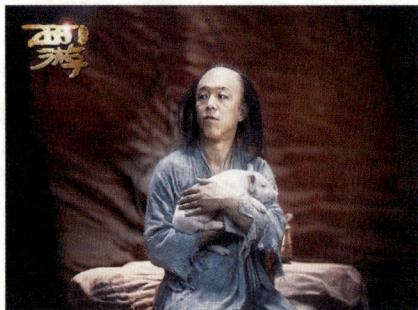

电影《西游降魔篇》剧照海报

电影《亲爱的》海报

永远能够戳中观众心里面的那个点，谁能拒绝欢笑呢？谁能拒绝愉快呢？

记者：你在《西游·降魔篇》里演了个黑化版的孙悟空，让人印象深刻，接拍这部电影给您留下最深刻的印象是什么？

黄渤：周星驰。周星驰在这个时代电影界面一个标志性的人物，他建立了自己的语境，他有特质，是有自己表达方式方法的演员以及导演，能够参与到他的戏里面来也是对自己的锻炼和学习，也是很好的。

在这个过程当中也是跟很多的港台的导演跟演员也合作过，你也能够感受到我们电影这些年发展到现在，慢慢开始走向一些成熟，技术上的成熟，工业化的成熟，慢慢开始往这个方向走了，有很长一段时间我们的成熟度是不太够的，香港是经历了20世纪七八十年代的整个的飞速发展的黄金时期，他们经历了电影工业化的阶段，他们的技术人员，专业度和成熟度真的是比我们好。在那些年我们的内地的工作人员跟这些港台的创作人员一起工作，也是确实学习到了很多。

记者：我们不妨聊一下陈可辛导演，您觉得陈可辛在处理内地题材的时候和内地的导演有什么不同的地方吗？

黄渤：首先我觉得是融合真的是很好的，在《中国合伙人》的时候有找过我，我知道陈可辛是一个大导演，也是很好的导演，我没有搞清楚在他们的生长环境里，对于这些土生土长的内地故事的认识到底是怎么样的，我没有想到整个成长出来是那么扎实和接地气的东西。到了《亲爱的》我看到剧本首先是很喜欢，只是有点不满足，希望表现可以更淋漓尽致一些，其他的东西都有差异，但是对于爱对于情感来说这些东西是共通的，而且他也做了很好的落地。

记者：您演的大部分的电影，大家所熟悉的都是现实题材的，您觉得国产电影和时代的关系，有哪些反映还不够，有哪些空间还可以挖掘，关于艺术题材或者是方向您有什么想法？

黄渤：其实我觉得所有的文艺作品和时代都是息息相关的，所有的文艺作品都是这个时代大浪潮里面的一朵朵小浪花，它体现的根基也是在于此。我觉得抛开时代性，单谈艺术，有一些小众的个性的另类的表达，但是主流的还都是现实

主义的，跟当代有关系。我们在后来创作的时候会很明显地发现，有一些题材当时因为种种原因没有做，一下放了五六年，七八年，现在拿过来看，有一些故事主核还可以，但是里面的表达已经不是那么合适了。我们每一个时代所产生的文艺类型，大家喜好的东西都和当时的时代以及人的心理状态所需要的表达有关系。

当导演的乐趣是不确定性

记者：您什么时候开始跨界做导演的，好像是七八年前就有了吧？

黄渤：做导演的想法并不是那么长，做故事做了很多，这些年一直和大家聊故事，觉得有一个点想起来很好玩，有空闲的时间和大家继续往下发展。但是一开始没有太想做导演，主要是跟我实际工作也有关系。因为知道一个导演要拿出来的时间精力成本比较大，而且我也知道自己是一个什么能力的人，可能所消耗和投入进去的精力和时间的花费我得想想，包括这一次《一出好戏》，真正投入进来也就是3年的时间，所以说对于3年要做的事情我自己还是比较慎重的，不想把这几年投入在一个没有意义的事情里面去。

在这之前有很多其他的公司拿过来一些剧本，希望我来导演，资金也配备足了，有时候看那个东西真的得嗨起来才可以，不能把这两三年的时间投入到一个自己不太感兴趣的事里面，那就变成痛苦了。之前也找过别人，甚至找过管虎、宁浩，跟小刚导演也提过，要不然找他们导，我演就完了。但是你故事的出发角度和所要的表达很难实现了，因为这个不是一个纯粹的模式化的商业类型片，给不同的导演可能是有不同的切入角度，每个人的创作想法不同，宁浩、管虎是创作型选手，自己写了很多东西，我也不太好插队。后来就想那就自己做吧，主要是这个题材对我来说有点难，即使对于成熟导演这个题材也不容易，我觉得这样很好，我不想做一个一眼就看到结果的东西，在实施的过程当中我逼迫自己不得不投入，对我来说也是历练、学习、成长的过程。

记者：我当初对电影《一出好戏》也有期待，以为是轻松

电影《一出好戏》海报

的明快的，但是看到这个电影以后觉得有一些沉重，作为导演能否给我们阐述一下《一出好戏》想传达的东西？

黄渤：我觉得电影之所以能吸引人，除了我们前面讲的它的商业属性、娱乐属性，还有一定的文化和文艺属性。我要是做一个简单的类型片，做一个自己能力范围内的一件事情，把它做得很好，市场预估也会很好，我就这样做，首先是对于我个人来说没有任何意义，我也不太希望奔着一个很明确的结果去，这样就失去了做这件事情有意思的地方。我选这个题材，又困难又觉得有意思，就是在于此。看完电影后大家的感受都不同，有喜欢的也有不喜欢的，有人可能是喜欢里面的爱情，有的人觉得残酷，有的人感受最深的是反映了当下他们

电影《一出好戏》

的生活，每个人看到的东西都不太一样，有的人觉得寓言感很好，有的人觉得是不是缺乏现实理论依据，但是不管怎么样，每个人看完以后有不同的感受，我很喜欢这样的结果。

我多么希望电影能给大家带来思考的乐趣，这个是一个挺好玩的事。最早《杀生》的时候我和管虎也聊过，一个片子的表达和它的商业性到底是不是对立冲突的？一部有商业性的，有广泛观众基础的电影，如果要做一个纯粹的表达，不一定要把那个口缩到这么窄，只剩下一些小众观众。所以这次我想做一个这样的尝试，影片里面的分寸把握也确实是用了一些心思，当然不成熟的地方还有很多，我第一次就做这个题材确实对自己来说也是

刘德华、宁浩（左）合影

电影《亲爱的》剧照

比较好的。

记者：这个电影的形态在国内是比较少见的。

黄渤：不太好找到之前的一些范例什么的，比如说按照电影编剧书说是几段式也好，它里面有救赎也有成长，但是没有办法按照标准去，所以创作上难度也是在上涨。

记者：也是有一定实验性的片子。

黄渤：对。

记者：您现在开公司，很注意扶持新人，是因为自己有感恩的心还是因为国产电影需要有新鲜血液？

黄渤：其实现在回头想起来，我们走的第一步有多么难，多么不容易，你看管虎一开始拍片的时候，都是扎钱，扎上一笔钱，赶紧把之前那个剧本拍出来，因为拿到钱不容易。一开始的机会对于最初的创作者来说，其实是一个特别难的事。很多有才华的人就是需要这样的机会，包括宁浩的《疯狂的石头》一开始也是刘德华先生的新导演计划，我们都受惠于此。

慢慢我已经成长为一个中生代演员了，在这个过程当中不断地在索取和收获，收获大家对我的美誉度，收获奖项和酬劳，我对所从事的行业也应该有所责任，比如宁浩也在做他的"坏猴子72变电影计划"，我觉得是特别好的一件事情。我只能是在有限的范围内帮新人找到好的资源，找到相对充足的资金，找到相对好的支持者等等，从各个专业的角度上给予一些帮助。一个导演的崛起同时会带着整个团队慢慢走向成熟，从摄影到美术等等，他能整个带起一批人来，我觉得能够多出现一些好导演对于我们的电影行业以及这个市场都是有好处的，所以在自己能力所及的范围内尽量就多做一些。

记者：您演的电影，最满意的是哪一部？您觉得哪部作品与时代的关系最紧密？

黄渤：最满意的哪一部，这个是全世界最难的问题，都有一些不同的点，纯粹满意的没有。经常看自己的片子，现在看到的基本上都是问题，还有再好一点的可能性。

我一路演下来也快20年了，这20年其实跟时代的不同侧面都碰撞过，包括我之前拍的《生存之民工》，当时的整个的状态以及社会问题等等，契合度很深，我也感同身受。包括后

来的《心花路放》，看起来是商业片，但也有一定的普遍性，它的危机感、精神困境等等，包括《亲爱的》也跟时代的实际问题有所切入、有所探讨。

记者：您觉得您是时代的宠儿吗？没有这个时代就造就不了您的今后——会不会有这个感受？

黄渤：我们在时代大浪潮里翻滚，无论是哪个作品，或者是我们的个人也都一样，没有现在的时代哪来的这么多的表演机会，而且时代也在发生着变化。比如说20世纪五六十年代，那时候演员一定得是相貌堂堂，浓眉大眼，陈佩斯的小品也说过，只有浓眉大眼才能演主角。我们现在时代给予的宽度和深度都大了很多，有不同的侧面，不同的表达，也给了我们不同的表演机会，包括目前的电影市场的蓬勃发展对于我们电影人来说都遇到了特别好的机遇，对于我个人来说，觉得真的是幸运。

记者：如果您想对20年前的自己说一句话，会说什么？

黄渤：该干什么干什么，每一个时段，每一个年龄，不同的时间不同的感受，做好当时的自己就很好的。

后记

黄渤在接受我们的采访时，他的大银幕导演处女作《一出好戏》正在疯狂收割票房，但镜头前的他，宽和的笑容下是愈发的平静。跟银幕上的角色不同，生活中的黄渤语速没有那么快，眼神里也不会出现让观众发笑的那种"愣""尬""慌"。只是他的眼睛非常明亮，让人不禁联想到武侠小说里，那些貌不惊人，但出手不凡的世外高人。

让亿万观众认识黄渤的是2006年宁浩执导的《疯狂的石头》，那个一口扎实青岛话的黑皮，仿佛只过了短短的12年，他就"蹿红"到如今的地步。但是很少有人注意到，他在此之前经历的漫漫时光。

❀ 黄渤

有一句流传甚广的鸡汤叫"机会总是留给有准备的人"，但在真实的生活中，让人们困惑的往往是，当下的努力是否会能成为以后大获"成功"的资本。黄渤一开始也不是个人生目标非常明确的人，他的目标是不断在变的，正如他曾想当个好的舞者，歌手，工厂老板，演员，导演，直至现在的新人导演的扶植者。

但是可贵的是，他的目标从来都只是比自己的现状高出一点点，并愿意为之付出最大的努力。与此同时，他还有一颗感受小人物，对时代浪潮各个侧面都异常敏感的心。

王宝强：
我给自己创造机遇

文 / 阿泯

王宝强无疑是演艺大观园里的一朵"奇葩"。这个"奇"不是说他各色，而是他的经历着实传奇。

看了部电影，就一猛子扎到少林寺学了8年；跑到北京当群演，人人都觉得他要么饿死在这里，要么跑回老家；但他却摇身一变进了演艺圈，成了大明星。

生活中有无数的坎坷艰难在等着他，但他总是咬咬牙，攥紧拳头，一抬腿，嘿，还真就迈了过去，前面又是一片广阔天地。

跟他在《Hello！树先生》里扮演的那个角色不同，生活中的王宝强走路从不一颠一颠的，他迈的每一步都比很多人沉稳得多。

李连杰是我的偶像

记者：我们小的时候要求写作文，有什么理想。您记得当时很小的时候理想是什么吗？

王宝强：可能刚开始还没有太

王宝强

多的想法，都是懵懂的。小时候没什么理想，就在家里给父母干农活。后来偶然在村庄看的露天电影《少林寺》。我说如果变成电影当中那个和尚觉远，武功那么好又那么厉害，就太帅了。我觉得可能从那时候起才有了理想，想去少林寺。于是就跟父母说去少林寺怎么去，也想变成电影当中的主角觉远那样的人。

因为这个电影其实不光影响我个人，我们这一块儿的小伙伴，从小老是在农村里开土战，又打架，又闹，所以看完电影后都喜欢习武拍电影。

记者：您的理想是到少林寺当和尚练武功，还是别的什么？

王宝强：我是到少林寺之后觉得可能就变成武林高手了，以为也是可以拍电影。一到少林寺，看少林寺那个大门上那三个字，就觉得自己脑袋轰就闪现好像在电影当中了的感觉。所以后来我练了一段时间之后，还问师父，什么时候能在电影中看到自己呢？人家说你以为这是拍电影呢。后来我就想拍武打电影，就先把功夫练好，得把基本功练好。当时一进少林寺就剃光头，穿了僧服生活、练武，以为每天干的这些都会被记录下来的。

记者：实际上那个时候您真是太小，说不清楚。

王宝强：对，说不清，就觉得那个功夫太好了，尤其是被李连杰扮演的觉远深深地给迷住了，那个印象太深刻了。那时候不光是我，你去问一下"80后"的男孩子，没有一个说不想去习武的，都是被这个电影所影响。

记者：后来有见过李连杰吗？

王宝强：有见过。

记者：跟他说过这个事吗？

王宝强：对，有讲过，就2018年前一段时间有和李连杰老师见面。一晚上没睡，其实我自己成名也十多年了，去见他的路上还堵车，我就心中都很激动，脑子一直在闪，因为影响太大了，从《少林寺》开始到《黄飞鸿》，再到《太极张三丰》，他演过的所有的电影是我必看的，全部都看过，印象特别深刻。去见他的路上特别期待，又很激动。见了他之后，李连杰老师特别客气，来了就拥抱，我觉得自己像做梦，真的是有时候会一闪下，你想都多少年了，终于就见到，那种感觉完全不一样。为什么，因为他出演了《少林寺》这部电影，可以说是影响了我职业，让自己又去学武，这电影改变了我的命运，所以说他对我来说就是启蒙老师，我觉得这个意义挺大的。当时在一起聊天聊了很长时间，觉得他的魅力在方方面面。

葛大爷摸了我的脑袋

记者：在少林寺待了一段时间以后，后来因为什么样的原因想去拍电影，想成为一个明星？我知道您跑过龙套，做过群演。

電影《少林寺》剧照

王宝强：当时因为在少林寺就想拍功夫片，想拍武打片，想成为一个功夫演员。师父说那你在少林寺肯定得先习武，得有功夫，你才可以到武戏，所以自己就开始在那苦练了8年功夫，练了之后还是想去拍电影，但是一直没有实现。我在1999年跟师傅说完之后，2000年就从老家去的北京，就来到北京。

我来了第一时间就在那个北京电影制片厂门口，待了三四年，奋斗了三四年。来的时候先到北影厂门口，就打听北影厂哪边是拍戏的？打听之后说有群众演员的头，我们住的地方就是和群众演员一起

李连杰和王宝强（左）合影

合租的，在挺远的郊区，昌平那边，北沙滩那边，在那边几个人合租的房子，每天从那边步行。

记者：步行到北影？

王宝强：对，跑步，跑到北影厂。一早天还没亮，那时候联防还抓我，从凌晨，还黑咕隆咚的时候跑步到北影厂，到北影厂之后几乎天就亮了，在那个时候你再等活儿。有群众演员的戏的话，你直接就能去了，就能拍了，没有的话等到下午，看第二天有没有。就在那混熟了之后，你就知道群演头都是谁，都有哪些了，也可以打听最近拍什么，有什么戏在哪个影城拍，未来一段时间还在哪儿拍。我那时候个头比较矮，戏还不多。群众演员比如说用 10 个、20 个或者 30 个的，都得选一些个高的，除非是

电影《大腕》海报

北京电影制片厂

上百的群众演员，像我这样的才能被选上。那时看个头，不过群众演员不需要表演或者怎么样的，最起码块头往那一站，充人数那种，但是我不一样。我第一次演群戏的时候，记得特别清楚，第一次去演，上车，一到影视城之后，群众演员上百人。那时候都会分，这组演逛大街的，一堆衣服往那一扔；这一堆演兵的，一堆衣服自己去捡，捡了又穿，抖抖土，穿上去；自己是演清朝的人，拎着个鸟笼子逛大街还挺有意思的，感觉自己总算是拍上戏了，还挺开心，挺幸运的。

记者：您演的第一个群戏是谁的电影或者电视剧？

王宝强：第一次拍的是电视剧，那是一个清朝的戏，叫《大栅栏》好像。那是 2000 年。

记者：这个戏里能找到您的镜头吗？

王宝强：那个我觉得不太好找。我记得拍《七品钦差刘罗锅》那个里面能找到我，还有冯小刚导演的《大腕》那里边都有。

记者：《大腕》里边是哪个？

王宝强：有一场戏是在文化宫里边拍的，戏中戏，我演一大臣，有背影，反正正脸的话我知道在第二排，为什么在第二，因为第一排那个个儿比我还矮，那场面确实大，几百人。还有一场戏是穿着好多塑料袋子，黑的垃圾袋子，也是葛大爷从那边过来，也是在一个戏里边，我去了两次《大腕》剧组，那时候我记得挺清楚。尤其是中午吃饭的时候，那场戏拍完了中午吃饭的时候，葛大爷拍完之后从这边过来，他摸了我一下

头，很多人都说不就摸下头，但我特别开心，后来我们吃饭的时候去找他签名照相去。

记者：我很好奇您当时做群众演员一天挣多少钱，50元还是60元？

王宝强：那时候演正常是20元，给到群众演员手里是20，因为我个矮就给我15，是这样的。就这种戏也没那么多，偶尔有，偶尔没有，有时候一星期都拍不上戏，那时候生活都困难了。我们就去工地上干活，维持生活，在北京这地方要生存下去。而且我那时候也小，很多同伴就说，不行你还回少林寺练武去吧，要不你还回老家吧，上学去吧，反正说什么都有。我那时候觉得自己来到北京和自己的梦想接近了，你离开北京就等于说是放弃了。我那时候觉得自己年龄比较小，也觉得自己在少林寺习过武，想拍武打片，实在不行就干武行，我觉得最起码也能在这个行业里边有一个工作。其实会功夫也是一门技术活儿，在老家一般来说没有学手艺的，要不然就是去打工，要不然就是干农活体力活儿。我那时候个也小，长得也不太好，满脸雀斑也比较多，还想尽一切办法怎么把这脸上雀斑去掉，要不然就想怎么让自己长高。那时候很多药说是可以增高长高，长高了最起码咱还能有力气干活，你个小了也没人愿意用你，感觉像用童工似的，你又不想在这个社会上成为一个废人，所以说自己那时候想得挺多，最后还是说踏踏实实好好干。即便那样，也会保持自己坚持练功，练武术，因为我觉得这是唯一的自己一个优点，可以有出路的。

记者：现在你看着挺好，雀斑是自然消退了，还是用了一些什么方法？

王宝强：后来中间那时候长个儿，长身体，发育之后脸上雀斑被顶下去了。

记者：给顶下去了？

王宝强：不是，越长越好看了。是这样的，它有一个发育期，可能长的青春痘或者什么东西，就把脸的一片一片的黑点点就给长没了。其实你仔细看还有，我拍《天下无贼》的时候，那时候真的很明显的，满脸的雀斑斑点。

在电影《大腕》里做群众演员的王宝强

记者：后来您演《集结号》《士兵突击》，听说北影厂门口的人一下变得多起来了，因为王宝强成功以后，他们多起来了。

王宝强：只能说是更多了，更多的人有信心了。之前我在北影厂门口也一样很多的，那种天南海北的，一个月一换，男女老少都有，每个人都不一样。有年纪大的，说白了就是退休的，就想过来玩儿，有一个事情去做；有的就是把这个当成一个梦想，是自己一个事业，一个出路，各个目的不同。你感觉这个月没了，下个月又来一批新的。有的在这混的人会去飞腾影视基地，有的去"横漂"，群众演员也有一个群体，在这混一段时间，了解透了再去新的一个地方，都是寻找机遇，寻找梦想。

聚集在北影厂门口的群众演员们

百年来的一个特例

记者：也有人讲王宝强是一个百年难遇的特例，你有这个感受吗？

王宝强：对，那是后来了，尤其是后来《天下无贼》上映完了之后，大家都知道王宝强也是一个跑龙套的，就是在北影厂这个地方出来的，在群众演员里就传开了。

记者：您应该是中国做电影以来最成功的一个群众演员，没有第二个，之前没有，以后可能也很难

◎ 电影《天下无贼》海报

◎ 电影《天下无贼》中的王宝强（右）

有，你是怎么看待自己这个特例？

王宝强：我觉得这是一个综合性的考虑，其实努力的人比我多，一样的都是挺努力的，有能力的人，有才华的或者是很会演戏的也挺多的，但是我觉得每个人综合性在这，就会有机遇。包括你没有学表演，你在寻找机遇，什么叫机遇？就是自己给自己得创造机会。我演戏的时候，群众演员也好，或者说干场务也好，就很踏踏实实地干。你可能感觉干这个活儿什么时候才能去演上戏？完全偏离自己那种梦想，其实也没有。只要你做好，旁边人都在观察你，说不定人家说这个孩子做事挺靠得住的，而且人品好，又很努力，交给他放心。这样的话我觉得可能从群众演员开始，或者你干干场务，就会有人找你，最起码能让自己想办法生存下来。几年以后很多人就没想到我还一直在北京，都以为我早就离开北京了。我那时候年纪也小，生存能力极其强，我就一直那么坚持下来，其实很多东西都在于个人，而且我勤奋好学。我刚来北京的时候也不会说普通话，经常被别人嘲笑，你外地的。我就经常看看报纸，读报纸，说的是一口河北的普通话。

记者：但是现在您这口音成为特色了。

王宝强：对，是一个特色。就像我拍《天下无贼》，这跟我的乡音有很大的关系，包括和我当时那个从小的成长环境都有关系。正好我生活中是这样的一个状态，可以说那个时候绝对是本色，纯纯正正的本色演出。再到后来，慢慢地拍戏多了，就会有角色，就会有很多的一些需要你作为演员去改变，但真正的本质是不变的。

记者：很多人想成为第二个王宝强，您对他们的建议是什么？想说给他们的话是什么？

王宝强：你去问群众演员中这些有梦想的人，谁不想成名，谁不想上报纸，谁不想在电视上让人看到，会觉得光宗耀祖。我出来闯荡时候就想我爸妈在地里干活，中午干完活回来了，拉着排车，拉着草、菜和收的庄稼回来的时候，路过村口村头一看放的黑白电视里有他儿子，你不觉得很骄傲吗？对吧，很神奇吧？那时候就一直会这种想象，你在整个村，给你父母争光。

🔵 王宝强（中）和家人合影

我拍完《天下无贼》上映之后，就带着片子回到老家，在我当年看《少林寺》那个地方放露天电影。不光我们村，很多村人都来了，把整个村都堆满了。看着电影的时候，你看刘德华，怎么样，葛优怎么样，你这戏演的，你怎么演的，你怎么演成这样，你怎么这么傻，就边看边聊。年长奶奶那辈，或像我爸那辈看着我光屁股长大的，就好奇，就不停地问你。你跟乡里乡亲边聊天边看电影，很有意思，很有意义。也确确实实从那之后给我父母，给我老家都争了光彩。一般老家乡亲们去外边做生意的时候，一听到你是哪儿的，河北哪个地方，王宝强在那，王宝强是我们村的，大家都很高兴。出去之后，村里出了一个名人，都很有光彩。我相信出来的朋友都是同样有梦想，希望给父母争光，希望通过自己的努力改变自己的命运，改变一切。

但是确实是幸运、偶然和必然，里边有很多变数。只是看你能不能坚持住背后那种辛酸和别人的嘲笑，方方面面。你自己得坚持，往前你是迷茫的，往后又没有退路，在这个过程当中，你整个人的经历、想法和生活的处境，都有很多很难扛过去的。反正我当时想只要是坚持能在北京生活下去，我觉得就绝对不会走退路。

记者： 在成名之前的时候，就是当北漂做群演的时候，有什么最难忘的事让您觉得特别难受，想打退堂鼓，想回老家去？

王宝强： 当然有。那时候应该是在 2001 年快过年的时候，看大家忙碌都回去了，心情会挺失落的。那时候我都没有钱去买火车票了，50 块钱的火车票。然后和父母有一年多没见面了，过年连饺子都没吃。当时我们是在一个煤厂租的大开间，进去之后就是炕，当时剩两三个人，大年初五下大雪，我们去工地上干活，那时候心里挺难受。身上又长了很多痘痘，水疹，又没有钱去医院看，很痒，就是硬生生地扛下来的。然后又想念家，想回去，又不能回去，往前走一步又不知道往哪走。打工上工地上干活，在老家去任何地方也可以，跑北京这么远干吗？每天去工地上，搬砖、水泥这种，去刷墙，就干这些活，当时自己心情就比较挣扎，不知道往后该怎么样。又听旁边的大哥说，他也是为你好，说希望你能回去，要不然再去少林寺练。北京有梦想的人太多太多了，一堆一堆的，学表演的人，出来之后才能有角色，去演，你这种条件根本

🔵 电影《天下无贼》剧照

就轮不上，排不上号，想都别想。这种话听多了也会打压自己的想象，人家说得也没有错，你说你能成，自己老痴人说梦话这种，确实让人家看不到你哪方面能成为一个演员，哪方面能看到你的未来。只有自己骗自己，只有相信自己是这样的，那我就得相信自己，坚持沿着这路去走。反正第一就想我年龄小，机会还很多，还有大把时间。第二我觉得自己会武术，这也是一技之长，说不定哪天给蒙上了，是吧？幻觉都是美好的，想象也是美好的，虽然现实是残酷的，但你要坚持生存下去，往前走。

记者：我们知道您真正的开始，跨越很大，从一个群演，一下子成为一个电影重要的男配角，戏份很重。

王宝强：对，我起点挺高。

电影《天下无贼》中的王宝强

电影《天下无贼》剧照

记者：有很多在戏剧学院表演系学了几年的人，还混不到现在您这样。

王宝强：我觉得可能是，可能是因为我这段的经历比较艰苦，比较困难，经历了一道关、两道关、三道关，经过这种磨炼，突然间感觉梦想已经照进了现实，结合了。我觉得老天爷会给这种执着的人机会吧，你坚持住就是坚持住了。因为你不知道什么时候会成功，你也不知道机会什么时候会来，但是来了你能不能坚持得了。有些朋友说我，完全就是像坐着火箭上来的，一下就让全国人民都知道了，知道了王宝强，知道了傻根。所以有时候我就想，就是人生如戏，戏如人生，很多事情在于人平时生活中怎么做人，怎么做事。为什么要选角色，我觉得跟这都有关系。

冯小刚看中我的原汁原味

记者：冯小刚找您拍《天下无贼》主要是看中了您哪一点呢？

王宝强：说白了就是原汁原味的那感觉，他要的就是这种感觉，不需要你太能说，太会讲，不需要你古灵精怪，就想要你本质、朴实，说话很诚实的样子，要让观众去相信。拍的过程当中，我跟冯小刚导演合作，跟刘德华、葛优、刘若英合作。一下子就会让很多人知道，这是招很多人羡慕的。你像他们有很多影迷，歌迷，都见不到本人，或者接触不到本人，那我跟他们在一起演戏，自己心里真的好开心。我还能合影，拍张照片拿回家给父母去看。那时候发布会我也参与了，报纸一出来，我们村里的人拿着报纸去我们家，说我看到你们家孩子了，他跟刘德华站一起呢。等电影一上映，大家一下都知道我成名了。后来很多人说，我的孩子去少林寺也能成名，能当明星，那说起来容易，但不是谁练武就能当明星，也并不是说谁去努力能成的。一部电影和一个人的命运，它都是天时地利人和，在你的年龄的时间段，在各方面，我觉得都是有关系。

记者：您刚才说很多人喜欢你，我也相信您的性格，您的整个气质也是很讨人喜欢的。

王宝强：对，刘若英、刘德华华哥，还有李冰冰姐，都这么多年一见，还是把我当孩子似的，确实那时候感情都比较纯粹，很亲，很亲切。这么多年我回想起来还是觉得非常幸福，有姐姐、哥哥照顾。

表演终于开窍了

记者：您刚才说的，以前演戏是一个本色，就是您本来什么样就怎么去演。那您什么时候开始觉得自己会表演，会演戏了？

王宝强：我不能说我什么时候会表演，我觉得自己适合吃这碗饭。我那时候也有顾虑，就是如果给我大段的台词，能不能背得下来？因为并不是光背词，还得要从肢体、从各方面呈现出来，我觉得应该是从《士兵突击》开始，因为那个戏几乎每一场都有我，场场都有许三多。

记者：男一号。

王宝强：对，而且那里边的台词很难背，所以我那时候字典从来不离身，有的字还不太认识，包括意思什么的，都是提前做功课，随身带字典要查。我觉得那几年不仅说演戏提升，包括我对知识的理解也提升了很多，再到顺溜、董存瑞，其实《士兵突击》真正地给予我很大的信心，我觉得我肯定没问题，能吃这碗饭。谁来找我演，我肯定能驾驭得了，以前就怕别人来找，我就担心自己能不能胜任得了，比较顾虑。但一直也会努力不断地学，我觉得慢慢地自己就打开了，打开之后就开窍了，然后你自己对演戏有想法了，知道怎么和导演去交流沟通，怎么圆润这个角色，让角色更丰富，表演上的节奏性与变化，慢慢就有感觉了。艺术片怎么去演，怎么去表现，艺术片台词不多，肢体语言可能会更多一点，喜剧片台词会多一点。

记者：您现在表演已经很纯熟了。

王宝强：对，有的是收，你像我一般都是收着演，有些是要放着演，我觉得作为演员这个经历，能够让自己不断地去改变和提升，借助这么多年的成长，拍电影的一些变化，走过来的一些感悟，自己会对表演有更多的理解。

记者：在《士兵突击》里还有很多演员现在也很红，大家

电视剧《士兵突击》中的王宝强

电视剧《士兵突击》剧照

都通过这个电视剧认识了他们。

王宝强：对，像是张译、张国强、段奕宏。

记者：包括还有您的好朋友陈思诚，都是通过这个戏。

王宝强：陈思诚、李晨等好多人。因为一部好戏，每个角色都很有光彩，每一个人表演都很真挚。其实《士兵突击》不仅是影响了观众，也影响了我们每一个演员。这一路走过来，有时候演戏演着演着，会戏里戏外难辨，角色和真人会融为一体。为什么这个角色选你来演，你演的过程当中有很多跟自己像的地方。其实这三部戏跟我都挺像的，我演着演着回想起自己小时候的样子，想自己的性格，想自己的为人处

世，和戏里都有相似的地方。当然你作为演员不能一直演这种类型的角色，后边你可以有好的这种机遇，好的剧本，有表演空间给予你，就需要自己不断地充实变化，再让观众接受，但变得太大了也不行，观众看了也不太舒服，变得完全不是我了也不是好事。这种变和不变之间，看你怎么融入会很恰当，又有变化，又有你身上的那些不变的东西在里面，其实我觉得这也是一个挺难的事，要有新鲜的东西给观众。

把自己变成角色才能演得像

记者：据说电影《Hello！树先生》里面那些抽烟的动作，走路的姿势，都是您自己设计的？

电影《Hello！树先生》中的王宝强

电影《Hello！树先生》剧照

王宝强：是，这其实也跟自己体验生活有关系。我在拍摄半个月之前就穿那身衣服，让自己每天融入那个角色。刚开始我也找不到，也不知道这个角色是一个什么样的人，每天就在东北的小镇上和朋友一起吃饭，一起聊天。我也是从那戏开始学抽烟，我之前不会抽烟，但角色会抽，我必须让自己学会鼻子冒烟，要不然人家一看你就是不会抽的，看着假。走路也是，那动作就是跟人生活的状态都有很大的关系，包括这个人家庭的背景，或者生活的氛围，都有很大关系，导致他才成为这样，走路姿势摇摆不定，人格不稳定。

记者：他看人的眼光有一种特别的角度。

王宝强：对，为什么老是这样的，因为他就怕别人说没事，其实本来就是没事，他老显得自己特别忙给人看，你看我很忙的，我事很多的，而且都是大事，都是大人物来找我的，就想让自己变成非常有用的那种人，其实他本身是被人瞧不起的。

记者：有个情节我印象特别深，就是您下跪那场戏。

王宝强：人都要面子嘛，结婚遇到这事了，你想想他比你小一辈，都是叔叔辈，你这个小屁孩来调侃我。当着这么多人他要面子嘛，他肯定不乐意。但是这个人也老实，也不吭，等到了没人的时候就跪下了，其实显着他挺悲凉的，这个树先生。

记者：但是您演的那个情绪特别准确，职业演员都抓不准，抓不准这个戏会垮掉的，但您抓得挺准。

王宝强：对，你说得对。因为我其实演戏演了很长时间了，如果我没有演过，刚出来演那戏的话会有困难，因为之前我演了，很多观众对我演戏也比较有一个认识了，比如说像傻根，还有许三多。但是这个角色呢我就想让自己变成他，变成他你就得要进入他的生活，镜头就当不存在，甭管它怎么拍，爱怎么拍怎么拍。你融入他，你的低头，或者你一个动作，一个形体，都是那个人物，都在那个氛围当中，都是对的。但要是刻意地去设计，去表演出来那个东西，我觉得可能观众会觉得你做作，代入感就很弱。我当时就是一个猛子扎进去，就把自己变成那样，有时候睡觉前先洗个头发再睡，等睡醒起来之后，那个头发就撅起来了，不用化妆，头发它是自然的翘翘的，刚从被窝里拱出来的样子。我就蒙着被子睡，起来一走路，一颠一颠的，稍微给弄点那感觉。

记者：这个是您自己设计的？不是导演要求的？

王宝强：都有这种相互的沟通嘛，都看这个动作挺好。你想想我那时候跑群众演员的时候，我留着长头发，每天被窝一拱出来之后，长头发肯定撅撅的，这都是有生活的。走路一颠一颠的，特别有戏，因为我有生活体验。

甄子丹帮我完成夙愿

记者：您最早想演功夫片，但是后来两个片子并不是功夫片。直到您跟甄子丹合作《一个人的武林》，这个戏是不是让您觉得很过瘾，终于完成一个心愿？

王宝强：过瘾，我最早出发点是想拍功夫片的，后来拍着拍着演成喜剧演员了。后来再到功夫片，我觉得这是自己一个梦想，不过是演了一个稍微扭巴的武痴。

记者：对，是一个精神上有点分裂的角色，还是反派。

王宝强：是反派，但是在他的武林世界里也有功夫，是硬汉。我觉得这种机遇也是很难得的，现在很少有这种功夫的类型片，比较纯粹。我几乎出来就是打，担当的就是动作，一出来就挑战武林，各个高手，刀枪剑戟，兵器，还有擒拿，打斗。

记者：您演那个戏用替身了没有？

王宝强：拍动作片，我不能说没有用替身。比如说拳脚看不到你的镜头，肯定有背身的那种，但是观众能正眼能看到我的都是我自己打的。好不容易自己来拍动作戏，几乎都是自己来打，也希望自己来打，打得遍体鳞伤，确实过足了功夫的这个瘾，从头打到尾，而且第一次跟高手过招，全是高手。

记者：甄子丹确实是高手。

王宝强：甄子丹，樊少皇，都是很能打的，而且我小个，第一次就遇到高手对决，很累，很吃力，压力也很大。你想想他们的功夫，拍那么多动作戏了，都是动作演员，他们给我的压迫感很强的。当时导演跟我讲就是要一种力量，爆发前的那

电影《一个人的武林》剧照

个劲，把那个劲拱到整个身体上。我那时候健身，练功练得也比较勤快，把自己的整个气质，劲头练出来，这是一个动作演员所具备的，我觉得这个戏对我来说演的也是让大家看到不一样的角色。

记者：一个反派。

王宝强：对，以前总演被人家受欺负的，这回完全演了一个比较疯狂的人物，确实疯狂。

《泰囧》《唐人街探案》让我演嗨了

记者：《人再囧途之泰囧》也是根据您的一些经历来设计的角色，后来影片大卖，给中国电影票

电影《人再囧途之泰囧》剧照

房带来巨大影响。您扮演的那个角色也是会功夫的，很多人都关心用脚抓烟灰缸的那个镜头，拍戏的时候您是真的抓，还是用了别的什么技术处理？

王宝强：那是真抓的。其实那场戏是临时发挥的，剧本上是要我用手接的，这个可能就是自己的一种感觉，因为用手接大家能想象得到的，电视剧也好，电影也好，很多都有这种设计。那我就用脚接，可能就比较特别一点，我就跟徐峥导演提了一下这个建议，他说好啊，那要怎么弄？我说我有办法，我这脚确实灵活，咔地一下就夹住了，拍到后来脚老是出汗，出汗打滑就夹不住了。于是我拍一遍就到洗手间洗一洗，洗完它比较涩，就那么夹住，而且不能动，怕露馅。

⚫ 电影《人再囧途之泰囧》海报

⚫ 电影《唐人街探案》剧照

所以说我还是有点功力的，因为从小练，基本功比较扎实，没有练功的话，做不到这些的，对我来说，打、跳，这些都能用上。其实拍电影是这样的，你做这一行，自己学到任何东西都能用上，所以说活到老学到老，你不知道拍什么类型片就用上了，演员是学无止境的。

记者：技多不压身。

王宝强：对。

记者：我刚才还想，您是因为知道自己的脚比较灵活，能够做到这个动作才会跟徐峥去讲这个事情？

王宝强：对，比较灵活，小时候老光脚丫子。后来我们拍《唐人街探案》的时候，你看弄那个铁丝也是用脚，用铁丝，撬刘昊然那个脚，后来都成技术活了。

记者：《唐人街探案》里面我觉得一个很有意思的设计就是你的口音非常特别，这是陈思诚导演的要求，还是您自己想到的？

王宝强：这是导演要求的，也是我想做的，两个人一起商量。我之前都演过十多年戏了，角色各方面深入人心，包括口音，给观众的印象挺深的，一下改变观众能不能适应，但是思诚说一个好演员最大的改变，一定是从语言上改变的，这确实是挺难的。观众已经接受我的这种河北的方言，你再启用一种新的口音观众能不能适应得了？导演说可以试一试。后来我就找了几个南方的人说台词，慢慢找语感。我刚开始说都害羞，一放开之后又搂不住了，那个劲说得自如了，越说越顺。我认为这个角色是社会上比较有经验的人，对唐人街大大小小的事是比较有生活阅历的，丰富的，狡猾的，然后又挺傻的。我自己是比较放开式的表演，我觉得宁可稍微大点，不能收着演，收着演人物就会掉下来，这个一定要荷尔蒙很足的，就是特别撒开地演，那过程演着演着我就自如了，你怎么演都对了，等上映的时候前半个小时，我个人觉得都是不太适应的，就跟一个新演员似的。一个成熟的演员一上来，观众对他的各方面不用再去了解，直接就能接受，但新演员你得通过多长时间来接受呢？这个人物进入他的状态，才能体现演员的魅力。我觉得语音也是这样的，刚开始不太适应，王宝强怎么一下变成这样了？半个小时之后，越看角色你越会代入进去。等这部电影看完之后呢，你会去想，虽然说稍微感觉表演上有点夸大，如果这个人不是这样子的话，那应该是什么样？是不是会缺少了一番人物的色彩，人物的性格。再到第二部的时候，《唐人街探案2》上映的时候，观众就不聊我的口音，上来就接受了，他们觉得自如了，怎么看都舒服了，因为观众接受了。就跟我之前和徐峥的搭档，后来和昊然的搭档，观众就认同你们在一起，你们在一起他看得就舒服，一静一动、一唱一和的这种。

感恩所有合作过的导演

记者：刚才说了一路过来有很多导演对你的帮助，您能不能用一句话来说明你对这些导演的感受。

王宝强：对，一路走过来也遇到了很多一些合作的导演，跟我一起拼搏奋斗，我觉得有今天的这种成就，成绩，都是相互离不开的，也有很多相互帮助。其实真的是你人生经历过的这些人帮助你的，都应该感恩，当然更感恩电影，电影改变我们每一个人，所以我觉得会再接再厉，我们再多做一些为电影贡献，希望多拍一些好的作品。说白了我一直在电影的门槛外面，一只脚在门里边。冯小刚导演一下就把我拽进来，可以说一下把我带入电影门槛里边了。

记者：徐峥呢？

王宝强：像徐峥，还有思诚，还有合作过的康洪雷导演等等，我觉得优秀导演都挺多，依然在电影圈里边不断地能让自己提升。我觉得在电影上能取得今天的一个成就和成绩，都得感恩，感谢他们帮我。

记者：还有一个问题是关于黄渤导演的《一出好戏》，您和黄渤是很好的朋友，他刚开始运作这个电影的时候就找到您了吗？

王宝强：对，很早就跟我聊。

记者：剧本还没写完就找过您？

王宝强：对，我来接这个戏，第一，我说得很诚实，就是因为冲着是黄渤，因为我们这关系；第二，黄渤确实有才华，很多人冲着黄渤这两个字就来演了。具体演什么我刚开始也不

电影《一出好戏》海报

太知道，后来他就给我讲，讲了很多角色，也讲了电影的概念，信息量也比较大，关于世界末日。后来为什么我选了小王这个角色，因为我觉得小王这个角色是比较有主动性，主动性更强烈一些，我之前演的戏都比较被动，老是挨欺负，我拍了很多戏都是挨打，但是在这部戏我演这小王就把每一个人角色都给打遍了，所以说有时候都要还的，出来会给你弥补的。还有就是这个人物角色很鲜活。

记者：是一个领袖气质。

王宝强：对，他有主动性，有担当又有责任。到世界末日的时候，绝对是一个带着大家怎么生存下去的这样的角色。到中间的阶段，到最后的阶段也是很有变化，跟我以往不太一样的，我觉得这个

角色是比较力量一些，所谓力量是比较男人、比较干脆、不再犹豫、不再龌龊的那种，也是希望在形象上包括各方面有一个变化。

记者：这是个少见的人物形象。

王宝强：对，确实在电影里边你会看到我的变化。

《大闹天竺》没啥可让我尴尬的

记者：您自己执导了电影《大闹天竺》口碑并不是很理想，很多人觉得您会尴尬，您怎么看待你的这部导演作品呢？

王宝强：《大闹天竺》没有什么可尴尬。我出道这么多年，自己想尝试一下，一直做演员，做导演

电影《大闹天竺》

王宝强接受采访时憨厚地笑了

也是第一步，相对来说肯定也会有很大难度。我后来能意识到确实有很多不足的地方，经过这部戏之后收获很多。我相信自己不断地去反思，不断去学，总有一天会能导出一部好的电影来，这需要时间和磨炼，所以我觉得没有什么可尴尬的。其实《大闹天竺》对我个人帮助挺大的。

记者：我很好奇，《大闹天竺》后来获得了金扫帚奖的最令人失望导演奖和最令人失望影片奖。大部分得过的这个的人都没有去领奖，毕竟这不是一个荣誉，但是您却跑去了，还跟大家公开说了句"对不起"。您那天是抱着什么样的心情去的？

王宝强：我就意识到我自己拍得不足嘛，所以说我要面对，很简单。因为我相信我未来还有更大的空间，努力的空间，都很大，我的目的很简单。

记者：您下一步还有拍电影的计划吗？

王宝强：有。

记者：做导演的计划？

王宝强：对，做导演的计划，我不会停的，一定会努力的。

诚实和实诚是我最大的标签

记者：您身边的朋友都评价您很真诚，很有天赋，您怎么样保持自己的这个真诚呢？

王宝强：不是朋友，是大部分人跟我接触过的人，懂我的人，了解我的人，都知道我的为人。其实说实话，我从成名到现在十几年了，媒体看着我一路成长过来，观众也是看着我一路成长过来，都比较了解我是怎么过来的。不是说我要去跟别人表现我怎么怎么真诚，是大家自己产生这种感受，是因为和你共过事，了解你。所以我觉得最重要的是甭管你变成什么样，初心不变，你让我去变我也变不了。我从小出生在农村，家庭不是很富裕，然后又在少林寺习武，习武包括做人各方面，都是师父教的。很小的年纪来到北京独闯，那几年都是靠自己打拼出来的，跟成长的经历都有关系。根基在这了，所以你成名后再怎样也不能找不到北了，我觉得那样的话也就到头了。

我的成功受益于这个时代

记者：您的成功是非常特别的现象，有的人说您的这种"成功现象"跟改革开放，跟中国电影尤其在 2000 年以后的蓬勃发展有着密不可分的关系。您怎么看待这种分析？

王宝强：我觉得挺好，电影真是与时俱进，发展的是越来越好。我刚出道那时候，赶上一个好的电影时代。以前看电视剧的人会比较多一些，后来出现了《英雄》，再到《天下无贼》，有了贺岁片，像冯小刚导演的都是贺岁电影，而且我也有幸出演的《天下无贼》，也是贺岁片。

记者：贺岁片确实对于国产电影发展是一个特别大的推动。

王宝强：对，电影就起来了，再到后边我拍《泰囧》的时候，电影市场蓬勃发展，越来越大，喜剧片、类型片，看电影的人是越来越多，一直到现在。你就会感觉电影的技术是发展越来越好，在进步，票房也是不断地提升，演员的类型各方面越来越多，确实是一个好事，我觉得未来会越来越好。我觉得这是一个好时代，我是 80 年代的，但是从那时候出生就没有赶上挨饿，最起码能吃饱穿暖，我觉得这个就是很好的。那时候看电影会比较少一些，像我们 80 年代看动作片特别多，像李连杰老师，像成龙大哥的功夫片，一直影响着我们，这一路，陪伴着我们走过来。我觉得这些电影人和经典的电影前辈们都是特别值得尊敬和致敬的。未来希望自己也可以向前辈们学习，对电影的事业能够多做一些贡献，让电影事业发展得越来越好。

记者：您现在也很特别热心于做公益，什么情况下让您开始做公益的呢？

王宝强：我刚出道的时候，看到冯小刚导演不断地做公益，公司的艺人有什么都会叫着我，渐渐地才知道自己成名了有能力了，要帮助更多需要帮助的人，也确实看到很多人需要我们的帮助。为什么我能像李连杰还有成龙大哥，还有很多艺人，企业家等等这些成功人士那样热衷于去做公益，因为我从刚出道时就看着他们一路这样做，会影响我们，去帮助他人就是帮助你自己。你想想你自己当初困难的时候是怎么走过来

王宝强走访贫困户

的，那时候真的是特别需要帮助。这个时候你帮助他，给他一分温暖，给他一种希望，他将来也一样会去回馈社会。我觉得社会和谐是很完美的，经过这些不断的努力，一代传一代的这种感觉。

记者：这几年电影市场发展特别迅猛，各种题材百花齐放，您作为见证电影市场十几年电影发展的演员有什么感受？现在和十几年前有没有特别明显的对比？

王宝强：对，明显的对比。我刚出道的时候是那样的状态，再到后面，慢慢也拍了像《泰囧》《人在囧途》《Hello！树先生》，中间这个阶段的变化；再到现在的这个阶段，《唐人街探案》，还有《一出好戏》里边，这三个阶段都有变化，肯定是不一样。因为作为演员必须得要突破自我，去尝试，我不敢说是能够超越还是说多大的突破，最起码得去尝试，去体会，我

王宝强

觉得未来再拍戏的时候，可能演戏会更加的沉稳，更加知道自己是哪种类型的，哪种可以演，本色的还是再塑造的，是开放式的，还是收着的，或是功夫的，武打片的，这种类型体现中我都去尝试了。我觉得我说太多就太笼统，其实这个东西就是靠你未来的作品来体现，就像当年很多人说你只能演傻根这种，我也没必要去跟他辩解。我后面会拍什么会怎么样的，那不太具体，到后面拿作品一一呈现。

记者：您在刚开始拍戏的时候，成本很低，后来成本高。当年拍个电影，会觉得《天下无贼》卖了 1 个亿，冯小刚导演喝酒，现在卖个 10 个亿也不请，因为 10 亿不算什么，电影市场发生很大变化。

你作为一个从业者，感觉到这十几年有什么变化吗？

王宝强：中国电影确实有一个迅猛的变化，就像之前卖到 1 亿票房的时候就开一个庆功宴，现在卖 5 个亿也不开庆功宴，20 个亿都不开庆功宴，因为这个市场越来越好，这证明电影不断地在蓬勃发展。那时候买张电影票多少钱，几块钱，十几块钱，后来慢慢就到 20、30 再到 50、100，到现在一百多的都有。从票房上来说，我参演的电影，最早拍的《天下无贼》就是上亿，那才 2004 年，上亿票房在电影界都已经很厉害了，几乎中国几亿人口都看过这个片子，那是在那个阶段的一个变化，从上千万到上亿的一个变化，有了亿元俱乐部。再到后面《泰囧》13 亿，这个谁能想象得到？想都想不到，因为只有《泰坦尼克号》《阿凡达》这种进口大片才能卖这么多钱。人家几年，五六年，七八年，十来年才拍一部片子，能达到这个数字，《泰囧》在 2012 年就卖了十几亿。再到 20 亿，就是《捉妖记》，还有《美人鱼》，那就上 30 亿了。再到后边吴京的《战狼Ⅱ》50 多亿了，我相信未来一部电影上百亿的都有可能，60 亿，80 亿，100 亿。这不需要等太久的，五年之内。

记者：导演要有新意。

王宝强：对，不断地变化，我相信未来会更好的，包括电影的类型也多了，导演演员的类型多了，观众可选性也多了，但是我觉得最终要能拍出好的电影，拍出精品。

后记

在接受采访时，王宝强一直在强调，他的成功之路是不能复制的。我相信，这是一个在演艺圈摸爬滚打十几年之后的成熟的演员发出的肺腑之言。因为每个人的极限都是不同的，王宝强的过人之处，大概在于他的极限比一般人都要远。

还有一点很重要，就是他是我见过的"杂念"最少的一个演员。用他自己特有的，不太标准的河北普通话来翻译一下，就是：他是个实诚而且诚实的人。

无论是对自己，还是对他人，对事业，对理想，
都实诚，且诚实。

大鹏：

互联网时代的宠儿

文 / 阿泯

大鹏

坐在采访间里的大鹏表现得非常自信，他思路清晰，很有逻辑，表达能力超强，这当然要归功于他在互联网行业里多年打拼练就的专业素养。

严格意义上来说，他不是电影的科班出身，最多称得上是个热爱音乐的理工男。拿他自己的话来说，他和电影的结缘是被拜互联网大潮所赐，那我们就不妨来看看，这个被命运推着走的"男士"是如何成功逆袭的。

真的仅仅是幸运吗？

我一直是"别人家的孩子"

记者：咱们先从你少年时期聊起。我们知道你身于在一个普通家庭，老爸是机械厂工人，老妈是市评剧团的一个演员，而且是演主角的。你曾说看老妈去表演的时候，觉得那个舞台特别神圣，这个是不是也在你童年心灵里面播下了一颗种子？

大鹏：长大之后回到小的时候，很多事情发生的地方，你会发现那些地方变小了，事实上是因为我们长大了。小时候觉得家里的河特别宽，但长大之后再看，这个河其实没有想象当中或者记忆当中那么宽。现在我再来想，可能那就是一个普通的舞台和普通的演出，但是对于小小的我来讲，我看到我妈在舞台上的表演，觉得距离很远。虽然她是我妈，是我最亲近的人，但是当她成为一个演员，在舞台是角色的时候，让我有一种很神圣，很向往的感觉。所以你很难说那是不是埋下一颗种子，但是有很多事情的发生，都是因为你向往这件事情，你愿意为此而付出努力。

也许小的时候你问起每个孩

子，大家的回答都是想当教师、科学家、医生。但是我却深深地记得自己看到妈妈表演时的心情。我没有奢望自己有一天可以站在舞台上。是因为这个时代的变化当中，所产生的内在的需求，才让我有机会站在舞台上，所以我特别感恩。

记者：当时家乡生活状态是什么样的？您好像一直有一个想走出去的冲动。

大鹏：我的家乡特别小，它是一个山城，三面都是山，有一面是

🔅 大鹏童年照

🔅 Beyond 乐队

江，江的对岸是朝鲜，我们在中朝边境。小时候，我向任何一个方向望去都有边界。我不知道山那边长什么样，通往世界的窗户其实就是电视，我总是通过看电视里面的节目、电视剧才知道原来外面的世界有的楼那么高，有的城市是长成那样子的。所以我迫切希望自己可以走出去看一看。因为从小到16岁之间，我上高中二年级之前，我都没有走出过那个地方。

记者：你小时候好像特别有表现欲，也是跟当时的环境有关吗？

大鹏：家乡很小，每一个人，同龄人之间都认识。我印象最深的就是如果我爸爸领着我上街，他要一路走一路跟人打招呼。对于我来讲，因为所有的人都认识，所以自己特别希望能够争口气，在某一个领域能够表现得好点，学习成绩更好一点，让别人能够肯定你，这样的话父母会开心，这个是原动力，我希望让他们高兴。

记者：你刚去上学的时候，其他孩子都会唱一首歌叫《太阳当空照》，但是你不会唱是吧？

大鹏：对，"太阳当空照，花儿对我笑"，这歌我不会唱，上学第一天大家全都会唱，但我不会。因为他们都上过幼儿园，我没有上过，家里的情况比较特殊。所以我就很自卑，从上学第一天就很自卑，觉得怎么别人都会，而我不会，因为自卑才会希望自己可以表现得好一点。

记者：你成长的年代也是中国流行音乐受西方影响比较大，刚刚兴起的那个年代。

大鹏：对。

记者：你那个时候喜欢的国内或者国外的歌手都有哪些？

大鹏：我没有喜欢的国外歌手，因为我根本就听不到国外的歌，我们那个地方实在太小了。然后当我上大学的时候，同学们问你都喜欢谁的音乐，我就说老狼、黑豹、唐朝、Beyond乐队，但是人家说的那些国外的流行音乐和流行乐队我从来没有听过。影响我很深的人其实是Beyond，我初中时就开始弹吉他，弹他们的歌，我觉得他们的歌除了好听以外，歌词很有意思，很励志，经常讲的都是一些关于年轻人怎么看待梦想的事情，不是那些情情爱爱的歌曲。对那个时候的我就像鸡血一

样，时时刻刻在给我注射着一种能量，让我向前，让我学习新的本领，所以他们对我的影响最深。

记者：你对组建乐队有一种特别的执着。曾经组建过"及格乐队""天空乐队"，你为什么会对乐队有这么执着的心态？

大鹏：最开始还是受 Beyond 的影响，他们是个乐队，是我的偶像，我就希望通过一个组乐队的方式向他们致敬，用组乐队的方式去演唱他们的歌曲，能够在舞台上去传播他们歌词的含义，是我的动力。

记者：貌似在那个年代，在父母看来学习是最重要的，你这么频繁地组建乐队是自己一个叛逆的表现吗？还是说有别的原因？

大鹏：不是，我很感谢我的父母，因为我妈妈也是从事过文艺的表演工作，所以她很能理解我。这件事情跟学习不是完全冲突的，因为产生冲突的前提是说你因为这件事情耽误了学习，而我的学习特别好，所以我没有办法让你挑我这方面的毛病，我从小到大，基本上初中、高中学习成绩都极好。

记者：极好的概念是？

大鹏：我初中的时候基本上是全年级的前 5 名，我高中的时候是班级里面的班长，班级干部，然后学习成绩在班级里面是属于中上等。

记者：一直学霸的状态。

大鹏：还行，我是属于考试型的，平时你看好像我经常做课外的活动，还喜欢打球，但是一到考试的时候还往往能发挥得很高。

考上"吉林皇家学院"

记者：那你既然这么喜欢音乐，为什么上大学的时候却听从父母的建议选了吉林建筑工程学院，你管它叫"吉林皇家学院"是吗？

大鹏：对，是这样的。我母亲她自己是评剧演员，所以能够理解我喜欢文艺的心，但是她并不是特别支持你专业从事这条道路。因为她自己就是评剧演员，她大概知道这里面的辛苦，她唱了一辈子戏，都没有唱出我说的四面环山的小城。那

么我作为她的儿子，我有什么资格可以去畅想自己未来？现在可以被全国观众接受，然后坐在这里跟大家分享我的成长经历，其实这个事情对那个时候的我们来讲是遥不可及的。所以家里面当然希望你稳妥地去从事一个正当的职业，传统的职业，所以我就考取了父母希望我去的一所理工学校。

记者：你当时有没有羡慕那些不听从父母，比较叛逆的小孩的想法？

大鹏：我还好，我是属于"别人家的孩子"，基本上那些叛逆的孩子也跟我玩。比如说我们有三节晚自习，有两节必须上，还有一节是大家自己可以选择的。那往往到最后一节晚自习的时候，大家就上我家来玩，然后跟他们的父母说是在上晚自习，说是跟大鹏在一块，他父母觉得这个就是一个"尚方宝剑"，你只要说跟大鹏在一起，那坏也坏不到什么程度，即使你们是出去玩，大概有我就是一个保障。所以我是"别人家孩子"，我不羡慕他们，他们特别需要我打掩护，从小到大都是这样。

记者：后来你上了吉林建筑工程学院，大学生涯跟现在从事的行业没什么关系，对您产生了什么样的影响吗？

大鹏：最近上映了一部电影叫做《超时空同居》，监制是徐峥，

里面的主演雷佳音在电影里面穿了一个吉林建工学院的 T 恤，那个 T 恤让我们学校再一次受到大家的重视。然后很多校友都说是不是大鹏你在里面出了力，我说这个真的不是，又不是我演的，也不是我投资的，我又没有打过招呼，但是他就写了吉林建筑工程学院，我们都觉得很骄傲。这段经历让我很多的校友开始组织聚会，我们已经毕业了十几年了，大家决定在 7 月份的时候，在长春所有的全班同学都要聚集在一起。我觉得特别暖，我们每天在微信的群里面讨论，天南海北的都有。虽然大学的生活已经离我有十几年了，但是每次想起来，觉得特别怀念。因为那个时候的友谊、爱情都显得更加单纯，大家也都看上去没有什么心眼。

电影《超时空同居》雷佳音穿吉林建工学院 T 恤

然后我收获最大的是接触到了这个社会，在大学的时期我经常去一些地方唱歌，可以接触到社会上的人。我在大学的时候，虽然学的是建筑专业，但是从事更多的是音乐表演的部分，我也希望自己可以毕业了之后成为一个歌手。学校的生活给我最大的帮助就是那种团队的集体感，就是跟同学们在一起的那种感情，一直到现在都还特别温暖。

记者：那大学期间有没有感受到时代和生活上面的一些变化？因为上大学其实你已经走出四面环山那样的小环境了。

大鹏：嗯，我记得我在大学的时候有一个愿望，就是吃肯德基可以吃饱。但是我不敢去肯德基去吃饭，为什么呢？我不懂，我不知道是我坐在那别人过来点餐，还是我要走到那个柜台去点餐，怕出洋相，特别怕自己没面子。如果请一个女同学去，我就觉得自己更没面子，所以我就宁肯不去。直到我大学快毕业离开学校的时候，去肯德基吃了 55 块钱的全家桶，我吃饱了。那个时候就是我对肯德基快餐全部的了解。

我上大学的时候是没有手机的，那是 2004 年，大家用 BP 机，有钱的人家用汉显的，那个时候有一个汉显 BP 机，是特别了不起的事。突然有一天，大二或大三的样子，有的同学开始有手机，说这个东西不只打电话还可以发消息给对方，对方就可以收到，我觉得这个怎么那神奇。世界上还有这种东西？你想现在手机已经更新换代已经智能到这个程度，你真的感觉自己是在经历了时代的变化。虽然没有十几年，但是因为改革开放以来，我们经济的发展是飞速的，人民的生活水平是在不断提高的，有很多事情发生天翻地覆的变化。你现在再跟孩子们讲，说以前我们是没有手机的，我们有一个盒子你要想找我的话，得打一个电话，盒子上面才有你的来电号码，你再打电话回来，他们可能不敢想象，但是我们就切切实实经历过那样的时代。

互联网开始影响我的人生

记者：当时肯定不会想到以后自己是从网络主持人来起步的。

大鹏：没有想过这件事情。我经常被问起自己所谓的逆袭，大家都喜欢说我是逆袭，但是我觉得我逆肯定是逆的，袭倒未必。因为我还没有到自己希望成为的那个样子，我觉得自己一直在努力，向那个方向靠拢。真的是要感激这个时代，如果没有互联网的发展，就不可能有我坐在这里跟大家分享这些故事。我就是大学毕业了以后希望从事跟音乐有关的工作，在北京找了很多，包括唱片公司的前台，音乐电台的编辑，音乐网站的员工之类的这样的工作。最后因为搜狐的音乐频道需要招实习生，我就成为网站的一个员工。

随着时代的发展，互联网上开始允许大家观看视频，最早我们上网只有图片和文字，当有视频的时候我们遇到一个问题，就是没有视频内容给大家看。而且当时的网站不像今天这么受注目，我们希望找到一些传统的主持人，或者是大学的毕业生来充当主持人，但是大家不会来的，大家都去电台、电视台，因为那里有更适合他们职业发展的广阔空间，我们谁也不知道网站的未来会变成今天这样。所以我们找不到人，也买不到版权，也没有内容提供给你，那网民看什么呢？只能看我们自己拍的那些小东西。我们就是从内部选拔，比方说当时我们频道有四个人，两男两女，说哎呀要么你是年轻人，刚大学毕业，你就在这播一段，我们拿摄像机拍，就给你放网上了。我那时候主要是串新闻，把一些娱乐新闻给说出来，就变成了最早的视频节目，那真的是最早的。现在所有大家在讨论的，全部的视频剧目和剧，它最初的模型其实都起步于内部实验。

我一直认为自己能力挺普通的，还有很大的空间让我去进步和学习，而且我是不太能说话的一个人，就逼迫着你站在镜头面前跟大家去讲话。然后随着时代的发展，大家对于网络节目的要求越来越高，我们也越来越专业，才变成今天这样，如果没有互联网，不可能有我的现在。

记者：那您回过头来看，第一次接触互联网是什么时候？

大鹏：我上的人生当中第一个网站是 www.nba.com，因为我喜欢看篮球。我们那个时候上网是用电话线连接的"猫"，每上一次网你会听到那个声音。上一小时的网是 18 块钱，在我们那个小城，非常昂贵，以至于你根本就负担不起，你只能上个 5 分钟，我那个时候就上个 5 分钟的网，看一看 NBA 球星的一些图片，打开那个图片都极慢。但是互联网给生活提供了便利，我高考的时候，是用电话去查询分数，我就听到里面语音说，您的分数是 414。当时我心想完蛋了，连本科线都没过，因为我学习成绩还行，为什么就变成这样了，本科线都没过。我爸我妈就特别难过，我妈就哭，我爸就出去喝闷酒。我就打电话反复听 414，就心里特别难过。然后我不信命，就到楼下花钱上网查。一看是 474，这可过了本科线了，还过了不少，那年本科线是 430 多，终于可以上大学了。我一边跑步，一边找我爸，我那个城市特别的小，它就像一个电影当中的画面，我一边跑，两边的树和人

大鹏"北漂"生活照

都在我的耳边，感觉全世界都是我的，眼里泛着泪水，我跟我爸说我考了474，我爸的一顿闷酒变喜酒，喝多了。

《大鹏嘚吧嘚》面世纯属偶然

记者：那时候你心里对做这个工作有自信吗？

大鹏：当然没有自信，它是个新鲜行业，不是一个传统行业。所以别人接受起来，家里面接受起来有障碍，会觉得你做的不是一个稳定工作。所以对我来讲，也是不太有自信。我那个时候一直认为，迟早有一天网站会厉害了，但是没有人相信，我们请的每一个嘉宾都不相信，但是我相信。我当时就觉得我肯定会被淘汰的，因为现在你是个临时的，没有人做你才做，一定会有人来做，你会没有这工作了，所以你得做得特别好，特别新颖，特别努力，才可能保住这个饭碗，但其实我到最后也没保住。很快随着互联网视频的发展，我们搜狐娱

乐频道找到了一个主持人，最后他就全面接管了我那个时候做的节目，后来我就失业了。我就想采访这工作我也没了，节目也不做了，我能干点啥呢？突然有一天意识到，我可以自己写稿子，然后我拿一个机器就怼在那，弄完了之后，我一按，我自己就跑回来坐着，"嗨，大家好，咱们今天……"我就创办了一个节目叫《大鹏嘚吧嘚》，那是2007年1月份，一晃儿这也十几年了。那个节目一直支撑了9年，就在网上，最开始是每周的周一和周四跟大家见面，后来变成每周四跟大家见面，在那样一个迫不得已的情况下创办了一个比较早期的互联网的节目。

记者：说起来因为在那个年代，很多电台主持都带那种播音腔，你的风格挺与众不同。

大鹏：我很松弛，因为我不会播音腔，我要但凡会，就不那样了，因为我不懂。

记者：但是观众却还挺喜欢，粉丝越积越多。

大鹏：对。

记者：你有没有意识到，那个时候这种主持风格转变也是观众审美的一个转变？

大鹏：我没有研究这件事情产生的原因，我是因为不懂也不会，甚至没有规则可循。你说如果有一个网络节目的话，它应该是多长的时长算标准呢？它应该是怎样的播出频率算标准呢？那个时候都没有，你做了你就是标准。所以我们那个时候什么参照都没有，只能用我自己说话方式去说。现在再回看录像会发现我在做头几期的时候，其实还是有意向播音腔靠拢的。我希望向主流去靠拢，但是发现靠拢不了，因为不是那样的教育背景培育出来的，于是就越讲越松弛，到最后就完全东北话了，已经是我在家里聊天的方式了。也许它是一种个性化，之前追求的是共性。但时代在发展，个性化的东西会脱颖而出，我可能就占了这个方面的便宜。

记者：你踩上点了。

大鹏：但是不是故意去踩的，如果真的能算准了去踩的话，这人得多聪明。

◎ 大鹏主持《大鹏嘚吧嘚》

触电"网剧"《屌丝男士》

记者：您2007年和搜狐签了艺人约，之后2012年又创办了一个特别火的网剧，想做这样一个网剧的原因是什么？

大鹏：最早其实都不知道它叫网剧，不知道它是什么，最早的初衷是放在《大鹏嘚吧嘚》里作为单元剧，就是在几个版块当中插一个笑话，打"隔断"用，但没想到比主体好像更让大家喜欢，这个笑话反而越拍越多越拍越好，我们就把这些笑话攒到一起变成了这样一个段子剧，初衷就是想把节目办好，结果收获了一个意外的惊喜。

记者：确实是意外的惊喜，当时为什么叫《屌丝男士》呢？

大鹏：因为有《屌丝女士》，我在网上看到一个德国挺漂亮的女明星，她演的一系列短剧，我觉得为什么她可以在一个剧里面扮演不同的人，世界还有这样的规则吗？她给了我很大的启发，我当时是无比没自信，我就想说如果有人去搜索《屌丝女士》，那会不会有人动了一个念头说那世界上还有没有《屌丝男士》，如果他去搜索是不是就会看到我？于是就相应地把名字起成了这个。完全是因为《屌丝女士》给了我们启发，不过我们的内容都是原创的。但是后来很多人说我们抄袭《屌丝女士》，这让我非常苦恼，因为我自己作为内容创作者来讲，其实挺避讳听到抄袭的，因为你创作东西是你的产出，但是你想的这个事情，别人说是别人想的，你拿过来的。我觉得抄袭

《在难搞的日子笑出声来》

《屌丝男士》海报

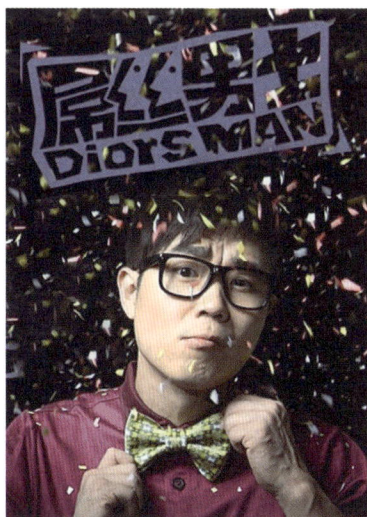

《屌丝男士》第一季海报

跟盗贼一样，它就是从道德层面上来讲，我自己都不喜欢的，所以我也怕别人这么说我。但是你不得不承认两者之间产生了联系，而你又是这里面收获了利益的人，所以人家才会有这样的评价。

记者：人在火的过程当中肯定会有不一样的声音，但是大部分人还是挺喜欢的，因为它给了大家更多欢乐。当你得到非常多的关注，收获了这么多网络粉丝们的喜爱和各种反馈的时候，您有没有感觉到互联网的力量特别强大？

大鹏：我在2013年的时候出了一本书，也就是你看到的这本《在难搞的日子笑出声来》，当时出版社要求说你要到全国各地走一走，看一看，你要去办一个现场的签售会，这样的话会接近你的读者。

2013 年之前，我都没有走出过北京，北京是我的一个大本营，是工作的重心，我就在一个演播室里做节目，每一天都在想节目怎么做，就没走出过搜狐大厦。但是因为 2013 年书的原因，出版社帮我安排了全国的大概快 20 个城市的签售，给我吓着了，我不知道自己的节目有谁在看，节目影响力怎么样，虽然点击率是在那了，但是你并不知道那些点击率是谁点的，你只知道它是一个数字。所以当我去到长春，最后签售的时候，整个一个城市的这本书，好几千本都没了，断货了，然后外面还排了几千人就拿不到书，我们当时就只能发号，等我回北京签完了再寄回给他们。我到了苏州，整个商场全部都是在等待我的人，当时给我们吓坏了，我们就去了几个人，我一看这么多的人，就不知所措。到了石家庄，活动办不了，因为把那个书店给挤爆了，人家说你再办这个活动，这就不安全了，你得出去跟人打招呼。后来很多人为了看见你，就踩到书架上面，然后就登高看。最后我说把人家书踩了，我们就全买了，补偿给人家书店。这次经历把我们吓着了，我从来不知道自己有这么多人在看。我从来不知道你在影响他们。

然后这几年我发现有意思的现象就是，因为我开始拍电影，电影总会做路演，我到各地做路演，总会有一些当地的记者来采访我，或者当地的电视台的节目主持人来采访我。有很多主持人都是戴了个眼镜，学我以前主持节目那样戴个领结，穿成那样。他就说大鹏老师我是因为看《大鹏嘚吧嘚》决定当主持人，风格就学你，我说是，我一看就看出来了。每个城市都有一个类似这样的人，说大鹏老师你的事特别激励我们，给我们很大的力量。我觉得这就是一个特别好的事。

其实我的外形很普通，也不够高，又不够矮，不够特型，不够特别胖、瘦，或者样子上有什么特别。但是我觉得要感谢这件事情，在时代发展当中，可能有运气的成分，通过机遇以及个人努力让大家知道了我，我也希望去影响像我一样，其实很普通，能力也尚有提高空间的这群人，让他们去实现自己在各个地方的价值。

电影从来不是我的梦想

记者：2008 年您开始演电影，是很早就有这样的梦想吗？还是说只是机遇推动您走到这一步？

大鹏：我没有这个梦想，我不敢有这个梦想。我觉得电影是非常神圣的事情，一直到现在我都觉得这不是什么人都能来干的事，它有极高的门槛，你要无比的敬畏。其实现在好电影还是有的，只是说差电影比以前更多了，因为更多的人愿意去尝试一下，尝试的心态是好的，但是能力是有高低之分。所以我一直都在警醒自己，我一直都希望自己的能力能够再提高，能够配得上拍电影这件事情。而我最开始是不敢想的，所以最早接触电影其实就挺简单的，拍戏了，希望大家能看到我了，没有那么崇高的理想说有朝一日自己可以创造内容，但现在是这么想的。

记者：您的身份其实已经有转变了，已经是演员和导演了。

大鹏：越了解越敬畏越不敢，以前无知者无畏，现在想想有好的一面就是它特别有冲劲，但是也有不好的一面，就是你确实经验不足。

记者：您小时候喜欢哪种电影？对你影响比较大的是哪部电影？

大鹏：我小时候喜欢武打片，《黄飞鸿》，那会儿跟我爸爸去看电影，全是看这种类型，武打片，枪战片。它们都属于香港电影，我们能够接触到的也是香港电影，香港电影影响我们很深。

记者：现在有没有变化？

大鹏：确实有变化，现在反而喜欢看慢节奏的电影，快节奏的就是"咣咣咣"，让你来不及思考，就顺着剧情就往下走，但慢节奏的电影就好像在读一本小说。快节奏电影像在看一个短片，从阅读的体验上来讲，它让你的时间过得很快。我现在反而喜欢慢下来，可能是因为年纪的原因。

记者：年纪大了。

大鹏：对。

记者：我记得您在《海洋天堂》客串的时候，更多的是去看薛晓路导演的工作方式，当时是特别有意识地在学习当导演吗？

大鹏：我觉得学习是时时刻刻存在的，并不是说我今天来学习了，才叫学习。你与一个人聊天，参与一场活动，到一个剧组当中看到大家的工作氛围和状态，都是在学习。无形当中它影响着每一个人。每一点影响都是很细微的，就像一滴一滴的水，终于汇成了河，但是在它们是水的时候，其实都是很细微的。

记者：我记得您曾经说过，去《海洋天堂》试戏通过后，要感谢自己的身高。

大鹏：对。因为我的个子其实没有那么高。当时这个戏在选演员的时候，我一走进去当时薛晓路导演就说行了，你可以，我就想什么叫我可以？我都连试都没试怎么可以？其实那个角色并不重要，所以她也不需要试你什么，如果真的很重要，人家当然要试你了，所以她打量了一下觉得可以。我说，怎么就可以了？她说你身高可以。我当时心里特别开心，我觉得因为从来没有人说过我个子很高，后来我才知道，这戏是李连杰和文章演的，他们两个要找跟自己身高差不多的人演，不能找特别高的，觉得在戏里面搭配不均匀，所以我那个时刻还是很感激自己其实没有特别高。

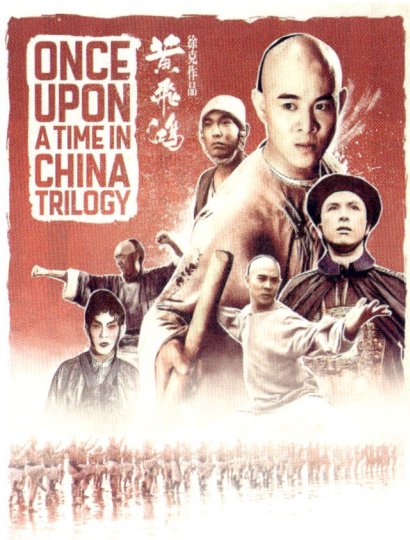
⊕ 电影《黄飞鸿》海报

记者：总算为自己的身高找到了一个骄傲的理由。

大鹏：对，那是唯一一次，挺有意思的。

从演员到导演，我被命运推着走

记者：你是在跑了不少龙套以后，慢慢自己有了积累，刚好那几年也是一个电影爆发期，所以你就有当导演的想法了？

大鹏：我从来没有想过会当一个导演，我是被动成为一个导演。

⊕ 电影《海洋天堂》里的大鹏（左）

当时因为在网上《屌丝男士》实在太火了，所以新丽公司就买去这个电影的版权，要给这个网络剧做一个电影。我当时是网络剧的主演，就可以去演这个电影了，所以我跟这个公司的老板提出要求，要找一个特别专业的导演，特别专业的编剧团队来办这个事情。人家也是特别地认真负责，就找到了很多团队跟我聊，聊我的故事，聊你想要表达什么。人家团队给你写了好几个剧本，都挺不错的，到现在我还都能记得，有一剧本说是一个东北的厨子去美国旅游，结果误打误撞成为一个维密的设计师之类的，我觉得这些喜剧的桥段都挺好的，但是解决不了我一个困惑。

我老问他们为什么是我演，如果这个剧本你给到一个成熟的喜

电影《煎饼侠》海报

剧演员，他们都很优秀，人家演比我更好，你去找徐峥、宝强、黄渤、小沈阳，这些人不更好吗，为什么是我？他们其实回答不了这个问题，因为那就是个喜剧，但并不是非你不可。但我过不去，因为你是给《屌丝男士》做喜剧，如果不是非我不可，那他说服不了我。所以我们这个事就停滞了很长时间。2012年底一直到2013年底都没有下落。我就跟新丽的老板曹总说能不能我来试一下，既然已经走了很多条路，但是这个路就堵在这了，那么是不是我可以承担。我说我试一下，我写个故事，咱看这行不行，于是才有了《煎饼侠》。这是个被动的过程。

当然，所有的人现在都想当导演，但我不想，那个时候我特别崇拜当导演的人，特别尊敬这件事情，如果没有准备好，我是不做的，但是没有办法，那个路就走到那了，不做不行，所以我就做了，做了就发现我挺适合这个工作的，所以现在全部的工作重心开始往导演转移，节目也越做越少，多一些积累后，我希望以后可以把电影拍好。

记者： 在2013年、2014年的时候，您好像还挺忙的，又主持，还出书，演电影，当导演，那么多工作，特别累吧？

大鹏： 特别累，但是不觉得累，你听起来会觉得每一天都在路上，每一天都在工作，而且那个时候还维持《大鹏嘚吧嘚》每周的更新。但是就是一股劲儿，可能也跟体力有关，那时候年轻，所以熬得起，就一直在工作，因为你不知道能抓住哪个机会，让你脱颖而出。

记者： 以前有没有想过自己会忙到这种程度？

大鹏： 我其实现在，此时此刻在做减法，当然以前也没有想过有机会能忙到那个程度。我觉得我在忙的同时也失去了很多跟家人分享的机会，自己充电的时间，所以我现在其实是在放慢脚步。但那个时候你没有资格放慢，因为在你前面的人你赶不上，后面的人始终在追，我觉得可能不只是娱乐行业，可能任何一个行业都是这样。

记者： 您自己做导演的时候，有没有自我膨胀的因素在里面？

大鹏： 我觉得我对自己的评价挺客观的，我分析自己性格

里面的成分，我并不是那么聪明，但特别努力；并不是那么优秀，但特别坚韧；并不是那么高调，但从不膨胀。我一直到现在都是这样，因为你要膨胀就像吹气球，当你吹起来的时候，它会破的。你要保持在一个安全的范围内，那样才是最美好的形状，也最安全。这个可能跟我的从业经历是有关系的，你知道我在2004年从搜狐开始做节目的主持人，这漫长的十几年，我经历过太多的采访对象。我2004年采访的明星大腕可能现在大家已经看不见他们的作品了，我2004年采访的一个新人，现在已经变成巨星，我眼睁睁看着那个时候很多的人有高潮有低落，又起来了，他们又红了一次。所以全部的这些工作经历其实影响了我，让我觉得最好别那么受人关注。

所以我觉得你问出这个问题其实它也反映一定的问题，为什么大家心目中的导演就是膨胀的呢？因为在剧组导演说了算，他可以选演员，他可以决定这个戏怎么拍，他拥有极高的话语权，他满足所有膨胀的理由。但是我可能是因为来自一个边境的小山城，那地方太小了，我看不到边界，看不到外面，全部都是山，它围绕着你，让我有安全感，一旦我到大城市——我在长春上大学，那是平原，看不到山我是恐慌的。所以我这性格里面它就没有膨胀那个基因。当然大家判断膨胀的标准其实是不同的，你知道比方我发一条微博，观众们看到我来自iPhone X，大家就说你膨胀了，你还买。那这个就是你没有办法说，因为我确实是买了一个。别人认为你用这种东西是奢侈品，所以那个就是他定义当中你膨胀了，这个就是没有办法去辩解的，你在误读你的人的眼中，就是那个形状，你没有办法解释的。

一波三折请来"古惑仔"

记者：你拍的第一部电影是《煎饼侠》，第二部《缝纫机乐队》，其实按照你个人经历来创作的是《缝纫机乐队》，当时为什么选了《煎饼侠》作为你的开始？

大鹏：其实挺简单的，还是刚才说的，我找不到任何一个理由为什么我要演一个这个电影，我是不可被替代的。后来我们找到了，理由是你是演大鹏，徐峥不能演大鹏，王宝强不能演大鹏，小沈阳不能演大鹏，你就演大鹏，柳岩演柳岩，每一个人都是每一个人，这个是我制定的规则，想到了这规则我们才找到了唯一的路径，那是我们拍的第一部电影。所以《煎饼侠》完全是因为我们设定了这么一个规则，所有人是所有人，那么它发生的事情就是这些人要拍个电影，我不想费笔墨再交代他们拍什么电影，还要跟你讲里面的剧情，所以我们就特别直接说拍一英雄电影，因为超级英雄已经被好莱坞驯化了，就是英雄穿紧身衣，他有心爱的人，心爱的人被抓起来他去救，这个不需要解释了，所有的超级英雄电影都这样的，所以我们就说来一个超级英雄。那天我正在从北京去往杭州的高铁上，我去杭州做书的活动，在高铁上，旁边坐着编剧，我们俩说就拍个超级英雄电影。那么电影叫什么，我说《煎饼侠》，因为我爱吃煎饼，就是这个，你看着就很轻描淡写，很轻易的时刻，它其实决定了一些事情，就在高铁上，我们跟乘务员拿了一个纸，就写了3个字——煎饼侠，就变成我们电影的名字。

记者：这个是受到《钢铁侠》的影响吗？

大鹏：我觉得可能是。这个完全不可否认，我到现在微信头像还是钢铁侠。

记者：最后那四个古惑仔出场的时候，是观众最燃的地方，当时怎么想到这样的情节，来让他们出现？

大鹏：我希望我的电影当中有一个大的彩蛋，这个人物一登场大家就要尖叫，最开始选择——我不能用这个词，不能说选择——你根本没有选择，去请谁都很困难，但是我希望的是周星驰。所以托了吴君如的关系，介绍了周星驰认识，我到香港给他递了剧本，周星驰特别喜欢，就说你的剧本先放一放，我们来聊一下我最近要拍的一个电影。我就跟他开了4天的会，跟他聊《美人鱼》的剧本，聊完之后他就跟我说，好，我们现在说你那个电影，我刚才看了觉得很好，但我去不了，我自己也没有想过在电影

电影《煎饼侠》海报

《煎饼侠》里"古惑仔"齐聚

里出演。我说好的，但是我依然很感激，因为我觉得他看得起我，跟他一起去聊他的剧本。但回到北京还是特别难过。因为你直奔星爷，但是遭到了拒绝，所以你要想另外一个。

后来我想到请刘德华，也是托了吴君如的关系找刘德华，也是去香港，见华仔。他给我的印象太好了，真的就是跟你在电影里看的一模一样，穿白衬衣，小油头，衬衣掖到牛仔裤里面。华哥说很感兴趣，很好很好，但是你让我演刘德华，我真不知道刘德华我怎么演，我可以演很多角色，但是这个角色是刘德华，老实说我不知道刘德华应该是什么样子。

后来我又想到古惑仔，因为我就想找到同量级、影响了我们青春的人。他们也是不同的经纪公司，需要一个一个去找，那么最后一个人变得很关键，因为前面同意了，最后人不同意还是不行，这是挺考验人的。当时我就自己一个人，也没叫工作人员陪着我，因为觉得这样这事如果不成，反正也没人知道，我就自己背着小包就去了。去了之后，人家经纪人都是特别有经验的经纪人，那真的在整个娱乐行业有几十年工作的经验，所以看我就是个小屁孩。我就背个书包戴着帽子，坐下说你好，我是一个导演，我来找你们演戏，人家以为我是骗子。但是我拿的资料很全，我说这个是《煎饼侠》，长这样，这个战袍设计成这样，这是我们最后那个大战，是在仓库发生，然后你们怎么样出现。我把所有的要求，包括行程都介绍了。我说其实就四个小时我肯定拍完，你们就这一场戏，所以你们就来，来了然后就可以回去，挨个去说服。我挺感激他们，就帮助我能够实现这件事情，对于他们来讲呢，也有意外的收获，《煎饼侠》上映之后呢，古惑仔这几个人他们自己又拍了一个电影。挺好的，就是有一个机会能让观众再看到他们。

记者：这个其实应该算是"80后"一代的特殊情结吧？

大鹏：也是，就跟《缝纫机乐队》里面有Beyond乐队其实是一致的。香港给我最大感觉就是遥远，我认为我这辈子去不了，太远了，你想我们东北的小城，进趟北京都已经算是好几天的事了，我觉得香港是触摸不到的，是太遥远的事情。我小的时候家里面有个亲戚在城里面打印了一张周润发在《上海滩》里的照片，为了抢这张照片我挨过多少次揍，那个就是我

接触香港唯一的载体，我就觉得，我握着它就握着香港了，所以香港对我来讲实在太遥远了。那他们那些电影呢，现在想起来都特别具有商业属性，在特殊的时期，我现在认识很多香港的电影人，徐克导演，黄百鸣先生，跟大家接触比较多，听他们讲起那些故事，就跟拍电影一样。他们是九天能拍一个电影，没有剧本只有演员，什么都没有，大家就坐到现场边吃饭边讲戏，碗一撂，就开始演。《古惑仔》系列在一年当中能拍两三部，这些都是现在不可想象的。

说到这我突然就觉得，当年香港电影爆发式增长，有点像现在互联网上网剧的爆发，就是因为它是个时代产物。你看现在是不是所有人都开始做网剧，大体量，超级网剧，然后快速地推出，有点像那个意思，层出不穷的。那个时期香港影坛出现了很多各种各样的豪杰，深深地影响着我，所有我害怕的、开心的，我对所谓的江湖，对侠客所有的认知，其实都是来自香港电影。

不是科班出身就一定不专业？

记者：《煎饼侠》上映后火到了一定程度，狂收了 11.6 亿元票房，您是一开始就把自己定位成拍赚钱的商业片的导演吗？

大鹏：完全没有，但是当时其实没什么太大压力。因为拍这个戏的时候，所有的投资方给到制作的费用挺低的，1200万我们就把这个戏制作的部分就弄完了。所以还行，大家没有任何期待，因为你 1200 万拍完了，3000 万回本，我觉得压力不大，没想到真的最后给大家赚了很多钱。

记者：这个倒是意外。

大鹏：意外。

记者：最近几年，好多成功的导演，大部分都是跨界的，其实说白了就是演员去当导演了，也没有经过科班培训，你觉得你们成功的原因在于哪方面？

大鹏：我不知道能不能表达清楚，咱们认为的科班出身的导演，也许就是电影学院导演系四年毕业的导演，但是电影学院导演系四年毕业的导演跟你当了四年的演员，其实那个性质

一个叫理论，一个叫实践。其实你当演员在剧组的生活，它也是一种学习，为什么跨界稍微被不认同呢？我觉得存在一部分原因是因为这些人的演员属性比较强，也就是说他们在这方面挺成功，当演员也挺出名，挺受关注，然后你再去做导演，而那些专业的，传统的导演呢？因为他们没有演员属性，所以大家就认为他唯一的属性是导演。我不认为所有的跨界导演在专业程度上是不高的，可能有不高的，不知道电影怎么拍的，但是也确实有懂的，这里面也有我特别佩服的，徐峥我就很佩服他，他也是我的榜样，也是我希望可以追逐的目标。那么我自己也是一样的，你首先对这事情很敬畏，所以你的态度是这样的基础上，你只要提高自己能力就行了。我觉得我特别专业，就拍戏这件事，只是因为我可能还做着演员，可能大家就知道你另外一个身份，但是它不是你不专业的理由。

记者：说到你的第二部作品《缝纫机乐队》，就是延续了当年乐队的梦嘛。影片里有一些桥段想讲人们对搞艺术、搞音乐不太接受，你当初为什么会想设计这样的桥段？是因为收到当年的艺术无用论这种影响吗？

大鹏：也不是，我觉得很多事情的起因，是源自环境，也就是说

我们从小生长的那环境。因为家长们固有的一些想法，他会觉得学文艺的孩子吧，学习成绩不行，所以你回击的方式就是你把学习成绩搞好就行。我觉得音乐这件事情，你喜欢它没有错，你不需要做成专业。《缝纫机乐队》播出之后，很多的孩子们去琴行买琴，去报名去学吉他，我觉得棒极了，你不一定未来成为歌手和演奏家，但是每个人有享受音乐带给你美好的权利。

永远也别赖观众

记者：《缝纫机乐队》是你非常认真做的一部电影，比前一部《煎饼侠》可能还要卖力更多。但是它在市场上的反响不如第一部，你会不会很伤心？会不会觉得是市场让观众有点浮躁了？

大鹏：我觉得在任何时候，找到的任何原因，你都不能往观众的身上赖。

记者：赖自己。

大鹏：对，所以一定是电影的本体发生了一些什么，比如乐队，这件事情是不是阻隔了一部分人去了解你的电影？虽然是一个喜剧，有励志的成分，但是别人一看是乐队，离我们好远，就不太愿意看组乐队，愿意看别的，那么是不是阻碍他去电影院选择这部电影。我也在这么反思自己，但是无论如何，其实在任何的时候，我觉得都不能

怨观众，因为它是个市场行为。为什么观众不看你，他看别人的呢，而且也不是说所有观众都不去电影院了。如果有一天真的电影院里所有电影都不卖座，那可能就出现了问题，但现在是别人卖得好，那是别人有优点，那你卖得不好肯定有原因，这部分原因除了电影本体，包括你的宣传的方式以及发行的问题，这都是裹挟其中的问题，它造成了一个综合性的因素在影响它。

记者：你现在也当导演了嘛，在营销方面可能自己也参与了很多，甚至于要设计这些营销手段，对吗？

大鹏：对。

记者：那现在这种电影营销，跟你小时候看电影的那种，你觉得改变最大的是在哪方面？

大鹏：当然随着互联网的发展，现在新媒体上的费用要比传统的要高了，可能你的电影不需要开发布会，但是你必须要在网上去控制它的散播。我小的时候宣传电影的方式是在我们老家，有一个车，有一个喇叭，"今天放映《地道战》晚7点"，就用那个喇叭喊。媒介在发生变化，人们通过手机去阅读你的预告片和海报，所以现在的海报主要传播途径已经变成手机里面朋友圈转载了，那当然营销也随之发生了变化，你会看到很多电影的同行在每一个节气、每一个天气变化、每一个社会热点事件变化，都要出一张相应的热点的海报。

记者：接下来你下一步要拍什么样类型的影片呢？

大鹏：现在我在计划当中拍的下一部电影不是喜剧，当然

电影《缝纫机乐队》海报

也会裹挟着复杂情绪，并且实现励志的一个故事。可能我自己不会再演了，在我导演的电影里，我自己不会担任主角的角色了。在下一部，我觉得还是把更多的精力和时间放在做导演上，如果是别人导演呢，我去当演员，我是乐在其中，我也愿意跟大家去学习。但如果是我自己导演的戏，我以后要减少我自己的演出，除非这个太合适了，我能演得特别好，那就我来。

记者：如果你来当导演拍一部现实主义题材的作品，你会比较关注哪一方面？

大鹏：我还真的就是更偏向于现实主义题材，而且我自己喜欢看的电影也是这样的类型。我其实最想拍的一种类型是你我的身边事，越小越好，小到家里的鸡毛蒜皮，就是我们这一个家庭遇到的自己的问题，甚至都跨不出这门，但是关上门的所有人认为这是天大的事，这个对于我来讲是一个特别感兴趣的题材。

后记

几个小时的采访，大鹏没有表现出丝毫不耐或者倦意，这固然是出于对我们工作的尊敬，同时也显现出他有很强的团队意识。在互联网的时代，没有一个人能再靠单打独斗就获得成功。

他的访谈中，有一个出现频率挺高的词——"意外"，一

大鹏生活照

共出现了 7 次。大鹏笑说他的成功少不了"运气"的成分。但我们都知道，芸芸众生中，很少有人会特别地"幸运"或者特别地"不幸"。

而他还有个词也出现了 7 次，那就是——"努力"。

我想，这才是大鹏之所以成为今天的大鹏的最主要原因。

伍仕贤：

爱情让人忙，也让人盲

文 / 张强、康婕

伍仕贤

最早接触伍仕贤的影像是他导演的《车四十四》，一个简单的车祸，在精准的情节架构中蕴含了对普遍人性的直接拷问。而在《独自等待》中，他又以轻松愉快的手法，扣上了当代都市生活的脉门。

这个长着一张老外面孔，却满口京腔的青年导演，以天然的中西合璧，观察着当下中国的变化，他时而身临其境，时而又置身事外。力图摆脱地域的限制，追寻一种泛人类意义上的情感关系。

我关心的是人物

记者：从 2001 年拍摄《车四十四》，到现在 17 年过去了，您不是一个特别高产的导演，但是您的每一部作品都能反映当下青年的一种生活状况，您会特别有意识地去关注这些话题吗？

伍仕贤：可能最早是因为自己也比较年轻，那个时候确实才二十

出头就开始拍电影，拍一些自己身边相对熟悉的故事和人物，2005 年上映的电影《独自等待》就是这么拍出来的。我写《独自等待》的时候大概 23 岁，原因是自己爱看电影，经常去电影院，发现那个时候很少有这种年轻人题材的电影，尤其是有这种爱情喜剧类型片，或者要是有的话，通常都是一些岁数大一点的导演拍的，所以老是感觉那些角色跟我们稍微有点距离感，当时觉得那还不如就趁年轻拍一个。

记者：刚才您也聊到了，会比较关注当下年轻人的生活状态，《独自等待》当时被称为"中国最有青春感的电影"，现在

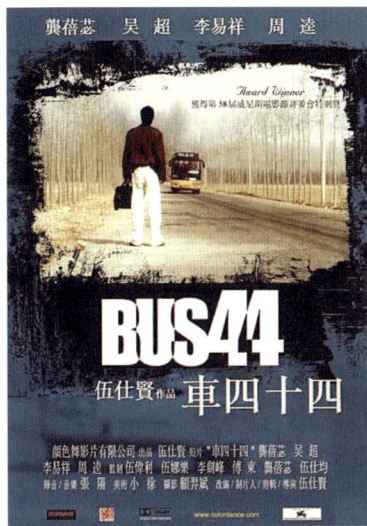

《车四十四》海报

电影《独自等待》海报

豆瓣评分8.2，这其实是很不容易的。当时您关注的并不是那批年轻人在校园里的生活，而是他们刚刚迈出社会的样子。

伍仕贤：对，是出校园以后。

记者：为什么会关注这个点？

伍仕贤：当时也没有刻意地想要关注这个，只是对这种影片类型更有兴趣，特别想拍一个，趁着年轻拍一个年轻人的爱情喜剧片，找一个生活点的故事内容，现在回头看大家会觉得好像是记录了那个时代。

记者：对。

伍仕贤：但是在当时我们没有这个感觉，也没有觉得将来北京可能会有很大变化，那个时候是迪厅时代，大家老去蹦厅，包括一些大家玩的东西，可能就无意中被记录下来了。但是对我来说，更主要的是希望用一种比较好玩的方式去拍当时年轻人的这种爱情经历。

记者：电影《独自等待》有很多的镜头在老北京取景拍摄，比如百货商店，海淀魏公村，都是时代记忆，您现在回想起来，是不是也看到了北京这么多年的变化？

伍仕贤：对，也会有，今年我们因为这个有一系列的活动，北京电影节也重新放了一遍《独自等待》。当时我去参加活动的时候提前入场看了一下，偷偷看，也觉得特别有意思，现在好多地方已经不在了，整个面貌改变了，所以也挺有意

思的。

记者：这40年，从您的影片也好，自己的生活也好，有感觉到北京这个城市的变化吗？

伍仕贤：那肯定变得更繁荣了，就是大都市的感觉气氛，也有一些比较小或者比较旧的、有特色的地方，但是现在可能也已经没了，所以在这一点上，我觉得怀旧可以留在影片里，但是现实生活中，咱不能老活在过去，还是得往前进。

电影《独自等待》剧照

电影《反转人生》海报

记者：可以用镜头来捕捉现在的景象。

伍仕贤：对，像去年《反转人生》也是在北京拍，但是当时拍的所有的景，就不像《独自等待》里面那样有特色，但是也能拍到一个现在的城市的模样。

记者：其实我们都知道伍导是台湾出生，在国外成长，您自己怎么会有这个触角能够关注到北京的这些年轻人？

伍仕贤：因为我从小就有一个感觉，人类是一家，其实每个人，不管你在哪出生，在哪生活，本质人都是一样的，大家喜欢开的玩笑，喜欢穿的衣服、听的音乐类型，尤其年轻人的文化是非常相似

◉ 电影《独自等待》中的夏雨

◉ 电影《独自等待》中的李冰冰

的。这也是为什么有的时候，我们的电影在国外一些电影节放的时候，该笑的那些点都一样，所以并不是说，喜剧是出不去的，而是你找的是哪些点。对我来说，像《独自等待》就是属于大家能够有共鸣的电影，每个人都经历过那几个角色的感触，能够感受到就可以了，所以也没有刻意去研究什么，但是毕竟自己那个时候也是来北京读书的，我们做导演本身也需要观察，所以当时就感觉有很多有意思的语言或者感受在里面。

记者：那会儿在北京电影学院上学，给了你很多生活的积累？

伍仕贤：说实话是后来毕业以后吧，上学那会儿天天上课，没时间干别的事。

记者：都在上课，学习？

伍仕贤：学习，做个好学生，毕业以后就开始工作，然后就感觉到，虽然电影里发生的并不是身边事，或者有些人可能误会以为夏雨演的陈文是我的故事，但其实我的爱情故事没那么好玩，当时拍的时候，想讲一个别人还没有讲过的故事，这对我来说更有意思，我是更多地考虑从这个点出发，而不是从比较宏大的角度创作。

记者：《独自等待》好像是当时年轻人生活的缩影一样，反映了一些很真实的东西，通过这部电影，其实讲到了很多爱情观的东西，所以您觉得那个年代人的爱情观是什么样的？

伍仕贤：我觉得其实没什么变化，主要就是方式变了，像以前要电话号码，现在直接扫微信，以前你要打车，还得站在路边打，现在直接滴滴一叫就来了，包括一些追女孩儿的用词可能也变了，虽然一些方式有变化，但是大家那种内心还都一样，没什么区别。

记者：是指大家对于爱情的追求没变吗？

伍仕贤：对，肯定都是希望可以有一份比较真实的爱情，或者也是希望可以不要错过身边没有珍惜到的人，我相信对这方面的追求是永恒的，是不变的。

记者：当时找到夏雨、李冰冰来拍这个作品，他们也都很青涩。

伍仕贤：对，他们也是刚开始，其实主角已经都有演戏

电影《独自等待》宣传时期的主创合影，从左往右为：夏雨、李冰冰、龚蓓苾、伍仕贤

经验了，而且已经算是小有名气了，我是因为之前那部《车四十四》在国外拿奖了以后，去谈的话就会相对容易一些，不然的话完全一个新人导演也搞不定那么多演员，后来还有那么多明星也来帮忙客串，所以也挺感谢大家。我觉得当时大家都有一个共同的目标，看完剧本后跟他们聊，都觉得这个东西弄出来应该挺有意思的，所以大家都是很单纯地就是为了去拍一部电影的心态，那个时候因为市场不好，所以大家反而会很珍惜拍片的感觉。

记者：对，就是当时那个环境，可能大家也不会想太多的。

伍仕贤：没办法，因为那个时候，首先所有拍电影的投资都很小，2005 年电影上映时候，普通的国产片能够做到两三千万已经很了不起了，现在就完全不一样了。

记者：现在你没过亿，都不好意思看。

伍仕贤：这也是我一直希望可以保持的状态，就是起码我们拍片的时候，大家好好一起拍，但是现在因为有很多片子开机，有的时候演员搞不定，或者有些演员他们本身也愿意轧戏，包括我去年上的那部《反转人生》也是，你来了拍就行，别跑来跑去干别的，不然的话很难专心地去做事。

记者：还是要很专注地投入到戏里面。

伍仕贤：对，前一段影片复映的时候，和冰冰也在聊，其实大家都挺怀念那个时候，因为那个时候拍戏的感觉和状态特别专注，就是为了创作，根本没有想到票房。到了今天，很多人都觉得很有意思，是因为他们这么多年通过各种渠道看，现在网络也可以看了，很方便，最早电影频道一年能播《独自等待》这部电影七八遍。

记者：其实现在想想，10 多年前的拍摄条件，各个方面都比较艰苦一些。

伍仕贤：对，那个时候首先预算真的很低，几百万就能拍电影，现在肯定不行。所以当时一方面是资金的缺陷，第二方面，当时这是我第一部故事片，虽然演员都很给力，但是找发行公司，或者投资方的过程是挺费劲的，花了有 6 年时间。当时拿着剧本去找钱，很多人会一直问，这个戏跟哪个片子像？我说反正跟国内目前上过的电影应

电影《独自等待》剧照

该没有像的，所以很难去比较，有时候投资的人都不太知道该怎么看待这个东西，我又不太愿意去妥协，投资方也有说过，男主角要不找当时特别火的一个偶像派明星，你找他我们给你双倍的投资，我还是坚持说不行，不是因为对那个明星有意见，而是我觉得这故事里的这个角色不是大帅哥——我这么说夏雨该生气了，但是说实话，如果那个角色是帅哥，他还需要去追那么老半天吗？

记者： 对。

伍仕贤： 所以就有各种考虑吧，我当时的想法是反正是第一部，也只有这一次机会，证明自己行不行，所以就还是希望可以尽量

电影《独自等待》中追求刘荣（李冰冰饰）的陈文（夏雨饰）

电影《独自等待》中伍仕贤（前）出演了片中角色，为男主角借到一辆大众车

按自己的方式去拍，别太多妥协。

记者： 还得找最适合自己的演员。

伍仕贤： 对，我一贯也是这种想法，虽然现在投资上来了，但是市场压力也大，所以比如说在这种情况下，根据每一部影片的类型，我都会去考虑，但也会尽量不去妥协自己的一些原始的创作想法。

记者： 市场归市场，创作归创作。

伍仕贤： 对，看怎么把它们结合到一块，其中肯定有妥协，除非自己掏钱拍。电影是一门艺术，同时也是商品，这点我也很清楚，只不过就是在选人的时候，尽量贴近影片里的角色。

记者： 夏雨在《独自等待》里面是苦苦地追求女主角，当时您给他设计了哪些追求环节？

伍仕贤： 没有，那部戏我们想做得比较生活化，影片里面发生的事情相对都很淡，不像后来那些爱情片，有一些比较夸张的情节什么的，当时我刻意地不想要那样。那个时候已经有不少偶像剧，像《流星花园》那些，挺多的，但是我希望可以拍的相对生活一点，比如一帮男孩去追求女孩，会一种什么方式，干了一些什么丑事，就想把这些全部拍出来，通过他的内心独白，把男孩内心的秘密给暴露出来，后来好多人也有在说，你怎么把咱们男人的秘密都给泄露出来了？当时就觉得这种拍法比较好玩。

记者： 还融入了很多生活化的东西进去，让这部电影看着特别接地气，大家都能从中找到自己的一点小心思。

伍仕贤： 对。

记者： 在《独自等待》里面，陈文借了一辆车要去追女孩，他原本想借一辆保时捷，后来借了一辆大众，您怎么理解汽车在人们心目中的位置？

伍仕贤： 我觉得汽车也好，奢侈品也好，总会有人讲究这个。在影片里只不过是一个玩笑而已，朋友吹牛说能搞定一辆保时捷，结果搞不定，只能搞定一个大众，他们想象中可以做成一个事，结果没有能力做到，陈文也是觉得不在自己的能力范围内。车还是有象征性的，比如在商界，可能你开什么车就

电影《独自等待》中的汽车交易市场

会造成一定的影响，能说明一些别人对你的看法，但是这个也不一定。

记者：电影当中也有，三个男孩分别开吉利、大众还有保时捷，表哥借的保时捷，这三个品牌对于他们有什么样的意义？

伍仕贤：李亮就是因为做小买卖，所以他把这个当成一个交通工具来使，他也并没有要去秀或者怎么样，所以对他来说能买辆车就不错了，他媳妇也是属于那种特别不愿意花钱，或者觉得别浪费这钱了。后来他做成功了，就换上了一辆保时捷。所以有这方面的考虑都是根据人物出发，这个人物这个角色应该有一个什么样的车，并不是说自己喜欢什么或者资方给这个品牌让你植入。

记者：现在这种方式很多。

伍仕贤：对，但我所有的电影一贯是根据人物出发，才决定他们用什么汽车或者别的什么东西，不能配一个完全不搭的东西。

记者：这相当于人物的一个身份或者社会地位。

伍仕贤：不一定是地位，但是它得比较可信。比如说给一个大学生配了一辆法拉利，你会觉得很奇怪，马上会联想到他们家是不是特有钱。它其实是代表这个角色的定位，所以得看合理不合理，如果拍的不是一个富二代，结果他有一辆，你也会觉得很奇怪，这是同一个道理。

汽车只是一种工具

记者：这个剧里面除了讲了爱情之外，还有提到很多个体经营者，您当时怎么会关注到这样的一种身份？

伍仕贤：那个时候已经有很多人开始要干点自己的事，当时还不叫创业，还没流行这个词，算是体制外的吧，比如说像作家，或者去开个古董店什么的，正好那部戏我不想花太多时间讲办公室白领的事情，正好就拼了这几个角色，都属于是能够玩到一块的，后来的影片就没有这拨人的存在了，比如电影《形影不离》讲的就是白领的压力和苦恼。

记者：您觉得这些个体户的出现，是当时那个时代的产物吗？

伍仕贤：算是吧，其实已经有

电影《形影不离》海报

很多人开始干个体了，尤其是搞艺术的或者搞音乐的，早就是个体的了，只是说可能没有人把他们拍到电影里而已，所以并不是刻意想去关注某类人群，只是觉得我想讲这个故事，不是上班族，直接就想了这么一个个体户的角色。

记者：当时在您身边也已经出现了很多这样的个体经营者吗？

伍仕贤：对，因为我们搞文艺的，基本上都是个体。

记者：已经是比较独立，比较成熟的了。

伍仕贤：对。

记者：当时那个年代，应该也是刚刚开始出现这样的一拨人，他们是时代的先锋者，之前可能大家

◎ 电影《反转人生》剧照

◎ 伍仕贤

都习惯了体制下的大锅饭。

伍仕贤：对。

记者：所以您觉得这是不是也是改革开放带来的变化？

伍仕贤：对，它是很自然产生的一个变化。那个时代，我们拍的电影其实也有不少，除了我的以外，也有很多人拍一些体制外的事情，我觉得如果我拍一个讲现代当下的故事，就要以我拍摄的时间为主要背景，比如拍2004年、2005年的事，肯定得按那个时候的样子拍，因为我们也不知道未来会怎么样，所以只能按自己当时的感觉去拍，因此，我都是隔几年一拍片，拍一些自己对当时大家关注的话题的感受。包括我拍的《反转人生》，虽然是一个奇幻喜剧，讲的不是那种特别生活的事，但是片中主角的那种焦虑感，也是来源于现实生活。现在的时代，在金钱方面，大家是越来越不穷，但是同时也会有一些其他的烦恼或者压力。

记者：电影还是折射了社会生活的变化。

伍仕贤：对。

记者：您自己是什么时候买的车？

伍仕贤：应该是2000年左右我大学毕业没多久，因为那个时候刚刚开始拍广告，赚了点小钱买了一辆二手的。

记者：当时身边有车的人多吗？

伍仕贤：也还行，我们刚大学毕业，有些演员就买了车，他们比较早出来工作，有点名气。我在美国上高中的时候，很多人就会买车，因为很便宜。美国的汽车行业比较发达，汽车都很便宜，到中国这边来因为有各种关税，还有别的成本，所以平时在美国可以买一辆奔驰在这边只能买小一点的起亚之类的，当时觉得怎么都那么贵。

记者：在美国和中国大家对车的理解都一样吗？

伍仕贤：我在美国读高中的那一两年期间，好多人已经开始买车了，在美国大概16岁就可以考驾照，有车了大家肯定会比较羡慕，你有车就算是一种独立，不需要在家里。在美国尤其是我们住的那边没车很难，出去买东西还得让家人开车带我去，所以说是一种独立的代表。但是当时我爸妈都说你要买就自己打工赚，反正也不会送我一辆，所以有了第一辆车也非

电影《车四十四》剧照　　　　　　　　　　　　　　电影《独自等待》剧照

常珍惜了。

记者：在美国拥有一辆私家车象征独立，在中国您觉得象征着什么？

伍仕贤：中国就没有这方面的文化或者习惯了，对于年轻人来说在高中时期买也不可能，但是一去工作以后，一般也都会希望可以有一辆车，方便，但其实我觉得也看在哪儿，说实话我觉得现在国内很多城市这种公共交通挺方便的，而且好多地特别堵，一堵起来还不如坐个地铁方便，所以就看你在哪儿，有什么需求。

记者：随着交通的便利，它好像也只是其中的一种方式。

伍仕贤：对，确实公共交通的方便的话，说白了没有必要非得有车，我觉得跟每个人的需要不需要有关系。

记者：现在年轻人要买车也挺不容易的，都是贷款。

电影《独自等待》中让陈文一见钟情的刘荣（李冰冰饰）

伍仕贤：对，我当年刚开始觉得想要，后来想想也不着急，所以我第一次真正自己掏钱买车也已经毕业完工作有大概4年了，之前打车也挺方便，现在更方便，直接手机上叫就行。

记者：其实我昨天晚上还重新看了《车四十四》，那个年代能够拍这么反映社会问题的影片，现在看来还是会有很深刻的感触，但好像这种题材的电影，在慢慢地变少。

伍仕贤：对，整体变少了，我们拍的那会儿，其实有很多这样的影片，特别这种现实主义题材的，我们也是从北京电影学院毕业的，对题材的选择会受到一定影响，所以就拍了这部片子，因为是个短片，所以觉得挺有意思，但是要说是让我在那个时候去拍一部长片，可能就没有兴趣了。其实，我拍《车四十四》的时候，已经写完了《独自等待》的剧本，因为我是新人导演，没人给我投资，所以想先拍一个小片，给自己和资方证明我能行，后来电影获奖后，就变得好办了，起码别人会觉得我行。过了几年以后才有的《独自等待》，大家觉得《车四十四》挺好看的，问我有没有可以一起合作的剧本，我就拿出一个爱情喜剧。

记者：两者不是一个风格。

伍仕贤：但是我恰好喜欢玩不同的风格，不喜欢老拍同一类型的片子，其实《独自等待》上映之后，一直到现在都有好多公司找说我拍续集，我一直没有太大的兴趣去重复。

我拍的是爱情喜剧

记者：采访之前我又看了一遍《独自等待》，里面关于恋爱的表达是非常触动我的，这是 2005 年

电影《独自等待》中的车

电影《形影不离》剧照

拍的片子，夏雨演的这个角色跟他父亲之间有很多对话，是两代人的冲突，他父亲就会说你要寻找什么梦中情人，他觉得妻子能够互相陪伴会更好，而夏雨就一直寻找他的爱情，这是不是也是您想表达的？

伍仕贤：对，我觉得每代之间会有一些概念不太一致，尤其像"80 后"跟父母之间的一些概念会有比较明显的区别。

记者：什么样的区别？恋爱？

伍仕贤：一些想法，爱情的观念，我觉得整体上全世界的人都一样，都是相信爱情，要结婚得先有爱情。有可能某个地方的文化或者环境造成没有办法说我要为了爱情做什么，有一些传统是已经安排好的。我当时拍的是当下，那个时候也跟现在没有太大的区别了，但只是想稍微地把这些人物做得再丰富一点。整个影片里都有爱情观念的不同角度，比如从父亲的这个角度来考虑，觉得没有什么梦中情人，他说的在某些角度也对，但也是有些死板。

记者：您觉得两代人恋爱观的差异是由于什么因素造成的？

伍仕贤：这要回答就很复杂，这个确实也跟社会心理学有一定关系。首先是地域区别比较大，这个很难普遍地去概括，我考虑的是这个故事哪些方面会更有共鸣，我觉得多多少少并不是这个父亲不相信爱情，因为他也说并不是没有爱过他母亲，而是认为他儿子盲目地追求一个梦中情人会比较搞笑或扯淡。我并没有把这些东西都升级到社会层面上，我拍的所有电影基本上在讲人物，你可能会觉得这里面在说社会上的一些事情，但是我的初衷一直是在于讲好人物，讲好故事。

记者：可以感受得到。刚才我们说到的汽车这一块，包括保时捷，是不是也能够体现出当时那个环境下大家对于爱情的选择可能更物质了，没有像之前那么纯粹？

伍仕贤：对，现在回头看一些爱情片，你会感觉它好像是相对更物质一点，好像很理所当然，但是说回来我觉得大家内心还是渴望可以找到真爱的。我们拍《独自等待》的时候，国内这种类型的片子特别少，爱情喜剧挺少的，能讲的故事来回来去也就是那些事，所以切入点不太一样了。

记者：当时是切入到精神跟物质的选择吗？

伍仕贤：没有，我作为这个影片的编剧和导演，没有刻意地说我要去批判什么或者反对什么，可能大家会对应自己或者身边的人，我就没有刻意说李冰冰演的刘荣是坏的，或者龚蓓苾演的李静是好的，每个人有不同的一些追求和感觉，让观众自己去感受一下。有些人可能会觉得像网络流行的"绿茶婊"，当然也可以说刘荣是银幕上的第一代。话说回来，从她的角度来说也挺有道理，她没有想干嘛，我就想开心不行吗，后来她有点后悔，觉得失去了这么一个对她那么真诚的人，但是他俩能在一起吗，也不一定，我觉得这个东西看怎么看了，它没有一个对错。

记者：我觉得 2005 年那个时候，社会对于物质需求在爱情里面的比重已经跟片中演绎的是一样的了。

伍仕贤：这个自古以来就有了，只不过形式和方式不太一样。现在追求物质的男女可能表达方式上有些不同，但是在以前也一样，比如山区里的某个老大，人家嫁给他就能衣食无忧或者其他什么的，其实是一个道理，这个东西只是人类发展的一个过程。

记者：现在和以前一样吗？

伍仕贤：我觉得这个不一定，得看每个人的理解，我自己个人的感觉是可以并行的，不是说你不能同时有精神和物质，看你追求的比重是什么。比如我觉得快乐来自物质，要是这样去想的话到时候只会不快乐，为什么，因为物质东西是满足不了精神的，我相信人的开心不是靠物质，而是靠精神上快乐不快乐。经济上穷不代表你就是一个很郁闷的人，也许你精神上非常快乐。大家也听过，为什么有些有钱人到了最后就不干了，就开始做慈善了，因为他没有找到那种物质上的快乐。

记者：您在影片中有没有考虑要表达年轻人什么样的恋爱观念？

伍仕贤：现在是 13 年后问过去。我们当时拍的时候没想那么多，就是要拍一个比较现实的爱情喜剧，比较生活一点的，有点感觉的，讲这群大学刚毕业的年轻人还没找到自己在

⊛ 电影《反转人生》剧照

社会上的位置，又比较相信真爱，大概这样一个过程，其实很简单。

"走出去"和"走回来"

记者：您的第二部作品《形影不离》，当时也特别轰动，还请了奥斯卡影帝凯文·史派西过来，应该是当时是国内第一个这么做的吧？

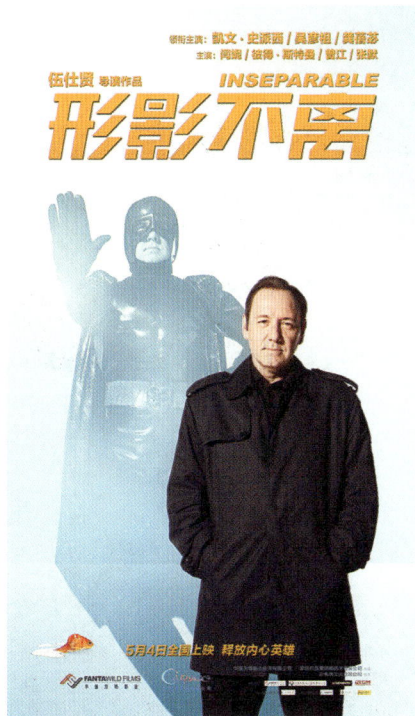

⊛ 电影《形影不离》邀请了凯文·史派西担任主演

伍仕贤：对。

记者：您当时为什么会有这方面的想法？

伍仕贤：因为我希望可以拍一个相对另类点的故事，通过一个比较另类的方式去讲当下的事情，很多导演到第二部作品的时候，会有一种逆反心理，比如说都想让我去拍一个爱情喜剧，我偏就不拍，我想拍的内容和感觉，已经拍完了，所以那个时候就想要拍一个可能有点黑色幽默的心理悬疑片。写完了剧本以后想了半天这个角色该怎么搭配，当时就有这么一个想法，反正我的语言是双语，在中西方两种文化背景下长大，所以和外国演员拍戏对我来说没障碍，当时就想是不是可以去邀请像凯文·史派西那

电影《形影不离》拍摄现场的伍仕贤（右）与凯文·史派西

电影《独自等待》剧照

样级别的演员来演，果然他也被剧本打动，就来了。比较遗憾的是，当时那部影片发行方面的问题，因为是新的发行公司，好多人都不知道片子发了，有些人如今都没看过这部电影，所以每部电影都有自己的命运，这个就没办法。

记者：当时中国演员也还没有完全地"走出去"，这种尝试是很新的。

伍仕贤：对。

记者：在拍的时候，中西方团队是不是还挺有碰撞的？

伍仕贤：可能因为我的制作团队，一直来都比较国际化，就是说我的摄影师可能是国外的，录影师是国内的，或者是从香港那边过来的，各种地方的人在一块，也很有意思，所以这种碰撞，都是在目标一致的情况下的碰撞，所以比较愉快。凯文不会讲中文，能沟通的也只有几个人，吴彦祖英文很好，所以可以跟他没障碍地聊，所以我们3人可以聊，但是跟其他人都还是会有一点问题，比如那个法国摄影师，但是对于演员来说，演好自己的角色就可以了。

记者：其实这片子也开启了中外合作一种新模式，以前中国演员就是去外面打打酱油。

伍仕贤：对，而且最关键的区别在于，那部电影当时是纯国产片，以前有一些合拍片，也有会这种外籍演员跟中国演员合作的问题，但是国产片《形影不离》这是第一部，我觉得，咱们不去外国拍，可以把人家请过来拍，只要这个故事能说得通就可以了。当时也不想弄得太刻意，因为已经有很多合拍片搞得很刻意，比如说为了卖一些地区，拼一个韩国演员，再拼一个日本演员，对我来说，它算是一个国产电影，只不过有一部分台词是英文的。但是后来因为发行的问题，国内反而没什么反响，海外由于凯文的参与，所以发行特别好，都收回来了。

记者：您怎么看待中国合拍片的这种发展模式呢？最开始可能只是单向人才的演员输出。现在可能有很多资本介入，很多中国电影会借鉴好莱坞工业化的产业模式操作。

伍仕贤：合拍片一直就有这种模式，它主要是根据资金的来源来判断是不是合拍，前几年特别热，最近可能稍微少

了一点，但是我觉得主要还是在于内容，而且大家特别清楚，合拍片的观众主要针对国内还是海外，做全球的特别难，因为目前只有好莱坞电影能够搞定全球市场，这个是没有办法，目前就是这样，因为人家已经有很长的历史了，而且在工业方面已经做到顶尖了，比如一部《蜘蛛侠》能够在100多个国家同一天上映，中国电影我觉得也有很多故事能讲，我是特别看好，我觉得中国电影越来越国际化，能够在国际市场上占一个位置，但是现在有几个障碍，第一，如果是全中文的话，就只有在华语地区，比如亚洲地区，可能还好做一点，除非它是动作片，像当年的《卧虎藏龙》，但是它那个又是英文的。

年轻时的伍仕贤

记者：对。

伍仕贤：所以到底怎么去拍，需要考虑的事情特别多。

记者：之前有人找过您拍摄这样的故事吗？

伍仕贤：有过，但是有些故事，比如说美国那边找我的一些故事，对咱们来说特别恶俗，比如那种清朝的东西，讲得又乱七八糟的，或者是现在的故事，但是那个内容会让我觉得不对劲，他们的编剧不太了解中国，所以写的那东西乱七八糟，我就一直没拍。以前也有过让我翻拍一些美版片，当时也没去拍，因为我不太喜欢拍一些文化差异的内容，目前对我来说没什么意思，但是很多故事它本身就会有一些文化差异，所以主要是看怎么去拍。一提合拍片，大家可能会以为是大片，但现在也有很多小的合拍片，其实主要还是剧本的问题。

记者：现在其实还是有挺多合拍机会的，包括像"一带一路"政策，都会提供很多机会。

伍仕贤：对，合作片确实越来越多了，现在特别正常。像我们拍《独自等待》的时候，剧组里会有澳大利亚摄影师，这个在当时还比较新鲜，但是现在很多国产片都有外国工作人员，感觉就是各国的人在一起拍，其实是不是合拍都已经无所谓了，就是来自各地方的人一起合作而已。

记者：所以这也是一种大趋势？

伍仕贤：对，我觉得会是，大家也可以互相学习。

记者：那您之后有没有打算自己创作一个剧本写您自己的故事？

伍仕贤：有一些，我觉得可能还是市场的原因，当时光靠内地市场是不够回本的，必须想办法在海外卖，现在这已经不是问题了，我其实还是更注重故事本身，看主要的观众群以哪里为主，虽然有一些想法，但是还没有完全做成，它的难度在于，如果真想全球化，那得找国外的演员还得讲英文，就变成到底是英文还是中文的问题，你要两个弄到一块，也会挺费劲的，现在那几个好莱坞大公司也没有完全搞明白用什么方式能成。所以有些合拍片突然让一个中国明星打酱油，弄个所谓的中国特供版，国内的观众也不买账，大家一看就觉得没意思，所以我觉得还是得想想故事怎么弄得更自然一点，让观众愿意看。目前真正能够全球性发行的，都是偏动作的电影，包括好莱坞电影也一样，因为不需要太靠台词和内容，像《速度与激情》系列，故事发生什么都不重要，大家就是去看车的，场面大，好看就可以。

记者：从您的第一部长片——2005年的《独自等待》到去年的《反转人生》，10年过去了，感觉有什么样的变化吗？

伍仕贤：有，10年变胖了，这是一方面。另外，感兴趣的事情，可能会有一些变化，这也是为什么我不想去重复拍已经尝试过的电影的原因，这10年当然电影技术也有很大变化，以前我们都是拍胶片，现在都是数码相机，数码摄影师。

记者：那您觉得这10年中国电影有哪些变化呢？

伍仕贤：那变化太大了，首先市场就不用说了，从投资到发行都有变化，2017年都出现了五十几个亿的票房，很不得了，这个变化在这么短的时间内发生，引起了全世界不同电影市场的关注，其实也就在于"快"，很快，因为别的市场很难在10年内发展得那么快，更重要的是，观众已经意识到了电影质量问题，也提醒了我们搞创作的，尽量把电影质量跟着做起来，前几年有很多票房挺好，但大家看完就狂骂的电影，或者看着海报上一大堆明星，一看电影人家就几分钟客串的戏，这种骗人的电影慢慢被淘汰了，我觉得现在的趋势是好的，会有一个越来越健康的市场，而且应该有多元化的发展，我希望以后小一点的现实题材的片子，可以有一定存在的空间，不能全部是娱乐电影。

记者：中国电影这几年的市场容量一下就变大了，您觉得是为什么？

伍仕贤：首先影院增加了，以前要看一部电影，还得跑半天，现场买票，现在太方便了，直接手机上随便刷刷，就能去周边的电影院了，另外我们的制作水平也越来越高，大家也愿意看国产片，不像10年前，都是进口片的市场，除了那几个大导拍的片子，别的都很少有机会去电影院看了，现在也是一种互补互动的形式。

电影《形影不离》拍摄现场，伍仕贤（右）为凯文·史派西讲戏

记者：大的环境也改变了。

伍仕贤：肯定是因为环境带来的。

记者：2017 年中国票房已经过了 550 个亿了，2018 年上半年已经超过北美了，所以这个市场的容量还是非常的大。

伍仕贤：对，还是很大。但是现在关键是怎么把内容做好，大家继续加油。

记者：您下一步的计划就拍一部科幻类题材的电影？

伍仕贤：其实我一直爱好科幻，从小就喜欢，希望拍一部，除了故事精彩，也有一定内涵的片子。我自己喜欢看的电影都是很有娱乐的感觉，同时还能找到一些有内涵的东西，这样的电影我觉得更有意思。

记者：您来北京生活，已经很多年了吧？

伍仕贤：22 年了。

记者：是老北京了，这么多年来您在北京、在中国的生活感觉有什么变化吗，包括改革开放 40 年给您生活和工作带来的改变是什么？

伍仕贤：改变有，就方便了，现在各方面比以前方便多了，无论科技还是别的，以前我刚来的时候，想吃某一类东西，真的可能在北京只有某一家才找到，或者只有卖进口货的小超市有，现在好的东西哪儿都有，10 年前，我每次去美国或者别的国家，会有一些特别想吃的东西，现在就没有这种感觉，因为我所有想买的、吃的，都可以在北京搞定。

记者：是不是您拍电影也是，以前要找一个道具都不容易？

伍仕贤：对，肯定的，包括我们拍电影的设备和硬件，现在都可以找到。

记者：在拍戏的时候，有没有让您印象比较深刻的事？

伍仕贤：拍戏倒没有，只能说是比以前方便，当然这也是因为科技的变化，四五年前，我们接到洗印厂的电话，说要关门了，你们赶紧来拿底片，不然就要扔了。当时觉得真的是一个时代过去了，没人用胶片拍电影了。

记者：20 世纪 90 年代的时候，中国特别流行出国热，有一批中国人都出去了，当时您为什么选择回来？

年轻时尚的伍仕贤

伍仕贤

伍仕贤：当时人们都是往"出"的那个方向走，没有人往"人"这个方向回，我那时候正好在美国学电影，按传统思路线，毕业就去洛杉矶，在那儿慢慢找机会。但是正好那个时候，中国有不少电影——像《霸王别姬》，还有张艺谋导演的很多片子，在国际上开始获奖，让我觉得很有意思，因为我在台湾长大，很少接触内地电影，出于好奇心，我开始看了很多国产片，想过来看一看，感觉一下，然后知道原来他们都是上的北京电影学院，我也就去了。我觉得是一种缘分吧，我爷爷的父亲，当年修美国铁路的时候就已经出境了，我等于又回到这边，毕业以后每次觉得没钱了，想是不是该买一张回美国的机票，就会突然接到电话，问我拍不拍广告，就这么一步一步，一直待下去了，现在我在国内待的时间已经远远超出任何别的地方了，所以对我来说这就是家。

记者：您刚开始毕业那会儿才九几年，中国电影市场并不大。

伍仕贤：我那会儿是 1997 年、1998 年，所以不景气。

记者：1997 年，还刚刚萌芽。

伍仕贤：对，刚刚开始，算是新的进入市场状态的，一些片子刚刚开始有票房，所以那个时候，我没想那么多，当时怎么去找投资都还不懂，就是凭着一种喜爱，而且已经有想在这边扎根的念头。

记者：对我们整个中国电影，您有一个什么样的假想或者计划……

伍仕贤：未来我是很看好的，反正这十几年我们都走过来了，不说 40 年，起码过去的十几年二十年是见证到了，这个变化也确实是挺大的。大家还是要有耐心，包括从观众的角度，从创作人的角度，都会有一个越来越好的前景，现在在每次有新发展的同时，可能会伴随着迷茫，但是我觉得慢慢大家搞明白就会好了。

记者：您在美国学到的知识、技能会有所借鉴吗？

伍仕贤：在美国学到的，主要是制作方面，那个时候我拍《独自等待》，现在大家觉得还能看，是因为在制作水平上已经达到了一定的程度，美国在这方面已经做得很成熟了，在这方面我也希望可以不断突破。故事各方面，我觉得不管是演员、编剧，包括很多从事电影制作的人员已经越来越成熟，完全可以在国际上跟别人比。我只能做好我分内的工作，拍完一部电影，怎么去宣传发行，那不归我管，我也没有权力去控制这方面的事，电影院也不是我开的，怎么排片也不是我能说了算，所以电影要发展好，还有很多因素在里面。我个人会给自己定一些目标，像《独自等待》就是想拍一些年轻人的生活化的爱情喜剧，《形影不离》要拍出白领的压力，或者当时我自己的一种生活感受。《反转人生》想拍一个娱乐的爆米花电影，后面准备做的科幻又有新的目标，希望可以在制作和创作上看到更高水平。

后记

你是在跟枕边人恋爱，还是被某类欲望所驱动，抑或是跟摆不脱的宿命达成和解，又或者是与内心的幻象纠缠不休。在那些看似时尚、光鲜的影像里，在那些不经意的巧合和邂逅中，伍仕贤不急于给出一个明确的答案来，在当下情感关系的变奏中，我们不能决定他人，也做不了自己的主。好在，伍仕贤的电影并不颓唐，相反，他会悄然打开一个窗口，放进一些亮光来，为我们能在忙盲兼顾的情感拉锯中喘上一口气，顺便多一些正视自己的机会，而这正是伍仕贤电影存在即合理的魅力所在。

徐静蕾：

非一般的北京大妞

文 / 康婕

徐静蕾

多年前，在北京电影学院《暗恋桃花源》的舞台上，徐静蕾只是小配角，她可能没有想到自己能在未来成为独当一面的女导演。就连走上电影这条路，大概都在她的计划之外。作为典型的北京大妞，宽松的家庭环境，造就了徐静蕾自由随性的处世态度。这位写得一手好字，又擅长绘画的电影圈才女，当得了花旦，导得了大片，在经历了电影圈的起起伏伏后，以人淡如菊的姿态静待寒来暑往。

北京大妞的成长岁月

记者：您拿了很多国内的表演奖，为什么这两年电影市场越来越好，您却演得越来越少了？

徐静蕾：我演第一部戏的时候，就已经觉得自己不太适合

做演员这种职业。做演员有一部分是我非常喜欢的，就是塑造人物，去体验一种完全不可能在生活中体验的生活，但是它另外一部分又有我很不喜欢的地方，就是每天要化妆，要参加很多宣传的活动，所以我对演员这职业一直挺矛盾，直到今天也是这样。我很幸运，我演的戏，基本上每部效果都挺好，虽然我发现一个情况，在表演中，我会重复自己，重复角色，基本上来找我演的角色都差不多，我的性格可能就是这样，不太喜欢做重复的事情。

然后我就慢慢开始转做幕后，其实也不是说做幕后就不演戏了，如果我碰到让自己眼前一亮的戏，好的演戏对手和导演，或者是一个从没试过的角色，也还是会演的，但是现在基本上这种情况很少，可能一两年1部，或者1部都没有。

记者：我们认识您是通过爱情

戏，比如说《开往春天的地铁》《爱情麻辣烫》，应该是反映了当时人们的恋爱观。20世纪80年代的恋爱都是经人介绍，到了90年代就相对开放了，《爱情麻辣烫》里您和男主角是在街上认识的，这就表现了当时人的一种进步和开放的状态，您认为这种爱情戏是不是也反映当时一种爱情观念的变化？

徐静蕾：因为我成长的年代是改革开放后，当时整个社会环境有一些变化，大家的思想相对也更开放一些，包括女性意识的崛起，应该说我正好赶上了这样的一个时代。我从小的家庭教育，周围的成长环境，不是特别传统。我爸爸到今天都很少跟我谈论结婚这些问题。我身边有很多结婚的、离婚的，或至今没有结婚的，随着大家

电影《开往春天的地铁》海报

电影《爱情麻辣烫》中的徐静蕾

电影《开往春天的地铁》中的徐静蕾（右）和耿乐

电影《开往春天的地铁》中的徐静蕾

生活与观念意识上的变化，我们的选择也越来越多元化，影视作品中也都是类似这样的角色。还有一点，我们是从一个不太物质的时代过来的，20世纪80年代，甚至90年代我们成长初期的阶段，很少有人去特别讨论物质的问题，因为那个时候大家都差不多，不觉得物质有多重要。当然，也有可能是我处在那样的年龄，并不觉得那些东西是爱情中多么重要的一部分，所以你看那个时候的剧，爱情戏其实大部分都还是比较纯爱的感觉。

记者：在《开往春天的地铁》中有你和耿乐租房的情节，可能您是北京人没有过这种体会，但是您身边认识的外地人有没有在北京租房的？这部电影是不是也反映了一种年轻人的生活状态？

徐静蕾：对，因为我是北京生北京长的，从大学时候才开始接触一些外地同学。我会感觉到，其实他们不只是说租房，还有生活状态和地域的原因，比如南方女孩都好细腻。当然也会感觉到他们在生活上跟我们不一样的压力，但是其实我上大学的时候也自己租房子住，那个时候是为了摆脱家长和老师，寻求一种所谓的自由。我觉得不只是从外地来的，就算是北京来的，也会有同样的问题，而且我一直觉得租房子是一件很有意思的事情，终于可以离开家里，自己有一个属于自己的地方，还是挺开心的。两个人谈恋爱，能够一起去面对生活中发生的问题，比如租房子或者结婚以后的那些事，也是对两个人情感的历练吧，会因此产生很多故事。

每位独立女性都应该像"杜拉拉"一样

记者：您作为导演，在所导演的每一部影片中，都对女性

的情感有着不一样的解读，像《杜拉拉升职记》这部电影表现的是一名职场女性，她有独立的事业追求，在感情上也占主导地位，您是特意要把这类女性的恋爱观表现出来吗？

徐静蕾：我觉得自己根本不需要特意地表现，我从小就生活在一个这样的教育环境中，我父母对我的教育是一直把我当成一个独立自主的人，不能依靠别人，要靠自己，要通过努力去得到想要的东西。我从根上受的教育就是这样的，所以我不觉得自己需要特别去展现那种很强势的样子，人和人之间更多的应该是平等，男性女性在社会上各司其职，包括在家庭当中也一样，比如现在有一些生活服务类 App，很大程度上已经把女性从家务中解脱出来了。女性更多地在事业上有自己的想法，有自己的要求，所以我不是特别需要在电影里强调女性一定要有多少强，我觉得任何一个人都应该独立，都应该能够在某一方面独当一面。

记者：《杜拉拉升职记》中的杜拉拉算是都市职场女性的一个代表吗？

徐静蕾：我觉得在那个时代应该算是吧。杜拉拉应该算是一个比较代表职场女性的角色，我们当时做了很多的采访，虽然电影有原著的东西在，但是因为我没有过白领的生活体验，所以我们当时走访了 12 家公司，采访他们的 HR（人力资源总监）。所以片里面的一些桥段，不是出自书里面，就出现在现实生活当中，我们采访到的那些人和事情，通过这部电影，我也去观察职场上的女性，尤其是白领这种女性到底是一种什么样的感受。

记者：现在是单身的人士越来越多，可能家长也特别关心这方面的事，然后相亲角、相亲的网站也越来越多，您怎么看

电影《杜拉拉升职记》海报

待这种现象呢？

徐静蕾：我觉得相亲是一件很好的事情，毕竟我们每一个人在工作学习当中，接触的圈子是很窄的，你能接触到的人很少，能找到自己合适的伴侣的概率相对来说也就会变得小很多，所以我觉得有相亲平台能够让大家能够认识更多的人，他们可能进行匹配，我觉得这个是一件挺好的事情。如果我没有男朋友的话，可能也会觉得通过相亲平台认识一些人也挺好的。

记者：40 年来电影行业变化日新月异，您觉得社会对演员这个职业看法有什么变化？

徐静蕾：我觉得，每个时代审美不一样，比如我们以前喜欢男生，都是觉得他在某一方面很厉害，某一个专业性很强，或者某些方面很有才华，非常有担当，有责任感，会给你感觉很男人的感觉。但现在的女孩好像更喜欢把男孩当宠物看，这种趋势一方面说明现在女孩挺强的，另一方面我觉得真的是每个年代的审美不一样。以

电影《杜拉拉升职记》中的徐静蕾

电影《杜拉拉升职记》剧照

前有喜欢奶油小生的，后来有一段时间就喜欢那种很男人的，糙汉那种类型的。有时候这可能也跟时尚一样，就是一个循环。从我个人来讲，我始终是把演员当作一个职业来看的，它跟其他职业，在某种程度上是一样的，除了它的一些特性，比如说要曝光，要生活在镜头前，但是我觉得本质上它其实还是一种职业。这个职业就是，我用我的外形条件、想法来塑造社会上各种各样的人，怎么把他们塑造得活灵活现，有厚度和深度，我觉得无论到什么年代，这些都是演员这个职业的本质。

◎ 电影《有一个地方只有我们知道》工作花絮海报

◎ 电影《有一个地方只有我们知道》中的雕塑广场剧照

电影与旅游，鱼与熊掌能兼得

记者： 下面讲讲电影跟旅游的关系，您拍过《亲密敌人》《有一个地方只有我们知道》，这些都是在海外取景的电影。

徐静蕾： 我自己挺喜欢旅游的，喜欢到处去看看，小时候父母老是说"读万卷书，行万里路"，所以觉得开阔自己的视野还挺重要的。到了每一个城市，都会对那个城市有一些不同的感觉，包括它的文化，它的人，就是会让我有一些新鲜的感觉。我拍了很多戏，大部分都是有在国外取景的，觉得很有意思，丰富了我的人生阅历，在影像上也呈现出各种不同的风情。当时拍《杜拉拉升职记》的时候，因为是第一次出国拍电影，心里没底，没有花太多精力去跟当地的旅游去打交道。但是去布拉格拍片让我挺开心的，因为《有一个地方只有我们知道》之前，布拉格都没有跟中国直飞的航班，后来我听说，因为我们那个片子来布拉格旅游的人数都上涨了很多，我觉得还挺开心的，我把一个自己特别爱的城市，介绍给了中国观众们。

记者： 就是说通过这部电影，很多游客去布拉格旅游了？

徐静蕾： 对，上升了挺多的，而且也开通了直航，到现在我还经常收到一些人给我发的消息，说他的朋友去了我们拍某一个场景的雕塑广场，我就觉得挺开心，其实最重要的是，我真的很爱布拉格那个城市，从小就爱——当时读米兰·昆德拉的书，到我自己真的去了以后，觉得它真的是一个很美、很有诗意，很丰富的城市，而且那种历史感让我觉得自己不在现在，而是在另外一个时空。

记者： 那后来当地的旅游部门有没有向你们表示感谢？

徐静蕾： 有，我因为这个又去了一趟布拉格，所以挺开心的。《有一个地方只有我们知道》上映以后，当地的官员请我们又回到了布拉格去，他们也特别开心。

记者： 在您看来国产电影在海外取景拍摄的情况是不是越来越多了？您感觉是从哪个时期开始的？除了您，有没有身边的朋友也去了海外？

徐静蕾： 就是从我那时代开始，大概就是从二〇〇几年那个时候，越来越多的片子去海外拍摄，包括布拉格，泰国就更多了，还有英国。

记者：是不是也侧面反映了中国电影市场确实比以前好了，包括海外制片的能力也增强了？

徐静蕾：我觉得这也算是一个原因，就是中国的电影制作在走向海外。其实我们到国外去拍戏，也算是一种文化交流，因为我们跟当地的制片合作，跟当地的美术合作，也对他们的文化和工作方式有了一些更深入的了解。我从某种程度上来说，也经历了中国电影走向国际化的开始。

记者：您在国外拍戏的时候，会不会碰到很多中国游客，您有什么感想？

徐静蕾：会，会碰到很多中国的游客，我觉得大家在国外见到都特别亲切，而且也说明了我们的国民视野越来越开阔，生活越来越好，也愿意去接触更多的文化。

记者：现在影视行业发展迅猛，您是想努力适应，还是想保持自己的节奏？

徐静蕾：我觉得你完全一点都不去适应其实也不太可能，因为电影不只是创作这一部分，它还有发行、投资、放映等很多东西，所以我现在让我为了跟随潮流而去做改变，是挺难做到的，所以我基本上还是要保持自我，当然我也会有进步、有改变，这些东西应该是自然发生在我身上的，而不是我去适应什么东西。我希望我们公司的人能够更适应我的这种改变，来弥补我的不足。

记者：平时您喜欢什么样的旅行方式？

徐静蕾：我不太喜欢几日游，我喜欢到一个地方至少待一个月到两个月的时间。我觉得只有这样才能真正知道那个地方是一个什么样的地方，大家在过着一种什么样的生活，包括通过跟很多人深入的聊天可以了解到他们对事情有什么样的看法，对这个世界是什么看法。因为工作的原因，我经常会去一个城市住一两天就回来了，但是这在我概念里跟没有去过那个城市是没有差别的。

我自己的旅游方式会比较喜欢真的住在那儿，而且我基本上不太会去看景点，都是自己在街上走，或者去看电影，朋友

徐静蕾（右）在布拉格拍摄电影《有一个地方只有我们知道》

电影《有一个地方只有我们知道》剧照

会给我介绍当地的朋友，我会跟他们聊天，我还会以学习的方式去认识一个城市，比如我去了纽约两次，有两个月，都是去上语言课，我觉得那两段生活对我自己的身心都特别有意义，一方面可以学到跟以前不一样的东西，另一方面国外的教学方式跟我们小时候读书的教学方式不一样，比较自由和松散，包括老师都是不一样的。像我在纽约读书的时候，有一个老师，现在我都跟他是很好的朋友，他同时是一名画家，现在也一直在画画，我们经常交换一些照片，我看他在画什么，他也在看我在画什么，我觉得很有意思。

在那"鲜花盛开"的路上

记者：2006年您成立了鲜花盛

开影业，算是很早成立自己公司的人，当时为什么想成立自己的公司？

徐静蕾：其实我想得特别简单，因为我以前拍的一些戏基本上都是把制片工作，包括发行、宣传都交给其他的公司做，后来我发现了一个问题，发行公司和宣传公司会接很多的项目，可是我的作品对我来说是一两年的心血，我真的是花了很多的时间和精力投入到里面去，放到人家那里只是变成人家公

● 喜欢旅行的徐静蕾

● 徐静蕾导演工作照

司做的众多项目里的一部分，我就觉得那为什么不自己来做，如果做不好我可以学，很多东西我也都是从不会通过学习学会的，就是出于这个目的，我们自己的项目自己投入的情感会更多，现在也仍旧会联合一些公司做一些发行、宣传工作，但是主要的还是在我们自己的项目。

记者：想自己主控得多一点。

徐静蕾：我很爱自己的作品，不希望把它交给一个没有那么爱它的人手上，就是这个感觉。

记者：您最开始给公司定位是什么？以电影为主吗，您公司的第一个项目是什么？

徐静蕾：我没有什么定位，真的就是出于刚才那个想法，才做的自己的这个公司。如果没有公司，很多东西操作起来就很麻烦，或者你总要依靠别的公司来做这些东西，所以我没有定位，或者说我们最初公司的定位就是拍电影，就是我拍电影。

记者：您说是创作型的公司？

徐静蕾：对。

记者：只是最近才帮着别人监制？

徐静蕾：对，我们帮助别人监制也是自己做制作开发一些项目，所以我们还是一个创作型的公司。而且现在2018年了，中国电影市场也越来越成熟，我们其实也开始越来越多地跟其他的公司合作，有些项目也得到了挺好的效果。这20年间，中国电影产业还是发生了挺大的变化，越来越专业，越来越系统，分类越来越细，当然也仍旧还是一个发展中的阶段。

记者：您当时是怎么创作作品的？

徐静蕾：其实我以前还有一个公司，我第一部电影的时候开的，但那实际上就只是一个名义上的公司而已，制片都不是我们自己在做。

记者：您公司的项目在市场上获得了很好的反响，这些对您公司意味着什么？

徐静蕾：我觉得影视这个东西有好多不确定的因素，我每部戏都挺努力的，但是有成功的，也有不成功的，我觉得成功的就是蒙上了，不成功就是没蒙上。

记者：是，影视确实是高风险的。

徐静蕾：它高风险，而且它还不是一个工厂流水线那种东西，里面包含着太多不确定的因素，从我的角度来讲，我努力了，尽力了，对得起自己的时间，对得起我周围一起工作的人的时间，这样就可以了，至于公司当然蒙上了最好，蒙不上就是继续努力。

记者：这些年公司发展有一些变化吗？您一直尝试很新的东西，比如说现在尝试在做网剧，可以给我们简单介绍一下吗？

徐静蕾：这两年公司确实有不一样的地方，我们开始签一些演员，我就发现怎么找演员成了这么难的事情了？感觉市场上的演员很多，可是真正找演员的时候又会发现合适的特别少，现在说的流量也好，大咖也罢，我觉得那些无所谓，关键在于他是不是真的能全情投入到这个项目里面来，这个比较重要。尤其现在演员参加综艺节目，我理解，演员们需要其他收入，或者需要通过其他渠道去成名，但我觉得这会对拍戏本身有一定干扰。我从前年就开始通过一些项目去看更多的新演员，我们会想培养一些我觉得条件非常好的演员，这样的话自己公司的戏就不用那么麻烦了。像我们拍《杜拉拉升职记》，真的是都带着演员去外企实习，现在你真的很难能做成这样的事情了。我不希望我做一件事情充满热情，可是找来的人只是来挣钱、挣名的，他不爱这个角色，也不爱这个剧，所以这两年我会着重去看一些新的演员，也希望自己公司能培养出一些

❀ 工作中的徐静蕾

新的演员，毕竟我也演那么多年戏，也会从导演的角度来看演员，我可以把自己做演员的一些经验、教训、体会都跟他们去讲，某种程度上这也是教育的工作，让我觉得很有意思，很充实，也没有浪费我之前的经验。我也会做一些监制的项目，因为有些东西我觉得很好，但不适合我拍，我们就来做一些监制的项目，跟一些比较好的导演，或者新的导演、新的演员合作。

记者：我也不太赞成演员经常

❀ 工作中的徐静蕾

❀ 徐静蕾

上综艺节目。

徐静蕾：我觉得有两点：第一演员不应该过度曝光，否则人家很难相信你演的那个角色，因为就永远是自己的那个样子，大家太容易见到你了；第二就是配音，我觉得作为一个演员来讲，如果你配音就没有完成一个整个的表演，你的声音都是别人的，怎么可能是表演，甚至这样都不能参与评奖。但是我问了很多普通观众，他们并不觉得配音有什么问题，可能是因为我们学表演专业出来，会有一点专业洁癖，观众可能是没有这种感觉的。

记者：现在国内有很多大型的电影公司，对您来说鲜花盛开这种小型影视公司要想发展得不错，主要竞争力应该体现在哪里？

徐静蕾：我就是一个格局很小的人，所以就适合做这种小公司，我觉得更自主，也不会为了某种财务上的目标去拼命奔跑。我们公司是以创作为主，有一天我真的创作力衰竭，而且也没有想拍的东西，也适应不了这个市场和时代的时候，那我就要不然不做，要不然就做很小成本的片子。有时候我看一些年轻人拍的短片大概五六分钟，七八分钟，完全可以拍出很好的东西。所以我觉得我们就是做内容的公司，如果说我们的内容受市场的欢迎，大家都很喜欢看，我们就把制作做得更精良，就拍得更大，如果有一天我真的跟这个时代脱节了，那用 10 万块钱也可以拍一部电影。最重要的我有没有想表达的东西，如果我有想表达的我就拍，如果没有想表达的我就回去画画，写字，旅游，日子也不错。

后记

都说娱乐圈是个大染缸，徐静蕾却率性怡然，自成风景。她少年成名，却依旧云淡风轻，这么多年下来，依然坚守自己的原则，无论是事业，还是爱情，都像自由的风，不纠缠，懂取舍。或许可以说她没有企图心，说她随遇而安，但似乎有些东西还不能轻易放下，也许正是这多重的复杂性构成了今天的徐静蕾吧。

薛晓路：

关于爱情的一种想象

文／张强

薛晓路

最早薛晓路是以编剧的身份活跃在影视圈内，如那部轰动一时的电视剧《不要和陌生人说话》、电影《和你在一起》，都出自她的手笔。在北京电影学院文学系任教的她，一旦拿起导筒，就显示出在剧作方面的明显优势。她知道人与环境的互动，是剧作的根本。同时，她也知道在戏剧活动中，演员的重要性。这让汤唯能在她的电影里绽放出非同一般的光彩来。在她最成功的电影《北京遇上西雅图》中，我们都能一一领略到。那里面的爱情故事不再是背负时代伤痕的聚散无依，也不是青春冲动后的大起大落。而是属于都市成人的脉脉表达，在水到渠成中尽享爱情所带给我们的甘美。它通过两个城市不同的文化变奏，既给予我们现实主义的观照，其中也不乏理想主义的影子在晃动。

遇上西雅图

记者：《北京遇上西雅图》引起了很大的反响，当时您是怎么构思出国这样一个故事的？

薛晓路：当时想做一个爱情题材的故事，其实爱情的故事和美景有非常紧密的联系，在爱情电影的类型叙事里面，环境和爱情的结合是一个一直存在的话题和现象。比如《罗马假日》我们首先会想到罗马，《卡萨布兰卡》我们就首先会想到北非城市，《西雅图夜未眠》就会想到西雅图等等这些。其实《北京遇上西雅图》并不是说一个有怎么样初心或者离奇的想法，它是一个很符合电影创作规律的技术性想法。我们要想做一个爱情故事，如何把这个爱情故事放在一个最有效的空间里面去，让它的故事得到发酵，可以让人物在这个里面有一些浪漫和传奇性的交往和经历，这是一些基本的想法。最后选择了美国的西雅图，选择了帝国大厦，其实是一个技术性想法。

记者：您是不是也很喜欢《西雅图夜未眠》这个电影？

薛晓路：实在地说，爱情电影其实一直不在我最喜欢的片单上，但是因为要拍这样的一个故事，所以我恶补了大量的爱情故事。那在这里面也会发现一些很好的，而且把以前没有那么注意的，或者没那么认真看的一些片子反复做了拉片的学习。当然《西雅图夜未眠》是很有影响力，也很优秀的一部电影，我们也是借用了这个电影的浪漫的设计，然后在《北京遇上西雅图》里面去做了再一次的加工。

记者：我看一开始文佳佳入关的时候，被问为什么要选择西雅图，她说因为我喜欢《西雅图夜未眠》这部电影，这个细节您是根据什么来创作的，是朋友的经历还是什么？

薛晓路：我已经做了好多年的编剧工作，经常会碰到朋友或者记者来问，说这个片子是不是你身边

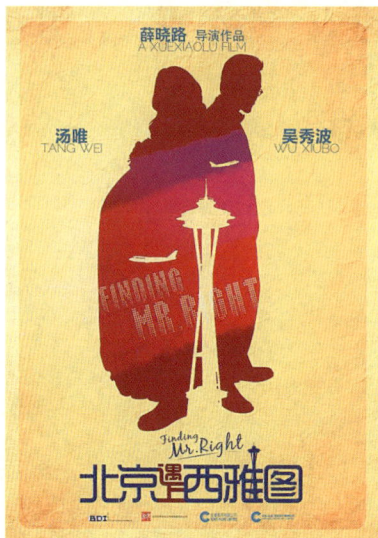
⊛ 电影《北京遇上西雅图》海报

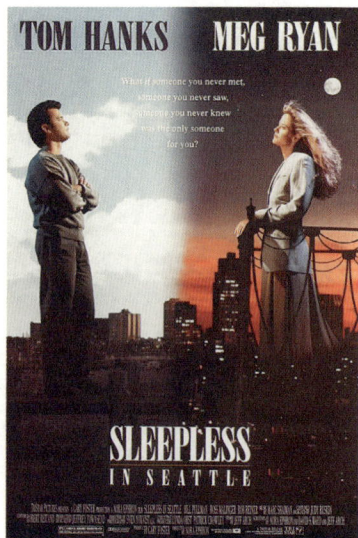
⊛ 电影《西雅图夜未眠》海报

有朋友这样子，或者说是不是生活中有某种经验把它放进去。但其实真的不是，我觉得编剧的生活和普通人的生活没有任何两样，我们并不是机会比别人多的会看到一些什么样的东西，但是我们看到了一些东西可能会记下来，不一定在哪个作品里面会用到。比如说写到文佳佳入关的时候说你为什么选择这个城市，她说因为我看了这个电影，这是我想写的，我想这个故事是发生在西雅图的故事，因此也会在这个片子里面致敬《西雅图夜未眠》。我从片头第一个部分的情节铺垫就会做这样的一些勾连，这是一个技术性的处理，并不是来源于生活中真的某些人的经验，或者这个经验又恰好被我知道说他看了哪个电影选择了哪个城市生活，我想可能会有人是这样子，但是我还没有碰到。

独自在澳大利亚

记者：我了解到您本人也是去澳大利亚学习过，在电影学院毕业之后为什么选择去澳大利亚那边？

薛晓路：因为我那会儿不想工作。

记者：去深造？

薛晓路：没有，就是那个时候不太想工作，想换一个环境，好像可以拖延一段时间进入工作环节。在澳大利亚待的时

⊛ 电影《北京遇上西雅图》剧照

间很短，我觉得是以学习的名义玩了一段。

记者：然后回来继续创作。

薛晓路：算是吧。

记者：澳大利亚这段经历带给您一些什么感受？

薛晓路：那是我第一次比较长时间在国外，是不是第一次出国，我现在记不准了，但一定是我第一次比较长时间的在国外。我在那儿最明显的一个感觉就是我最喜欢机场，觉得机场是一个特殊的环境，在机场的时候你会觉得在异国他乡所有的烦心事可以抛掉，比如说工作、住房这些烦心事都可以抛掉。因为我要出国，好像在那一段的时间里面，我感受到了那种流浪、漂泊的一些情绪，所以这些记忆可能会沉淀在心里。在后面创作的时候其实写到这些中国人在海外的生活，我觉得他们骨子里都有某种忧伤的漂泊感受，所以这样的一种记忆可能会被我自觉地放进这些人物里面。

记者：当时您在澳大利亚的时候一般都是自己一个人去享受这份孤独的旅程吗？

薛晓路：那个时候所谓的留学生活就是打工，上上课，在街上晃一晃，买菜做饭，就是这样简单。其实它跟旅游不一样，一般要是去哪儿旅游的话，回来的时候就会买好多东西，觉得不买就没机会再买了，然后会逛街购物，但是真的好像在国外待一段时间，长过 2 个月、3 个月的时候，就不会再逛街买东西了，你就不知道逛街买什么了，真的是踏实地在那个地方生活，就如同在北京生活不会天天去商场一样，所以是不同的一种记忆。

记者：刚才说打工，能分享一下这段经历吗？

薛晓路：我做过好多的工，都是比较低级的。做的比较长的一段时间是叫做 Cleaner，比如说房主搬家了，那个房子很脏，然后他就会请中介公司找专业的清洁公司去做大扫除，也可能是房主搬进来之前大扫除，也有可能房子里面还有人住，他定期的会找这种清洁公司去做清洁，做了好几个月。然后也在免税店里卖过绵羊油、UGG 鞋、羊毛垫子等等这些，还卖过澳宝钻石，后来也帮着老师做教案整理什么的，那就稍微高级一点了，以前也做过好多。

⊕ 采访薛晓路现场照片

神秘的拒签

记者：其实这样也丰富了您的阅历。

薛晓路：对，当时不经意的生活可能最后都变成了一点点片段说不定在哪个作品里面出现，《北京遇上西雅图》里面写到文佳佳落魄了的时候，她就去刷厕所，我那个时候清洁工就经常是刷厕所刷厨房，所以这个事情写的是她比较落魄，也是比较辛苦的。

记者：我之前看《不见不散》的时候，就有学生在工作中会遇到很多危险，或者像《中国合伙人》里面邓超扮演那个角色就会受到不公平的待遇，您有没有遇到过这种情况？

薛晓路：还真的没有，或许我

⊕ 电影《北京遇上西雅图》剧照

运气好，或许我这人经常是记好的不记坏的，所以可能不开心的记忆就尽量地把它忘掉了。当然在工作的过程中总会有一些不开心、不愉快，很辛苦，可能会被拖欠工资，或者根本不给你工资了这样的一些情况，当时可能会很生气，但是过了以后你就会觉得这也是一段经历。

记者：后来学完之后义无反顾地想回国是吗？

薛晓路：这个是特别有趣的一个变化，我到今天也不知道这是怎么回事，后来就觉得或许是有一种冥冥的力量在让我不要留在澳大利亚了，让我回到中国去继续做电影，真的是那个感觉。我当时在那边念的书和电影没有关系，当时暑假回国就是过个假期探亲。当我出关的时候突然就告诉我你的学生签证被取消了，我就很诧异，我的飞机特别特别早班，大概是6、7点钟就起飞，然后我出了关以后，碰到一名官员告诉我你的学生签证被取消了，我说那我就进去，然后跟学校联系，但是那个移民官说你已经出了这条线了，出了这条线就意味着你不能再回去了。我说那我可以给我的老师打电话吗，给学校打电话，他说可以，但是太早了，6点钟没有人上班，我说那怎么办，他说你可以先回国，你回国再签再出来，很莫名的这样子。

等我回到国内以后跟学校联系，他们去澳大利亚的领事馆、移民局去查资料都没有问题，就不明白为什么当时出现了这样的情况。我也很奇怪，我当时第2次再签的时候，居然就没有给我学生签证，一气之下我就觉得，它既然如此不欢迎我，我就不回去了。真的，我当时很郁闷，我说我真的是去认真地学习的，居然不让我过，我一定要有一天再杀回澳大利亚，一定要让澳大利亚给我钱。最近我这个愿望实现了，因为我刚刚在澳大利亚拍完一个电影，澳大利亚政府也以退税的形式给了我们钱。

记者：澳大利亚那边好像出了很多优惠政策？

薛晓路：对，我想这可能也是变相地实现当年自己的一个小誓言，莫名其妙地回来了，回来以后又重新做回电影，我当时想如果我真的在那边的话可能真的就离开这个行业了。

记者：您刚回来的时候一下子看到国内这么多人，这种快节奏的生活有没有不适应？

薛晓路：应该这么说，我的人生里面其实一直是接受这种快节奏生活的，回来以后完全没有不适应，反而在澳大利亚的时候会觉得有时候很不方便，觉得效率低，节奏很慢。

每阶段都有每个阶段的问题

记者：在《北京遇上西雅图》中，您也构思了Frank和他的妻子一起去国外的生活，Frank放弃了一些在北京很好的工作，过去后境遇不是特别好，您当时是怎么设计的这块？

薛晓路：这个是华人过去的现实生活，像当年《北京人在纽约》的时候是中国改革开放以后的第一次移民潮，所以那个时候大部分出去的中国人都很穷。过去以后觉得在当地扎根，讨一份生活，就是成功的标志，那时候很多故事写到海外生活基本都是写一个中国人穷光蛋，在当地又找到了赚钱的方法，

工作现场的薛晓路

生活的途径，找到了工作，在海外奋斗成功，这个就是人生圆满了，基本是这样的一个叙事方向和原则。

实际上到了《北京遇上西雅图》的时候已经 2013 年了，我觉得改革开放带来很多变化，这一批再出国的人已经不像当年那样带着几十美金就离开国门了，更多的人在中国赚到了一些财富而选择了在另外一个国家生活，这个时候对于他们来说生存已经不是最困难的问题了，如何生活反而变成了最大的人生问题。可能在人生壮年的时候就过退休生活吗？可能没有工作压力，每天就收拾收拾花园，逛逛街，去吃个早茶，大家聊聊天，打打高尔夫，是不是这样的生活就让自己满足呢？那些年少时候的英雄梦想，可能想要奋斗，想要再进一步发展的，或者说那些梦想在国外怎样再实现呢？可能这些东西变成了这一代移民者的新课题，不是说在外面去讨生活，而是说怎么生活得更好，或者怎样满足自己更大的精神追求。

Frank 也是这样的一个人物，他其实没有基本的衣食的困境，但是他的困境是说寻找自己是谁，寻找在那个社会新的人生定位和自我价值，所以这些东西可能是在《北京遇上西雅图》里面想着重表达的，也是我观察到的新一代移民里面更普遍的一种生存状态。

记者：他有点迷失了，原来那么得志的一个人。

薛晓路：对，当你满足了基本的生活温饱要求以后，其实你对于精神的满足，对于幸福的标准，对于这种人生的追求可能就变得更重要了，所以对 Frank 来说他需要在故事中重新当回医生，找到受人尊敬和有自信的这种存在，对他来说是最大的需要。

记者：他太太是越来越好，他的状态其实是越来越消极，后来他们俩离婚了，他们俩是因为出国之后层次拉开了才导致离婚的吗？

薛晓路：我觉得婚姻很复杂，不一定是因为出国造成的，并不会说因为出国就把婚姻问题放大或者怎样，出国可能是一个契机或者是压倒本身已经存在问题的婚姻的最后一根稻草。出国以后可能面临的这种文化环境，这种异地的关系，个人发展的不均衡可能带来很多新的问题，但是如果婚姻本身不存在

电影《北京遇上西雅图》剧照

问题，这些我觉得可能就不是问题，当它已有问题的时候，这些显然就是一个催化剂了。

关于帝国大厦的爱情故事

记者：后来我们看到《北京遇上西雅图》里面有帝国大厦这么一个重场戏，您当时选帝国大厦是想致敬《西雅图夜未眠》吗？

薛晓路：不能叫致敬，当然也可以用这个词说致敬《西雅图夜未眠》，因为它是一个很经典、很优秀的爱情故事，我们选择了以《西雅图夜未眠》作为一个经典的主题，在这个故事里面也就去和那个片子中出现的这种爱情元素去做某种情节上的勾连。其实《西雅图夜未眠》也是致敬更早的一部美国电

电影《北京遇上西雅图》中的帝国大厦

影，那部电影也是一段爱情，两个人分分合合，最后约定在某一个日子去帝国大厦见面，但是这个女孩子在去的时候出车祸了，所以没有赶到，两个人因此错过了。这个男人就认为这个女孩变心了，但是过了很多年以后他发现了真相，两个人又在一起，当初是这个女孩出车祸以后腿瘸了，不愿意再去见这个男人。因为这个电影就很有名，《西雅图夜未眠》就致敬那个电影。我们就遵循了这样的一个传统，在我们的电影里又做了一次复述，因此选了帝国大厦。

记者：很多观众反映看完那个情节之后对帝国大厦是很憧憬的。

薛晓路：对。

记者："真的想去那看一

◎ 电影《西雅图夜未眠》中的男女主人公在帝国大厦重逢

◎ 薛晓路（中）导戏照片

看"——你有亲耳听到身边有朋友对你这么说吗？

薛晓路：是的，现在去纽约的中国游客，帝国大厦更是他们旅游名单上的一个必选项了，而且在帝国大厦的顶上专门有一张照片就是文佳佳和 Frank 在一起重逢的剧照。其实美国电影很多都有帝国大厦的身影，它也是美国电影和美国文化史上一个很重要的标志，所以在帝国大厦上挂着很多和它有关系的海报照片，拍完《北京遇上西雅图》之后，我们的海报和照片也被挂到了帝国大厦上面。

记者：您看到那个海报的时候有没有觉得还挺开心的？

薛晓路：当然很开心。

记者：帝国大厦这块您当时拍摄的时候是不是有一定的难度？咱们是作为第一个华语剧组在那拍摄吗？

薛晓路：很难，它很严格。我们这个电影虽然是海外拍摄，但是成本是非常有限的，我们也不可能重新做一个比如说电脑合成一个景都做不到，所以只能是实景拍摄，因此跟他们联系也是经过了很多很多的波折，包括他们要看全剧本，董事会要审核，他们会考虑这样的故事会不会对帝国大厦有影响等等。好在最后都通过了，允许我们去拍。但是对拍摄的要求也非常苛刻，我们只有在每天帝国大厦开门前的两个小时内拍摄，也就是早晨，它好像是早晨 8 点还是 9 点开始营业，我们基本就是要 6 点到 8 点左右，而且在这个拍摄时间天还没亮，所以我们真正可拍的时间大概只有一个半小时，一共三天四个半小时。很郁闷，我们这三天拍摄赶了三个不同的天气，第一天是晴天，第二天是下大雨，第三天是个阴天，还得上去以后再编，现编现改说怎么用这些雨，怎么用这些环境。下大雨就没有办法拍出第一天拍的那个外景，还是很大压力，所以那里面就是下雨了，文佳佳就说西雅图的雨都下到纽约来了，这个是没有办法的办法。我们真的是上去以后再想办法怎么把本来应该在同场戏里面的戏给它合理化。

记者：看起来玻璃上面有水雾下来的那种感觉。

薛晓路：对。

记者：我们知道这部片子在加拿大也拍摄了一部分，加拿大那边的华人也很多的。

薛晓路：对，加拿大的华人移民占非常大的比例，我们当时叫《北京遇上西雅图》，但我们没有在西雅图拍一个镜头，只是最后拍了一点点空镜，除了帝国大厦的 3 天在美国拍之外，剩下都是在温哥华拍的，所以应该说是我们用加拿大的温哥华假造了一个西雅图。

记者：当时拍的时候有没有看到中国人。

薛晓路：非常多，加拿大华人数量非常大，有一些小城市的华人我觉得能占到 30%—40% 这样的比例。

记者：说到电影对旅游的影响，您小时候有没有看过一些电影的片段，被那个景色吸引，特别想去那旅游？

薛晓路：我好像还真没有。

记者：之前听说《庐山恋》播完之后引发了庐山旅游热。

薛晓路：对，我好像还真的没有，如果说有的话说我小时候看过《大西洋底来的人》，我可能想去的就是百慕大三角和尼斯湖，我看的纪录片和原来看的电影里面就讲尼斯湖湖怪，百慕大三角那些离奇失踪的船只、飞机，我好像更喜欢那样的地方，目前爱情电影里面没有哪个地方让我想去看的。

查令街 84 号

记者：《北京遇上西雅图 2》的两个人发生了一些故事，他们两个人最后都去了伦敦。

薛晓路：查令十字街 84 号。

记者：当时怎么考虑的？

薛晓路：这个就是来源于这本书（《查令十字街 84 号》），其实写完《北京遇上西雅图》以后写《北京遇上西雅图 2》，我很想写不一样的爱情，很想写比较有挑战性的那种剧作，所以就写了一个两个人不见面谈恋爱的故事。正好是在这种构思的时候看到了《查令十字街 84 号》，我就觉得那个故事很有趣，它也是两个人漫长的 20 年通信，但是始终没有见到，可能超过了爱情的这样一段互相的理解沟通，是互相的温暖救赎的关系，所以就是在《北京遇上西雅图 2》里就写了这样的一个两地通过书信的爱情故事，同时也和这本书做了一种连接和致敬。

《大西洋底来的人》剧照

电影《北京遇上西雅图之不二情书》剧照

记者：您本人有去过伦敦吗？

薛晓路：我拍戏的时候去过伦敦，之前没有。

记者：那个店真的存在吗？

薛晓路：不存在，那个店我们分了两部分拍，真正的这个店现在已经改成了一个麦当劳，但是麦当劳的门口还有一个铜牌，上面写着说这个就是当年查令十字街 84 号书店的原址，但是这个书店已经没有了。我们在加拿大找了一个小的咖啡馆，把它重新做了改造，改成了好像这样的一个咖啡馆书店的样子。

记者：也特意去找过是吗？

薛晓路：对，我们在那个地方看过。

记者：想去看看那个到底是一

个什么样的店。

薛晓路：焦娇在路上走的一场戏就是在那条街，我们只是把我们做的这个 84 号场景的门用电脑特技的方式移植到了伦敦的这条街上。

记者：《北京遇上西雅图 2》我记得开始大牛是房产经纪，带着很多中国的游客专门去看房。

薛晓路：当时写完《北京遇上西雅图》以后就开始构思下一个，就会想到说第一个是写的在美国生孩子，第二个是不是可以写在美国买房子，因为这个也是那几年华人去美国的一个选择，所以就选择了这样的一个切入角，因此就设计了大牛是一个房地产经纪人。

记者：现在很多中国人都是在国外买房置产，在您看来是不是因

电影《北京遇上西雅图之不二情书》中被大牛兜售美国房产的顾客们

为大家的生活水平提高了，就想有一些更好的生活，所以才去国外买房子的？

薛晓路：我不敢去揣测每个人买房子的想法，但是肯定每个人在做这个选择的时候是要尝试换一种生活的环境，换一种生活的状态。

选择最合适的方式

记者：这种手写信表达爱意的方式现在大家不太用了，为什么要用这种方式表达？代表着回归初心吗？

薛晓路：我不敢说叫回归初心，我觉得所有的恋爱一定是大家保持一个美好的和真挚的态度，只不过表达爱的方式和途径有所不同。原来没有别的办法只有用书信，后来就可能是微信，可能是用朋友圈谈恋爱，可能是用打电话谈恋爱，用视频，都是合理的方式，只是媒介不同了。写到《北京遇上西雅图 2》的时候，选择了写信的方式，可能在现在的社会环境下显得落伍了，显得没有那么时髦了，也显得比较不合时宜了，但是我觉得它依然是有魅力的。因为在这种写信和文字的过程中，其实比电话、直接的交流更能够说到自己的内心，可能更有诗意，可能更浪漫，可能更深切，因此就选了这样的方式来写。

记者：《北京遇上西雅图》里边一开始能感觉到文佳佳是一个很物质的人，后来又在物质跟爱情之间徘徊，这样的选择

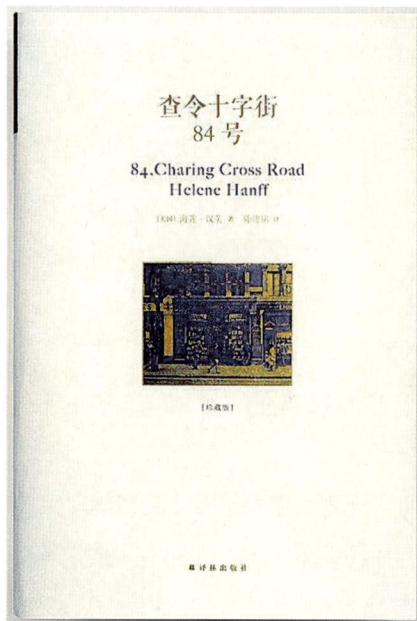

《查令十字街 84 号》图书

影响
中国电影人访谈录（1978—2019）

面包还是爱情的命题其实也是当下很多年轻女性的困惑，但是更多人选择的是物质生活，您是怎么看这个问题的？

薛晓路：文佳佳的选择就是她最终发现物质的满足并不能让她获得真正的幸福和快乐，所以她要去寻找到一份独立有尊严的人生。我觉得每个人都有自己选择的权力，有自己选择的原因，每个人都不同，有的人选择了需要被尊敬，需要有自尊，有的人选择要一份好生活，我可以在某种程度上牺牲一点点别的什么，我觉得大家选择不同。可能在真实的生活中，有的人可能选更物质，有的人选择可能更精神，最好的选择是物质和精神都能有。但是在电影中我想传达的是主人公即便有了富足的生活之后，她并不觉得这是幸福快乐的，爱情是她独立之后才有的这样的一份馈赠，她其实更多的是放弃了那样一个不够有尊严的物质生活，而是选择了一个即便艰苦但是可以尊严和独立的生活，之后她才在帝国大厦碰到了 Frank，才重新捡起了这段爱情。

后记

一个不喜欢爱情电影的女导演却拍出了令人心驰神往的爱情双城记，这让我们很好奇，已为人妻为人母的薛晓路在真实的生活里，会为爱情这一课交上一份什么样的答卷。可惜，我们没有问到。我们只能在她的电影中，嗅闻到爱情的芬芳。在《北京遇上西雅图》里，爱情因现实而蒙尘，却因更大的现实而又重新闪亮起来。它如同柴米油盐般，成了一件日常用品。而它的续集，爱情成为一种漫长的想象，成为疲惫现实的调节剂。仔细体察，薛晓路电影中的爱情，不一味强调它的浪漫特质，或者说真正的浪漫，是由时间的长度来做出最后的决定。没有一见钟情，却更加情深意长；没有朝朝暮暮，却能带来更值得信赖的天长地久，这可能也是当代爱情观的另一种折射，人们不再笃定激情带来的轰轰烈烈，而转身投向日复一日的细水长流。

电影《北京遇上西雅图之不二情书》剧照

陶虹：

幸运是我

文 / 李文心

陶虹是运动员出身，从国家花样游泳队退役后，她成为笑容极具感染力的演员。为了跟同名的演员区别开来，观众们喜欢叫她小陶虹。她最好的表演，就是再怎么倔强，仍能呈现出温良的气质，得理能饶人，得便宜不卖乖，懂得见好就收。她有自己的主见，对角色也有自己的理解，不会让烦扰一直纠缠着自己，更不会轻易地被人主宰，而是无比阳光地在天地间绽放。

◉ 陶虹

入水 10 年，用冠军画句号

记者： 改革开放 40 周年，对我们的生活造成了很多的影响和改变，我们今天就从您最开始的职业——花样游泳运动员聊起，您当时为什么会进入这一行呢？

陶虹： 不知道，因为中国没有，所以第一批花样游泳运动的先驱者们也不知道找什么样的人来训练。那个时候我只有 10 岁，正好这一年北京舞蹈学院在招生，我一直在少年宫跳舞，就借这个时机去考，在考试过程中碰到了我后来的启蒙教练，她是舞蹈学院院长的女儿，想看看在她父亲招生过程中能不能捡到一些可用之材，然后我就碰见她，她对我说，你跟我去练吧。我就稀里糊涂跟她走了。

记者： 所以你当时也不知道未来会是怎么样，但就是这样的一个机缘就去了。

陶虹： 因为正好是一个暑假。反正那个时候小朋友的暑假，家长如果是双职工，真的是一个暑假都不知道干什么好。家长也很头疼，不知道怎么来处理孩子，让他们整天关在家里面，一个也不安全，一个也无趣。所以当有这么一个机会来找我的时候，我和家人觉得挺好，既能游泳，又能跳舞，还是北京队的，好像很正规，所以我就去了。

记者：我们知道运动员特别辛苦，像小时候您练跳舞，肯定也受了不少苦，功底很好。但是去了这样一个专业游泳队您肯定还是受了不少锻炼和辛苦。

陶虹：干什么都辛苦，什么工作都是很辛苦的。而且辛不辛苦，其实取决于你的目标是什么吧，当你心里面有一个想去为之努力的目标时，那个辛苦就像是一个必然的行为。

记者：那您当时心里是一个什么样的目标，要拿冠军吗？

陶虹：我还不太一样，因为我刚开始比赛的时候，就发现花样游泳是一个打分项目，打分项目就没有所谓真正的一条线。比如游泳：我触边了，就是赢了，比人家晚触哪怕一个手指头也是输了。跑步也是，我先撞线了我就赢了。打分项目，评委对待事物的审美不一样，看待事物的角度不一样。如果你非常倚赖他们对你的一个评价，你有时候会觉得很受挫，所以从我第一次参加比赛以后，第二次参加比赛开始吧，我就已经基本上抛弃了一定要争第一的想法，对我来讲每一年比赛超越自己就可以了。我知道自己赢在哪里，输在哪里就可以了，我知道这个比赛中我为什么能够又提高了一个名次，或者说我没有能够得到名次的原因在哪里就行了。

记者：那当时其实还是获得了比较好的成绩——全运会冠军。

陶虹：对。

记者：当时对你自己是不是也是一种鼓励和肯定？

陶虹：对，当然了。练了10年画上了一个完美的句号我觉得很幸运。10年的努力，最后能够有一个全运会冠军作为结束，是非常幸运的。

记者：想想10年真的是付出了很多，基本上从您的少年时光都扑在游泳这个运动上了。

陶虹：对，我觉得我花了10年在游泳池里面，后来又花

少年时代的陶虹

国家队时期的陶虹

了20年才学会什么叫玩。人家一直跟我说玩，我对"玩"这个词特别陌生，我对这些东西好像没有认知一样。

记者：您在游泳队里有什么玩的东西吗？

陶虹：我觉得好像没有什么具体可以玩的时间。早上起来要早操，早操完了吃饭，之后就是上午的训练。上午训练完睡午觉后是文化课，文化课结束以后晚饭，晚饭

以后接着下水训练，然后睡觉。基本上不知道哪个时间段是留给我玩的，好像玩这件事不应该在生命中出现一样。

上岸跨界，阳光并不总是灿烂

记者：所以后来有这样的一个机遇，姜文导演找到您，您是不是觉得，对您也像是开了另外一扇窗？

陶虹：是的，当初他们要找我演戏的时候，我还是没想过。演戏这件事情对于我来讲就是连想过都没有想过，只觉得可以试一试。而且碰着了一个很好的时机，正好我下队（指运动员退役），也没什么事情做。其实哪怕是拍戏的过程中我也是很迷茫的，不知道下了队以后具体要去做什么。

记者：是，可能因为之前没有受过科班专业的训练对吗？

陶虹：倒不是因为这个，其实就是人生的去向，想的倒不是说拍戏这件事。我那时心态很好，我一玩票的就算演得很糟糕也没人说我

电影《阳光灿烂的日子》剧照

电影《沙鸥》剧照

什么。那时候没有想这件事（演戏），但是当时比较迷茫，关于我的未来要去干什么。

记者：就是要规划下一个10年到底要往哪块去发展。

陶虹：我倒没想10年、20年这件事，但是就觉得好像应该有一个职业。

记者：那当时姜文导演说他挑上您，看上您哪一点，您后来跟他聊了吗？

陶虹：也没具体聊，他就觉得我笑起来比较有趣，像小说里面写的那个人物吧。

记者：那您当时第一次拍《阳光灿烂的日子》是什么样的感受，也算是第一次触电？

陶虹：很茫然，根本不知道自己在干什么。人家都觉得一定很兴奋，很开心，跟大导演怎么怎么样，其实我那时候完全不知道他们在干什么。说来站一下，也是这样打好光，各种光，打来打去，站了俩小时，我不知道为什么要站在这，也没有任何明确的指示。

记者：那会儿您演戏就是凭自己的一种本能。

陶虹：我觉得其实那时候靠的就是一个你对文学作品的理解力，所以到现在，很多人来问我：做演员要做什么啊？我说你多看书就完了。我觉得一个人的文学理解力好了，想象力起

来了，其实就已经做对一半。

记者：其实那个年代，包括您还在搞体育的那个年代，中国也有很多体育电影。除了我们知道的那些《排球女将》《沙鸥》，还有像讲体操的《乳燕飞》。您除了对花样游泳这个体育项目比较了解，其他的哪个项目是在您那个时代比较火、大家比较关注的？

陶虹：排球。

记者：就是女排。

陶虹：全国一起看排球，打排球，再后来就是世界杯转播开始进入中国，足球赛开始进入中国。我们家很奇怪，我父亲是一个知识分子，喜欢做研究的那种人，他对这个不感兴趣，倒是我妈妈对足球非常狂热，后来我说你是少有的一个喜欢足球的老太太，是一个很奇怪的事。所以我后来，身边很多同学都说，要不要我带你妈去看球，人家都是带爸爸看球，在我们家是带我妈去看球。

记者：你妈最喜欢哪支球队呢？

陶虹：她也会有变化，我老说那是她的偶像有变化了。

记者：您记得她偶像最久的一个是谁啊，她当时最喜欢谁？

陶虹：可能是小贝吧。

记者：贝克汉姆。

陶虹：对。

记者：那会不会也影响到你对体育的一些认识。

陶虹：我觉得不一样的地方在于我是近距离的，她是远距离地看。她从电视上看别人踢球，我是跟人在一起踢球。我们是体委里面一体的，所以不觉得踢球这件事很陌生，就是身边发生的事，就像某个队友去比赛了。所以我那时候还老说：中国足球真让人着急，以后不看了。我老觉得是因为我看了他们才输的。

记者：对，有时候自己在那儿瞎着急。

陶虹：着急啊。

记者：对，然后说我不看了可能他就能赢了，有的时候会有这样的一些想法。

陶虹：很搞笑。

记者：挺好玩的，当时作为一个运动员接受体育锻炼对您内心其实有一个重塑、磨炼吗？就像我们说当过兵的人，可能他内心就会有一些比较坚硬、不容易被打败的部分。您觉得从小从事体育这一段经历，是不是对您的个性塑造方面很有帮助？

陶虹：我觉得，我挺支持别人练练体育的，倒不是说你一定非要成为一个专业运动员，为国争光，如果没有这个条件和机会的话，也不算是遗憾。但是练过体育的人，你就有了更多的机会和你自己在一起，和自己的身体在一起，和自己所有的生理反应在一起。当你每天面对这些东西时，会更清楚地了解自己，那个时候

在比赛中得奖的陶虹

电影《黑眼睛》海报

你也会更清楚地把握自己的行为，在未来道路上你会发现这些对你本人都很重要。

记者： 就是一种体育精神？

陶虹： 其实是一个人的本质，回到本质。竞技比赛可能比的是成绩，但是竞技比赛的前身是一个你跟自己的身体在一起，跟精神在一起的过程。我能不能克服过去，到底是什么阻碍了我再往上走一步，那其实是你跟自己的关系。而不是你要打败哪个队，你真正要打败的人只有你自己。这个东西是体育带给练体育的人最大的收获。

记者： 就是要跟自己作战。

陶虹： 对，你不用打败别人，打败自己就 OK 了。

记者： 打败自己就是最棒的。

陶虹： 你就是真正的赢家。

记者： 后来您也演了一部体育电影《黑眼睛》，在里面演了一个盲女，这个角色对您来说，是不是也挺有挑战的？

陶虹： 对，因为对于很多演员来讲能有机会去演一个特殊人群，能够展现特殊人群的特殊内心和人

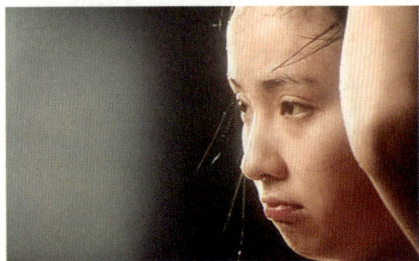
🔅 电影《黑眼睛》中的陶虹

🔅 电影《黑眼睛》剧照

🔅 电影《黑眼睛》剧照

生经历是求之不得的事情。

记者： 所以当时这个角色对你的生活有什么样的一些改变吗？

陶虹： 我觉得是我第一次去接触了一个陌生的人群——盲人。我以前真的没有接触过。可能之前是封闭式生活，生活的面非常窄，所以当我真正住到盲校里面去了解他们的生活，以及和他们相对应的治疗方式、成长方式、学习方式和未来职业的培训方式后你会觉得非常不一样。当然人家也会说陶虹你本身就是一个不一样的人，你的成长跟我们都不一样。当我看到他们的时候，我就会知道其实没有一个人是一样的。哪怕是盲校里他们全都是盲人，也有非常大的差异。比如有一点点光感的人他就知道这是室内，这是室外，我现在穿过了一个室外，走到了室内，这种有光感的人就比全盲的人有更大的心理优越感。如果还有 0.1 的视力，我就可以没有阻碍随便行走，他就比那种看不见什么的人有优越感。这些细微的差异其实都存在。

记者： 那您当时演这个角色，在盲校待了多长时间？

陶虹： 其实也没有待特别长时间，我觉得待多长时间不重要，重要的是你真正能够深入下来去体会他。我记得大概也就是两个星期吧，应该是不到一个月。

记者： 还得靠自己去琢磨。

陶虹： 因为你住久了也打扰人家。

记者： 我们知道这个角色后来也是触动了很多人，这部电影的女主人公作为一位盲人运动员退役之后可能有很多选择，但是她最后选择自己开一家盲人的按摩店，你怎样看待她的选择？

陶虹：我觉得还是要感谢这个时代，这个时代其实给了人更多的选择。中国现在发展得这么快速，不再像改革开放以前人的生活是墨守成规的，你其实没有什么选择，大家的道路都差不多。说起来，从小吃过什么，喝过什么，看过什么，玩过什么，基本都是一样的。到了改革开放以后，我觉得人在社会更加开放，新鲜东西不断涌入，变得更无国界，无边界的相互沟通以后，人的思维方式和选择方式就多了。

所以我觉得那个时候，其实《黑眼睛》或更早以前的电影，还没有像现在那么多的讯息。当时我们讨论这个结尾的时候，其实补拍了两次。我们一直在争论她应该去干什么，有她后来跟教练幸福地生活在一起，也有后来找了另外一个盲人生活在一起，但是它都不是我心中的一个结果。我们跟导演讨论了以后，最终用了这个结果（自己开了按摩店），这是我们自己比较满意的。我觉得无论她是不是残疾人，是不是一个女孩子，最终能够实现她最高的理想，就是能够自己独立地生存，这是她要完成的目标。而不是倚在谁身上，就像她开始依赖着教练，那就永远拿不着好成绩，因为成绩永远是来自于你自己的努力，而不是谁帮了你；你不能够倚赖你的家里面，哥哥还是嫂子对你好不好，你都不能够保证他们一路上陪着你成长，只有她自己完全独立。所以我们最后给丁丽华选择的是独立面对生活，这对她来讲是人生最有意义的一件事。

记者：对，其实我们也感觉到，你们给了她这个结局也是反映当时那个年代，大家想要努力的心，不会特别再依赖于我们以前的一些状态。

陶虹：对，我觉得有更多的选择，让你更开放地去想象。哪怕像她这样的一个盲人，她也可以有更多的机会。

记者：所以是时代给了她这样的一个机会。

陶虹：对，是时代给了她这样的机会。

记者：如果再选一次，你还是会选择这个结局吗？

陶虹：对，其实我觉得一个人生活的独立当然很重要，而最重要的是一个精神的独立。你有一个独立的精神，你才知道你的人格是站立的。

记者：其实像那个时代，这些体育电影都给了大家很多的鼓舞，所以您觉得那会儿的体育电影对您来说有没有一些印象比较深刻的记忆？

陶虹：其实那个时代的体育电影，多半是鼓励别人拼搏、向上、克服困难，这方面渲染得比较多。《黑眼睛》跟别的片子不一样就在这里，它除了表现你要战胜所谓运动、生理，那种苦、累以外，还有表达你对于精神上的追求，这才是这部片子最高的一点：我要战胜的其实不仅仅是对方、一个看得见的对手，其实真正要战胜的就是想在舒适期（圈）待着、懒着的那个自我，让她能够打破这个舒适期（圈）看到更广阔的世界，那个时候你精神是不一样的。

◉ 电影《黑眼睛》剧照

◉ 电影《黑眼睛》剧照

记者：所以您自己也经历过从舒适期挣脱开来的过程？

陶虹：对，每个人其实都有。我觉得干体育之所以说有意义，鼓励别人干，也是因为这个原因。就是你可以有机会每天都挑战精神极限，有的时候不仅仅是肉体极限。比如说有一次，这个事我老说，不知道怎么跟人们来分享这种喜悦的心情。当时我特别讨厌的一个练习就是腰腹训练。我们腰腹训练是大量的，非常非常累，每次我都特别不愿意上这堂课。女孩子因为每个月有例假期，那教练就说如果你在例假期，前三天是可以不练的。结果有一天，我知道第二天早上要练，可是我刚好卡在那个边上，我可以说没有结束也可以说结束了。大部分人都会说没有结束，这样就可以

⦾ 电影《黑眼睛》中的陶虹

⦾ 电影《美丽新世界》海报

逃掉了，可是我就觉得特别内疚，因为我想问的一个问题是：我为谁练？我跟自己说我到底为谁练？我骗了教练心里面是有不安的，因为感觉是骗了我自己。我明明知道可还是骗了自己，这有意思吗？所以那天晚上我还挺挣扎的，一晚上都没睡好。第二天早起，我毫不犹豫去练了，那堂课仍旧很累，但是练完以后我特别开心，觉得终于跨过了一个坎，跃过了一个自己特别怕的东西。从此以后，我就不这么怕它了，那一瞬间的胜利感可能不比赢一场比赛差。

记者：就是跟自己斗争，最后赢了那个自己。

陶虹：对，就是你赢掉自己的时候，打败那个懒惰的自我的时候，那种愉悦心情特别棒。

记者：真好，我觉得您在生活中也是不断跟自己较着劲，也不断地开始慢慢给自己加油。

陶虹：我觉得是一个体验吧，你体验自己的人生到底是怎么回事，然后一直跟自己对话，你更想了解自己，探索自己的一个精神边界。

记者：后来从一个运动员跨界到了演员，慢慢也是熟悉了这个圈子。演了很多片子，有《美丽新世界》还有包括大家都特别熟悉的《春光灿烂猪八戒》，这些戏给你的感受会是很驾轻就熟的吗？还是说你仍处在一个不断调整自己的过程当中？

陶虹：当你有一天忽然觉得自己驾轻就熟了就会很茫然。我原来老说以前训练的时候，特别不喜欢我们教练跟我说"挺好的"，挺好的是什么意思，那我下一次做的时候，我还有没有可以提高的那一点点。我更希望她告诉我说，如果你把那个动作稍微怎么怎么样一点，我觉得我完成了那个"提高点"的内容的时候，那种喜悦心情是在每个动作里的。同样，如果我去演一个戏，我演完了以后觉得这太容易了，那对我来讲一点成就感都没有。我更愿意演一个戏，是要在这个戏里面做一点什么实验，要克服掉一个什么东西，这对我来说更有趣。所以我一直在探索表演的各种可能性。比如说每个人都有自己的特点，我演和他演和你演可能是不一样的，那我就在想，我当然不是你，但是我能不能演出自身特点没有那么强的东西，我能

不能把自身特点抹掉，这对我来讲可能是一个想去实验和追求的东西。在这个过程中我慢慢地探索表演到底是什么，到底要带给观众什么样的一个表演。

浪潮袭来，为人生航线掌舵

记者：其实大家对您在《美丽新世界》里面的印象也挺深刻的，您扮演了一个都市小市民。当时的社会背景在上海，是大家为了一所房子引发的一些故事。

陶虹：对。

记者：所以当时大背景下的争论点或是社会关注的一个热点话题是不是房子？

陶虹：就是从一个分配房子为主的社会忽然变成可以去买卖房子了。对于中国人来说，尤其是在拥挤的上海，寸金地啊！拥有一个房子，对她来讲是一件多么渴望的事，或是人生终极目标的感觉。这故事就是围绕一座房子来讲，刚开始黄金芳因为有一个小房子特别扬扬得意，其实她还是觉得很茫然，因为她不知道自己人生的去处在哪里。挣扎在这个社会上是改革开放初期很多人的状态，她从一个完全安逸的"国家养着你，你为国家作贡献"这么一个互动方式的环境中，变成了一个你要"为社会作贡献，社会给你回馈"的那种交流互动方式的环境，很多人是非常非常不适应的。她早就习惯了有一个单位，有一个厂子，有一个可以保证一直到老的铁饭碗。这个东西被打破了以后，很多人在那个时代是茫然的，所以房子只是一个比较具象的追求，你也可以去得到一个这样的房子，用你奇特

⬥ 电影《美丽新世界》中的陶虹

的经历和方式。

记者：您自己买第一栋房子是什么时候还有印象吗？

陶虹：我啊，第一座房子在1999 年。

记者：1999 年，那也算挺早的。

陶虹：对。

记者：当时中间有什么样的故事吗？

陶虹：本来我没有那么多的钱去买一个很好的房子，但是那一年我爸爸退休，他退休以后忽然大病一场，病危，因为心脏不好就送到医院去了。一个男士如果瘦到七十多斤，你想他有多瘦，一把都能给他拎走。然后我心里就觉得不能让爸爸这辈子住不上我给他买的房

⬥ 电影《美丽新世界》剧照

⬥ 电影《美丽新世界》剧照

子，所以我就拿仅有的钱去交了一个首付，买了一个妈妈和爸爸之前都看过，当时觉得买不起的那么一个房子。其实只够交一个首付的钱，交了以后（我）就跑去拍戏了。

记者：但是，我觉得他们因此感到特别幸福。

陶虹：我以为是这样。

记者：难道不是吗。

陶虹：其实不是。

记者：那您觉得一栋房子的故事是不是也折射出那个时代，大家对这种消费方式的看法？

陶虹：对，这个是。房子、车子这个东西是我跟我父母他们特别不一样的地方。当我挣到了第一笔钱毫不犹豫跑去买一辆车的时候，给我妈气死了，她说你为什么不把

● 电影《美丽新世界》剧照

● 电影《美丽新世界》中的建筑工地

钱攒起来呢？我说攒起来干嘛，她说买房。后来我说那我开着车去挣房子的钱是不是更快一点，这是我当时的逻辑。我妈就完全不能接受这种想法，不能接受我去租房子住这种想法，因为我那个时候出差都是住亲戚家，不住招待所、旅馆，有一个能住亲戚家都尽量住亲戚家的概念，所以她就觉得我一个北京人跑去租一个房子住，这件事无法想象。

记者：您那会儿还是比较前沿，因为大多数人可能还在那种传统思想里。

陶虹：对，我觉得还是因为比较早独立，希望有一个独立的空间。

记者：那后来有了房子之后，是不是感觉更有了自己的一个奋斗目标了？

陶虹：对，其实是花了挺长的时间，贷了很长时间的款，那个时候刚开始的目标是要买一辆车，后来目标是要给我父母买房，后来就是还贷款。然后我发现妈妈还是不放心，她觉得有贷款对她来讲也是压力，尽管这个贷款在我身上但是她仍旧有压力，我就尽快还掉了贷款，让她知道这个房子没有贷款了，它真的是我们家的房子了。

记者：就会住得很安心。

陶虹：就是可能每个家庭都会有的一个过程。从改革开放之前单位分配房到后来你开始发现可以拿厂里那种分数买下你当初住了很多年的这套房子。我特别记得，我妈妈、爸爸两人分数加起来要买下我们自己家那个房还要贴多少钱，每家贴的钱不一样。

记者：回想起来是挺有意思的经历。

陶虹：对，我现在觉得跟再小的一代说这些，他们都完全不能理解了。

记者：对，就是那种生活想都想象不到了。那您当时拍《美丽新世界》的时候，戏里边是什么样的一个房子，是那种筒子楼还是哪种？

陶虹：我觉得它是地域问题。每个城市对于房子的叫法是不一样的，这个戏里面讲到（黄金芳）住的那个房子也是一个比较特殊的历史遗留产物，叫石库门房子。

电影《美丽新世界》中的陶虹

电影《美丽新世界》剧照

记者：石库门？

陶虹：石库门是指当年大的外国工厂老板给他的员工住的房子。而石库门房基本是高级员工住的房子。

记者：就是有点像现在的宿舍楼是吗？

陶虹：有点像现在所谓的联排别墅。

记者：那还挺好的。

陶虹：一家住一个当然挺好的，可是你要知道一个联排别墅里面每一间屋子都是一家人的时候就没有那么好了，人口是非常密集的。

记者：但是在那会儿有这样的房子也已经很不容易了。

陶虹：那时候在上海，上海人经常说"宁要浦西一张床，不要浦东一间房"，他们觉得浦东就是农村了。现在你再说浦东的房子，照样多少万一平方米对不对，那就是这个社会在短短十几二十年中的一个飞速的变化。

记者：变化太大了，其实《美丽新世界》里面除了房子是一个很现实的问题，其实还包括爱情观。

陶虹：工作其实也是现实问题，你想想看那时候如果没有固定工作，那叫什么啊，无业青年，待业青年，无业游民，都是以这样的方式在说没有工作。现在待业就是待业，它已经是一个很中性的词了，每个人都可以处在或经常会间歇性地处在一个无业状态、待业状态中，这已经不再是一个贬义词了。那时候大家就觉得这个人没有单位要他，这种人是很奇怪的人。

记者：很危险。

陶虹：对，现在就会觉得这是一个非常常态的状况。那个时候自主去找工作，我还特别记得，我大学毕业的时候我妈妈就听到了一个噩耗：到我们这届已经不包分配了。

记者：刚好轮到您这届了。

陶虹：对，我妈妈觉得这太可怕了，没有人管你们了，觉得我们很可怜一样。其实这事你反过来想，你终于有机会去选择一个职业、选择一个单位了。不是说我分到这，我只能在这了，所以出现两代人的想法完全不一样的情况。

电视剧《春光灿烂猪八戒》中的陶虹（左）和徐峥

记者：其实是挺有意思的事情。

陶虹：对，所以在《美丽新世界》里边，黄金芳就是一个无业青年、待业青年的那么一个状态。但是当时的上海其实是一个包容性蛮强的城市，尽管她没有职业，但是她不停地在为生存努力，希望能够找到一个可以干的事情，你会发现这个城市很有趣。而且关于爱情观也是，宝根是从乡下来的，那个时候觉得他是乡下人，我是上海人，差异好像很大。

记者：戴着有色眼镜看人。

陶虹：对，现在你不再会以这种价值观去批判了，每个人可能都是未来的一条龙对不对。

记者：以前的爱情观，大家比较讲究门当户对，但是现在可能已经完全不这样了。

陶虹：其实我个人还是挺支持门当户对的，但是我说的门当户对不是所谓的财力、背景，而是价值观，我觉得在一个共同的价值观基础上建立的婚姻会更牢固。

电影《黄金大劫案》剧照

记者：所以您的价值观，您的恋爱观就是要三观比较相一致是吧。

陶虹：能够对待很多事物的看法是相似的，我觉得这个很重要。

记者：那您跟徐峥老师呢？当时您是觉得他哪一方面有这样的一些潜质？他是不是也是个潜力股？

陶虹：我觉得我们在探讨专业的时候非常能够促进对方，就是聊得很投机，所以发展到很多事情的看法你会发现很相似。那时候我就觉得是价值观相似。当时我可能很有名，没有人知道他是谁，但是这个只不过是一个际遇的问题。我觉得人生际遇就是起起伏伏的事情，你现在站在高点上，你知道未来会不会掉到谷底吗？所以我不觉得名气是衡量的标准，我觉得真正衡量的标准是两个人的价值观和看待事物的观点，这个很重要。

记者：而且还能互相促进彼此。

陶虹：对。

记者：我相信您也是给了他很多的帮助。

陶虹：相互帮助。

记者：相互帮助，就是精神上的一种彼此扶持。

陶虹：对。

记者：那您觉得现在的"90后""00后"，他们的爱情观是不是又跟那会儿不一样了？

陶虹：这个我也挺想多跟他们做朋友去了解，我觉得现在的小孩，尤其是你在网络上看到的很多小孩，对于三观正这件事是很强烈要求的。很多影视剧三观不正的时候，他首先就会排斥，我觉得这是一个挺好的现象。就在这个看起来有那么多诱惑的一个时代，如果还有人那么在乎这一点（三观），我觉得他真的是 get（领悟）到了一个非常重要的点。

记者：现在都在讲现实主义题材的电影拍摄，其实我们在梳理改革开放 40 周年的时候，发现很多以前的老片子反而都是比较有现实意义的，包括像大家比较熟悉的《手机》，它讲的是通信对人们带来的一些变化。还有《非诚勿扰》，它就是讲恋爱观的变化。所以您是怎么看待以前的一些老电影对现实题材的把握?

陶虹：因为原来中国的整个表演观都是源自苏联的斯坦尼斯拉夫斯基，他的表演观就是真听真看真感受，就带有现实主义。在中国我们给你说布莱希特、斯特林堡可能没有人知道，即使知道也是好像在哪听过，但是你对于斯坦尼斯拉夫斯基体系的理论到底讲的是什么其实是不知道的。哪怕在我们中国，梅兰芳很有名，但他的表演体系，你好像也不知道，只有搞专业的人是很了解的。所以那个时候他（斯坦尼斯拉夫斯基）表演的风格在那里，是主流，整个的艺术影响在那里，所以大部分作品关注现实题材，切身感受。社会当时发生着什么样的巨变，这种东西是更受艺术家关注的，后来各种各样的思潮、样式进来了以后，大家就开始各自捡各自的品位去发展了。你想想看就是这种心理悬疑，我们中国原来没有吗?《一只绣花鞋》什么的，其实它也是类似的。

记者：对。

陶虹：那种抓特务的电影好多其实都是这种类型，但是当时整个风格不是那么强，表演都比较现代，所以这是时代的一个特征。只能说现在整个电影业，影视业的风格性更加多样了，品种更加多了。桌上的菜一样，以前一个菜吃一顿饭，现在可能吃八个菜了。

记者：一桌菜。

陶虹：一样，我还期待着中国有更多的不同风格样式的影片，这其实才是一个文艺真正兴盛的状态。如果只有个别类型的片子非常好的话也是不对的，过于单一对促进社会文化发展并不是一件好事。

记者：还是要百花齐放。

陶虹：还是要的，因为它是相互促进的一个问题。

记者：之前跟陶虹老师虽然没有见过面，但是像去年《演员的诞生》，我们也是看到了您特别少女感的表现。

陶虹：我沉淀了半天，最后有少女感了，你说多笑话。

记者：沉淀了多好啊，这是一种保持。

陶虹：好吧。

记者：我们想问您年轻时候的服装肯定不是现在这个风

青春靓丽身着红色西装的陶虹

格，那会儿是不是都流行大垫肩，穿喇叭裤什么的，那会儿的时尚您记得吗?

陶虹：也有，但是那个时候我还很小，所谓蛤蟆镜、喇叭裤、大垫肩那个时代对我来讲有点早，那时候我还是小姑娘。

记者：那妈妈呢，她们有这些吗?

陶虹：我妈妈是一个偏向喜欢古典美的人，所以她对那种东西不是特别喜欢。

记者：所以您可能有看到过大街上穿这些的人。

陶虹：当然看到过。

记者：那到您变小姑娘那会儿的时尚潮流是什么样子?

陶虹：也是不停在变换的吧，对我来讲时尚潮流当然是要敏锐地感受它，但是最重要的还是要找到无论潮流怎么变都适合你的那一档。因为不可能所有的服装你都能穿，那成服装模特了，连模特可能都会筛选。我要是给某个品牌做一个时装秀，也会选择适合这个品牌的模特。一样的道理，当你选衣服的时候最终还是基于对自己的了解再去选。

记者：那您那会儿年轻的时候主要喜欢哪一类风格的服饰？

陶虹：我可能因为练过体育吧，还是喜欢比较舒服、随意的衣服。比如那时候我很喜欢穿大西装，挽着袖子，别人对我的印象就是穿了一个水红色的大西装过马路，我过来以后就对我说，你是搞文艺的吧，我说不是，我是搞体育的，特别可笑。

记者：从服装上就已经看出您跨界了。

陶虹：我说我搞体育时候，人家都觉得我搞文艺，等我搞文艺大家老说我是搞体育的。

记者：为什么说您搞文艺大家说您是搞体育的？

《演员的诞生》现场照

陶虹：你看你刚才也上来就问我搞体育的事，你为什么不能忘记这件事？

记者：里面有故事？

陶虹：不是，因为对别人来讲还是有特别的意义，觉得你跟别人的经历不一样。

记者：对，就是觉得你从小练体育然后跨界，这个界还是跨得挺大的。

陶虹：其实我刚开始入行的时候很排斥人家提我以前是练体育的，感觉就是因为我戏演得不行，才老跟我提以前，后来就觉得无所谓了，自己专业要行的话也没什么好遮遮掩掩的。

记者：对，谈到现在我们知道有很多的演员，一些小鲜肉，有的人觉得演技不行，有的人觉得需要给他们一些空间，您是怎么看待的呢？

陶虹：以前也有人问我这个问题，拿我的一些言论去说。我觉得当大家关注到这件事情的时候，其实就是看到了这个问题所在，如果我们都没有注意到这个事情，那这件事情才比较严重。既然现在我们在讨论这件事情，说明它已经可以开始往良性的方向发展了。其实说起来什么样类型的演员都应该有，也应该永远有一批又一批的小鲜肉出来，因为有这样的需求。但是如果只有这一个类型占着所有主导地位的话，那就要探讨一下我们的审美有没有出现问题，我们影视本身

梅丽尔·斯特里普

的制作导向有没有出现问题是另外一件事了。但是这并不能说人家不可以是小鲜肉，小鲜肉不可以招人喜欢，这个我没有异议，谁都喜欢看年轻漂亮的，这没有什么关系。

记者：以前也有小鲜肉，以前唐国强老师不就是。

陶虹：对呀，问题在于人家小鲜肉最后做成了导演对不对，做成了一个可以把毛泽东演得最好的演员，这无可非议。所以不是说你是小鲜肉，意味着你一辈子都不会演戏，这也不一定。

记者：所以您年轻的时候有偶像吗，比较喜欢谁？

陶虹：我还真没有，有喜欢的，但谈不上是偶像吧。

记者：那您喜欢谁呢？

陶虹：我那时候喜欢梅丽尔·斯特里普，现在当然也喜欢。

记者：你觉得她哪一点让您比较欣赏？

陶虹：我觉得她可塑性强。

记者：就是有很多的可能性。

陶虹：对，我觉得人有的时候也是给自己找可能性。比如说斯特里普，她是一个不那么漂亮的女演员。因为我刚出道的时候，老对人说我长得不漂亮这件事情很在意，所以你自动就会往哪儿去寻找一个希望努力的方向和目标吧。

记者：现在大家的审美也都很丰富，其实我觉得并不是说长得多漂亮就一定能够出来。

陶虹：对。

记者：就是要靠每个人个性方面有特色。

陶虹：对。这个是最重要的，你说的其实是一个最重要的点，大家都长成一模一样了，没有辨识度了，那你说还有美这件事可提吗？其实美就是应该丰富多彩，就像花园里的花一样。

成为母亲，做生活的艺术家

记者：现在让您回忆改革开放 40 年来，对自己的生活、事业，带来最大的改变是什么？

陶虹：我觉得我们这个国家更加有国际化视野。从以前会

参加动画电影宣传活动时的陶虹

觉得自己是北京人，北京以外的东西我都不知道了，到现在我不仅是个中国人，世界外面事情也都很容易能知道，这种国际化视野是我觉得现在所有中国人都拥有的视角，我觉得这点是中国改革开放 40 年做得最牛的一件事情，基本上已经让我们跟世界没有隔阂了。

记者：就是已经完全是国际化的一个视角。

陶虹：对。

记者：现在影视上会有一些国际化的合作。

陶虹：非常多。

记者：那您自己呢？如果再让您规划您的下一个 10 年、20 年，还会有什么样的期待？

陶虹：我觉得我一直是一个挺幸运的人，无论是以前做运动员，

还是后来做了演员。原来就觉得自己命好，现在我不会这么想事了。我有这么一个福气，有这么一个好运，一直陪了我那么多年，让我从中也学到了很多东西，我特别希望在未来的人生中把我学到的这些东西通过我的专业回馈给社会，分享给更多的人，这可能是我希望后面人生一直做的事情。

记者：因为现在还有小宝贝，可能也会花很多的时间去陪伴她，扮演好妈妈的这个角色。您觉得在陪伴孩子这样一个过程当中，母亲的这个角色是不是也给你很多感悟？

陶虹：对，因为我一直认为孩子对我来讲是一个崭新的视角。你站在她的视角和站在我一个不再是单纯个体而是孩子妈妈视角下再去看待世界的时候，忽然觉得世界原来还可以这样被看待，还可以这样多彩，还可以有这样一个感受，这个东西对我来讲，真的是学习到特别多。所以我老是说我的孩子是我师父，**教会我很多东西**，所以我很珍惜有那么一个机会去陪一个小小的灵魂，**等她慢慢地长大**。与其说是扮演一个妈妈，不如说我觉得我很荣幸能够胜任这么一个职业吧。

记者：记得之前您接受过一个采访说，别人一直在前进的时候您却选择了停下来，缓一缓，开始沉浸到家庭这个角色，多读书，多沉

🔹 陶虹全家福

淀自己。这块您是怎么样考虑的，有什么样的初心吗？

陶虹：就像你刚才问我刚开始演戏凭你的感觉吗，凭你的经验吗，生活阅历吗——其实我觉得生活才是一个艺术的真正基础。我有一段时间工作特别忙，忙到一部戏接一部戏，后来我就开始拒绝吃剧组的饭，我觉得我的人生就在各种快餐盒和一次性杯子里面度过了。那几年我说我不吃盒饭了，我就是收了工回家再吃饭，我希望面对一个真实的碗，而不是一个那种纸盒，塑料盒什么的。那个时候你忽然就知道一件事，你已经没有生活了，所以生活是非常重要的。

记者：没有生活真的很可怕。

陶虹：你完全在工作里面的时候，演出来的东西一定是不接地气的。你根本不知道别人怎么活着，然后你还要演别人怎么活着，这不是骗人吗，所以我希望能够回到生活中去。所以与其说是因为孩子拉慢了我的脚步，不如说她的到来是很好的一个时机，她在我很渴望能够慢慢去体味生活的时候来了。我这10年的时间一直在生活中混，这个对我来讲积攒了很多对生活的真情实感，这对以后的表演也好，或者对任何艺术创作来说它都是更好的东西。

记者：我们也看到接下来您身份更多了，最近自己演戏，然后也做监制是吧？

陶虹：出品人。

记者：我们听说徐峥导演之后要有一部作品，您可能还要

做导演这块是吗？

陶虹：因为我们公司比较小，也没有那么多人，所以自己孵化了剧本就得完成，有我感兴趣的，可能就会去做这件事。

记者：所以您觉得这样的多重身份，对自己来说有没有一些挑战？或者是您现在特别有兴趣去做这件事情。

陶虹：身份实际上是别人给你的一个标签，如果你很在乎要拥有什么样的身份，你就是为了这个标签在服务了。如果你是对事情本身看重，那它什么标签都不是特别重要。我可以把所有事都干了，什么都不爱也没关系，最终你有没有享受这个过程，你还是享受了，你有没有体验到这个过程，你还是体验了，最后挂到什么制片人、监制、出品人，其实这不是特别重要。

记者：我觉得一颗初心最重要吧，比如说您现在如果想从事导演这个行业？

陶虹：对，你干的觉得有那个动力，干得兴致勃勃，这就很好。

记者：那现在准备好了吗？我们还是很期待您的导演作品。

陶虹：还在准备吧，希望准备得好一点，因为也没有经验，我毕竟不是一个当过导演的人。

记者：这么多年演员的经历，还有您自己生活的经历，我觉得它们都是最好的老师。

陶虹采访现场图

陶虹：对，主要是我没有拍我自己，拍的是别人写的东西，所以还是要更契合剧本本身的气质。

记者：最后，对中国改革开放40年，您有什么样的期待或祝福？

陶虹：改革开放40年，变化最大的其实是老百姓的生活。每个人世界更大了，眼界也更宽了，中国人对于世界的贡献也应该更大。希望在未来改革开放50年、60年、70年的时候，再说起来是中国对于世界作了多大的贡献，那个时候中国人会更自豪。

后记

50分钟的采访中，每当陈述观点时，陶虹最常说的两个词是"我觉得"和"其实"。前者是作为一名公众人物对于发言的谨慎，她对"表达"一事的态度清晰而坚定，但并不想将个人观点广而泛之，强加于大众之上；后者则是对事物的观察和洞悉，她用自己的方式解释世界，试图用更通达的语言明晰关于生活的答案。时代变化中，她从最开始的运动员变成演员，再到之后为人妻为人母，直至如今陶虹的身份还在不断增加。大幕拉开，人生后半场的好戏正要上演。

陈思诚：

能舍才能得

文 / 阿泯

陈思诚无疑新生代导演当中非常有才华的一位。

他极聪明，也非常自信，既不刻意表现得谦逊，对自己欣赏的人也毫不吝惜赞美之词。

之前我们采访过的大鹏曾经说，是互联网成就了今天的自己。

陈思诚正好相反，他认为没有互联网的"干扰"，才让自己有了当导演的底气。

面对我们的提问，陈思诚往往会非常坦诚地给出个一本正经的回答，但是细心的人会发现，他的话里经常藏着一句"点睛之语"，神出鬼没地溜出来，挠动一下你的神经。

第一部分账大片《亡命天涯》

记者：改革开放以来，跟其他行业一样，中国电影发生了巨大的，而且是深刻的变化。1994年底，由哈里森·福特主演的《亡命

◉ 陈思诚

天涯》作为首部进口分账大片在国内上映。那时候你应该还在上中学，对这部电影有印象吗？

陈思诚：当然有，我看过不止一遍。

记者：第一次看的时候是什么感觉？

陈思诚：就是觉得太好看了，情节密不透风，它的结构和《唐人街探案》有点像，也是讲一个被诬陷的好人，又要躲避警察和各方势力的追逐，又要给自己洗脱罪名。和当年的《追捕》相似，都是经典的结构。

记者：比《追捕》更紧张。

陈思诚：那当然，因为好莱坞的片子很擅长把主人公放在一个逆境当中，一个绝境当中，要他置之死地而后生。

记者：没有一点柔情，没有一点嬉皮笑脸。

陈思诚：对，这些都没有，就是来狠的，靠着自身的本能和素质，亡命天涯，绝地反击。

记者：你当时看完以后，有没有跟你的周围的人讨论这个电影？

陈思诚：那时候太小，周围也不具备讨论电影的环境。前两天我们开《唐人街探案3》的编剧会的时候，我还跟年轻的编剧小朋友聊起这部电影，因为这部电影是很经典的。

记者：看来你从小就是个影迷。那你记忆最早最深刻的电影是哪一部呢？

陈思诚：我印象最深的是《少林寺》，到现在我都有一张照片，是我小时候看完《少林寺》模仿李连杰打醉拳时拍的，我妈我爸说我小时候模仿醉拳可像了。那个电影放映的时候简直是万人空巷，我看了好几遍。后来的《少林小子》也是李连杰拍的，里面有"三龙三凤"什么的，特别好玩。看完电影以后，我们班同学还凑一起模仿电影里的人物，说我是三龙那你是几龙，你是几凤的，特别逗。

记者：少林系列确实是太经典了。

陈思诚：对，前两天我们开剧本会也聊到了，很多电影，像是《霹雳贝贝》给我们童年都带来了特别多的影响，为什么现在好像没有这样的电影了？那么可爱的，给孩子的单纯的电影——所以我们打算做一部这样的电影。

记者：那太好了，这样的电影只要做得好，一定会有市场的，看来您小时候受到电影的影响很大。

陈思诚：电影和电视，它们对我来说是一样的。我上小学的时候，我们家是最早有录像机的家庭，起码在沈阳是第一批。那时候我家里有几盘空白的录像带，遇到好的资源就去找另外一台录像机翻录。如果听说谁家有好的电影，就拿自己家的录像带去换，我把我家电影给你看，你把你的给我看。

美国彩色立体声故事片

电影《亡命天涯》海报

一天看 6 盘录像带

陈思诚：后来沈阳出现录像带出租厅，凡是去租录像带的都得办卡，这你知道吧？

记者：我知道，我去过。

陈思诚：你刚刚问我电影电视对我的影响是不是很深，它们对我来说太重要了，简直太重要了。我放假以后每天看 6 盘录像带，是一个如果没有它我简直没有办法生活的状态。

记者：占据你全部的课余生活？

电影《少林寺》中的李连杰

陈思诚：几乎是全部的课余生活，我从小时候看各种的影视剧，比如说香港的电影，早期成龙的功夫片，TVB的电视剧，梁朝伟那版的《鹿鼎记》，还有《神雕侠侣》，我一直都在看，我觉得他们伴随着我成长。到现在还有很多电视剧里的旋律影响着我。我都不知道为什么到现在我还能记住那些歌词，记住那些旋律，而且随时都能唱出来，我觉得它对我简直影响太大了，不能说它是我的休闲，它简直是我生活很重要的一部分。

记者：是不是对于"70后""80后"来说，当时的娱乐生活特别少，所以电影电视才会对你们影响这么大？

陈思诚：没错，你说得特别对。我们一直说为什么感觉现在的戏没有原来好看了？因为没有网络。我记得特别清楚是直到1996年才兴起互联网，上网冲浪什么的。我小时候大家获取信息的途径很单一，就是报纸和纸媒。我从小看小说，那时候是租书，看武侠小

TVB 1984 版电视剧《鹿鼎记》剧照

说长大的，看连环画。沈阳有第一批录像带出租室的时候，里面有那么多录像带，我一天就如饥似渴地看，也没有其他的什么娱乐活动，没有上网，也没有现在的智能手机。

记者：因为你看了这么多书和录像带，所以是这些东西萌发了你对表演的兴趣，还有后面做导演的兴趣吗？

陈思诚：对，这些东西在你心里了，但是小时候我没有要当演员当艺术家的理想，小时候就是想当明星。我小时候也喜欢唱歌，一开始就想当歌星，因为这个考艺术院校，然后通过艺术院校慢慢地接触到了表演，再到真正地热爱表演，是这样的过程。

我当导演很重要的原因是我看的东西特别多，无论是电影还是小说都看得特别多。我觉得每个人都有每个人的天赋，每个人有每个人的宿命，我的人生宿命就是让我有这些经历。小时候因为一直看课外书，看录像带，父母觉得你那是在看闲书，不务正业，不好好学习。当我参加艺考以后就可以特别堂而皇之地看电影了，变成专业的学习了。所以人生最大的幸福就是你之所爱变成了你的职业。

初涉影坛演了个少年犯

记者：进入了这个行业以后，你演的第一部电影是跟奚美娟老师演的《法官妈妈》，在里面你演的是一个少年犯。那时你还在上大学，演的第一部戏就获得了第8届华表奖最佳新人奖，第9届大学电影节最佳新人奖以及第25届百花奖最佳男演员奖的提名，还有其他的很多奖项，真可谓是初战告捷。当初是什么契机让你接了这部戏呢？

陈思诚：那时候我正好是在中央戏剧学院读大二，副导演选角色的时候选到我。导演是北京电影学院摄影系系主任穆德远老师。我们戏剧学院要求二年级一年级的学生一定要在学校好好读书不准拍戏，这个戏找我的时候刚好是二年级暑假的时候，所以是生逢其时的机会。我当时和穆德远导演见了一面以后，我说我们班正好有一个期末汇报演出，是话剧《马》。它本来是3个小时的话剧，我把这个《马》改编成了一个40分钟的独幕剧，讲的是一个刺瞎了几匹马的眼睛的精神病患者的

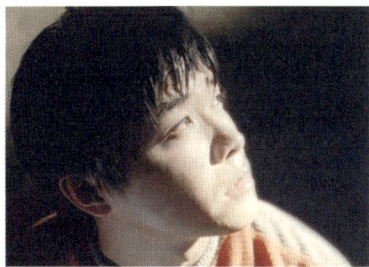
⊙ 电影《法官妈妈》中的陈思诚

⊙ 电影《法官妈妈》剧照

故事。我就请他们看我演的这个独幕剧，他们看完以后觉得我很合适，我就参加了这个电影。

记者：这个电影《法官妈妈》在当时获得了非常大的反响，你的表演也很出色。

陈思诚：谢谢。我记得当时因为演这个少年犯，我还特意去监狱和监所（看守所）体验生活，和真正的少年犯做了交流，还有法官。因为奚美娟老师演的法官是有人物原型的。

记者：你第一次演电影是不是很顺利？有没有特别难忘的经历？

陈思诚：我原来没有太多的影视剧的经验，因为电影表演和话剧表演是有区别的。前两年我在戏剧学院受的都是正统话剧表演的系统训练，在话剧舞台上和观众是有距离的，要求你的表演是放大的，不管是第一排的观众还是最后一排的观众都要能感受到你的表演。而电影正好是相反，电影是把你的表情给放大了，你反而需要缩着演。我印象特别深刻的是有一场戏，当时是胶片拍摄，每次拍完不能很快地看回放，因为需要倒带比较复杂。我记得有一场戏是拍我的一个侧脸，是我听奚美娟老师讲话以后的一个反应，但是那个反应我做了好多次，拍了好多遍都过不了，每一次导演都觉得我那个表演太大了。

⊙ 电影《法官妈妈》剧照

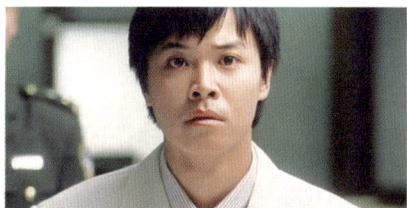
⊙ 电影《法官妈妈》剧照

记者：您还是习惯性地在考虑话剧观众的感受？

陈思诚：对，因为在大银幕上，每个细微表情都放大化了，需要表演相对缩小、很细微。我觉得我演得很好了，为什么总是过不了？我就找导演去了，他说你看一下回放就明白了。我看了一下回放确实是比较夸张，因为景别非常紧，几乎是卡头的特写，就是我的一个侧脸和一个反应，但是如果是在大银幕上这么一动就会觉得太夸张了，其实你只需要做一个很细微的表情就足够了。我这才知道电影表演和舞台剧表演是有不一样的尺度的，一个是需要把表演放大，一个是正好相反需要把某些地方的表演缩小，尤其是特写镜头。

记者：《法官妈妈》这个戏是改革开放期间关于法治建设的重点题材，您觉得这部电影跟自己之前看过的同类型电影有哪些不一样的地方？

陈思诚：这个片子在当时的意识形态层面是非常解放的电影，因为它是第一次以一个少年犯作为本体来描写他的经历。这个少年犯一开始住在法官家里其实是想报复这个法官的，像一个潜伏者的心态。后来通过交流和各个方面的接触，法官用自己个人的真实情感，包括她的魅力，包括她的博爱精神，慢慢地感化了这个少年犯。这个故事的视角在当时来讲我觉得是非常敢为天下先的视角。因为如果在之前拍这个题材，可能会让这个少年犯一开始就想悔过。

农民工是值得尊敬的

记者：后来您还参演了一个电视剧《民工》，这是聚焦改革开放对农民生态产生影响的一部作品。在您的演艺生涯当中，这部作品对您有特别的意义吗？

陈思诚：我觉得我当年特别幸运地参与拍摄了这部电视剧《民工》，它是康洪雷导演在《士兵突击》之前的作品，也是我们两个第一次合作，拍完这部戏以后才拍的《士兵突击》。我是一个生活环境和农民工完全不一样的人，我出生在一个大城市，算是小康之家、中

电视剧《外来妹》剧照

产之家，是通过这部戏真正地接触了农民工群体。我认为这个群体是我们共和国改革开放 40 年以来特别不可或缺的，特别重要的组成力量。我们今天看到的所有的大城市，一、二线的大城市，一砖一瓦，每一个钢筋水泥的高楼大厦都是他们奉献的力量。他们用汗水和辛勤，甚至是背井离乡的经历，个人的付出，让我们的国家和城市有了现在的这样被世界所瞩目的变革，我觉得离不开他们的努力。

记者：正如您所说，在改革开放以后，农民工的力量越来越重要，人数也越来越多。每年春节的时候，全国各地的返乡大军都会形成我们国家独有的一道风景线。

陈思诚：当然，那时候我们在广州拍戏，广州是一个农民工聚集的城市，春运的场景可谓是叹为观止。改革开放以来，曾经一度劳动密集型产业蓬勃发展，我还记得当时有一个电视剧叫《外来妹》非常火，也是反映那个发展阶段的故事。我觉得那是一个非常特殊的时代，那一代人也是非常特殊的一代人。

记者：您现在的工作生活中有没有跟农民工群体接触呢？比如说您的剧组里有农村来的务工人员吗？

陈思诚：当然有。我们这个影视行业有一个特别大的部门是灯光部门，灯光部门最多的从业人员就是来自河南的一个村。

记者：我听说过，业内也有人称那里是灯光村。

陈思诚：对，灯光村，一村子的人都是在这个行业里做灯光师，一个带一个，现在都走出来了。我们当时拍《民工》的时候体验生活，导演特意让我们做的一个工作是希望我们通过化妆和外形的改变，然后真正走进农民工群体中。其实我们剧组的很多群众演员，包括我们身边的演员、工作人员都是真实的民工。导演希望我们真实地走进他们的生活，观察他们是怎么生活的。

记者：您当时穿着什么衣服？

陈思诚：我当时穿得比较多的就是一个迷彩服，就是那种建筑工地的迷彩服。

记者：鞋子呢？

陈思诚：鞋子当然就是胶鞋，也是绿色的胶鞋比较多。

记者：解放鞋？

陈思诚：对，解放鞋，有绿色的还有白色的。我很清楚地记得那是广州最热的时候，有一天拍完戏我的皮带都被汗浸透了。

记者：那些农民工天天如此，年年如此，有的人在工地上一干十几年。

陈思诚：是的，他们真的是付出大于所得的一群人。

房子！房子！房子

记者：我们中国人，尤其是城市里的人，人生中非常重要的一件事就是买房。您在电视剧《北京爱情故事》里面也有讨论房子的情节。可以说，改革开放以后，房子对我们的影响非常巨大。

陈思诚：对，计划经济时期都是分房的。

记者：比如说你到了要结婚的时候，就得排队等单位分给你一个单元房。20 世纪 90 年代中后期开始出现了商品房，您对这有印象吗？

陈思诚：当然有。因为我们中华民族是以农耕民族为主导的群体，需要很强的安全感。和游牧民族不太一样，我们骨子里更需要那种安定的感觉。像欧洲、美国一些发达国家的年轻人不是没有钱，他们骨子里就没有这种意识。他们觉得租个房子很好，我一辈子租房也很好，在这个城市住一段时间我可以再去另外一个城市。这是民族性的区别，就是不一样的。

我们很多中国人移民在海外也是投资买房，并没有因为当地的环境改变自己的生活习惯。我拍电影的时候去过那么多唐人街，泰国的唐人街、美国的唐人街，还有日本的唐人街，中华民族是一个基因非常强大的民族，他并不会因为当地的环境而改变自己，而是更加顽强。我们可以看到很多唐人街都保持了我们民族的传统，甚至比国内的有些地方保持得还好。你刚才说到计划经济时期，我当然没有经历过那个时期的福利分房，但是看到过很多。

电视剧《北京爱情故事》中的陈思诚

记者：您父母也是这样的？

陈思诚：对，他们那个年代都是以分房为主。从 20 世纪 80 年代末慢慢转型，房产开始商业化。我印象特别深刻的是 2003 年我大学毕业的时候在北京买了第一个房子。

记者：您那时的收入已经很好了？

陈思诚：贷款买的而且缴税了。

记者：房子在哪？

陈思诚：西二环边上的广安

电视剧《北京爱情故事》海报

门，这是我的人生中第一个我自己的房子。大三、大四，我一直在外面拍戏，毕业的时候我就买了自己的第一个房子，当时贷款买的，大概是 40 多万还是 60 万，我忘了，一个一室一厅的小房子，是很舒服的户型，最后在相对房产高峰期的时候给卖了。

记者：您当时买房子是想在北京有一个家的感觉吗？买了房就会心里踏实？

陈思诚：当然，因为我在北京读了 4 年大学，特别热爱这个城市。买了房你会觉得这个城市真正属于你了，你也真正属于这个城市了，否则的话你没有真正意义上的安定的感觉。可能房东会随时涨价，或者是房东随时告诉你我们不租了，那个感觉是很被动的，我相信所有租房的人都会有这个感受。

为什么当年我会写《北京爱情故事》这样一个剧本，就是我觉得可能有时候不识庐山真面目，只缘身在此山中，对这个城市真正有感受的反而是像我们这样的外来者，真正土生土长的北京人不一定有我们这样强烈的感受。在这个城市里

🎬 电影《北京爱情故事》剧照

你有了一席可以让你安身的空间，那个安全感是不一样的。所以我才有那么多的感受写《北京爱情故事》，这里面有的是我自己的亲身经历，还有我听到的看到的一些感受。

记者：咱们再来聊聊您自导自演的，2014 年情人节上映的电影版《北京爱情故事》，这个片子我很喜欢。

陈思诚：谢谢，真正能看懂这个电影的人太少了。影片里刻画了一个社会现象，就是房子对婚姻、爱情起到一个关键的作用，甚至你有没有房都会成为别人来衡量你成功与否的一个标准。在有些婚恋网站上，有房有车会在一个档，没房的在另一个档。所以我刚刚说房子对于中国老百姓来讲是头等大事，安居才能乐业，房子是安居的那一部分，所以我才会把它提炼到那个电影里，就是我和丫丫演的第二部分里。

没房没车就不算成功？

记者：你刚才说到一个非常有趣的话题，就是现在很多人把有车有房定义为成功，也就是说成功的定义非常的单一。

陈思诚：是狭隘。

记者：那你认为成功是什么？

陈思诚：曾经有一句话我以为它是真理，后来随着我的成长发现它并不是。这句话是这么说的："幸福的家庭有同样的幸福，而不幸的家庭则各有各的不幸。"

记者：这是托尔斯泰的名言。

陈思诚：曾经我以为这句话是真理，但是现在我认为不对。因为不幸是不一样的，是形态万千的，幸福也是没有唯一标准的。以我现在的认知，我觉得真正意义上的幸福和成功，就是你按照你自己的意愿，真正有意义地生活，你没有违背自己的初心。可能有的人觉得我要富可敌国，我要变成马云、马化腾我才能算成功；有的人哪怕是一生闲散无事，只要是平安快乐地做个很善良的人也是一种成功。每个人都应该找到自己真正意义的成功，没有唯一的标准，也不需要对照其他人，只是对照你自己的内心。我觉得可能是大家没有认清这个问题，才会把成功看得那么狭隘，那么单一。

我接触了一些去海外的人，也包括一些留学生，他们对幸

福的判断完全是不一样的。他不会因为你有多少钱羡慕你，也不会因为你是明星或者政客就怎么样，因为那是你的生活。我的生活可能就是四处玩，过我自己的日子，我有钱就多花，没有钱就打点小工。我认识很多这样的人，你能说他不成功？他按照自己的意愿生活我觉得就是好的。

记者：您说得很好，那您现在过的是自己认为成功的生活吗？

陈思诚：我今年已经 40 岁了，我觉得我没有能力兼济天下，那首先要做到的是独善其身，然后再尽我所能地在自己的行业里多发光发热，多为这个行业做一些正面积极的事，多拍一些好戏，这也是一种修为。比如说我拍了一部《唐人街探案2》，它是两个小时长的电影，如果能在春节期间给近 1 亿的观众或者家庭带去 2 个小时的开心欢乐，对我来讲就是我最大的修为，也是我的造化，我的天赋，我的使命。所以我认为看清了自己，这个事是最重要的，我不会跟别人攀比。在我所从事的电影行业里，能有更多表达的自由，能创造更多的可能性，我觉得这可能是其他行业没有的。电影是一个跟造梦最相关的行业，也是我自己最热衷的。

《唐人街探案 2》里的文化隐喻

记者：《唐人街探案 2》是在美国取景的，现在很多国内电影人都会去国外取景拍摄，但这在改革开放初期是难以想

陈思诚

陈思诚（右一）与《唐人街探案2》演员合影

象的。

陈思诚：说实话我觉得一个国家真正意义上综合国力的强大，能从出国和移民的指标看出来。我记得当时有一个特别火的剧叫《北京人在纽约》，后来又拍了《上海人在东京》。因为在中国改革开放初期，我们的综合国力确实没有那么强大，有一部分人到海外去淘金，去追梦，去经历他们的苦辣甜酸。但是现在从海外回国创业的人越来越多，证明我们国家的综合国力越来越强，我们腰杆子也越来越硬。虽然我们电影人是搞创作的，我们的声音非常微弱，但是我还是希望我们的国家我们的党能想尽办法多留住这些人才，能让当年的出国热潮不再重现。

现在我们常说要有文化自信，其实只有经济强大了才能有文化自信。无论是我们的《唐人街探案》在曼谷封街拍摄，还是《唐人街探

案 2》在时代广场追逐跑马车，那些东西都是有一种文化隐喻，证明我们中国强大起来了，至少我是这么认为的。早些年你肯定不能想，中国的剧组，中国的演员可以在麦迪逊大道上裸奔；你也不能想在时代广场那样所谓的世界中心跑马车，我们之所以可以肆意飞扬，就是因为国家综合实力强大，我们更自信了，创作者也更自信了，所以我们才会有这样的创作意图。

跟美国电影公会合作意味什么？

记者：你们当时去美国拍摄得到了美国电影工会的支持，对你来说这是一个很好的机遇吗？

陈思诚：它不是机遇，是有一

电影《唐人街探案 2》海报

陈思诚美国导戏照片

电影《唐人街探案 2》在美国拍摄时的日程表

条红线。因为你在美国拍摄到达一定的成本，或者是你动了一些器材，就必须得跟工会合作，这个是美国工会对美国就业体制的一种保护。以我们戏的内容和规模是必须要和工会合作的。但是跟美国电影工会合作就意味着价格 N 倍的上涨，他们非常贵，但也非常专业，因为最专业的从业人员都在工会。当然我们跟工会合作也学习了很多东西。

记者：一定要跟他们合作吗？

陈思诚：当然，如果没有工会支持这些场景是不可能拿到的，不可能封街，因为美国的警局，政府只对接这些工会，普通的剧组他们根本是不对接的。

记者：据说有一些美国的片方也参与到影片的拍摄当中了？

陈思诚：对，其实相当于是我们自己在美国成立了一个电影公司。因为美国一般是拍一个电影就成立一个公司，所以我们为《唐人街探案 2》成立了一个 DC2 的电影公司，由这个

电视剧《北京人在纽约》海报

电视剧《红旗渠的儿女们》剧照
左图王宝强，右图陈思诚（右）

电影公司聘请美国工会里的专业人员，等于我们中国人花钱请他们为我们打工，是这样的。当然他们的配合度很高，他们非常专业。

结缘王宝强

记者：我们昨天采访了王宝强，您是在《士兵突击》的时候才认识他的吗？

陈思诚：不是，当时我在拍个电视剧叫《红旗渠的儿女们》，之前是叫《兄弟呀兄弟》，讲的也是跟农民工相关的，河南的一些创业者的故事。那个戏大概是 2003 年、2004 年拍的，我们现在很多优秀的演员都在那个戏里。我是男一号，女一号是汤唯。当时男二号是段奕宏，李光洁和王宝强是来客串的。宝强当时刚拍完《天下无贼》，但是这个戏还没有公映，所以他还不是真正意义上的傻根。我俩一见面他就把我的名字叫出来了，特别有意思的是，他第一次见到我是在《法官妈妈》那部电影，因为宝强在里面当了群众演员。记得当时有一场火车站的戏，因为火车站需要很多群众演员，他在里面所以他知道我叫什么。他后来跟我说那时候他就在不远的地方看到我，那个是男一号，这是他对我的第一印象，所以他一见面就把我的名字叫出来了。

认识以后，当时我们两个还不算真正有名气，但从那时起我俩建立了很深的友谊。我经常组织演员一起吃饭什么的，总会喊着宝强。我特别喜欢他身上很质朴的感觉，我觉得他这感觉不是普通的演员能有的。

记者：后来您又拍了《士兵突击》。您拍《唐人街探案》

的时候找他主演，也是因为关系很好？那时他已经是大明星了，有很强的票房号召力了。

陈思诚：不是这样的。当初拍《唐人街探案》的想法是我在泰国拍戏的时候的灵光一现。有一天我跟我弟我们两个在外面跑步，走到一个天桥上，突然脑子里不知道怎么就出现了两个形象。因为在前一天晚上，我们路过了泰国的唐人街，我跟我弟说可以拍个唐人街探案的故事，我当时脑子里就蹦出了两个形象，是一个猥琐大叔和一个少年侦探的形象，也不知道这个灵感从哪来的。我脑子里出现了猥琐大叔的形象之后第一反应就是宝强来演，他那时已经可以演大叔的角色了，可以让他再多点塑造感，所

电影《唐人街探案 2》在美国拍摄部分

《士兵突击》中的陈思诚（左）和王宝强

以那时他就已经是我的第一人选了，第一时间脑子里闪念的就是他。我选宝强不完全是因为情谊的问题，也不完全是因为他有票房号召力，是灵感。而且他是我身边的人，我是导演也是编剧，我经常写一些角色，把我的朋友或者是我认为合适的人代入进去，按照他的形象去写。回国后我就找他，宝强当时正在拍《道士下山》，我就到片场找他谈，然后把剧本给他。

我要让大家"忘记"王宝强

记者：在这部电影里王宝强的表现跟之前的角色不同，自大背后隐藏着自卑，人物形象非常鲜活，似乎只有在您的电影里我们才能看

⊛ 陈思诚拍摄《唐人街探案》时为演员们讲戏

⊛ 电影《唐人街探案》中的王宝强（右）

到这样的一个全新的王宝强，您是如何激发他表演上的这种潜质的？

陈思诚：我当时跟宝强说不破不立。其实真正意义上，演员唯一的任务就是塑造人物，演员不是为了取悦观众，也不是为了当明星成腕儿而存在。演员的唯一的诉求就是塑造人物。有很多所谓的演员背离了塑造人物的任务，只演一种人物或者只演一种偶像，只要是漂亮就足够了。但是我们在戏剧学院受到的比较传统的教育，老师告诉我们演员的终极任务、唯一的任务就是塑造人物，你必须得是千面人。真正的好演员必须是可以演很多不同类型的角色的。

宝强是国民认知度很高的演员，大家对他的形象，对他的口音都是特别地熟知，所以我一直跟宝强说这次你一定要改变，你只有改变了你才能不破不立，你才能成为更优秀的演员。之前，他用他的河北邢台口音演了很多角色，而我们给唐仁做的人物小传里他是广东人，因为移民海外大潮当中最多、最早的一批是广东人，包括他学的南派莫家拳，那是四大名拳之一，这都是有现实基础的。

《唐人街探案》上映的时候，很多观众会对宝强感到不适应，因为他形象变了，台词也变了，而且为什么说话是这样？慢慢地随着剧情的推进，包括《唐人街探案2》出来以后再没有人想他是傻根儿、许三多了，观众会觉得他就是唐仁，刘昊然就是秦风。我觉得这个是非常有意思的，观众看到更多的是这个人物，是非常有趣的艺术形象，而不是王宝强。那个王宝强和傻根没有区别，和他参加的综艺没有区别。我们希望的是大家忘掉他是王宝强。

天赋异禀的王宝强

记者：在演员这个群体当中，王宝强不算是先天条件特别好的。他不是科班出身，是从当群众演员出道的，外形条件也一般，也没有家庭艺术氛围的熏陶。你怎么看待他从事演艺这条道路呢？

陈思诚：第一是我觉得他非常有天赋，我一直认为宝强是一个天赋异禀的人，他有点像《天龙八部》里的段誉，因为天

电影《唐人街探案》剧照

电影《唐人街探案》剧照

电影《唐人街探案2》片场花絮中的陈思诚（右二）和王宝强（左二）

生的或者是因为机缘，体内有特别强的内力，但是他一开始没有掌握方法，就像六脉神剑那样真气乱窜，一旦学会掌控就非常好。当初我在拍《士兵突击》的时候跟宝强有过深聊，我发现我是通过大量的阅读，间接获取了很多我认为的人生经验，但是他天生就具备对人生的认识，生命本质的认识，他是一个天赋很高的人，悟性很高。第二个我想到的还是质朴，我觉得宝强最难得的是不管这么多年起起伏伏，遭遇了这么多变化，生活给了他什么，他还是保持着相对质朴和简单的心。我认为这个是特别难得的，而且是作为演员的一个必要条件，就是相

电影《唐人街探案2》

对简单和干净。

记者：你刚刚说到在纽约拍《唐人街探案2》时是有文化隐喻的，那么在泰国拍《唐人街探案》时，你有没有同样很想表达，但是又不想表达得太露骨的含义呢？

陈思诚：也是有的。我之所以给王宝强的角色起名叫唐仁，因为他代表了一个移民文化，他是中国的漂泊文化的代表，是唐人街上的唐仁。有一句台词我记得很清楚，谁真正地在家里混得好谁会愿意漂泊在外？每一个人都有各自的难处，我是希望通过这个人物把真正意义上漂泊在异乡的游子们，他们的酸楚感受表达出来。

导演需要舍弃的是自己

记者：有人评价说，《唐人街

探案 2》少了《唐人街探案》里的关怀社会底层的尝试，这个放弃是不是出于更大的商业的考量？

陈思诚：可以这么理解，当我们确定是在春节档上映的时候。

记者：上一部也卖得很好的。

陈思诚：对。档期赋予了更高的商业诉求，让我选择放弃一些个人表达。创作到最后往往就是一种

电影《唐人街探案》中的潘粤明

平衡和取舍的状态。我特别认同李安导演有一句话，真正导演到最后需要舍弃的是什么？需要舍弃的是自己。你把自己特别独特的那部分减少了，换成更多的可以和大众对换的东西。《唐人街探案 2》有太多的信息量在里面了，有侦探排行榜的线索，还有连环杀人案，既要完成动作场面，也要完成喜剧场面。所以其实到最后我发现一直困扰我的永远是片长问题，要想在有限的片长里把所有必要的东西展现出来，只能有舍弃。

记者：你在拍片时总是能非常明确自己的目标吗？

陈思诚：对。我自己非常清楚我要的方向和目标，然后我们再看该怎么弄。

记者：但是导演要照顾观众的需求，也许有些观众对于影片中的人性啊，深意啊并没有太多的要求，而有的观众会追求思想性。你会不会因为过多考虑观众的诉求而不知道该按照哪个思路创作？

陈思诚：所有创作者都很难达到雅俗共赏，大家只能各取所需。所以《唐人街探案 2》和《唐人街探案》最大的差别就是《唐人街探案 2》的豆瓣评分比《唐人街探案》低，但是它

陈思诚在执导《唐人街探案 2》演员表演

陈思诚在拍摄电影《唐人街探案 2》

陈思诚三连拍

得他的心态是最关键的，结果不是第一位，每个人对结果的心态是第一位的。我特别认同，也特别欣赏宝强领金扫帚奖的这个事，他坦然接受自己拍砸了的这件事情，那不很好吗？他下次再拍，我还是觉得你想拍就拍，我们也支持你拍，拍完到底好不好，你还得接受大众去检验，只要投资方给你拍，你就拍。

的猫眼评分比《唐人街探案》高，大众的诉求可能在《唐人街探案2》里更容易得到满足的，票房也证明是这样了。

记者：很多人到电影院看了一个故事，总是希望能够寻求一个答案，或者是一个出口。无论这个电影是哪种风格，现实题材也好，搞笑冒险也罢。你觉得这两部《唐人街探案》能够带给观众一个什么样的答案呢？

陈思诚：我觉得电影只能提出问题或者是展现对这个事件的探索，不可能解决任何问题。即使有，那也许只是一种幻觉，只是暂时解决。

记者：近两年，有很多优秀的演员跨界当导演，所谓"演而优则导"，而且也都取得了骄人的成绩，像是你和徐峥，黄渤。2017年初，王宝强执导的《大闹天竺》也上映了，票房7亿多，但是口碑很糟糕。你从导演的角度也好，好兄弟的角度也好，最想跟他说什么呢？

陈思诚：还是那句话，就是和我对幸福的认知的标准是一样的，我没有必要作为朋友和兄弟干预他任何的事。想做就去做，你做了就要认，做得好要认，做得不好也得认。我觉

后记

每个人说话都有口头语，陈思诚也不例外。他很喜欢说"真正意义上"这几个字。你既可以把它理解成一个高智商的人在洞察世事后的高姿态，也可以感受出他对生活，对创作的一种"求真"的态度。

跟陈思诚对话是件挺辛苦的事，因为他经常会对大家普遍认可的事物有自己独到的见解，要命的是，他还能自圆其说，让人无可辩驳。

你说他较真吧，他又挺豁达；你说他豁达吧，他又很坚守；你说他坚守吧，他又很圆滑；你说他圆滑吧，他又挺真诚。

这样的他，注定是让人又爱又恨。

张大磊：
与电影有关的童年

文 / 王垚

⊙ 张大磊

生于 1982 年的张大磊成长于内蒙古电影制片厂大院，他的父亲是内蒙古电影制片厂知名剪辑师、金鸡奖获得者张建华。张大磊从小

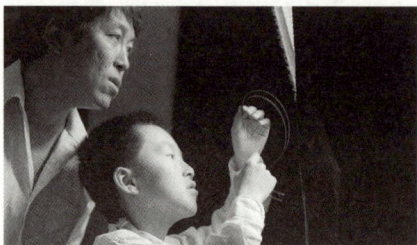

⊙ 电影《八月》剧照

受家庭环境及父辈影响接触并爱上电影。2000 年底，张大磊赴俄罗斯留学，就读于俄罗斯圣彼得堡国立影视大学导演系，2006 年，毕业。2016 年长片处女作《八月》一鸣惊人，先后入围 FIRST 青年影展、东京国际电影节，并获得 53 届金马奖最佳影片、最佳新演员奖、费比西影评人奖。2017 年，获第 24 届北京大学生电影节评委会大奖。2018 年，获第 17 届中国华表奖优秀青年创作影片提名。

《八月》作为一部某种程度上的自传影片，与张大磊在内蒙厂大院的成长经历密切相关，我们的采访也是从他看电影的记忆开始。

童年的影院时光

记者：《八月》里面其中有一个镜头就是男主角张小雷对着灯光看胶片，这个镜头给大家留下非常深刻的印象，这是不是您童年的样子？

张大磊：基本上是吧，因为我父亲是剪辑师，所以我比同龄的身边其他的孩子有先决的条件，我可以进剪辑室里去看去玩。所以我的童年很多时候都是在剪辑车间里度过的。

记者：童年的电影对于您来说意味着什么，是爱好，是梦想还是别的什么？

张大磊：四、五年级之前，我看电影就属于没事儿干的时候才去看。因为我们就住在电影制片厂院里，小时候没什么可玩的，就去看电影，当时我们也不用花钱，直接打个招呼就进去了。但是五年级之后，就会有选择的看了，那个时候就知道自己想看什么了，当时喜欢看武打片、功夫片。

记者：您那个时候已经有做电影的梦想了吗？

张大磊：没有，从来没有过，甚至觉得拍电影特没意思。

记者：那您小时候除了在制片厂里，还有什么其他的方式去看电影吗？那个时代的人是怎么去看电影的？

张大磊：那个时候因为我们的环境太特殊了，都是一个院里的，所以从来没想过看电影要花钱。甚至还有外面的朋友，同学包括父母的同事想看电影，都去找我们。我那时候觉得自己可厉害了，就领着外面的人进去看，就是没想过要花钱。再有就是学校组织看电影的时候，我得交电影票钱，好像是五毛还是一块，基本上就是走进去就看了，基本上没自己买过票。后来改革之后私有化了，影院被承包了之后才有买票这个概念。

记者：影院私有化这个阶段大概发生在什么时候，您当时对这个还有什么印象吗，有没有什么不适应的？

张大磊：我倒没有不适应的。当时是 1994 年，就是《八月》里描述的那一年，正好当时《亡命天涯》是第一个进入中国的进口大片，影院被收购了私有化了，所以就只能买票去看。当时就想看那个片，身边小朋友都看了。但是我看不了，因为我妈不给我买票，到现在都没看过这个电影。

记者：您电影里面有一段，就是《亡命天涯》上映的时候大家都在排队买票，当时这个票很难抢吗？

张大磊：很难抢，当时电影院很小的。没有像现在一个影院进去好多厅，当时就一个厅，最多也就容纳二三百人，挤破头了。而且我们呼和浩特不算是一个大城市，拷贝可能就两

张大磊

个，全市 4 家影院就等这俩拷贝。甚至是影院放了一本拷贝，就有人过来把这一本送到另一个影院去。

记者：《八月》里还有一个细节，在《亡命天涯》上映之前，很多人其实不用买票的，只要认识门口那个大姐，她就会让你进去，那是一个什么样的状态？

张大磊：当时因为大家都是内蒙厂院里的，那个大姐也是院里的邻居。就跟去自己家一样，没事就进去看一会儿。而且电影都是循环重复地放映。《八月》里面也有这么一个小的桥段，有一个老大爷要进去，卖票大姐说又演《爷俩儿开歌厅》，他说没事再看一遍，全是这样，那几部片子看了太多遍，都背下来了。

记者：那个时候影院随便进的情况下，电影对大家来说意味着什么？

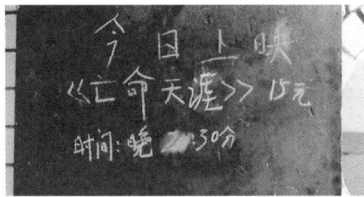
电影《八月》中的《亡命天涯》剧照

电影《八月》剧照

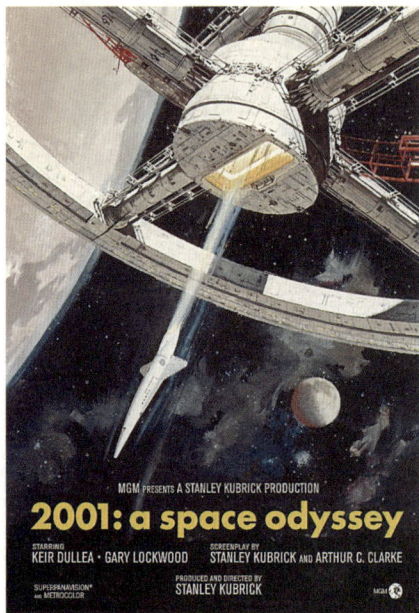
电影《2001 太空漫游》海报

张大磊： 随便进的时候意味着消遣或者是成为一个习惯，因为都是院里的人，其实一样。好多院里夏天坐门口嗑瓜子，打扑克，可能在我们院里去看电影，旁边坐着没准就是谁谁，一边看，一边聊会天，那会儿影院还可以吃东西，可以抽烟，就当成大家一个集体的娱乐场所，那种感觉特别的好。

记者： 对于那段记忆，您还有什么能想起来的？

电影《阳光灿烂的日子》剧照

张大磊： 其实当时也不完全是那些老片循环放映，内蒙厂它毕竟是一个电影单位，当时也有内参片，这些片子是不卖票的。比如说我四五岁时候就看了库布里克的《2001 太空漫游》，就在我们的影院里，跟着我爸去看的。还有好多外面看不着的片，我们都能看。

记者： 那个时候有没有因为看电影做出一些出格的事，让家长生气的？

张大磊： 有，后来我就喜欢看武打片嘛。小孩看完武打片就学，然后一群人看完出来分两伙打架，就是真打，父母就不让看了。有电影一听说又是李连杰什么的就不让去看了。后来还有一次是 1994 年，其实当时已经开始有大片了，姜文导演的《阳光灿烂的日子》，导演版的，不是后来删减的那个版本。当时上映过一段，然后我去看了。看完之后特别受那个影响，我记得当时是全家人一起看的，还有我姥爷。那部电影跟时间有关系，父母那辈人也有切身体会。结果我看完之后特着迷，也说不清楚为什么。当然现在可能明白了，不过当时就是懵懵懂懂，就觉得里面的那种气息特别让我着迷，然后就老想看，不过家人不让看。

记者： 当时去看《阳光灿烂的日子》要排队吗？

张大磊： 我当时进去坐的是一个板凳，因为已经满场了，后来就只能找经理，都认识嘛，就搬一个板凳坐边上看。这部片开始好像没多少人看，因为大家对于获奖什么的没概念，老百姓不讲那个。但是，第一轮放完之后观众就开始抢着进，因为票是供不应求。像我刚才讲的一个影院就几百个座位，放映的场次也是有限的，全市都在等那一两套拷贝，所以就排队了，然后就有卖高价票的了。还有在里面等着的，还有从厕所窗户爬的，都有。

记者： 当时您有没有去买过这种高价票？

张大磊： 没有，我不用。我认识那个经理嘛，总是让我搬一个板凳坐着看。

转型年代的记忆

记者： 20 世纪 90 年代开始的时候，其实出现过一小段电影有点衰落的时期，您觉得这是因为什么原因造成的？

张大磊：我觉得也不是衰落，那个时候可能正是转型期。我记得以前拍电影都是配额制，都是电影制片厂出品的，然后每年国家都会有一部分资金拨到厂里面，指定拍一些电影。所以当时的类型或者是风格、题材不是像现在这么丰富。那时候观众的口味也在变吧，因为电视上播放的东西也多了，而且港产片当时特别影响咱们内地的观众。但是港产片进不了院线，你只能是在电视上，地方的那些闭路电视或者是凤凰卫视看。大家看过那些之后，就觉得当时的那些院线电影可能不够刺激，或者营养跟不上。

记者：您刚才还提到，当时很多电影放了很多遍，这是怎么回事？

张大磊：对，因为产量是有限的，所以只能是循环地放映一些电影。每一个地方都有一个电影公司，电影院只能租那些拷贝去循环放映。

记者：大家其实也都看烦了。

张大磊：看烦了也就是营养跟不上了，反倒是80年代中的时候，就是我四五岁、五六岁的时候，那时候国内出现了好多类型片，其实就是商业片。像周晓文导演疯狂系列的《疯狂的代价》《最后的疯狂》，还有《银蛇谋杀案》这些当时都特火。但是到后来好像就不清楚什么原因，感觉一下子这种类型都渐渐地消失了，好像就那几部。

记者：反反复复的，大家其实也不怎么看了。

青年导演张大磊

张大磊：我爸就看录像了，当时内部开放转录录像带。

记者：提起录像带，当时除了电视之外还有一个东西就是录像厅。录像厅在您的电影里，也有这么一段。您对录像厅还有什么记忆？

张大磊：主要是我刚才讲到的港产片，港产片当时是一个黄金期，第一产量大，第二质量不敢说特别好，但是特别新奇，是我们内地很少能够见到的。想看港产片你只能去录像厅看。还有就是租赁录像带的地方，就是家庭条件好一点的租回去看或者翻过去看。当时极大程度地丰富了我们的业余生活，丰富了我们的视听。还有就是一些美国片，好莱坞电影，基本上都是通过录像厅的方式传播。

电影《疯狂的代价》海报

电影《最后的疯狂》海报

电影《银蛇谋杀案》海报

记者：在您的记忆中录像厅是什么环境，是一个怎样的状态，人们是怎么看电影的？

张大磊：我没进过几次，那时候进录像厅的都是坏孩子。我们家有录像机，我就在家看了。我进过一两次，就是一个特别小的房间，放一台电视，当时也没有液晶的。然后人特多，挤得满满的，都是小板凳，黑黑的，画质也不好，好多人抽烟，那个屋子里头乌烟瘴气的。眼前基本上就全是烟。就那样大家还都看得津津有味的。有的时候你不用进去看，每一个厅外面都会摆俩喇叭。里面放录像带时候，外面就可以听声音，特别有意思，很神秘。因为不容易看到那些电影。

记者：大家当时像排买电影票一样去买录像厅的票，是吗？

张大磊：不买票，就是门口坐一个人收钱，要看了就交 1 块钱进去。当时录像厅多，特别的多，因为那个成本低，不像影院。当时平房也多，录像厅基本上都是平房。

宣传电影《八月》的张大磊

《八月》中的录像厅

电影《八月》中的电影售票员

买一台电视，买一台录像机，然后临街开一个门脸儿就成录像厅了。

记者：那这种录像厅的话，对电影来说是不是也是一个冲击？看电影的人会不会有一部分去就录像厅了。

张大磊：有，当时很多真正喜欢看电影的人，或者所谓的影迷，我觉得他们宁可去录像厅看。因为那个里面的内容要比影院丰富得多，我身边就有好多。

记者：那录像厅和电视剧是不是让中国电影市场当时不太景气的情况加剧了？

张大磊：我认为没有。我认为当时所谓的内地电影的萧条跟这些没关系，不能怪罪到录像厅或者电视剧上面。电视剧其实最贴近老百姓的，它是最大限度地满足老百姓茶余饭后的消遣和娱乐，或者获取知识，或者是一种交流，人们之间聊聊电视剧，聊聊看了什么也是一种交流。我觉得录像厅是推动电影文化的，让很多人能看到影院里看不到的电影。我相信很多前辈的导演们都是看录像看过来的，后来就看盗版碟了。

看电影的意义

记者：那您觉得现在这个时期看电影意味着什么？

张大磊：我觉得现在很难说意味着什么。因为现在太多元了。如果说电影意义的话，最早看电影是很神圣很有仪式感的一件事情。我小时候更往前，看电影不是一件简单的事情，那时候电视都没普及。所以可能很难得看一场，当时的片源肯定更少更单调，就是那样大家也愿意去看。这算是生活里面比较特殊的事情，比如有人在露天放映的时候坐在银幕背面看，爬着墙看的都有。我小的时候电影极少数会有那种很仪式性地去观赏的，比如《红高粱》或者《阳光灿烂的日子》，是一种观

电影《真实的谎言》
海报

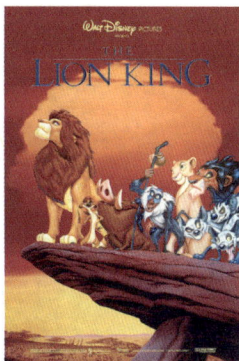
电影《狮子王》海报

电影《泰坦尼克号》
海报

赏性的。其他时候看电影可能就变成了一种集体活动。当然我们院比较特殊，刚才说我们没事干进电影院唠唠嗑什么的。大多数时候看电影是一个集体活动，单位要组织看电影，学校要组织看电影。现在就太不好说了，我觉得都有。因为现在的选择性太多了，但是缺少了仪式感。

记者：很多人说现在看电影其实就是一种简单的消费，跟吃饭一样，您觉得是这样吗？

张大磊：也不全是。我觉得这是分电影的，得看什么片。有些电影确实就是这样的一种产品或者商品，就是这样，就是跟大家吃饭一样吃一顿，大家一起，其实就是集体的一种娱乐活动，一起吃个饭，一起唱个KTV，一起看个电影，看完挺高兴回家了，睡完觉第二天上班。也有一部分电影还是有仪式感的，大家是带着期盼，就是看完之后会对人起到作用，会去想。

记者：您当时说在《八月》电影里提到了《亡命天涯》，20世纪90年代中国其实引进了很多大片，你当时有印象的看过哪些，或者哪些人给你留下了深刻的印象？

张大磊：大片我印象比较深的就是《真实的谎言》《狮子王》《泰坦尼克号》等等。

记者：这些电影对你未来的创作有哪些影响？

张大磊：要说电影直接影响没有，但是它们都成为我拍电影的素材，因为都是我的经历，都变成了我的经历。因为看这些电影的时候，我正好属于十五六岁的阶段，都和我的经历有

关系，可能跟电影本身无关了。

记者：您觉得从1978年前后开始，整个中国看电影的方式，受到了改革开放的多少影响？或者说受到的影响在哪些方面？

张大磊：1994年开始，所谓大片的引进打开了我们的视野。我们看到了更多好的东西。电影本来就是从西方开始，从法国诞生的。电影语言的建立其实也是从西方开始的，也有一些是东方的，就是比我们发展更早的像日本，包括我国香港、台湾这些地方。因为我们以前完全是一个封闭的状态，我觉得更多的是靠自己的想象去创造一种属于中国特色的电影，所谓中国特色的，主旋律的，或者体制内的电影。改革开放之后创作者看的就多了，观众看的也多了，我觉得这是一个相互刺激的过程，激发了更多的想象力和创造力，也能看到更多原汁原味的东西。我觉得拍电影和其他艺术一样，接受得多了看得多了，才会越来越像那么回事。

记者：您觉得改革开放除了打开电影视野这方面之外，还有没有

青年导演张大磊

什么地方推动看电影这个行为的发展？

张大磊：一个就是市场化了，我们生产了好的电影，这个电影可以出去，完全能够让创作者把它作为一个商品或者产品在市场上流通，以前跟现在不一样。再有一个就是观众主动去走进影院了，你不需要单位再去包场，观众有兴趣去看了，是他们主动的本能的选择，这也是一个相互的刺激。

记者：回到 1994 年的《亡命天涯》，这部电影是第一部美国的分账片，现在越来越多的中国电影选择跟国外去合拍，您觉得中外合拍对新一代中国电影人来说是机会还是挑战？

张大磊：在我看来无所谓机会或者是挑战吧。因为说实话我不太了解合拍片。我理解的合拍片无非就是我们的电影资源和国外的电影资源强强联合，大家一起合作把这个电影拍成了。我觉得这也正常的事。大家一起拍一个好电影，把各自的优势拿来，在一起奔着一个想法，奔着一个好的目标把这个事做了。

记者：其实合拍电影的一个挑战就是中外文化之间的差异，我们知道您有在国外学习电影的经历。您觉得这种文化差异有没有比较切身的感受或者想法？

张大磊：有，但不是电影这个事情上。人和人之间因为地域不

⊛ 电影《亡命天涯》海报

⊛ 张大磊凭《八月》获得 2016 年第 51 届金马奖最佳剧情片奖

同，文化不同，生活方式不同会有差异。但是这个差异跟电影没关系，不拍电影这个差异也在。只不过说电影里面可能会涉及这些内容，然后你把它变成创作的一部分。再具体的可能就是美学上的不同了，欣赏角度的不同。

记者：您之前在圣彼得堡学电影，有感觉到文化差异的存在吗？

张大磊：太强了。因为我上学的时候那段时间受台湾电影或者日本电影的影响挺深。所以从我的角度说，或者是说我的喜好就是比较偏那样的。但是苏联电影不是，这和他们的文化或者当地人的性格有关系，他们情绪抒发得比较热烈，东方的美学是比较内敛的，是做减法的。所以他们很多时候接受不了。他们觉得这个太平淡了，太不痛不痒了。

后记

2018 年，张大磊为艾敬个人艺术展拍摄了短片《线索》，短片《黄桃罐头之夜》也在金马影展首映，此外，他还参与了"2018 最美表演"的拍摄。目前，张大磊的第二部长片《蓝色列车》已经拍摄完成，在 2018 年第 2 届平遥国际影展上获得了"发展中电影计划·评审荣誉"。这部中俄合拍、关于"时代、记忆和失落的理想主义"的影片，获得了国内外电影界的高度关注。我们也期待这部影片能够取得佳绩。

黄晓明:

"四好学生"

文 / 阿泯

黄晓明

如果说演艺圈要评选"三好学生",黄晓明肯定会榜上有名。

他外形好,天生一副能当明星的好相貌;

他运气好,拄着拐杖都能考上电影学院;

他人缘好,同行导演粉丝就连媒体都爱他。

24 岁让他一炮而红的是《大汉天子》,

生活中他演绎的是真人版"天之骄子"。

但是黄晓明还有"一好"你知道吗?看完下面的访谈,也许你就会找到答案。

为了《中国合伙人》苦练英语

记者:您这些年出了好几部优秀的作品,像《大唐玄奘》《中国合伙人》《无问西东》等等,其中《中国合伙人》取得了非常好的口碑和票房。观众对您在片中的大段英语对白也印象深刻,您读书的时候英语成绩就很好吗?

黄晓明:其实还可以,我是学文科的,成绩最好的是语文,其次就是英文。因为我的学校是青岛的重点高中,我在重点学校里面属于学习成绩中等偏上一点的学生。

记者:您上了北京电影学院之后还继续学英语吗?

黄晓明:在电影学院的时候其实学得就相对少一些了,因为印象当中我们那个时候电影学院还是以学习专业为主的,然后专业之外的文化课相对就比较简单一点,所以那个时候就觉得自己英语没什么进步,可能还退步了一些。

记者：所以在拍《中国合伙人》的时候您苦练了一下英语是吗？

黄晓明：对，但其实在《中国合伙人》之前我就比较重视英语学习。我是属于比较早的有意识想要去学习英文的。可能是我在比较年轻的时候就有点名气了，也有过去香港、去另外一些地方的经历，突然觉得如果能够掌握不同的语言是一件非常好和方便的事情。所以我去国外拍戏的时候，就会请一个英文老师陪着我去练英文，直到正式用上就是拍《中国合伙人》的时候，在比较大段的英文独白的时候就用上了。

记者：您是说这是因为您之前一直有积累，并不是因为这个电影而做的？

黄晓明：我也突击了很多，因为之前是有一搭没一搭地在学。

北京电影学院表演系 96 班本科合影，黄晓明（第二排右一）

我给你举个例子，就是在接《中国合伙人》之前我突击了 3 个多月的英文，我在接《风声》的时候也是突击了 3 个多月的日文，但你现在让我再说我已经说不出来了，都已经忘了。那 3 个月我是每天跟着一个日文老师学习，看日文的电影，学习日本人的这些仪态，背日文的台词。因为我在里面说的全是日本台词，还有独白。当时导演说我日文说得比中文都好，比说中文台词都流利。当时我是熟到了想都不想，张嘴就能习惯说出来的程度。所以其实努力还是有用的，包括《中国合伙人》。

记者：在接到这个剧本的时候，您知道您扮演的角色的原型是俞敏洪吗？您平常关注这个人吗？看过他在新东方的演讲吗？

黄晓明：当时在定妆之前，还没有签合同之前，我跟导演说我想要演这个角色，导演觉得我不合适。我就跟导演说你别看表面，其实我内心就是俞敏洪那个人，我说我一定能演好。他说那你试试装吧，大概定了十几天之后试装。我就用这十几天的时间把俞敏洪所有的书和报道，所有他的视频资料，他演讲的资料全部都看了一遍。所有的书上都做了标记和笔记，包括哪些我觉得是在电影里可以用得上的，哪些是他的一些习惯和特征，哪些是做生意人的特征，哪些是当大学老师的特征，哪些是俞敏洪身上特有的东西不是我身上特有的东西，哪

电影《中国合伙人》中的黄晓明

些是跟我自己身上比较重合的东西，我一一都勾画出来。包括我自己想到了裤子要提得高一点，挂个钥匙，挂个 BB 机，放个笔，放张纸。我相信当初那些努力、有学识的，尤其是大学老师，肯定习惯性是要带一些这样的东西，包括发型是什么样子。然后我就给导演说了我的很多想法和建议，试完装之后大家就觉得我整个人就变成了他。

当时还有一个比较有意思的事，我试完装之后把这个照片给我一个特别熟悉的朋友看，我说你看这是谁？他说这是佟大为吧，愣是没认出我来。所以这个还是挺有意思的一段经历。那个时候突然觉得塑造角色是一件非常有意思的事情，我想这就是一个演员的乐趣所在吧，可以演绎一个不同的人生，别人的人生。

其实我跟俞敏洪是同类人

记者：我们都知道俞敏洪是一个白手起家的民营企业家，您觉得您跟他身上最大的不同，还有最大的共性是什么？

黄晓明：在我看来，他是一个比较乐观的人，比较努力的人，而且是一个不怕失败的人，是一个有韧性的人。我为什么说这个人我能感受得到，我能演，是因为我觉得他的很多观点跟我自己内心是一样的，只是我没有他那么有才华，可以总结得那么好，但是我也尊崇这种原则。比如关于坚持，他曾在一个演讲里面说道："一个人掉到水里不会被淹死，待在水里边才会被淹死，只有不停地往前爬才能获得成功。"另外关于失败，他说："其实伟人在成功之前都会经历无数次的失败，我们既是成功者也是失败者，但我们最终能够成为成功者是因为我们不怕失败。"我觉得这也是我自己尊崇的一个做人做事的原则。

另外就是他生活中特别谦虚谨慎——麦穗越成熟垂得越低。再就是善良、忠诚、抱着感恩的心，这个也是我自己对家人对朋友对待所有人的想法。所以俞敏洪一下子就打动了我，也让我觉得其实我跟他身上有很多共通的地方，我们的努力，我们的要求，我们内心的痛苦和挣扎、折磨是一样的，每一个想对自己有要求的人都会经历这些。

电影《中国合伙人》剧照

《中国合伙人》里有一场戏其实是我自己临场发挥的，就是我在佟大为婚礼上掀桌子，最后大家打在一起，然后我哭了的那场戏，本来剧本里是没有的。只是当时看到那场戏的时候我很感动，然后我就跟陈可辛导演说，我说那场戏等我喝醉了之后你不要停机，我可能会有一些不同的方式去演。可辛导演说 OK，OK，没事，我用三个机器抓你的镜头。然后在那场戏拍的时候，我是真把自己喝多了，我现在一般拍喝酒的戏我都真的把自己喝多。在那一刻，既是因为角色，也是因为自己觉得有点委屈，就把所有的情绪都发泄在了在那场戏上。既要隐忍又得发泄，那场戏让大家伙儿印象特别深，很多人说在看那场戏的时候特别感动。

电影《中国合伙人》中的黄晓明

其实每一个人都会遭遇这些，你以为别人没有，是因为你永远只看到别人光鲜的一面，却没有看到别人曾经经历过无数次挫折、磨难、折磨。在那一刻我觉得他就是我，我就是他，所以说好的角色是可遇不可求的。

记者： 20 世纪 80 年代，是改革开放的初期，很多民营企业家都是经过艰苦奋斗才取得今天的成就。但那个时候社会上管这些自主创业的人叫个体户，对他们并不是很认同。

黄晓明： 确实挺不容易的。在那个年代，还是以进口商品和外国资源为主的情况下，我们能够发展民营企业，打造民族品牌是一件非常不容易的事情，所以我特别佩服那些能够创出自己企业品牌的创业者。《中国合伙人》在结尾总结了很多，包括俞敏洪，包括很多很多的，一代又一代的为国家作出贡献的这些民营企业家和个人，让大家非常感动。我最开心的就是当这个电影公映了之后，很多我的朋友，

⊕ 电影《中国合伙人》剧照

⊕ 电影《中国合伙人》剧照

尤其是很年轻的朋友，上大学的或者是大学刚刚毕业的，他们说，晓明哥你知道吗？创业真的好辛苦，我们中间好几次真的好想放弃，恰好那个时候看了《中国合伙人》让我很感动，我觉得是你给了我动力。当然我没那么伟大，他的意思是这个电影给了他们很大的勇气，让他们从中感受到了不能放弃。

一部优秀的艺术作品的力量是非常非常强大的，所以我觉得像这种能够从现实生活中提炼出来的优秀电影是非常好的。我希望能够把不是一帆风顺的这种人生经历通过艺术作品展现出来，尤其这种励志类的电影，这种展现民族品牌、民族企业家精神的好电影。我觉得还可以告诉每一个正在创业的人或者年轻人，其实所有的人都不是一帆风顺的，你必须要经历所有的风雨和折磨，才能最终达到你想要的彼岸。

⊕ 电影《中国合伙人》剧照

我是个特别有使命感的人

记者：最近您主演了一部电视剧《你迟到的许多年》，在里面扮演了一个曾经的铁道兵战士，他转业之后创业的经历。这个戏跟你在《中国合伙人》里的时代背景很接近，人物经历是不是也有相近之处呢？

黄晓明：对，他们都是创业者。因为当时没有铁道兵这个建制了，所有人都要转业，大家为了能够不脱军装而去努力，挖隧道，凿山，到最后发现历史是改变不了的，你只能是屈从于那段历史的走向。然后脱下军装之后又面临着重新创业、就业的问题。我演的角色被一个骗子给蒙了，我相信大家生活中都有这样的经历，被骗到倾家荡产，到最后又鼓起勇气重新来。除了面对生活的挫折，还有感情上的一些经历和挫折。但是作为一个男人，作为一个创业者，你如何对待自己的感情？如何对待自己的事业？一方面你要感恩那些帮助过你的人，另外一方面你又要不放弃自己想要为这个国家而奋斗的这颗心，想要创造民族品牌的这颗心，不甘于只用外国进口产品的这颗心——是这样经历一次次失败最终成功了的故事。

记者：两部作品的时代背景都是从20世纪80年代开始的。你那时年龄很小，应该没有太深刻的记忆吧？

黄晓明：我是1977年生的，虽然我并没有在那个年代奋斗和挣扎过，但是我确实看着周围的人，我的爸爸妈妈在那个年代努力、奋斗和挣扎过。我的很多记忆和荣耀感，家国荣誉感，为了事业而奋斗的这种精神，其实是从那个年代潜移默化地被传递过来的。所以我是一个对于家庭和事业都比较传统的人，是真的想做事的人，是有使命感的人。

其实我对那个年代特别有感情，印象当中我爸爸穿着军装戴着军帽的那个样子，我认为是作为男人最骄傲的时刻，我舅舅也是警察。所以长大了之后我特别想演军人，想演警察。在我的心灵当中能够演一个军人是件非常荣耀的事情。在《你迟到的许多年》里我演的是个铁道兵转业后自己创业的故事，真实生活中我也是创业者，虽然我并没有经历过20世纪80年代的创业大潮，但是我看到过那个年代的人创业，其实就是我父辈的这些人在奋斗，没有他们就没有我们今天的幸福生活。所

电视剧《你迟到的很多年》里的黄晓明

以我特别希望可以把他们的人生经历，再把我自己的一些生活经历、感受加在一起，然后通过作品展现出来。我是内心有这种使命感的人，所以我特别喜欢像《中国合伙人》《你迟到的许多年》里这类的角色。

人人都有过"出国梦"

记者：影片《中国合伙人》中提到，当时很多人都想去美国发展。你演的成东青就曾经屡屡被拒签。你还记得你第一次出国或者第一次去美国时的感受吗？

黄晓明：其实在我们小的时候，大家都有过出国梦。那个时候出国可不像现在这么简单，第一你得有钱，第二你还得能过了签证，

电影《中国合伙人》中的签证屡次被拒的成东青（黄晓明饰）

还得有身份，不能平白无故地出国对不对？

记者：为什么大家都会有"出国梦"呢？

黄晓明：因为那个时候大家用的很多东西和看到的很多东西都是从国外进来的，所以你特别希望可以直接地实地感受一下，学习一下。而且那个年代的学生是以能够出国学习为骄傲的，大学都有保送的，然后大学再保送到国外，那是一个非常荣耀的事情。我也有一个表姨是到国外留学，后来当了医学博士，我们整个家族都觉得特别荣耀，直到现在说起来都是非常荣耀

电影《横冲直撞好莱坞》剧照

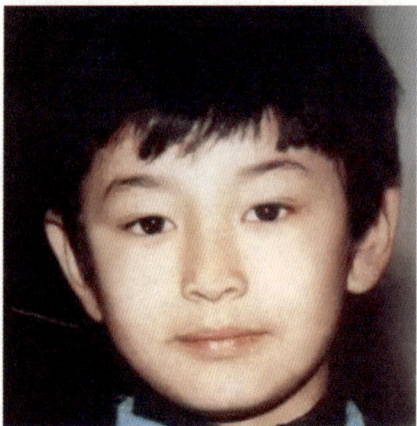
黄晓明童年照

的事情。但我小时候从不敢想象我自己将来还可以出国，更何况是去美国。我第一次出国去哪我其实有点想不起来了。

记者：第一次出国的经历都不记得了？

黄晓明：对，我都忘了。因为我是一个不太过脑子的人，我有的时候做过的事我都想不起来，所以他们老骂我，老说我，其实我是真的不是故意的，我是真傻不是装的。但是我印象特别深第一次到美国，就是当我下了飞机站到美国的土地上，我就想这就是美国啊，也没什么嘛，没觉得有什么了不起，没觉得比我们这个大北京好多少啊。觉得就还行吧，然后还觉得他们有点土。可是确确实实他们的很多的想法、理念，还有艺术时尚方面的东西，在当时是比我们先进很多的。所以我也是有一种学习和借鉴的心态，因为我们总是想努力去成为行业中的佼佼者，最优秀的那个，所以在那个时候我也是跟个傻子似的，就跟刘姥姥进了大观园一样去参观、去学习。

到后来我们国家发展得真是太快了，其实现在我们很多地方已经超越他们了。当然现在想去国外的人还有，但是我发现其实很多国外的人想到中国来，可能想到中国来的人比想去国外的人更多。因为现在咱们国家的机会太多了太好了，所以很多外国人，很多美国人都希望自己的孩子学中文，将来能够到中国来发展。作为一个中国人这是特别值得骄傲的事情。

记者：现在拿到去美国的签证也比较简单了。

黄晓明：一下就给10年签证了，对不对？以前别说10年了，你签10次能过一次都不错了。我因为现在工作的原因经常飞来飞去，一睁眼就到了一个城市，完事一闭眼又回到另外一个城市，我经常忘了自己去过哪个城市。有时候去一个城市做宣传，大家说你来过这个城市吗？我说我从来没有来过，我旁边粉丝就说来过好多次了，我说我可能忘了，我经常蒙着来蒙着去的，就完全不记得了。

穿喇叭裤、蹦迪、唱流行歌曲

记者：您是1977年出生的，基本上跟改革开放同步，您对于20世纪八九十年代社会上的时尚潮流变化还有印象吗？比如说你记得的最早最时髦的服装是什么？

学生时期的黄晓明

黄晓明：喇叭裤。

记者：您穿过吗？

黄晓明：当然。

记者：您穿喇叭裤被老师骂过吗？

黄晓明：没有，我们电影学院是时尚的学校好嘛。

记者：我以为穿喇叭裤都会被老师骂。

黄晓明：我在高中的时候没有穿，我可乖了那会儿。我穿喇叭裤是我在大学之后的事情。大学之前我没有那么时尚，大学之前我是个土包子。

记者：看到别人穿喇叭裤会羡慕吗？

黄晓明：不会。我觉得那不是我应该有的生活，觉得那不

黄晓明（右上角）与赵薇（第二排右二）等同学毕业合影

是我要做的人。

记者：您小时候对吸引眼光这种事情不感兴趣是吧？

黄晓明：小时候我羞于被别人看到，我有个著名的小时候的段子，就是别人说这孩子长得挺漂亮的，但就是看不到他的脸，因为他老捂着脸。我小时候只要看到陌生人就害羞，就往人后边躲。我周围的人，我爸妈周围的朋友都知道我太害羞了。我是到了电影学院之后，因为要做这个行业硬生生地把自己练得脸皮厚了。但我直到前几年，面对摄影师、摄像机我还是会紧张，这两年我已习惯了，有点死猪不怕开水烫了，反倒不紧张了。

记者：您小时候染过头发吗？

黄晓明：没有。那会儿染发膏多贵啊，还染发。

记者：很贵吗？好像几十块钱，几块钱。

黄晓明：没有，就是不可以想象。况且我舅舅是警察，他可不喜欢我们干这种事情了。我们家教很严的，就觉得这样不好。一切的分界点在于我在电影学院之前和之后，改变了我一生的命运。我第一次见到我周围的人染发是陈坤和赵薇，他们俩在学校的时候是最时尚的。赵薇因为在进学校之前已经演过戏了，所以在那个年代我们看来，她的穿戴打扮是特别时尚的，

也戴墨镜什么的。然后坤儿在来学校之前是有黄头发。崔老师（崔新琴）说过我们，所以进学校之前就给染黑了，因为学校规定不可以染头发。

后来我们在学校也逐渐逐渐地开始学习杂志上港台的、日韩的这种明星的穿着打扮，但那会儿穷买不起，怎么办呢？就去秀水市场三里屯买地摊上的便宜货，长得差不多但质量差很多，就是很便宜。也

● 电影《摇滚青年》剧照

● 《同桌的你》磁带

穿过你说的什么喇叭裤、牛仔裤、紧身弹力裤什么裤的，然后各种仿大名牌，什么这边勾那边勾，什么鳄鱼左边开口右边开口，皮尔·卡丹，佐丹奴都穿过，但都是仿的，因为真的买不起。

记者：那会儿还流行霹雳舞，有个电影就叫《霹雳舞》（Breaking）风靡一时，您当时会跳霹雳舞吗？

黄晓明：对，小时候都会跳，咱们国家也有个电影《摇滚青年》，也是讲跳舞的。

记者：其实就是霹雳舞，现代舞和霹雳舞的融合。

黄晓明：对，擦玻璃舞，印象特别深，那会儿可火了，我还学了。

记者：还记不记得他们戴的手套？

黄晓明：当然记得，后来我出歌的时候我也戴过那个闪闪的手套。

记者：您爸妈肯定有印象，就是在20世纪80年代之前的时候不让跳舞的，无论是交谊舞还是霹雳舞。您小时候爱看跳舞吗？

黄晓明：我小时候唯一的印象就是看广场舞，我妈妈偶尔会到家门口或者我们青岛栈桥的广场上跟大家一起练练武术，跳跳广场舞什么的。其实那会儿我妈还挺年轻的，她是为了锻炼身体。后来我去了电影学院才知道有酒吧，迪厅这种地方，我还去跳过，还去蹦过迪。那会儿觉得最时尚、最潮流的事情就是跟几个同学一起去迪厅蹦迪，花个几十块钱门票买个矿泉水或者啤酒可以喝一晚上。

记者：除了这个以外，大家还很追捧流行音乐。您当时最喜欢的流行歌手是谁呢？

黄晓明：最早的流行歌手有郑智化、费翔、邰正宵，《同桌的你》的老狼。

记者：您以前在青岛上学的时候唱过歌吗？

黄晓明：唱过，我参加过电台的学生唱歌比赛，好像还拿过第一名。不过在电台的比赛是看不见脸的，在喇叭前面唱。当时我记得唱的是《同桌的你》和《九百九十九朵玫瑰》。

记者：邰正宵的。

黄晓明：对。

记者：那时您会感受到时代的快速变化吗？是不是觉得每天都在变化？或者一年流行一个东西，第二年就不流行了。

黄晓明：现在不是更新换代得更快吗？那会儿还好一点，虽然也快，但是我觉得比现在要慢。现在感觉你好像刚买一样东西就已经被穿烂了，就已经开始要换别的了。现在可选择性太多了，网络很发达，每天都不停地有新东西出来。

糊里糊涂考上电影学院

记者：您提到了崔新琴老师，她是您大学时的班主任。您是怎么想起考北京电影学院的？是自己对表演有兴趣，还是想将来当电影明星呢？

黄晓明：我没有想考电影学院，那真的是凑巧了。我其实之前的梦想就是在青岛找一份安稳的工作，坐办公室，或者能在家里面陪家人。因为我的家庭观念特别重，我们家人都是轮着陪老人住的，然后伺候老人。何况我是独生子，在我心里边家的这个概念特别特别重。所以当年高考的时候我就想着考一个普通的大学，后来知道有个浙广（注：浙江广播学院，后更名为浙江传媒学院），因为它是属于艺术类的学校，比别的学校录取分数线低一点。有人说你形象不错去试试吧，

黄晓明的班主任崔新琴

我说好，就去试了。后来我去济南考试，考试之前还把脚压断了，我是挂着拐杖去的。结果老师很喜欢我，还考上了，但那是个大专。凑巧的是介绍我去那个学校的老师是电影学院的，又恰好那年电影学院在青岛招生。你说就是那么巧，这就是缘分。

记者：所以说你是在青岛考的电影学院，不是在北京考的？

黄晓明：但凡是到北京我都肯定不去，本来我就不想去，再加上我脚断了我更不想去了。人家说你就去看看吧，反正也不占你的这个名额。因为电影学院是优先招生的艺术类院校，即便考不上也不影响你正常的高考。而且电影学院是本科，在那个年代你知道本科对于一个大学生是一件非常重要的事情，我觉得既然有了一层保险就去试试吧。结果我们崔老师也特别喜欢我，只是她怕我是个真的瘸子，就让我几个月后又去电影学院，看看我是不是真的有问题，后来发现没

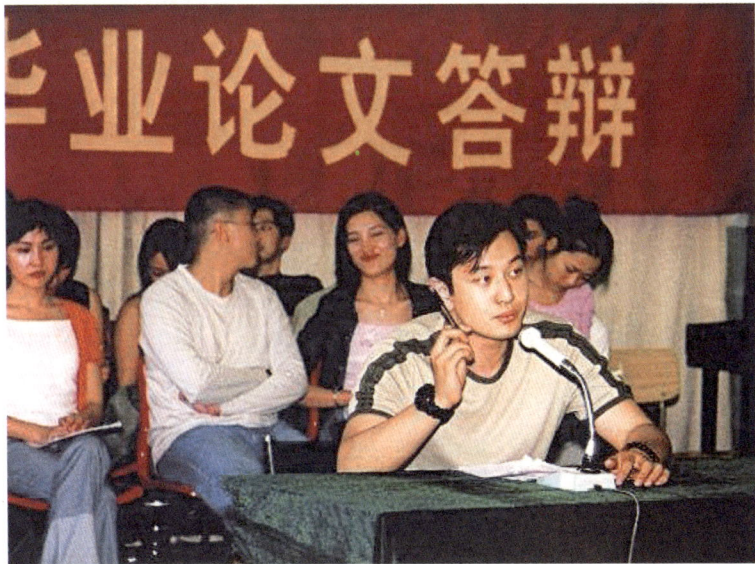
黄晓明毕业论文答辩

问题就要我了。在我们班我的成绩属于排名比较靠前的，当然我本来文化课也没有特别差，然后稀里糊涂地就考了。当时我心想，反正将来上完电影学院，如果当不了演员，我大不了再回青岛做个青岛台的编辑、主持什么的都可以。至少还有个退路，我是真这么想的。

记者：你当时没有感觉到北京电影学院是个世界名校，没有这个概念是不是？

黄晓明：那是世界名校吗？

记者：对，当然是全国全世界的名校。美国是没有电影学院的，美国只有个电影系，你考个电影系什么都得学，要学表演，学摄影，还得学导演。

黄晓明：你这么说我还是挺骄傲的，当然我之前是为我是电影学院的学生而骄傲，但是你这么说我就更骄傲了，那还真是挺好的。

赵薇、陈坤红了之后，我觉得没我啥事了

记者：电影学院表演系毕业后，当明星的概率肯定比普通人要大得多，你当时有没有这个概念呢？

黄晓明：概率确实大很多，但是我们老师上学第一课就打击了我们一下，她就说每个班能出一个就非常好了，就谢天谢地了，基本上

🔵 学生时代的黄晓明（第二排右二）

🔵 北京电影学院表演系 96 班毕业论文答辩合影，黄晓明（第二排左四）

不太能出两个，我们看也是这样子的。就是每个班能红的基本上也就一个到两个，剩下的要不就是刚刚好一点就干别的工作去了，或者慢慢就没有可能了。有的当制片人了，有的就去做别的工作了，甚至有的做生意了，都会有这样的事情，所以我一直觉得自己成功的可能性不太大。

另外，我是一个特别害羞和特别木讷的人，到今天为止都不觉得自己适合当演员。但是我还是挺努力的，这点倒是真

的。我一直有一个原则就是我可能不是最优秀的那个，但我要做最努力的那个，不管成与不成我尝试一下总可以吧，省得自己后悔。结果没想到一不小心尝试还成了，但是没尝试之前我也没敢想。我们班先是红了赵薇，后来又红了陈坤，我一想，哟，名额满了没我啥事了，不可能了，没想到接下来一个就是我了，这个我是真没想到的。对了，之前我们班里面陆陆续续地也红了好几个，但是没有说是一下子那么厉害，像颜丹晨、祖峰、郭晓东、孔维、何琳，其实我们班好多非常非常优秀的人，还有郭伦，他现在叫郭昊伦，都非常非常优秀，还有张恒和许还幻、张佳蓓，说起来好骄傲。

我印象最深的是突然有一天，有孩子堵在学校门口等赵薇放学，我还帮她接别人的信和礼物，都是按卡车来接的。我有

电视剧《大汉天子》剧照

名的时候是当我走在马路上的时候，有人开始说那不是九哥吗？当时我是演《大汉天子》火的，人家还叫不出我名字来，就说是"九哥""九哥"。然后去台湾时有 200 个粉丝接机，我心说，这是他们安排的吧？应该不是真的吧？后来发现是真的，所以我还是挺骄傲的。因为当时我也算是不多的几个在台湾有那么多粉丝的内地艺人，那边

北京电影学院 96 级明星班聚会

明星挂历

明星贴画

还是比较认我的。就是这样子，好像突然有一天从没有到一下子有了，就是很快很突然，没别的。

伤自尊的"备选"经历

记者：20 世纪 80 年代的明星有两个有趣的标志，一个是要上挂历，还有一个是上杂志的封面。你对这有印象吗？当然现在挂历很少见了，上杂志封面也不再是火了的标志。您觉得您这一代的明星是用什么来衡量火不火呢？

黄晓明：我们那个年代最火的是马路边小摊上卖的大头贴，几毛钱一张的大头贴有你的，那就证明你已经火了，上挂历那得是大火，大头贴按现在说的比较"流

⊛ 接受采访的黄晓明

⊛ 黄晓明（左）和崔新琴

量"。所以在那个时候能够上挂历，上杂志封面是一件特别值得骄傲的事情。我感觉自己火了的印象是我们一开始坐飞机是普通舱，后来有客户请我们去的时候说你可以坐头等舱，突然就觉得原来自己是可以坐头等舱的人了——就是很多很多小的细节。从以前你穿衣服自己买，到后来你求品牌说借我一件衣服吧，人家说不给不给不给，再到后来大品牌主动说这个衣服你帮我穿穿吧，这个活动你来参加一下吧。现在国外的大品牌都找我们中国演员做代言，我们那个年代是求人家，人家不一定愿意，我们再好也得备选着，都排在外国模特的后面。

那会儿我在代言某一个大国际品牌，对方找我拍广告，排在我前面的是两个外国模特。我那会儿已经有名了，但排来排去最后还把我挤掉了。当然被挤掉是因为我自己心里面过不去，我的自尊心很强，我说我宁可不要做这个事情我也不能丢人。后来他们又找了另外的华裔模特去做那部广告。但我很幸运，我的自尊心没有白费，后来我成为某一个国际大品牌 2008 年的第一个亚洲代言人，所以其实在那段时间，我还是挺值得骄傲的。现在我们国家这么多的行业，每个行业都越来越好。包括影视行业也是一直在增长，票房也在增长。所以我作为能够在电影发展史上曾经存在的一分子，也是觉得非常骄傲的。

最感激最尊敬的人

记者：从 2001 年您凭借电视剧《大汉天子》成名到现在，已经有十几年了。在这些年里，你肯定遇见了很多人，经历了很多事。如果现在回想一下，您最感谢和最尊敬的人会是谁呢？

黄晓明：我最感谢和尊敬的肯定是我们崔老师。我刚才跟您说过了，上电影学院是我的人生分界点。我之所以能有今天，能坐在这个地方跟大家聊天说话，能让这么多人看到我，不管是批评也好表扬也好，能够有机会做慈善也好出作品也好，都是因为这个人改变了我的一生，因为她的坚持，她跟我们这班同学的缘分。我们那个时候的老师跟现在不一样，是一个班主任带四年，就是我们只有这一个班主任。现在是每学期

换一个班主任大家轮着来做老师，所以可能感情没有我们那会儿那么深。

崔老师对我们就跟妈妈一样，是她亲手去发现你、发掘你、录取你、培养你，送你到社会上去实践，最终送你到社会大学，成就了你的今天，所以她才是我们的恩人、亲人，她是我们的再生父母，这话一点不夸张放在她身上。我真的觉得粉身碎骨无以为报的那种。我经常见我们的崔老师，经常在一起聚会。

不想当"网红"的网红

记者：就像您所说的，您能取得现在的成就要感谢崔老师的栽培，但我觉得您靠的更多的是自己的努力。可是现在很多比您年轻十来岁的明星，他们依靠网络宣传就能获得流量和财富。那你怎么看待"网红"这个现象呢？

黄晓明：我要告诉你我不会电脑你会相信吗？

记者：我会相信，因为我电脑也不太熟。

黄晓明：我只会一指禅，就是我打字就是一个指头敲。我所有的东西关于电脑的其实都是让别人帮忙，我指挥可以，看邮件什么的没问题，但是你要让我上网去跟人聊天打字什么的不行。只能是让别人帮我做，我自己不会做这些东西，所以看起来其实挺土的。现在说起来不会打字是一件非常可笑的事情，但我真的就是不会打字，不过也没有影响什么生活。

记者：按理说，明星是要靠作品说话的。但是现在的明星除了靠作品之外，除了自身的能力之外，他还需要其他的一些东西来维持关注度，比如说上综艺、制造话题或者是网络上跟粉丝互动。现在很多年轻的明星或者说他的团队都很擅长运用

◉ 《中国合伙人》剧照

◉ 电影《大唐玄奘》海报

◉ 电影《大唐玄奘》剧照

各种网络手段，跟他们相比，您有没有什么压力？

黄晓明：其实就看你真正想要的是什么东西。有时候我们也是被动的，被推上去的，比如说有些热搜我们也不想上，但是你控制不住别人会让你上。我得承认我有时候可能选戏选得没那么好，所以我也愿意去承担一些争议也好，或者批评也好，或者告诉你应该怎么做，你以后不能这样子，我都能接受，因为这是我成长必经的一个阶段。当然我也很幸运，碰到了很多好的角色和好的戏，但是同时我也在努力挣扎着，在艺术和商业之间寻求一种平衡。比如说我也很希望能够拍一些很好看的戏，像《中国合伙人》《风声》，这些戏本身是有艺术价值同时也有商业价值的。但是有时候你为了满足自己内心还存在的那一点点小的，年轻的冲动，想要拍一些偶像一点的电视剧，也曾经有过那样子的年纪。当然现在已经过了这个年纪，也尝试过了，不适合你就是不适合你。

《中餐厅》中的黄晓明（左）

为演玄奘　宁可结婚戴假发

记者： 您这些年塑造的角色确实越来越不"商业"了。像《大唐玄奘》，我听说很多人都没有想到您会接演这部电影，当时是怎么想的？

黄晓明： 我为什么接这个戏是有一段故事的，其实我本来是有一个别的选择的，但是，第一我有一个玄奘情结，就是我小时候很喜欢《西游记》；第二是我在大雁塔底下扮过一次唐僧；第三是我知道我妈妈很喜欢；第四是我很钦佩玄奘的精神；再有一点就是我觉得现在很多人都忘了玄奘这个人，忘了玄奘精神了，尤其是年轻人。大家的印象当中说玄奘是谁？是唐僧，唐僧就是《西游记》里边的那个唐僧，我觉得有点悲哀。因为玄奘代表的是某种中国的精神、中国的脊梁，是一种初心、梦想、坚持，一种无所畏惧。他最终到达天竺取回真经并且造福我们大唐，造福我们人类。这样一个人物，我觉得应该让他的故事永远流传下来，但是很多

人忘了。

虽然我很想演这个电影，但是说实话，当时我也很纠结。因为我如果拍这个戏，那我结婚的时候肯定是光头，我内心是有点抵触的。好像在咱们中国的传统文化里，光头结婚不太好。当时我真的很纠结，但是我妈妈也好，还是我也好，我们最终说服了自己。我知道可能我这辈子没有太多的机会碰到这种题材了，我又很希望把玄奘精神发扬光大。

最后我跟家人商量出一个结果，就是我结婚的时候戴个假发。可能很多人不知道我结婚的时候戴的是假发，因为那个时候是为了拍《大唐玄奘》去剃了个光头。我只是希望在我的有生之年，能够凭自己的一点点微薄的力量，把玄奘的精神传承下来发扬下去，让更多的年轻人知道。

记者： 拍《大唐玄奘》的时候您去了很多地方吧？敦煌、西安、新疆，最后还到印度去了？

黄晓明： 对，印度也去了。

记者： 哪个风景点给您的印象比较深？

黄晓明： 很多。新疆的风景，那个雪，太美了。我们后来为了拍雪景又重新去了一次新疆，就跟像画一样，拍出来都不觉得是真的，像是电脑修过的一样。还去了很多的历史遗迹，包括印度的那烂陀寺，看到被焚烧过的那些高僧的塔，灵塔，还有遗址。你觉得，原来历史上佛教曾经如此地发达过，在这个地方如此辉煌过，但是却因为别人的侵略而

"脱贫攻坚战—星光行动" 黄晓明宣传图

毁于一旦，你就会觉得好心痛。当你看到这些之后，你会更希望能够通过自己的力量把这种精神传承下来。我觉得这个世界上还是有很多美好的东西的，只要你坚持的话还是会有成效的。

记者： 您出道这么多年，在外人看来，好像挺一帆风顺的，那么您有没有经历过低谷呢？

黄晓明： 其实去年的时候，可能也是在大家认为明星最好挣钱的那个时候，我休息了将近一年没有拍戏。可能是精神上的疲累，也可能是觉得自己该冷静冷静，想想自己这么多年为什么会有一些选择性的错误。整整将近一年我也没有挣钱，没有去拍一些就是可选可不选的戏，相对好一点的我都推掉了。我就想休息一下，让自己冷静一下，陪陪家人，让自己有一些思考的空间。唯一拍的戏就是《你迟到的许多年》，也不是为了有多少大的商业价值，就是为了一份情怀。所以我现在希望将来的自己可以多为情怀，多为自己内心深处的这份初心去做事情，而不是就是为了满足一些表面的虚荣心吧，那应该是很年轻的时候做的事情了。

在综艺上，我也是挑了一些比较正能量的，例如像《中餐厅》，由明星做餐厅合伙人去服务大家，去给大家做美食，去到国外推介中国的美食文化；还有像《旋风孝子》这种展现家庭孝顺、中国传统文化的，我比较倾向于做这样子的节目，因为我希望可以多带一些正能量的东西给大家吧。

再比如慈善。其实我一直是把慈善放在第一位的，我也是连续几年排名第一、第二、第三位的慈善明星。然后也是有意无意地陆陆续续帮到了很多人，这是我觉得非常非常开心的一件事情。咱们这次电影频道主办的"脱贫攻坚战—星光行动"我也是第一批报名必须要去的。

记者： 是的。您参加星光行动有什么感受吗？

黄晓明： 我觉得挺光荣的。因为当国家给予了你这么多东西，你拥有了今天的成就，我觉得我们应该不停地去回馈给这个国家和这个国家的人民、观众一些东西。所以如果有机会能够带领我们一起去做这些扶贫工作，能够去帮到别人，我觉得非常幸福。因为你看到被你帮助的人幸福你也会

在电影《大上海》中黄晓明（左）与周润发同饰一角

感到幸福，人都是相互的。所以我从来不把公益慈善当作一件被动要去做的事情，我从来都觉得这是一件让自己幸福，也让别人幸福的事情，所以我一直都很幸福地在做这些事。

记者： 说到扶贫和公益慈善，最近我们听到一个消息，周润发把他自己的所有积蓄的90%以上，价值50多亿港币的财产全部捐给慈善机构。您跟他合作过《大上海》，您对周润发的这个决定怎么看？

黄晓明： 发哥是我的偶像，在我没有做演员之前发哥就是我的偶像，生活中的、银幕上的。我现在更加喜欢他了，其实发哥也有一段非常坎坷的人生经历，当你真的去研究他的时候，你会发现其实发哥也好，成龙大哥也好，他们能有今天真的是因为他们经历了太多人生的，不管是精神上还是肉体上的折磨才拥有了今天，

所以每个人都不是平白无故获得成功的。我相信发哥今天做了这样一个决定，是因为他内心经历了一定的磨炼，他会有自己对人生的一个总结。我非常非常地敬佩他，所以他不只是我艺术上的偶像，也是我生活中的偶像，我会向他学习的。

我也在慢慢经历我自己需要经历的事情，我相信以后我也会对我自己的人生做一些总结的。发哥用他的身体力行影响了很多人，我也希望可以用我的身体力行去影响更多的人去做慈善做公益。那天我看到我一个朋友说，1个人捐1万块钱的力量大还是1万个人每个人捐1块钱的力量大？其实是1万个人每人只捐1块钱的力量大，因为你影响到了这么多人，这么多人又会影响到其他人。所以对我们这些人来说，做公益不简单。我们应该用自己的号召力去影响更多的人一起来做公益，就像我自己总结的那个口号"希望让大家把做公益变成一种习惯"。

后记

此次访谈中，黄晓明给我们留下最深印象的有两点：一个是"三观正"，一个是"重家庭"。这很容易让人联想到一个关键词——"家教好"。

这也就不难理解：

为什么他喜欢演军人，演英雄，演玄奘，演民营企业家；

为什么他不忘师恩，热心公益；

为什么他从不得意忘形，爱惜羽毛。

其实，相貌好，人缘好，都不难做到，演艺圈里从来不乏这样的人。

但是，让黄晓明一直踏踏实实行走在这条路上的，还是源于小家庭对他性格的塑造。

至于运气好，不过是老天爷给他和他的家庭一个小小的奖励罢了。

合流奔涌

影响

中国电影人访谈录（1978—2019）

于冬：

抓住机遇的那个人

文 / 康婕

于冬

2018 年，《湄公河行动》《红海行动》两部电影的出品方——博纳影业在金鸡百花电影节和华表奖上频频斩获主要奖项。可谓内地主旋律题材与香港导演的类型片策略相得益彰，社会效益和经济效果齐头并进。博纳影业的老总于冬，凭着他的慧眼，找到了中国电影市场的试金石。成功来之不易，为此他探索了 20 多年。回首从北京电影学院管理专业毕业的青涩时光，于冬从一个拎着沉重的拷贝串街走巷的年轻人，一步步走到了今天，从空空的行囊到满载而归。于冬经历了中国电影国企改革的历史节点，他就是那个能抓住机遇的人。

在北影厂做个快乐的推销员

记者： 我们把思绪拉回到 20 多年前，先讲讲您上学时候的经历。您当初是电影学院管理专业的第一批学生，怎么想到选择这个专业的？您大概是从什么时候对电影萌发的兴趣？

于冬： 其实很偶然，我陪我一发小去报考电影学院摄影系，后来发现有一个管理专业，我就问他们这个学什么呢？将来做什么呢？他说将来做发行，分配到电影公司，我就试着填了这么一个专业。后来参加了一个学前的训练班，那几天看了很多电影，很感兴趣。当然我一直挺喜欢电影的，因为那时候我们家里订阅了《大众电影》，每期都会看，有受到电影的影响。

记者： 1994 年您毕业之后就分配到北影厂，这个工作是您想要的吗？还是您主动争取来的？

于冬： 应该是优秀的学生才分到北影厂的。北影厂当时赶上1993 年的电影行业机制改革，那个时候电影学院已经感受到了电影市场的严酷和电影厂的经营困难，广电部已经在筹划电影改革，而电影改革首先是从发行作为突破口，所以在1993年出台了电影业的3号文件，突破中影的独家垄断发行权，电影厂面临着自办发行的问题，所以我们那一届毕业生被各个电影制片厂一抢而光。北影厂因为是大厂，所以条件、门槛比较高，它要三个条件：第一，最好是党员，我符合；第二，是男生，我符合；第三，五年内不准分房，要家在北京的。我这三条都符合。当时，北影厂招了三个家在北京的同学，很多外地学生就没能进去，我算是第一批确定分配到北影厂的，我们还赶上最后一拨的统招统分。

记者：那您分配到北影厂初期工作主要是做什么呢？

于冬：就是跑全国卖拷贝，那

《大众电影》杂志

时候是定拷贝年代，一个拷贝从原来的9000元钱加到10500元钱。你多卖一个拷贝就等于意味着电影厂多收入10500元钱。那个时候就想变着法地让省一级的定片负责人、发行科长们多定一个拷贝，其实跟我们也没有任何关系，觉得是一份工作能力的体现。那时候都是嘴勤、嘴甜，叫这个大叔，那个大姐，那个大姨，反正是沾点关系的都攀关系，那时候也不兴送东西，没有什么可送的，就拼喝酒。所以那时候没什么，就说一杯酒1万元钱，由于喝酒能力还比较强，所以我定的拷贝都比较多。

记者：您当时发行拷贝的纪录是多少？厂里有没有奖励？

于冬：那时候其实更多的还是一种情怀，首先，北影厂的片子都还不错，曾经领先各大电影制片厂。1995年以后才引进美国大片，在1995年以前，1994—1995年那段时间，北影厂有一批李连杰主演的合拍片，比如《黄飞鸿狮王争霸》《王者之风》《方世玉》，各地定拷贝数量都很高。我们毕业就赶上发这一批片子，像《霸王别姬》这种，都卖得挺好的。后来赶上市场不断变化、改革，后来又改成单拷贝发行，如果一个省不愿意要拷贝，我们就想办法到这个省的电影院去，在一个电影院里做单拷贝发行。当时，为了冲破体制，其实做了很多，大家尽可能想办法，改变过去定拷贝1万元钱的标准。这个事看似很艰难，实际上还是充满了快乐。

北京电影制片厂

从左往右分别是：濮存昕、夏钢、于冬

于冬早期照片

电影《黄飞鸿之三：狮王争霸》

我记得在山西太原郊都，一个拷贝我放了两个半月，就是夏钢拍摄的《与往事干杯》，是一部文艺片，独家放映，创造了将近40万的票房，也让我在全国一战成名。各省的公司，包括回来北影厂都被惊动了。

后来我就在郑州、南京如法炮制，在郑州，领导批准我去，我拎着拷贝就去，当地的晚报、青年报这些女记者们，跟我关系都特好，我约她们出来吃饭，那时候北影厂补助38元钱，已经是各厂补助最高的了。38元钱能吃什么，就是街边小铺吃个饭，但是到今天很多女记者都是那个年代结下来的友谊。那时候没有互联网，全部都是靠主动沟通媒体，第二天给你登的版面比较大。然后跟当地的电影公司确定好了，还帮他们印传单。

那时候没有更多的有效手段，但是电影院门口发传单挺管用的，那时候也做不起更多的广告，就是报纸，中缝广告就已经是投入最大的广告了，但是广告词很关键，《与往事干杯》写的是"大胆探索性心理的艺术片，独家上映，在太原影都"。所以我就把太原郊都那些宣传，包括很多影评放在传单里，然后在商场门口散传单。就这么一点一滴地看到了市场的变化，观众对好电影的一种渴望和需求，我很满足，这种满足来源于自己的努力。你比别人的票房做得好，其他厂的片子明星比你这大，但你票房比它高，就是这样一点点累积的荣誉感和成绩使得我慢慢在发行圈出名，在电影厂里头，我算是比较出名比较早的，勤快又能干的人。

记者：感觉在20世纪90年代中期您就发行文案，宣传媒介。

于冬：对，什么都干，海报、广告词我也写，还有报纸，

和记者们结下友谊的于冬（前）

报缝得有分割、配图，那时候我都自己画报纸。北影厂当时有专门的北影影讯，是发到全国电影院，发到各省公司的，那个时候就是我负责写稿。其实我最早创业应该是在北影厂的时候，这段时间还是蛮愉快的。那时候因为经常有很多剧组在北影拍摄，北影也是最早做合拍影片的，我能见到很多香港明星，拍《宋家皇朝》我就拿着小录音机去采访了张曼玉、杨紫琼、姜文。我那时候有一项特殊的收入，就是稿费，由于我的勤快、努力，那时候一个月都有几百块钱的稿费，最多的时候可以到3000块钱。

记者：90年代稿费的标准是多少？

于冬：一个千字文配图大概是40元钱，这些工作厂里的科长们都很鼓励，那时候允许一稿多投，所以我就发全国的晚报的文化版，结识了很多文化版的编辑、记者，我的稿一般都会用，因为是最新的电影影讯。他们给我寄稿费，最

电影《与往事干杯》剧照

电影《宋家皇朝》剧照

便宜的也有9元钱，最高的有100多元钱，所以一个月下来，少则六七百元，多则两三千元。当时我工资才一百多元钱，所以稿费是我那段时间里得一个肥厚收入。

记者：就是因为这种勤快，得到了韩厂长的赏识吗？

于冬：我觉得那时候不仅是韩厂长赏识我，包括电影局的很多领导、中影公司的很多领导都是，我还参加了中影集团电影市场杂志社，是他们的特约记者，经常组织"黄山论剑"，集合各个发行口的发行科长们谈论改革。那时候刚入行，我就很快融入到了电影关于市场、关于行业改革的论战中去，助力了一些改革思路的形成。我觉得我在北影厂差不多6年的时间，经历了从发拷贝，发片子，跑销售，做宣传，做电影院的营销，联络全国媒体的全过程，基本上今天拍电影之后的营销发行，当年我都做了。由于我业绩又挺好，后来很快就提了副科长，在我们同时进北影厂3个同学里头，我是第一个科以

和记者们结下友谊的于冬（右）

于冬早期照片

年轻时的于冬

上干部，可以参加全厂的科以上干部会。

记者：那时您入厂几年？

于冬：大概就是两三年的时间，我1994年正式分进去，差不多1996年就提干了。那时候我25岁，应该是北影厂最年轻的科级干部了。

创业的第一桶金

记者：既然领导们都比较赏识，怎么后来就想去创业了呢？当您要离开体制单位，身边人、家人支持吗？

于冬：那时候家里头也都不管你，全凭自觉，全凭自己的努力。90年代，电影行业是一个转型期，就是完全从计划经济向市场经济转轨。这个转轨的过程其实最大的是思想碰撞，就是关于电影的商品属性、娱乐性的问题。电影要不要走市场化？这个转型对每一个电影从业人员都是一个很大的挑战。我觉得在1997年以后，整个电影行业面临着新生力量的萌芽。1997年，很多民营电影公司开始崭露头角。冯小刚拍了第一部贺岁片《甲方乙方》，这个时候有第五代导演的大片，像陈凯歌的《荆轲刺秦王》，张艺谋也跟张伟平成立了自己的新画面公司，拍了第一部电影《我的父亲母亲》，那一年章子怡第一次获得了百花奖影后。你会看到在90年代，1997年、1998年的时候，虽然内地电影市场处在最低谷的时期，但是民营的力量、新生的力量在崛起。

而那个时候我在北影厂无所事事，因为那时候电影厂生产已经艰难了，基本上没什么片子发，也没活干，不像当初1995年的时候北影厂有一批香港合拍片，1998年香港金融危机之后，内地和香港的合拍片瞬间绝迹了，也没人来北影厂谈

电影《宋家皇朝》剧照

生意了，北影厂自己生产的片子也难以维系。这个时候挺困难的，在北影厂虚度光阴的同时，我在思考着未来，有一颗不安躁动的心怎么办？我还要不要干这行？我还挺快乐的一个推销员，突然没有产品让我推销了，感觉很迷茫。

这个时候广电总局，广电部开始酝酿大的行业机制改革，经过了各种思想碰撞，成立中影集团，把北影厂合并到中影去，在京的7个直属单位进行合并同类项，组建中国电影集团。这个过程其实我们感觉到很迷茫，很不安。因为听说我们的宣发处就要解散了，要并到中国电影集团去了，我们的洗印车间也停产了，要合并到洗印厂去。大家都变得不确定起来，我就想着干脆自己出来单干吧，单干要干什么？没有资本金，靠那点工资和稿费收入是开不起公司的。后来1999年成立中影集团，又到中影集团工作了差不多1年的时间，结果把我在北影厂赖以为荣的副科长也给撸了，因为是北影过来的，中影要重新安排干部。所以我彻底绝望了，就出来自己做公司。那个时候4个人，有3个是家里人，还有一个天津电影公司退休的老同志，我们几个人组建了一个公司。

我们只会卖片子，因为跟黄建新熟悉，就找了一部他拍完搁置了3年的片子《说出你的秘密》。当时我还在中影当副科长，那时候准备发行，给他压了挺低的价格，人家没卖给我们。后来我就主动去找他，我说当时给你60万，不是我的意思，是领导的意思，我觉得这片子不错，现在我出来单干，我出120万，你卖不卖？黄建新赶紧联系浙江电影制片厂，我最后就跟浙影厂的厂长签了份合同。签约要有诚意金，我借了27万加上手上这么多年积攒的3万块钱，凑了30万做诚意金。最终这个片子我卖了将近1000万票房，那一年我净赚50万，

电影《我的父亲母亲》剧照

扣除了人吃马喂的费用，这一年我算是活下来了。

记者：刚才这段也给我们分析了当时的创作环境，体制环境，创业的原因，随后您就发了《我的兄弟姐妹》，成本200万，又大赚了一笔？

于冬：后来在2001年的时候，我的公司到处找活干，但是那时候大部分国产片是无人问津的，市场

创业的于冬

于冬早期照片

电影《说出你的秘密》海报

总共 8 点几亿票房，国产片加起来不到 2 个亿，卖片子、卖拷贝其实是很难的。所以我就在想我们要做什么样的电影，这时突然有一个叫文隽的香港制片人，通过广东省电

电影《我的兄弟姐妹》海报

电影《天脉传奇》海报

影公司的赵军找我，说他们有个小片，问我要不要帮忙干活，我说没问题，就这样接了一个代理发行的活。《我的兄弟姐妹》让我在全国声名鹊起，又一次让我抓住了崭露头角的机会，当年接近 2000 万票房，取得了仅次于冯小刚《没完没了》的全国第二名，是票房亚军。很多地方都创造了很高的票房纪录，一部低成本的国产影片，在当地各个主要市场，各个城市都取得了不俗的成绩，浙江卖 200 多万元票房，北京卖 100 多万元，广东很多省市都在追加拷贝，因为大家开始没有看好，所以后来就不停地增加拷贝量。这部电影让我赚了很多钱，光代理费就赚了很多，不仅公司改善了办公条件，工作人员都配了手机，还通过发这个片子，后来又配了车。我们一下买了 3 辆桑塔纳，到今天这些桑塔纳的牌子都值钱了。也因为文隽，让我在香港电影圈一下子出名了，很多香港电影公司开始找我。

发行《我的兄弟姐妹》之后，我就发了《天脉传奇》，这是一部大片了，投资也很贵，当时像这样的大片一般都交给中影发行，等于我开始抢中影的生意了，这时候中影就开始围追堵截，前有《蜘蛛侠》后有《黑客帝国》，用两部大片夹击我，最后我就投诉，上广电局去告状，给当时还是分管发行的副局长张丕民写信。电影局出面做了一些协调，给了我一周的空档期，就这一周时间，我一下卖 3000 多万票房，不但把我保底的钱挣回来，还赚了很多钱，让我特别有成就感。我大女儿是在那一年出生的，开完天津全国发行动员会，我就跑回北京，早上起来大女儿出生，当时还起了一个外号叫于天脉。

记者：从 1994 年算起，您从事电影行业已经 24 年了，您觉得这个时代对您的成功提供了哪些机遇和挑战，这 24 年里电影改变了您的什么？

于冬：我觉得电影真是融入血液的那种，我的工作是我的生命，我所有的不开心和开心都是因为电影。我最开心的时候就是我发行了一部电影，票房不但达到我的预期，还有超过预期的成功。我最不开心的时候，也是因为票房不好。我跟这么多电影圈的人合作，也在不断学习，从发行，转变到制片、投资。做发行的时候，我只不过是代理商，但是做投资会风险前置，就对创作更有渴望，需要好的故事、好的演员、好的导

演，好的合作伙伴。我真正投资拍的第一部片是 2003 年的《美人草》，当时我只有 200 万，因为跟香港电影人接触比较多，我就想让舒淇来演一个女知青，刘烨演一个男知青，导演启用的是第五代著名摄影师吕乐。这部只有 200 万投资的小成本电影，最终获得了很好的成绩，首先票房没赔，其次拿了好多奖。我记得刘烨是那一年通过《美人草》拿的金鸡奖最佳男主角（2004年第 24 届中国电影金鸡奖最佳男主角奖），这个电影还去了日本的福冈电影节，去了很多的欧洲影展。我突然觉得电影除了发行的票房影响之外，对于电影圈同行的影响还是蛮重要的。

后来我就开始投资商业片，由于那时候香港电影的保底是越保越高——因为内地市场票房越来越好，所以内地市场的份额占比越来越高。保底都保这么高了，干脆我投这个戏算了，还拥有内地的版权。所以逐渐就开始从买片到投资，一直到现在，跟很多香港电影公司、香港电影人合作都蛮好的。其实最重要的还是诚信的问题，我是白手起家，自己出的那 3 万元钱基本上都是省吃俭用的零花钱或者稿费、工资，毕竟工作 6 年了才攒了 3 万元钱，是准备要娶媳妇的钱，最后全投到拍电影、做公司上来了。那个时候做公司一个月要发 1 万多元钱工资。这个经历练就了我的忍耐力、诚信与坚守，因为我知道如果这次不诚信的话，可能下一单生意就没了，像《天脉传奇》《我的兄弟姐妹》，当时保底的价格之外我又多分了很多钱给人家，保底只是一个基础，很多人都认为保底就是买断了，但那个时候我就觉得保过底之后，该给人家的你不能匿了，所以我就真的分人家的时候，他们很感动，说于冬你前途无量，我记得黄百鸣跟我说过，没想到我还能把钱再分给他们，因为那时候没有专资数，还没有这么公开的猫眼数据，基本上你说多少钱就是多少钱，不但中国在我之前没有，很多其他地方，比如新马泰的发行商也很难做到保底之后再分账的，但是那个时候由于中国市场不断增长，所以我分回去了很多钱，香港电影公司就开始格外重视与博纳的合作。我记得英皇当时把成龙大哥的电影《神话》《警察故事》——就是在香港片里头的年度最大电影都交给博纳来发行。像寰亚都是把《无间道 3》这样年度的、大明星的、大导演的电影交给我。实际上从 2001 年

电影《美人草》剧照

《我的兄弟姐妹》，2002 年《天脉传奇》分账的诚信经营开始，让他们认为博纳于冬是可以做生意的，可以长期合作的合作伙伴。

记者：现在保底司空见惯了，《天脉传奇》的时候您是怎么想到保底，怎么把这片争取来的？

于冬：那个时候我觉得完全是一种不信任，他觉得你这公司注册资金才 30 万，凭什么买我一个几百万的生意呢？你跑了怎么办？那时候还不像国有公司，还有单位在。所以他说你想做那你保底吧，400 万！当时我这一年才挣几十万，拿什么保？但是我看好这个电影，我几乎是倾注了所有的钱，先交保证金才给拷贝，给我素材和宣传的物料。但就是因为这样一部

电影《天脉传奇》剧照

电影卖了3000万的时候，我才觉得生意做大了，可以敢去谈英皇的《神话》《警察故事》，这样慢慢让我在香港电影圈声名鹊起。

记者：在您之前，有过其他影片，或者其他公司做过这种保底吗？

于冬：那时候谁保底？能给你发就不错了，因为中国市场基本上都是国有公司在做，国有公司怎么保底？能给报账就不错了。

记者：您刚开始的公司叫文化

于冬成立博纳电影发行公司

电影《无间道》海报

交流有限公司，没叫博纳影业，当时是还想做点别的吗？

于冬：不是，那时候完全是因为体制的问题，民营公司不能做独立发行，所以只能打擦边球，在工商注册里叫文化交流，文化交流什么都涵盖，传媒、广告发布、展览展会，这些都有规定，但是要说电影发行，必须得有广电总局，电影局的一个批准函。真正的电影机制改革始于2001年，这一年当中出台的五个重要文件，对未来15年电影产业高增长，产生了革命性的变革。一个就是制片权的放开，不仅仅是制片厂可以拍电影，民营独立公司可以单片申报，就等于是让民营社会力量开始独立拍片，拥有独立知识产权。另一个是发行放开，允许民营公司发行国产影片，进口影片还不允许，到今天进口影片都是中影集团独家进口，中影跟华夏两家国有公司专属发行，这一条还没有突破，我觉得还有待于进一步改革。但是当年这个改革魄力是很大的，博纳当时就是北京博纳文化交流有限公司，是第一个民营的发行牌照，就在2001年，是第一年的试点单位。第二年就放开批准了7家单位，再后来到今天，只要发行过2部电影，协助发行过2部电影，都会给你一个发行牌照，是年检制。2001年不能叫博纳电影发行公司，因为工商登记里头没有行业批准，后来我成立了博纳电影发行公司。有一段时间保利还入股，所以就叫保利博纳电影发行有限公司，这是真正的第一个民营牌照。

记者：是全国的第一个。

于冬：全中国第一个民营发行牌照，上了当时的《人民日报》，试点改革成果。

北上的香港导演都找他

记者：2003年之后，大批香港导演北上，您功不可没。最早您是和哪位香港导演合作的？是什么原因？相对于内地导演，您更看重香港导演的什么优势？

于冬：整个20世纪80年代是香港电影的黄金年代，但是90年代又是香港电影的没落年代，一直到1998年、1999年的时候，突然香港电影几乎没有什么人在拍了，电影公司都赔钱。2001年之后，香港片又开始重新崛起，其中有一个电影非常重要，就是《无间道》，当时把香港几乎所有名演员囊括在一部电影里头，刘德华跟梁朝伟等很多演员，连配角都是郑秀文、陈慧琳。这部电影一下子成了当年全球华语片票房和影响力的第一名。在香港创造了6000多万的票房，在全世界销售了最多的地区，几乎囊括了香港金像奖所有奖项，不过这部电影最终没有在内地发行。内地这个时候2002年张艺谋的《英雄》作为商业大片开始横扫中国市场，当年拿了2.6亿元票房，是票房冠军。最终CEPA（内地与香港、澳门签署的《关于建立更紧密经贸关系的安排》）出台，香港跟内地有了更紧密的经贸关系，香港电影的北上，都是从2003年CEPA之后，张艺谋导演用了这么多香港演员，张曼玉、梁朝伟、金城武，集合了华语电影的力量，中国内地市场开始爆发。

从制作上来讲，这个时候中国电影还处在一个转型期，传统的电影制片厂还在拍主旋律，沿袭过去的拍摄方法，配合国家重要的宣传的意识形态的电影。还有一批第六代导演在拍国际影展的电影，就这两个类型。中国突然发现没有商业电影，都变成了作者电影、独立表达的电影，还有主旋律电影，只有香港片承担了票房增长的市场动力。而这个时候博纳第一时间跳到了香港，承接了每年将近80%的香港片进入内地。所以说香港CEPA之后的北上，博纳是一个非常重要的力量。一直延续到2008年前后，这五六年的时间，基本上就是香港合拍片，交给博纳发行，每年十几个、二三十部都进来。后来中国内地票房越来越高，就希望中国的投资进来。因为他们过去是外埠卖片的概念，当他们认真开始进军这个市场、针对内地市场拍片的时候，需要内地的投资。博纳在这个时候转型拍了《窃听风云》《十月围城》，这些导演开始在北京租办公室，租自己的工作室，这就是所谓的香港"北上"，像陈可辛、刘伟强，很多导演都跑北京来，在摸索中找到了自己的方法。每个导演都不同，但是最终他们是越过了香港老板到内地独立发展寻找中国的投资，是这样一个北上过程。

这个过程中博纳起了很重要的作用，从他们市场的落地，到选题，到他们所偏好的类型，跟中国市场怎么结合，包括起用大批内地演员。当时还有一些对于合拍片的政策，比如说演员要占三分之一的比例，所以大部分的女演员就选内地的，这也成就了李冰冰等人的崛起。我觉得这个过程挺有意思的，等我将来回电影学院当老师的时候，专门研究一下这10年香港电影的故事。其实从博纳的角度能够折射出香港电影人的心态，我经常跟文隽讲，韩国电影市场崛起的时候，香港人一下扑进韩国去，像徐克的电影在韩国都可以卖200万美金以上的保底。大家都跑去韩国拍电影，用韩国演员来演，后来韩国本国电影崛起，香港电影被打出来。2000年以后，台湾市场又起来了，香港导演又跑去台湾拍电影，后来台湾电影逐渐被美国电影占领，所有发行商都被美国片的片商给包了。2003年以后，内地市场崛起，所以这一批香

电影《窃听风云》海报

港导演又跑来内地吃草。我经常说他们就是一批游牧民族，哪里水草丰美就去吃草喝水，当这些草被吃光了之后，又去寻找下一个地方，而中国内地市场可能是你们最后的家园，所以吃完草要留下来，一起培植这个生态。20 年过去了，我觉得今天的香港导演已经做到了融入内地创作，内地的创作人才，像黄建新，是最懂香港导演的监制，监制了几乎所有香港导演的片子。

说起黄建新导演，我跟他真的是亦师亦友，他是我的老师，是非常有职业操守和艺术表达的一个好导演。他同时也是一个好监制，是一个为人师表的表率。他在跟我合作过程当中，从来都是规规矩矩，非常有节操，很令人钦佩。我们合作很多了，除了他自己早期的

⬡ 黄建新导演照片

⬡ 于冬（右）与黄建新

电影我做过发行之外，后来我很多重要的大片都是请黄建新做监制，从《十月围城》到《湄公河行动》《智取威虎山》都有黄导跟我一起参与创作的身影，我很感谢他。我们是很好的朋友，我把预算交给他的时候，黄导会根据预算给我制定几种方案，选择最优的方案，同时他还要能够在预算内保质保量地完成，还要跟导演一起发挥创造力。真到超支的时候他会跟我如实地讲，为什么要超，我对他的信任和他对我的信任，让我们俩之间有很多默契的合作，他为人也很正直、正派，教会我在成长的路上不要急躁。他说有些话你不方便说，我帮你说。所以我们俩合作蛮好的。

内地年轻导演、演员崛起后，这批香港导演的优势是什么？起码他们懂英文，有丰富的商业电影制作经验，有接近好莱坞的制作理念，很快能够把它的技术拿过来为我所用，加上中国电影的内地故事、内地演员、创作元素，很快就形成了一大批融合之后的主流电影。以博纳为代表的，从我 2003 年 CEPA 之后开始买片，到后来我保底越保越高的时候，开始投资，然后返销香港市场，甚至在香港成立发行公司，发行香港跟东南亚，到后来我找香港导演来拍中国故事，形成了博纳式主旋律的创作特色，都是在这个基础上逐渐演变过来的。

博纳式主旋律从我最早跟陈可辛拍《十月围城》开始。《十月围城》是一个动作片，但是我们把它赋予了一个宏大命题——保护孙中山，其实这是一个类型电影的套路。如果说这个故事发生在印度，我可以保护甘地，这个发生在美国，我可以保护林肯，但是我让它是发生在中国的香港某一天，保护孙中山这样一个宏大命题，变成正义跟邪恶的刺客、保镖之间，这样一个杀手的故事。赋予他一种正能量的主题，一种家国理

⬡ 电影《十月围城》海报

想。这个思路一直延续到我后来创作《湄公河行动》跟《红海行动》，这是一脉相承的。包括请徐克导演拍《智取威虎山》（后文简称《威虎山》），当时很多人想都不敢想，这样的红色经典，你找一个拍香港武侠片的导演拍，他怎么能够理解呢？语言交流都是一个问题。我当时坚信一条，这样的故事如果找中国的大家熟悉的大导演，比如姜文、冯小刚、张艺谋、陈凯歌，他们拍的电影一定是"顺撇"的，因为他们习惯了这样一种理解。我只要跳出去，让香港导演来拍，他们会用一种不同的拍摄方法来拍，会不一样，这是当时最支撑我的想法。

我跟徐克导演说，《威虎山》的故事很像你的《新龙门客栈》。《新龙门客栈》就是一批武林高手到龙门客栈执行一个任务。徐克很认同我的观点。《威虎山》实际上有《新龙门客栈》的影子在，再加上原汁原味的呈现，当年《林海雪原》小说当中的提供的结实基础，两场对黑话，就已经40分钟了，20分钟打虎上山，3场打斗戏，又半个小时，实际上2个小时已经很丰满了。我跟徐克在谈这个是我最兴奋的时候，因为中间徐导很犹豫，中间拍了两部《狄仁杰》，再回过头来拍《威虎山》，我苦苦等了他5年，但是每当我跟他讲的时候，就充满了激情。他最后一年的时候，我说你今年再不拍，我版权过期了，可能我就不一定拿得到了，因为很多人想抢走。徐导最后下决心拍，所以在2013年冬天我们就拍了这部电影，真的去东北拍，真的还原林海雪原的场景，搭建威虎山寨。我觉得徐克创作是非常严谨的，他把小说当中，他所能理解的，想象的东西，全部呈现出来，而且用3D的格式，用现代电影的科技融入进来，使得这部电影一下子改变了主旋律电影的一种样式，变成了一种好莱坞式的谍战大片的动作大戏。一经公映后，好评如潮，不仅赢得了那个年代的人的回忆，也赢得了广大年轻观众。这个电影的成功，也带动了主旋律电影如何跟商业电影市场结合的讨论，在业内引起很大反响，也赢得了同行的尊敬。中国的内地金鸡奖评奖最佳导演从前没有评过香港导演，那一年全票通过徐克最佳导演，张涵予拿了最佳男演员奖（2015年第30届中国电影金鸡奖最佳导演奖、最佳男主角奖）。

记者：讲讲《湄公河行动》这部电影吧。

电影《智取威虎山》海报

于冬：《湄公河行动》是一个命题作文，因为在之前电视剧已经拍了，而且播出的很成功，《湄公河档案》是央视一套播出的，由安战军导演，陈宝国主演的一部优秀电视剧，曾经一度收视率达到五点几。我中间停了两年，这两年实际上在做准备，当时找了好几个香港导演拍这个电影。我经常是先跟一个导演聊故事，给导演讲述细节，去感动他，或者让他感受到这个题材的特殊性，引起他的兴趣。但是很多导演都觉得跟公安部这样的政府部门、国家机构去打交道太麻烦，大家觉得是一个不好做的事。但是，当时我很坚持地认为这是一个突破，一旦做成功，会使中国内地警匪片迈出重要一步。我就不断

电影《智取威虎山》剧照

地在跟公安部这边的影视宣传的领导沟通，跟我合作的这些香港导演沟通，希望能够拍出过去香港警匪片没有的东西。香港警匪片都是父子情、兄弟情，包括走私、贩毒，还是一个小格局，我希望放到一个更大的背景里，就是如何保护中国人的人身安全主题，把它升华成我们中国人的一种在世界范围内的宣告——中国有能力保护每一个中国公民——把它赋予一种家国情怀的意义，再加入香港警匪片要素，加入类似像好莱坞《谍中谍》这样的特工片要素，把这 3 个拿捏到一起，这个电影我相信它一定会成功。但是能够驾驭这个题材的能力的人，我当时还看不到。林超贤有林超贤的优点，刘伟强有刘伟强的优点，尔冬升也有尔冬升的优点。我把林超贤放进来，再让林超贤把

电影《湄公河行动》海报

电影《红海行动》海报

好莱坞的制作班底融入进来，我觉得这些方面我们都做到了。

这个电影其实对于林超贤导演是一次非常重要的转型，我认为他非常成功，他在公映之前其实蛮紧张的，有一次他问我对这个片子满意吗？他不确定，还没有得到市场验证的时候，他很紧张，我说林导演我非常满意，你这个电影让我有一种成就感，一定会成功。在 2016 年国庆档期，这个电影在一堆大 IP+ 流量明星的粉丝电影围追堵截下脱颖而出，第三天就单日票房冠军了，最后赢得了 12 亿票房的好成绩。原来警匪片大家都认为有个天花板，就是一两个亿票房，现在突然打开了市场，很多观众的互动留言都让人很感动，都是我们电影赋予观众情感的共鸣。有一个留言我至今都记得，就叫做"从来没有什么岁月静好，只因有人替你负重前行"。我觉得这句话写得是特别好，也特别表现了我们的公安形象，为了普通大众的生命跟财产安全，负重前行。

这部戏拍成功之后，紧接着海军就来找我，海军当时想拍撤侨的故事，他们当时刚好也播完了一部电视剧《火蓝刀锋》，使海军那一年征兵都特别踊跃，数量激增。这个作者拿了这个剧本给我，中间经历了很多的曲折，最终我找林超贤来拍的时候，就开始深入地接触海军官兵，找到了一个突破口——就是海军陆战队。我们看美国电影的时候看到了他们的海豹突击队，但是我们中国的海军陆战队没有被拍过，撤侨这个事本身是一件影响力巨大的，扬我国威的大事件，如何电影化地表达出来？我们设定了一个命题，当时撤侨做的各种预案，其中一个预案就是如果中国人遭到恐怖组织的绑架，我们的海军陆战队员蛟龙要进去救人。我们把这个可能性变成了电影。我觉得影片所传达的是，中国是一个负责任的大国，我们不仅接中国人，还接国际侨民，反恐作为一个人类更大的命题，也是习主席多次提到的大国责任，再加上今天我们海军的精神面貌和陆战队员这样一种集体英雄主义的表达。从这个意义上来讲，我觉得比《战狼》的个人英雄主义要更加宏大。我觉得这部电影做到了制作精良，把战争片所有可能发生的元素呈现给观众，当片中的两名海军战士牺牲的时候，观众不会过于注意镜头的暴力，反而由于他们那种情感的共鸣而流泪。所以这个电

影在 2018 年的春节档最终夺得 36 亿票房，成为票房冠军。后来我真的是跟观众一起看了一遍又一遍，观众在我们海军最后化险为夷，主题歌响起的时候站起来鼓掌。这种共鸣他是理解，也引发了他们的自豪感。不仅仅是中国的观众，海外的观众，洛杉矶放映，温哥华放映，包括在悉尼的很多观众自发在网上讲，他们都有一个共同的感受，很多中国人等字幕起来都不走，在鼓掌。我觉得中国电影是要拍好这样的故事，用今天的现代电影技术跟科技，和我们所传达这样一种主流价值观的宏大命题，用精益求精的制作，用工匠精神，用导演创作中一种极致化的视听表达，使中国电影呈现出来视觉冲击力加艺术感染力的完美结合。所以《红海行动》是春节档冠军，也是 2018 年非常重要的、工业水准最高的一部中国电影。

中国电影金鸡奖颁奖礼上的于冬（左）和林超贤

于冬接受采访

不要忘记自己的责任

记者：您如何理解改革开放以来电影与时代的关系？您算是时代的幸运儿吗？现在看这 20 年您所感受到中国电影产业经历了怎么样的变化？在这些变化中博纳又是怎么样做到屹立不倒的？

于冬：2018 年是中国改革开放的 40 周年。1978 年十一届三中全会的召开是一个标志，开启了中国长达 40 年经济改革、对外开放的步伐。其实中国电影的改革远远滞后，始于 20 世纪 90 年代，在思想激烈碰撞的 80 年代，涌现了一大批优秀电影，但是在 90 年代经历市场滑坡之后，突然发现中国电影越来越处在市场的末端，再加上多元文化的崛起，电影逐渐退出了观众的视线。这个时候恰恰是我入行的开始，我一入行就赶上了电影最惨淡的 10 年。90 年代初的时候，一批主旋律电影，像《焦裕禄》《周恩来》《开国大典》，这些电影都还在市场当中起到了关键作用。到后来 90 年代电影逐渐越拍越少，越来越滑坡，电影经济陷入了严重的困顿，电影发行也是逐渐回流，资金回流出现了断流。使县一级的公司交不起片租给地市一级，地市一级交不起省一级，省一级交不了中影。我们的发行体制跟过去的这种运行了几十年的发行放映模式突然在 90 年代中期出现了断层，很多电影院关停并转业务，改迪厅的，

改游戏厅的，很多放映场所已经逐渐流失。

我从今天回眸这个时代的时候，挺敬佩这一代的国营企业家。像当时的北影厂厂长韩三平，西影厂厂长张丕民，上影集团的任仲伦，长影的赵国光。这一批国企的厂长们，还在坚守阵地，使每年电影生产还维持在百部左右，而他们承载的不但是筹划制片的投资，还有全厂的工资问题。入不敷出、惨淡经营，这些词都可以形容这些厂长们，但是他们凭着自己的理想主义还在坚守。我从他们身上看到了很多非常可贵的、令人钦佩的对电影的执着，那个时候电影厂厂长是一个苦差使。今天我们看到这么多的社会资本投资电影的时候，其实

我跟比我更年轻的制片公司的老总们的感受是，能够有今天的成果首先是来之不易的，像我这样年龄的人，起到了承上启下的作用。我们继承了这些国企企业家们对于电影的热爱跟做事业的执着，同时要能够适应今天由于资本和互联网，还有不同行业资本进入这个行业所带来的变化。电影经过了20年这一代人打下的基础，开创了改革的局面，要倍加珍惜。

从2001年的行业机制改革开始到2018年，这17年的发展，中国电影票房从8.3亿，到今天的600多亿，我们当年的银幕数量，真正在2001年加入院线的荧幕数量只有1100家影院1700块银幕，大部分电影院是单厅影院，剧场式的单厅影院，到2018年中国可以有9600家影院54000块银幕，拥有多厅的现代化的新影院。当年的年产故事片生产不到百部，到今天已经连续10年左右超过600部，最近这3年都达到700多部的年产量，已经稳居世界的第二大电影生产国。我们的市场已经超越了北美成为全球第一大电影市场，2018年中国电影可以历史性地跨越100亿美元的电影票房，可以说，中国电影的成长是全球电影发展成长的一个引擎和动力。

中国新一代电影制片人既要传承像韩三平那一代国企企业家的这种精神，同时要放眼世界，要能够承担起中国电影向世界输出的责任。他们这一代人可以说完成了从电影小国发展成电影大国的目标，而我们还需要有一个责任，就是把中国电影输出到全球市场，包括中国电影的国际影响力跟出口能力。美国电影为什么强大？其不仅仅是本国本土市场强大，它也是全球市场的供应商，把承载美国价值观、美国精神的电影产品输出到全世界去，今天的中国电影需要做这样的事情，需要把中国电影的价值观辐射到全球市场。在改革开放40年这样的时间，我们回眸中国电影走过的不平凡路，既要感谢上一代电影制作人、导演，包括国企的这些厂长，也要放眼全球市场，要感到幸运。我们是幸运儿，我们生长在一个最好的时代，我们有资本的追捧，有中国改革开放40年的成果，有整个中国的国际影响力，大国地位的崛起，恰逢最好的年代，而我们这一代人，又恰逢年富力强的年龄。所以我们理所当然地要承担更多的责任——为中国电影实现从电影大国向电影强国的迈进。

后记

初入行的于冬，确实有着年轻人所特有的冲劲和聪明劲。但就像他自己说的，我们赶上了好时候，这才让他有了更为广阔的用武之地。经济体制改革，让电影发行不再垄断，也让电影人有了更多的发展空间。

香港电影黄金时代的结束，以及香港影人的北上，让他找到了赢得市场的最佳切入点。合拍片市场中，他率领的博纳影业已经占得先机。面对骄人的战绩，于冬仍保持审视和清醒，经年过去，这个当年抱着试试看的好奇心而踏入电影界的年轻人，早已经有了电影圈金牌销售外的更大目标，并且在以实际行动付诸实现。

❀ 于冬

王晓棠：
女将军的鱼水情

文 / 康婕

王晓棠

在那个"男看王心刚、女看王晓棠"的年代，身量高挑、容貌出众的王晓棠，从某种程度上决定了当时人们的审美趋向。而从大明星到女将军，王晓棠好像成为无数电影人所艳羡不已的目标。在她掌舵八一电影制片厂之时，其主持摄制的系列战争巨片，在影像上，为波澜壮阔的解放战争画上了一个完满的句号，也在中国电影史上留下了浓墨重彩的一笔。2018年第27届金鸡百花电影节上，我们又看到了她的神采奕奕，身着军装的王晓棠依然巾帼不让须眉。谁会想到她曾一度脱下军装，在林场劳动了6年。但也正是这份经历，让她对于历史有了重新的思索。重返八一厂后，王晓棠虽退居幕后，但她对电影的热情却更加炽热。而这一切的动力，得从一篇社论说起。

一篇社论，一个决定

记者：2018年是改革开放40年，1978年的时候就有一篇社论非常有名，就是关于《实践是检验真理的唯一标准》的讨论，不知道当时您看到这篇社论的时候有什么想法？

王晓棠：对，那篇社论我记得是1978年5月11日《光明日报》登的，当时看到后，从我就觉得很容易接受其中提出的思想。到了6月2号，小平同志以军委副主席的身份在全军发表了一个讲话，其中

《光明日报》刊登的社论《实践是检验真理的唯一标准》

就提到实事求是、解放思想。我后来看了很多文章才知道它能够在《光明日报》刊出很不简单，而且本来还没有"唯一"两个字，就是实践是检验真理的标准，"唯一"是后来加的。

记者：改革开放思想解放对我们文艺创作，对我们电影的创作有什么影响？

王晓棠：我觉得对电影包括对我本人的影响都是非常大。我1975年就回到了八一厂，这篇社论出来以后我们都很高兴。1978年年中的时候，我想演一个歌颂人民的本子，但是怎么都没有，后来就决定自己写，从写本子到自导自演，这个过程是相当艰难的。本来是在八一厂拍，但却拍不了，上海也拍不了，最后才到了峨嵋厂拍。

林场劳动时期的王晓棠（左二）

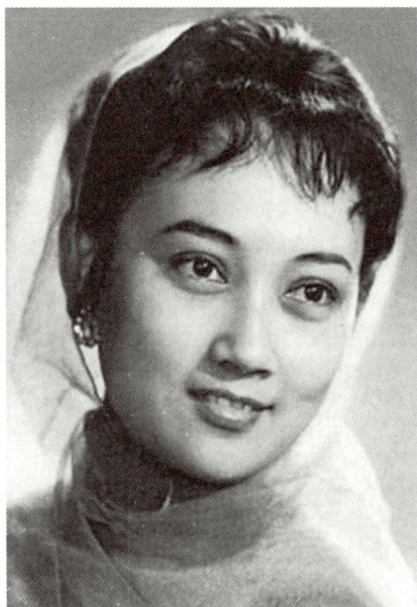
年轻时的王晓棠

通过这个艰难的过程，我体会到了改革开放的重要性。当时我想自己独立制片，我可以自负盈亏，保证它是好片子，但那个时候只有四大电影厂和一些已经被批准拍片的国有电影制片厂能够拍片，他们觉得我简直是岂有此理。那段时间，全国电影界的会议上点了我三次名，说我是资产阶级自由化的典型，居然敢自己当制片人拍片，所以我体会到改革开放是很难的。

记者：那时都已经是改革开放初期了还是这样？

王晓棠：对，我1979年到上海，1980年到峨嵋厂都不行，他们没有看剧本就说我拍的是伤痕文学，是"三自一包"——自编、自导、自演，还要搞承包。后来没有办法，我只有拍出来才能够有发言权，我要拍不出来，这些罪名我全得承担。

因为我在林场待了6年，所以写了一个园艺学家归侨的故事（即影片《翔》），那时候很多从国外回来的华侨科学家，是为了报国回来的，他们不要高待遇，高享受，回来以后却被打成特务反革命，我想替他们抱不平。当时华侨界从上到下都支持我，因为写的是园艺学家，所以科学界，包括科学院的卢家奇院长都支持我们。后来总算拍出来了，片子一放映，很多领导看了说这么一部好片子为什么都说有问题？问了这个"为什么"后就好一点了。

从此以后，我走上了编剧、导演之路，因为没有剧本，所以只能自己写。那个时候老百姓对我特别好，我总想着回到岗位上能比原来更有所表达，就是这么简单的愿望，结果却怎么都不行。很多人脑子里十年禁锢的影响是非常顽固的，所以改革开放对我和八一厂都是非常重要，就是因为这一步，1984年八一厂就任命我当导演了。

六下洪泽湖拍《老乡》

记者：听说您很早之前就去过深圳？

王晓棠：当时叫宝安，让我很吃惊的是，在北京等大城市都没有的东西，那里都有。我过去是宝安，回来以后才叫深圳。因为政策好了，所以从大队里面跑出去的人不断地往回走，因为他们在香港过得不是非常顺利，在那儿找工作也很难。但他们要回来也不容易，现在大队生活保障很好，幼儿园、小学都免费，每天车接车送，中饭不要钱，这些在香港也办不到。我很高兴，看完了这边后再反过头来去看苏北那种穷的地方。

我决定看了先进的再看看不先进的，这里面是有原因的，当时的国防部长副总理张爱萍同志原来在苏北的洪泽湖，淮安那一带战斗过。我约了广东军区话剧团的政委董小华，他是电影《董存瑞》的编剧之一，他请了一个月创作假，跟我一起去，我们的待遇跟国营单位一样先到南京、到省里，省里派人陪同，然后到淮阴市，再到洪泽县都派了领导陪同。

我没有想到当地这么穷，虽然知道这里苦，但是现实还是出乎我的意料。老百姓都是渔民，可能被我们的阵仗吓到了，我说："小华咱们可能什么都看不见，赶紧撤吧"。因为这么多领导都陪着我们，所以很可能什么真实情况都看不到也听不到，没有待两天我们就撤回来了。

电影《翔》海报

撤回来以后，陪同的领导们就各自回去了，我跟厂里报告说我自己去，我本来立项写一个战斗故事，但那个地方并不需要战斗故事，它需要的是永远不要忘了老区的我们。我一个人，买张火车票坐到南京，买张长途车票坐到淮阴，买张船票到老子山，上了船，发现什么人都有，卖大饼的，卖油条的，卖小鸭子的，我穿个球鞋戴个草帽，也是老百姓的一员，谁也不拿我当电影人。我就这样下生活去

电影《翔》中的王晓棠

王晓棠早期照片

电影《老乡》剧照

了，条件很苦，招待所就是一间泥巴墙的空屋子，里面有两个空床，上面铺一层稻草。我了解完情况就回来，写完以后再去，来回6次。后来我跟当地人很熟了，他们都叫我王导演，说王导演"回来了"，用词不说"来了"，说"回来了"。

我跟他们处得相当好，剧本（即电影《老乡》）写完以后，我给小华打电话，他一看，说这剧本让他写他可写不了，我写得内容太尖锐了，那么穷的老区要改革开放办乡镇企业致富是非常艰难的事。我写剧本成活率是百分之百，是我要

电影《老乡》海报

电影《老乡》剧照

拍的片子我才会写剧本，所以这个本子通过了以后我就自己去拍，过程很难，这其中又让我体会到改革开放为什么难，因为要追求真实。我当时没有搭景，全是实景拍摄，很多当地的老乡都是我的演员。我在那待的时间长，而且我有一个启用年轻人的思路。

我的两个摄影师是两个摄影助理出身，连副导演、副摄影他们都没有当过。他们刚从电影学院毕业，拍摄观念上比较新，我拍这个片子的时候，就是七拼八凑的班子，里面的人是小年轻的居多。人不行，拍不了片子，我还得把人调理好，后来用领导的话说，王晓棠在的组是模范组。可我没有办法不模范，当导演我当然要做得更好。我的组本来是杂牌军，到最后的时候都是最好的先进组，而且我还因此立了三等功。

临危受命，走上领导岗位

王晓棠：改革开放的过程我是特别有体会的，我从1978年非常困难的时期，一直坚持到1986年。1986年《老乡》上映以后情况就好多了，不说"三自一包"了。1987年，总政通知各直属单位，包括总政文工团的歌舞团、话剧团、杂技团、八一厂，所有的直属单位要开一个大的座谈会。八一厂就选了《老乡》，《老乡》组就选导演王晓棠作为参会代表，因为王晓棠可以做政治工作，把最调皮捣蛋的小青年都可以调教得特别好。参会的每个人都得写稿，我也写了20多分钟的发言稿，那天，我抽签到下午发言，上午的会议中，大家都是念稿的，到了下午，职工部的主管领导说："王晓棠别念稿，就听你说吧。"我就不念了，对着各单位的政委和协理员，脱稿说了一个半小时。

我说我不是做思想政治工作的，但是我知道要把活干好必须得人的思想好，必须团结。我体会到做政治思想工作有三条原则：第一是不能居高临下，总觉得自己比别人高明，做思想工作，这种态度肯定不行；第二它是双向的，你给他人做思想工作，解决他人的思想问题，同时也得到他人的启迪；第三你把他人的工作做好，他人积极了，说了心里话，你不要把他人的事拿去显摆，跟别人说这个是我做思想工作的成果，如果这

样的话你就失去了他人的信任，失去了政工干部的诚朴，没有人相信你，今后就做不了工作了。参会的人都说听了半天就王晓棠说得好。

职工部的部长说我们整天说没有干部，这不是很好的干部吗？（指王晓棠）但我并不想当干部，只想当导演拍戏。后来有一天厂里找到我，我糊里糊涂地跑到总政大楼，秘书给我接上楼，说正在开总政党委会，开得非常激烈，过了一会儿一个周副主任出来了，一看就是非常紧张，进来一点没有说废话："晓棠我告诉你，今年是 1988 年。今年起要实行军衔制，恢复军衔，我们现在保留你的骨干，给你授衔，很多人转文职了，让你到总政话剧团当团长，怎么样？"

他这么说把我给吓到了，我说别让我回去了，1958 年我从话剧团调到八一厂，到现在 1988 年，整 30 年了，"不行，你要不去就转文职"，文职是干什么的？文职就是没有军衔了，编剧，导演，演员都是文职。他的屋子是里外间，里面的大屋子办公，秘书在外面都听得见，我说了一句话把秘书逗得捂着嘴乐，我说："那你就给我改文职吧。"秘书说你这是不开眼，来谈话的人只要说保留军衔都说感谢领导培养，一堆好话，你这个人还要改文职，太不开眼了。就这一句话，谈不拢，我就回来了。下午就接到了电话，总政党委定了两条路让我选，要么去总政话剧团当团长，要么到八一厂当副厂长。

我说我还是在八一厂吧，后来就任命我做第一副厂长管生产，就这么上台了，上台就得好好干，名声传的还特别快，因为我是王晓棠，所以电影局长点了我的名："八一厂这几年的片子我跟你说实话，我们不通过吧，你们总政文化部已经盖章通过了，我们通过吧，你这个片子真不行。"我说："你放心，今后不会再有这个事了。"回来我跟全厂传达，从那时起立了

王晓棠早期照片

工作时的王晓棠

个规矩，我当导演的时候，所有的导演拍的片子只要通过了，都要到最后才审查，而从现在开始，凡是回来的样片，都先送到洗印车间洗，几点洗出来我们几点看。我是生产副厂长，技术室、生产部、故事片的领导，来看片子的不许说好话，都要说毛病。你就得自己有水平，说得不对人家是不服的，你说得对，他们马上回去改。

夜里 3 点洗出来了，把我们叫起来 3 点看，5 点洗出来就 5 点看，夜里 12 点洗出来就 12 点看。摄制组开始很反感，但几次以后制片人就明白了，这样既节省了资金又提高了效率。后来，事情就调转过来了，只要把样片让制片人送过来，他带个录音机往这一放，你不看也催着你看，导演说什么意见马上补。我们就非常紧张了，说话必须

王晓棠主抓电影生产工作

八一厂剪辑师们在工作

要有水平，没有水平谁服你？这样一下把风气翻过来了。后来电影局说，我们在想改革开放后，八一厂是军队，怎么改？没有想到改得很快。别的厂的报告都是往好里说，只有八一厂主动提出缺点是什么，绝对不隐瞒，所以后来我们就特别得到了电影局的信任，跟我们开玩笑说，八一厂的片子可以免检。比如有一部电影《中国霸王花》，电影局的领导到八一厂看片，看完以后说行了，不用大改。我说不行，他们的意见以外按照我们的意见重新改了100多个镜头，导演没有办法，非要让我剪，除了这部电影，其他很多片子也都是我最后剪的。

"抠门"厂长的幕后艰辛

王晓棠：《大决战》拍得很艰难，八一厂的主力全都上了。当时我是副厂长，拍完《大决战》后，

电影《大决战之辽沈战役》剧照

电影《大转折——鏖战鲁西南》海报

1991年，军委看了《大决战》后认为拍得不错，所以下决心要把解放战争全部拍了，包括辽沈、淮海、平津三大战役，《大决战》之前是《大转折》，之后是《大进军》。这个题材原来已经有很多电影制片厂都已经拍过了，但我们既然要拍，就要比之前所有片子拍得好。

我记得1991年12月24日，圣诞节的前一天，《大决战》才全部杀青。12月25日就开始筹划《大转折》《大进军》，我们的压力相当大。《大决战》系列有三部，先拍辽沈和淮海战役，再拍平津战役。这个拍摄在全中国都是没有过的，拍《大决战》的时候，统计用了多少人，算人次，拍一次算一次，到拍《大转折》的时候是人日，拍一天算一次，全军的七个军区全部参加。这部片子开始拍摄的时候相当地艰苦，军委给出指示要超过《大决战》。

记者：当时怎么做的，怎么超过《大决战》的？

王晓棠：1987年我们准备的《大决战》，1990年拍完，到了1991年12月25日，物价已经比之前翻了好几倍，所以我们还要节约成本。1992年我晋升了厂长，9月份上任就赶上拍这部大片，1993年我从大校晋升的少将，那段时间很艰苦，为写剧本光看电报查文字就3000万字。

记者：巨大的文献。

王晓棠：都是当初的电报，我们分了几个编剧组，全国走了24个省市自治区。

记者：为什么要走这么多地方？

王晓棠：就是写剧本，编剧不同，完成的时间也不同。

记者：是下到每个地方？

王晓棠：下到当年的地方，《大转折》剧本的编剧比较多，我的难处是要和他们保持同步，他们所看到的，我都得看。编剧看完后，导演的分镜头我还得看，谈哪好哪不好，后面选演员，演员的戏好不好，我也得管。《大转折》分上、下两集，下集叫《挺进大别山》拍摄要涉及河北、河南、山东、山西、陕西、江西、江苏、安徽、湖北9个省，剧本写好后，导演带着主创，包括摄影、美工等人，沿着当年这9个省花50天走了一遍花，很艰苦，走完下来感觉《鏖战鲁西南》没法拍了，

我马上解决，整个重新建了场景，有几百亩地，最后他们选好以后我拍的板。

记者：搭这个场景当时要花多少钱经费？

王晓棠：我讲个典型的例子，《解放大西北》是歌颂彭德怀，摄制组走遍了西北的陕西、甘肃、青海、新疆、宁夏5个省20多个市，天山、祁连山、戈壁、大沙漠，全都有涉及，这个戏后来拍的是真苦。我再举一个例子，《席卷大西南》的编剧病了，我们等了很久一个字没有写，我们就着急了。我跟文学副厂长商量，如果编剧真不行我们得赶紧换，最后等于这一年白费了，后来找陆柱国写剧本，因为他写得快，给他最好的条件，他当记者的时候很熟悉这段历史，他的夫人当他的责任编辑，从查资料到完成剧本84天就拿出来了，而且是最好的一个本子。

《席卷大西南》里面有一场火烧彭水的戏，国民党撤退的时候是由一个爆竹店引起的大火，都整个城都烧了，这个戏是一定要拍好的，剧组做预算，我最后审查。大家把预算都报过来了，白天我有工作要忙，下班后大家都走了，我把办公室关上再开始看预算，拿一个小计算器，一篇一篇、一行一行地看，看到半夜。

看完以后第二天，我把负责这个片子的整个领导班子找来了，包括生产部的领导，财会的总会计师，总经济师，摄制组的、故事片部的主任都来了。我说这剧本咱们看过，是一个男人戏，里边就没有女角色，这个造价里有眉笔、口红、粉底，谁用？还有预算里写了千层底布鞋1000双，哪个镜头能看见1000双布鞋？这1000双布鞋是多少钱？哪个镜头能看见几千条枪？他们都不说话了，谁也没有想到我会一行一行地看。我把这预算打回去，谁都没有话说。摄制组也没碰见过这么一个主，说了一句把大伙逗乐的话——我们是照《大决战》抄的。他倒说实话了，你照它抄，我可不照它抄，打回去重做。

记者：还是很实事求是的，就标准这一块。

王晓棠：这不就是改革开放倡导的实事求是嘛。

记者：对。

王晓棠：重报的时候，就是加了小心。《大进军：席卷大西

电影《大进军：席卷大西南》海报

电影《大进军：席卷大西南》中的火烧彭城剧照

南》的火烧彭城这一场戏，预算就300多万，整个城都是铺子，绸缎庄什么的都烧掉。我比拍《大决战》的时候省钱得多，我告诉他们一个钱要掰两半花，能不花的就不花，供应科为了我说省钱，跑去做几万套军装，买3元钱1米的再生布。自个儿的枪自个儿修，自个儿的盔头自个儿修，都到这个份上了。

这个时候我调了一个干部来，他是长春制片厂的副厂长安澜，我当时当了厂长，我的副厂长全是搞纪录片的，没有一个故事片副厂长，处境非常艰难。我去找总政，找了吉林省宣传部的许部长，因为我太困难了，他真的感动到了，他说行，你打报告我放人。

记者：那时候把人调过来，情况有改善吗？

王晓棠：把他调来，也很难，

他是生产副厂长，进了我们厂班子，第一件事就是到《席卷大西南》组，把火烧彭城的预算给压下来，压到原来的十分之一。我调查了，要用真绸缎得300多万，可是要用那种里绸、废料，那是不用这么多钱了，你用真正的好木头那是要很高的预算，但用杂木上漆，谁能看出来呢？因为预算太高，我一直就不给他批，我要换他们一个思路。

记者：达到效果就行。

王晓棠：对。最后报了40万预算，实际上不到40万，他就拿下来了，就是这么省钱的。

记者：还是要换一种创作思路。

王晓棠：对，换一个思路。

⊛ 王晓棠（前）在王佐影视基地

⊛ 王佐影视基地

建影视基地搞创收

王晓棠：这么多片子要到各个省去租地拍，租人家一块地，人家咬你一口，后来我一想，这样不行。正好我刚上任当厂长的时候，道具部门来找我，说在离八一厂半小时车程的地方有个王佐乡，他们跟人家说好了买四亩地，有几间屋子用来搁我们的大的道具车和军装，让我去看一看。我们到那儿去看地，当地乡里的书记都陪着，大伙都表态说可以，就我不说话，冬天大家都冻得不行。我问书记这片地有多大？书记说有200亩。我说你这片要卖给我就要，现场的人都傻了。

记者：没想到发生这事？

王晓棠：没想到，他说厂长您在开玩笑，我说我说的是真话。回来就让我们的烟火大王于泽去谈了。他回来说还有一块要建新的乡政府楼的地，特别好，他把他们忽悠下来了，说可以卖，两块地加起来有500亩。那时我也没钱，上任厂长亏了800多万了，我还要买地，我拿什么买啊？

我就调了第二个干部。其实这个干部是先调的，是总会计师，我让副厂长到山西去处理煤矿的事时，发现一个人，他是管外企的，他这一打开账本，就知道你哪儿赔哪有问题，我就要来了这个人。这个人这会儿已经到岗了，我就跟他商量买地、借钱，从每个摄制组里扣钱下来，将来在这个王佐地上搭景，我就不用到外面租地拍片了，算下来搭景比外面租地便宜。当时租地拍摄20万都不行，搭景的话2万元钱1亩就可以。结果最后我们谈下来了713亩，很不得了。

记者：1000多万。

王晓棠：买下来了，所以《解放大西北》的咸阳城就在那搭的，买下来之后，职工部想要100多亩，总后也想要，这些部门都是给我批钱的，他们想要地盖房子，我说连八一厂都是你们的，你就连八一厂一块拿去就可以了，我就不给他，我这个厂长当得是有声有色。

记者：后来基地赚钱了吗？

王晓棠：那你说还能不赚吗？那会儿全国都来拍戏，别的地方没有这么一个地儿，而我们有咸阳城，人家来了，把"咸阳"俩字拿掉，随便写一个古城就行，包括陈凯歌的《荆轲刺秦王》都在那拍的，拍完了，他在我那儿建的建筑，就送给我了，他带不走。

记者：对，永远是我们的财产。

王晓棠：而且我这713亩地是分两块，中间有一块是他们本来就固有了，如果我1998年7月底不卸任，我是要把整个八一厂搬过去的，我要在那儿建一个新的八一厂，按照比好莱坞还好的模式，可以给全世界作为影视基地用，可是我要退下来就没人能办得了这件事。

有一个插曲就是为了拍大片，我要买一套德国的阿莱灯具设备，当时还是很好的，我就为了这套阿莱灯到德国去考察，德国的灯具厂设在英国，我们没有英国的护照，结果跟人家说来说去就好歹到了英国，到他的工厂看。英国有一个专门拍007系列电影的公司，说他们那个厂以前是赔钱的，现在每个部门都搞承包，所以现在很赚钱，而且各国来拍戏的预约已经排到明年了，他都已经显摆完了，最后很先潇洒地问了我一句，"听说你们也有个厂，你们那个厂有多大？"我说："你这厂有多大？""我这厂有600亩，你那个厂呢？"我说："1000多一点"。

记者：赶他两个大。

王晓棠：比他大多了。可是我回来告诉别人，人家管理地好。回来我就用这种办法管理王佐基地，那城墙都是宽的，里面两层空的空间搁服装，做得挺好，挺棒的，这样我的钱一点都不浪费。

记者：去到伦敦能受到什么启发？或者有学到什么您认为比较好的管理方面的经验？

王晓棠：对，就说当年的，不说现在的账，外边的人来拍，每年收入都是六七百万，那会儿这些钱的价值可比现在高多了，北京当初买地相当难，我已经和丰台领导都说好了，大家都同意了，但他做不了主，北京有个专门管地的副市长张百发，他的下面有一个首都规划局的局长姓平，这人更厉害，后来丰台说你要这块地审批得去找张百发，我一打听张百发不见客，因为都是找他批地这一类的事，谁也找不着，那就先按规定办事，就让"烟火大王"于泽到首都规划局去登记。他去了，到那一看，全都是要买地、要租地的人。"八一厂来了没有？

王晓棠和王佐影视基地的"咸阳"城合影

多少亩？""600亩。"所有的人都惊了。回来后，从来没看于泽那么蔫的，我没有办法了，就自个儿起草了一篇文件去争取。

记者：房子都盖了。

王晓棠：而且西客站影响我同期录音，我们已经找人鉴定过了，但是这个鉴定人是两面派，我们找他鉴定，他说影响，西客站也找他鉴定，他说不影响，他两面拿钱。我就写了个报告，很短。我自个儿找张百发，人家根本不见，我就找了北京市政府的秘书长，说我要买地，他怕的就是这个事，我说我必须见面，他就给我打电话，说你到人大会堂西边第几棵树那里见。

记者：像电影里的情节。

王晓棠：真的，他就在前面领着我，我就跟着他，到一个很背静的地儿，他正在接待华侨，我们在外面等了一小会儿，就出来了，张百发说晓棠你进来吧，我就进去了，他给我介绍了平局长，平局长也给我约来了。

记者：他就是答应了。

王晓棠：我交给他的这份报

告,承诺我绝不搞开发,就是当影视基地——他怕我盖房子出租。随后,我半个小时就回来了。于泽、副厂长都等着,我说批下来了,这个过程每一步都很精彩。

改革开放为什么对我来说是很生动的?就是每一步我们都跟它有关系,首先我上任,是改革开放才会上来的。其次《大转折》拍完了,拍的时候中央军委的一把手来八一厂视察,6月10日晚上和8月2日晚上,半个小时的《新闻联播》每次都是5分多钟介绍八一厂。电影拍出来相当棒,现在也是站得住脚的,到了1997年的3月28日,片子送审,广电部、中宣部都看了,说确实好,就报到中央,最后除了最高领导都看过了。3月28日《大转折》的首映式是在人民大会堂三楼小会议室,所有中央军委领导只要在那儿的全来参加了,这种待遇空前绝后,不会再有了。全

《大转折——挺进大别山》海报

军参派的代表,全国参派的代表全来了,有500人。《大转折——挺进大别山》最后得了全国13项大奖,而且那年金鸡奖(1997年中国金鸡百花电影节最佳导演奖),争夺导演奖的一共是5个人,最后剩3个,其中包括《大转折——挺进大别山》的导演韦廉和《鸦片战争》的导演谢晋,还有另外一个女导演,最后是我们的韦廉拿到了。

谢晋都不服气。不服气也没有办法,所有专家和观众都评了,韦廉是拍过《大决战:平津战役》《大进军——大战宁沪杭》和《大转折》(上、下),3部他都拍了。

记者: 对。

王晓棠: 还有杨光远,他是拍了《大决战:辽沈战役》和《大进军——席卷大西南》,他本人和专家们都承认《大转折》拍得要比《平津战役》好,《大西南》拍得要比《辽沈战役》好,所以我们达到了军委要我们超过《大决战》的要求。

记者: 是,确实很不容易。

王晓棠: 现在不可能了,你现在再要动用100多万人口,那是没可能的,所以当时很紧张,哪一个片子是要急调部队,哪几个演员需要重新安排表演,哪一个场景需要重搭,你全得有一个通盘的考虑,而且最后《大转折》是韦廉自己写的,剩下我经手了"中南""西南""西北",所以我比他们都熟。

记者: 对,这是由您全盘掌握的。

王晓棠: 它是一个繁耗巨大的工程,4部8集同时铺开,"大转折""中南""西南""西北"4部,那是之前没有过的。今后也办不到了。

王晓棠高举中国电影金鸡奖获奖奖杯与证书

心系人民，坚守创作初心

记者：那咱再往回说，改革开放后，很多影片得到了复映？

王晓棠：对，复映。复映的片子很有意思，那些片子也不是一下放出来的，它先有 10 部，再有 12 部，是一点一点放的。这些片子能经住时间的考验，一代人又一代人还能看《海鹰》《野火春风斗古城》《英雄虎胆》。《英雄虎胆》在 6 频道复映的时候，总是收视率最高的，因为它惊险。几百部片子重新复映之后，对电影界是一个很大的鼓舞，而且改革开放 40 年，现在民营电影多么繁荣，国营大厂反而不行了，因为它负担重。

当时也有很国外的片子都很不错，像印度的《流浪者》，它是 1955 年，长春制片厂翻译的，我当时正在拍《神秘旅伴》，拍完之后就去看，它原片要长得多，我们给它剪掉了不少。改革后，重新再放映了，20 多年以后，观众还是喜欢，而且这部片子在国外，包括苏联都是很受欢迎的。对我印象最深的是《叶塞尼娅》，这部片子我看了不止一次，正是我要写《老乡》之前，《翔》没有赶上。《翔》我写得比较早，是 1978 年开始写的，《叶塞尼娅》这部片子里面的每一个角色，从主角到次要角色，到群众角色都很精彩，没有一个多余的，这对我后来写剧本很有好处。我觉得当时改革开放，咱们把这部片子引进来是很好的，所以我到现在都记得很清楚。

记者：后来我们就开始进口影片了，一大批译制片进入到我们中国的市场，中国观众看到了国外的片子，您还记得那时候它受欢迎的程度是怎么样的吗？

王晓棠：那个时候，别的地方是不是这样我不知道，反正我接触到了，到了什么程度？打破头要进去看，不看不行，没票也得看，大家急需文化生活到那种狂热的程度。因为你一直是闭关自守，一下开放了之后，大家都非常活跃，当然也有些问题，所以后来中央又再重新调整，这个事情就是要左右走慢慢前进。总体来说，改革开放真的是挺了不起的，不改革开放真的没有前途。

记者：当时有哪些电影给您留下了深刻的印象，比如像谢晋导演的《芙蓉镇》？

王晓棠：很奇怪，因为当时我们的注意力都在自己的片子

⊕ 电影《叶塞尼娅》剧照

⊕ 电影《一场风波》剧照

上，知道《芙蓉镇》也不错，这些片子我们都看过。而且我的本子到了上海之后，谢晋也看过，他说有些词写得还真是不错。他第一部片子是跟把我引上电影这条路的林农合拍的，叫《一场风波》。人说南谢、北谢，南谢是谢晋，北谢就是谢铁骊。谢铁骊这边拍了《早春二月》，谢晋那边是《天云山传奇》《芙蓉镇》，几部片子拍得都挺好。

但是我这个人很奇怪，我特别注重年轻的导演，有些名不见经传的导演，我反而比较注意。

不管是戏剧界，电影界，文艺界都分，你是延安来的，他是重庆来的，还是有点门户之见的。改革开放后，一下把"两个凡是"给破掉了，真正的实事求是了，我是觉得挺好。不管是我看别人的片子，还是我看整个电影界，都比以前空前地繁荣。

记者：1987年3月，广电局有一个"突出主旋律，坚持多样化"的提倡，在这个背景下，八一厂做了哪些具体的工作？

王晓棠：八一厂是双重领导，广电局是它业务方面的领导，提出要坚持主旋律和多样化。八一厂的口号是，第一为人民服务，为社会主义服务，为巩固和提高部队战斗力服务，就是说以军事题材为主，但不是唯一。我们还拍过《龙云和蒋介石》，也挺好，龙云的后人都特别受到鼓舞。

记者：20世纪90年代初，您开始担任八一厂的领导职务了，那个时候您创作的指导思想是怎么样的？

王晓棠：第一，为人民服务。

记者：八一厂在改革方面有哪些困难？

王晓棠：八一厂当时面临着不改革不行的局面，因为它有很多的条条框框，要改革开放，首先得有领导的支持。八一厂真正开始改革是在1994年之后，结合大片子，因为这是中央军委给的任务，我们写了很多规章制度，比如片子叫"单片招标"，这过去是不可能的。再有就是奖励制度，只要你干得好，政治上给你荣誉、嘉奖、立功，经济上给你补偿，业务上给你机会，你凭什么不好好干？所以对整个的八一厂的人来说，拍大片时没有一个闲人，因为拍大片是我们的政治任务，是我们的历史责任，也是我们接受最大考验和锻炼的机会，很多年轻人都上去了，你只要有本事就行。你没有本事，也可以学本事。改革开放后，到了年底，全厂的每一个人都能拿到自己工资的4个半月的奖金。一直到现在我跟厂里很多人都保持着很好的关系，大家共同的努力得来的成果，到现在想起来还是一种很美好的回忆。真的好片子，它是经得住时间考验的，从过去跟现在，爱国主义是不会变的。

后记

退休后的王晓棠，并没有享受安逸生活，而是依然投入热情进行创作。2001年，年近古稀的她，仍凭借自己策划、编导的电影《芬芳誓言》获得了多个国家级电影奖项。曾经的磨难没有将她打倒，无论当年在林场，还是心怀抱负重披军装，这位独立坚强的女性，始终心怀感恩。

如今，坐在我们对面接受采访的她，精神矍铄，神采飞扬，从她的话语间不难感到，曾经的艰辛已成过往。从女明星到将军厂长，她的身份在变，但为人民服务的信念不变。王晓棠经历的，即是八一厂的改革之路，也是中国电影在改革开放40年历史进程中的缩影。作为亲历者，她踏出的每一步都是时代的脚印。

王晓棠

吴思远：

香港电影北上的先行者

文 / 罗洋

吴思远

1958 年，14 岁的吴思远从上海来到香港。他对故土一直有难舍难离之情，这也让他在改革开放初始之时，便成为最早北上的香港导演之一。在他的心中，一直有一个大中国电影的概念，只有在内地，香港电影才能获得真正开阔的胸襟。于是，他以开拓者的姿态，进入到内地电影工业的方方面面。他带着年轻的香港电影人拍遍美好河山，并在这里开影院，为内地观众带来符合国际标准的观影环境。从电影人到电影院员工，大家都尊敬地称他为吴老板。

中国电影走出去还是得靠动作片

记者：您曾担任成龙动作国际电影周评委会主席，我们特别想知道，您的评判标准是什么？

吴思远：因为我是拍动作片出身的，第一部作品拍的是武侠片。20 世纪 70 年代初，我一直对动作片很关注，包括武侠片、拳脚片，还有现代的飞车、枪击，甚至战争这些类型元素，我们都统称为动作片。我想，一部动作片当然是有非常厉害的动作设计，其次就是故事，说清楚他为什么要打，为什么要有这个动作。而这一点是我们很

2018 年，吴思远出席第四届成龙功夫电影周

多动作片欠缺的东西，导致观众看完后，觉得除了打得令人眼花缭乱以外，什么都记不住。我们回想起来，过去很多成功的武侠片或者动作片，都是有一个很好的故事做基础，尤其里面的主人公，如果手脚非常灵活，动作非常精彩，那么打斗也是非常悦目的，假如剧本故事也非常好，人物就出来了。这样的作品在我个人认为，才算是一部好的动作片。

记者：您怎么评价近年来华语动作电影的发展？

吴思远：在华语动作片里，港产片是一个非常重要的片种，现在我们常常讲电影怎么走出去，要市场化、国际化，我觉得都不容易，因为电影是反映文化生活习惯嘛。一般外国人看中国电影看得不多，最容易走出去的还是动作片。当年我拍成龙的电影，在外面很容易销售，甚至再早一点的时候，梁小龙、黄元申，他们也都卖得很好，当然还有完全国际化的李小龙，李连杰也是。所以我觉得中国电影应该在动作片上面多下功夫。因为这是最容易走出去的一条路径。你拍爱情故事，拍生活伦理，外国观众不一定有感受，但如果你有非常精彩的动作，加上好的故事，他们很容易接受。我曾经去过世界很多地方，包括一些很小的地方，那里的小孩子都会讲 Jet Li、Jackie Chan，我非常吃惊，所以在现在我们制作条件非常好的时候，我希望我们能将动作电影做得更好一点。同时也希望我们不要太依赖电脑特技。以前我们拍一些动作很辛苦，吊钢丝，还要让摄影机避掉那个钢丝，全是凭真功夫来拍的。现在通过电脑特技去完成很多高难度的动作，有些动作难得太过分了，就会让观众有一种虚假的感觉，像神话一样不可能，真实性打了折扣，加上观众对演员不认同，知道他不可能有这样高超的武艺。我们以前看李小龙打会觉得非常兴奋，他的标志性动作，还有标志性的叫声，都让人看得很爽，知道他就是真功夫。成龙也是，动作很灵活，闪动很灵活，所以我觉得动作片可以用电脑特技，但不要太依赖，才能打造出下一个走向国际的优秀动作片演员出来。

再艰难也要一头扎进内地怀抱

记者：说起一代代动作明星的传承，您其实见证了内地改革开放以来的香港电影。您记不记得在20世纪70年代您刚回到内地，看到的内地电影是一个什么样的状态？

吴思远：老实说当时的中国电影比较落后，先不谈电影的内容，在技术、技巧各方面都比较落后。我记得我第一次回到这边来考察，当时北京电影制片厂拍《小花》，我就跟他们的导演一起研讨，我问你们一天拍几个镜头？他说一天四五个镜头，他问香港怎么拍呢？我说我们一天拍四五十个镜头，他们大吃一惊。当然这是有原因的。另外，当时参与电影工作的人也比较少，大家都在国营的制片厂里，上影、北影、八一、长影，就是没有民营的电影公司。所以我觉得，中国电影的茂盛也跟整个中国经济改革开放是分不开的。你看现在我们的电影

《李小龙传奇》海报

恒生电影（香港）有限公司出品　　　中国电影发行放映公司发行

那么兴旺，就是国营的电影制片厂与民营的力量结合在一起，才有今天的结果。当年真的是非常滞后，片场人员的积极性也不行。我记得当时在敦煌拍《新龙门客栈》，班底基本都是香港带来的，拍摄环境非常艰苦，但大家都是没有人走路的，都是跑的，当时内地的一批工作人员都找不到人。我实话实说，有些人就躲在布景板下面睡觉，一到吃饭的时间全部出来了，吃完饭又不见了。我想如果这样一部电影怎么能拍得好。好在慢慢这种情形已经没有了，今天香港电影跟内地电影已经基本上在拍摄模式上面没有大的区别。

电影《新龙门客栈》剧照

记者：您在20世纪七八十年代来内地时，觉得市场如何？潜力在哪里？

吴思远：当时电影市场非常不好，所以我来内地拍电影也好，成立UME电影院也好，都有很多人反对，记得当年我在香港找了几家大的投资公司，希望在内地建立一个类似美国"八大"这种规格的公司，全部都拒绝我，他们认为内地电影没希望，因为条条框框太多，没有娱乐性，而且票价太低，很难收回本钱，况且满大街都是盗版，我在北京开的UME华星的门口就有好几个摊位卖盗版盘。所以我只能自己冒险来投资拍电影和开电影院，当时我记得全国的票房才几个亿，简直是惨不忍睹，电影也没有多少厅，就是一个非常大的大厅，能容纳上千人观影。当时内地许多电影院的设计也很不科学，门口的布帘一拉开，光就直射到银幕上面，银幕就会有一层白颜色。这是我当时在全国不同影院参加活动看到的，如果电影院这样，电影不会有发展，观众不愿意来看，他不觉得是享受。所以我把多厅的规模、漂亮的放映厅设计，都带到内地来了。

拍电影也是，我可以说是除了银都机构以外，第一个进来拍电影的香港人。当时进来的手续非常困难，海关填表、申请、胶片进口、器材进口等，都要合拍公司帮你办理，还要放很多押金在里面，所以当时香港人都不愿意进来。我坚持过来的原因是，武侠片在香港已经没法拍了，地方很小，再拍就穿帮了，就算去中国台湾也不行了，后来还到韩国拍，但还是规模太小。我想只有回到内地，才有这种气派，有森林，有草原，有沙漠，尤其是《新龙门客栈》需要西北的荒漠，才能呈现武侠小说里面的气势。我看外景的时候，一到敦煌就傻掉了。我们铺了一个窄窄的水泥地，让车子能开进去，再在水泥路上面铺一层沙，就不会穿帮，这个花了很多心血。内地雄伟的外景，加上我们优秀的电影摄制团队，加上林青霞、张曼玉、梁家辉、甄子丹这组如今不可能再重组的卡司，让《新龙门客栈》拍出来的水准没得说，非常卖座。让我引以自豪的不是票房，而是我开了一个好头。当年在成龙电影里放喜剧元素，是我首创的。在我之前的香港武侠片、动作片都非常血腥和暴力，比如我们的前辈张彻导演，别人叫他番茄汁导演，他的片子每次都要用掉很多番茄汁

华星 UME 影院

来当血浆。我在欧洲推销电影的时候，就发现很多国家不愿意买，说我们香港电影太残暴。所以我就开始思考能不能把喜剧元素放进去，然后有了第一部《蛇形刁手》，效果好得不得了，观众看到那些动作精彩又好笑，那么我就马上领悟到这条路可行，接着拍了《醉拳》。

回归前的爱国情怀涌动

记者：您也说到了您可能是最早一批来内地拍电影的香港电影人，当时虽然还没有回归，但还是有很多像《黄飞鸿》这类爱国题材的电影。是不是在回归之前，香港的电影人其实也一直有对祖国的一种情怀？

电影《蛇形刁手》剧照

电影《黄飞鸿》剧照

吴思远：对，因为电影反映了文化跟民族的感情，我想武侠电影还有一个非常明显的主题就是见义勇为和民族情怀，这一点毫无疑问的。很多电影都贯穿了这个主题：邪不能胜正，中国人要团结。我记得我第一部非常卖座的电影《荡寇滩》就是打日本人，打倭寇。观众看得非常投入。另外《黄飞鸿》，徐克非常了不起，他把香港人都认识的南方英雄人物黄飞鸿重新塑造。《黄飞鸿》也是到了内地来拍的，徐克是在越南出生的，在香港生活很久，他不知道冷会冷到什么程度，我说要不然等过了这一段时间再去拍。他说不怕不怕，结果冷到摄影机都不能转动，里面的油都凝固了。演员之间一搁手就疼得非常厉害。我们在汽油桶里烧了一堆火，每拍完一个镜头马上来取暖，真的很辛苦。另外，在冬天演员讲话时冒气很难看，结果我们就准备了一杯冰水，在演员要讲对白的时候，用冰水漱口，让他温度降温，讲对白时雾气会少一点，我们就是用种种方法完成这样有民族情怀，有爱国精神的电影。我想爱国是与生俱来的一种情怀，一部好看的电影除了赏心悦目、有娱乐性以外，应该带给观众一种反思，如果我们的民族很弱就会被人家欺负，我们曾经被欺负了多少年，现在刚刚强大了。动作片其实都是爱国主义，正能量很强的，在受压迫受委屈后反弹，打退恶势力、打掉侵略者，这样的动作片看完才能大快人心。

记者：在那段时期，您是不是当时也以自己是中国导演为责任来拍摄和交流的？

吴思远：这方面我是做了最多的工作了。当年因为两岸三地都没有交流的，我就提倡办一个两岸三地导演的研讨会，当时困难重重，我在香港跟新华社联系，他们在内地跟港澳办、对台办、统战部等很多部门去沟通，最后终于成功了。两岸三地导演第一次在香港见面，现在回想起来好像这是很普通一件事情，但是当年第一次见面的时候，很多资深导演流了泪，比如谢晋导演、谢铁骊导演，他们现在都不在了，台湾的李行导演都非常有感触，就说我们分隔了几十年，电影人今天终于能团聚在一起。这都是我做的事情，所以我非常自豪。当年我们香港电影人爱国到什么程度，当年华东水灾非常严重，我当时作为香港导演协会会长，发动全体香港电影人拍了一部电影，只花了 4 天拍完，叫《豪门夜宴》。我们发动了全香港的演员来参与这部电影，不管你当主角、配角、临时演员、路人甲、路人乙，都是不收一毛钱的酬劳，导演也不收钱，大家只吃个盒饭；接着我们在大球场开演唱会筹款，当时所有的红歌星、电影人都参与，我们在会场外面设立了一个捐款箱，不论多少，结果筹到 9000 多万港币，接近 1 亿。我们把这个支票交到新华社，就为了华东水灾。所以爱国情怀，香港电影人从来不缺的，平时你看他们散散漫漫，但是一有事情的时候，大家就会团结起来。汶川地震也是，我一听到就马上通过 UME 电影院捐 100 万出来。现在我觉得很自豪的是我尽力为两岸三地的交流做了很多的工作，两岸三地导演会到现在还在继续，每年的 1 月 11 日，每两年一次，三个地方轮流做东，都非常精彩，而且规模越来越大。

⊛ 电影《豪门夜宴》海报

呼吁更公平的游戏规则出台

记者：当年因为金融风暴，香港电影市场受到很大程度的影响，当时您有这样的感觉吗？

吴思远：金融风暴其实一般来讲对电影不会有太大的影响，美国有一种说法，所谓经济越低迷，电影票房越好，因为看电影是老百姓最低的消费，当他们不再出去旅行，不再到处度假，也不上夜总会的时候，那最低的娱乐就是看电影。所以我想金融风暴其实对电影来讲损害不是最大，反而前几年我们内地的资本泛滥，这个对电影损害最大。很多不是做电影的人，他看到电影市场那么好，没有经过专业考虑就投资，变成一个资本炒作的游戏，而不是真正地投资电影，所以造成了市场的一片混乱。预算的乱用、贪污，演员费的暴涨，电影水准的低落，这是前几年。所以我说金融是一个双刃剑，你运用得很好可以帮助电影发展，你运用得不好，本来这个演员 300 万一部戏可以了，因为资本游戏，300 万变 500 万，500 万变 1000 万，电影成本也随之变得不合理，演员也开始觉得自己非常了不起，有那么多人抢他，心态就开始不正常，所谓演员道德也不在乎了，随行人员一大堆，全部要公司来买单。我听说过更离谱的，在香港也有，他带了个人的编剧，到了现场改

对白，不改就不拍。所以我们现在要非常警惕，我们的电影因为高度的毫无节制的发展，到今天已经出轨了，这是一个事实，我好多年前就一直提出警告，但是没有人听，因为大家都为高票房而兴奋，背后的灌水、幽灵场、偷票房等问题没有人去理会。不规范的资本把整个电影规律、电影伦理全部打破掉，这样对电影长远发展是不利的。电影院也是，现在我们中国严格来讲只有一条院线，所以票房高的十分高，票房低的十分低。一个正常的

⊛ 吴思远现场采访照片

电影市场应该让每一类型的电影都有它的生存空间，尤其有些中小电影，投资不是很大，请不起大牌明星，但拍得很好。我们应该订立非常严格、公平的游戏规则，让我们后面的人可以遵循，让电影健康发展。

记者：听说导演协会的会员到您的影院看电影有优惠政策。

吴思远：这个电影优惠政策是这样，所有电影导演在 UME 凭导演会的证就可以看电影，我十六七年都是这样，碰到很多新导演，他们说没什么钱看电影，但是我们有导演会的证，我在你的 UME 电影看了好多电影，学习了很多好的东西，要谢谢我。我说不客气，我自己也是导演出身，这样做是对电影导演的尊重，也希望导演拍好的电影，因为你在社会上的地位，能让人家觉得导演是一个很值得尊敬的职业。另外我也在一段漫长的时间里施行一个规则，给新导演排片，我不在乎那些票房的收入。也曾提议在星期二看电影半价等优惠，也曾在有好的儿童片上映的时候，请

◉ 电影《我不是药神》剧照

福利院的孤儿坐着大巴士来看电影。我觉得我作为一个电影人，当年从场记到副导演，到导演，到监制，到电影公司的老板，到电影发行，电影院，每一个环节我都做了，那我想在可能的范围里面，我要回馈这个行业，给现在那些赚很多钱的大导演大明星带一个头，也倡议一下能不能成立一个电影基金，来帮助我们行业里面最低下层的那些老电影工作者。我们电影人应该承担对社会的责任，大的事情我们不一定做得了，但是对自己的本行业我们应该去做。

让香港电影人成为中国电影的一分子

记者：成龙大哥曾说香港回归才让我真正觉得有了祖国，才让我真正解决了我自己身份认同的问题，您觉得这种情绪是不是也反映在了电影作品里？

吴思远：其实身份认同我不觉得有什么压力，这是少数人的想法，我觉得是伪命题，99.9% 的香港人都会认为自己是中国人，没有例外的。香港经过英国人 100 多年的统治，在某些观点、看法上面是有些不同，所谓不同其实不是什么了不起的事情。我觉得是没有什么大的问题，因为电影就是要接地气、反映老百姓的生活，还有创作者的想法，只要整个主题是积极向上的，是正能量，我觉得没关系。最近大家看到了，《我不是药神》让观众都很受感动，我们电影人提出社会问题其实是为了解决这个问题。电影应该是多元的，更不要全部拍小鲜肉电影，也不要全部拍武打电影，我们什么题材的电影都有，只要拍得好看，都会有观众支持。因为我们现在的电影市场实在太大，你要拍一部好电影的话，票房是非常乐观的，这些美国人都很羡慕。我想全世界做电影的人都非常羡慕中国有那么大的市场，那么多的观众群，所以我觉得我们整个中国电影前途是非常美好的，只要我们现在走对路，不要把电影变成资本投机的工具，我想中国电影假以时日会发展得更好。

记者：您后来又跟上海电影制片厂合拍了《青蛇》这部电影，当时徐克导演他们赞同来内地拍这部戏吗？当中遇到过哪些问题？

吴思远：其实《青蛇》没有什么特别大的问题。《青蛇》有一部分是在上海拍的，还有更大一部分在香港拍的。当初我跟他到杭州去看景，这个景实在太好了，但是人太多，没办法清场来拍，所以我们后来就决定有些场景还是搬回香港新界。徐克很了不起，你完全看不出来是在香港拍出来的外景，取景角度非常好，当然也是因为与上海杭州的一些景结合得天衣无缝。

记者：除了《青蛇》，还有您刚才提到的《狮王争霸》《新龙门客栈》，在当时带起了一股合拍片风潮，后来进来的香港导演对于来内地拍戏是一个什么样的态度？

吴思远：他们一开始是很抗拒的，有些当时态度特别坚决的导演，现在长期住在内地。因为他们当时没有看到整个中国电影发展的趋势，还有中国经济发展的趋势，他们只看到眼前的一些不方便，我是用发展眼光看内地。我看到改革开放以后，老百姓的生活水平提高、中产阶级的崛起，他们对电影有要求，尤其是中国签了 WTO 以后，当时每年进口 20 部美国电影，这些电影除了票房以外，也给我们电影人一个借鉴和刺激。改革开放把外来的东西引进来，让我们看到好的东西，感觉到自己的不足，才会努力去进步。还有农村城镇化，每一个农村有一个非常好的城镇中心的话，就需要大量的电影院，这些就是我们以后中国电影未来的希望所在。因为在一线城市，电影院已经饱和了，你再发展已经没有发展空间，但是我们在二、三、四线城市，尤其是那些广大的农村，我想还有很大的发展空间。我想可能在不远的将来，我们的银幕数比现在还要翻一番。这不是一个幻想，而是一个事实，因为我们现在看电影的人口在绝对值来讲还是很少，不管哪部戏几十亿，观看的人与我们的人口来比还是很少，如果我们 13 亿人有 20% 的人都看电影的话，这个票房是惊人的，所以我对中国电影前途充满信心。

能反映现实生活的才是主旋律

记者：您刚才一直夸徐克导演，很多人都说徐克导演选择北上的时机特别正确，您怎么看？

⊙ 电影《青蛇》剧照

⊙ 电影《黄飞鸿之三：狮王争霸》剧照

吴思远：北上是他的一个必然的选择，因为任何经济活动、文化行为都是流动性的。当某一个地方市场够大、条件够好，那必然是流动的，我们香港很多一线的成功导演，几乎都在内地拍戏，林超贤、刘伟强、尔冬升、徐克……因为拍商业电影对他们来讲驾轻就熟，他们拍的电影可看性也很高，而且非常专业，每部电影的预算、周期，都会把控得很好，所以他们在内地有很大的发展空间是理所当然的。但是我觉得更重要的是，我们第二代，包括内地的新导演。不能还是靠那些当时一线的导演，怎么样来让年轻一代的导演融入到大中华市场里，这是一个要值得探讨的问题。怎样对香港年轻导演开放环境、吸引他们进来创作，拍一些两地都有兴趣的题材，是一个非常重要的课题。比如林超贤拍的《红海行动》，两边都可以看的。还有些香港本土的电影，我也希望能得到内地的支持，即使它只能在广东地区上映。现在有一个现象就是，合拍电影主要就是内地公司投资，拍大规模高成本的电影，这是处于主流位置的电影。现在香港本土电影因为没有内地的市场，投资不能太大，只能拍小规模的电影，这样的电影可以把它引进到广东省，因为内地可以有粤语版。我想怎样在广东支持香港电影，尤其大湾区怎么样来支持香港电影，让香港年轻一代导演的电影有出路，我想这是我们现在非常重要的课题。因为那些大导演不用担心，他们一部接一部，我们要注重让年轻的一代导演也能尝到大中华市场的甜头，这是非常重要的事情。

记者：您刚才提到的北上导演，林超贤、刘伟强导演，他们近期的作品像《湄公河行动》《红海行动》《建军大业》，都是主旋律题

电影《反贪风暴》海报

电影《反贪风暴Ⅱ》海报

材的。您觉得香港导演在拍摄主旋律题材的电影时会有观念上的磨合吗？

吴思远：主旋律题材其实可以拍得很好，以前有一个错误的观念，大家觉得所谓主旋律就是要宣传。其实美国电影每一部戏都是宣传美国主义、美国人的生活方式，宣传不是坏事，就看用什么方法，不能去太教条化、公式化。你看《战狼Ⅱ》也是主旋律电影，但它是通过非常好的电影故事题材，让观众

电影《红海行动》剧照

电影《反贪风暴Ⅲ》海报

电影《反贪风暴4》海报

不觉得这是一部宣传电影，看完以后能有所感悟。香港人其实给他这样的题材也能拍得好，你看刘伟强连《建军大业》都拍了，徐克拍《智取威虎山》也拍得很好。香港导演的灵活性跟适应性都很强。一般来讲他们没有这个机会和条件，内地的电影公司一般不会给一般的新导演拍主旋律电影。近期有一位导演林德禄，他拍了《反贪风暴》《反贪风暴Ⅱ》，现在马上要出来《反贪风暴4》，拍得很好的。

其实我们也可以拍一些比如香港当年在港英政府下面反贪或者是反黑的故事，这是另类的主旋律电影，这些香港人会拍得很好，当年香港是贪污很盛行的时代，我当时拍《廉政风暴》被英国人禁掉好长时间，不让我放映，还恐吓我，结果这种拉锯战帮我做了宣传，票房好得不得了。那时候我很年轻，就拍这样反映社会现实的电影，现在《我不是药神》在内地带了一个头，不知道后面能不能继续有这样的类型出现。像这样的电影第一成本不会超高；第二，它对剧本的要求非常严格，必须非常合理，非常接地气；第三，不需要用这些所谓的大牌明星。让观众看到电影反映的是我们现在社会的现实，这样的电影我觉得反而是主旋律电影。

记者：您刚才回忆早期的港英政府，近年还有一部作品《追龙》，第一次把英国的殖民者当作绝对反派的角度，可能过去咱们的电影里边这种情况很少，您怎么看这种态度的转变？

吴思远：《追龙》我看了，拍得很好，我觉得它夸张得很厉害，但是电影适度的夸张也是无所谓的，香港导演比较擅长这样的电影，拍回归以前英国人怎么跟黑社会勾结，当时社会的确是这样的。我觉得这也是香港导演的一条出路，如果你拍得好的话，内地观众也是很喜欢看的，想看看当年港英时代的黑暗故事，九龙城寨里边那种无法无天的东西，我跟很多年轻导演都讲过，拍香港电影可以在这一方面动动脑筋。我听说有一个网络剧《反黑》也很受欢迎。现在香港电影最大的问题是，第一，纯香港电影产量不足，电影规模小，没有市场。我们如果要解决这个问题，就要倒过来，解决一个市场问题，比如我刚才讲的大湾区，广东省市场，其实广东省市场加起来比香港市场还大，我们怎么样好好地将广东省市场对香港倾斜；第二，有了市场，我们怎么拍内地观众想看的题材；第三，有了市场，我们如何

电影《廉政风暴》海报

电影《追龙》海报

适度地把电影的预算提高一点，整体好看一点。我想，这个也是解决香港电影尴尬现状的方法。

记者：您刚才提到跟英国人对抗，这是不是我们中国人崛起的一个标志？

吴思远：其实我觉得这个倒不一定，电影题材应该是多方面的题材，比如英国当时殖民地，它有殖民地的一套管制方法，那么在殖民地里面，当时也有一两位比较正义的英国人，替底下群众打抱不平的。有一位是英国议员，已经去世了，一生都奉献给香港，他常常替贫苦大众打抱不平，还有一个法官，最近也是去世了，警方交通部扣留全部小巴，这个法官认为警察

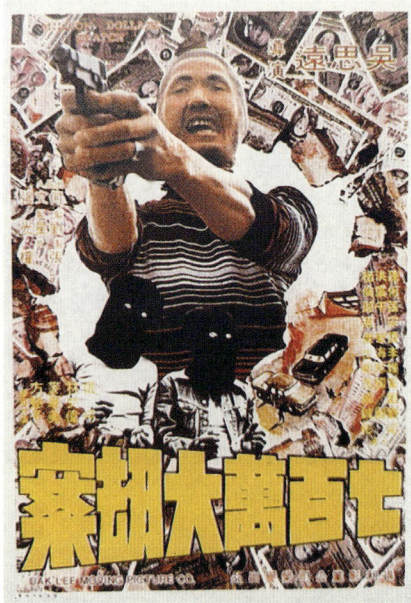

🎬 电影《七百万元大劫案》剧照

滥用职权，将一百多辆小巴全部释放。所以在殖民地时代也有很多不同的类型的电影可以拍。我当年拍《七百万元大劫案》，当年 700 万元等于现在的 7 亿多，故事来自真实的抢恒生银行的案子。当时我年少气盛，天不怕地不怕，因为一些法律问题，律政司检查总长跟我辩论，给他放完之后让我通过。当年的案子当然破了，但当我宣布要拍这个案子后，接到不少电话，涉案人员托人给我有偿爆料。说明整个社会对电影人的期望很大，希望你帮他们讲话，希望讲出这个社会的不公。

记者：最后一个问题，很多人都说现在已经没有内地电影，也没有香港电影，只有中国电影，您怎么看这个说法，您觉得是这样的吗？

吴思远：我理解是华语电影，我们中国幅员大，而且历史悠久，在大中华电影里面各地有它各自的特点，比如台湾电影，也是中国电影的一个种类，香港电影也是中国电影。所以我觉得中间没有什么冲突，大的概念来讲这是我们中国电影，但是我们这个中国电影其实严格来讲又分不同的地方，北方拍的电影讲的北方普通话，南方有些人不太懂的。我在广州也有电影院，他们对北方味儿太重的电影不容易接受，上海的电影也有上海的特点，所以我觉得我们不要去区分。广义来讲，海外受美国教育的华人，他们拍的跟中国题材有关的电影也是中国电影，所以我们不要把观念设定得太狭窄，应该是多元的。在多元里面我们可以有爱情电影、有侦探电影、恐怖电影。还有那些主旋律的、积极的电影，都可以拍。

后记

吴老板至今还在为电影奔波，为年轻导演、文艺片的生存空间，以及香港电影人北上发展的机会，为三地电影人团结起来构建华语电影大繁荣，不遗余力。他坚信香港电影只有与内地电影的深度融合，才能给香港电影带来前所未有的转机，才能迎来一个更加灿烂美好的明天。

文隽：

时代追光者

文 / 李文心

🌀 文隽

2018 年夏天，文隽在北京的影视公司正式开业，花甲之年的他没有按照大众想象的那样，在功成名就之后于故土颐养晚年，成为一个世俗意义上的"老人"。诚然，他够"老"，老到见证了香港电影从黄金时期走向衰落，再伴随新的政策焕发生机；在文隽的办公室的墙上张贴着各个时期代表作，以及他与海峡两岸暨香港电影人的合影，室外则是众多新兴行业所在的创业园区。在文隽身上有足够多的新旧重叠，这些交错使他成为香港电影的活字典，也使他成为香港电影发展的弄潮儿。下面，让我们来聆听他与香港电影不得不说的故事。

一纸协议，香港电影绝处逢生

记者：早在 20 世纪 80 年代香港和内地就拍过很多合拍片，您从电影的角度来回忆一下，当时香港怎么看内地的市场？

文隽：在 80 年代我们从来没有想象过内地是个市场。因为特殊的国情，所以我们只是知道在内地有很多电影，其实很多都是很有影响力的。当时有个叫南方发行的专门把一些内地的片在香港发行，有很多左派人士都会去看。当然在香港也有左派的公司，因为我们在小时候就知道有长城、凤凰跟新联，后来它们就合并成为银都机构。其实他们的片跟我们主流的香港商业片还是不一样的，我们香港人拍电

🌀 电影《垂帘听政》剧照

影是一个商业行为，所以他们只看市场在哪里，比如说香港本地的市场已经足够的话，他们当然是讨好香港观众。最重要的是，那时候内地不算一个市场，所以大家看中国内地的片就好像看美国片、看法国片、看日本片一样的态度去看。

记者：拍摄完《垂帘听政》，梁家辉被台湾市场封杀，当时台湾是香港电影的主要市场，在香港也没有人知道梁家辉拍戏了，这是真的吗？您怎么看这么个事件？

文隽：我们都知道这个事情，因为我们在20世纪七八十年代，香港本土以外，东南亚跟我国台湾，是很大的市场。我们在台湾有个规矩就是，如果你要在台湾上的片，在海报上，在剧目上有你的名字，无论台前幕后的人必须要加入台湾当地的自由总会，有登记了，你的片才能在台湾上。梁家辉因为拍了李翰祥导演的两部片，对他来说一个新人而已，当然有这个机会就拍，拍完之后出了这事，李翰祥导演也是很敏感，因为他有一段时间都在台湾发展，无论从邵氏到台湾成立他的国联，然后再回到香港。

电影《垂帘听政》中的梁家辉

有一个机会去重拍他在邵氏年代的两部清末戏。当然因为内地很欢迎他回来在紫禁城拍，对一个艺术家来说这是难得机会，所以他才不顾政治的原因，坚持回来拍电影。可以说梁家辉是有点无妄之灾，因为当时他不是大明星，如果当时有市场，那估计他也不会答应李翰祥导演回北京拍一个内地或者是左派基金的电影。所以梁家辉也不算是被封杀，而是他的片不符合自由总会的登记，所以就变成没有人敢找他拍戏了，他的演艺前途当然就有一点麻烦。但是后来他很幸运签给了新艺城，新艺城公司替他一直去改善关系，去解释，所以后来梁家辉有很多新艺城的电影，什么《监狱风云》都有参与，慢慢这个形势也改变了。加上台湾当地也有改变，所以梁家辉的情况也有改善。

记者：内地的改革开放有没有给香港电影带来发展机遇？

文隽：我是一个香港人，当然对祖国的改革开放也一直在关注。当时不熟悉，也没有机会回来，看着内地市场慢慢改变当然是挺喜悦的事情。但是很坦白讲，真正对我们香港电影界有影响，或者觉得原来中国市场是个我们可以发挥才华拍电影的地方，肯定是回归之后。在 CEPA 签订之后，我们才真正认定这是我们可以回来的市场。所以，在前面比如说 80 年代，根本就没想到能回内地拍片。到 90 年代初，开始有很多先头部队回来了，当时香港片应该是开始从高峰慢慢往下滑的时候，是什么吸引他们回内地呢？就是很多名山大川。他们可以到长城，到黄河边上拍戏，所以有很多武侠片、古装片一窝蜂回来内地拍摄，但是他们没有接地气，也没有深入去了解内地的情况。直到内地市场逐渐开放，经历了改革我们才有机会，要不然以前都是托中影公司卖拷贝。所以，在 80 年代是没有想过的，如果是一些左派阵营的电影人当然还是会关注多一点，回来的机会也就多一点。

记者：关于 1994 年发行体制的变革和影响，您怎么看？

文隽：问别的香港人不会回答，问我，我懂得回答。因为我的理解是，1994 年有个桂林会议把发行的体制改革了。所以为什么有整个改革，其实也是一部香港片引起的。当时是 1992 年、1993 年，就是《新龙门客栈》，由徐克、吴思远监制，李惠民导演的这部片听说在内地很卖座，也卖了很多拷贝，所以吴思远就说这是不公平的，因为拍电影是个商业行为，卖了高票房后，投资方应该有相对的回报。但是当时国内的发行体制就是不用问哪个电影院多少钱，反正一个拷贝收多少钱才是他的事情。所以为了要跟全世界接，就有了1994年桂林会议的改革。我觉得这是必需的，也是来得刚好。这个改变之后，首先是吸引到吴思远导演，他觉得：你看我的《新龙门客栈》能收那么多钱，万一我能够投资，万一这个市场能开发的话，对香港电影人来说是不是另外多了条有出路。所以我觉得最大的感受或者影响就是，让我们开始敏感中国内地到底是不是一个市场，我们还能不能回去。还有，再过几年就回归了，到时候又是怎么一回事。虽然很多香港人对1994年的改革有可能不感冒，但是有一点敏锐感的人就觉得这是一个转机。

记者：于冬也是那年毕业去的北影厂，因为北影那一年才有自己的发行团队。

文隽：这些别人不知道，我都知道。

记者：对，确实是问对人了。香港遭遇金融经济危机，对当时的香港电影产生了怎样的影响，当时在香港拍电影找投资困难吗？

文隽：在香港我们经常说，香港电影有黄金十年，这应该说的是从20世纪80年代中开始，到1993年、1994年已经开始没落了。没落的原因有很多种，第一就是它外面的市场萎缩，尤其是台湾市场。因为台湾市场在1994年初被美国强制推行301方案，所以他们做好莱坞片的拷贝。以前在台湾，美国片也只有2个拷贝，所以台湾影院对香港片的需求很大，301方案之后，台湾要大量引入美国片，已经不太需要香港片了。第二就是盗版，因为我们记得在80年代VHS，录像的制作还是要很多机器同时录像，要2个小时才录一个片，或者90分钟录一个片。但是VCD的出现是一台机器一印就很多了，当时还没有DVD，当然也没有网络了，但是VCD的盗版，很大地打击了电影院的生意，当然牵连到片商的生意都不好了。所以在1992年、1993年就开始没落，逐渐没有了资金。拍电影对我们香港人来说都是个商业行为，不赚钱的事情谁来？连黑社会都不来了。连黑社会都不来的生意，肯定不是好生意。所以资金短缺是一定的，

电影《新龙门客栈》剧照

电影《我的兄弟姐妹》剧照

尤其在1995年、1996年的时候，内地市场还没开放，所以香港片当时还是有一点困难。我觉得在1997年之前，当时我本人是从内地拍了几部片之后，回去跟王晶、刘伟强合作了最佳拍档公司。我们在1996年、1997年这几年突然间有这些片，还挺不错，但这是一个病人的回光返照。之后就到了1998年亚洲金融风暴，真的是已经没法有人有足够的资金去拍大型片，那时应该算是最困难的时候。

记者：香港回归之后，2003年的CEPA协议是否对香港电影市场提高了积极作用？当时去内地拍电影都有哪些优惠政策？

文隽：其实签订CEPA，还不是让很多人觉得能一窝蜂回去，只是那些愿意先吃螃蟹的人能知道这个

好处在哪里。吴思远导演就是最早愿意吃螃蟹的人，他因为有CEPA，就开始在内地，在上海，在北京，建立他的UME院线。在CEPA之前，电影院或者影视投资都不会允许外资进来，哪怕是香港同胞。但是CEPA把这个限制放宽了，电影的尺度或者限制也放宽了，所以大家会觉得，原来开影院能有生意。其实应该说在2002年之前，我们没有人觉得在内地放一部电影能赚很多钱，因为当时的体量就是一年有可能是七八个亿到十来个亿的票房，所以不能想象。冯小刚的贺岁片从《甲方乙方》开始，也是说每一年收几千万都是很不得了的。我记得我们在2001年，就是于冬发行了《我的兄弟姐妹》，卖了2000万人民币，

◎ 电影《英雄》剧照

◎ 电影《画皮》海报

已经是全年的亚军了。直到2002年的《英雄》出现，卖了两点多个亿，然后大家知道原来一部片可以收两个多亿，才开始重视内地电影产业，所以才有2003年的CEPA。有很多敏锐的人开始回来了，但还不是一窝蜂，为什么呢？你的市场接受外资，但是对电影的观念还没有真正改变，所以当时还不是很多人回来的好时机，但是对一些先行者来说，已经嗅到时机来临了。

北上，让电影重归电影

记者：北上的一个节点是2008年。为什么2008年之后大批导演北上？

文隽：我经常都强调2008年，这年北京发生了一个很大的事情，就是北京奥运。2008年也有一些比较重要的类型片，让我们一些香港电影人觉得，原来我们可以抓住机遇大展拳脚了。2008年有《画皮》，最重要的是，《画皮》是陈嘉上导演的。因为在之前陈可辛导演的《投名状》没赚钱，真正赚钱是《画皮》。所以很多人看准机会就都回来了，徐克开始能从他倒霉的日子里面拍《七剑》，去拍大一点制作的片，不像前面都是低成本的，什么《深海寻人》《女人不坏》，跟这些都不一样。所以，2008年这个节点就是全世界对北京的关注。

张艺谋在北京鸟巢执导的奥运会开幕式触动了很多香港人，觉得这个地方是不是我们应该去尝试一下，发挥我们的才华。所以，我经常把2008年当作一个节点，因为往后2009年、2010年就开始有青春片的类型实践，譬如说我的一些类似《人在囧途》的影片也在后面慢慢出现了，所以我觉得2008年是一个启动。之前哪怕有《投名状》《十月围城》，有很多香港人都说，是你陈可辛厉害，找到老板投资，我不一定有那么好的机会，所以还没能牵动他们北上的心，但是2008年之后我觉得大家都心动了。

记者：北上对香港电影发展好处有哪些？有些香港人并没有适应内地市场，您觉得原因在哪？

文隽：北上好处就不用说了，因为我们经常说市场在哪里，我们的电影，我们的商机，我们就必须在哪里，对不对？所以北上，就是因为内地的市场慢慢开放，容量是每一年票房从30多

亿，到每年 30% 到 50% 的增长，到 2017 年到 560 多个亿，2018 年说是应该有 600 个亿以上。已经能有日本，或者部分美国市场那么大，你拍电影肯定要趋之若鹜，肯定要回来的。所以北上的好处也不用说，因为在香港找不到足够的资金去拍他们想要拍的内容。当然，现下还是有些香港本土电影，譬如说现实题材的，比较小众趣味的，或者是地域感比较强的，但这些都不是大市场能够接受的大商业电影。所以，北上我认为对有才华，有本事的电影人来说这些好处不言而喻。这就是我的看法。

记者：陈可辛导演在内地拍的现实主义题材备受认可，在您看来他能赢得内地观众的地方在哪？

文隽：其实我觉得大家对陈可辛导演有点误解了，他拍现实题材是因为他有兴趣去关注中国内地的现实题材。他非常棒，是敏感度很强烈的一个导演。所以他在香港的时候，能拍一些中产小资的电影；他能很敏锐地去拍同性恋的电影，比如说《金枝玉叶》。他能最早去拍穿越回到过去的题材，后来还影响了去年韩寒的那个穿越的影片（《乘风破浪》），他是非常有敏锐感的导演，也有执行的能力。只是当时他最早回来，拍了一个他认为比较擅长的《如果·爱》，一部爱情片，然后再加上宝莱坞的歌舞，但是不算成功。后来他就觉得是不是应该学张艺谋一样去拍大型的武侠片，所以他就找李连杰，去拍《投名状》，其实也不是他擅长的，因为他本来就不是一个拍动作片，武侠片的导演。但是他还是不甘心，所以你看他在《亲爱的》之前，他尝试过《十月围城》《血滴子》（均为陈可辛监制），尝试过《武侠》。因为我跟他挺熟的，也看过他接受别人的采访的文章，他说他在《武侠》之后，觉得自己应该都到谷底了，他都不晓得这个路怎么往下走，但是他还是很棒，很有才华的人。韩三平一直劝他再拍一部《甜蜜蜜》，但他觉得导演不应该重复自己。所以陈可辛在尝试鬼片，爱情片，他老不愿意走回头路，到最后他终于去尝试拍《中国合伙人》。

《中国合伙人》是真的有这个事情，再加上中国人学英语的潮流，当然也跟他的拍摄，跟剧本的到位，跟接地气有关，所以有了《中国合伙人》。你问他的心是不是关注年轻人学英语，绝对不是，他只不过用他的本事，他的才华去拍一个向上攀爬

电影《人在囧途》剧照

的影片，就好像印度片有《三傻大闹宝莱坞》，陈可辛终于找到他本来要回归的领域，就是关注人跟人之间的感情，就好像《甜蜜蜜》一样。所以他能有把握再拍《亲爱的》这样拐卖人口的题材。其实，在商业上《亲爱的》只是 3 个多亿，不是那种他想要赚 9 个亿、10 个亿的片，但是他让我们知道他对现实题材的片还是有把控的能力。所以，你说我们 2018 年最火的《我不是药神》，陈可辛如果抓住这个题材的话，有可能他也一样拍得到，但这跟他很用心关注现实是两回事。

导演陈可辛

我们不应该把陈可辛误读为他对我们中国国情，对我们现实主义是很关心的一个导演，绝对不是，他只是刚好能把这个题材拍成好电影，他的出发点只是这样而已。

记者：徐克导演北上发展以后

电影《如果·爱》海报

电影《亲爱的》海报

电影《智取威虎山》片场工作照，徐克（右）

并不是一帆风顺，他的《女人不坏》也不是很成功，但是他为什么在《智取威虎山》系列会成功呢？

文隽：很多人都说为什么红色经典，主旋律的片居然能被一些香港导演"化腐朽为神奇"，其实我认为对徐克导演、林超贤导演、刘伟强导演来说，他们才不在乎是不是红色经典，是不是主旋律，而是《智取威虎山》这个题材本身就是一个那个年代的中国版007而已呀。

记者：其实他在商业上，故事构架上确实很惊险。

文隽：对，对于徐克导演来说，《智取威虎山》就是一个中国的007，杨子荣深入虎穴，就像铁金刚去魔鬼岛一样。对林超贤来说《红海行动》和《湄公河行动》跟他在香港拍飞虎队抓毒贩其实没分别。这些香港导演在八九十年代有很多类型片的经验，他们都懂得。很多内地导演有可能他们也有想法，但是他们不知道威亚怎么吊，爆破怎么做，这些都是技术活。我拿到手上无论什么题材，肯定是把它商业类型化、市场化，最重要的是观众喜欢，把它拍出来好看，这就是香港导演的本事。

记者：您觉得徐克导演有了内地雄厚资金支持，他在3D领域探索出的技术怎么样，我觉得应该是世界级水平了，甚至领先水平。

文隽：3D立体。

记者：得益于内地雄厚资金的支持。可能是越拍越好，有怎么样的进步？

文隽：我觉得我们没有资格去说徐克进步，因为徐克从来都是一个顽童，有新的思路，有新的技术，有新的有关于电影方面科技的发明，他都是最早最愿意（尝试的人）。你看他在90年代末已经拍真人跟CG结合的《老夫子2001》（上映于2001年），里面有张柏芝、谢霆锋。他是最早用几十条威亚飞起来拍（《蜀山传》），香港片对技术探索，徐克是我们的先锋，是我们的先行者。现在内地市场有那么多资金去支持他，我们没有资格去说他进步，只能跟随着徐克导演的步伐，去把它做好，继续去跟着他引领潮流，我们只能这样去评价他。

记者：香港导演北上是否对内地的气候、片场等拍摄环境不适应？

文隽：任何人适不适应都不一样的。你问我，我也是南方人，香港人，但是你要在这里生活，要在这里拍摄，你就要适应，你不适应就回去吧。所以这个是没有适应不适应的问题，但是我觉得香港导演回内地拍戏，不是适应不适应的问题，而是必须要接地气，必须要了解你拍戏的这个地方，市场在的这个地方，有什么规矩，有什么限制，有什么风土人情，有什么人情世故，你都要去了解。哪怕你拍的是武侠片，科幻片，但是拍电影到最后还是人跟人的接触，描写人跟人之间的感情。所以你必须要去适应，不是气候，不是吃的东西，而是整个生活环境，人跟人之间的交往，我觉得是必须的。

记者：你应该是适应的，都搬过来了。

文隽：也等于算回答了。

记者：有一种说法叫香港导演已经成为内地电影的中流砥柱，您觉得现在还有香港导演和内地导演之分吗？

文隽：其实我觉得我们都是中国人，我们有些是在香港土生土长的，有些在北京的，有些是从上海来的，但是所有喜欢电影的人，对中国人来说，就看他们拍的电影有没有地域性。当然比如徐峥是上海人，你看《我不是药神》都是以上海为背景，总会流露出一些地域性或者他们比较熟悉的环境。但是香港回归已经20年以上了，香港人北上，如果我以2008年为节点的话，也10年了，一大部分人回来了。现在一部华语片，一部国产片，尤其是这几年比较好的，或者受欢迎，或者卖座的片里面，或多或少都有香港的元素在。我当然也是香港人的身份，回来生活两地飞已经20多年了，当然也有一些香港导演到目前为止还是不愿意北上，或者他们固守在香港，在深圳以南，维多利亚港以内。当然他们有可能觉得我是比较擅长在这里工作，我是要坚守岗位。对每个人的决定我们都必须尊重，一些回内地发展的导演，他们能动用很多资金拍很大的片，能卖很多钱，我非常佩服；对那些只是坚守，有可能拿几百万，1000万在香港拍很好的片的导演我也一样尊重。所以最好的将来就是中国人拍的片就是华语片，不分台湾、香港、内地。就好像美国片其实也分东岸、西岸。有纽约派，也有洛杉矶，也有西部。所以将来我们也会分南方市场，不是说过冯小刚的片子长江以南

🔘 真人跟 CG 结合的电影《老夫子 2001》

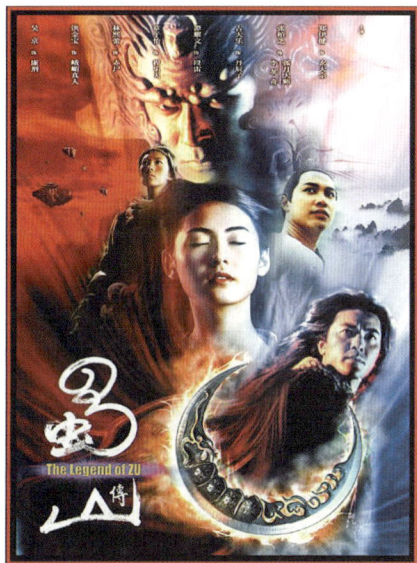
🔘 电影《蜀山传》海报

都过不去嘛，那么急着去区分我觉得是没必要的。

记者：说得真好，其实不光是导演，现在很多香港电影人都北上发展，您觉得他们在哪些方面影响了华语电影？

文隽：经验跟技术吧，因为香港电影过去是，拍每一部片都必须要成功，就算失败也要让人家觉得你还有翻身的可能，要不然你就没了前途。所以这种心态，还有他们过去在二三十年，从香港黄金时代到现在对类型片的掌握，对剧本，

对制作上的一些方法，都在产生影响。比如我们应该有监制，这十年八年来，国产片才有监制，以前都没有监制。为什么有监制？香港都有监制，因为是好莱坞的方法，它是制片人跟导演以外的一个重要岗位。香港的经验，香港的技术，香港人对类型片的掌握，对观众口味的了解，我觉得都影响到我们的国产片。其实已经影响到深入骨髓了，你看我们近两年冒出多少很好

接受采访中的文隽

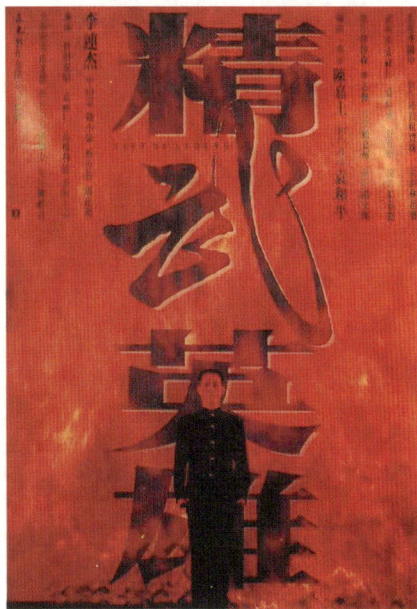
电影《精武英雄》海报

的商业片导演，尤其新一批的导演，他们从学院出来，经历过这几年电影市场的改革开放，市场的蓬勃，他们也学会以市场，以观众的口味为主去展开创作。

记者：20世纪八九十年代出现了一系列的爱国题材项目，比如《黄飞鸿》《精武英雄》，那么在香港回归之前，是不是香港电影人也怀抱着爱国情怀，始终心系祖国？

文隽：其实香港居民99.9%是中国人，都是我们的华人血统，我们从小都读中国历史，看中国文学。《水浒》《三国》、金庸的武侠小说都宣扬中国人、东方人的一种情怀，价值观。像这种爱国心我们是没区别的。

记者：《A计划》里面的成龙演的角色有点像杨子荣进土匪窝那种感觉。

文隽：《A计划》其实就是《智取威虎山》了。当然《智取威虎山》是样板戏，香港人不是没看过。香港人在创作过程中，顺手拈来东南西北，西方东方，什么经典文学什么样板戏，能用就用。所以你说《A计划》是不是？是，他们肯定是从《智取威虎山》学到的灵感，有什么问题呢？都没问题。

记者：您这一说他是有可能看过。

文隽：当然有看过了，我们都看过，我们有左派院线，小时候去看什么珍宝岛事件。在60年代末，到左派电影院看电影之前还要唱国歌的，还要看新闻片的。我说这些你们大部分人都还没出生是不是？

后记

面对采访过程中记者不断抛来的稍显尖锐的问题，文隽轻快直接、冷静清晰地给出了滴水不漏的答案。这位从香港辗转内地，在电影行业打拼数十年的影人在待人接物方面已炉火纯青。他说香港人讲究做生意，看重市场和赚钱，电影于他们来说可能与其他买卖并无二致，然而这绝非贬义。考虑拍摄条件、面向观众市场、斟酌大众口味、把关艺术质量，电影的制作和上映是技也是艺，只有对每一个环节精益求精才能生产出质量上乘的作品。在香港电影与内地电影逐渐融合的今天，无论电影人来自何方，他们对电影的热爱和艺术的执着追求是没有界限的。

江志强：

观众永远是我的老板

文 / 李海霞

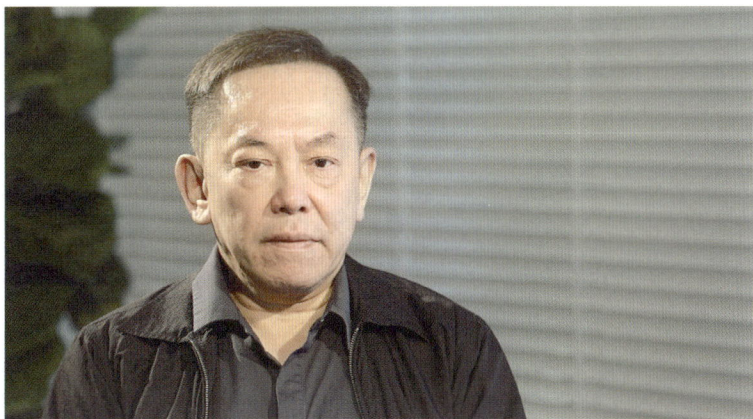
江志强

江志强是当代中国电影的传奇性人物，他的名字藏在《卧虎藏龙》《英雄》《十面埋伏》《满城尽带黄金甲》《不能说的秘密》《色·戒》《北京遇上西雅图》《捉妖记》《闪光少女》这些观众耳熟能详的影片背后，被称为"点石成金手"。这些影片或成中国影史不可或缺的珍宝，或创年度票房纪录，或是青年导演优秀的处女作。他以对中国电影和电影市场得精准把握，将《卧虎藏龙》《英雄》等影片拓展至海外市场，被称为"亚洲最成功的制片人"。

《卧虎藏龙》：不是看好这个故事，是看好这个人

记者：您这么多年一直跟外国电影公司打交道，也参与了很多合拍片的制作，最大的感受是什么样的？

江志强：我进入电影行业从做海外电影发行开始，比较熟悉一些海外的电影，所以后来进入国产电影就对中外合拍片比较有经验。

参与合拍片，我觉得是很有挑战的，目前这个事情是蛮不容易了，因为要很好地结合西方文化跟中国文化。比如跟日本合作的电影，要日本人的生活文化跟中国人的生活文化都在故事中体现，这个是很有挑战的，真的要靠导演、靠编剧去讲一个好的故事。但我觉得跟海外合拍电影是未来越来越重要的趋势，因为中国市场这么大，一定要跟全世界的电影市场接轨，所以是充满挑战的，但是未来前景非常好。

记者：我们再来说您参与过的《卧虎藏龙》，听说您是半路接手，而且力排众议，您当时为什么这么看好这部片子？

江志强：当时没有看好这个故

事，就是看好李安。因为李安第一部电影拍出来，我就认识他了，我非常看好、非常欣赏李安这个人，更欣赏他导演的作为。所以也非常认同他的能力，当时就不顾一切支持他拍这个电影。不是看好这个故事，是看好这个人。

记者：《卧虎藏龙》是一部很成功的合拍片，而且它不管是国际票房还是口碑上，直到现在也没有一部华语电影可以赶得上的，您对

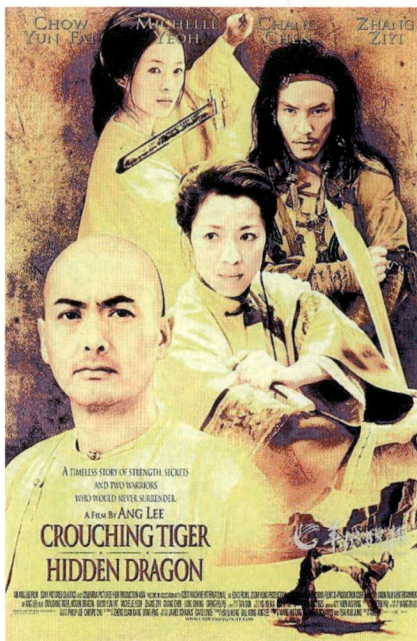
电影《卧虎藏龙》海报

电影《卧虎藏龙》剧照

于制作这种成功的合拍片有什么样的心得？

江志强：每部电影不一样，每部电影都有自己的命运。《卧虎藏龙》当时很成功，我跟李安都很意外这个电影怎么这么成功，对我们来说是一个很大的意外。我们觉得电影是很好，却想不到商业这么成功，这么厉害。我们两个都很遗憾，这么多年都还没有什么更成功的合拍片出现，我们都希望能够有更多的中国电影超越《卧虎藏龙》。我看好未来，我们大家都很努力，我继续拍合拍片，继续往这方面努力。

记者：刚才您说到拍合拍片最大的困难是两国文化的交融，当时制作《卧虎藏龙》时，有特意去关照过这个问题吗？

江志强：没有，完全没有，当时拍《卧虎藏龙》的时候完全按照中国文化、中国的价值观、中国的世界观来拍的，完全没有照顾老外的西方文化，李安是拍了一个100%的中国电影。他拍片很细致，有很多中国古代的生活和文化细节，我们也很奇怪为什么老外会看得懂这个事情。可能因为《卧虎藏龙》是一个武侠电影，里面有很多武侠片的元素，李安拍武侠片的方法能够真的打动西方观众，这是李安的本事。

记者：是不是说明在制作合拍片的过程中，不用太去照顾国外观众观影的文化或习惯？

江志强：拍一个电影有很多人参与的，不是一个人确定怎么拍的。往往有监制、有老板、有导演、有编剧，有很多人的工作和努力。当然最重要的是导演，看他怎么去对待这个题材。你问我是不是合拍片不要理外国人，这个也不行，如果你准备拍一个中美合拍片，或是拍一个中国跟日本的合拍片，应该考虑人家的观众和文化。

张艺谋：石破天惊　全世界瞩目

记者：除了制作影片，您也是海外发行华语电影的一个行家，《英雄》当时登上了北美电影票房榜冠军的位置，直到现在没有任何一部内地电影突破，张艺谋导演也说了您当时是全力支持他拍这部电影。跟我们分享一下当时制作以及发行《英雄》这部片子一些故事吧。

江志强：《英雄》是在《卧虎藏龙》之后出来的，《卧虎藏龙》

出来以后两年拍摄了《英雄》。当时《卧虎藏龙》在全球引起很多观众对中国文化的兴趣，特别是海外，尤其美国观众都很有兴趣，所以《英雄》在美国上映很轰动。而且张艺谋导演的《英雄》也拍得非常好，老外当时看到《英雄》觉得张艺谋的美学场面很了不起，电影里面的中国美学、中国文化、中国历史都非常吸引他们。所以《英雄》在海外市场一出来就石破天惊，他们都在问这个是什么人？《英雄》和《十面埋伏》，老外都看得懂，都叫好叫座。

我想说，我非常喜欢，非常看重张艺谋，多年后，他能够做出轰动全球的 2008 年奥运会开幕式，可见张艺谋有眼光、有能力，你看他的胸怀拍出来的东西就是最棒，全世界不一定能有人比他更厉害。

电影《英雄》海报

海外发行：海外推手不重要，抓好题材，努力拍好才是重点

记者：《英雄》和《卧虎藏龙》都只是关于中国的题材，他们能在海外取得这么大的成功，是不是您在发行上也下了很大的功夫？

江志强：也没有了，最后还是要看电影了。我后来也拍了很多片，都发行不了，所以我也不想夸张自己的能力。有好的

电影和有经验的发行当然最好，但是电影拍不好，什么发行都没用。你有好的电影，却找不到一个好的发行，也会有发不好的问题。所以我不能说因为我有能力就把一部完全不好的影片发行好。最主要是产品好，才有人买。

记者：您真的特别谦虚，我觉得您一定也是为他们在海外的宣传做了很大努力，因为外国人对于中国武侠的题材其实也并不能很明白。

江志强：海外观众跟中国观众一样，他们都是好奇，喜欢看新鲜的东西，不希望来来去去都看同样的东西。所以，我们拍的东西很好看，也刚好碰上他们的好奇，我们的发行就是刚好抓到观众的好奇，吸引他进电影院。然后就要看电影的命运怎么样了。《卧虎藏龙》《英雄》是中国武侠、

江志强（右）与张艺谋

功夫明星李小龙

动作、中国美学题材最早的几部电影，所以海外观众很新鲜。后面再拍下去，海外观众感觉来来去去都是同一样东西，就没有兴趣了。

记者：您觉得是不是武侠题材的影片在国外比较好卖？

江志强：基本上动作戏比较容易沟通，动作就是动作，你打我一拳，我打你一拳，是没有文化差别的。另外，前面有李小龙、成龙已经把我们中国的动作电影、中国人的功夫提前介绍到海外了，很多观众已经对中国功夫有印象，尤其是李小龙在全球影响很大。

《我们诞生在中国》海报

电影《长城》剧照

记者：从发行角度看，对于中美合拍或者中外合拍片在海外的发行上，您会不会占有天然的优势？

江志强：没有，主要还是要看作品。今天的世界没有一个人有这样的天然优势。因为有互联网，中国农村发生一个小事情，2分钟以后全世界就知道了，所以有一个好电影出来，全世界都会知道，也不用你去推，人家会来找你。我觉得大家去努力抓好题材，努力拍好就可以了。要相信自己，抓好题材，不要相信海外发行的某个人怎么厉害，我觉得重点不是海外推手多厉害的问题，是电影本身要很厉害的问题。

记者：对。2017年有一个关于中国的纪录片在海外特别的火，叫《我们诞生在中国》。这么多年来，您觉得海外观众是不是对中国电影题材的关注有一些变化？不再只喜欢动作片？

江志强：我觉得海外观众对中国类型题材喜爱的转变比较慢，他们还是喜欢一些动作的东西，动作影片会比较好卖。

记者：这些年中外电影人一直在探索合拍片的模式，张艺谋导演的《长城》充满中国元素，可是在海外卖得不是很好。最近一部关于鲨鱼的《巨齿鲨》也是中美合拍片，中美票房都还不错，您作为一个资深的电影制作人和发行人怎么看待这种差距？

江志强：《长城》其实蛮成功的，因为它的成本很高，大家就觉得有些失望而已。其实《长城》在海外的全球票房不差的，排在前一百，但大家都希望《长城》能够有惊人票房，说不定《长城》总的票房也超过《卧虎藏龙》。

记者：没有超过。

江志强：没有吗？其实我觉得《长城》的中国票房、海外票房加起来也不差的，起码排名是很靠前面的，大家对它期待太高，因为当时它的宣传很大很过，所以特别失望。当然它的成本我先不说，它的票房应该超过《英雄》了，可以讲《长城》是张艺谋在全球最卖座的电影。我有一部电影能够赚钱，就开心得不得了了。当然《巨齿鲨》也是个很好的例子，卖得很好，可以说是一个很成功的合拍例子，大家应该去学习。

记者：因为《巨齿鲨》和《长城》其实都算好莱坞 A 级制作的电影。

江志强：对。

记者：但是两个片子在北美的市场反响却不太一样。

江志强：这个是题材的问题，你想一个巨鲨在沙滩的事情对全球的人都很有吸引力，暑期是发行的最佳时候，全球有 1/10 的人在海边游泳，当然它的影响力不一样了。它的选题选得很好，我还没有机会看电影，我相信它也拍得不差。

花木兰：中国 IP 的好莱坞制作

记者：下面说一下《花木兰》，这个片子邀请了很多华人演员，刘亦菲、甄子丹、李连杰、巩俐，听说您在选角的时候也给了很多意见。

江志强：对，我是这个电影的其中一个监制，也给了很多意见。当时他们找我帮忙，我觉得《花木兰》是一个很大的中国 IP，迪士尼也是全球最强的电影工业体，本来我真的不想参与，但后来觉得如果不帮他们，怕他们乱来，就可惜了这个好 IP。因为《花木兰》这个题材如果能够有一个全球最大的电影工业体拍出来，向世界展示中国文化，这是非常好的事情。当时我觉得他们万万不能找些日本人、韩国人来演花木兰，所以我就去帮他们，给他们一些意见。

电影《巨齿鲨》海报

花木兰是我们的一个中国英雄、一个女英雄，把她好好拍出来，把这个中国 IP 拍得感动全球，对于中国文化的全球宣传是会有很大的、好的、正面的影响。

记者：当时您推荐了刘亦菲，您看到她身上哪个气质比较符合花木兰？

江志强：跟你们想象到的刘亦菲完全不一样。

记者：她之前都是给我们留下

电影《巨齿鲨》剧照海报

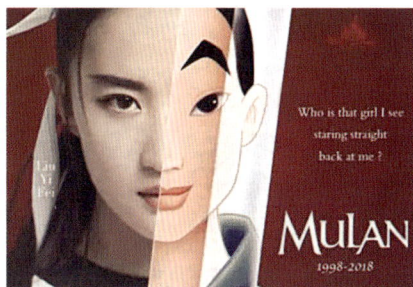
电影《花木兰》先导海报

神仙姐姐的印象。

江志强：对，因为导演看中刘亦菲内心里面的一种特性，他觉得这个就是花木兰，我看到一些拍戏的素材，真的很棒，你从来没想象过、没见过刘亦菲可以这样。

记者：从神仙姐姐变成了女英雄。您之前说，去年有一部根据日本漫画题材改编的《攻壳机动队》，但是他们找了斯嘉丽·约翰逊来演主角，所以它的票房算不上特别好。因为好莱坞发现找白人演亚洲题材的东西不行，所以他们现在改变了，要找亚洲人来演亚洲题材。比如说最近正火的《摘金奇缘》，全部都是亚裔，还有这次的《花木兰》也找亚洲的演员，您觉得促进好莱坞这种转变背后的动力会是什么？

江志强：首先 10 年前、20 年前，真的没有太多亚洲演员能讲英语讲得流利。你看刘亦菲美国长大，所以刘亦菲讲英语讲的是百分之百准确的。所以其实演戏必须讲当地的语言很流利才可以。我相信

电影《摘金奇缘》剧照

他们没找日本演员演，就是没找到一个讲英语讲得非常流利的日本演员。因为包括美国观众在内的很多国家观众现在看电影都追求同步声音，不想听配音，所以如果你这个演员不能自己讲话，观众就不接受，就不来买票，就会骂你的。所以以前他们找不到演员，根本没得选。用配音，观众也不喜欢。这几年，越来越多在海外的华人演员、日本演员、韩国演员讲英语很流利，所以电影就选他们来演。在美国专业的演员拍电影不讲流量，而是讲演技的，我们中国的制片公司选演员，也包括我，往往看重流量。但是海外的演员要很专业的，往往首先要演技好，当然最好是演技和流量两样都有。

记者：之前我们在看《环太平洋 2》的时候，有个演员开始学了汉语，您有没有想过如果这个题材发生在中国，会要求所有演员都讲汉语吗？

江志强：可以，有机会，我们拍电影的不会为某一个演员来想拍什么，我们都是看故事看剧本，我们以后有这样的角色一定会找他。姜文有个戏——《邪不压正》里的意大利演员（应该是指美国演员、美术安地，其母为意大利人）就不得了，我们都想找他演。

记者：我的意思是《花木兰》是一个中国 IP，为什么变成好莱坞制作，大家都开始讲英语了？为什么不尝试用中文对白呢？

江志强：美国人不看配音电影，比如说我们想要在海外发行，你要不讲英语，怎么去打动观众呢？如果中文对白的话，我们拍电影要花很多时间，还要花很多时间去教美国人学中文，人家还不一定学得会中文。现在好莱坞用一些懂英语的中

电影《花木兰》定装照

国人工作，就是帮我们去打开这个市场，你不能追求为什么全球人不说中文。你问这个问题是比较难回答的，也不应该我来答。但是我觉得最直接的原因就是因为美国人不看配音电影。他为什么不看？等于我现在给你看一个俄罗斯电影，没有对白，没有字幕，你会去电影院花 50 块吗？不看！所以你一定要讲方便观众接受的语言，做方便观众接受的事情。全世界的电影，都很难去冲破语言这个障碍。

记者：可能还是因为美国现在是全球最大的电影市场。

江志强：没有，西方电影在海外市场都要求讲英语的。

身份认同：我 1982 年就已回归

记者：1997 年前后，香港电影出现了一系列表现回归和身份认同问题的电影，比如《我是谁》《无间道》等等，在今年成龙电影节上，成龙大哥也说了是香港回归让他终于有了祖国，在回归前后，您是不是也有一些身份认同上的困惑？

江志强：我的身份认同不是在 1997 年，我是 80 年代就已经跑到内地来了，所以我进入内地比成龙还早。我是 1982 年第一次去内地的，当时还年轻。因为我爸爸是在广州出生的，我是香港出生的，所以改革开放以后，我爸爸第一个跑到中国深圳。1983 年我就来北京，开始做生意，所以 1997 年对我来说没有什么。其实对我来说 80 年代就第一次回到内地做事情，所以这是我的回归。

记者：您当时第一次回到内地的时候是一种什么样的心情？

江志强：我都有来看电影院，卖一些进口片进来，也还要拍一些文艺片，有跟不同的导演合作，所以当时为什么认识张艺谋、田壮壮他们，因为我 80 年代就在内地拍电影。

记者：您是怎么看 1997 年香港回归的？

江志强：香港回归带给香港电影人很大的机会、很多的机会来内地发展，我相信对香港电影人来说，回归祖国对香港电影是一个很大的促进。我们越来越像一家人了，所以你会看到越来越多的香港人，大部分时间都在内地工作，大家现在已经开始享受回归的成果了。我觉得他们非常忙碌的，他们每天都在工作，都忙得不得了。

记者：香港电影人大批北上，也算是内地和香港合拍，您觉得合拍跟中外合拍相比是不是会更容易？

江志强：对，因为大家都是讲同一个语言，都是在一个国家，差不多讲同一个语言，必须容易很多。

记者：语言是很重要的。

江志强：语言很重要。您看有的电影，演员有台湾腔，观众都有意见，所以语言是很重要的，非常重要。

记者：中国电影市场在迅速发展，中国电影也有很多人才从海外留学归来之后，发展到世界第一大

◉ 电影《无间道》剧照

◉ 接受采访的江志强

◉ 江志强

电影市场的时候，大家都会学中文，拍讲中文的电影。

江志强：对，我蛮看好这方面的，我觉得这帮年轻人现在在海外学习，在海外吸收经验，将来对中国电影会起很大的作用。

记者：也会在合拍片领域？

江志强：不说合拍，我都不想只说合拍片，他们对整个中国的电影工业会起到很大的作用。

记者：您有没有特别看好的年轻导演？

江志强：很多，多得不得了，你看现在一年拍网剧、拍网大、拍电影的过千部，现在很多很厉害的、越来越厉害的中国导演。

记者：您有兴趣投资网大或者是网剧，投拍一个 IP 之类的作品吗？

江志强：现在已经有很多的人在做，腾讯、阿里巴巴……这帮年轻人，他们现在已经很大力了，做得很好。

记者：您有兴趣加入？

江志强：我们就是做好电影就可以了。我们现在跟很多年轻人合作，能做多少就做多少，有能力有时间就多拍一部两部。

记者：我想应该没问题。

江志强：我来到内地几十年了，中国电影票房由 2001 年还没有什么大片到今天几百亿，现在每年的收益已经过了几百亿，我真的第一个要感谢的就是中国的观众。如果没有中国观众，真的没有我们这帮人，没有我，我今天就不会坐在这里。真的，要感谢中国老百姓支持中国电影。希望我们电影人继续做好电影，观众继续支持中国电影，没有观众支持，就没有中国电影。所以我永远都说观众是我的老板，所以我要感谢我的老板——观众。

后记

江志强，这个站在李安、张艺谋和田壮壮身后的男人。除了他屡屡让人惊叹不已的慧眼独具之外，他最让人敬服的一点，是他对电影本身的热情。他所制作的电影，自然少不了在商言商的分内之举，但更多的是对中国电影与世界电影建立对话途径时的执念。所以，他常常会有一些令目光短浅之人不太理解的作为。但江志强坚信，中国电影迟早是要走出去的，它终会让整个世界为这个崛起的东方所深深吸引。而他正是那个积跬步的人，他相信更辽阔的千里之行，始于足下。

责任编辑：刘　伟
版式设计：汪　莹
责任校对：吕　飞

图书在版编目（CIP）数据

影响：中国电影人访谈录：1978—2019：视频书 /《中国电影报道》栏目组　编著 . — 北京：
人民出版社，2020.2
ISBN 978 - 7 - 01 - 021694 - 2

I. ①影… Ⅱ. ①中… Ⅲ. ①电影 - 文艺工作者 - 访问记 - 中国 -1978 - 2018 Ⅳ. ① K825.78

中国版本图书馆 CIP 数据核字（2019）第 278507 号

影　响

YING XIANG

——中国电影人访谈录（1978—2019）（视频书）

《中国电影报道》栏目组　编著

人民出版社 出版发行

（100706　北京市东城区隆福寺街 99 号）

北京华联印刷有限公司印刷　新华书店经销

2020 年 2 月第 1 版　2020 年 2 月第 1 次印刷
开本：880 毫米 × 1230 毫米 1/16　印张：33.5
字数：758 千字

ISBN 978 - 7 - 01 - 021694 - 2　定价：98.00 元

邮购地址 100706　北京市东城区隆福寺街 99 号
人民东方图书销售中心　电话（010）65250042　65289539